Entscheidungen in Kirchensachen

seit 1946

Begründet von

Prof. Dr. Dr. Carl Joseph Hering †   Dr. Hubert Lentz

Herausgegeben von

Dr. Hubert Lentz
Stadtdirektor a. D. in Düren

Prof. Dr. Stefan Muckel   Prof. Dr. Manfred Baldus
Universitätsprofessor   Vorsitzender Richter
an der Universität zu Köln   am Landgericht Köln

in Verbindung mit dem
Institut für Kirchenrecht
und rheinische Kirchenrechtsgeschichte
der Universität zu Köln

2000
Walter de Gruyter · Berlin · New York

Entscheidungen in Kirchensachen

seit 1946

34. Band
1.1.–31.12.1996

2000
Walter de Gruyter · Berlin · New York

Zitierweise
Für die Zitierung dieser Sammlung wird die Abkürzung KirchE empfohlen,
z. B. KirchE 1,70 (= Band 1 Seite 70).

ISBN 3-11-016908-8

©

Copyright 2000 by Walter de Gruyter GmbH & Co. KG, D - 10785 Berlin.

Alle Rechte, insbesondere das Recht der Verfielfältigung und Verbreitung sowie der Übersetzung, vorbehalten. Kein Teil des Werkes darf in irgendeiner Form (durch Fotokopie, Mikrofilm oder ein anderes Verfahren) ohne schriftliche Genehmigung des Verlages reproduziert oder unter Verwendung elektronischer Systeme verarbeitet, vervielfältigt oder verbreitet werden.
Printed in Germany.

Satz: WERKSATZ Schmidt & Schulz, Gräfenhainichen
Druck: WB-Druck, Rieden am Forggensee
Buchbinderarbeiten: Lüderitz & Bauer Buchgewerbe GmbH, Berlin

Vorwort und Benutzungshinweise

Die Sammlung „Entscheidungen in Kirchensachen seit 1946" (KirchE) veröffentlicht Judikatur staatlicher Gerichte in der Bundesrepublik Deutschland zum Verhältnis von Kirche und Staat und zu weiteren Problemkreisen, die durch die Relevanz religiöser Belange gekennzeichnet sind. Angesichts dieses breiten Themenkatalogs, der alle Zweige der Rechtsprechung berührt, kann eine Vollständigkeit der Übersicht nur angestrebt werden, wenn man eine gewisse zeitliche Distanz in Kauf nimmt. Um jedoch den Gebrauchswert der Sammlung zu erhöhen, ist im Quellennachweis unter Fußnote 1 der jeweiligen Entscheidung auf weitere Rechtsprechung verwiesen, die nach dem Publikationszeitraum anderenorts (nicht nur im Leitsatz) veröffentlicht worden ist und ähnliche Rechtsprobleme behandelt. Diese und weitere Entscheidungen werden in späteren Bänden der Sammlung abgedruckt. Über die aus den Bänden 1–25 ersichtliche Judikatur informiert ein im Jahr 1993 erschienener Registerband.

In Fußnote 1 finden sich ferner neben Quellenangaben Hinweise auf den Fortgang des Verfahrens (Rechtsmittel, Rechtskraft). Die Herausgeber halten es für angebracht, evtl. auch solche Entscheidungen aufzunehmen, die noch nicht rechtskräftig sind oder im weiteren Verlauf des Verfahrens keinen Bestand hatten; anderenfalls würde erfahrungsgemäß wertvolles religionsrechtliches Material für eine Auswertung in Wissenschaft und Praxis verlorengehen.

Soweit die als amtlich gekennzeichneten Leitsätze der Gerichte verwendet wurden, ist dies vermerkt. Im übrigen wurden die Leitsätze möglichst auf den religionsrechtlich relevanten Inhalt der Entscheidung beschränkt. Dasselbe gilt für die von den Herausgebern gefaßte Sachverhaltsschilderung, für die Prozeßgeschichte und die Entscheidungsgründe. Der z. T. unterschiedliche Zitier- und Abkürzungsmodus wurde nur angeglichen, wo Verwechslungen in Betracht kamen. Soweit in den Urteilen etc. auf andere Entscheidungen, die auch in KirchE abgedruckt sind, Bezug genommen wird, ist die Fundstelle in einer weiteren Fußnote – jeweils beim erstmaligen Zitat – nachgewiesen. Im übrigen sind die Leitsätze von KirchE im Internet unter der Adresse *http://www.staatskirchenrecht.de* abrufbar.

Zugänge zur Judikatur kirchlicher Gerichte, die in dieser Sammlung schon aus Raumgründen nicht berücksichtigt werden kann, eröffnen die Rechtsprechungsbeilage zum Amtsblatt der VELKD, das Amtsblatt der EKD (jeweils Beilage zu Heft 4 eines Jahrganges, ab 1982) und die kirchenrechtlichen Fachzeitschriften, insbesondere das „Archiv für katholisches Kirchenrecht" und die „Zeitschrift für evangelisches Kirchenrecht". Die Spruchpraxis arbeitsrechtlicher

Schiedsstellen im Bereich der Katholischen Kirche ist u. a. aus der Zeitschrift „Die Mitarbeitervertretung" ersichtlich.

Da im Asylrecht und Feiertagsrecht religionsrechtliche Bezüge nur ausnahmsweise eingehend behandelt werden, haben sich die Herausgeber hier auf den Abdruck von exemplarischen Entscheidungen beschränkt. Weitere Judikatur aus dem Veröffentlichungszeitraum ist jeweils in Fußnote 1 nachgewiesen. Entsprechend wurde verfahren für den Bereich des kirchlichen Arbeitsrechts, soweit die tarifliche Eingruppierung kirchlicher Arbeitnehmer in die Arbeits- u. Vergütungsordnung und ähnliche Probleme ohne unmittelbaren religionsrechtlichen Bezug Gegenstand der Entscheidung sind.

Seit seiner Gründung (1963) erscheint das Werk in Zusammenarbeit mit dem Institut für Kirchenrecht und Rheinische Kirchenrechtsgeschichte der Universität zu Köln und wird dort auch redaktionell betreut. Wegen seiner Emeritierung ist Professor Dr. Wolfgang Rüfner aus der Herausgeberschaft ausgeschieden; für seine mehr als 15jährige Mitarbeit schulden ihm Verlag und Herausgeber herzlichen Dank. Sein Nachfolger an der Universität Köln, Professor Dr. Stefan Muckel (bisher Bochum), führt die Publikation zusammen mit Dr. Hubert Lentz und Professor Dr. Manfred Baldus fort.

Den Benutzern der Sammlung, den Gerichten und kirchlichen Stellen, insbesondere dem Kirchenamt der EKD in Hannover und dem Institut für Staatskirchenrecht der Diözesen Deutschlands in Bonn, danken die Herausgeber für Hinweise und die Zusendung bisher unveröffentlichter Entscheidungen; sie werden diese Mithilfe auch weiterhin zu schätzen wissen.

Köln, im Frühjahr 2000 *Hubert Lentz*   *Stefan Muckel*
Manfred Baldus

Inhaltsverzeichnis

Nr.		Seite
1	Kann der Arbeitgeber einem Sikh das Tragen eines Turbans während der Arbeit verbieten? ArbG Hamburg, Urteil vom 3.1.1996 (19 Ca 141/95) .	1
2	Baumaßnahme auf einem ehemals jüdischen Friedhof. VG Magdeburg, Beschluß vom 9.1.1996 (4 B 88/95)	6
3	Eintragungsfähigkeit des Vornamens „Frieden mit Gott allein durch Jesus Christus". OLG Bremen, Beschluß vom 10.1.1996 (1 W 49/95)	10
4	Beförderung von Spendenbriefen aus dem Ausland im Falle des sog. Remailing. OLG Karlsruhe, Urteil vom 10.1.1996 (6 U 197/95 Kart.)	12
5	Staatlich anerkannte kirchl. Feiertage, Herabstufung d. Schutzes (hier: Buß- u. Bettag). BayVerfGH, Entscheidung vom 15.1.1996 (Vf. 1-VII-95 u. a.)	17
6	Nachweis für Steuerbefreiung nach § 4 Nr. 18 UStG. Nieders.FG, Urteil vom 18.1.1996 (V 128/92)	25
7	Übertragung der elterlichen Sorge auf ein Mitglied der Zeugen Jehovas. OLG Düsseldorf, Urteil vom 31.1.1996 (4 UF 163/95)	27
8	Anrechnung erstatteter Kirchensteuer auf den Sonderausgabenabzug im Erstattungsjahr. BFH, Beschluß vom 2.2.1996 (X B 54/95)	27
9	Anteilige Weihnachtszuwendung beim Deutschen Caritasverband. BAG, Urteil vom 7.2.1996 (10 AZR 225/95)	29
10	Zuwendung für kirchl. Arbeitnehmer bei Wechsel des Arbeitsgebers. BAG, Urteil vom 7.2.1996 (10 AZR 445/95)	32
11	Kirchgeld in glaubensverschiedener Ehe und Ehegattenunterhalt. FG Hamburg, Urteil vom 7.2.1996 (II 44/93)	35
12	Eine im preuß. Gerichtskostenrecht verankerte Gerichtsgebührenfreiheit ist keine negative Staatsleistung. BVerwG, Beschluß vom 14.2.1996 (11 VR 40.95)	45
13	Israelitische Synagogengemeinde zu Berlin (Adass Jisroel) hat Körperschaftsstatus verloren. OVG Berlin, Urteil vom 22.2.1996 (5 B 93.94)	49
14	Vergütung kirchl. Mitarbeiter in der Ev. Kirche Berlin–Brandenburg. BAG, Urteil vom 29.2.1996 (6 AZR 424/95)	63
15	Zu den Voraussetzungen der Gemeinnützigkeit eines religiösen Vereins. FG München, Urteil vom 29.2.1996 (15 K 4332/93)	72

16 Ausgleichsabgabe nach dem Schwerbehindertengesetz. OVG Hamburg, Beschluß vom 4.3.1996 (Bs I 4/95) 78

17 Zum Mindestaufwand für eine Bestattung im Wege der Ersatzvornahme. OVG Nordrhein-Westfalen, Beschluß vom 4.3.1996 (19 A 194/96) ... 80

18 Versagung der Erstattung von Schülerbeförderungskosten für konfessionelle Privatschule. VGH Baden-Württemberg, Normenkontrollbeschluß vom 8.3.1996 (9 S 1955/93) 83

19 Zuordnung einer Meditationsbewegung zu den sog. Jugendsekten. VGH Baden-Württemberg, Beschluß vom 11.3.1996 (10 S 3490/95) 90

20 Unerlaubte Nutzung gemeindlicher Wertstoffsammelplätze für Altkleidersammlung einer karitativen Organisation. OVG Bremen, Beschluß vom 14.3.1996 (1 B 102/95) 94

21 Voraussetzungen eines Versicherungsschutzes bei Badeunfall auf einer Missionsstation. BSG, Urteil vom 19.3.1996 (2 RU 14/95) 100

22 Tarifrecht. Eingruppierung einer Vereinsbetreuerin. BAG, Urteil vom 20.3.1996 (4 AZR 967/94) 104

23 Keine Gebührenfreiheit der Kirchen in Verfahren vor dem Bundesverwaltungsgericht. BVerwG, Beschluß vom 22.3.1996 (7 KSt 5.96) 120

24 Zur Eingruppierung von Frauenbeauftragten im kirchl. Dienst. ArbG Saarbrücken, Urteil vom 29.3.1996 (5e Ca 149/94) 122

25 Unterlassungsanspruch wegen der Behauptung, eine „Scientology-nahe" Firma zu betreiben. OLG Hamburg, Urteil vom 3.4.1996 (5 U 230/95) . 127

26 Verstoßen sog. Auditings einer Scientology-Mission gegen das Heilpraktikergesetz? LG Stuttgart, Urteil vom 3.4.1996 (24 O 316/95) 128

27 Strafzumessung bei Zivildienstflucht eines Zeugen Jehovas. OLG Koblenz, Beschluß vom 15.4.1996 (1 Ss 85/96) 136

28 Kürzung einer Zuwendung für Mitarbeiter im kirchlichen Dienst. BAG, Urteil vom 17.4.1996 (10 AZR 558/95) 146

29 Versicherungsrechtl. Vormerkung von Anrechnungszeiten eines ehem. Ordensangehörigen. BSG, Urteil vom 18.4.1996 (4 RA 18/94) 154

30 Zu den Voraussetzungen der Anerkennung einer kirchlichen Stiftung. VG Dessau, Urteil vom 18.4.1996 (1 A 149/94) 159

31 Sorgerechtsübertragung, religiöse Gesichtspunkte. OLG Hamm, Beschluß vom 3.5.1996 (12 UF 41/96) 167

32 Verweigerung der Prozeßkostenhilfe bei talàq-Scheidung. OLG Köln, Beschluß vom 9.5.1996 (21 WF 151/95) 172

Inhaltsverzeichnis IX

33 Immissionsschutzrechtliche Beurteilung des sog. Angelusläutens. Nieders. OVG, Urteil vom 13. 5. 1996 (6 L 1093/94) 173

34 Warnung vor sog. Jugendsekten und Psychogruppen. OVG Nordrhein-Westfalen, Beschluß vom 15. 5. 1996 (5 B 168/94) 177

35 Beschränkte Anwendung des Vereinsrechts auf religiösen Verein. OLG Frankfurt a. M., Beschluß vom 22. 5. 1996 (20 W 96/94) 186

36 Herausgabe der im Staatseigentum stehenden St. Salvatorkirche in München. BVerwG, Beschluß vom 29. 5. 1996 (7 B 43.96) 189

37 Kritische Äußerungen eines Bundesministers über Scientology. OVG Nordrhein-Westfalen, Beschluß vom 31. 5. 1996 (5 B 993/95) 192

38 Körperschaft des öffentl. Rechts nach DDR-Recht. BVerwG, Beschluß vom 3. 6. 1996 (7 B 117.96) 198

39 Kosten einer Studienfahrt als Werbungskosten. FG des Saarlandes, Gerichtsbescheid vom 5. 6. 1996 (1 K 257/95) 199

40 Aufhebung des NS-Urteils gegen Bernhard Lichtenberg. LG Berlin, Beschluß vom 17. 6. 1996 (517 AR 5/96) 201

41 Abdruck einer von einem bischöflichen Ordinariat stammenden Gegendarstellung. OLG Karlsruhe, Urteil vom 19. 6. 1996 (14 U 242/95) 207

42 Öffentliche Äußerungen über Aktivitäten eines Mitgliedes von Scientology. OLG Frankfurt/M., Urteil vom 20. 6. 1996 (16 U 163/95) 209

43 Besteuerung von Wiedereingliederungsbeihilfen für Pastoren. Nds.FG, Urteil vom 21. 6. 1996 (XII 443/94) 214

44 Veranlagungsjahr und Höhe der Sonderausgaben bei Erstattung von Kirchensteuer. BFH, Urteil vom 26. 6. 1996 (X R 73/94) 215

45 Spendenabzug bei Zuwendung an kirchliche Einrichtung für wissenschaftliche Zwecke. FG Rheinland-Pfalz, Urteil vom 26. 6. 1996 (1 K 2611/95) . 220

46 Beeinträchtigt die Zugehörigkeit eines Elternteils zu den Zeugen Jehovas die Übertragung des Sorgerechts? OLG Oldenburg, Beschluß vom 3. 7. 1996 (11 UF 23/96) 223

47 Zulassung von Feuerbestattungsanlagen in der Trägerschaft privater Unternehmen. BayVerfGH, Entscheidung vom 4. 7. 1996 (Vf 16-VII-94) 224

48 Werbung einer Religionsgemeinschaft im öffentlichen Straßenraum. BVerwG, Beschluß vom 4. 7. 1996 (11 B 23.96) 227

49 Info-Stand von Scientology in Fußgängerzone. BVerwG, Beschluß vom 4. 7. 1996 (11 B 24.96) 231

50 Verteilung von Zeitschriften auf verkehrsberuhigten Straßen und Plätzen. BayVGH, Beschluß vom 4. 7. 1996 (8 CE 95.4155) 234

51 Rechtsweg bei Besoldungsstreitigkeiten zwischen Beamten i. K. und kirchlichem Dienstherrn. OVG Rheinland-Pfalz, Urteil vom 5.7.1996 (2 A 12622/95) 237

52 Tarifrechtl. Eingruppierung eines Lehrers im privaten Ersatzschuldienst. BAG, Urteil vom 10.7.1996 (4 AZR 148/95) 241

53 Keine Höchstbetragsbegrenzung (Kappung) der Kirchensteuer in Bayern. FG Nürnberg, Urteil vom 11.7.1996 (VI 69/96) 251

54 Untersagung unrichtiger Äußerungen über die Scientology-Kirche Deutschlands e.V. OLG München, Urteil vom 12.7.1996 (21 U 4775/95) 254

55 Straßenverkauf und -werbung von Scientology auf öffentlichen Verkehrsflächen. VGH Baden-Württemberg, Beschluß vom 12.7.1996 (5 S 472/96) 263

56 Ermittlung der Kirchensteuer bei zusammenveranlagten Ehegatten einer glaubensverschiedenen Ehe. FG München, Urteil vom 15.7.1996 (13 K 1392/96) 269

57 Errichtung eines Diplomstudiengangs Kath. Theologie im Fachbereich Kath. Theologie einer staatl. Universität. BVerwG, Urteil vom 18.7.1996 (6 C 10/94) 273

58 Zur rentenrechtl. Vormerkung von Berücksichtigungszeiten wegen Pflege. BSG, Urteil vom 18.7.1996 (4 RA 25/95) 284

59 Steuerbefreiung wegen Verfolgung kirchlicher Zwecke durch Verwaltung von Kirchenvermögen. BFH, Urteil vom 24.7.1996 (I R 35/96) 291

60 Unterlassungs- und Schmerzensgeldanspruch wegen kritischer Äußerungen über Scientology. OLG München, Urteil vom 26.7.1996 (21 U 6350/95) 297

61 Entfernung von Wandkreuzen in Schulräumen. VG Augsburg, Gerichtsbescheid vom 30.7.1996 (Au 2 K 96.311) 301

62 Aufhebung des NS-Urteils gegen Dietrich Bonhoeffer. LG Berlin, Beschluß vom 1.8.1996 (517 AR 4/96 [2P Aufh. 1/96]) 304

63 Zulassung zum Weltanschuungsunterricht an Berliner Schulen. BVerwG, Beschluß vom 7.8.1996 (6 B 19.96) 311

64 Mariä Himmelfahrt als gesetzlicher Feiertag BayVGH, Beschluß vom 9.8.1996 (23 AA 95, 30922) 313

65 Religionsfreiheit und glaubenskritischer Fernsehbeitrag. OVG Nordrhein-Westfalen, Urteil vom 27.8.1996 (5 A 3485/94) 314

66 Kündigung eines leitenden Mitarbeiters eines krichl. Krankenhauses. LAG Köln, Urteil vom 28.8.1996 (11 Sa 64/95) 317

67 Verfassungsgerichtliche Überprüfung einer Entscheidung zur Herausgabe eines zum Gottesdienst genutzten Kirchengebäudes. BayVerfGH, Entscheidung vom 29.8.1996 (Vf. 77-VI-96) 325

68	Zur baurechtlichen Genehmigung eines Minaretts. BayVGH, Urteil vom 29.8.1996 (26 N 95.2983)	332
69	Immissionsschutzrechtliche Beurteilung des sog. Angelusläutens. BVerwG, Beschluß vom 2.9.1996 (4 B 152.96)	340
70	Aufführungsverbot für „Tod im Rheinland" an Karfreitag. VG Köln, Urteil vom 5.9.1996 (20 K 2934/95)	342
71	Kein Postbank-Girokonto für Scientology Mission e.V. LG Stuttgart, Urteil vom 6.9.1996 (27 O 343/96)	348
72	Religiös motivierte Verfolgungsmaßnahmen als Asylgrund. Hess.VGH, Urteil vom 16.9.1996 (13 UE 3531/95)	357
73	Verweigerung der Steuerzahlung aus Gewissensgründen. FG Düsseldorf, Urteil vom 25.9.1996 (16 K 6309/92 AO)	361
74	Kirchensteuer in glaubensverschiedener Ehe. BFH, Beschluß vom 27.9.1996 (I B 22/96)	367
75	Persönlichkeitsschutz im Hinblick auf Veröffentlichung über Scientology. BayVGH, Beschluß vom 27.9.1996 (7 CE 96.2861)	368
76	Spende an eine Kirchengemeinde für ein Heiligen-Denkmal. FG Köln, Urteil vom 8.10.1996 (7 K 4270/94)	373
77	Ausschluß vom elterlichen Sorgerecht wegen Scientology-Mitgliedschaft. OLG Frankfurt a.M., Beschluß vom 14.10.1996 (3 UF 62/96)	378
78	Unterlassungsbegehren eines Scientology-Mitglieds wegen amtlicher Äußerung. VGH Baden-Württemberg, Urteil vom 15.10.1996 (10 S 176/96)	381
79	Berücksichtigung der Kirchensteuer beim Altersübergangsgeld. BSG, Urteil vom 17.10.1996 (7 RAr 66/93)	392
80	Aufwendungen einer Pastorin für Indienreise. BFH, Urteil vom 21.10.1996 (VI R 39/96)	396
81	Übertragung des Personensorgerechts auf ein Mitglied der Zeugen Jehovas. OLG Celle, Beschluß vom 22.10.1996 (17 UF 177/95)	400
82	Befreiung von Elternbeiträgen für kirchl. Kindergarten. VG Braunschweig, Urteil vom 22.10.1996 (5 A 5141/96)	403
83	Billigkeitsmaßnahmen bei Kircheneinkommensteuer. BFH, Beschluß vom 4.11.1996 (I B 53/96)	408
84	Zur Aktivlegitimation des Bistums für Klage gegen Einrichtung des Diplomstudiengangs Kath. Theologie an staatl. Universität. Hess.VGH, Beschluß vom 5.11.1996 (6 UE 1884/94)	409
85	Zur Rückzahlung von Weiterbildungskosten nach AVR–Caritas. BAG, Urteil vom 6.11.1996 (5 AZR 334/95)	410

86 Zurückzahlung einer Zuwendung bei Wechsel des Arbeitgebers. BAG, Urteil vom 6.11.1996 (10 AZR 287/96) 418

87 Beeinträchtigt die Tendenz eines Elternteils zu den Zeugen Jehovas die Übertragung des Sorgerrechts? OLG Oldenburg, Beschluß vom 7.11.1996 (11 UF 131/96) 424

88 Zur Verfassungsmäßigkeit des bay. Stiftungsgesetzes betr. kirchl. Stiftungen. BayVerfGH, Entscheidung vom 15.11.1996 (Vf. 15-VIII-94) 425

89 Verweigerung der Steuerzahlung aus Gewissensgründen. ThürFG, Urteil vom 21.11.1996 (I 103/96) 431

90 Eigentum an einem gestifteten Schulhausgrundstück. BGH, Urteil vom 22.11.1996 (V ZR 116/95) 434

91 Verbundenheit einer Religionsgemeinschaft i. S. von § 2 b DDR-PartG. OVG Berlin, Urteil vom 22.11.1996 (3 B 8/94) 439

92 Steuerliche Behandlung von Tätigkeiten der Ehefrau eines Pfarrers in dessen Arbeitsbereich. BFH, Urteil vom 22.11.1996 (VI R 20/94) 453

93 Entfernen von Kreuzen aus Unterrichtsräumen. BayVGH, Beschluß vom 26.11.1996 (3 CE 96.1926) 455

94 Friedensstörende Beschimpfung von religiösen Bekenntnissen. OVG.RhPf, Urteil vom 2.12.1996 (11 A 11503/96) 459

95 Mitgliedschaft in der jüd. Religionsgemeinschaft u. Kultussteuer. FG München, Urteil vom 10.12.1996 (13 K 3508/96) 466

96 Durchführung einer Demonstration in Form einer religiösen Andacht. OLG Celle, Beschluß vom 11.12.1996 (2 ARs 54/96) 468

97 Zur Umsatzsteuerbegünstigung von Sakralgegenständen. BFH, Beschluß vom 12.12.1996 (VII S 22/96) 472

98 Kirchgeld in glaubensverschiedener Ehe. BFH, Beschluß vom 16.12.1996 (I B 43/96) 475

99 Rentenversicherungspflicht von Postulanten und Novizen. BSG, Urteil vom 17.12.1996 (12 RK 2/96) 477

100 Besorgnis der Befangenheit im Sorgerechtsverfahren, richterlicher Hinweis auf Mitgliedschaft bei den Zeugen Jehovas. OLG Bamberg, Beschluß vom 18.12.1996 (SA-F 26/96) 488

101 Genehmigung eines katholischen Privatgymnasiums. BVerwG, Urteil vom 18.12.1996 (6 C 6.95) 490

102 Anfechtung eines Beratervertrages wegen Mitgliedschaft bei Scientology. LG Darmstadt, Urteil vom 18.12.1996 (2 O 114/96) 501

103 Berechnung der Kirchensteuer bei Kirchenaustritt im Laufe des Kalenderjahres. FG Baden-Württemberg, Urteil vom 19. 12. 1996 (10 K 265/96) . 503

104 Geldentschädigung bei Verletzung des Persönlichkeitsrechts eines kath. Priesters. OLG Koblenz, Urteil vom 20. 12. 1996 (10 U 1667/95) 509

Abkürzungsverzeichnis

a A.	andere Ansicht
a.E.	am Ende
a.F.	alte Fassung
aaO	am angegebenen Ort
ABl.	Amtsblatt
ABlEG	Amtsblatt der Europäischen Gemeinschaften
AFG	Arbeitsförderungsgesetz
AfP	Archiv für Presserecht
AG	Amtsgericht
AGBG.BW	Baden-Württemberg. Ausführungsgesetz zum Bürgerlichen Gesetzbuch
AGFGO.NW	Nordrhein-Westfalen. Gesetz zur Ausführung der Finanzgerichtsordnung
AkGradVO	Verordnung über die Führung ausländischer akademischer Grade
AkKR	Archiv für katholisches Kirchenrecht
ALR	Allgemeines Landrecht für die Preußischen Staaten
amtl.	amtlich
Anl.	Anlage
Anm.	Anmerkung
AnVNG	Angestelltenversicherungs-Neuregelungsgesetz
AO	Abgabenordnung
AOAnpG	Abgabenordnung-Anpassungsgesetz
AöR	Archiv des öffentlichen Rechts
AP	Arbeitsrechtliche Praxis
ArbG	Arbeitsgericht
ArbGG	Arbeitsgerichtsgesetz
AR-Blattei	Arbeitsrecht-Blattei
ArbRGeg	Das Arbeitsrecht der Gegenwart
ArbSchG	Arbeitsschutzgesetz
ARRG	Arbeitsrechtsregelungsgesetz
Art.	Artikel
ArVNG	Arbeiterrentenversicherungs-Neuregelungsgesetz
AS	Amtliche Sammlung
ASchO	Allgemeine Schulordnung
AstG	Außensteuergesetz
AsylVfG	Asylverfahrensgesetz
Aufl.	Auflage
AÜG	Arbeitnehmerüberlassungsgesetz
AuR	Arbeit und Recht
AuslG	Ausländergesetz
AV	Ausführungsverordnung
AVG	Angestelltenversicherungsgesetz
AVR	Arbeitsvertragrichtlinien
Az.	Aktenzeichen

BAG	Bundesarbeitsgericht
BAGE	Entscheidungen des Bundesarbeitsgerichts
BAGUV	Bundesverband der Unfallversicherungsträger der öffentlichen Hand
BAT	Bundes-Angestelltentarifvertrag
BAT-AO	Ordnung über die Anwendung des Bundes-Angestelltentarifvertrages
BAT-KF	Bundes-Angestelltentarifvertrag Kirchliche Fassung
BauGB	Baugesetzbuch
BauNVO	Baunutzungsverordnung
BauO	Bauordnung
BauR	Baurecht
BayEUG	Bayerisches Gesetz über das Erziehungs- und Unterrichtswesen
BayGO	Bayerische Gemeindeordnung
BayGVBl	Bayerisches Gesetz- und Verordnungsblatt
BayLSG	Bayerisches Landessozialgericht
BayObLG	Bayerisches Oberstes Landesgericht
BayObLGSt	Entscheidungen des Bayerischens Obersten Landesgerichts in Strafsachen
BayPVG	Bayerisches Personalvertretungsgesetz
BayRS	Bayerische Rechtssammlung
BayStrWG	Bayerisches Straßen- und Wegegesetz
BayVBl	Bayerische Verwaltungsblätter
BayVerfGH	Bayerischer Verfassungsgerichtshof
BayVerfGHE, BayVGHE	Sammlung von Entscheidungen des Bayerischen Verwaltungsgerichtshofs mit Entscheidungen des Bayerischen Verfassungsgerichtshofs
BayVerfGHG	Bayern. Gesetz über den Verfassungsgerichtshof
BayVGH	Bayerischer Verwaltungsgerichtshof
BB	Der Betriebs-Berater
Bd.	Band
BDSG	Bundesdatenschutzgesetz
Berl.KiStG	Berlin. Kirchensteuergesetz
BeschFG	Beschäftigungsförderungsgesetz
BestG	Bestattungsgsgesetz
BetrVG	Betriebsverfassungsgesetz
BetrAVG	Gesetz zur Verbesserung der betrieblichen Altersversorgung
BfA	Bundesversicherungsanstalt für Angestellte
BFH	Bundesfinanzhof
BFH/NV	Sammlung amtlich nicht veröffentlicher Entscheidungen des Bundesfinanzhofs
BFHE	Sammlung der Entscheidungen des Bundesfinanzhofs
BgbSRG	Brandenburg. Schulreformgesetz
BGB	Bürgerliches Gesetzbuch
BGBl.	Bundesgesetzblatt
BGH	Bundesgerichtshof
BGHZ	Entscheidungen des Bundesgerichtshofs in Zivilsachen
BKGG	Bundeskindergeldgesetz
BKVO	Betriebskostenverordnung
BMA	Bundesminister für Arbeit und Sozialordnung

Abkürzungsverzeichnis XVII

BMF	Bundesminister für Finanzen
BPatGE	Entscheidungen des Bundespatentgerichts
BPersVG	Bundespersonalvertretungsgesetz
BRKG	Bundesreisekostengesetz
BRRG	Beamtenrechtsrahmengesetz
BS	Bereinigte Sammlung
BSG	Bundessozialgericht
BSGE	Entscheidungen des Bundessozialgerichts
BSHG	Bundessozialhilfegesetz
BStBl.	Bundessteuerblatt
BT-Dr(uck)s.	Bundestagsdrucksache
Buchholz	Sammel- und Nachschlagewerk der Rechtsprechung des Bundesverwaltungsgerichts
BUrlG	Bundesurlaubsgesetz
BV	Verfassung des Freistaates Bayern
BVerfG	Bundesverfassungsgericht
BVerfGE	Entscheidungen des Bundesverfassungsgerichts
BverfGG	Gesetz über das Bundesverfassungsgericht
BVerwG	Bundesverwaltungsgericht
BVerwGE	Entscheidungen des Bundesverwaltungsgerichts
BW	Baden-Württemberg
can., c., cc.	canon, canones
CIC, CJC	Codex Juris Canonici
DB	Der Betrieb
DIN	Deutsches Institut für Normung
Diss.	Dissertation
DÖV	Die öffentliche Verwaltung
DR	Deutsches Recht. (Wochenausgabe, vereinigt mit der Juristischen Wochenschrift)
DRiZ	Deutsche Richterzeitung
DRK	Deutsches Rotes Kreuz
DStR	Deutsches Steuerrecht
DVBl.	Deutsches Verwaltungsblatt
eAO	einstweilige Anordnung
EFG	Entscheidungen der Finanzgerichte
EGBGB	Einführungsgesetz zum Bürgerlichen Gesetzbuch
EkA	Entscheidungssammlung zum kirchlichen Arbeitsrecht
EKD	Evangelische Kirche in Deutschland
EKHN	Evangelische Kirche in Hessen und Nassau
EMRK	[Europ.] Konvention zum Schutze der Menschenrechte und Grundfreiheiten
EntlG	Entlastungsgesetz
EStG	Einkommensteuergesetz
ESVGH	Entscheidungssammlung des Hessischen Verwaltungsgerichtshofs und des Verwaltungsgerichtshofes Baden-Württemberg
EUG	Erziehungs- und Unterrichtsgesetz
EuGRZ	Europäische Grundrechte-Zeitschrift

XVIII Abkürzungsverzeichnis

ev.-luth.	evangelisch-lutherisch
EvSt	Evangelisches Staatslexikon
EV	Einigungsvertrag
EWG	Europäische Wirtschaftsgemeinschaft
EzA	Entscheidungssammlung zum Arbeitsrecht
FamRZ	Zeitschrift für das gesamte Familienrecht
FEG	Freiheitsentziehungsgesetz
FEVS	Fürsorgerechtliche Entscheidungen der Verwaltungs- und Sozialgerichte
FG	Finanzgericht
FGG	Gesetz über die Angelegenheiten der freiwilligen Gerichtsbarkeit
FGO	Finanzgerichtsordnung
FHG	Fachhochschulgesetz
FO	Friedhofsordnung
FR	Finanzrundschau
FTG	Gesetz über den Schutz der Sonn- und Feiertage
FuR	Familie und Recht
GABl NW	Gemeinsames Amtsblatt des Kultusministeriums und des Ministeriums für Wissenschaft und Forschung des Landes Nordrhein-Westfalen
GastG	Gaststättengesetz
GBl.DDR	Gesetzblatt der Deutschen Demokratischen Republik
GBO	Grundbuchordnung
GenBeschlG	Genehmigungsverfahrensbeschleunigungsgesetz
GewArch	Gewerbearchiv
GewO	Gewerbeordnung
GFAG	Gesetz über die Führung akademischer Grade
GG	Grundgesetz
ggf.	gegebenenfalls
GKG	Gerichtskostengesetz
GO	Gemeindeordnung
GrStG	Grundsteuergesetz
GRUR	Gewerblicher Rechtsschutz und Urheberrecht
GS	Gesetzessammlung; Großer Senat
GVBl., GVOBl.	Gesetz- und Verordnungsblatt
GVFlZ	Gesetz über das Vieh- und Fleischzentrum Hamburg
GVG	Gerichtsverfassungsgesetz
GV.NW	Gesetz- und Verordnungsblatt für das Land Nordrhein-Westfalen
GVOBl M-V	Gesetz- und Verordnungsblatt für Mecklenburg-Vorpommern
GWG	Gemeindewahlgesetz
GWO	Gemeindewahlordnung
HBG	Hessisches Beamtengesetz
HdbBayStKirchR	Handbuch des Bayerischen Staatskirchenrechts
HdbStKirchR	Handbuch des Staatskirchenrechts der Bundesrepublik Deutschland
HeilprG	Heilpraktikergesetz
Hess.VGH	Hessischer Verwaltungsgerichtshof
HFR	Höchstrichterliche Finanzrechtsprechung

HGB	Handelsgesetzbuch
Hmb.	Hamburg, hamburgisch
Hmb.WG	Hamburg. Wegegesetz
Hrsg.	Herausgeber
InfAuslR	Informationsbrief Ausländerrecht
Iprax	Praxis des Internationalen Privat- und Verfahrensrechts
IPRspr	Die deutsche Rechtsprechung auf dem Gebiete des Internationalen Privatrechts
JArbSchG	Jugendarbeitsschutzgesetz
JuS	Juristische Schulung
JVA	Justizvollzugsanstalt
JW	Juristische Wochenschrift
JWG	Gesetz für Jugendwohlfahrt
JZ	Juristenzeitung
KABl.	Kirchliches Amtsblatt
KAG	Kommunalabgabengesetz
KAnz.	Kirchlicher Anzeiger
KAO	Kirchliche Anstellungsordnung
KAVO	Kirchliche Arbeits- und Vergütungsordnung
KDVG	Kriegsdienstverweigerungsgesetz
KG	Kammergericht; Kirchengesetz
KGaG	Kindergartengesetz
KGO	Kirchengemeindeordnung
KiAustrG	Kirchenaustrittsgesetz
KirchE	Entscheidungen in Kirchensachen seit 1946
KirchStG, KiSstG	Kirchensteuergesetz
KiStiftO	Ordnung für kirchliche Stiftungen
KiStRG	Kirchensteuerrahmengesetz
KiTaG	Kindertagesstättengesetz
KJHG	Kinder- und Jugendhilfegesetz
KMBl.	Amtsblatt des Bayerischen Staatsmininsteriums für Unterricht und Kultus
KMR	Müller/Sachs/Paulus, Loseblattkommentar zur StPO
KR	Kommentar zum gesamten Kündigungsrecht
KSchG	Kündigungsschutzgesetz
KStG	Körperschaftssteuergesetz
KStZ	Kommunale Steuerzeitschrift
KSV	Kreissynodalvorstand
KSchG	Kündigungsschutzgesetz
KuR	Kirche und Recht
KVVG	Gesetz über die Verwaltung katholischen Kirchenvermögens
KWMBl.	Amtsblatt des Bayerischen Staatsministeriums für Unterricht, Kultus, Wissenschaft und Kunst
LAG	Landesarbeitsgericht
LG	Landgericht
LK	Leipziger Kommentar zum Strafgesetzbuch
LKV	Landes- und Kommunalverwaltung

Abkürzungsverzeichnis

LS	Leitsatz
LSG	Landessozialgericht
LSt	Lohnsteuer
LStDV	Lohnsteuerdurchführungsverordnung
LT-Drucks.	Landtagsdrucksache
LThK	Lexikon für Theologie und Kirche
LV	Landesverfassung
LVwVfG	Landesverwaltungsverfahrensgesetz
m.w.N.	mit weiteren Nachweisen
MAV, MVO	Mitarbeitervertretungsordnung
MBl.	Ministerialblatt
MDR	Monatsschrift für Deutsches Recht
MeldeG	Meldegesetz
MfS	Ministerium für Staatssicherheit der DDR
MünchKomm.	Münchener Kommentar zum BGB
n.F.	neue Fassung
Nds.	Niedersachsen, niedersächsisch
Nds.GVBl.	Gesetz- und Verordnungsblatt für Niedersachsen
Nds.MBl.	Niedersächsisches Ministerialblatt
Nds.Rpfl.	Niedersächsische Rechtspflege
Nds.SOG	Niedersachsen. Gesetz über die öffentliche Sicherheit und Ordnung
Nds.StrG	Niedersachsen. Straßengesetz
NHG	Niedersachsen. Hochschulgesetz
NJ	Neue Justiz
NJW	Neue Juristische Wochenschrift
NJWE-FER	Neue Juristische Wochenschrift-Entscheidungsdienst Familien- und Erbrecht
NJW-RR	Neue Juristische Wochenschrift-Rechtsprechungsreport
NStZ	Neue Zeitschrift für Strafrecht
NstZ-RR	Neue Zeitschrift für Strafrecht-Rechtsprechungsreport
n.v.	nicht veröffentlicht
NVwZ	Neue Zeitschrift für Verwaltungsrecht
NVwZ-RR	Neue Zeitschrift für Verwaltungsrecht-Rechtsprechungsreport
NW	Nordrhein-Westfalen
NW.OBG	Nordrhein-Westfalen. Ordnungsbehördengesetz
NW.KgG	Nordrhein-Westfalen. Kindergartengesetz
NWVBl.	Nordrhein-Westfälische Verwaltungsblätter
NZA	Neue Zeitschrift für Arbeitsrecht
NZS	Neue Zeitschrift für Sozialrecht
OBG	Ordnungsbehördengesetz
ÖAKR	Österreichisches Archiv für Kirchenrecht
OLG	Oberlandesgericht
OVG	Oberverwaltungsgericht
OVGE	Entscheidungen der Oberverwaltungsgerichte für das Land Nordrhein-Westfalen in Münster und für das Land Niedersachsen in Lüneburg
OwiG	Ordnungswidrigkeitengesetz

Abkürzungsverzeichnis XXI

POG	Polizeiorganisationsgesetz
PostG	Postgesetz
PressG, PresseG	Pressegesetz
PStG	Personenstandsgesetz
RABl.	Reichsarbeitsblatt
RdA	Recht der Arbeit
RdJB	Recht der Jugend und des Bildungswesens
RdL	Recht der Landwirtschaft
Rdnr.	Randnummer
RegBl.	Regierungsblatt
RG	Reichsgericht
RGBl.	Reichsgesetzblatt
RGRK	Reichsgerichtsrätekommentar
RGZ	Entscheidungen des Reichsgerichts in Zivilsachen
Rh.-Pf.	Rheinland-Pfalz
RhPf	Rheinland-Pfälzisch
RiA	Das Recht im Amt
RK	Reichskonkordat
RPfleger	Der Deutsche Rechtspfleger
RPfG	Rechtspflegergesetz
RRG	Rentenreformgesetz
Rspr.	Rechtsprechung
RVO	Reichsversicherungsordnung
Rz.	Randziffer
SchlHA	Schleswig-Holsteinische Anzeigen
SchG	Schulgesetz
SchwbG	Schwerbehindertengesetz
SGb	Die Sozialgerichtsbarkeit
SGB	Sozialgesetzbuch
SGG	Sozialgerichtsgesetz
SozR	Sozialrecht. Rechtsprechung und Schrifttum
StAnz.	Staatsanzeiger
StAZ	Zeitschrift für Standesamtswesen
stRspr.	Ständige Rechtsprechung
StenBer.	Stenographischer Bericht
StG, StiftG	Stiftungsgesetz
StGB	Strafgesetzbuch
StGH	Staatsgerichtshof
StGHG	Entscheidungen des Staatsgerichtshofs
StPO	Strafprozeßordnung
StraßenR	Straßenrecht
StrG	Straßengesetz
StV	Strafverteidiger
StrWG	Straßen-und Wegegesetz; Gesetz zur Wiedergutmachung nationalsozialistischen Unrechts auf dem Gebiet des Strafrechts
StVO	Straßenverkehrsordnung
TierSchG	Tierschutzgesetz
TVG	Tarifvertragsgesetz

Abkürzungsverzeichnis

unv.	unveröffentlicht
Urt.	Urteil
UWG	Gesetz gegen den unlauteren Wettbewerb
VBlBW	Verwaltungsblätter für Baden-Württemberg
VerfGH	Verfassungsgerichtshof
VerGHE	Entscheidungen des Verfassungsgerichtshofs
VerfGHG	Gesetz über den Verfassungsgerichtshof
VersR	Versicherungsrecht
VergGr.	Vergütungsgruppe
VerwaltungsO	Verwaltungsordnung
VerwArch	Verwaltungsarchiv
VG	Verwaltungsgericht
VGH	Verwaltungsgerichtshof
VIZ	Zeitschrift für Vermögens- und Investitionsrecht
VO	Verordnung
VOBl.	Verordnungsblatt
Vorbem.	Vorbemerkung
VSSR	Vierteljahresschrift für Sozialrecht
VwGO	Verwaltungsgerichtsordnung
VwVfG	Verwaltungsverfahrensgesetz
WHG	Wasserhaushaltsgesetz
WiVerw	Wirtschaft und Verwaltung
WM	Wertpapiermitteilungen
WRV	Weimarer Reichsverfassung
WuM	Wohnungswirtschaft und Mietrecht
ZBR	Zeitschrift für Beamtenrecht
ZDG	Zivildienstgesetz
ZevKR	Zeitschrift für evangelisches Kirchenrecht
ZGB	Zivilgesetzbuch der Deutschen Demokratischen Republik
ZIP	Zeitschrift für Wirtschaftsrecht
ZMV	Die Mitarbeitervertretung
ZTR	Zeitschrift für Tarifrecht
ZPO	Zivilprozeßordnung
ZUM	Zeitschrift für Urheber- und Medienrecht
Zuwendungs-TV	Ordnung über Zuwendungen für kirchliche Angestellte

1

Das Tragen des Turbans ist eines der sichtbaren Symbole der Zugehörigkeit zur Religionsgemeinschaft der Sikhs und als solches untrennbar verbunden mit deren Verhaltenskodex. Daher besteht für einen Angehörigen dieser Glaubensgemeinschaft, der die religiösen Gebote ernstnimmt, die innere Verpflichtung, den Turban ständig, also auch während der Arbeit zu tragen.
Das arbeitsvertragliche Bestimmungsrecht des Arbeitgebers findet u. a. dort seine Grenze, wo es in das Persönlichkeitsrecht des Arbeitnehmers eingreift oder dessen Grundrecht auf Glaubensfreiheit mißachtet.

Art. 4 Abs. 1; § 315 Abs. 1 u. 3 Satz 1 BGB
ArbG Hamburg, Urteil vom 3. Januar 1996 – 19 Ca 141/95[1] –

Die Parteien streiten über die Wirksamkeit einer von der Beklagten ausgesprochenen Kündigung.
Der Kläger ist bei der Beklagten seit dem 4. 4. 1990 als Griller beschäftigt. Die Griller tragen eine einheitliche Berufskleidung. Am 26. 2. 1995 teilte der Kläger, der der Religionsgemeinschaft der Sikhs angehört, dem Betriebsleiter der Beklagten mit, daß er von nun an Bart- und Kopfhaar frei wachsen lassen und künftig während der Arbeitszeit einen Turban tragen werde. Der Betriebsleiter teilte dem Kläger mit, dies sei bereits aus lebensmittelhygienerechtlichen Gründen nicht möglich, und forderte ihn auf, auch künftig Haare und Bart zu pflegen und die für das Kochpersonal übliche Papier-Kochmütze zu tragen.
Da der Kläger sich weigerte, ohne Turban seine Arbeit aufzunehmen und mit geschnittenem Haar und Bart zu arbeiten, kündigte die Beklagte das Arbeitsverhältnis fristlos.
Das Arbeitsgericht gab der Kündigungsschutzklage des Klägers statt.

Aus den Gründen:

Der Feststellungsantrag des Klägers hat Erfolg. Die von der Beklagten ausgesprochene Kündigung ist sozial ungerechtfetigt und deswegen unwirksam (§ 1 Abs. 1 KSchG).
Die Beklagte beschäftigt ständig mehr als 5 Arbeitnehmer im Sinne des § 23 Abs. 1 KSchG. Der Kläger hat auch rechtzeitig im Sinne des § 4 KSchG Klage auf Feststellung erhoben, daß die von der Beklagten ausgesprochene Kündigung

---

[1] AuR 1996, 243. Der Rechtsstreit endete in zweiter Instanz mit einem Vergleich.

sozial ungerechtfertigt ist. Von daher wäre die von der Beklagten ausgesprochene Kündigung nur dann sozial gerechtfertigt und damit wirksam, wenn sie durch Gründe in der Person oder in dem Verhalten des Klägers oder durch dringende betriebliche Erfordernisse, die einer Weiterbeschäftigung des Klägers entgegenstünden, bedingt wäre. Dies ist nicht der Fall. Die Beklagte stützt die Kündigung auf eine von ihr behauptete Vertragsverletzung durch den Kläger und macht damit einen verhaltensbedingten Kündigungsgrund geltend. Die Voraussetzungen einer verhaltensbedingten Kündigung liegen jedoch nicht vor.

a) Die Weigerung des Klägers, Haupt- und Barthaar schneiden zu lassen und während der Arbeit die von der Beklagten vorgeschriebene Papiermütze zu tragen, würde sich ohne weiteres als Vertragsverletzung darstellen, wenn der Kläger sich zu dem von der Beklagten begehrten Verhalten vertraglich verpflichtet hätte. Dies ist jedoch nicht der Fall. Unstreitig enthält der schriftliche Arbeitsvertrag keine Regelungen hinsichtlich des äußeren Erscheinungsbildes des Klägers. Zwar kann zugunsten der Beklagten davon ausgegangen werden, daß auch ohne ausdrückliche schriftliche Festlegung konkludent vereinbart wurde, daß der Kläger während der Arbeit Berufskleidung zu tragen hatte. Dies kann sich zum einen darauf stützen, daß bei der Beklagten das Tragen von Arbeitskleidung üblich war, und daß zum anderen – wie sich auch aus § 8 Nr. 1 des Manteltarifvertrages für das Gaststätten- und Hotelgewerbe der Freien und Hansestadt Hamburg ergibt – es für Beschäftigte im Gastronomiegewerbe berufsüblich ist, Berufskleidung zu tragen. Daraus folgt jedoch nicht, daß die jeweilige Gestaltung der Arbeitskleidung, die von der Beklagten vorgegeben wird, Vertragsbestandteil würde. Der Annahme einer derart weitgehenden konkludenten Vereinbarung der Parteien steht entgegen, daß bereits auf seiten der Beklagten nicht erkennbar ist, daß sie sich gegenüber ihren Arbeitnehmern – und also auch gegenüber dem Kläger – in der Weise binden wollte, daß jegliche Veränderung der einmal zur Verfügung gestellten Arbeitskleidung nur im Wege der Änderungskündigung oder der einvernehmlichen Vertragsänderung möglich wäre. Dies wäre jedoch die Konsequenz, wenn von einer konkludenten Vereinbarung der Parteien des Inhalts ausgegangen würde, daß die bei Beginn des Arbeitsverhältnisses von der Beklagten vorgeschriebene Arbeitskleidung in ihrer damaligen Form Bestandteil des zwischen den Parteien zustandegekommenen Arbeitsvertrages geworden wäre. Einer solchen Annahme steht auch entgegen, daß die Beklagte – obwohl ihr dies ohne weiteres möglich gewesen wäre – darauf verzichtet hat, im schriftlichen Arbeitsvertrag eine entsprechende Regelung aufzunehmen.

b) Eine Vertragsverletzung durch den Kläger läge aber auch dann vor, wenn die Beklagte kraft Direktionsrechtes dazu berechtigt gewesen wäre, dem Kläger ein bestimmtes äußeres Erscheinungsbild vorzuschreiben, da der Kläger sich weigerte, dieser Weisung Folge zu leisten.

Da nach dem Vorstehenden von einer konkludenten Vereinbarung der Parteien auszugehen ist, wonach sich der Kläger zum Tragen von Berufskleidung verpflichtete, und eine vertragliche Konkretisierung dieser Verpflichtung nicht erkennbar ist, steht es der Beklagten im Rahmen ihres Direktionsrechtes zu, die Form der Arbeitskleidung vorzuschreiben. Es kann dahinstehen, ob dies auch hinsichtlich dessen gilt, ob bzw. wann sich der Kläger Haupt- und Barthaar schneiden lassen muß. Die Anordnung der Beklagten hinsichtlich des äußeren Erscheinungsbildes des Klägers muß sich nämlich an § 315 Abs. 1 BGB messen lassen, da das ihr eingeräumte Leistungsbestimmungsrecht mangels entgegenstehender Anhaltspunkte nach billigem Ermessen auszuüben ist. Die von der Beklagten getroffene Anordnung entspricht jedoch nicht billigem Ermessen. Dies ergibt sich aus folgendem:

Das Bundesarbeitsgericht hat mehrfach entschieden, daß der Arbeitgeber bei der Konkretisierung des Inhalts der geschuldeten Leistungen einen ihm offenbarten Gewissenskonflikt des Arbeitnehmers zu berücksichtigen hat (vgl. BAG v. 24. 5. 1989 – 2 AZR 285/88 – AP Nr. 1 zu § 611 BGB Gewissensfreiheit m. w. N.). Nach dieser Rechtsprechung wird die in § 315 BGB geforderte Billigkeit inhaltlich auch durch das Grundrecht der Gewissensfreiheit bestimmt. Kollidiert des Recht des Arbeitgebers, im Rahmen seiner unternehmerischen Betätigungsfreiheit den Inhalt der Arbeitsvertragsverpflichtung des Arbeitnehmers anhand dessen Arbeitsvertrages zu konkretisieren, mit der nach Art. 4 Abs. 1 GG geschützten Gewissensbetätigung des Arbeitnehmers, so ist diese Spannungslage nach § 315 BGB unter Abwägung aller Umstände des Einzelfalles aufzulösen, und zwar aufgrund einer wertenden Abwägung der Umstände des Einzelfalles. Streitentscheidende Kriterien für die Interessenabwägung sind dabei die Vorhersehbarkeit des Gewissenskonflikts, die aktuellen betrieblichen Erfordernisse und die Wiederholungswahrscheinlichkeit.

Diese vom Bundesarbeitsgericht aufgestellten Grundsätze sind nach Auffassung der Kammer nicht nur für den Fall anzuwenden, daß ein Arbeitnehmer aufgrund eines Gewissenskonfliktes eine Anordnung des Arbeitgebers nicht befolgt, sondern auch dann, wenn ein Arbeitnehmer aufgrund seiner religiösen Überzeugung bestimmten Anordnungen nicht nachkommt. Auch die Glaubensfreiheit ist durch Art. 4 Abs. 1 Grundgesetz geschützt. Unter Glaubensfreiheit ist mehr als die Duldung religiöser Bekenntnisse oder irreligiöser Überzeugungen zu verstehen. Vielmehr gehört dazu auch das Recht des einzelnen, sein gesamtes Verhalten an den Lehren seines Glaubens auszurichten und seiner inneren Glaubensüberzeugung gemäß zu handeln. Dabei sind nicht nur Überzeugungen, die auf imperativen Glaubenssätzen beruhen, durch die Glaubensfreiheit geschützt. Vielmehr umspannt sie auch religiöse Überzeugungen, die für eine konkrete Lebenssituation eine ausschließliche religiöse Reaktion zwar nicht zwingend fordern, diese Reaktion aber für das beste und adäquate Mittel halten, um die Lebenslage nach der Glaubenshaltung zu bewältigen. Anderenfalls würde das Grundrecht der Glaubensfreiheit sich nicht voll entfalten können (BVeAG v. 19. 10. 1971 – 1 BvR 387/65 – BVerfGE 32, 98, 106[2]).

Der Kläger hat im einzelnen dargelegt und erläutert, wieso er sich weigerte, während der Arbeit seinen Turban abzulegen und statt dessen eine Papiermütze zu tragen, und wieso er sich weigerte, Haupt- und Barthaar zu schneiden. Er hat in nachvollziehbarer Weise geschildert, daß er, obgleich er schon bislang der Glaubensgemeinschaft der Sikhs angehörte, sich Ende 1994 im Rahmen einer religiösen Versammlung habe bekehren lassen. Er hat weiter dargelegt, daß ihm seitens des Vorbeters seiner Glaubensgemeinschaft einige Zeit eingeräumt worden sei, binnen derer er die Glaubensvorschriften bezüglich der Bekleidung habe umsetzen sollen. Letzteres macht es verständlich, daß der Kläger erst im Februar 1995 an die Beklagte mit dem Ansinnen herangetreten ist, künftig während der Arbeit einen Turban zu tragen.

Aufgrund des von der Kammer eingeholten schriftlichen Sachverständigengutachtens steht auch fest, daß das Tragen des Turbans eines der sichtbaren Symbole der Zugehörigkeit zur Religionsgemeinschaft der Sikhs ist und als solches untrennbar verbunden ist mit dem Verhaltenskodex der Sikhs. Der Sachverständige hat darauf hingewiesen, daß es keine gewissermaßen „klassische" Stelle in der „Heiligen Schrift" der Glaubensgemeinschaft der Sikhs gibt, aus der direkt oder indirekt hervorginge, daß das Tragen des Turbans religiöse Pflicht sei. Er hat aber auch zugleich hervorgehoben, daß gerade im Sikhismus – wie in zahlreichen anderen Religionen – sich viele Elemente finden ließen, die nicht bis zu einschlägigen Textstellen in der „Heiligen Schrift" zurückzuverfolgen seien. Wesentlicher sei vielmehr, welche Rolle und Bedeutung die Sitte des Turbantragens im Selbstverständnis der Angehörigen der Religionsgemeinschaft habe. Insofern widerspreche es der religiösen Sitte, den Turban bei bestimmten Gelegenheiten abzulegen, wenn diese nicht identisch seien mit den traditionellen. Die religiöse Tradition verlange aber von den Angehörigen der Glaubensgemeinschaft der Sikhs, auch während der Arbeit einen Turban zu tragen. Dem werde auch nicht nur in der indischen Union, sondern beispielsweise auch in Großbritannien durch entsprechende gesetzgeberische und andere Maßnahmen gebührend Rechnung getragen.

Nach den Ausführungen des Sachverständigen steht zur Überzeugung der Kammer fest, daß jedenfalls für einen solchen Angehörigen der Glaubensgemeinschaft der Sikhs, der die religiösen Gebote sehr ernst nimmt, eine innere Verpflichtung besteht, den Turban ständig, d. h. also auch während der Arbeit, zu tragen. Dem steht nicht entgegen, daß es – wie von der Beklagten geltend gemacht – andere Angehörige dieser Glaubensgemeinschaft geben mag, die

---

[2] KirchE 12, 294.

während der Arbeit keinen Turban tragen. Insofern handelt es sich um ein häufig wahrnehmbares Phänomen, welches sich nicht nur auf die Glaubensgemeinschaft der Sikhs beschränkt, daß nämlich religiöse Gebote von einem Teil der Angehörigen der jeweiligen Glaubensgemeinschaft befolgt werden, von einem anderen Teil nicht. Dies ändert aber an der religiösen Überzeugung der „Strenggläubigen" nichts.

Nach alledem hat der Kläger eine nach außen tretende, rational mitteilbare und intersubjektiv nachvollziehbare Tiefe, Ernsthaftigkeit und absolute Verbindlichkeit seiner religiösen Überzeugung dargelegt, so daß diese vom Gericht als gegeben zugrunde zu legen ist (vgl. BAG, aaO, zu B I 2 b bb der Gründe).

Da auch der Beklagten – so ist der Sachvortrag beider Parteien zu verstehen – vor Ausspruch der Kündigung der religiöse Hintergrund der Weigerung des Klägers, der Anordnung der Beklagten nachzukommen, mitgeteilt wurde, ist unter Abwägung aller Umstände des Einzelfalles festzustellen, ob sich die Anweisungen der Beklagten an den Kläger, Haupt- und Barthaar zu schneiden und die Papiermütze statt des Turbans zu tragen, billigem Ermessen entsprach. Dies war nicht der Fall.

Da sich der Kläger erst Ende des Jahres 1994 entschlossen hat, künftig die religiösen Gebote seiner Glaubensgemeinschaft strikt zu befolgen, war für ihn bei Aufnahme der Tätigkeit bei der Beklagten nicht erkennbar, daß ein Glaubenskonflikt das Arbeitsverhältnis belasten werde.

Die betrieblichen Erfordernisse der Beklagten setzen nicht zwingend voraus, der Kläger der von ihr erteilten Anweisung nachkommt. Hinsichtlich des äußeren Erscheinungsbildes des Klägers konnte die Kammer zuletzt in der mündlichen Verhandlung vom 3.1.1996 feststellen, daß der Kläger einen angenehmen äußeren Eindruck macht. Die Haare des Klägers sind weitgehend unter dem Turban verborgen, der Bart ist zwar länger als üblich, jedoch sehr gepflegt. Das Interesse des Beklagten an der Durchsetzung ihrer Anordnungen kann also nicht darin begründet sein, daß ihren Gästen der Anblick des Klägers nicht zumutbar wäre. Auch im Hinblick auf Hygienevorschriften läßt sich – jedenfalls nach dem Stand der letzten mündlichen Verhandlung – nicht erkennen, daß das äußere Erscheinungsbild des Klägers besondere Probleme aufwürfe. Die Beklagte macht nicht geltend, daß das Tragen eines Bartes als solches bereits den Erfordernissen einer hygienischen Lebensmittelzubereitung entgegenstünde. Insofern bleibt als Interesse der Beklagten lediglich ihr Bestreben, das äußere Erscheinungsbild der bei ihr beschäftigten Arbeitnehmer bzw. Arbeitnehmerinnen einheitlich zu gestalten.

Dieses Interesse muß jedoch bei der Abwägung der beiderseitigen Interessen zurückstehen. Hierbei verkennt die Kammer nicht, daß es zur unternehmerischen Betätigungsfreiheit des Arbeitgebers gehört, im Rahmen der arbeitsvertraglichen Möglichkeiten auch das äußere Erscheinungsbild der Arbeitnehmer zu bestimmen. Im Regelfall wird die Grenze dieses Bestimmungsrechtes erst dann erreicht sein, wenn die Gestaltung der Arbeitskleidung selbst in das Persönlichkeitsrecht der Beschäftigten eingreift, weil sie in ihrer Bewegungsfreiheit eingeengt oder der Lächerlichkeit preisgegeben würden (vgl. LAG Hamm v. 7.7. 1993 – 14 Ta 435/93 – LAGE § 611 BGB Direktionsrecht Nr. 14). Vorliegend ist jedoch auch das Grundrecht der Glaubensfreiheit betroffen. Angesichts dessen, daß das äußere Erscheinungsbild der Arbeitnehmer bzw. Arbeitnehmerinnen bei der Beklagten schon dadurch einheitlich gestaltet ist, daß die am Grill beschäftigten Mitarbeiter gleiche Hemden, Hosen, Kochjacken, Schürzen und Halstücher tragen, ist es der Beklagten zumutbar, angesichts des Glaubenskonfliktes des Klägers darauf zu verzichten, dem Kläger das Tragen einer Papiermütze vorzuschreiben. Dies gilt umso mehr, als der Kläger seine Bereitschaft erklärt hat, einen weißen Turban zu tragen und daran das Firmenemblem der Beklagten anzubringen. Letzteres würde die Kopfbedeckung des Klägers weitgehend der ansonsten von der Beklagten verwendeten Papiermütze angleichen, denn diese ist gleichfalls weiß und trägt das Firmenemblem der Beklagten. Es hätte also eine Möglichkeit bestanden, die Unterschiede zwischen dem äußeren Erscheinungsbild des Klägers und dem der übrigen am Grill beschäftigten Mitarbeiter bzw. Mitarbeiterinnen derart zu minimieren, daß sie sich auf die Form der Kopfbedeckung – Turban statt Schiffchen- und das Material – Stoff statt Papier – beschränkt hätten. Dies wäre der Beklagten hinnehmbar gewesen, da es eine lediglich geringfügige Einschränkung ihres Interesses an einem einheitlichen Erscheinungsbild der Beschäftigten zur Folge gehabt hätte. Hingegen wäre andererseits die Anordnung der Beklagten vom Kläger nur unter Verstoß gegen ein von ihm als elementar empfundenes religiöses Gebot zu befolgen.

Nach alledem war die Anordnung der Beklagten an den Kläger, künftig Haupt- und Barthaar zu schneiden und statt des Turbans die Papiermütze zu tragen, unverbindlich (§ 315 Abs. 3 Satz 1 BGB), so daß der Kläger durch seine Weigerung, dieser Anordnung Folge zu leisten, arbeitsvertragliche Pflichten nicht verletzt hat. Mangels Vorliegen einer Pflichtverletzung fehlt es an einem Grund für die von der Beklagten ausgesprochene Kündigung.

2

Nur der tatsächlich als Begräbnisplatz genutzte Teil eines Friedhofs genießt den Schutz der Totenruhe.

Art. 4, 19 Abs. 3 GG; §§ 80, 80a VwGO
VG Magdeburg, Beschluß vom 9. Januar 1996 – 4 B 88/95[1] –

---

[1] LKV 1996, 341. Nur LS: NVwZ 1996, 1040. Der Beschluß ist rechtskräftig.

Der Antragsteller (Landesverband jüdischer Gemeinden Sachsen-Anhalt) wendet sich im Wege des vorläufigen Rechtsschutzes gegen eine den Beigeladenen vom Antragsgegner (Landkreis W.) erteilte Baugenehmigung zur Errichtung eines Einfamilienhauses auf ihrem Grundstück in W. Das Grundstück ist eine Teilfläche eines ehemals städtischen Grundstücks, deren Gesamtfläche gemäß früherer Grundbuchaufzeichnungen als „Judenfriedhof" bezeichnet war. Nach historischen Magistratsaufzeichnungen der früheren Stadtgemeinde D. sind die nordwestlichen Teilflächen des früheren Judenfriedhofs ab 1922 zur Bebauung freigegeben und in der Folgezeit auch tatsächlich bebaut worden. Nach Aussagen älterer Mitbürger der Stadt D. sind bei diesen Bautätigkeiten Knochenfunde zutage getreten, da sich die eigentliche Begräbnisstätte im Bereich des sog. „Judengrabens", befunden hat.

Die den Beigeladenen vom Antragsgegner erteilte Baugenehmigung sieht als Auflage unter anderem vor, daß der Erdaushub unter ständiger Kontrolle eines Mitarbeiters des Bauordnungsamtes zu erfolgen habe und eventuell vorgefundene Gebeine und Grabeinlagen zu sichern seien. Nachdem das Landesamt für archäologische Denkmalpflege Sachsen-Anhalt bei einer Untersuchung der Baugrube und des Erdaushubes keinerlei Hinweise auf Gräber und sterbliche Überreste von Bestattungen feststellen konnte, erteilte die untere Denkmalschutzbehörde die denkmalrechtliche Genehmigung für das Bauvorhaben der Beigeladenen.

Der Antragsteller legte gegen die den Beigeladenen erteilte Baugenehmigung Widerspruch ein, über den noch nicht entschieden ist. Der Antragsteller hat im vorliegenden Verfahren um vorläufigen gerichtlichen Rechtsschutz nachgesucht. Zur Begründung trägt er vor: Die Erteilung der Baugenehmigung sei eine schwerwiegende Mißachtung des religiösen Empfindens der durch den Antragsteller vertretenen in Sachsen-Anhalt lebenden Juden und deshalb ein Eingriff in deren verfassungsmäßig gewährte Religionsfreiheit. Denn der jüdische Glaube fordere im Gegensatz zu anderen Religionen einen unbegrenzten Schutz der Totenruhe, so daß das Gelände eines jüdischen Friedhofes ausschließlich dem Zwecke der Totenruhe dienen dürfe. Zur Unterstützung seiner Auffassung verweist der Antragsteller auf ein Gutachten vom 12.11.1995, wonach „rings um die Baugrube" Gräber festgestellt worden seien.

Das Verwaltungsgericht hat den Antrag abgelehnt.

Aus den Gründen:

1. Der Antrag ist zulässig. Als Landesverband jüdischer Gemeinden und Körperschaft des öffentlichen Rechts ist der Antragsteller unmittelbar antragsbefugt (§ 42 Abs. 2 VwGO analog) und kann sich gemäß Art. 19 Abs. 3 GG auf den Grundrechtsschutz des Art. 4 GG berufen (vgl. Vertrag des Landes Sachsen-

Anhalt mit der jüdischen Gemeinschaft in Sachsen-Anhalt vom 23. 3. 1994 – GVBl. LSA S. 795 –; zum Grundrechtsschutz von Kirchen allg.: Herzog, in: Maunz-Dürig, GG, 7. Aufl. 1993, Art. 4 Rz. 40 m. w. N.).

2. Der Antrag ist unbegründet. Gemäß den §§ 80, 80 a VwGO kann das Gericht die aufschiebende Wirkung eines Widerspruchs gegen eine gemäß Art. 13 Nr. 3 des Gesetzes zur Erleichterung von Investitionen und der Ausweisung und Bereitstellung von Wohnbauland (Investitionserleichterungs- und Wohnbaulandgesetz vom 22. 4. 1993 – BGBl. I S. 466) sofort vollziehbare Baugenehmigung ganz oder teilweise anordnen.

Bei seiner Entscheidung hat das Gericht einerseits das öffentliche Interesse und das private Interesse der Beigeladenen an der sofortigen Vollziehung der den Beigeladenen vom Antragsgegner erteilten Baugenehmigung sowie andererseits das Interesse des Antragstellers daran, von den Folgen der sofortigen Vollziehung bis zu einer Entscheidung in der Hauptsache verschont zu bleiben, gegeneinander abzuwägen. Hierbei ist allerdings zu berücksichtigen, daß der Gesetzgeber durch den gesetzlichen Ausschluß des Suspensiveffektes gerade dem öffentlichen Interesse (und hier auch dem privaten wirtschaftlichen Interesse des Bauherrn) kraft Gesetzes einen hohen Stellenwert zugebilligt hat.

Diese Interessenabwägung geht hier zu Lasten des Antragstellers aus. Nach der im Verfahren des vorläufigen Rechtsschutzes grundsätzlich nur gebotenen summarischen Prüfung der Sach- und Rechtslage spricht Überwiegendes dafür, daß der Widerspruch des Antragstellers gegen die den Beigeladenen erteilte Baugenehmigung vom 26. 10. 1995 erfolglos bleiben wird. Denn die Baugenehmigung ist nach summarischer Prüfung rechtmäßig erteilt worden und verletzt den Antragsteller nicht in seinen Rechten (§ 113 Abs. 1 Satz 1 VwGO).

a) Nach Auffassung des Gerichts wird durch das Bauvorhaben der Beigeladenen nicht die gemäß Art. 4 Abs. 1 und 2 GG unter staatlichen Schutz gestellte Totenruhe (Unverletzlichkeit des Grabes) verletzt. Dabei geht das Gericht davon aus, daß der Schutz der Totenruhe nur die Teile eines Friedhofes umfaßt, die auch tatsächlich als Begräbnisplätze genutzt wurden. Denn die Unverletzlichkeit des Grabes und die damit verbundene Verhinderung der Grabschändung ist nur bei der tatsächlichen Nutzung des Erdreiches als Begräbnisplatz vorstellbar.

Nach den dem Gericht vorliegenden Unterlagen in den Verwaltungsvorgängen des Antragsgegners ist der hier streitbefangene, das Grundstück der Beigeladenen umfassende Teil des ehemaligen von der jüdischen Gemeinde genutzten Friedhofes zu keiner Zeit zu Begräbniszwecken genutzt worden. Dem der Antragsschrift vom Antragsteller beigefügten „Gutachten" vom 12. 11. 1995 mißt das Gericht demgegenüber einen untergeordneten Stellenwert zu. Denn diesbezüglich fehlen genauere Ausführungen bezüglich der Örtlichkeiten und der Fundorte der aufgefundenen Gräber. Die Feststellung „ringsherum der Baugrube sind Gräber festzustellen" ist dabei zu pauschal und undifferenziert.

Gemäß der im Baugenehmigungsverfahren eingeholten Stellungnahme des Landesamtes für archäologische Denkmalpflege Sachsen-Anhalt vom 29. 9. 1995 konnten „keinerlei Belege für das Vorhandensein von Grabfunden" festgestellt werden. „Weder in den angeschnittenen Profilen und Flächen der Baugrube noch auf dem vor Ort noch befindlichen Aushub konnten positive Hinweise auf Gräber und/oder sterbliche Überreste von Bestatteten festgestellt werden".

Auch die gemäß den Auflagen zur Baugenehmigung der Beigeladenen durchzuführende Kontrolle des Erdaushubs und Sicherung evtl. vorgefundener Gebeine und Grabeinlagen ist bislang ohne Erkenntnisse geblieben.

Nach Aussagen von vier zwischen den Jahren 1909 und 1920 geborenen und in D. ständig wohnhaft gewesenen Bürgern befanden sich die eigentlichen Begräbnisstätten lediglich im nördlichen Teil des Geländes entlang dem sog. Judengraben. In diesem Bereich seien Grabsteine zu verzeichnen gewesen. Die hier streitbefangene Fläche des Grundstücks 446/7 sei stets landwirtschaftlich genutzt worden. Diese Aussagen werden zur Überzeugung des Gerichts dadurch bestätigt, daß das Grundstück der Beigeladenen als Teil des Flurstücks 446/7 aus dem ursprünglichen Flurstück 439/7 bereits im Jahre 1922 entstanden ist und am 23. 5. 1924 mit der Nutzungsart Garten aufgelassen wurde. Daß das streitbefangene Grundstück nicht Teil der Begräbnisstätte gewesen ist, ergibt sich schließlich auch aus dem Schreiben des Antragstellers vom 17. 8. 1995 an den Innenminister des Landes Sachsen-Anhalt. Darin bezieht sich der Antragsteller auf die Aussage eines 91jährigen Einwohners, der die Begräbnisfläche dahingehend beschreibt, daß der Judengraben hinter dem Grundstück der Beerdigungsstätte der Juden gewesen sei.

b) Soweit demgegenüber unter besonderer Berücksichtigung des jüdischen Glaubens die Auffassung zutreffen sollte, daß die durch Art. 4 GG geschützte Totenruhe auch diejenigen Teile eines Friedhofes umfaßt, die nicht unmittelbar selbst als Begräbnisplätze benutzt werden, ergibt sich keine für den Antragsteller günstigere Entscheidung. Denn aufgrund der historischen Entwicklung des Baugebietes ist davon auszugehen, daß es seit den 20er Jahren dieses Jahrhunderts die Eigenschaft als Friedhof verloren hat.

Friedhöfe verlieren im juristischen Sinne nach den allgemeinen Grundsätzen des staatlichen Friedhofs- und Bestattungsrechts ihre Zweckbestimmung und Eigenschaft durch Außerdienststellung oder völlige Entwidmung (Gaedke, Handbuch des Friedhofs- u. Bestattungsrechts, 5. Aufl. 1983, S. 47). Bei der Außerdienststellung eines Friedhofs bleibt dieser als solcher bestehen, so daß nur die Möglichkeit weiterer Bestattungen genommen wird, wogegen die Entwidmung die völlige Auflösung des Friedhofs und die Zuführung des Geländes zu einer anderen Verwendung zur Folge hat (Gaedke, aaO, S. 47, 50). Zuständig für die Friedhofsschließung ist der Friedhofsträger, also die politische Gemeinde, bei kircheneigenen Friedhöfen die Kirchengemeinde (vgl. Gaedke, aaO, S. 48). Ob die Glaubensregeln einer Religionsgemeinschaft dabei die Aufhebung des Friedhofs erlauben, ist insofern unbeachtlich. Denn das Friedhofs- und Bestattungsrecht ist, auch wenn es von Religionsgemeinschaften wahrgenommen wird, kein staatsfreier verfassungsrechtlich garantierter Autonomiebereich der Religionsgemeinschaften, soweit es nicht um die religiös bestimmte Bestattungszeremonie, geht (OVG Hamburg, Beschluß v. 9. 4. 1992, NVwZ 1992, 1212 [1213])[2]. Auch wenn das Bestattungswesen ursprünglich ausschließlich oder überwiegend von den Religionsgemeinschaften wahrgenommen worden ist, hat die geschichtliche Entwicklung in der Neuzeit dazu geführt, daß das Friedhofswesen in zunehmendem Maße als staatliche Aufgabe begriffen wird, in die auch die Friedhöfe der Religionsgemeinschaften einbezogen sind (OVG Hamburg, aaO, m. w. N). Denn aus dem Anstaltscharakter des Friedhofs entspringt die Befugnis des Anstaltsträgers, gemäß seiner Organisationsgewalt über Dauer und Fortbestand der Anstalt zu entscheiden und somit eine Verfügung über den Bestand des Friedhofs vorzunehmen. Entscheidet sich der Anstaltsträger gegen den Fortbestand eines Friedhofes, verliert der Friedhof seinen Charakter als öffentliche Begräbnisstätte völlig, und das Grundstück erlangt sogar seine volle Verkehrs- und Verwendungsfähigkeit wieder, so daß es auch anderen öffentlichen oder (sogar) privaten Zwecken zugeführt werden kann (OVG Hamburg, aaO, Gaedke aaO, S. 50, 59).

So liegt der Fall auch hier. Aufgrund der historischen Grundbuchaufzeichnungen ergibt sich, daß als Eigentümer der Flurstücke des „Judenfriedhofs" nicht die jüdische Gemeinde sondern die Stadtgemeinde eingetragen war. Die Nutzung des Friedhofs wurde in den Jahren 1924/25 aus dem Grundbuch gestrichen, nachdem der Voreigentümer des Grundstücks der Beigeladenen das Flurstück von der Stadtgemeinde erhalten und es als landwirtschaftliche Fläche genutzt hatte (vgl. ablehnender Restitutionsbescheid des Amtes zur Regelung offener Vermögensfragen des Antragsgegners vom 4. 10. 1995) und die Stadtgemeinde den nordwestlichen Teil des Gebietes zur Bebauung freigegeben hatte. Dies ergibt sich im einzelnen aus den historischen Unterlagen der damaligen Magistratssitzungen, so daß davon ausgegangen werden muß, daß der ehemalige Friedhof seit dieser Zeit seine Eigenschaft als Ruhestätte verloren hat.

3

Ein nach dem Recht Südafrikas rechtmäßig erworbener und langjährig geführter Vorname („Frieden mit Gott allein durch Jesus Christus") ist ins Familienbuch einzutragen. Ein Verstoß gegen den deutschen ordre public liegt nicht vor.

---

[2] KirchE 30, 204.

Art. 2 GG; 6 EGBGB
OLG Bremen, Beschluß vom 10. Januar 1996 – 1 W 49/95[1] –

Der Beteiligte zu 3 trägt seit etwa 15 Jahren den Vornamen *Frieden mit Gott allein durch Jesus Christus* und führte ihn im Land seiner Geburt, der Republik Südafrika, worüber eine am 28.3.1989 ausgestellte südafrikanische Geburtsurkunde existiert. Nach der Übersiedlung der Familie nach Bremen im Jahre 1989 führte der Standesbeamte des Standesamts Bremen-Mitte gemäß § 45 Abs. 2 PStG eine Entscheidung des Amtsgerichts Bremen darüber herbei, ob er den Vornamen des Beteiligten zu 3 in das Familienbuch einzutragen habe. Das Amtsgericht hat durch Beschluß vom 11.4.1995 den Standesbeamten angehalten, den Vornamen des Beteiligten zu 3 in Spalte 9 des Familienbuches einzutragen. Auf die sofortige Beschwerde der Aufsichtsbehörde hat das Landgericht durch Beschluß vom 6.7.1995[2] den Beschluß des Amtsgerichts abgeändert und den Standesbeamten angehalten, den Vornamen nicht einzutragen. Hiergegen richtet sich die sofortige weitere Beschwerde, die Erfolg hatte.

Aus den Gründen:

Die zulässige sofortige weitere Beschwerde ist begründet und führt zur Wiederherstellung des amtsgerichtlichen Beschlusses. Die angefochtene Entscheidung verletzt das Gesetz, weil das Landgericht die teilweise grundrechtlich geschützten Rechte und Belange der Beteiligten nicht unter Berücksichtigung des unterschiedlichen Gewichtes der jeweiligen Interessen genügend abwägt. Keine Frage ist es allerdings, daß dem Beteiligten zu 3 der von seinen Eltern gewählte Vorname nach deutschem Recht nicht erteilt werden dürfte, weil dieser nicht die Eigenschaften aufweist, die nach deutschem Recht das Wesen des Namens ausmachen. Auszugehen ist aber hier nicht von dem deutschen Recht, sondern von dem, was in Südafrika als Name rechtlich anerkannt wird. Der Anwendung des südafrikanischen Rechts steht nicht der deutsche ordre public (Art. 6 EGBGB) entgegen. Durch die Eintragung des Vornamens in das Familienbuch würden zwar Grundsätze des deutschen Namensrechts (Satz 1) verletzt. Nicht jede zwingende Norm des deutschen Rechts schließt aber die Anwendung abweichenden fremden Rechts aus (BGH NJW 1961, 1061 [1062]). Vielmehr wird der Zweck eines deutschen Gesetzes nur dann schwerwiegend verletzt, wenn der Unterschied zwischen den staatspolitischen Anschauungen, auf denen die voneinander abweichenden Rechtsordnungen beruhen, so erheblich ist, daß die Anwendung des ausländischen Rechts direkt

---

[1] StAZ 1996, 86. [2] KirchE 33, 245.

in die Grundlagen des deutschen staatlichen oder wirtschaftlichen Lebens eingreifen würde (RGZ 60, 296 [300]). Eine derartige Tragweite kann aber dem weitgehend auf Ordnungsgrundsätzen beruhenden deutschen Namensrecht nicht beigemessen werden, abgesehen davon, daß es über die Funktion des Namens – Identitätsbezeichnung und Zuordnung – spezielle Rechtsnormen im deutschen Recht nicht gibt (OLG Hamm, OLGZ 1983, 42 [45]).

Die Anwendung des fremden Rechts ist auch nicht mit den Grundrechten unvereinbar (Satz 2), denn durch die Anwendung werden umgekehrt die Grundrechte des Beteiligten zu 3 gerade geschützt. Dieser hat nämlich an dem Vornamen ein subjektives, verfassungsmäßig geschütztes (Art. 2 Abs. 1 GG) Recht erworben, das durch Änderung äußerer Umstände nicht ohne weiteres beeinträchtigt werden darf; hiergegen spricht auch das allgemeine Ordnungsinteresse an der Kontinuität (BGHZ 63, 107 [112]) sowie der Wille des Namensträgers selbst, der kein kleines Kind mehr ist, sondern alt genug, um die Vor- und Nachteile seines Vornamens weitgehend selbst zu beurteilen, so daß es nicht angebracht erscheint, sich über seinen Willen hinwegzusehen und ihm einen vermeintlichen Schutz zu gewähren, an dem ihm nicht gelegen ist. Er selbst sagt nicht, daß er wegen seines Vornamens verspottet oder gehänselt worden sei. Daß ein Name von dieser Länge und Ungewöhnlichkeit im täglichen Leben Unzuträglichkeiten mit sich bringt, muß ihm während der langen Jahre, in denen er diesen Namen – auch in Deutschland – trägt, selbst klargeworden sein. Die vom Landgericht angestellten abweichenden Erwägungen sind teilweise spekulativer Natur.

Endlich geht es auch nicht an, von seiten des Gerichts einen anderen Namen festzusetzen, denn das Recht der Namenserfindung ist Ausfluß der elterlichen Sorge (BGHZ 73, 239 [240]; OLG Hamm, OLGZ 1983, 42 [43]; Münch-KommBGB/Hinz, 3. Aufl., § 1616 Rdnr. 15; Diederichsen, NJW 1981, 705).

4

Für die Frage, wer Absender i. S. des Art. 25 § 1 Weltpostvertrag ist, ist nicht die formale Absenderangabe entscheidend, sondern wer auf Grund des Gesamteindrucks dem Empfänger als Mitteilender entgegentritt. Die formale Absenderangabe (The Sisters of Mary) ist für das sog. Remailing nicht maßgeblich.

§§ 812 Abs. 1 Satz 1 1. Alt. BGB 7 PostG, 26 Abs. 2, 35 GWB.
OLG Karlsruhe, Urteil vom 10. Januar 1996 – 6 U 197/95 (Kart.)[1] –

---

[1] NJW 1996, 2582. Das Urteil ist rechtskräftig.

Spendenbriefe 13

Der Kläger ist ein gemeinnütziger Verein, dessen satzungsgemäße Aufgabe es ist, die Arbeit der Kongregation der Marienschwestern („The Sisters of Mary"), die auf den Philippinen, in Korea und Mexiko Armenfürsorge betreibt und sich vor allem entwurzelter Slumkinder in übervölkerten Millionenstädten annimmt, in Deutschland durch Öffentlichkeitsarbeit und das Sammeln von Spendengeldern zu unterstützen. Der Kläger verlangt von der Beklagten, der Deutschen Bundespost, die Rückzahlung von nachentrichtetem Inlandsporto für 17 500 Spendenbriefe; er begehrt ferner die Feststellung, daß die Beklagte verpflichtet ist, derartige an Empfänger in Deutschland gerichtete Spendenbriefe zu befördern, die auf den Philippinen, in Korea oder Mexiko zur Post gegeben werden. Die Kongregation der Marienschwestern faßte 1993 den Entschluß, Spendenaufrufe auch unmittelbar von den Philippinen aus an deutsche Empfänger zu schicken. Die Briefe wurden im Sommer 1993 von einem Dienstleistungsunternehmen, das sich in räumlicher Nähe zu philippinischen Einrichtungen der Kongregation befindet, zum Versand gebracht. Im Kopf des zweiseitigen Spendenaufrufs heißt es: „Die Schwestern Maria" Hilfe für Kinder aus den Elendsvierteln e. V. (früher: Korean Relief).

Unterschrieben sind die Briefe von der Leiterin der Kongregation, Schwester Michaela die gleichzeitig Vorsitzende des klagenden Vereins ist. Unter der Unterschrift finden sich Adressenangaben sowie neben einer kurzen Beschreibung der Arbeit der Marienschwestern die Angabe von drei Spendenkonten, die der Kläger bei deutschen Banken unterhält. Dem Spendenbrief sind Überweisungsvordrucke für die Überweisung von Spenden auf ein Konto des Klägers beim Postgiroamt E. beigefügt. Als Empfänger ist dort der Kläger mit der Adresse in E. vermerkt. Auch die Spendenquittung weist als Empfänger den Kläger aus. Auf dem Umschlag des Spendenbriefs ist als Absender nochmals die Unterschrift von Schwester Michaela mit der Postfachadresse auf den Philippinen abgedruckt.

Am 26. 8. 1993 wies die Beklagte den Kläger darauf hin, daß sie in Hamburg 17 500 Spendenbriefe angehalten habe, da es sich um ein sogenanntes Remailing handele; unter Remailing versteht man, daß ein inländischer Absender Briefsendungen in einem fremden Land einliefert, um aus den dort geltenden niedrigeren Gebühren Vorteil zu ziehen (Art. 25 Weltpostvertrag). Der Kläger wurde vor die Wahl gestellt, entweder das Inlandsporto (1 DM je Brief) nachzuentrichten oder in Kauf zu nehmen, daß die Briefe zurückgesandt würden. Der Kläger zahlte daraufhin unter Vorbehalt das Inlandsporto nach. Als im Oktober 1993 weitere 50 000 Spendenbriefe in Hamburg angehalten wurden, weigerte sich der Kläger, das Inlandsporto nachzuentrichten. Die Briefe gingen daraufhin zurück auf die Philippinen.

Der Kläger hat die Auffassung vertreten, daß sich die Beklagte zu Unrecht auf Art. 25 § 1 des Weltpostvertrages gestützt habe. Absender der Briefe sei nicht er, der Förderkreis, sondern die Kongregation. Diese gebe nur deshalb das Konto ihres Förderkreises in Deutschland an, weil den Spendern nicht zugemutet werden könne, die hohen Bankspesen für eine Überweisung auf ein Konto auf den Philippinen zu zahlen.

Der Kläger hat beantragt, die Beklagte zur Zahlung von DM 17 500,– zu verurteilen. Das Landgericht hat zunächst vorab über die Zulässigkeit des Rechtswegs entschieden und den Zugang zu den ordentlichen Gerichten bejaht. Es hat sodann die Klage abgewiesen. Hiergegen richtet sich die Berufung des Klägers, die erfolglos blieb.

Aus den Gründen:

Mit Recht hat das Landgericht einen Anspruch des Klägers aus § 812 Abs. 1 Satz 1 1. Alt. BGB auf Rückzahlung der 17 500 DM, die der Kläger an die Beklagte zur Weiterbeförderung der angehaltenen Spendenbriefe gezahlt hat, verneint.

1. Zwischen den Parteien ist eine Vereinbarung über die Weiterleitung der Spendenbriefe zustande gekommen. Dies unterliegt keinem vernünftigen Zweifel. Die Beklagte tritt mit den Postkunden in privatrechtliche Beziehungen (§ 7 PostG). Auch Art. 25 § 3 Weltpostvertrag 1989, wonach die Postverwaltung im Falle des „Remailing" berechtigt ist, die Sendung mit Inlandsporto zu belegen, begründet keine Ausnahme von dem Prinzip der privatrechtlichen Gestaltung. Diese Bestimmung bietet für sich genommen keine Grundlage für ein hoheitliches Tätigwerden der Beklagten, etwa für einen Leistungsbescheid gegen den Absender. Sie ist vielmehr als eine Ausnahme zu verstehen gegenüber der generellen Weiterleitungsverpflichtung, die die Partner des Weltpostvertrages trifft (vgl. Art. 1 § 1 der Satzung des Weltpostvereins v. 10. 7. 1964, BGBl. 1965 II 1633). Bietet das innerstaatliche Recht keine Handhabe für ein öffentlich-rechtliches Vorgehen, etwa in der Form eines Leistungsbescheides, regelt es vielmehr das Verhältnis der Post zu ihren Kunden als ein privatrechtliches, so muß dies grundsätzlich auch für eine solche Nachentrichtung gelten.

Freilich hat der Kläger das Inlandsporto nur unter Vorbehalt gezahlt. Dies bedeutet, daß die getroffene Vereinbarung nur dann einen Rechtsgrund für die erfolgte Zahlung darstellt, wenn die Beklagte zur Weiterbeförderung der Briefe nicht ohnehin verpflichtet war. § 814 BGB steht der Rückforderung nicht entgegen (vgl. BGH NJW 1984, 2826).

2. Die Beklagte war zur Weitersendung der Spendenbriefe nach Art. 25 § 1 Weltpostvertrag 1989 nicht verpflichtet; denn es handelte sich um Briefe, deren Absender letztlich der Kläger war und die er auf den Philippinen hatte einliefern lassen. Dabei wären ihm die dort geltenden niedrigeren Gebühren zugute gekommen.

Ob im Streitfall die zitierte Bestimmung des Weltpostvertrags 1989 anzuwenden ist, den die Philippinen noch nicht ratifiziert haben, der aber möglicherweise nach den Grundsätzen einer stillschweigenden Ratifikation („ratification tacite") bereits Geltung beanspruchen kann (vgl. BGHZ 76, 358, 360), oder ob zwischen der Bundesrepublik Deutschland und den Philippinen noch der Weltpostvertrag 1984 gilt, den beide Staaten ratifiziert haben (BGBl. 1987 II 125 u. 432), kann im Streitfall offenbleiben, weil auch der Vertrag vom 27. 7. 1984 (BGBl. II 236) in Art. 23 eine – wenn nicht wörtlich, so doch sachlich – übereinstimmende Bestimmung enthält.

Der Satzung des Weltpostvereins und dem Weltpostvertrag kommt als völkerrechtlichen Verträgen über das Innenverhältnis der beteiligten Vertragsstaaten hinaus in Deutschland eine Außenwirkung zugunsten der jeweiligen Postkunden zu (vgl. BGHZ aaO). Sie können sich gegenüber der Beklagten auf die sie begünstigenden Bestimmungen dieser Verträge berufen, und zwar unabhängig davon, ob das Verhältnis der Post zu ihren Kunden öffentlich-rechtlich oder privat-rechtlich geregelt ist. Im Streitfall beruft sich der Kläger auf das Recht des Absenders einer im Ausland eingelieferten Postsendung auf Auslieferung an den inländischen Adressaten und damit auf eine öffentliche Aufgabe der Beklagten, die sie in den Formen des Privatrechts zu erfüllen hat (vgl. BGH NJW 1995, 2295, 2296 – Remailing). Dieses in der Satzung des Weltpostvereins und im Weltpostvertrag geregelte Recht ist indessen durch Art. 25 § 1 Weltpostvertrag 1989 (oder Art. 23 § 1 Weltpostvertrag 1984) in der Weise eingeschränkt, daß die Beförderungspflicht im Falle eines „Remailing" entfällt. Daß es sich vorliegend um eine solche Ausnahme von der allgemeinen Pflicht der Weiterbeförderung von im Ausland eingelieferten Sendungen handelt, hat das Landgericht mit Recht angenommen:

Es ist zunächst zutreffend davon ausgegangen, daß es bei der Prüfung der Frage, wer Absender im Sinne von Art. 25 § 1 Weltpostvertrag 1989 (oder Art. 23 § 1 Weltpostvertrag 1984) ist, nicht auf die formale Absenderangabe ankommt, sondern darauf, wer dem Empfänger aufgrund des Gesamteindrucks als Mitteilender entgegentritt (vgl. auch LG Bonn NJW-RR 1995, 1076, 1078). Dies ist im Streitfall der Kläger. Denn der in Rede stehende Spendenaufruf vermittelt dem Empfänger den Eindruck, daß es sich um den Brief des in Deutschland anerkannten und als seriös bekannten Förderkreises handelt, der früher unter der Bezeichnung „Korean Relief" tätig war. Seine Bezeichnung ist auf dem Briefkopf allein angegeben. Auch auf dem Briefumschlag findet sich als Absenderangabe abgesehen von der Postfachadresse auf den Philippinen nur die Bezeichnung des Klägers mit dem von ihm verwendeten Signet, nicht dagegen der Name der philippinischen Kongregation. Dieser Name („The Sisters of Mary") erscheint lediglich auf S. 2 des Spendenbriefes in der Fußzeile; während bei der Bezeichnung des Klägers auch die Rechtsform angegeben ist, fehlt eine entsprechende Angabe bei der Bezeichnung der Kongregation. Herrscht schon aufgrund dieser äußeren Umstände der Eindruck vor, daß sich hier der Kläger als Förderkreis und als eigene juristische Person deutschen Rechts an den Empfänger wendet, so wird dieser Eindruck dadurch zur Gewißheit, daß um Spenden auf die Konten des Klägers in Deutschland gebeten und eine Spendenquittung in Aussicht gestellt wird, auf der als Empfänger der Spende der Kläger angegeben ist.

Die erfolgte Beanstandung nach Art. 25 §§ 1, 3 Weltpostvertrag 1989 war somit veranlaßt; denn es handelte sich um einen Fall des Remailing.

3. Dem Kläger stand gegen die Beklagte auch kein Anspruch aus §§ 35, 26 Abs. 2 GWB auf Weiterbeförderung der fraglichen Briefe zu. Zwar handelt es sich bei der Beklagten um ein marktbeherrschendes Unternehmen, das in seinem Verhalten dem kartellrechtlichen Diskriminierungsverbot unterfällt. Indessen ist nicht dargetan, daß die Beklagte den Kläger ohne sachlichen Grund anders behandelt hat als andere Postkunden. Der Kläger verweist insofern auf ein in Deutschland tätiges Kreditkartenunternehmen, das seinen inländischen Kunden die Abrechnungen von England aus unter der Adresse eines dort ansässigen Tochterunternehmens schickt, ohne daß die Beklagte nach Art. 25 § 3 Weltpostvertrag vorgehe. Dieser Vortrag des Klägers reicht indessen für die Annahme einer Diskriminierung noch nicht aus. Zwar ist an sich die Beklagte, die zu diesem Vorgang in beiden Instanzen nichts vorgetragen hat, als Normadressatin darlegungs- und beweispflichtig für das Vorliegen eines sachlichen Grundes für die unterschiedliche Behandlung (vgl. nur BGH WuW/E 1200, 1202 – IATA-Flugreisen). Doch muß zunächst der Kläger den Diskriminierungstatbestand – also die trotz gleicher Sachlage unterschiedliche Behandlung – darlegen (vgl. v. Gamm, Kartellrecht, 2. Aufl., § 26 Rdn. 53 m. w. N.). Dies hat der Kläger nicht getan. Hierzu hätte er dartun müssen, daß es sich bei dem englischen Absender nicht etwa um eine Art Clearingstelle handelt, die zentral für Europa die Abrechnung der Kreditkartengeschäfte für das weltweit tätige Kreditkartenunternehmen vornimmt; der Kläger hat hierzu jedoch nur Vermutungen geäußert. Außerdem läge eine Diskriminierung erst vor, wenn die Beklagte im Falle des Kreditkartenunternehmens trotz Kenntnis des Remailing-Tatbestandes nichts unternommen hätte; auch hierzu fehlt ein Vortrag des Klägers.

Liegt somit ein Fall des Remailing vor und hatte der Kläger auch aus anderen Rechtsgründen keinen Anspruch darauf, daß die Spendenbriefe von der Beklagten weiterbefördert wurden, so besteht ein Rechtsgrund für die erfolgte Zahlung. Ein bereicherungsrechtlicher Anspruch des Klägers gegen die Beklagte scheidet daher aus.

5

Zur Gestaltungsfreiheit des Landesgesetzgebers hinsichtlich der Zahl der Feiertage und der Intensität des Feiertagsschutzes.

Art. 147 BV schützt die staatlich anerkannten kirchlichen Feiertage als Institut; er enthält keine Bestandsgarantie für einen konkreten Feiertag oder eine bestimmte Anzahl von Feiertagen. Durch die Herabstufung des Schutzes eines bestimmten Feiertages werden – bei Wahrung der Institutsgarantie – die Verbürgungen aus Art. 107 Abs. 1 und 2 BV nicht verletzt.

BayVerfGH, Entscheidung vom 15. Januar 1996 – Vf. 2 – VII – 95 u. a.[1] –

Aus den Gründen:

Gegenstand der Popularklagen ist die Frage, ob § 1 Nr. 1 des Gesetzes zur Änderung des Gesetzes über den Schutz der Sonn- und Feiertage vom 23. 12. 1994 (GVBl. S. 1049), durch den der Buß- und Bettag als gesetzlicher Feiertag gestrichen wurde, gegen die Bayerische Verfassung verstößt.

Das Gesetz über den Schutz der Sonn- und Feiertage (Feiertagsgesetz – FTG) vom 21.5.1980 (GVBl. S. 215, BayRS 1131-3-I), geändert durch Gesetz vom 27. 12. 19991 (GVBl. S. 491), lautete (auszugsweise):

Art. 1 Gesetzliche Feiertage
(1) Gesetzliche Feiertage sind
1. im ganzen Staatsgebiet
...
Buß- und Bettag,
...
2. ...
...

Art. 4 Schutz des Festes Mariä Himmelfahrt, soweit es nicht gesetzlicher Feiertag ist.
Das Fest Mariä Himmelfahrt wird in den Gemeinden, in denen es nicht gesetzlicher Feiertag ist, wie folgt geschützt:
1. Während der ortsüblichen Zeit des Hauptgottesdienstes von 7.00 Uhr bis 11.00 Uhr sind alle vermeidbaren lärmerzeugenden Handlungen in der Nähe von Kirchen und sonstigen zu gottesdienstlichen Zwecken dienenden Räumen und Gebäuden verboten, soweit diese Handlungen geeignet sind, den Gottesdienst zu stören. Die Vorschriften des Art. 2 Abs. 3 gelten entsprechend.
2. Den bekenntniszugehörigen Arbeitnehmern sämtlicher öffentlichen und privaten Betriebe und Verwaltungen steht das Recht zu, von der Arbeit fernzubleiben. Dies gilt

---

[1] Amtl. Leitsätze. BayVerfGHE 49, 1; DÖV 1996, 558; DVBl. 1996, 578; BayVBl. 1996, 305; JuS 1996,1127; GewArch 1996, 238. Nur LS: NJW 1996, 1822; ZBR 1996,188; KuR 1996, 129.

nicht für Arbeiten, welche nach den Bestimmungen der Gewerbeordnung auch an gesetzlichen Feiertagen vorgenommen werden dürfen, und für solche Arbeiten, die zur Aufrechterhaltung des Betriebs oder zur Erledigung unaufschiebbarer Geschäfte bei den Behörden notwendig sind. Weitere Nachteile als ein etwaiger Lohnausfall für versäumte Arbeitszeit dürfen den betreffenden Arbeitnehmern aus ihrem Fernbleiben nicht erwachsen.
3. An den Schulen aller Gattungen entfällt der Unterricht.

Durch Art. 1 des Gesetzes zur sozialen Absicherung des Risikos der Pflegebedürftigkeit (Pflege-Versicherungsgesetz – PflegeVG) vom 26. 5. 1994 (BGBl. I S. 1014) wurde dem Sozialgesetzbuch ein Elftes Buch (XI) betreffend die Soziale Pflegeversicherung angefügt. In § 58 SGB XI sind unter anderem folgende Regelungen zur Finanzierung der Pflegeversicherung enthalten:

§ 58
Tragung der Beiträge bei versicherungspflichtig Beschäftigten
(1) Die nach § 20 Abs. 1 Nr. 1 versicherungspflichtig Beschäftigten, die in der gesetzlichen Krankenversicherung pflichtversichert sind, und ihre Arbeitgeber tragen die nach dem Arbeitsentgelt zu bemessenden Beiträge jeweils zur Hälfte.
(2) Zum Ausgleich der mit den Arbeitgeberbeiträgen verbundenen Belastungen der Wirtschaft werden die Länder einen gesetzlichen landesweiten Feiertag, der stets auf einen Werktag fällt, aufheben.
(3) Die in Absatz 1 genannten Beschäftigten tragen die Beiträge in voller Höhe, wenn der Beschäftigungsort in einem Land liegt, in dem die am 31. Dezember 1993 bestehende Anzahl der gesetzlichen landesweiten Feiertage nicht um einen Feiertag, der stets auf einen Werktag fiel, vermindert worden ist.

Durch § 1 Nr. 1 des Gesetzes zur Änderung des Gesetzes über den Schutz der Sonn- und Feiertage vom 23. 12. 1994 (GVBl. S. 1049) wurde in Art. 1 Abs. 1 Nr. 1 FTG der Buß- und Bettag gestrichen; dafür wurde durch § 1 Nr. 2 Änderungsgesetzes der Art. 4 FTG auf den Buß- und Bettag ausgedehnt.

Die Popularklagen richten sich dagegen, daß der Buß- und Bettag nicht mehr gesetzlicher Feiertag ist. Zur Begründung führen die Antragsteller aus:

Den vier katholischen Feiertagen, nämlich Heilige Drei Könige, Fronleichnam, Mariä Himmelfahrt und Allerheiligen, habe in Bayern bisher als einziger evangelischer Feiertag der Buß- und Bettag gegenübergestanden. In der Abschaffung dieses Feiertages liege eine sachlich nicht zu rechtfertigende Ungleichbehandlung.

Der Landesgesetzgeber müsse eine nach landestypischen Eigenheiten und Erfordernissen angemessene Regelung treffen. Die Abschaffung des Buß- und Bettages in Bayern werde der in der konfessionellen Struktur der Bevölkerung begründeten bayerischen Eigenheit nicht gerecht. Vielmehr hätte, auch unter dem Gesichtspunkt des Minderheitenschutzes, ein beiden Konfessionen gemeinsamer oder ein rein katholischer Feiertag abgeschafft werden müssen. Die Ungleichbehandlung könne nicht dadurch gerechtfertigt werden, daß durch § 1 Nr. 2 des angegriffenen Gesetzes der Buß- und Bettag nunmehr den Schutz des Art. 4 FTG genieße. Art. 4 FTG verstoße seinerseits gegen Art. 118 Abs. 1 Satz 1

BV, weil er alle Erwerbstätigen gegenüber der Berufsgruppe der Lehrer benachteilige. Die Lehrer seien nämlich die einzigen, denen kein Verdienstausfall entstehe, wenn sie der Arbeit fernblieben, weil gemäß Art. 4 Nr. 3 FTG an diesen Tagen kein Unterricht stattfinde.

Die Streichung des Buß- und Bettages könne auch nicht durch die im „Pflegekompromiß" von den Vertretern der Bundesländer vereinbarte Abschaffung eines bundeseinheitlichen Feiertages mit der Bayerischen Verfassung in Einklang gebracht werden, weil dieser Kompromiß gegen das Gewaltenteilungs- und Rechtsstaatsprinzip verstoße. Die Feiertagsgesetzgebung sei vom Grundgesetz ausschließlich den Ländern zugewiesen. Durch den „Pflegekompromiß" sei dem Landesgesetzgeber die Zielrichtung seines konkreten Gesetzgebungsaktes vorgegeben worden. Die Staatsregierung dürfe nicht durch den Abschluß von Vereinbarungen mit dem Bund und anderen Ländern dem Landtag vorgreifen und ihn zum Akklamationsorgan der Exekutive degradieren.

In § 58 SGB XI, der als Regelfall von der Abschaffung eines bestimmte Voraussetzungen erfüllenden Feiertages ausgehe, könne keine Stütze gefunden werden. Es handle sich insoweit nicht nur um eine Ankündigung politischen Charakters ohne rechtliche Verbindlichkeit, so daß er wegen Verstoßes gegen die grundgesetzlich geregelte Gesetzgebungszuständigkeit verfassungswidrig sei. Aber auch bei der Annahme einer politisch motivierten Ankündigung stelle diese Vorschrift eine zu enge Vorgabe für die Landesgesetzgebung dar.

Der Bayerische Landtag beantragt, die Popularklagen als unbegründet abzuweisen. Eine willkürliche Benachteiligung der evangelischen Bürger liege nicht vor, da es sachlich einleuchtende Gründe für die angegriffene Regelung gebe. Abgesehen von der weit überwiegenden Zugehörigkeit der Einwohner Bayerns zum katholischen Glauben bewirke die rechtliche Abschaffung dieses gesetzlichen Feiertages keine tatsächliche Änderung. Die evangelischen Gläubigen hätten weiterhin die Möglichkeit, diesen Tag in der von ihnen gewünschten Form zu begehen. Es liege auch keine willkürliche Ungleichbehandlung hinsichtlich der Berufsgruppe der Lehrer vor. So könnten die organisatorischen Schwierigkeiten, wenn lediglich Kinder des katholischen Glaubens unterrichtet würden, keinesfalls durch den Gesichtspunkt der Gleichbehandlung aufgewogen werden. – Es sei weder ein Verstoß gegen das Gewaltenteilungsprinzip noch gegen die länderrechtliche Regelungskompetenz gegeben. § 58 SGB XI zeige lediglich Alternativen auf, ohne den Landesgesetzgeber zu bevormunden.

Der Bayerische Senat hält die Popularklagen für unbegründet. Eine Ungleichbehandlung im Sinn des Art. 118 BV könne nicht schon deshalb angenommen werden, weil von der Änderung der Feiertagsregelung die katholischen und evangelischen Bevölkerungsteile nicht in gleicher Weise betroffen seien. Dem Gesetzgeber müsse es freigestellt sein, nach Abwägung der Sachlage eine „einseitige" Entscheidung zu fällen. Gleichbehandlung dürfe nicht als absolute

Gleichstellung in allen Belangen mißverstanden werden. Andernfalls dürfte es in letzter Konsequenz überhaupt keine unterschiedliche Feiertagsregelung geben. Willkür des Gesetzgebers sei in keiner Weise gegeben. In der unterschiedlichen Behandlung der Lehrer und der sonstigen Beschäftigten sei keine Diskriminierung zu erkennen. – Ein Verstoß gegen die Kompetenzverteilung von Bund und Ländern liege nicht vor, weil diesen durch den Finanzierungskompromiß zur Pflegeversicherung ausdrücklich eine Wahlfreiheit eingeräumt worden sei. – Ebensowenig treffe der Vorwurf zu, die Staatsregierung habe durch ihre Zustimmung zum „Pflegekompromiß" in unzulässiger Weise in den Willensbildungsprozeß des Gesetzgebers eingegriffen. Diskussion und Abstimmungsverfahren zu diesem Gegenstand im Bayerischen Landtag und im Bayerischen Senat belegten das Gegenteil.

Die Bayerische Staatsregierung erachtet die Popularklagen für unbegründet. In der Streichung des Buß- und Bettages als gesetzlicher Feiertag liege keine willkürliche Benachteiligung der Angehörigen evangelischen Bekenntnisses, wenn man berücksichtige, daß 67,2 % der Einwohner Bayerns katholisch und 23,9 % evangelisch seien. Dies gelte auch deshalb, weil dieser Tag nunmehr in einen landesweit staatlich geschützten Feiertag gemäß Art. 4 FTG umgewandelt worden sei. Außerdem bestehe für diesen Tag weiterhin in ganz Bayern der in Art. 3 Abs. 1, Abs. 2 Sätze 1 und 2 FTG vorgesehene Schutz für „Stille Tage". Es sei somit gewährleistet, daß keine Sport- und öffentlichen Unterhaltungsveranstaltungen stattfänden, die dem ernsten Charakter dieses Tages zuwiderliefen. Eine willkürliche Ungleichbehandlung aller Erwerbstätigen gegenüber der Berufsgruppe der Lehrer sei nicht ersichtlich. Die Entbindung von der Dienstverpflichtung für Lehrer am Buß- und Bettag sei nur eine mittelbare Folge des Ausfalls des Unterrichts gemäß Art. 4 Nr. 3 FTG. Die hinter dieser Regelung stehenden organisatorischen Gründe seien für sich genommen sachgerecht. – Der „Pflegekompromiß" verstoße nicht gegen das in Art. 5 BV verankerte Gewaltenteilungsprinzip. Richtig sei, daß Regelungen des Feiertagsrechts in die Gesetzgebungskompetenz der Länder fielen. Die Staatsregierung dürfe deshalb dem Willensbildungsprozeß der verfassungsmäßig berufenen Organe nicht dadurch vorgreifen, daß sie mit dem Bund und anderen Ländern Vereinbarungen schließe, die dem Landesgesetzgeber keine andere Wahl ließen, als bundesrechtliche Vorgaben ohne eigenen Entscheidungsspielraum umzusetzen. Eine solche Situation liege jedoch nicht vor. Aus § 58 Abs. 2 SGB XI könne schon deshalb kein Verfassungsverstoß hergeleitet werden, weil er keine Regelung im eigentlichen Sinn enthalte. Vielmehr handle es sich um eine reine Ankündigung politischen Charakters ohne rechtliche Verbindlichkeit. In § 58 Abs. 3 SGB XI differenziere der Bund nach der in den Ländern geltenden feiertagsrechtlichen Rechtslage. Die Länder könnten demnach die am 31. Dezember 1993 bestehende Anzahl der gesetzlichen landesweiten Feiertage um einen verringern; andernfalls trügen die Beschäftigten die Beiträge zur Pflegeversicherung in voller Höhe. Wie das Verhalten des Freistaates Sachsen zeige – dort sei kein Feiertag gestrichen worden –, stünden die vom Bund angebotenen Regelungsalternativen nicht in einem derartigen Verhältnis, daß den Ländern praktisch kein Spielraum bliebe.

Der Landeskirchenrat der Ev.-Luth. Kirche in Bayern schließt sich den Ausführungen der Antragsteller an. Er verweist insbesondere auf die große Bedeutung des Buß- und Bettages gerade für den evangelischen Bevölkerungsteil und auf dessen lange Tradition, die bis in alttestamentliche Zeiten zurückreiche. Die große Bedeutung der Buße als lebenslange Aufgabe jedes Christen sei in der Reformationszeit, besonders durch Martin Luther, herausgestellt worden. Dies erkläre den hohen Stellenwert des Buß- und Bettages für die evangelischen Christen. Mit ihm solle an die Grundlagen einer menschenwürdigen Gesellschaft erinnert werden. Die Streichung dieses einzigen evangelischen Feiertages aus wirtschaftlichen Gründen widerspreche der Zielsetzung des Feiertagsschutzes des Art. 147 BV und verletze Art. 118 Abs. 1 BV. Sie übergehe nicht nur die Belange des evangelischen Bevölkerungsteils, sondern widerstreite der traditionellen konfessionellen Verteilung im bayerischen Staatsgebiet, in dem zahlreiche Regionen überwiegend von Angehörigen des evangelischen Bekenntnisses bewohnt seien. Diesen ihren einzigen der eigenen Konfession zuzurechnenden Feiertag zu nehmen, sei mit dem Gleichheitsgrundsatz nicht vereinbar.

Das Erzbischöfliche Ordinariat München sieht in der Streichung des Buß- und Bettages keinen Verfassungsverstoß. Die Klage wurde abgewiesen.

Aus den Gründen:

Die Popularklagen sind zulässig, jedoch nicht begründet.

1. § 1 Nr. 1 des Gesetzes zur Änderung des Gesetzes über den Schutz der Sonn- und Feiertage vom 23. 12. 1994 verstößt nicht gegen Art. 118 Abs. 1 BV.

a) Der Gleichheitssatz verbietet Willkür. Er läßt Differenzierungen zu, die durch sachliche Erwägungen gerechtfertigt sind. Nur wenn die äußersten Grenzen des normativen Ermessens überschritten sind, wenn für die getroffene Regelung jeder sachliche Grund fehlt, ist der Gleichheitssatz verletzt. Seine Anwendung beruht stets auf einem Vergleich von Sachverhalten, die nie in allen, sondern nur in einzelnen Elementen gleich sind. Es ist Sache des Normgebers, nach pflichtgemäßem Ermessen zu bestimmen, welche Elemente der zu ordnenden Sachverhalte dafür maßgebend sind, sie rechtlich gleich oder verschieden zu behandeln. Der Verfassungsgerichtshof hat nicht zu prüfen, ob der Normgeber die bestmögliche oder gerechteste Lösung gewählt hat (vgl. VerfGHE 40, 81 [84]; 45, 3 [7]; 47, 207 [226]; Meder, Die Verfassung des Freistaates Bayern, 4. Aufl. 1992, Rdnr. 6 zu Art. 118 m. w. N.). Der Verfassungsgerichtshof kann eine Norm nicht mit der Begründung beanstanden, sie entspreche nicht dem Ideal der Gerechtigkeit oder sei politisch falsch oder unzweckmäßig (VerfGHE 14, 4 [16]; 25, 129 [139] [2]; 26, 144 [157]).

b) Die Festsetzung der gesetzlichen Feiertage ist grundsätzlich Sache der Länder. Der Landesgesetzgeber hat bei der Abwägung der zahlreichen im Feiertagsrecht zu berücksichtigenden Gesichtspunkte (vgl. hierzu VerfGHE 35, 10 [19] [3]) ein Auswahlrecht hinsichtlich der Zahl der Feiertage (vgl. VerfGHE 35, 10 [21]) und in Wahrung der Sinngebung kirchlicher Feiertage eine Gestaltungsfreiheit in bezug auf die Intensität des Feiertagsschutzes (vgl. VerfGHE 37, 166 [170 m. w. N.] [4]). Es verstößt demgemäß nicht gegen Art. 118 Abs. 1 BV, wenn der Gesetzgeber in Ausübung dieser Gestaltungsfreiheit aus sachlichen Überlegungen einen Feiertag – welchen auch immer – abschafft. Im vorliegenden Fall hat der Gesetzgeber aus wirtschaftlichen und sozialpolitischen Gründen, nämlich um die Finanzierung der Pflegeversicherung allgemein zu gewährleisten und im besonderen zu vermeiden, daß die Arbeitnehmer die Beiträge zur Pflegeversicherung in voller Höhe zu tragen haben (vgl. Begründung zum Gesetzentwurf der Staatsregierung, LT-Drs. 13/38 S. 3 unter Hinweis auf § 58 Abs. 3 SGB XI), einen Feiertag, und zwar den Buß- und Bettag als gesetzlichen Feiertag gestrichen und insoweit katholischen Feiertagen den Vorrang eingeräumt. Hierbei hat der Gesetzgeber darauf abgestellt, daß etwa 67 % der Einwohner Bayerns katholisch und etwa 24 % evangelisch sind, und daß die Einwohner Bayerns in 1696 Gemeinden mit überwiegend katholischer und 355 Gemeinden mit überwiegend evangelischer Bevölkerung leben. Die der angegriffenen Regelung mithin zugrundeliegenden Überlegungen und Erwägungen können nicht als willkürlich angesehen werden (vgl. VerfGHE 35, 10 [20]). Die äußersten Grenzen des gesetzgeberischen Ermessens sind zudem deshalb nicht überschritten, weil der Buß- und Bettag nunmehr ein landesweit staatlich geschützter Feiertag gemäß Art. 4 FTG ist und weiterhin in ganz Bayern ein „Stiller Tag" im Sinn des Art. 3 Abs. 1, Abs. 2, Sätze 1 und 2 FTG bleibt.

c) Der von den Beschwerdeführern erhobene Einwand, Art. 4 FTG sei seinerseits wegen Verstoßes gegen den Gleichheitssatz nichtig, weil er andere Erwerbstätige gegenüber der Berufsgruppe der Lehrer benachteilige, trifft nicht zu. Es kann dahinstehen, ob insoweit bereits der Gesichtspunkt der grundsätzlichen Unzulässigkeit der Wiederholung einer Popularklage eingreift (vgl. hierzu VerfGHE 46, 201 [203] m. w. N.). Denn auf jeden Fall steht – wie der Verfassungsgerichtshof bereits entschieden hat (vgl. VerfGHE 35, 10 [22]) – eine entsprechende Regelung im Einklang mit Art. 118 Abs. 1 BV, weil sie erkennbar den Zwecken eines geordneten Unterrichtsbetriebs an den Schulen dient und

---

[2] KirchE 13, 74.   [3] KirchE 19, 225.   [4] KirchE 22, 232.

damit sachlich gerechtfertigt ist. Dürften an den betreffenden Festtagen nur die bekenntniszugehörigen Lehrer und Schüler von der Schule fernbleiben, so wäre zum einen für die anderen Schüler an diesem Tage der reguläre Unterricht wegen fehlender Lehrkräfte beeinträchtigt. Zum anderen wären die dem Unterricht fernbleibenden Schüler in ihrer Ausbildung gegenüber den anderen Schülern benachteiligt. Es ist daher nicht sachwidrig, wenn der Gesetzgeber diesen Konflikt zugunsten derjenigen Schüler und Lehrer löst, die die genannten Festtage entsprechend ihrem Bekenntnis als Feiertag begehen wollen, und wenn er zur Vermeidung von Beeinträchtigungen des Unterrichtsbetriebs und von Ausbildungsnachteilen diesen Tag insgesamt schulfrei gibt (VerfGHE 35, 10 [22]).

2. Die angefochtene Vorschrift steht mit Art. 147 BV im Einklang.

Art. 147 BV schützt die staatlich anerkannten kirchlichen Feiertage als Institut. Der Gesetzgeber ist verpflichtet, eine angemessene Zahl kirchlicher Feiertage entsprechend der in Bayern bestehenden Tradition anzuerkennen und durch gesetzliche Vorschriften zu schützen. Die Institutsgarantie besagt dagegen nicht, daß alle kirchlichen Feiertage gesetzlich geschützt bleiben müssen, die bei Inkrafttreten der Bayerischen Verfassung einen entsprechenden Schutz genossen, oder daß deren Zahl nicht verändert werden darf. Dem Art. 147 BV kann mithin keine Gewährleistung für das Fortbestehen bestimmter Feiertage, also eine Bestandsgarantie für einen konkreten Feiertag oder eine bestimmte Anzahl von Feiertagen entnommen werden (vgl. BVerfG NJW 1995, 3378 [3379] [5] zur Rechtslage nach Art. 140 GG i. V. m. Art. 139 WRV, der im Kern gleichlautend mit Art. 147 BV ist). Bei der Gestaltung des Feiertagsrechts hat der Gesetzgeber vielmehr einen weiten Spielraum, innerhalb dessen er zahlreiche Gesichtspunkte und Interessen gegeneinander abzuwägen hat. Dies kann zu verschiedenen Ergebnissen führen, je nachdem, welchen Belangen in einer bestimmten sozialen oder wirtschaftlichen Situation vom Gesetzgeber der Vorrang eingeräumt wird (VerfGHE 35, 10 [19f.]; 37, 166 [171]). Die durch Art. 147 BV verbürgte Einrichtung des staatlichen Sonn- und Feiertagsschutzes als Institut ist durch die Verminderung der bisher zwölf gesetzlichen kirchlichen Feiertage um einen und dessen Zuordnung zu Art. 4 FTG offenkundig nicht verletzt. Bei dieser Sachlage ist auch eine Verletzung des Kulturstaatsprinzips (Art. 3 Abs. 1 Satz 1 BV) nicht gegeben.

3. Art. 107 Abs. 1 und 2 BV werden durch die angegriffene Regelung nicht verletzt.

Art. 107 Abs. 1 BV schützt die Glaubens- und Gewissensfreiheit, während Art. 107 Abs. 2 BV das Grundrecht der freien Religionsausübung verbürgt (Meder, Rdnrn. 1, 6 zu Art. 107). Diese Verfassungsnormen gewährleisten dem

---

[5] KirchE 33, 337.

Einzelnen einen vor staatlichen Eingriffen geschützten Freiraum, in dem er sich in religiös-weltanschaulicher Hinsicht die Lebensform zu geben vermag, die seiner Überzeugung entspricht. Dazu gehört auch die Freiheit der Teilnahme an kultischen Handlungen und religiösen oder weltanschaulichen Feiern und Gebräuchen (vgl. BVerfGE 24, 236 [245 f.] [6]; 32, 98 [106 f.] [7]; 41, 29 [49] [8]; 52, 223 [240 f.] [9]). In diese Verbürgungen greift die hier angegriffene Regelung nicht ein. Der Buß- und Bettag wird nach Art. 4 FTG geschützt und bleibt ein „Stiller Tag" gemäß Art. 3 FTG. Die betroffenen Bürger werden durch die Streichung des Buß- und Bettages als gesetzlicher Feiertag nicht von Gesetzes wegen gehindert, diesen Tag entsprechend ihrem religiösen Bekenntnis zu begehen (vgl. auch Berl. VerfGH NJW 1995, 3379 [3380] [10]). Allerdings können sich durch die Herabstufung des Feiertagsschutzes am Buß- und Bettag Nachteile und Erschwernisse für Arbeitnehmer ergeben, wenn sie am Buß- und Bettag der Arbeit fernbleiben wollen; diese Nachteile und Erschwernisse stellen jedoch keinen staatlichen Eingriff in die Rechte aus Art. 107 Abs. 1 und 2 BV dar, sondern sind Folgen der – bei Wahrung der Institutsgarantie – verfassungsrechtlich unbedenklichen Befugnis des Gesetzgebers zu regeln, ob und in welchem Umfang einzelne kirchliche Feiertage staatlich geschützt werden sollen. Aus Art. 107 Abs. 1 und 2 BV folgt keine Verpflichtung des Staates, bestimmte kirchliche Feiertage ganztägig als Tage der Arbeitsruhe auszuweisen und Arbeitnehmer von einer Arbeitsverpflichtung freizustellen (vgl. BVerfG NJW 1995, 3378 [3379] zu Art. 4 Abs. 1 und 2 GG vgl. ferner Berl. VerfGH NJW 1995, 3379 [3380]).

4. Die angegriffene Regelung verstößt nicht gegen das Rechtsstaats- und Gewaltenteilungsprinzip (Art. 3 Abs. 1 Satz 1 und Art. 5 BV).

Der Begriff des Rechtsstaats wird unter anderem durch die Geltung des Gewaltenteilungsgrundsatzes gekennzeichnet (vgl. Meder, Rdnr. 4 zu Art. 3). Die Teilung der Gewalten ist ein tragendes Organisations- und Funktionsprinzip in einer demokratischen, rechtsstaatlichen Verfassungsordnung. Der Inhalt der Gewaltenteilung besteht nicht darin, daß die Funktionen der Staatsgewalt scharf getrennt werden, sondern daß die Organe der Legislative, Exekutive und Justiz sich gegenseitig hemmen, kontrollieren und mäßigen, damit die Freiheit des einzelnen geschützt wird. Die in der Verfassung vorgenommene Verteilung der Gewichte zwischen den drei Gewalten muß aufrechterhalten bleiben; keine Gewalt darf ein in der Verfassung nicht vorgesehenes Übergewicht über die andere Gewalt erhalten, und keine Gewalt darf der für die Erfüllung ihrer verfassungsmäßigen Aufgaben erforderlichen Zuständigkeiten beraubt werden (vgl. BVerfGE 9, 268 [279 f.]; 22, 106 [111]; 34, 52 [59]; 67, 100 [130];

---

[6] KirchE 10, 181.
[7] KirchE 12, 294.
[8] KirchE 15, 128.
[9] KirchE 17, 325.
[10] KirchE 33, 307.

Meder, Rdnr. 1 zu Art. 5; Stern, Das Staatsrecht der Bundesrepublik Deutschland, 2. Aufl. 1984, Bd.1, § 20 IV 3).

a) Die angegriffene Norm wurde vom Landtag als zuständigem Verfassungsorgan (Art. 72 Abs. 1 BV) in einem ordnungsgemäßen Gesetzgebungsverfahren erlassen. Die Auffassung der Popularkläger, der „Pflegekompromiß" sei eine unzulässige Einflußnahme der Staatsregierung auf das Gesetzgebungsverfahren, ist schon deshalb rechtlich unerheblich, weil unter den hier gegebenen Umständen dies allenfalls zur Verfassungswidrigkeit der Einflußnahme selbst führen könnte, nicht aber zur Verfassungswidrigkeit des vom Landtag in eigener Zuständigkeit beschlossenen Gesetzes.

b) Soweit die Antragsteller vorbringen, § 58 SGB XI verstoße gegen die im Grundgesetz geregelte Verteilung der Gesetzgebungskompetenz zwischen dem Bund und den Ländern, ist diese Frage für das vorliegende Verfahren nicht erheblich.

§ 58 SGB XI selbst kann nicht Prüfungsgegenstand einer Popularklage nach Art. 98 Satz 4 BV, Art. 55 Abs. 1 VerfGHG sein, weil es sich nicht um Landesrecht handelt. Die Frage der Wirksamkeit dieser Vorschrift ist für die Entscheidung des vorliegenden Verfahrens auch nicht vorgreiflich, so daß eine Vorlage an das Bundesverfassungsgericht gemäß Art. 100 Abs. 1 Satz 1 GG schon deshalb nicht in Betracht kommt. Das mit der Popularklage angefochtene bayerische Gesetz bedarf zu seiner Vereinbarkeit mit der Bayerischen Verfassung keiner bundesrechtlichen Ermächtigung oder einer sonstigen dem Bundesrecht entspringenden Grundlage. Die von den Antragstellern behauptete Unwirksamkeit des § 58 SGB XI hätte daher keinen Einfluß auf die Gültigkeit der hier angegriffenen Regelung.

6

Zur Frage, welche Anforderungen an den Nachweis der Tatbestandsvoraussetzungen einer Steuerbefreiung nach § 4 Nr. 18 UStG (kirchliche Zwecke) zu stellen sind.

Nieders.FG, Urteil vom 18. Januar 1996 – V 128/92[1] –

---

[1] EFG 1997, 1146. Auf die Revision des Klägers hat der BFH (Gerichtsbescheid vom 27. 8. 1998 – V R 45/97 – unv.) das Urteil aufgehoben u. die Sache an das Nieders.FG zurückverwiesen. Der Senat gibt dem Finanzgericht auf zu ermitteln, ob jedenfalls ein Teil der von dem Kläger ausgeführten Umsätze die Anforderungen des § 4 Nr. 18 UStG erfüllte. Die bezeichnete Steuerbefreiung verlange nicht, daß sämtliche Leistungen des Unternehmers die gesetzlichen Voraussetzungen erfüllen. So habe der Senat in dem Urteil vom 15. 6. 1988 – V R 137/83 – (BFH/NV 1989, 263 zu 2.) u. a. ausgeführt, es bedürfe in jedem Einzelfall einer Prüfung, ob eine Betätigung im Dienste des steuerbegünstigten Zwecks (in der erwähnten Entscheidung im Dienste der freien Wohlfahrtspflege) vorliege.

Der Kläger ist ein eingetragener Verein, der seiner Satzung nach kirchliche und soziale Zwecke verfolgt. Er ist Mitglied des Verbandes Freikirchlicher Diakoniewerke, der seinerseits Mitglied des Diakonischen Werkes der Ev. Kirche Deutschlands ist. Der Kläger erwarb ein Gebäude, das er für Pastorenrüsttage, Fastenwochen, Familien- und Weihnachtsfreizeiten sowie für sog. Einkehrtage nutzte. Daneben überließ der Kläger das Haus auch anderen freikirchlichen Gemeinden für deren Zwecke. Aus dem Betrieb des Hauses erzielte der Kläger Einnahmen, insbesondere aus der Unterbringung und Verpflegung der Veranstaltungsteilnehmer. Das Finanzamt unterwarf die Umsätze des Klägers mit dem Regelsteuersatz der Umsatzsteuer.

Das Finanzgericht weist die Klage ab.

Aus den Gründen:

Die Klage ist nicht begründet (…)

Die Tatbestandsvoraussetzungen der Steuerbefreiung nach § 4 Nr. 18 UStG sind nicht nachgewiesen. Zwar ist der Kläger durch seine Mitgliedschaft im Verband Freikirchlicher Diakoniewerke mittelbar auch dem Diakonischen Werk der Evangelischen Kirche in Deutschland e.V. und damit einem amtlich anerkannten Verband der Freien Wohlfahrtspflege angeschlossen. Auf die Frage, ob der Kläger auch Leistungen der Freien Wohlfahrtspflege erbringt, kommt es dem insoweit eindeutigen Wortlaut des Gesetzes nach nicht an (Hofmann, in: Plückebaum/Malitzky, UStG, § 4 Nr. 18 Anm. 4).

Der Kläger hat aber nicht nachgewiesen, daß er ausschließlich kirchlichen Zwecken gedient hat. Da er eine Steuerbefreiung der von ihm ausgeführten Umsätze begehrt, trägt er im Hinblick auf die Tatbestandsvoraussetzungen der Steuerbefreiung die Darlegungs- und Beweislast. Für die Streitjahre 1984 bis 1986 hat der Kläger keinerlei Unterlagen vorgelegt, so daß für den Senat nicht nachzuvollziehen gewesen ist, ob der Kläger in diesem Zeitraum ausschließlich kirchlichen Zwecken gedient hat. Dasselbe gilt im Ergebnis auch für die übrigen Streitjahre. Die vorgelegten Belegungslisten des Klägers beweisen nicht, daß er ausschließlich kirchlichen Zwecken gedient hat. Vielmehr lassen sogar eine Vielzahl von Veranstaltungen hieran Zweifel berechtigt erscheinen. *(wird ausgeführt)*

Darüber hinaus ist nicht bewiesen, daß es sich bei den zahlreichen sog. Einkehrtagen für Einzelpersonen und Familien um die Verfolgung kirchlicher Zwecke gehandelt hat.

Eine Steuerermäßigung gem. § 12 Abs. 2 Nr. 8a UStG scheidet ebenfalls aus, weil der Kläger nicht nachgewiesen hat, ausschließlich kirchliche Zwecke zu verfolgen.

7

Der Umstand, daß ein Elternteil aktives Mitglied der Zeugen Jehovas ist, steht der Übertragung der elterlichen Sorge für ein gemeinsames Kind nicht entgegen.

OLG Düsseldorf, Urteil vom 31. Januar 1996 – 4 UF 163/95[1] –

Der Antragsgegner wendet sich gegen ein Urteil des Familiengerichts, mit welchem das Sorgerecht für das gemeinsame Kind, ein jetzt 9jähriges Mädchen, auf die Antragstellerin übertragen wurde. Er meint, die Antragstellerin sei zur Wahrnehmung der Personensorge schon deshalb ungeeignet, weil sie aktives Mitglied der Zeugen Jehovas sei.
Die Berufung hatte keinen Erfolg.

Aus den Gründen:

Entgegen der Auffassung des Antragsgegners kann allein aufgrund des Umstandes, daß die Antragstellerin aktives Mitglied der Zeugen Jehovas ist, nicht festgestellt werden, daß sie zur Erziehung ihrer inzwischen 9jährigen Tochter ungeeignet ist. Eine derartige Rechtsauffassung ist auch dem von dem Antragsgegner zitierten Aufsatz van Oelkers (FamRZ 1995, 1097 [1100]) und der dort zitierten Rechtsprechung (insbes. OLG Frankfurt/M FamRZ 1994, 920[2]) nicht zu entnehmen. Auch in einem solchen Fall ist vielmehr konkret zu prüfen, welcher Elternteil besser geeignet und in der Lage ist, das Kind zu versorgen und zu betreuen. Es sind insbesondere die gefühlsmäßigen Bindungen des Kindes zu den Eltern und deren Möglichkeiten, die Entwicklung des Kindes zu fördern, zu berücksichtigen. Bei gleicher Eignung und Bereitschaft, das Kind zu erziehen, kommt dem sogenannten Kontinuitätsprinzip verstärkte Bedeutung zu. Hiernach bedarf es schon erheblicher Gründe, wenn nach rund dreijähriger Ausübung der Sorge für das Kind ein Wechsel der elterlichen Bezugsperson vorgenommen werden soll. Hierfür sind jedoch keine Anhaltspunkte gegeben ...

8

Wird einbehaltene Kirchensteuer, die im Jahr der Einbehaltung als Sonderausgabe berücksichtigt worden ist, in einem späteren Veranlagungszeitraum erstattet, so ist die erstattete Kirchensteuer mit der im Jahr der Erstattung einbehaltenen Kirchensteuer zu verrechnen und nur der Differenzbetrag als Sonderausgabe abziehbar.

---

[1] Vgl. zu diesem Fragenkreis auch AG Meschede NJW 1997, 2962.
[2] KirchE 31, 517.

Art. 3 Abs. 1, 14 GG
BFH, Beschluß vom 2. Februar 1996 – X B 54/95[1] –

Aus den Gründen:
Bei Zweifeln an der Verfassungsmäßigkeit einer höchstrichterlichen Rechtsprechung kommt zwar eine Zulassung der Revision wegen grundsätzlicher Bedeutung in Betracht. Die Rechtsprechung des Bundesfinanzhofs, auf die das Finanzgericht seine Entscheidung gestützt hat, ist jedoch verfassungsgemäß.

Die Kläger und Beschwerdeführer rügen die unterschiedliche Behandlung von Steuerpflichtigen mit Steuerklasse IV und Steuerklasse III beim Abzug der Kirchensteuer als Sonderausgabe. Entscheiden sich beide Eheleute für die Steuerklasse IV, wird bei unterschiedlich hohen Bezügen der Eheleute in der Regel zuviel Kirchensteuer einbehalten, die bei der Veranlagung zur Einkommensteuer wieder zu erstatten ist. Wählen die Eheleute die Steuerklassen III/V, kann es dagegen vorkommen, daß zuwenig Kirchensteuer einbehalten wird, die bei der Veranlagung zur Einkommensteuer nachzuzahlen ist.

Die Kläger sehen eine Ungleichbehandlung darin, daß Eheleute mit Steuerklasse III/V die Kirchensteuer in voller Höhe als Sonderausgaben abziehen könnten, während Eheleute mit Steuerklasse IV sich die Kirchensteuererstattung anrechnen lassen müßten. Hierbei übersehen die Kläger, daß Steuerpflichtige, bei denen in den Vorjahren weniger Kirchensteuer einbehalten wurde, demgemäß auch weniger Kirchensteuer als Sonderausgabe abziehen konnten. Bei Steuerpflichtigen, bei denen der Arbeitgeber zuviel Kirchensteuer einbehalten hat, hat sich dagegen im Jahr der Einbehaltung die Kirchensteuer mit einem höheren Betrag als Sonderausgabe ausgewirkt und die Einkommensteuer dementsprechend gemindert. In Höhe des später erstatteten Betrages sind die Steuerpflichtigen nicht endgültig wirtschaftlich belastet. Deshalb muß die Steuerminderung in Höhe des Erstattungsbetrages wieder rückgängig gemacht werden. Nach der Rechtsprechung des Bundesfinanzhofs ist daher die erstattete Kirchensteuer im Jahr der Erstattung mit der in diesem Jahr einbehaltenen Kirchensteuer zu verrechnen und nur der Differenzbetrag als Sonderausgabe abziehbar.

Die Kläger sind nur insofern gegenüber Steuerpflichtigen mit Steuerklasse III/V benachteiligt, als ihnen die zuviel einbehaltene Kirchensteuer in der Zeit zwischen Einbehaltung und Erstattung nicht zur Verfügung steht; es handelt sich also nur um einen Zinsnachteil. Da die Kläger zwischen beiden Steuerklassen wählen können und es damit in der Hand haben, den Nachteil, der durch die zu hohe Einbehaltung der Kirchensteuer entsteht, zu vermeiden, liegt weder ein Verstoß gegen den Gleichheitssatz nach Art. 3 Abs. 1 noch gegen Art. 14 GG vor.

---

[1] BFH/NV 1996, 472.

9

Zum Beginn der Ausschlußfrist und Fälligkeit des Anspruchs auf anteilige Weihnachtszuwendung nach AVR Caritas bei Ausscheiden des Arbeitnehmers vor dem 1. Dezember des laufenden Kalenderjahres.

§§ 22, 23; Anl. 1 Ziff. XIV AVR Caritas
BAG, Urteil vom 7. Februar 1996 – 10 AZR 225/95[1] –

Die Parteien streiten über die Zahlung einer anteiligen Weihnachtszuwendung für das Jahr 1992.

Der Kläger war in der Zeit vom 1.3.1989 bis zum 30.6.1992 bei dem Beklagten als Küchenleiter beschäftigt. Das Arbeitsverhältnis endete durch fristgemäße Kündigung des Klägers. Vom 1.7.1992 an war der Kläger beim Evangelischen P., e.V. beschäftigt. Auf das Arbeitsverhältnis des Klägers fanden gemäß vertraglicher Vereinbarung die Richtlinien für Arbeitsverträge in den Einrichtungen des Deutschen Caritas-Verbandes (AVR) in der jeweils gültigen Fassung Anwendung.

Im November 1992 verlangte der Kläger von dem Beklagten mündlich die Zahlung der anteiligen Weihnachtszuwendung für das Jahr 1992. Im Januar 1993 machte er diesen Anspruch schriftlich geltend. Mit Schreiben vom 16.2.1993 lehnte der Beklagte die Zahlung unter Hinweis auf die Verfallfrist des § 23 AVR ab.

Das Arbeitsgericht hat der Klage stattgegeben. Das Landesarbeitsgericht hat auf die Berufung des Beklagten die Klage abgewiesen. Mit der zugelassenen Revision begehrt der Kläger die Wiederherstellung des Ersturteils. Die Revision war erfolglos.

Aus den Gründen:

Die Revision des Klägers hat keinen Erfolg. Der Kläger kann von dem Beklagten die Zahlung einer anteiligen Weihnachtszuwendung für das Jahr 1992 nicht (mehr) verlangen.

I. Die Klage ist zwar zulässig, aber unbegründet.

1. Der Zulässigkeit der Klage steht – wie das Landesarbeitsgericht zutreffend erkannt hat – die Nichtdurchführung des in § 22 AVR vorgesehenen Schlichtungsverfahrens nicht entgegen. Nach § 22 Abs. 1 AVR sind der Arbeitgeber und die Arbeitnehmer grundsätzlich verpflichtet, bei Meinungsverschiedenheiten aus dem Dienstverhältnis zunächst die Schlichtungsstelle anzurufen. Nach Absatz 4 des § 22 AVR schließt die Behandlung des Falles vor der Schlichtungs-

---

[1] Nur LS: ZTR 1996, 319.

stelle die fristgerechte Anrufung des Arbeitsgerichts nicht aus. Der Dienstgeber und die Mitarbeiter haben danach ein Wahlrecht, ob sie die Schlichtungsstelle anrufen oder sogleich vor dem Arbeitsgericht Klage erheben wollen (BAG, Urteil v. 26. 5. 1993 – 4 AZR 130/93[2] – AP Nr. 3 zu § 12 AVR Diakonisches Werk). Darüber hinaus hat der Beklagte mit seinem Schriftsatz vom 24. 8. 1993 mitgeteilt, daß er keine Einwendungen gegen eine Entscheidung durch das Arbeitsgericht habe, auch ohne daß das Schlichtungsverfahren durchgeführt sei. Zu Recht hat das Landesarbeitsgericht daraus einen Verzicht auf die Durchführung des Schlichtungsverfahrens entnommen. Der Senat hat in seiner Entscheidung vom 8. 6. 1994 (– 10 AZR 341/93 –, n. v.) ausgeführt, die Nichtdurchführung des Schlichtungsverfahrens nach § 22 AVR könnte allenfalls dann zur Unzulässigkeit der Klage führen, wenn die beklagte Partei eine entsprechende Rüge vorgebracht hätte.

2. Die Klage ist jedoch unbegründet, weil der Anspruch des Klägers auf Zahlung einer anteiligen Weihnachtszuwendung für das Jahr 1992 verfallen ist.

a) Zu Recht hat das Landesarbeitsgericht angenommen, daß der Kläger die Anspruchsvoraussetzungen für die anteilige Zahlung der Weihnachtszuwendung dem Grunde nach erfüllt. Das Arbeitsverhältnis des Klägers hat zwar vor dem 1. 12. 1992 geendet; der Kläger, der von Beginn des Kalenderjahres 1992 an ununterbrochen in einem Arbeitsverhältnis zu dem Beklagten gestanden hat (Ziffer XIV [b]), hat jedoch nach Nr. 1. e) der Ziffer XIV (b) einen Anspruch auf eine anteilige Weihnachtszuwendung, weil er im Anschluß an sein Arbeitsverhältnis zu dem Beklagten zu einem Arbeitgeber gewechselt ist, der von den AVR erfaßt wird. Nach Anmerkung 1 der Anlage 1 zu den AVR steht die Tätigkeit in dem Ev. P. e. V. der Tätigkeit im Bereich der katholischen Kirche gleich.

b) Der damit dem Grunde nach dem Kläger zustehende Anspruch auf die Zahlung einer anteiligen Weihnachtszuwendung für das Jahr 1992 ist jedoch gemäß der Ausschlußfrist des § 23 AVR verfallen. Nach § 23 Abs. 1 AVR verfallen die Ansprüche aus dem Dienstverhältnis, wenn sie nicht innerhalb einer Ausschlußfrist von sechs Monaten nach Fälligkeit vom Mitarbeiter oder vom Dienstgeber schriftlich geltend gemacht werden.

Der Anspruch des Klägers ist – wie das Landesarbeitsgericht zutreffend erkannt hat – mit seinem Ausscheiden aus dem Arbeitsverhältnis bei dem Beklagten am 30. 6. 1992 fällig geworden. Das folgt aus der Auslegung der Regelung über die Zahlung der Weihnachtszuwendung in Ziffer XIV (f) der AVR; diese Vorschrift lautet wie folgt:

„(f) Zahlung der Weihnachtszuwendung
Die Weihnachtszuwendung soll spätestens am 1. Dezember des laufenden Kalenderjahres gezahlt werden. Bei Beendigung des Dienst- oder Ausbildungsverhältnisses bzw. bei Ein-

---

[2] KirchE 31, 170.

tritt des Ruhens des Dienstverhältnisses (§ 18 Abs. 4 AVR) soll die Weihnachtszuwendung bei Beendigung bzw. bei Eintritt des Ruhens des Dienst- oder Ausbildungsverhältnisses gezahlt werden."

Zutreffend hat das Landesarbeitsgericht diese Regelung dahin ausgelegt, daß im Falle der Beendigung des Arbeitsverhältnisses vor dem 1. Dezember des laufenden Kalenderjahres die anteilige Weihnachtszuwendung zum Zeitpunkt der tatsächlichen Beendigung des Arbeitsverhältnisses fällig wird. Aus Satz 2 in Ziffer XIV (f) der Anlage 1 zu den AVR folgt, daß der ausscheidende Arbeitnehmer die Zahlung der anteiligen Weihnachtszuwendung zum Zeitpunkt der Beendigung des Dienstverhältnisses verlangen und der Arbeitgeber sie zu leisten hat (Palandt, BGB, 53. Aufl., § 271 Anm. 1; BAG, Urteil v. 7. 2. 1995 – 3 AZR 483/94 – AP Nr. 54 zu § 1 TVG Tarifverträge: Einzelhandel). Im Zusammenhang dieser Regelung mit Satz 1 der Ziffer XIV (f) der Anlage 1 zu den AVR zeigt sich, daß trotz der Verwendung des Ausdrucks „... soll ... gezahlt werden ..." in diesen Vorschriften die Fälligkeit des Anspruchs auf Zahlung der Weihnachtszuwendung zum einen für den Fall, daß das Arbeitsverhältnis am 1. 12 des laufenden Kalenderjahres noch besteht, zum anderen – in Satz 2 – für den Fall, daß das Arbeitsverhältnis bereits vor dem 1. 12. des laufenden Kalenderjahres beendet wird, bestimmt wird. Für beide Fälle regelt die Vorschrift, daß der Arbeitnehmer zu dem genannten Zeitpunkt die Zahlung der Weihnachtszuwendung verlangen kann und der Arbeitgeber die Zahlung leisten muß (Palandt, BGB, 53. Aufl., § 271 Anm. 1).

Der Kläger hat seinen Anspruch nicht rechtzeitig und formgerecht im Sinne der Ausschlußfrist des § 23 AVR geltend gemacht.

Soweit der Kläger seinen Anspruch auf Zahlung der anteiligen Weihnachtszuwendung im November 1992 telefonisch geltend gemacht hat, erfüllt diese Geltendmachung die Formerfordernisse des § 23 Abs. 1 AVR nicht. Mit dieser mündlichen Geltendmachung hat der Kläger daher die Ausschlußfrist nicht gewahrt.

Soweit der Kläger im Januar 1993 seinen Anspruch schriftlich geltend gemacht hat, liegt dies außerhalb der sechsmonatigen Ausschlußfrist des § 23 Abs. 1 AVR und ist daher nicht mehr geeignet, die Ausschlußfrist zu wahren.

Der Einwand der unzulässigen Rechtsausübung nach § 242 BGB steht der Berufung des Beklagten auf die tarifliche Ausschlußfrist nicht entgegen. Danach kann der Gläubiger eines Anspruchs dem Ablauf der tariflichen Ausschlußfrist mit dem Einwand der unzulässigen Rechtsausübung begegnen, wenn ihn der Schuldner durch aktives Handeln von der Einhaltung der Ausschlußfrist abgehalten, oder wenn dieser es pflichtwidrig unterlassen hat, ihm Umstände mitzuteilen, die ihn zur Einhaltung der Ausschlußfrist veranlaßt hätten (BAG, Urteil v. 1. 6. 1995 – 6 AZR 912/94 – AP Nr. 16 zu § 812 BGB, m. w. N.; BAG, Urteil v. 21. 1. 1993 – 6 AZR 174/92 – ZTR 1993, 466). Der Einwand greift danach insbesondere dann durch, wenn der Arbeitgeber in dem Arbeitnehmer die Ansicht hervorgerufen oder bestärkt hat, er werde unabhängig von der Beachtung der tariflichen Formerfordernisse die Ansprüche erfüllen (BAGE 14, 140 = AP Nr. 9 zu § 59 BetrVG; BAG, Urteil v. 9. 11. 1983 – 4 AZR 304/81 –, n. v.). Der Kläger, der für die auf § 242 BGB gestützte Einwendung darlegungs- und beweispflichtig ist, hat keine Tatsachen vorgetragen, aus denen sich eine unzulässige Rechtsausübung des Beklagten ergeben würde. Er hat insbesondere auch nicht vorgetragen, daß er seine Steuerkarte und eine Bescheinigung vom jetzigen Arbeitgeber bei der Beklagten eingereicht habe, so daß selbst dann, wenn man seinen verspäteten Sachvortrag aus der Revision vom 28. 3.1995, wonach ihm auf seine telefonische Geltendmachung des Weihnachtsgeldes im November 1992 zugesagt worden sei, der Beklagte bräuchte die Steuerkarte des Klägers und eine Bescheinigung vom jetzigen Arbeitgeber, in der Revisionsinstanz noch berücksichtigen könnte, dieser Vortrag nicht ausreicht, um den Einwand der unzulässigen Rechtsausübung zu begründen. Der Kläger hat auch in keiner Weise dargetan, mit wem er telefoniert hat und von wem die genannte Aussage gemacht worden ist. Sonstige Anhaltspunkte dafür, daß die Berufung des Beklagten auf die tarifliche Ausschlußfrist gegen § 242 BGB verstoßen würde, sind nicht ersichtlich. Daß der Beklagte den Kläger nicht auf das Erfordernis der Schriftform hingewiesen hat, kann den Arglisteinwand allein nicht begründen (BAG, Urteil v. 30. 3. 1962 – 2 AZR 101/61 – AP Nr. 28 zu § 4 TVG Ausschlußfrist).

10

Ein Angestellter einer ev. Krankenhaus-Stiftung, der zu einem privatrechtlich organisierten Arbeitgeber wechselt, verliert einen arbeitsvertraglich durch Inbezugnahme kirchlichen Rechts (hier: Ordnung über eine Zuwendung für kirchl. Angestellte vom 12. 10. 1973, ABl. EvK. Westf. 1974, 19) begründeten Anspruch auf eine Zuwendung auch dann, wenn der neue Arbeitgeber öffentliches Dienstrecht anwendet.

§§ 22, 23 BAT, 1 ZuwendungsTV-KF
BAG, Urteil vom 7. Februar 1996 – 10 AZR 445/95[1] –

Die Parteien streiten darüber, ob die Klägerin für das Kalenderjahr 1992 einen tariflichen Anspruch auf eine Zuwendung hat. Die Klägerin war im Kalenderjahr 1992 bei der Beklagten, einer ev. Krankenhausstiftung, beschäf-

---

[1] NZA 1996, 990; RiA 1997, 66; ZTR 1996, 318; ZMV 1996, 200; EzA BGB § 611, kirchl. Arbeitnehmer, Nr. 42. Nur LS: AuR 1996, 277; RdA 1996, 263; KuR 1996,192.

tigt. Sie hat dieses Arbeitsverhältnis zum 31. 12. 1992 gekündigt und ist seit dem 1. 1. 1993 Angestellte der Forschungsgesellschaft A. e. V., die in der Rechtsform eines privatrechtlichen Vereins betrieben wird. Die Forschungsgesellschaft wird aus öffentlichen Mitteln finanziert und wendet deshalb den Bundes-Angestelltentarifvertrag an. Auf das Arbeitsverhältnis der Parteien fanden kraft einzelvertraglicher Vereinbarung die Bestimmungen des BAT-KF in der für die Angestellten im Bereich der Ev. Kirche von Westfalen jeweils geltenden Fassung sowie die sonstigen für die Dienstverhältnisse der Angestellten im Bereich der Ev. Kirche von Westfalen beschlossenen arbeitsrechtlichen Bestimmungen Anwendung. Dazu gehört auch die Ordnung über eine Zuwendung für kirchliche Angestellte vom 12. 10. 1973 (ZuwendungsTV-KF), die inhaltlich den Bestimmungen des im öffentlichen Dienst geltenden Zuwendungstarifvertrag vom 12. 10. 1973 entspricht.
Die Klage hatte keinen Erfolg.

Aus den Gründen:
I. Die Klägerin hat für das Kalenderjahr 1992 keinen Anspruch auf eine Zuwendung nach § 1 des ZuwendungsTV-KF.
1. Gemäß § 1 Abs. 1 Nr. 3 ZuwendungsTV-KF besteht dieser Anspruch nur, wenn der Angestellte nicht in der Zeit bis einschließlich 31. März des folgenden Kalenderjahres auf eigenen Wunsch ausscheidet. Die Klägerin hat ihr Arbeitsverhältnis zur Beklagten jedoch selbst zum 31. 12. 1992 gekündigt und ist damit auf eigenen Wunsch vor dem 31. 3. 1993 bei der Beklagten ausgeschieden (vgl. BAG, Urteil v. 11. 1. 1995 – 10 AZR 180/94 – [ZTR 1995, 370]).
2. Entgegen der Auffassung der Revision besteht auch gemäß § 1 Abs. 4 Nr. 1 ZuwendungsTV-KF kein Anspruch auf eine Zuwendung. Danach wird in den Fällen des Abs. 1 Nr. 3 die Zuwendung auch gezahlt, wenn der Angestellte in unmittelbarem Anschluß an sein Arbeitsverhältnis von einem anderen Arbeitgeber des öffentlichen Dienstes als Angestellter übernommen wird. Die Auslegung dieser Tarifnorm ergibt, daß die Forschungsgesellschaft A. e. V. von der die Klägerin im unmittelbaren Anschluß an ihr Arbeitsverhältnis zur Beklagten ab dem 1. 1. 1993 als Angestellte übernommen worden ist, kein Arbeitgeber des öffentlichen Dienstes i. S. des § 1 Abs. 4 Nr. 1 ZuwendungsTV-KF ist.
a) Nach der zu dieser Tarifregelung vereinbarten Protokollnotiz Nr. 2 wird der Begriff „öffentlicher Dienst" dahin bestimmt, daß eine Beschäftigung vorliegen muß a) beim Bund, bei einem Land, bei einer Gemeinde oder bei einem Gemeindeverband oder bei einem sonstigen Mitglied des Arbeitgeberverbandes, der der Vereinigung der Kommunalen Arbeitgeberverbände angehört, oder b) bei einer Körperschaft, Stiftung oder Anstalt des öffentlichen Rechts, die den BAT oder einen Tarifvertrag wesentlichen gleichen Inhalts anwendet. Mit dieser

tariflichen Bestimmung des Begriffs „Beschäftigung im öffentlichen Dienst" durch die Protokollnotiz Nr. 2 haben die Tarifvertragsparteien abschließend festgelegt, von welchem Arbeitgeber der Angestellte unmittelbar übernommen werden muß, damit der Anspruch auf die Zuwendung bei einem Arbeitgeberwechsel erhalten bleibt (vgl. BAG, Urteil v. 6. 12. 1990 – 6 AZR 268/89 –, BAGE 66, 323 = AP Nr. 2 zu § 1 TVG Bezugnahme auf Tarifvertrag [ZTR 1991, 204]).

b) Die Forschungsgesellschaft A. e. V. wird in Form eines privatrechtlichen Vereins betrieben und unterfällt damit vom Wortlaut her nicht dieser Bestimmung. Die Beschäftigung bei einem in einer privatrechtlichen Rechtsform organisierten Arbeitgeber gilt nach der Protokollnotiz Nr. 2 nicht als Beschäftigung im öffentlichen Dienst, weil es sich weder um eine der in Nr. 2 a) der Protokollnotiz genannten Gebietskörperschaften noch um eine sonstige Körperschaft, Stiftung oder Anstalt des öffentlichen Rechtes i. S. der Nr. 2 b) der Protokollnotiz handelt.

c) Entgegen der Auffassung der Revision kann eine weitergehende Anwendung dieser Tarifnorm auf privatrechtlich organisierte Arbeitgeber, wie sie die Forschungsgesellschaft darstellt, auch nicht aus dem Sinn und Zweck der Tarifregelung hergeleitet werden. Die Tarifvertragsparteien haben bewußt darauf abgestellt, daß die Beschäftigung in unmittelbarem Anschluß an das bisherige Arbeitsverhältnis bei einem Arbeitgeber des öffentlichen Dienstes erfolgen muß. Mit der Differenzierung zwischen einem Arbeitgeber des öffentlichen Dienstes und außerhalb des öffentlichen Dienstes haben die Tarifvertragsparteien dem Gedanken der Einheit des öffentlichen Dienstes Rechnung getragen, indem sie einen Anspruch auf Zuwendung gegen den bisherigen Arbeitgeber auch dann gewähren, wenn das Arbeitsverhältnis im öffentlichen Dienst fortgesetzt wird (vgl. BAG Urteil v. 6. 12. 1990, aaO, m. w. N.). Dieser Gedanke der Einheit des öffentlichen Dienstes trägt jedoch dann nicht, wenn der Angestellte zu einem privatrechtlich organisierten Arbeitgeber wechselt. Hier handelt es sich um einen Arbeitgeberwechsel, der gerade nicht von der Einheit des öffentlichen Dienstes umfaßt wird, auch wenn der private Arbeitgeber öffentliches Dienstrecht anwendet (vgl. BAG Urteil v. 7. 12. 1983 – 5 AZR 5/82 –, n. v.).

Auch der Umstand, daß an der Forschungsgesellschaft ausschließlich öffentlich-rechtliche Institutionen beteiligt sind und sie aus öffentlichen Mitteln finanziert wird, vermag den von den Tarifvertragsparteien in der Protokollnotiz abschließend definierten Begriff der Beschäftigung im öffentlichen Dienst nicht zu erfüllen. Wie das Landesarbeitsgericht zutreffend ausgeführt hat, haben die Tarifvertragsparteien in der Protokollnotiz Nr. 2 anders als z. B. in § 29 B Abs. 7 S. 3 BAT keine Gleichstellung mit der Tätigkeit im öffentlichen Dienst vorgenommen, wenn ein privatrechtlich organisierter Arbeitgeber die für den öffentlichen Dienst geltenden Tarifverträge oder sonstige dem öffentlichen Dienstrecht vergleichbare Regelungen anwendet oder Körperschaften des öffentlichen Rechts durch Zahlung von Beiträgen oder Zuschüssen oder in sonstiger Weise an ihm beteiligt sind. Daraus, daß eine Gleichstellung der Beschäftigung im öffentlichen Dienst mit einer Tätigkeit im Dienst eines sonstigen Arbeitgebers i. S. des § 1 Abs. 4 Nr. 1 ZuwendungsTV-KF von den Tarifvertragsparteien gerade nicht vorgenommen worden ist, muß entnommen werden, daß die Tätigkeit im Dienste eines sonstigen Arbeitgebers nicht unter eine Beschäftigung bei einem Arbeitgeber des öffentlichen Dienstes fällt. Schließlich läßt sich auch entgegen der Ansicht der Revision aus dem Rundschreiben des Bundesministers des Innern vom 31. 1. 1983 zu § 29 Abs. 3 BBesG und aus dem Runderlaß des Finanzministers des Landes Nordrhein-Westfalen vom 25. 5. 1983 kein entgegengesetzter Wille der Tarifvertragsparteien herleiten. Zwar werden in dem Rundschreiben und dem Runderlaß im Ergebnis nichtöffentlich-rechtliche Forschungseinrichtungen dem öffentlichen Dienst gleichgestellt und damit ein Anspruch auf Zuwendung nach § 1 Abs. 4 Nr. 1 Zuwendungstarifvertrag gewährt. An diese Regelungen ist die Beklagte nicht gebunden. Das Rundschreiben des Bundesministers des Innern gilt schon deswegen nicht, weil § 29 Abs. 3 BBesG mit Wirkung vom 1. 1. 1990 durch das Fünfte Gesetz zur Änderung besoldungsrechtlicher Vorschriften vom 28. 5. 1990 (BGBl. I, S. 967) ersatzlos gestrichen worden ist. Der Runderlaß des Finanzministers des Landes Nordrhein-Westfalen verpflichtet darüber hinaus nur die seinem Geschäftsbereich unterstehenden Einrichtungen, eine Tätigkeit bei den genannten privaten Forschungseinrichtungen wie eine Tätigkeit im öffentlichen Dienst zu behandeln. Die Beklagte als Stiftung der Ev. Kirche unterfällt dieser Anordnung jedoch nicht.

11

**1. Das besondere Kirchgeld in glaubensverschiedener Ehe in Hamburg ist auch dann zu erheben, wenn der nicht der Kirche angehörende Ehegatte einer Religionsgemeinschaft angehört („Christengemeinschaft"), die zwar Körperschaft des öffentlichen Rechts ist, aber nicht zu den nach Landesrecht erhebungsberechtigten Religionsgemeinschaften gehört.
2. Dadurch, daß sich das Kirchensteuerrecht in den Bundesländern unterscheidet, wird der Gleichheitssatz des Art. 3 GG nicht verletzt.
3. Das Bestimmtheitsgebot des Art. 80 GG gilt nicht im Bereich der durch Art. 140 GG i. V. m. Art. 137 Abs. 3 WRV garantierten kirchlichen Selbstverwaltung.
4. Der Kirchgeld-Tarif trägt den Grenzen des Unterhaltsanspruchs und des Lebensführungsaufwands hinreichend Rechnung.
5. Der allein- oder mehrverdienende, nicht der Kirche angehörende Ehegatte hat der kirchenangehörigen Ehefrau die Mittel für das Kirchgeld**

je nach Haushaltszuschnitt entweder im Rahmen ihres persönlichen Bedarfs oder mit den Haushaltskosten zur Verfügung zu stellen; abweichende Vereinbarungen beeinflussen die Normenkontrolle nicht.

6. Eine sachliche Härte im Einzelfall wegen notwendiger Rücklagen ist nicht gegeben, wenn die Gesamteinkünfte den Eingangsbetrag der höchsten Kirchgeld-Tarifstufe weit übersteigen.

Art. 3, 4, 6, 20, 70, 103, 140 GG, 137 WRV; §§ 1, 3, 4, 5, 5a Hamb.KiStG

FG Hamburg, Urteil vom 7. Februar 1996 – II 44/93[1] –

Die Klägerin ist röm.-kath. Konfession; ihr Ehemann gehört der Christengemeinschaft an, einer Körperschaft des öffentl. Rechts, die von der verfassungsrechtlichen Möglichkeit der Kirchensteuererhebung keinen Gebrauch macht. Das Finanzamt hat gegen die Klägerin auf der Grundlage hamburgischen Kirchensteuerrechts röm.-kath. Kirchgeld festgesetzt.

Die hiergegen gerichtete Klage blieb ohne Erfolg.

Aus den Gründen:

Die Klage ist unbegründet. Zu Recht hat das Finanzamt gegen die der röm.-kath. Kirche angehörende – Klägerin röm.-kath. Kirchensteuer in Form des besonderen Kirchgelds in glaubensverschiedener Ehe festgesetzt.

Die kirchensteuerberechtigte röm.-kath. Kirchensteuer Kirche (§ 1 Abs. 1 Hamb.KiStG) kann nach ihren kirchlichen und staatlich genehmigten Steuervorschriften (§ 4 Hamb.KiStG) von den ihr angehörenden Personen (§ 2 Hamb.KiStG) Kirchensteuer erheben, und zwar als Kirchensteuer vom Einkommen (§ 3 Abs. 1 Buchst. a, Abs. 2 ff., §§ 5 ff. Hamb.KiStG) und als Kirchgeld in festen oder gestaffelten Beträgen (§ 3 Abs. 1 Buchst. b Hamb.KiStG). Die Kirchensteuer vom Einkommen wird auf das Kirchgeld angerechnet (§ 3 Abs. 6 KiStG).

Die hiernach im Streitfall anwendbaren kirchlichen Vorschriften sind die Kirchensteuerodnung des Verbandes der röm.-kath. Kirchengemeinden in der Freien und Hansestadt Hamburg (Bistum Osnabrück) vom 16. 12. 1985 mit Genehmigung vom 30. 6. 1986 – KiStO – (BStBl. I 1986, 450) und der Kirchensteuer-Beschluß des Verbandes der röm.-kath. Kirchengemeinden in der Freien und Hansestadt Hamburg (Bistum Osnabrück) vom 16. 12. 1985 mit Genehmigung vom 30. 6. 1986 – KiStB – in der von 1986 bis 1990 geltenden Fassung (BStBl. I 1986, 452). In Übereinstimmung mit §§ 2–3 Hamb.KiStG

---

[1] Amtl. Leitsätze (Auszug). EFG 1996, 492. Die Nichtzulassungsbeschwerde der Klägerin wurde als unbegründet zurückgewiesen; BFH Beschluß vom 16. 12. 1996, KirchE 34, 475.

Kirchgeld 37

sind die Kirchensteuerpflicht in § 1 KiStO und die Arten der KiSt in § 2 Abs. 1 KiStO sowie die Anrechnung der Kirchensteuer vom Einkommen (§ 2 Abs. 2 ff., §§ 3–4 KiStO) auf das besondere Kirchgeld in § 5 Abs. 2 KiStO geregelt.

Das besondere, gestaffelte Kirchgeld in glaubensverschiedener Ehe (§ 2 Abs. 1 Buchst. c KiStO) bestimmt sich nach § 5 Abs. 1 KiStO. Das Kirchgeld in glaubensverschiedener Ehe wird von Kirchenangehörigen erhoben, deren Ehegatte keiner steuerberechtigten Religionsgemeinschaft angehört (§ 5 Abs. 1 Satz 1 KiStO). Diese Abgrenzung der „glaubensverschiedenen Ehe" entspricht ihrer Definition in § 5 Abs. 1 Hamb.KiStG und § 4 Abs. 1 KiStO. Wie durch den jeweiligen Klammerzusatz zum Ausdruck gebracht, handelt es sich dabei um eine Legaldefinition. Von der „glaubensverschiedenen Ehe" ist die „konfessionsverschiedene Ehe" zu unterscheiden, bei der gem. Legaldefinition in § 5a Hamb.KiStG und § 3 KiStO die Ehegatten verschiedenen steuerberechtigten Körperschaften angehören.

Das bei Zugehörigkeit des Ehegatten zu einer anderen Religionsgemeinschaft maßgebende Kriterium ihrer „Steuerberechtigung" ist dementsprechend in § 5 Abs. 1 Satz 1 KiStO ebenso zu verstehen wie in § 5 Abs. 1, § 5a Hamb.KiStG und §§ 3, 4 Abs. 1 KiStO.

Ebenso wie in diesen und wie in anderen in Hamburg geltenden KiSt-Regelungen bestimmt sich das Merkmal „steuerberechtigt" grundsätzlich nach der Vorschrift des § 1 Hamb.KiStG, die durch die amtliche Überschrift „Steuerberechtigte" und durch die systematische Stellung im Gesetz als Legaldefinition für alle nachfolgenden und nachgeordneten Normen gekennzeichnet ist ...

Nur ausnahmsweise ist das Merkmal „steuerberechtigt" nach dem Sinnzusammenhang einzelner Vorschriften anders zu verstehen; so ist etwa bei der Regelung der Umzugs- und Doppelansässigkeitsfälle das im jeweils mitbetroffenen Bundesland geltende Kirchensteuerrecht heranzuziehen ...

Im hier interessierenden Sinne der §§ 3–5 KiStO, §§ 5–5a Hamb.KiStG „steuerberechtigt" sind zunächst die in § 1 Abs. 1 Hamb.KiStG genannten Kirchen (ev. und röm.-kath.). Darüber hinaus ist der Senat der Freien und Hansestadt Hamburg gem. § 1 Abs. 2 Hamb.KiStG ermächtigt, durch RechtsVO die Anwendung des Hamb.KiStG oder von Teilen desselben auf Antrag auf andere Religionsgesellschaften, die Körperschaften des öffentlichen Rechts sind, zu erstrecken. Von dieser Ermächtigung ist durch VO vom 16. 12. 1975 (HambGVBl. 1975, 303), zuletzt geändert am 12. 4. 1988 (HambGVBl. 1988, 41), Gebrauch gemacht worden.

In dieser VO sind derzeit vier Kirchen und Religionsgesellschaften genannt, jedoch nicht die Christengemeinschaft, der der Ehemann der Klägerin angehört. Auch einen Antrag i. S. des § 1 Abs. 2 Hamb.KiStG hat die Christengemeinschaft, die freiwillige Beiträge ihrer Mitglieder einnimmt, nicht gestellt.

Entgegen der Auffassung der Klägerin sind neben den in § 1 Abs. 1 Hamb. KiStG und den in der SenatsVO zu § 1 Abs. 2 Hamb.KiStG genannten nicht auch noch die übrigen Kirchen und Religionsgesellschaften als „steuerberechtigt" i. S. des § 5 KiStO anzusehen, denen – wie der Christengemeinschaft – die Rechte einer Körperschaft des öffentlichen Rechts verliehen sind (vgl. Art. 140 GG i. V. m. Art. 137 Abs. 5 Satz 2 WRV; Hamb.Gesetz über die Verleihung der Rechte einer Körperschaft des öffentlichen Rechts an Religionsgesellschaften und Weltanschauungsgemeinschaften vom 15. 10. 1973, HambGVBl. 1973, 434; SenatsVO über die Religionsgesellschaften und Weltanschauungsvereinigungen des öffentlichen Rechts vom 23. 1. 1979, HambGVBl. 1979, 37).

Allerdings ist der Klägerin zuzugeben, daß die übrigen Kirchen und Religionsgesellschaften gem. Art. 140 GG i. V. m. Art. 137 Abs. 6 WRV „berechtigt" sind, „nach Maßgabe der landesrechtlichen Bestimmungen Steuern zu erheben". Diese Kirchensteuer-Berechtigung im verfassungsrechtlichen Sinne, auf die ein Antrag nach § 1 Abs. 2 Hamb.KiStG gestützt werden könnte, ist jedoch zu unterscheiden von der in § 1 Hamb. KiStG definierten Kirchensteuer-Berechtigung im landesrechtlichen – erhebungsbezogenen – Sinne.

Daß die übrigen Religionsgesellschaften von ihrer verfassungsrechtlichen Steuerberechtigung durch Anträge auf Aufnahme in die Liste zu § 1 Abs. 2 Hamb.KiStG Gebrauch machen könnten, ändert nichts daran, daß dies nicht geschehen ist und es somit landesrechtlich bei der abschließenden Aufzählung der steuer(erhebungs)berechtigten Kirchen und Religionsgesellschaften in § 1 Hamb.KiStG und der dazu ergangenen SenatsVO verbleibt. Diese Unterscheidung der verfassungsrechtlichen Ebene einerseits und der erhebungsbezogenen landesrechtlichen Ebene ist in der Verfassung selbst vorgegeben, nämlich durch die in Art. 140 GG inkorporierte Einschränkung der Steuerberechtigung aus Art. 137 Abs. 6 WRV „nach Maßgabe der landesrechtlichen Bestimmungen".

Im übrigen schließt sich der Senat den Rechtsausführungen des Urteils des IV. Senats des FG Hamburg vom 8. 3. 1991 – IV 160/88 H – (EFG 1992, 30[2]) an und nimmt darauf zur Vermeidung von Wiederholungen Bezug. Die Entscheidung deckt sich mit der Verwaltungspraxis (Abschn. III Nr. 16 Abs. 7, Abschn. V Nr. 6 Abs. 6 der KiSt-Richtlinien 1992 der Nordelbischen Kirche – KiSt Ri –; Erlaß der Finanzbehörde Hamburg vom 26. 1. 1988, abgedruckt KiSt Ri Anh. 3 in Blaschke, KiSt-Recht der Nordelbischen Ev. Luth. Kirche, S. 144) und Literaturauffassung (Giloy/König, KiSt-Recht in der Praxis, S. 15 f., 159).

Diese Beurteilung paßt mit der im Hamb.KiStG vorgegebenen Systematik der einkommensabhängigen Besteuerung glaubensverschiedener Ehen zusam-

---

[2] KirchE 29, 55.

Kirchgeld 39

men. Noch enger als bei der vorstehenden Kirchgeld-Abgrenzung nach der Zugehörigkeit des Ehegatten zu einer steuer(erhebungs)berechtigten Religionsgemeinschaft verneint § 5 a Abs. 2 Hamb.KiStG eine konfessionsverschiedene Besteuerung, wenn nicht die Kirchensteuern beider Ehegatten von staatlichen Behörden verwaltet werden, so daß auch bei Zugehörigkeit des Ehegatten zu einer Religionsgesellschaft i. S. der SenatsVO zu § 1 Abs. 2 Hamb.KiStG die glaubensverschiedene Besteuerung entsprechend § 5 Hamb.KiStG in Betracht kommt.

Dem obigen landes- bzw. erhebungsrechtlichen Verständnis des Begriffs „steuerberechtigt" steht nicht entgegen, daß dieses möglicherweise vom Kirchensteuer-Recht anderer Bundesländer abweicht.

Der mögliche Unterschied beruht darauf, daß die Länder in Ausübung ihrer Gesetzgebungskompetenz ungleiche Kirchensteuer-Gesetze geschaffen haben (Art. 70 Abs. 1, Art. 140 GG i. V. m. Art. 137 Abs. 6 WRV). Der Gleichheitssatz des Art. 3 GG wird nicht dadurch verletzt, daß sich das Kirchensteuer-Recht in den Bundesländern unterscheidet (BVerwG-Beschluß vom 11. 11. 1988 – 8 C 10/87 – NJW 1989, 174[3]).

In Schleswig-Holstein ist in § 1 SH.KiStG die Steuerberechtigung der ev. und der röm.-kath. Kirche geregelt. Einkommensabhängig werden Ehen nach § 4 SH.KiStG als glaubensverschieden besteuert, wenn nur ein Ehegatte der ev. oder der röm.-kath. Kirche angehört.

§ 11 SH.KiStG schreibt die entsprechende Anwendung des Gesetzes auf andere Religionsgesellschaften in der Rechtsform der Körperschaft des öffentlichen Rechts vor. Diese werden dementsprechend als „steuerberechtigt" i. S. der Kirchengeldvorschriften angesehen (Abschn. III Nr. 16 Abs, 7, Abschn. V Nr. 6 Abs. 5 KiSt Ri; Erlaß des Finanzministers Schleswig-Holstein vom 12. 1. 1987, abgedruckt KiSt Ri Anh. 10 in Blaschke, aaO, S. 154; vgl. ferner im Ergebnis Urteile des Schl.-Holst.VG vom 2. 5. 1983 – 1 A 13/81 – SchlHA 1983, 183[4]; vom 2. 5. 1983 – 1 A 187/82 – SchlHA 1983, 184). Der Senat braucht nicht zu entscheiden, ob stattdessen ergänzend auf die Steuererhebung bzw. auf deren Genehmigung nach § 3 abgestellt werden könnte – wie in Nordrhein-Westfalen (s. u.).

Ähnlich umfassend wie in § 1 SH.KiStG ist in § 1 BW.KiStG das „Besteuerungsrecht" der Kirchen und der anderen öffentlich-rechtlichen Religionsgesellschaften definiert, zu denen auch die Christengemeinschaft gehört. Ist der Ehegatte Mitglied der Christengemeinschaft, werden mangels deren Steuererhebung nach § 6 Abs. 4 BW.KiStG die Eheleute bei der einkommensabhängigen Kirchensteuer nicht als konfessions-, sondern – im Ergebnis wie in Hamburg – als

---

[3] KirchE 26, 359. [4] KirchE 21, 100.

glaubensverschieden behandelt (Entscheidungen des BVerfG vom 1.9.1993 – 2. BvR 304/93 – StEd 1993, 551; des BFH vom 3.11.1992 – I B 87/92 – BFH/NV 1993, 328[5]; des FG Baden-Württemberg vom 15.5.1992 – 9 K 219/88 – EFG 1992, 620[6]; v. 17.12.1970 – I 528/67 – EFG 1971, 149[7]; Giloy/König, aaO, S. 159 und S. 15f.).

Im NW.KiStG ergeben sich das „Besteuerungsrecht" der röm.-kath. und der ev. Kirche aus §§ 1–2 und die entsprechende Anwendung auf andere Religionsgesellschaften aus § 15. Das nach § 7 NW.KiStG für die einkommensabhängige glaubensverschiedene Besteuerung maßgebende Kriterium der Steuerberechtigung der Körperschaft des Ehegatten ist durch die Rechtsprechung um die zusätzliche Voraussetzung ergänzt worden, daß die Körperschaft von ihrer Steuerberechtigung Gebrauch macht (arg. § 1 NW. KiStG „aufgrund eigener Steuerordnungen", FG Münster, Urteil v. 28.5.1969 – VI 1124/66 Ki.-EFG 1969, 556).

Die obigen Erkenntnisse stimmen ferner mit der Entstehungsgeschichte des hamburgischen Kirchensteuerrechts überein. Danach ist hier die „Steuerberechtigung" bewußt abweichend vom Kirchensteuerrecht anderer Länder definiert worden (vgl. den Alternativvorschlag der Senatskanzlei vom Mai 1970). Diese besondere Systematik des Hamb.KiStG war bei der Einführung des Kirchgelds bekannt.

Daß in der Senatsbegründung zum Hamb.KiStG (Bürgerschafts-Drucks. VII/2567) die Begriffe Steuerberechtigung und Steuererhebungsrecht gebraucht werden, spricht nicht für ein generelles verfassungsrechtliches Verständnis des Begriffs Steuerberechtigung. Vielmehr versteht sich dieser im dortigen jeweiligen Zusammenhang grundsätzlich – abgesehen von einigen verfassungsrechtlichen Vorbemerkungen – ebenfalls i. S. der „erhebungsbezogenen" Definition des § 1 Hamb.KiStG (...)

Gem. § 5 Abs. 1 Satz 2 KiStO wird das besondere Kirchgeld nach der wirtschaftlichen Leistungsfähigkeit in Anknüpfung an den Lebensführungsaufwand bemessen. Grundlage ist nach § 5 Abs. 1 Satz 3 KiStO das zu versteuernde Einkommen beider Ehegatten nach den Bestimmungen des EStG. Gem. § 3 Abs. 1 KiStB wird das Kirchgeld in glaubensverschiedener Ehe von den Kirchenangehörigen erhoben, die nicht nach dem EStG getrennt oder besonders veranlagt werden. Das danach festgesetzte Kirchgeld ergibt sich laut § 5 Abs. 1 Satz 4 KiStO aus einer im KiStB enthaltenen Tabelle.

Gem. § 3 Abs. 2 KiStB (a. F.) betrug das gestaffelte Kirchgeld in glaubensverschiedener Ehe in der höchsten Stufe bei einem gemeinsam zu versteuernden Einkommen (§ 2 Abs. 5 EStG) ab 400 000 DM jährlich 4 800 DM. Dieser

---

[5] KirchE 30, 389.   [6] KirchE 30, 222.   [7] KirchE 11, 406.

Betrag war nach § 3 Abs. 3 KiStO i. V. m. § 51 a (Abs. 2) Nr. 2 EStG für jedes gemeinsame Kind um 24 DM zu mindern ...

Die Kirchgeld-Regelung ist in formeller und mateieller bzw. verfassungsrechtlicher Hinsicht nicht zu beanstanden. Die Ermächtigungsgrundlage in §§ 3–4 Hamb.KiStG verstößt weder gegen den Grundsatz der Tatbestandsmäßigkeit der Besteuerung, der aus dem Rechtsstaatsprinzip des Art. 20 GG folgt, noch gegen das Bestimmtheitsgebot des Art. 80 GG; dieses gilt nicht im Bereich der durch Art. 140 GG i. V. m. Art. 137 Abs. 3 WRV garantierten kirchlichen Selbstverwaltung (Entscheidungen des BVerfG vom 23. 10. 1986 – 2 BvL 7–8/84[8] – BVerfGE 73, 388, HFR 1987, 143; ferner des FG Hamburg vom 2. 6. 1992 – IV 66/91 H – EFG 1992, 763[9]; vom 7. 6. 1990 – IV 11/88 – H[10] – vom 17. 5. 1990 – IV 7/88 H – n. v.; vgl. Giloy/König, aaO, S. 155 ff.) ...

Zweifel am ordnungsgemäßen Zustandekommen des KiStB (a. F.) v. 16. 12. 1985 können sich nicht daraus ergeben, daß er auf der KiStO vom selben Tage beruht. Eine Ermächtigungsgrundlage und die sie ausfüllende Norm niedrigeren Ranges dürfen gleichzeitig beschlossen bzw. erlassen werden. Von der Klägerin geltend gemachte Widersprüche zwischen dem KiStB und der KiStO sind nicht erkennbar.

Die Regelung der Konkurrenz zwischen der einkommensabhängigen Kirchensteuer und dem besonderen Kirchgeld sowie die vorgesehene Anrechnung (§ 3 Hamb.KiStG, §§ 4–5 KiStO) entsprechen ebenfalls rechtsstaatlichen Erfordernissen (Art. 20 GG, vgl. obige Nachweise).

Ein Widerspruch zu der Senatsbegründung zu § 3 Abs. 1 Hamb.KiStG ist nicht ersichtlich (Bürgerschaftsdrucks. VII/2567). Die danach angestrebte „Heranziehung in angemessenem Umfange" wird durch das an der Leistungsfähigkeit orientierte Regelungssystem erreicht (Entscheidungen des FG Hamburg in EFG 1992, 763; v. 7. 6. 1990 – IV 11/88 H; v. 17. 5. 1990 – IV 7/88 H – n. v.; des BFH v. 14. 12. 1983 – II R 198/81 und – II R 170/81 – BFHE 140, 338, BStBl. II 1984, 332[11]; Giloy/König, aaO, S. 156).

Die besondere Erwähnung des nichtverdienenden Personenkreises in der Begründung zu § 3 Abs. 2 Hamb.KiStG und in dem Hinweis (obiter-dictum) des BVerfG am Ende seines Urteils v. 14. 12. 1965 – 1 BvR 606/60 – (BVerfGE 19, 268, BStBl. I 1966, 196[12]) spricht nicht gegen die konkurrierende Kirchgeld-Besteuerung der im Vergleich zum Ehegatten weniger verdienenden Kirchenangehörigen.

Die Abgrenzung der Kirchgeld-Voraussetzungen nach der Steuer(erhebungs)-berechtigung der Religionsgemeinschaft des Ehegatten verletzt nicht den

---

[8] KirchE 24, 267.
[9] KirchE 30, 254.
[10] KirchE 28, 133.
[11] KirchE 21, 318.
[12] KirchE 7, 352.

Gleichbehandlungsanspruch der insoweit betroffenen Religionsgemeinschaften aus Art. 3 GG. Vielmehr liegt der sachliche Differenzierungsgrund in der Systematik des Ehegatten-Kirchensteuerrechts, insbesondere in der Abgrenzung der glaubensverschiedenen Besteuerung von der konfessionsverschiedenen Halbteilung (vgl. oben; ferner OVG Lüneburg v. 28. 8. 1980 – 8 A 27/79 – KirchE 18, 245; des FG Bremen v. 6. 11. 1975 – II 91–95/73 – EFG 1976, 247 [13]).

Die Anknüpfung des besonderen Kirchgelds an den Lebensführungsaufwand nach dem gemeinsam zu versteuernden Einkommen beider Ehegatten verstößt nicht gegen die Steuergerechtigkeit gem. Art. 3 GG und gegen den Schutz von Ehe und Familie aus Art. 6 GG, wie der Senat zuletzt mit Urteilen vom 15. 12. 1995 – II 15/93 –[14] und – insoweit gleichlautend – II 116/94 –[15] ausgeführt hat.

Wegen der Anknüpfung an die wirtschaftliche Leistungsfähigkeit nach dem gemeinsamen Lebensführungsaufwand liegt ein Verstoß gegen den Gleichheitssatz des Art. 3 GG nicht schon darin, daß die Höhe des besonderen Kirchgelds die nur nach dem eigenen Einkommen bemessene Kirchensteuer übersteigen kann (…) Insbesondere ergibt sich ein solcher Verfassungsverstoß nicht aus dem Argument der Klägerin, daß kirchenangehörige Personen mit eigenen Einkünften mangels Unterhaltsanspruchs möglicherweise das – nach den gemeinsamen Einkünften bemessene – Kirchgeld allein zu tragen hätten.

In glaubensverschiedenen Doppelverdiener-Ehen mit gleichhohen Einkünften kann es bei fehlenden Unterhaltsansprüchen nicht zu einer unverhältnismäßigen oder überhaupt zu einer effektiven Kirchgeld-Belastung der kirchenangehörigen Person kommen, da der Kirchgeldtarif weit hinter der einkommensabhängigen Kirchensteuer zurückbleibt und nur in deren Höhe nach der Anrechnung eine Belastung verbleibt.

Bei den übrigen Ehen kommt es für das Verhältnis des Kirchgelds zum Unterhaltsanspruch der kirchenangehörigen Person auf deren – bereits erwähnte – wirtschaftliche Leistungsfähigkeit nach dem Lebensführungsaufwand und dessen Bemessung nach dem Unterhaltsanspruch an.

Der Ehegattenanspruch auf „angemessenen" Unterhalt nach §§ 1360, 1360a i. V. m. § 1610 Abs. 1 BGB richtet sich nach dem Verhältnis der beiderseitigen Einkünfte und Vermögen und setzt … keine Bedürftigkeit i. S. von § 1602 BGB voraus (vgl. Wacke, in: Münchener Komm. zum BGB, 2. Aufl., § 1360 Rdnr. 9, § 1360 a Rdnr. 4; Paland/Diederichsen, BGB, 55. Aufl., § 1360 Rdnr. 12; Soergel/Lange, BGB, 12. Aufl., § 1360 Rdnr. 11, § 1360a Rdnr. 4; Staudinger/Hübner, BGB, 12. Aufl., § 1360 Rdnrn. 12, 18, 31, 40, § 1360a Rdnr. 3).

Der Klägerin ist allerdings zuzugeben, daß der Unterhaltsanspruch und der Lebensführungsaufwand den Einkünften des Allein- oder Mehrverdieners nach

---

[13] KirchE 15, 99.   [14] KirchE 33, 569.   [15] KirchE 33, 578.

oben nicht schematisch im gleichbleibenden Verhältnis folgen (BVerfGE 19, 268, BStBl. I 1966, 196). Bei überdurchschnittlichem Einkommen dient ein Teil davon regelmäßig der Vermögensbildung; es vollständig zum laufenden Unterhalt aufzubrauchen, wäre nach objektivem Maßstab nicht angemessen (Wacke, aaO, § 1360 Rdnr. 5). Über den angemessenen Unterhalt hinaus verbleiben restliche Einkünfte beim Mehrverdiener, der sein Vermögen bei Zugewinngemeinschaft gem. § 1364 BGB oder ebenso bei Gütertrennung nach § 1414 BGB selbständig verwaltet (vgl. insoweit FG Hamburg, Urteil vom 24.7.1981 – IV 168/80 – EFG 1981, 585). Die Grenze des angemessenen Unterhalts hängt dabei auch davon ab, ob voraussehbar einmalig hohe Ausgaben zu erwarten sind, die Rücklagen erforderlich machen (Palandt/Diederichsen, BGB, § 1360 Rdnr. 1).

Diesen Grenzen des Unterhaltsanspruchs und des Lebensführungsaufwands trägt der Kirchgeld-Tarif bereits in zusammenfassender Typisierung dadurch Rechnung, daß er (mit maximal 1,2 v. H. vom gemeinsamen Einkommen) weit hinter den Sätzen der nach dem eigenen Einkommen bzw. der anteiligen persönlichen Einkommensteuer bemessenen Kirchensteuer zurückbleibt und ab einer bestimmten Gesamteinkünfte-Höhe (400 000 DM) keine relative oder absolute Steigerung des Kirchgelds mehr zuläßt. Hierdurch wird eine Kirchgeldbelastung nur spürbar bei erheblichen, unterhaltsrechtlich relevanten Einkünfteunterschieden innerhalb einer gewissen Lebensführungsaufwands-Obergrenze, die sich aus der Differenz zwischen dem genannten Eingangsbetrag der höchsten Tarifstufe und den eigenen Einkünften ergibt. Diese Gestaltung ist im Rahmen der generellen verfassungsrechtlichen Prüfung nicht zu beanstanden (Entscheidungen des FG Hamburg in EFG 1992, 763; vom 7.7.1900 – IV 11/88 H –[16] n. v.; vom 17.5.1990 – IV 7/88 H – n. v.; des BFH – II R 198/81 –n. v.; in BFHE 140, 338, BStBl. II 1984, 332; ferner Giloy/König, aaO, S. 156). Grundsätzlich ist bei diesen Ehen – etwa den Allein- und den Zuverdiener-Ehen – auch davon auszugehen, daß der nicht der Kirche angehörende allein- oder mehrverdienende Ehegatte der nicht oder weniger verdienenden Kirchenangehörigen die Mittel zur Erfüllung ihrer Kirchgeldschuld zur Verfügung zu stellen hat (Urteile in SchlHA 1983, 183; ferner des BFH vom 27.7.1983 – II R 21/83 BFHE 138, 531, BStBl. II 1983, 645[17]).

Der Ehegattenunterhalt umfaßt das Kirchgeld ebenso wie z. B. Beiträge zu Verbänden und Organisationen mit religiösen, kulturellen, politischen oder sportlichen Zwecken (BVerfG-Urteil vom 14.12.1965 – 1 BvL 31–32/62 – BVerfGE 19, 226, BStBl. I 1966, 192[18]; Wacke, aaO, § 1360a Rdnr. 6; Palandt/ Diederichsen, aaO, § 1360 Rdnr. 2; Soergel/Lange, aaO, § 1360 Rdnr. 5; Stau-

---

[16] KirchE 28, 133. [17] KirchE 21, 208. [18] KirchE 7, 338.

dinger/Hübner, aaO, § 1360 a Rdnr. 12). Dabei ist innerhalb des Ehegattenunterhalts zwischen den Haushaltskosten und dem persönlichen Bedarf sowie dem Taschengeld zu unterscheiden, das nicht bedarfsmäßig festgelegt ist, sondern zu dem Unterhalt für persönliche Bedürfnisse noch in pauschaler Höhe (i. d. R. 5 v. H. oder 5–7 v. H.) hinzukommt (Wacke, aaO, § 1360a Rdnr. 6; Palandt/Diederichsen, aaO, § 1360a Rdnr. 4; Staudinger/Hübner, aaO, § 1361a Rdnr. 19; ferner Soergel/Lange, aaO, § 1360a Rdnr. 8). Dieser Taschengeldanspruch besteht nicht nur in Alleinverdiener-, sondern auch in Zu- oder Doppelverdiener-Ehen nach Maßgabe des Einkommensunterschieds, wenn dieser erheblich ist (Staudinger/Hübner, aaO, §1360 Rdnr. 18).

Entgegen der Auffassung der Klägerin wird das Kirchgeld danach, wenn nichts anderes vereinbart ist, nicht vom Taschengeld abgedeckt, sondern gehört es entweder zu den Haushaltskosten (Palandt/Diederichsen, aaO, § 1360 Rdnr. 2) oder zum persönlichen Bedarf (Wacke, aaO, § 1360 a Rdnr. 6). Inwieweit Ausgaben für die Pflege religiöser Interessen den Haushaltskosten oder aber den persönlichen Bedürfnissen eines Ehegatten zuzurechnen sind, hängt davon ab, ob solche Aufwendungen in den Zuschnitt des Haushalts einbezogen sind (Staudinger/Hübner, aaO, § 1360a Rdnr. 10, 15).

Allerdings sind sehr verschiedene Vereinbarungen oder schlüssige Handhabungen der Eheleute bezüglich der Unterhaltsabgeltung denkbar, z. B. bei Zuverdiener-Ehen auch dergestalt, daß der Zuverdienst nicht für die Haushaltskosten mit herangezogen wird, sondern der zuverdienenden Person zur Abgeltung ihres Taschengeldanspruchs oder ihres persönlichen Bedarfs belassen bleibt (Staudinger/Hübner, aaO, § 1360 Rdnr. 22; vgl. ferner Palandt/Diederichsen, aaO, § 1360 Rdnr. 4). – Derartige Vereinbarungen, die i. d. R. nur der praktischen Vereinfachung der Unterhaltsleistung dienen, beeinflussen jedoch die vorliegende Normenkontrolle nicht.

Die obige Berücksichtigung des Unterhaltsrechts widerspricht nicht dem Schenkungssteuerrecht.

Nur der Vollständigkeit halber weist der Senat darauf hin, daß auch der zivilrechtliche Kirchgeld-Unterhaltsanspruch nicht gegen das Verbot der Benachteiligung von Ehe und Familie (Art. 6 GG) verstößt, sondern durch die Glaubensfreiheit (Art. 4 GG) der kirchenangehörigen Person geschützt ist, die der nicht der(selben) Kirche angehörende Ehegatte infolge der Heirat zu beachten hat (Senatsurteil vom 15. 12. 1995 – II 81/94 – EFG 1996, 498[19]; Kirchhof in: Essener Gespräche zum Thema Staat und Kirche Bd. 21 – 1986 –, S. 117, 147, Sonderdruck „Der Schutz von Ehe und Familie" S. 37).

Soweit die Klägerin geltend macht, daß das Kirchgeld sie aufgrund besonderer Umstände des Einzelfalls übermäßig bzw. gleichheitswidrig belaste,

---

[19] KirchE 33, 575.

kommt es hierauf in der verfassungsrechtlichen Normenkontrolle wegen der notwendigen Normtypisierung nicht an (vgl. EFG 1992, 763). Hierbei bleibt die Regelung von Härtefällen dem besonderen Billigkeitsverfahren überlassen (§ 12 Abs. 4 Hamb.KiStG, § 7 Abs. 3 KiStO). Der Senat weist allerdings – aus Gründen der Verfahrensökonomie – darauf hin, daß sich aus dem Vortrag keine verfassungsrechtlichen sachlichen Billigkeitsgründe ergeben. Im Einzelfall gelten die vorstehenden generellen Erwägungen zur Verfassungsmäßigkeit des Kirchgelds sinngemäß. Aus dem Vorbringen, daß ein beachtlicher Teil der Einkünfte des Ehemannes in Rücklagen für Reparaturen vermieteter Immobilien fließe, ergibt sich schon mangels Substantiierung nichts anderes. Da die Gesamteinkünfte bzw. schon die Einkünfte des Ehemannes mehr als doppelt so hoch sind, wie der auf 400 000 DM festgelegte Eingangsbetrag der höchsten Tarifstufe, ist eine demgegenüber erhebliche Minderung der Leistungsfähigkeit durch notwendige Rücklagen nicht ersichtlich. Im übrigen könnte in diesem Zusammenhang zu berücksichtigen sein, daß sich der Unterhalt auch nach dem Vermögen richtet (§ 1360 Satz 1 BGB (...)

12

Eine im preußischen Gerichtskostenrecht verankerte Gerichtsgebührenfreiheit für die Kirchen war keine den Kirchen bis zu einer Ablösung durch staatliche Gesetzgebung gewährleistete Staatsleistung im Sinne von Art. 138 Abs. 1, 173 WRV. Eine im einfachen Gesetzesrecht (vgl. § 2 Abs. 3 GKG) nicht vorgesehene Gerichtsgebührenfreiheit für die Kirchen kann deshalb auch aus Art. 140 GG i.V. m. Art. 138 Abs. 1 WRV nicht hergeleitet werden (vgl. BVerfGE 19, 1 ff.).

BVerwG, Beschluß vom 14. Februar 1996 – 11 VR 40. 95 –[1]

Nachdem die Antragstellerin ihren Antrag auf Anordnung der aufschiebenden Wirkung ihrer Anfechtungsklage zurückgenommen hatte, hat der Senat das einstweilige Rechtsschutzverfahren eingestellt und die Kosten des Verfahrens der Antragstellerin auferlegt. Die hiergegen erhobene Erinnerung blieb erfolglos.

Aus den Gründen:

Die nach § 5 Abs. 1 Satz 1 GKG zulässige Erinnerung dagegen ist unbegründet. Der Kostenansatz entspricht der Kostenentscheidung des zitierten Be-

---

[1] Amtl. Leitsätze. NVwZ 1996, 786; Buchholz 11 Art. 140 Nr. 57. Nur LS: KuR 2 (1996); 254; AkKR 165 (1996), 263. Vgl. zu diesem Fragenkreis auch Hess.FG EFG 1997, 905.

schlusses. Entgegen ihrer Auffassung kann die Antragstellerin für sich Gerichtsgebührenfreiheit nicht beanspruchen. Über die Erinnerung hat der Berichterstatter als Einzelrichter zu entscheiden (vgl. § 87a Abs. 1 Nr. 5 und Abs. 3 VwGO in Verbindung mit § 5 Abs. 1 Verkehrswegeplanungsbeschleunigungsgesetz – VerkPBG – vom 16. Dezember 1991 [BGBl. I S. 2174]). Als Annex zu der Kostenentscheidung nach Zurücknahme des Rechtsschutzantrages (vgl. § 87a Abs. 1 Nr. 2 VwGO) handelt es sich um eine im vorbereitenden Verfahren zu treffende Entscheidung über Kosten (vgl. auch BVerwG, Beschluß vom 13. 3. 1995 – BVerwG 4 A 1.92 – [Buchholz 310 § 106 VwGO Nr. 18]).

1. § 2 Abs. 3 Satz 1 GKG bestimmt, daß vor den Gerichten der Verwaltungsgerichtsbarkeit bundesrechtliche oder landesrechtliche Vorschriften über persönliche Kostenfreiheit keine Anwendung finden. Die mit Gesetz vom 20. 8. 1975 eingeführte Regelung entspricht dem mit ihrem Inkrafttreten außer Kraft getretenen § 163 Abs. 1 VwGO, hat jedoch – den gleichfalls seinerzeit außer Kraft getretenen – § 163 Abs. 2 VwGO nicht übernommen, der die den Kirchen und anderen Religionsgesellschaften des öffentlichen Rechts durch Art. 140 GG gewährleistete Kostenfreiheit unberührt ließ. Daraus kann indessen nicht der Schluß gezogen werden, eine etwaige, durch Art. 140 GG gewährleistete Kostenfreiheit habe nachträglich beseitigt werden sollen (vgl. Hammer in: Handbuch des Staatskirchenrechts der Bundesrepublik Deutschland, 1. Bd. 2. Aufl. 1994, S. 1090). Vielmehr wurde eine Übernahme als entbehrlich angesehen, weil eine verfassungsrechtlich verbürgte Kostenfreiheit auch ohne einen besonderen Vorbehalt im Gerichtskostengesetz aufrechterhalten bleibe (vgl. die Amtliche Begründung zum Gesetz vom 20. 8. 1975 – BTDrucks. 7/2016 S. 67). Wenn also für die Antragstellerin Kostenfreiheit für den Verwaltungsprozeß ursprünglich nach Art. 140 GG gewährleistet worden wäre, so bestünde diese fort (vgl. Kopp, VwGO Kommentar, 10. Aufl. 1994, § 163 Rdnr. 2; Redeker/von Oertzen, VwGO Kommentar, 10. Aufl. 1991, § 163).

2. a) Art. 140 GG erklärt Art. 136–139 und 141 WRV zu Bestandteilen des Grundgesetzes. Damit gilt Art. 138 Abs. 1 WRV weiterhin, der folgendes bestimmt:

"Die auf Gesetz, Vertrag oder besonderen Rechtstiteln beruhenden Staatsleistungen an die Religionsgesellschaften werden durch die Landesgesetzgebung abgelöst. Die Grundsätze hierfür stellt das Reich auf."

Nicht inkorporiert ist hingegen Art. 173 WRV, der den Fortbestand der bisherigen, auf Gesetz, Vertrag oder besonderen Rechtstiteln beruhenden Staatsleistungen an die Religionsgesellschaften bis zum Erlaß eines Reichsgesetzes gemäß Art. 138 WRV anordnete. Gleichwohl kann für die Entscheidung über die Erinnerung unterstellt werden, daß die Gewährleistung des Art. 173 WRV auch bereits Inhalt von Art. 138 Abs. 1 WRV, die erstgenannte Verfassungsbestimmung folglich lediglich deklaratorischer Art ist (so ausdrücklich: Anschütz,

Die Verfassung des Deutschen Reichs, 14. Aufl. 1933, Art. 173 Anm. 1, Art. 138 Anm. 4; Hesse, JöR N. F. Bd. 10 [1961] S. 3 ff. [57] a. A.: Koellreutter, AöR N. F. 15. Bd. [1928], S. 1 ff. [16] Huber, Die Garantie der kirchlichen Vermögensrechte in der Weimarer Verfassung, 1927, S. 94 f.; offengelassen in BVerfGE 19, 1 [16][2]).

b) Die dann vorzunehmende Prüfung ergibt, daß die von der Antragstellerin beanspruchte Kostenfreiheit keine Staatsleistung ist, die in den Schutzbereich von Art. 138 Abs. 1 WRV fällt.

Im Ausgangspunkt ist allerdings festzustellen, daß es in Preußen seit der Deklaration des StempG vom 27. 6. 1811 (PrGS S. 313) bis zum PrGKG vom 28. Oktober 1922 (PrGS S. 363) an besondere Voraussetzungen geknüpfte Gebührenbefreiungen für die Kirchen gab. Schon das Bundesverfassungsgericht hat jedoch in seinem Beschluß vom 28. 4. 1965 (BVerfGE 19, 1 ff.) darauf hingewiesen, daß dieses Privileg nicht zu den Staatsleistungen im Sinne des Art. 138 Abs. 1 WRV gehöre. Dem ist – unabhängig von der Frage einer Verbindlichkeit nach § 31 BVerfGG – beizupflichten.

Dem Begriff der Staatsleistungen sind zunächst ohne weiteres hinzuzurechnen die – positiven – Beiträge des Staates zu den sächlichen und persönlichen Kosten der jeweiligen Kirche. Bereits das Reichsgericht hat darüber hinaus in seiner fortlaufenden Rechtsprechung (Beschlüsse vom 20. 6. 1925, 10. 10. 1927, 20. 3. 1930 und 13. 7. 1931 – abgedruckt in: Lammers-Simons, Die Rechtsprechung des Staatsgerichtshofs für das Deutsche Reich und des Reichsgerichts aufgrund Art. 13 Abs. 2 der Reichsverfassung, Bd. 1 S. 519 ff. [= RGZ 111, 134 ff.], S. 538 ff. [= JW 1927, S. 2852 mit Anmerkung Tatarin-Tarnheyden, JW 1928, S. 64 f.], Bd. 4, S. 297 ff. und S. 306 ff.) entwickelt, daß in dem vorliegenden Zusammenhang Leistung in einem Unterlassen bestehen kann, mithin auch sogenannte negative Staatsleistungen der Gewährleistung nach Art. 138 Abs. 1, 173 WRV unterfallen könnten. Nur diese Auslegung werde dem Sinn der genannten Verfassungsbestimmungen gerecht, die bisherige vermögensrechtliche Stellung der Kirche, soweit sie auf dem bis zur Trennung von Kirche und Staat bestehenden Zusammenhang mit dem Staat beruhte, bis zur Neuregelung des finanziellen Verhältnisses durch die Gesetzgebung nach Art. 138 Abs. 1 WRV aufrechtzuerhalten. Die Anerkennung als garantierte negative Staatsleistung setzt dann voraus, daß die betreffende Befreiung einen wesentlichen Teil derjenigen Unterstützung bildete, die der Staat der Kirche zur Bestreitung ihrer Bedürfnisse gewährte, und daß er, wenn sie nicht bestanden hätte, statt ihrer entsprechende Leistungen an die Kirche hätte machen müssen (vgl. RGZ 111, 134 [144]; Isensee in: Handbuch des Staatskirchenrechts der Bundesrepublik

---

[2] KirchE 7, 183.

Deutschland, aaO, S. 1025). Allen – positiven wie negativen – Staatsleistungen im Sinne von Art. 138 Abs. 1 WRV ist als gemeinsames Merkmal eigen, daß sie historisch ihren Ursprung in einer staatlichen Gegenleistung für die Säkularisation kirchlichen Gutes haben. Mit der Einziehung des Kirchengutes entstand die Notwendigkeit, die Kirche von den laufenden, wiederkehrenden Lasten zu befreien und gleichzeitig ihre laufenden Kosten zu decken (vgl. im einzelnen zu Art und Umfang der nach Art. 138 Abs. 1 WRV ablösbaren Staatsleistungen: Huber, aaO, S. 61 ff.; Weber, Die Ablösung der Staatsleistungen an die Religionsgesellschaften, 1948, S. 50 ff.). Kennzeichen der geschützten Privilegien ist dabei, daß es sich um fortlaufende, regelmäßig wiederkehrende Leistungen, sei es im positiven oder negativen Sinn, handeln muß. Nur dann nämlich kann es sich um wesentliche Teile der historisch gewachsenen staatlichen Unterstützung an die Kirchen gehandelt haben. Zu den fortlaufenden Leistungen gehören deshalb zwar die den Kirchen eingeräumten Steuerbefreiungen, nicht aber eine Gebührenfreiheit im Einzelfall für den Fall eines gerichtlichen Verfahrens. Mit Recht hat deshalb bereits das Bundesverfassungsgericht (aaO, S. 16) ausgeführt, aus diesen Unterschieden ergebe sich, daß die Befreiung von Gerichtsgebühren keinen wesentlichen Teil der Unterstützung gebildet habe, die der Staat der Kirche zur Bestreitung ihrer Bedürfnisse gewähre. Die im preußischen Recht vorgesehenen Gebührenbefreiungen zugunsten der Kirchen stellten somit keine Staatsleistungen im Sinne des Art. 138 WRV dar (a. A.: Hollerbach, JZ 1965, S. 612 [614]).

c) Zu Recht weist das Oberverwaltungsgericht Lüneburg (Beschluß vom 7.1.1987[3] – OVG 13 B 141.86 – [NVwZ 1987, S. 704 f.]) darauf hin, der Gesetzgeber der Verwaltungsgerichtsordnung sei offenbar davon ausgegangen, daß die Freiheit von Gerichtsgebühren zu den negativen Staatsleistungen an die Kirchen gehöre. § 163 Abs. 2 VwGO sei nämlich auf Vorschlag des Rechtsausschusses des Bundestages in den Entwurf einer Verwaltungsgerichtsordnung mit der Begründung eingefügt worden, daß es sich bei der nach Maßgabe des Landesrechts durch Art. 140 GG gewährleisteten Gebührenfreiheit um einen Bestandteil der verfassungsrechtlich verbürgten negativen Staatsleistungen an die Kirche handele (vgl. Schriftlicher Bericht des Rechtsausschusses vom 12.5.1959, BTDrucks. 3/1094 S. 14 zu § 160a; auch Koehler, VwGO Kommentar, 1960, § 163 Anm. B II.). Diese Vorstellung macht indessen vorkonstitutionelle, einfachgesetzliche Kostenbefreiungen nicht zu Staatsleistungen im Sinne von Art. 140 GG, Art. 138 Abs. 1 WRV. Im übrigen weist die bereits zitierte Amtliche Begründung zum Gesetz vom 20.8.1975 (BTDrucks. 7/2016 S. 67) unter Bezugnahme auf den Beschluß des Oberverwaltungsgerichts

---

[3] KirchE 25, 1.

Münster vom 15. 7. 1969 (OVG V B 144.68 – DÖV 1970, S. 102) ausdrücklich darauf hin, es sei zweifelhaft, ob und inwieweit aus Art. 140 GG eine Kostenfreiheit der Kirchen und anderen Religionsgesellschaften des öffentlichen Rechts folge.

13

1. Zur Frage, unter welchen Voraussetzungen der Status „Körperschaft des öffentlichen Rechts" einer altkorporierten Religionsgesellschaft verloren gehen kann.
2. Die Entscheidung der überlebenden Mitglieder einer durch Unrechtsmaßnahmen des NS-Regimes zerschlagenen jüdischen Religionsgemeinde, auch Jahrzehnte nach Wiedererstehen und staatlicher Förderung jüdischen Lebens und Kultur nicht wieder nach Berlin zurückzukehren, dokumentiert den zu respektierenden Entschluß, an der (früheren) Religionsgemeinde in Berlin nicht festzuhalten; damit ist auch der Körperschaftsstatus erloschen, den die Gemeinde innehatte.
3. Art. 3 EV bewirkt nicht, daß eine Einzelfallentscheidung der DDR-Regierung nach der Eingliederung „Ost-Berlins" in das Land Berlin für und gegen dieses im Widerspruch zu der dort bestehenden Rechtslage Geltung erlangt.

Art. 140 GG, 137 Abs. 5 WRV, Art. 19 EV
OVG Berlin, Urteil vom 22. Februar 1996 – 5 B 93.94[1] –

Die Klägerin, die Israelitische Synagogengemeinde (Adass Jisroel) zu Berlin, gehrt die Feststellung, daß sie Körperschaft des öffentlichen Rechts im Land Berlin ist. Die streiterheblichen Einzelheiten ergeben sich aus dem Urteil des VG Berlin vom 10. 10. 1994, KirchE 32, 371. Das Verwaltungsgericht hat der Klage stattgegeben. Auf die Berufung der Beklagten (Land Berlin) hat das OVG Berlin das angefochtene Urteil aufgehoben und die Klage abgewiesen.

Aus den Gründen:

Die Berufung des Beklagten ist begründet.
Gegenstand des Verfahrens ist nicht die Frage, ob die Klägerin gemäß Art. 140 GG, Art. 137 Abs. 5 WRV die Anerkennung als Körperschaft des

---

[1] Amtl. Leitsätze. NVwZ 1997, 396. Nur LS: KuR 1996, 129. Auf die Revision der Israelitischen Synagogengemeinde (Adass Jisroel) hat das BVerwG (Urteil vom 15. 10. 1997 – 7 C 21.96 – NJW 1998, 253) das Urteil des OVG Berlin aufgehoben und die Berufung des Landes Berlin gegen das Urteil des VG Berlin vom 10. 1. 1994 (KirchE 32, 371) zurückgewiesen. Vgl. zu diesem Fragenkreis auch OVG Sachsen-Anhalt NJW 1998, 3070.

öffentlichen Rechts verlangen kann. Diesen Anspruch gesteht ihr der Beklagte ausdrücklich zu, wenn sie einen dahingehenden Antrag stellt. Im vorliegenden Verfahren geht es vielmehr allein darum, ob der Rechtsstatus „Körperschaft des öffentlichen Rechts", den die Israelitische Synagogengemeinde (Adass Jisroel) zu Berlin im Jahre 1885 verliehen bekommen hat und gemäß Art. 137 Abs. 5 Satz 1 WRV weiterhin besaß, bis heute bestehen geblieben ist und – wenn dies bejaht wird – ob die Klägerin dessen Inhaberin ist.

Die Klägerin ist entgegen der Auffassung des Verwaltungsgerichts nicht Körperschaft des öffentlichen Rechts im Land Berlin, denn dieser der „Israelitischen Synagogengemeinde (Adass Jisroel) zu Berlin" im Jahre 1885 verliehene Status einer Körperschaft des öffentlichen Rechts ist erloschen (I.). Er ist auch nicht durch die „Erklärung der Regierung der Deutschen Demokratischen Republik" vom 18.12.1989 wirksam und für das Land Berlin verbindlich als fortbestehend festgestellt worden (II.).

I. 1. Die im Jahre 1869 gegründete orthodoxe Religionsgemeinschaft Adass Jisroel war – das ist außer Streit – Körperschaft des öffentlichen Rechts.

Dieser jüdischen Glaubensgemeinschaft wurden durch Verordnung vom 9.9.1885 (PrGS. S. 337) auf der Grundlage von § 8 des Gesetzes vom 28.7.1876 betreffend den Austritt aus den Jüdischen Synagogengemeinden (PrGS. S. 353) unter dem Namen „Israelitische Synagogengemeinde (Adass Jisroel) zu Berlin" die Rechte einer Synagogengemeinde und damit zugleich, wie sich aus § 37 des Preuß.Gesetzes über die Verhältnisse der Juden vom 23.7.1847 (PrGS. S. 263) ergibt, die Rechte einer Körperschaft des öffentlichen Rechts verliehen. Damit gehörte Adass Jisroel zu den sog. altkorporierten Religionsgesellschaften, deren Status die Verfassung des Deutschen Reiches vom 11.8.1919 (WRV) gemäß Art. 137 Abs. 5 Satz 1 bestehen ließ.

Ebenso außer Streit ist, daß der Körperschaftsstatus von Adass Jisroel weder durch das „Gesetz über die Rechtsverhältnisse der jüdischen Kultusvereinigungen" vom 28.3.1938 (RGBl. S. 338) noch durch die „Anordnung des Chefs der Sicherheitspolizei und des SD" vom 18.12.1939, mit der Adass Jisroel in die „Reichsvereinigung der Juden Deutschlands" eingegliedert worden war, in seinem rechtlichen Bestand wirksam angetastet worden ist. Das nationalsozialistische Gesetz, das den jüdischen Kultusvereinigungen und ihren Verbänden mit Wirkung zum 31.3.1938 ihre Eigenschaft als Körperschaften des öffentlichen Rechts entzog und sie in die Stellung rechtsfähiger Vereine des bürgerlichen Rechts mit Registerzwang überführte, steht im Zusammhang mit der durch den Nationalsozialismus planmäßig verübten Verfolgung und Vernichtung der europäischen Juden und ist deshalb – als Akt der Willkür – als von Anfang an nichtig anzusehen.

Vor diesem Hintergrund setzt das Feststellungsbegehren der Klägerin voraus, daß der Körperschaftsstatus nach 1945 bis hin zur Wiederaufnahme eines

Gemeindelebens im Jahre 1986 unberührt geblieben ist. Das Verwaltungsgericht hat dies unter zwei Aspekten bejaht: Der Körperschaftsstatus von Adass Jisroel habe seit Inkrafttreten der Weimarer Reichsverfassung und im Hinblick auf die Inkorporation des Art. 137 Abs. 5 WRV durch Art. 140 GG Verfassungsrang gehabt; für einen Entzug habe es deshalb eines verfassungsändernden Gesetzes bedurft, an dem es fehle. Der Status sei auch nicht auf „sonstige Weise" erloschen; er sei von der Existenz der Religionsgemeinschaft generell unabhängig, weshalb die „temporäre" – auf die historische Situation des Holocaust und des geteilten Nachkriegsdeutschlands zurückzuführende – Untätigkeit der Gemeinde in Berlin nicht zum Erlöschen des Körperschaftsstatus geführt habe. Dem vermag sich der Senat aufgrund folgender Erwägungen nicht anzuschließen:

Art. 137 Abs. 5 WRV bestimmt lediglich die Voraussetzungen, unter denen die *Verleihung* von Korporationsrechten an Religionsgesellschaften in Betracht kommt. Nicht geregelt ist dagegen die Frage, ob und unter welchen Voraussetzungen der Status wieder entzogen werden oder sonst verlorengehen kann. Da in der Praxis der Entzug von Körperschaftsrechten – mit Ausnahme des nationalsozialistischen Gesetzes vom 28. 3. 1938 – nicht vorgekommen ist, gibt es Rechtsprechung hierzu nicht. Die einschlägige staatskirchenrechtliche Literatur befaßt sich mit der Frage des Verlustes der Körperschaftsrechte nur fragmentarisch und gelangt darüber hinaus zu keinem einhelligen Ergebnis.

Überwiegend wird die Ansicht vertreten, ein *Entzug* der Körperschaftsrechte, d. h. ein gegen den Willen der Religionsgemeinschaft gerichteter Verlust, komme nur durch oder aufgrund einer Verfassungsänderung in Betracht (vgl. Friesenhahn, HdbStKirchR, Bd. 1, § 11, S. 555; von Campenhausen in: von Mangoldt/Klein, Kommentar zum Bonner Grundgesetz, Band 14, Rdnr. 150 zu Art. 137 Abs. 5 WRV; Dürig in: Maunz/Dürig/Herzog, GG-Kommentar, Band IV, Rdnr. 32 zu Art. 140 GG; Art. 137 Abs. 5 WRV; Zippelius (1962/1963), in: Staat und Kirchen in der Bundesrepublik Deutschland, Staatskirchenrechtliche Aufsätze 1950–1967, S. 311, 324).

Als Entzugsgründe werden der nachträgliche Wegfall der Verleihungsvoraussetzungen, das Erschleichen der Körperschaftsrechte oder das Vorliegen der Verbotsvoraussetzungen des Art. 9 Abs. 2 GG in Betracht gezogen (vgl. Friesenhahn aaO, S. 557; H. Weber, Die Religionsgemeinschaften als Körperschaften des öffentlichen Rechts im System des Grundgesetzes, 1966, S. 100; ders. Die Verleihung der Körperschaftsrechte an Religionsgemeinschaften, in: ZevKR 34 (1989), S. 337 ff., 362; Lehmann, Die kleineren Religionsgesellschaften des öffentlichen Rechts im heutigen Staatskirchenrecht, 1959, S. 134; Held, Die kleinen öff.-recht. Religionsgemeinschaften im Staatskirchenrecht der Bundesrepublik, 1974, S. 145 ff.).

Soweit ersichtlich gehen nur Held und Lehmann weiter; sie meinen, daß der Austritt aller Gemeindemitglieder oder die Selbstauflösung der Religionsgemeinschaft ohne weiteres, d. h. auch ohne förmlichen Hoheitsakt, den Untergang der Religionsgemeinschaft und damit zugleich den Verlust der Körperschaftsrechte bewirken könnten, (vgl. Held aaO, S. 144; Lehmann aaO, S. 134 f).

Eine überzeugende oder auch nur einheitliche dogmatische Grundlage läßt sich der Literatur allerdings nicht entnehmen. Für die hier zu entscheidende Frage nach etwaigen Verlusttatbeständen kann nur auf allgemeine staatskirchenrechtliche Grundsätze zurückgegriffen werden.

Die Weimarer Kirchenartikel (Art. 136–139 und Art. 141 WRV) enthalten neben dem für Religionsgesellschaften zentralen Recht auf Selbstbestimmung in eigenen Angelegenheiten (Art. 137 Abs. 3 WRV) und dem Verbot der Staatskirche (Art. 137 Abs. 1 WRV) insbesondere die verfassungsrechtliche Zuordnung der Religionsgesellschaften zum Bereich des öffentlichen Rechts (Art. 137 Abs. 5 WRV). Art. 137 Abs. 5 Satz 1 WRV bestimmt, daß sie Körperschaften des öffentlichen Rechts bleiben, soweit sie solche bisher waren; nach Satz 2 sind anderen Religionsgesellschaften auf Antrag die gleichen Rechte zu gewähren, wenn sie durch ihre Verfassung und die Zahl ihrer Mitglieder die Gewähr der Dauer bieten. Daß die Titulierung der Religionsgesellschaften als Körperschaften des öffentlichen Rechts nicht präzise ist und die Rechtslage „mehr verdunkelt als erhellt", ist in der staats-kirchenrechtlichen Literatur seit langem anerkannt und unbestritten, (vgl. von Campenhausen Staatskirchenrecht, 2. Aufl., § 15 S. 95 f.).

Eine Wesensbestimmung der öffentlich-rechtlichen Organisationsform der Religionsgesellschaften hat deshalb von dem Systemzusammenhang der Absätze 1, 3 und 5 des Art. 137 WRV auszugehen. Denn wenn Absatz 5 den Religionsgesellschaften die Rechtsstellung einer Körperschaft des öffentlichen Rechts zuerkennt und zugleich in den Absätzen 1 und 3 das Verbot institutioneller Verbindung von Staat und Kirche bei Wahrung eines staatsfreien selbständigen kirchlichen Eigenbereichs statuiert ist, so kann das nur die Bedeutung haben, daß der Begriff der öffentlich-rechtlichen Körperschaft ein anderer sein muß, als es die allgemein gängige Inhaltsbestimmung besagt.

Das Bundesverfassungsgericht hat dies in seinem Beschluß vom 17. 2. 1965[2] wie folgt umschrieben:

> *„Nach dem kirchenpolitischen System des Grundgesetzes besteht keine Staatskirche. Jede Religionsgesellschaft ordnet und verwaltet ihre Angelegenheiten selbständig innerhalb der Schranken des für alle geltenden Gesetzes … Damit erkennt der Staat die Kirchen als Institutionen mit dem Recht der Selbstbestimmung an, die ihrem Wesen nach unabhängig vom Staat sind und ihre Gewalt nicht von ihm herleiten. Die Folge ist, daß der Staat in ihre inneren Verhältnisse nicht eingreifen darf."*

---

[2] KirchE 7, 172.

Diese Eigenständigkeit der Kirchen wird nicht durch ihren Charakter als Körperschaften des öffentlichen Rechts ... in Frage gestellt. Angesichts der religiösen und konfessionellen Neutralität des Staates nach dem Grundgesetz bedeutet diese zusammenfassende Kennzeichnung der Rechtsstellung der Kirchen keine Gleichstellung mit anderen öffentlichrechtlichen Körperschaften, die in den Staat organisch eingegliederte Verbände sind, sondern nur die Zuerkennung eines öffentlichen Status, der sie zwar über die Religionsgesellschaften des Privatrechts erhebt, aber keiner besonderen Kirchenhoheit des Staates oder gesteigerten Staatsaufsicht unterwirft." (BVerfGE 18, S. 385 [386f]).

Noch deutlicher kommt die Auffassung des Bundesverfassungsgerichts, daß die überkommene Definition der Körperschaft des öffentlichen Rechts auf Religionsgesellschaften als aus der Staatsorganisation ausgegliederte Rechtsträger nicht anwendbar ist, in der Entscheidung vom 21. 9. 1976[3] zum Ausdruck, in der es heißt:

„Die Kirchen sind ungeachtet ihrer Anerkennung als Körperschaften des öffentlichen Rechts dem Staat in keiner Weise inkorporiert, also auch nicht im weitesten Sinne ‚staatsmittelbare' Organisationen oder Verwaltungseinrichtungen. Ihre wesentlichen Aufgaben, Befugnisse, Zuständigkeiten sind originäre und nicht vom Staat abgeleitete." (BVerfGE 42, S. 312, 321f.).

Kann die Korporationsqualität von Religionsgesellschaften mithin nicht an jener der Körperschaften im herkömmlichen Sinne gemessen werden, so können Rückschlüsse aus den für letztere allgemein anerkannten Grundsätzen über die Beendigung nicht oder jedenfalls nur insoweit gezogen werden, als ihnen nicht die Besonderheiten des kirchenrechtlichen Status entgegenstehen, (vgl. hierzu auch Forsthoff, Lehrbuch des Verwaltungsrechts, Band I, Allgemeiner Teil, 10. Aufl., § 25, S. 490, Fn. 1 m. w. N.).

Es entspricht, wie das Verwaltungsgericht zutreffend dargelegt hat, allgemeiner Auffassung, daß Körperschaften des öffentlichen Rechts im verwaltungsrechtlichen Sinne durch staatlichen Hoheitsakt – und nur durch ihn – entstehen und daß deren Beendigung den gleichen Regeln wie ihre Entstehung unterliegt, es mithin zu ihrer Auflösung eines actus contrarius bedarf, (vgl. Forsthoff, aaO, S. 492/493; Wolff/Bachof, Verwaltungsrecht II, 5. Aufl., § 84 Rdnr. 14).

Daß es bei diesen öffentlich-rechtlichen Körperschaften, die Träger mittelbarer Staatsverwaltung sind, also in mehr oder minder großer Abhängigkeit von unmittelbaren Staatsbehörden unter deren Aufsicht hoheitlich und mit Zwangsmitteln öffentliche Aufgaben erfüllen, zu deren Auflösung es generell eines actus contrarius bedarf, liegt schon angesichts ihrer Eingliederung in den Staatsaufbau auf der Hand.

Eines hoheitlichen Aktes wird es auch bei Religionskörperschaften bedürfen, wenn ihnen der Körperschaftsstatus gegen ihren Willen *entzogen* werden soll;

---

[3] KirchE 15, 320.

denn ein Entzug kann – wie jeder staatliche Eingriffsakt – nur gerechtfertigt sein, wenn er durch eine formelle gesetzliche, ggf. auch verfassungsrechtliche Ermächtigungsgrundlage hinreichend gedeckt ist und sich darüber hinaus im Rahmen der Verhältnismäßigkeit hält. Darin erschöpfen sich jedoch die „Parallelen" zu den staatlichen Körperschaften. Denn Religionskörperschaften sind gerade nicht in den Staat eingegliedert, sie erfüllen nicht genuin staatliche Aufgaben und unterliegen deshalb im Bereich ihrer inneren Angelegenheiten auch nicht der staatlichen Kontrolle. Ihr verfassungsrechtlich garantiertes Selbstbestimmungsrecht umfaßt auch ihre Organisationsform; ein bestimmter Status darf ihnen – wie das Antragserfordernis in Art. 137 Abs. 5 Satz 2 WRV verdeutlicht – nicht aufgezwungen werden. Deshalb spricht entgegen der Auffassung, des Verwaltungsgerichts alles dafür, daß die Existenz der Religionsgemeinschaft, die vom Willen ihrer Mitglieder nicht nur hinsichtlich ihres gemeinsamen religiösen Bekenntnisses, sondern auch hinsichtlich ihrer äußeren Rechtsform getragen wird, maßgebliche Bedeutung für den (Fort-)Bestand des Status hat: Besteht die Glaubensgemeinschaft als solche nicht mehr, so besteht unabhängig von der Rechtsnatur des ursprünglichen Verleihungsaktes für die Fiktion des Fortbestehens ihres ehemaligen Status als gleichsam „leere Hülle" weder ein Bedürfnis noch eine Rechtfertigung, (so auch H. Weber, Die Verleihung der Körperschaftsrechte an Religionsgemeinschaften, aaO, S. 363 m. w. N.; a. A. allerdings von Mangoldt/Klein v. Campenhausen, GG-Kommentar, 3. Aufl. 1991, Art. 140 Rdnr. 150; Friesenhahn, aaO, S. 555; Maunz/Dürig/Herzog, GG-Kommentar, Art. 140, Rdnr. 32.).

Soweit das Verwaltungsgericht dem entgegenhält, daß – da der Status einer Religionskörperschaft inhaltlich nur die Gewährleistung bestimmter Befugnisse bedeute – die fehlende Existenz des (begünstigten) Rechtssubjekts nur zur Folge habe, daß die gewährten Kompetenzen nicht ausgeübt werden könnten, folgt der Senat dem nicht. Selbst wenn die Nichtausübung der mit dem Status verbundenen Privilegien für den Staat oder sonstige Außenstehende keine Konsequenzen hätte, was allein schon aus Gründen der Rechtssicherheit mehr als zweifelhaft ist, so drängt sich doch unausweichlich die Gegenfrage auf, welchen Sinn die Fiktion des Fortbestehens des Körperschaftsstatus haben soll, wenn die ihn tragende und durch gemeindliche Betätigung ausfüllende Religionsgemeinschaft nicht mehr existiert. Darauf dürfte schwerlich eine Antwort zu finden sein.

Im Gegenteil besteht ein Bedürfnis, aus Gründen der Rechtssicherheit die Körperschaftsrechte nicht ohne ihren Rechtsträger als „leere Hülle" bestehen zu lassen. Denn es ist zu bedenken, daß es dem Staat wegen des verfassungsrechtlich garantierten Selbstbestimmungsrechts der Religionsgesellschaften verwehrt ist, auf die – nicht zuletzt vermögensrechtliche – Abwicklung einer aufgelösten Religionsgemeinschaft, die keine Beschlüsse mehr fassen, keine Organe wählen oder Liquidatoren bestellen kann, Einfluß zu nehmen, (vgl. in diesem Zusammenhang auch BVerfGE 66, 1 [19 ff.] zur (fehlenden) Konkursfähigkeit korporierter Religionsgesellschaften).

Auch wäre es ihm längere Zeit nach Auflösung einer Religionsgemeinschaft kaum mehr möglich, die Identität einer die Rechte der aufgelösten Gemeinschaft beanspruchenden Religionsgemeinschaft mit der alten Gemeinschaft festzustellen.

Ebensowenig läßt sich die gegenteilige, auf Art. 137 Abs. 5 Satz 1 WRV gestützte Auffassung des Verwaltungsgerichts damit begründen, daß ein „stillschweigender" Verlust verfassungsrechtlich „unwiderruflich" gewährleisteter Rechte nicht möglich erscheine; dem liegt ein falsches Verständnis von Umfang und Tragweite dieser Verfassungsnorm zugrunde. Art. 137 Abs. 5 Satz 1 WRV ist als institutionelle Garantie zu verstehen, deren Bedeutung über eine bloße Bestandsgarantie des Inhalts, daß bei Inkrafttreten der Weimarer Reichsverfassung bereits vorgefundene, (ebenfalls) aufgrund besonderen staatlichen Aktes korporierte – deshalb im übrigen auch nicht im einzelnen aufgeführte – Religionsgesellschaften keiner gesonderten Verleihung bedürfen, sich also keiner Überprüfung der nach Satz 2 für eine (Neu-)Verleihung zu verlangenden Kriterien unterziehen müssen, nicht hinausgeht. Von daher geht nach Ansicht des Senats die vielfach aus Art. 137 Abs. 5 Satz 1 WRV gezogene Schlußfolgerung, für den Statusentzug bei sog. altkorporierten Religionsgesellschaften bedürfe es stets einer Verfassungsänderung, im Ansatz fehl. Eine solche wäre nur notwendig bei einem *institutionellen* Entzug, d. h. wenn der Staat beabsichtigte, den Kirchen und sonstigen korporierten Religionsgesellschaften insgesamt einen anderen Status zu geben, nicht aber bei einem *individuellen* Entzug.

2. Unter Berücksichtigung der dargelegten Grundsätze beantwortet sich die Frage nach dem Fortbestand des Körperschaftsstatus von Adass Jisroel nach dem Zusammenbruch des sog. Dritten Relches wie folgt:

a) An einem actus contrarius in Form eines nachkonstitutionellen (einfachen) Landesgesetzes, wie er nach Maßgabe vorstehender Ausführungen für den *Entzug* des Körperschaftsstatus von Adass Jisroel im Grundsatz ausreichte, fehlt es.

Insoweit in Betracht gezogen werden könnte – was auch das Verwaltungsgericht erwogen und im Ergebnis zu Recht verneint hat – allenfalls das Gesetz über die Jüdische Gemeinde zu Berlin vom 29.1.1971 (GVBl. S. 324), durch dessen § 2 das Preußische Gesetz über die Rechtsverhältnisse der Juden vom 23.7.1847 aufgehoben worden ist, „soweit es nicht bereits außer Kraft getreten ist". In der Begründung zu dieser Vorschrift heißt es:

„Nicht abschließend geklärt ist ... die Frage, inwieweit die Bestimmungen des II. Titels über die „Kultus- und Unterrichts-Angelegenheiten der Juden" obsolet geworden sind. Wesentlich ist vor allem, daß durch die Entscheidung des Gesetzgebers gesichert wird, daß die Jüdische Gemeinde

zu Berlin nicht anders behandelt wird als die übrigen Religionsgemeinschaften mit der Rechtsstellung einer Körperschaft des öffentlichen Rechts. Nach dem heutigen verfassungsrechtlichen Verhältnis zwischen Staat und Religionsgemeinschaften kommt die staatliche Bestätigung des Organisationsstatuts ... der Religionsgemeinschaften nicht mehr in Betracht (Beschlußvorlage vom 22.12.1970, Abg. Drs. Nr. 1415 vom 15.1.1971).

Dieser klar formulierten Zielsetzung widerspräche die Annahme, mit der Aufhebung des Preuß. Gesetzes vom 23.7.1847 habe einer Jüdischen Kultusgemeinde – soweit noch existent – der Körperschaftsstatus entzogen werden sollen.

b) Entgegen der Annahme des Verwaltungsgerichts ist der Körperschaftsstatus von Adass Jisroel jedoch auf „sonstige Weise" erloschen.

Die Religionsgemeinschaft Adass Jisroel von 1869 als Trägerin des Status, den die Klägerin für sich reklamiert, ist von den Nationalsozialisten planmäßig verfolgt und nahezu vollständig ausgelöscht worden. Nur etwa 1 000 der annähernd 30 000 Adassianer vermochten dem Holocaust zu entgehen. Von ihnen sollen nach Kriegsende – Genaueres läßt sich nicht mehr feststellen – nur einige wenige Personen im Westteil Berlins verblieben sein; die anderen Überlebenden hatten oder haben Deutschland verlassen und in Israel, Großbritannien, der Schweiz und in den USA Zuflucht gefunden, wo sie bzw. ihre Nachkommen bis heute geblieben sind. Es besteht zwischen den Beteiligten Übereinstimmung darin, daß bis zu den ersten Ansätzen zur Aufnahme eines Gemeindelebens in den Traditionen von Adass Jisroel im Jahre 1986, initiiert durch die Familie Offenberg, ein eigenständiges Gemeindeleben nach 1945 in Berlin nicht mehr stattgefunden hat.

Der Senat stimmt mit dem Verwaltungsgericht darin überein, daß elementarer Ausgangspunkt für eine Antwort auf die Frage, ob die Religionsgemeinschaft Adass Jisroel durch diese über vier Jahrzehnte andauernde „Untätigkeit" der Gemeinde erloschen bzw. untergegangen ist, die Tatsache sein muß, daß die Ursache für ihren tatsächlichen Existenzverlust in der Verfolgung, Vertreibung und Ermordung ihrer Mitglieder durch die Nationalsozialisten liegt. Deshalb bedarf es keiner Erörterung, daß von den Überlebenden selbst nach der mit Inkrafttreten des Grundgesetzes begonnenen Errichtung eines demokratischen Rechtsstaats auf (west-)deutschem Gebiet im Jahre 1949 nicht erwartet werden konnte, daß sie alsbald danach in das Land ihrer Mörder und Verfolger zurückkehren und hier ihr Gemeindeleben wieder aufnehmen. Es ist eine Selbstverständlichkeit, daß der Besonderheit des jüdischen Verfolgungsschicksals (auch) insoweit nachhaltig Rechnung zu tragen ist.

Der Auffassung des Verwaltungsgerichts, daß es „dem Beklagten als Rechtsnachfolger des Naziregimes" generell verwehrt sei, an die Nichtrückkehr der vertriebenen ehemaligen Gemeindemitglieder und die Tatsache des über 40jährigen vollständigen Abrisses des Gemeindelebens rechtliche Schlüsse – etwa auf den fehlenden Willen zur Wiedererrichtung der ursprünglichen Gemeinde – zu Lasten der Klägerin zu ziehen, vermag der Senat in dieser Absolutheit aus verschiedenen Gründen nicht zu folgen.

– An die nach Kriegsende vorgefundenen Umstände sind in der Folgezeit zahlreiche, auch und gerade für die von den Greueltaten des Naziregimes unvergleichlich schwer betroffene jüdische Bevölkerung – rechtlich verbindliche – Folgen geknüpft worden, zu denen nicht nur die zur Wiedergutmachung bzw. Rückerstattung entzogenen Eigentums getroffenen Regelungen zwischen der Bundesrepublik Deutschland und den jüdischen Nachfolgeorganisationen als Treuhänder (wie etwa der Jewish Trust Corporation oder der Jewish Claims Conference) zählen, sondern vor allem auch die Vereinbarungen mit dem Staat Israel. Diese Vereinbarungen fußen sämtlich auf dem von beiden Seiten getragenen Verständnis, daß das Naziregime jüdisches Leben in Deutschland faktisch ausgelöscht hat.

Vor diesem Hintergrund wird deutlich, warum nicht nur die neu gegründete Bundesrepublik, sondern auch die nach 1945 wieder entstandenen jüdischen Kultusgemeinden selbst davon ausgingen, daß es sich bei ihnen um Neugründungen handelte. Dem entspricht, daß ihnen – auf Antrag – in den Ländern Hamburg (1948), Hessen (1948), Rheinland-Pfalz (1950), Bayern (1951), Berlin (1951), Württemberg-Hohenzollern (1951), Bremen (1952) und Nordrhein-Westfalen (1953, 1954, 1956) die Körperschaftsrechte (neu) verliehen worden sind, (vgl. hierzu Lehmann aaO, S. 32).

Ob es dieser Neuverleihungen nach heutigem verfassungsrechtlichen Verständnis tatsächlich bedurft hätte, ist im Zusammenhang mit der hier zu erörternden Frage ohne Belang, zumal das Beispiel Nordrhein-Westfalens darauf hindeutet, daß dieser – bundeseinheitlichen – Verfahrensweise offenbar eine bewußte Entscheidung zugrunde lag: Dort hatte die zuständige Landesregierung zwar ebenfalls beabsichtigt, Neuverleihungen auszusprechen, den neuen Körperschaften aber zugleich die Rechtsnachfolge der „untergegangenen" ehemaligen Kultusgemeinden zu übertragen. Dies stieß auf den Widerstand vornehmlich der Alliierten Hohen Kommission, die die Rechte der emigrierten Juden beeinträchtigt sah, die infolge einer solchen Übertragung von der Geltendmachung von Rückerstattungs- und sonstigen Wiedergutmachungsansprüchen ausgeschlossen gewesen wären. Auch außerhalb und innerhalb der Jüdischen Gemeinde zu Berlin fanden ab 1946 Diskussionen statt, ob die wiederbegründete Gemeinde Rechtsnachfolgerin der 1943 liquidierten Gemeinde oder eine Neuschöpfung sei. Man entschied sich letztlich für einen Neuaufbau in Berlin.

– Stellt man darüber hinaus den Rechtsgrundsatz, daß der Körperschaftsstatus zur Disposition der jeweiligen Religionsgemeinschaft und ihrer Mitglieder steht, nicht von vornherein in Frage, so kann es im Grundsatz nicht verwehrt sein, aus dem Verhalten der überlebenden ehemaligen Gemeindemitglieder nach der Zerschlagung des Naziregimes Schlußfolgerungen zu ziehen. Denn hätte es einen ausdrücklichen Willensentschluß der Mitglieder von Adass Jisroel zur Auflösung der Religionsgemeinschaft mit Rücksicht auf die von deutschem Boden ausgegangenen Greueltaten gegeben, so hätte der Beklagte diesen ohne jeden Zweifel zu respektieren. Nichts anderes kann jedoch für den Fall gelten, daß ein entsprechender Wille – für dessen fehlende Artikulation sich mannigfache Gründe denken ließen – zwar nicht verbal geäußert worden, wohl aber durch eigenes Verhalten hinreichend deutlich zum Ausdruck gekommen ist, mit anderen Worten: aus dem bloßen Schweigen ein „beredtes Schweigen" geworden ist. Auch einem solchen unausgesprochenen Entschluß hätte der deutsche Staat Achtung und Respekt zu zollen.

– Was die Bewertung der (unstreitigen) Tatsache anbelangt, daß die Mitglieder von Adass Jisroel trotz des Wiederentstehens jüdischen Lebens und jüdischer Kultur in diesem Land über einen Zeitraum von mehr als 40 Jahren keinerlei Anzeichen zur Wiederbelebung ihrer von den Nationalsozialisten zerschlagenen Religionsgemeinschaft gezeigt haben, kann den Folgen der deutschen Teilung, die sich innerhalb Berlins, dem ehemaligen Sitz von Adass Jisroel, erst nach dem Mauerbau im Jahre 1961 besonders nachhaltig ausgewirkt haben, keine entscheidende Bedeutung beigemessen werden. Denn dem Schicksal des Verlustes der ehemaligen Gemeindestätten hat sich die Jüdische Gemeinde zu Berlin auch ausgesetzt gesehen. Auch deren Kultuseinrichtungen – wie die Gemeindeverwaltung, Synagogen oder Friedhöfe – befanden sich vor Kriegsende im wesentlichen im Ostteil der Stadt. Gleichwohl hat sie sich nach provisorischer Wiederaufnahme ihres Gemeindelebens bereits im Jahre 1945 durch Wahlen zur Repräsentantenversammlung und des Gemeindevorstandes im Januar/Februar 1948 rekonstituiert. Erwähnenswert ist in diesem Zusammenhang, daß selbst nach der Spaltung der ursprünglich alle vier Sektoren umspannenden Berliner Gemeinde (1953) in eine westliche und eine östliche Gemeinde noch bis in das Jahr 1955 hinein auch die westliche Gemeinde ihre Verstorbenen auf dem Friedhof in Weißensee (Herbert-Baum-Straße) beigesetzt hat (Quellen: Jüdische Geschichte in Berlin – Bilder und Dokumente –, Berlin 1995, Stiftung Topographie des Terrors, S. 326ff.; Zeugnisse Jüdischer Kultur, 1992, S. 123ff., 139).

Die finanziellen Mittel, die für den Neuaufbau der Jüdischen Gemeinde zu Berlin und ihrer – entweder zerstörten oder später nicht mehr zugänglichen – Kultuseinrichtungen erforderlich waren und zu deren Leistung das Land Berlin aufgrund seiner Wiedergutmachungsaufgabe verpflichtet war, hätte auch Adass Jisroel beanspruchen können.

Verdeutlichen die aufgezeigten Gesichtspunkte, daß selbst wenige Jahre nach Kriegsende die Wiederaufname jüdischen Lebens und das Wiederentstehen jüdischer Kultur in Deutschland möglich war und tatsächlich stattfand, so kann – im Ausgangspunkt – für Adass Jisroel nichts anderes gelten. Zu berücksichtigen ist freilich, daß das Verfolgungsschicksal diese verhältnismäßig kleine – allerdings bedeutende – orthodoxe Religionsgemeinschaft offensichtlich ungleich härter getroffen hat als andere jüdische Kultusgemeinschaften. Wenn die Klägerin darauf hinweist, daß 41 Jahre gemeindlicher Untätigkeit, gemessen am historischen Unrecht, ein keineswegs langer Zeitraum sei, so ist dem vorbehaltlos zuzustimmen. Es darf jedoch auch nicht übersehen werden, daß es verschiedene Umstände gibt, angesichts derer – hätte bei den überlebenden Adassianern der Wille bestanden, an ihrer Gemeinde in Berlin festzuhalten und sie zu irgendeinem Zeitpunkt wieder zu etablieren – eine wie auch immer geartete, jedenfalls über das bloße Schweigen hinausgehende Reaktion, und sei es nur in Form einer Existenzbekundung, zu erwarten gewesen wäre.

Schon das Neuentstehen jüdischer Gemeinden in Deutschland, die sich nach den Erfahrungen während der Nazizeit bewußt als Einheitsgemeinden verstanden, hat keinen Widerspruch der früheren Austrittsgemeinde gefunden. Die wenigen Adassianer, die das Kriegsende in Berlin überlebt hatten, sollen der neu gegründeten Jüdischen Gemeinde zu Berlin beigetreten sein; ob sie sogar – wie die Jüdische Gemeinde im Rahmen einer Stellungnahme vom 4.8.1949 zur Gründung des Vereins „Adass Jisroel, Synagogen-Gemeinde Berlin" ausgeführt hat – in deren erstem gewählten Vorstand vertreten gewesen sind, mag dabei auf sich beruhen. Auch diese Adassianer haben jedenfalls durch nichts zu erkennen gegeben, daß sie an Adass Jisroel als eigenständiger Religionsgemeinschaft festhalten wollten. Die Gründung des Vereins „Adass Jisroel Synagogen-Gemeinde Berlin e.V." im Jahre 1949 ist in diesem Zusammenhang ohne Belang, denn zum einen gehörten ihm keine Adassianer an; zum anderen hat dieser Verein zu keiner Zeit nachvollziehbare Tätigkeiten entfaltet.

Ebenfalls ohne Reaktion blieb es, als Anfang 1951 das Rückerstattungsverfahren um das seit 1924 im Eigentum von Adass Jisroel stehende Grundstück Siegmundshof, in dem neben der Jüdischen Gemeinde auch die Jewish Restitution Successor Organization (JRSO) – letztere zugleich im Namen der Jewish Trust Corporation for Germany (JTC) und mit der Begründung, Adass Jisroel existiere nicht mehr – ihre Ansprüche angemeldet hatte, begann. Dieses Rückerstattungsverfahren hat sich über einen Zeitraum von vier Jahren hingezogen. Seine Durchführung dürfte selbst im Ausland lebenden ehemals verfolgten Adassianer und in erster Linie Anspruchsberechtigten nicht entgangen sein, wurde doch gerade in den Nachkriegsjahren das Verhalten der Bundesrepublik als Rechtsnachfolger des sog. Dritten Reiches gegenüber der jüdischen Bevölkerung und ihren berechtigten Ansprüchen auf Wiedergutmachung besonders aufmerksam verfolgt. Selbst nach dem Verkauf des Grundstücks durch die JTC und dem nachfolgenden, von der Jüdischen Gemeinde (Ost) letztlich gebilligten Abriß der Reste der ehemaligen Synagoge von Adass Jisroel offenbarte sich kein Protest.

Selbst als 1971 – und damit mehr als 25 Jahre nach Kriegsende – der Versuch einer umfassenden Rückbesinnung auf die jüdische Geschichte in Berlin unternommen wurde, der sich namentlich in der Anerkennung der besonderen Bedeutung der Jüdischen Gemeinde für Berlin nicht nur durch das bereits erwähnte Gesetz vom 29.1.1971, sondern auch durch eine Vereinbarung mit dem Senat, in welcher sich das Land Berlin (entsprechend dem später abgeschlossenen Staatsvertrag) verpflichtete, die Gemeinde bei der Wahrnehmung ihrer Aufgaben in jeder Hinsicht zu unterstützen, dokumentierte, haben die noch lebenden ehemaligen Mitglieder von Adass Jisroel, deren Gemeinde sich durch ihre Lehranstalten und sozialen Einrichtungen bis 1933 so besonders um Berlin verdient gemacht hatte, nicht auf den Fortbestand (auch) ihres Geltungsanspruches in irgendeiner Weise hingewiesen.

Das vorstehend geschilderte Verhalten der überlebenden Gemeindemitglieder von Adass Jisroel bzw. ihrer Nachkommen kann nur als schweigend bekundete, vor dem historischen Hintergrund jedoch als beredt und bewußt zu begreifende Entscheidung, Deutschland nach dem erlittenen Verfolgungsschicksal endgültig den Rücken zu kehren und sich deshalb letztlich mit der Tatsache der Zerschlagung ihrer Gemeinde durch die Nationalsozialisten abzufinden, verstanden werden. Diese Entscheidung ist nach Auffassung des Senats zu respektieren.

Die 1869 gegründete Israelitische Synagogengemeinde Adass Jisroel zu Berlin ist mithin geraume Zeit vor 1986 untergegangen; damit ist auch ihr Körperschaftsstatus von Rechts wegen erloschen.

Auf die zwischen den Beteiligten streitige Frage, ob die Klägerin mit Adass Jisroel von 1869 „identisch" ist, kommt es unter diesen Umständen entscheidungserheblich nicht an.

II. Ebenfalls ohne Erfolg stützt die Klägerin ihr Feststellungsbegehren auf die „Erklärung der Regierung der Deutschen Demokratischen Republik anläßlich der 50. Wiederkehr der Entrechtung der Israelitischen Synagogengemeinde ADASS JISROEL zu Berlin" vom 18.12.1989 in Verbindung mit Art. 19 des Einigungsvertrages (EV).

Nach Art. 19 Satz 1 EV bleiben vor dem Wirksamwerden des Beitritts ergangene Verwaltungsakte der Deutschen Demokratischen Republik wirksam. Daß „Verwaltungsakt" im Sinne dieser Bestimmung nicht deckungsgleich mit dem Verwaltungsaktsbegriff des Verwaltungsverfahrensgesetzes ist, ist allgemein anerkannt; entscheidend und ausreichend ist, daß es sich um die potentiellverbindliche Regelung eines Einzelfalles gegenüber einem bestimmten oder bestimmbaren Adressatenkreis handelt, (vgl. BVerwG, Beschluß v. 25.1.1994 – BVerwG 11 B 53.93 – in Buchholz 111, Art. 19 EV Nr. 1 = LKV 1994, S. 219).

Ob die fragliche Erklärung der DDR-Regierung eine (feststellende) Einzelfall-Entscheidung in diesem Sinne ist, kann offenbleiben. Jedenfalls hat sie –

auch im Zusammenhang mit den bereits 1988 veranlaßten Grundbuchberichtigungen zugunsten von Adass Jisroel und die nachfolgend geleisteten Hilfen zum Aufbau eines eigenständigen Gemeindelebens – nicht die Feststellung zum Inhalt, daß die Israelitische Synagogengemeinde (Adass Jisroel) zu Berlin, die ebenso wie im Westteil der Stadt auch in Ost-Berlin als Gemeinde seit Kriegsende nicht mehr in Erscheinung getreten war, in der Rechtsform einer Körperschaft des öffentlichen Rechts (i. S. v. Art. 140 GG, Art. 137 Abs. 5 WRV) bestehen geblieben sei. Diese Rechtsform gab es nach dem Recht der DDR nicht.

Die Verfassung der DDR von 1968/1974, die erst mit dem Wirksamwerden des Beitritts außer Kraft getreten ist, garantierte den Kirchen und anderen Religionsgemeinschaften zwar den Bestand, sah aber nicht mehr den Status „Körperschaft des öffentlichen Rechts" vor. Dieser Status war schon unter Geltung der Verfassung von 1949 fragwürdig, da die Rechtslehre der DDR der Unterscheidung zwischen öffentlichem und privatem Recht prinzipiell ablehnend gegenüberstand. Nach der herrschenden und insbesondere auch von der Sozialistischen Einheitspartei vertretenen Rechtsansicht galt die Aufteilung der Rechtsmaterie in eine privatrechtliche und eine öffentlich-rechtliche Sphäre als ein wesentliches Merkmal kapitalistischer und damit im sozialistischen Einheitsstaat überwundener Rechtsordnungen; das ohnehin vom Klassenstandpunkt aus politisch konzipierte Recht wurde als einheitlich angesehen, (vgl. Renck, Zum Körperschaftsstatus der Bekenntnisgemeinschaften in den neuen Bundesländern, in: LKV 1993, S. 374 [375]).

Die Anerkennung als Körperschaft des öffentlichen Rechts bedeutete deshalb nach dortigem Rechtsverständnis schon unter der Verfassung von 1949 lediglich, daß die Kirchen und Religionsgemeinschaften als juristische Personen zu behandeln sind, wobei nur aus traditionellen Gründen für die Kirchen die Bezeichnung „Körperschaft des öffentlichen Rechts" beibehalten werden sollte, (vgl. Mampel, Die sozialistische Verfassung der Deutschen Demokratischen Republik, 2. Aufl. 1982, Rdnr. 30 zu Art. 39 [S. 814]).

Selbst wenn die DDR, wie die Klägerin geltend macht, es gleichwohl stets geduldet hat, daß sich die Kirchen oder sonstigen (alt-) korporierten Religionsgemeinschaften auch weiterhin als Körperschaften des öffentlichen Rechts bezeichneten, so bedeutete dies nicht, daß damit der Status als solcher oder die mit ihm traditionell verbundenen Privilegien von den staatlichen Organen entgegen der Rechtslage anerkannt gewesen wären. Sie wurden vielmehr im Rechtsverkehr konsequent den Vereinen und anderen gesellschaflichen Personenzusammenschlüssen gleichgestellt.

Damit verloren die Kirchen und Religionsgemeinschaften insbesondere auch ihr Steuerprivileg: Das seit 1919 verfassungsrechtlich garantierte Recht zur Erhebung von Kirchensteuern (Art. 137 Abs. 6 WRV) wurde bereits im Jahre 1952 ausgehöhlt, indem die Bemessung, Veranlagung, Einziehung und Verwaltung der Kirchensteuern zu eigenen Angelegenheiten der Religionsgemeinschaften erklärt und das Verwaltungszwangsverfahren zur Betreibung für unzulässig erklärt wurde (Rundverfügung des Ministeriums für Finanzen vom April 1952). Dem säumigen kirchensteuerpflichtigen Schuldner standen daher gegen die Zwangsvollstreckung die üblichen Rechtsbehelfe zu, was den Gerichten die Gelegenheit gab, den Kirchen auch die Durchführung der (zivilrechtlichen) Zwangsvollstreckung zu verweigern. Auf Einspruch des Schuldners führten diese regelmäßig aus, die Rundverfügung sei als bloße Dienstanweisung nicht geeignet, dem Kirchensteuerbescheid den Status eines Titels zuzuerkennen, da sie die Gerichte nicht binde. Diese Auffassung wurde in einer Rundverfügung des Justizministeriums von 1956 bestätigt und bekräftigt, in der es hieß, daß für die Beitreibung von Kirchensteuerforderungen der Rechtsweg nicht eröffnet sei, da nur staatliche Gerichte Titel schaffen könnten, (vgl. Spliesgart, Die Einführung der Kirchensteuer in den neuen Bundesländern, in NVwZ 1992, S. 1155 ff., 1157; vgl. ferner Mampel, aaO, Rdnr. 35 zu Art. 39 [S. 816 f.]).

War mithin in der Rechtsordnung der DDR für die Figur einer Körperschaft des öffentlichen Rechts kein Raum, so hätte mit der Regierungserklärung vom 18.12.1989 schon von Rechts wegen nicht festgestellt werden können, daß die Klägerin, die sich „... in jüngster Zeit als Gemeinde rekonstituiert und den Willen bekundet ... (hat), an den originalen Stätten ihres religiösen Wirkens in der Hauptstadt der DDR die Tätigkeit in der Tradition des gesetzestreuen Judentums fortzusetzen ...", den Status einer Religionskörperschaft besitzt.

Eine solche Feststellung ist im übrigen auch tatsächlich nicht getroffen worden. Der Begriff „Körperschaft des öffentlichen Rechts" findet keine Erwähnung. Soweit der „Rechtsstatus der Israelitischen Synagogengemeinde ADASS JISROEL zu Berlin" angesprochen ist, der „dementsprechend in der DDR voll gewahrt ist", so ist dieser in Bezug zur Verfassung und zur Rechtsordnung der DDR gesetzt. Wenn es schließlich im vorletzten Absatz heißt:

„Die Regierung der DDR gewährleistet, daß der legitimierte Vorstand die sich aus der Rekonstituierung der Israelitischen Synagogengemeinde ADASS JISROEL zu Berlin ergebenden Rechte einschließlich der Aktiv- und Passivlegitimation entsprechend der Rechtsordnung der DDR voll wahrnehmen kann",

so folgt hieraus lediglich, daß mit dieser Erklärung die Anerkennung der *Rechtsfähigkeit* der Klägerin als juristische Person sowie ihrer sich aus Art. 39 der DDR-Verfassung ergebenden Befugnis zur freien Religionsausübung ausgesprochen werden sollte – und mit den Worten

„Damit sind alle Voraussetzungen gegeben, daß die Gemeinde in Eigenständigkeit ihr gegenständliches und ideelles Erbe verwalten, bewahren und pflegen sowie ihre religiösen und kulturellen Aufgaben in der DDR frei erfüllen kann"

so auch tatsächlich ausgesprochen worden ist –.

Daß demgegenüber – gleichsam im Vorgriff auf die mit einer Wiedervereinigung zu erwartende Rekonstituierung staatskirchenrechtlicher Grundsätze – über den Wortlaut der Regierungserklärung hinaus die Feststellung von Korporationsrechten der Klägerin beabsichtigt gewesen wäre, kann aus verschiedenen Gründen nicht angenommen werden: Zum einen lag der „Mauerfall" erst wenig mehr als einen Monat zurück. Daß die DDR als selbständiges Staatsgebilde untergehen würde, war nicht abzusehen. Verfassung und Rechtsordnung der DDR waren zu diesem Zeitpunkt ebenso unangetastet wie ihr Selbstverständnis von ihrer Eigenschaft als von der Bundesrepublik unabhängiger zweiter deutscher Staat. Da man auch seitens der DDR davon ausging, daß – wenngleich die altkorporierte Israelitische Synagogengemeinde Adass Jisroel von 1869 durch den nationalsozialistischen Unrechtsakt von 1939 und die Ermordung bzw. Vertreibung des weitaus größten Teils ihrer Mitglieder nicht rechtswirksam aufgelöst worden war – der Wille zur Rekonstituierung eines Gemeindelebens in den früheren Traditionen erst in „jüngster Zeit" erkennbar zu Tage getreten war, erübrigte sich die Frage nach einem etwaigen Verlust des früheren Körperschaftsstatus aus ihrer rechtlichen Sicht unter dem – vor allem auf die Zukunft gerichteten – Blickwinkel, daß es darauf für die Anerkennung der Rechtsfähigkeit und der hieraus resultierenden Privilegien nicht ankommt.

Unabhängig davon käme der Erklärung vom 18.12.1989 nur dann für das hier streitige Rechtsverhältnis rechtliche Bedeutung zu, wenn sie nach der Wiedervereinigung nicht nur im Beitrittsgebiet des Art. 1 Abs. 1 EV, sondern auch im Land Berlin (Art. 1 Abs. 2 EV) wirksam geworden und geblieben wäre. Das ist nicht der Fall, denn die Bedeutung des Art. 19 EV erschöpft sich darin, daß von der ehemaligen DDR vor dem Wirksamwerden des Beitritts für ihr Hoheitsgebiet erlassene Verwaltungsakte durch den Wegfall der sie tragenden staatlichen Stellen in ihrer Wirksamkeit grundsätzlich nicht berührt werden sollen. Art. 19 EV hat dagegen nicht zum Regelungsinhalt, daß sich die Wirksamkeit eines Verwaltungsakts nach dem Beitritt (auch) auf das Hoheitsgebiet eines alten Bundeslandes erstreckt, zumal wenn er – wie hier – der dort gegebenen Rechtslage widerspricht. Selbst wenn daher die fragliche Erklärung in dem von der Klägerin in Anspruch genommenen Sinne bis zum 3.10.1990 für den Bereich des ehemaligen „Ost-Berlin" Gültigkeit gehabt hätte, könnte sie für das Land Berlin, nachdem „Ost-Berlin" seine Selbständigkeit verloren hat, keine Verbindlichkeit beanspruchen.

14

Die Bestimmung des § 2 des Tarifvertrags betr. die Zusatzvereinbarung zum KMT vom 27.4.1993 verstößt gegen den Gleichheitssatz (Art. 3 Abs. 1 GG), soweit sie einem Mitarbeiter der Ev. Landeskirche Berlin-Branden-

burg aus der früheren Region Ost, dem auf Dauer ein Arbeitsplatz in einem früheren Dienstgebäude seiner Dienststelle zugewiesen wird, das im Gebiet der früheren Region West liegt, nur Anspruch auf eine Zulage zugesteht, durch die die Differenz zwischen der Ostvergütung und der höheren Westvergütung nicht ausgeglichen wird. Die verfassungskonforme Auslegung der Tarifnorm führt dazu, daß dieser Mitarbeiter Anspruch auf die Vergütung hat, die für entsprechende Mitarbeiter der früheren Region West tarifvertraglich vereinbart ist.

§§ 1, 3 TVO-EKiBB, §§ 1, 86, 95 KMTH-EKiBB, §§ 1, 26, 86, 100, 101 KMT-EKiBB; Teil W Verg/LohnTV Nr. 1 zum KMT vom 27.4.1993 und Nr. 2 zum KMT vom 29.6.1994; §§ 1 ZusatzVereinb. zum KMT vom 27.4.1993, 2 TV betr. ZusatzVereinb. zum KMT vom 29.9.1993
BAG, Urteil vom 29. Februar 1996 – 6 AZR 424/95[1] –

Die Parteien streiten darüber, ob sich der Vergütungsanspruch der Klägerin seit dem 1.1.1992 nach den tarifvertraglichen Vorschriften für die kirchlichen Mitarbeiter in der früheren Region West oder nach den Bestimmungen in der früheren Region Ost der beklagten Landeskirche richtet.

Die im ehemaligen Ostberlin wohnende Klägerin war seit dem 17.12.1979 bei der Berliner Missionsgesellschaft beschäftigt. Die beiden Landeskirchen in Berlin-Brandenburg Region Ost und Region West wurden durch Kirchengesetz vom 9.12.1990 mit Wirkung vom 1.1.1991 zusammengeführt. Dieses Kirchengesetz bestimmt in Art. 23:

„...
(3) Im übrigen bleibt das zum Zeitpunkt des Inkrafttretens dieses Kirchengesetzes geltende kirchliche Recht in seinem bisherigen Geltungsbereich in Kraft.
..."

Das Arbeitsverhältnis der Klägerin wurde auf das Berliner Missionswerk, einer unselbständigen Untergliederung der Beklagten, überführt. Dieses verfügt über Dienstgebäude im ehemaligen Westberlin und im ehemaligen Ostberlin. Die Klägerin wird seit dem 1.9.1991 in dem Dienstgebäude im ehemaligen Westberlin beschäftigt.

In einem formularmäßigen Nachtrag Nr. 4 vom 7.12.1993 zum Arbeitsvertrag wurde die Klägerin mit Wirkung vom 1.1.1992 in Vergütungsgruppe V c eingruppiert und dieser Zeitpunkt als Beginn der fünfjährigen Bewährungszeit für den Bewährungsaufstieg in die Vergütungsgruppe V b bezeichnet. Die nicht gestrichene Fußnote in diesem Nachtrag verweist auf „Anlage 1 zum Tarifvertrag für hauptberufliche Mitarbeiter in der Evangelischen Kirche in Berlin-Branden-

---

[1] Amtl. Leitsätze. Nur LS: AuR 1996, 504; KuR 1996, 254.

burg (Berlin West) – KMTH-EKiBB (BlnW) –". Dessen § 1 lautet in der Fassung des 4. Änderungstarifvertrages vom 12.12.1990 u. a.:

„Allgemeiner Geltungsbereich
(1) Dieser Tarifvertrag gilt für die in der Evangelischen Kirche in Berlin-Brandenburg (Berlin West) einschließlich ihrer Kirchengemeinden und Kirchenkreise sowie ihrer sonstigen Körperschaften und ihrer Werke hauptberuflich beschäftigten Angestellten und Arbeiter.
..."

Mit Wirkung vom 1.1.1992 trat das Kirchengesetz über die tarifvertragliche Regelung der Rechtsverhältnisse der in einem privatrechtlichen Arbeitsverhältnis beschäftigten Mitarbeiter in der Ev. Kirche in Berlin-Brandenburg (Tarifvertragsordnung – TVO) vom 16.11.1991 (KABl. S. 162) in Kraft. Die vorliegend interessierenden Bestimmungen lauten:

„§ 1 Tarifvertragliche Regelung der Arbeitsbedingungen
(1) In der Evangelischen Kirche in Berlin-Brandenburg werden die Arbeitsbedingungen der in einem privatrechtlichen Arbeitsverhältnis beschäftigten Mitarbeiter tarifvertraglich geregelt. Die mit den Mitarbeitervereinigungen (Gewerkschaften) abgeschlossenen Tarifverträge sind für die Kirchengemeinden, ... sowie für deren Werke und rechtlich unselbständige Einrichtungen verbindliches kirchliches Arbeitsrecht, das aufgrund arbeitsvertraglicher Vereinbarung auch für die Arbeitsverhältnisse der keiner der beteiligten Mitarbeitervereinigungen angehörenden Mitarbeiter gilt ...
...
(3) Soweit tarifvertragliche Regelungen vorliegen, sind diese den Arbeitsverträgen zugrunde zu legen. ...
...
§ 3 Vorläufige Weitergeltung kirchengesetzlicher und sonstiger Regelungen für die Arbeitnehmer in der Evangelischen Kirche in Berlin-Brandenburg
(1) Bis zu einer Regelung gemäß § 1 gelten die bisherigen kirchenrechtlichen Bestimmungen für die Arbeitnehmer in der Evangelischen Kirche in Berlin-Brandenburg weiter. Dies gilt insbesondere für die Arbeitsvertragsordnung für Mitarbeiter im kirchlichen Dienst vom 28.11.1980 ..., die in der sich aus der Anlage zu diesem Kirchengesetz ergebenden Fassung im Gebiet der bisherigen Region Ost vorläufig in Kraft bleibt; die Kirchenleitung wird ermächtigt, in der Zeit bis zum Inkrafttreten neuer Regelungen gemäß § 1 die erforderliche Anpassung dieser Bestimmungen an die Entwicklung der Verhältnisse in der Evangelischen Kirche in Berlin-Brandenburg durch Rechtsverordnung zu beschließen.
(2) Sobald die in Absatz 1 genannten bisherigen kirchenrechtlichen Bestimmungen durch tarifvertragliche Regelungen ersetzt werden, gelten diese als Vertragsinhalt der Arbeitsverträge mit den Mitarbeitern in der bisherigen Region Ost. ...
..."

Aufgrund § 3 Abs. 1 Satz 2 Halbsatz 2 TVO hat die Kirchenleitung die Rechtsverordnung zur Regelung der Höhe der Vergütungen und Löhne, des Urlaubsgeldes und der Sozialzuwendung für kirchliche Angestellte und Arbeiter(innen) im Bereich der bisherigen Region Ost der Ev. Kirchen in Berlin-Brandenburg vom 28.8.1992 (fortan: RechtsVO Ost) beschlossen, die, soweit hier von Interesse, am 1.1.1992 in Kraft getreten ist.

Die Beklagte und der Verband kirchlicher Mitarbeiter Berlin-Brandenburg e. V. – Gewerkschaft Kirche und Diakonie – sowie die Deutsche Angestellten-Gewerkschaft haben den Tarifvertrag für kirchliche Mitarbeiter in der Ev. Kirche in Berlin-Brandenburg – KMT – vom 27. 4. 1993 vereinbart. Dieser Tarifvertrag ist, soweit hier von Interesse, am 1. 1. 1993 in Kraft getreten (vgl. § 101 KMT). Gleichzeitig sind die entsprechenden Abschnitte und Vorschriften des KMTH-EKiBB (BlnW) außer Kraft getreten. § 1 KMT bestimmt:

„Allgemeiner Geltungsbereich
(1) Dieser Tarifvertrag gilt für die in der Evangelischen Kirche in Berlin-Brandenburg beschäftigten Arbeitnehmerinnen und Arbeitnehmer (Angestellte und Arbeiter(innen)) – im folgenden als Mitarbeiter bezeichnet – der Kirchengemeinden, ... der Landeskirche sowie deren Werke und rechtlich unselbständigen Einrichtungen. Ausgenommen von der Geltung dieses Tarifvertrages sind die in § 3 genannten Mitarbeiter.
...
(3) Soweit in den nachfolgenden Vorschriften nichts anderes bestimmt ist, gelten sie einheitlich für die Mitarbeiter aus den beiden früheren, seit dem 1. 1. 1991 wieder miteinander vereinigten Regionen der Evangelischen Kirche in Berlin-Brandenburg. Die Übergangsbestimmungen zu den betroffenen Vorschriften enthalten von diesen abweichende vorübergehend geltende Regelungen für Mitarbeiter in der bisherigen Region Ost der Evangelischen Kirche in Berlin-Brandenburg. ... "

Nach § 26 Abs. 4 KMT werden Einzelheiten der Vergütung durch besonderen Tarifvertrag vereinbart. Dieser Tarifvertrag über die Höhe der Vergütungen und Löhne besteht aus einem Teil W (Vergütung für die Mitarbeiter im Bereich der früheren Region West) und entsprechend der Übergangsbestimmung zu § 26 Abs. 4 KMT aus einem Treil O (Vergütung für die Mitarbeiter im Bereich der früheren Region Ost).

Außerdem enthält § 100 KMT folgende Bestimmung:

„Ergänzende Regelung für Sonderfälle
Zu diesem Tarifvertrag wird eine Zusatzvereinbarung für die Fälle getroffen, in denen Mitarbeiter aus der einen früheren Region einen Arbeitsplatz im Bereich der anderen früheren Region übernommen haben. "

Diese Zusatzvereinbarung wurde ebenfalls am 27. 4. 1993 abgeschlossen. In ihrem § 1 Abs. 3 Satz 1 heißt es:

„Ist eine landeskirchliche Dienststelle in mehreren Dienstgebäuden untergebracht, die teils im Gebiet der früheren Region Ost, teils im Gebiet der früheren Region West liegen, hat die nachträgliche Zuweisung eines Arbeitsplatzes in einem anderen Dienstgebäude auch dann keinen Einfluß auf das anzuwendende – vorübergehend regional unterschiedliche – Tarifrecht, wenn dieses Diensgebäude, in dem der Mitarbeiter seine Beschäftigung fortsetzt, in der anderen früheren Region liegt. ... "

Im Hinblick auf das BAG-Urteil vom 30. 7. 1992 – 6 AZR 11/92 – kündigte die Arbeitnehmerseite diese Zusatzvereinbarung noch am 27. 4. 1993 zum 31. 5. 1993. Durch Tarifvertrag vom 29. 9. 1993 wurde aber die Zusatzverein-

Vergütung kirchl. Mitarbeiter 67

barung mit Wirkung vom 1. 6.1993 wieder in Kraft gesetzt. § 2 dieses Tarifvertrags lautet:

„*Die in § 1 Abs. 3 der Zusatzvereinbarung genannten Mitarbeiter(innen) erhalten, wenn sich ihre Bezüge nach den besonderen Tabellen und Vergütungssätzen im Sinne der Übergangsbestimmung zu § 26 Abs. 4 KMT in Verbindung mit dem Teil O des Vergütungs- und Lohntarifvertrages Nr. 1 vom 27. 4.1993 oder des an seine Stelle tretenden künftigen Vergütungs- und Lohntarifvertrages bemessen, eine Zulage in Höhe der Hälfte der Differenz zwischen den jeweiligen Beträgen des Ortszuschlags der Stufe 1 nach dem Teil O und nach dem Teil W des Vergütungs- und Lohntarifvertrages.*
..."

Die Klägerin machte im 3. Quartal 1992 schriftlich einen Anspruch auf Vergütung nach dem KMTH-EKiBB (BlnW) geltend. Die Beklagte lehnte diesen Anspruch der Klägerin mit Schreiben vom 29.10.1992 ab.

Für die Geltendmachung von Ansprüchen bestimmt § 86 KMTH-EKiBB (BlnW):

„*Ausschlußfristen
(1) Ansprüche aus dem Arbeitsvertrag müssen innerhalb einer Ausschlußfrist von sechs Monaten nach Fälligkeit schriftlich geltend gemacht werden. Die Frist beginnt jedoch frühestens mit der Aushändigung des Arbeitsvertrages oder des Nachtrages zum Arbeitsvertrag. ...
(2) Für den gleichen Tatbestand reicht die einmalige Geltendmachung der Ansprüche aus, um die Ausschlußfrist auch für später fällig werdende Ansprüche unwirksam zu machen.*"

§ 86 KMT vom 27.4.1993 enthält eine hinsichtlich Abs.1 Satz 1, Abs. 2 und der Maßgeblichkeit der Aushändigung des Arbeitsvertrags wortgleiche Regelung der Ausschlußfristen.

Die Klägerin ist der Auffassung, sie habe bereits aufgrund des Nachtrags Nr. 4 zu ihrem Arbeitsvertrag einen Anspruch auf Vergütung nach dem KMTH-EKiBB (BlnW). Es sei auch sachlich nicht gerechtfertigt und damit willkürlich, daß die Tarifbestimmungen eine Ungleichbehandlung von Arbeitnehmern nach räumlicher Herkunft zuließen. Im kirchlichen Bereich könne nichts anderes gelten als im öffentlichen Dienst.

Das Arbeitsgericht hat die Klage abgewiesen. Auf die Berufung der Klägerin hat das Landesarbeitsgericht das Urteil des Arbeitsgerichts abgeändert und der Klage stattgegeben.

Die Revision der Beklagten war erfolglos.

Aus den Gründen:

Die Revision hat keinen Erfolg. Zu Recht hat das Landesarbeitsgericht der Klage stattgegeben.

I. Die Klägerin hat gegen die Beklagte für den Zeitraum vom 1.1.1992 bis zum 31.12.1992 einen Anspruch auf Vergütung nach dem KMTH-EKiBB

(BlnW) und ab dem 1.1.1993 einen Anspruch auf Vergütung nach den Bestimmungen des jeweiligen Teils W der Vergütungs- und Lohntarifverträge zum KMT.

1. Auf das Arbeitsverhältnis der Parteien findet für das Jahr 1992 der KMTH-EKiBB (BlnW) Anwendung.

a) Zutreffend hat das Landesarbeitsgericht angenommen, daß die fehlende Tarifgebundenheit der Klägerin unerheblich ist und es darauf, ob der Nachtrag Nr. 4 zum Arbeitsvertrag einen einzelvertraglichen Anspruch der Klägerin begründen würde, nicht ankommt. Die Anwendung des KMTH-EKiBB (BlnW) ergibt sich aus § 1 Abs. 3 Satz 1 TVO vom 16.11.1991 i.V.m. dem Arbeitsvertrag der Parteien.

Die Beklagte hat in der am 1.1.1992 in Kraft getretenen TVO vom 16.11.1991, die die TVO vom 18.11.1979 abgelöst hat, und damit durch Kirchengesetz, bestimmt, daß die Arbeitsbedingungen der privatrechtlich angestellten Mitarbeiter tarifvertraglich geregelt werden (§ 1 Abs. 1 Satz 1 TVO). Aufgrund dieser kirchengesetzlichen Regelung galt für das Arbeitsverhältnis der Klägerin ab 1.1.1992 der KMTH-EKiBB (BlnW). Dieser wurde erst mit Ablauf des 31.12.1992 durch den KMT abgelöst. Zu Recht hat das Landesarbeitsgericht angenommen, daß die Beklagte durch die kirchengesetzliche Bestimmung in § 1 Abs. 1 Satz 2 TVO eine Bindung eingegangen ist, die sie verpflichtete, die tarifvertraglichen Regelungen des KMTH-EKiBB (BlnW) auf das Arbeitsverhältnis mit der nicht tarifgebundenen Klägerin anzuwenden.

b) Nach § 1 Abs. 1 KMTH-EKiBB (BlnW) galt dieser Tarifvertrag für die in der Ev. Kirche in Berlin-Brandenburg (Berlin West) einschließlich ihrer Kirchengemeinden ... und ihrer Werke hauptberuflich beschäftigten Angestellten und Arbeiter. Diese Voraussetzungen erfüllte die Klägerin.

aa) Die Klägerin war seit September 1991 beim Berliner Missionswerk, einer unselbständigen Untergliederung der Beklagten, im Westteil Berlins hauptberuflich beschäftigt. Ihr Arbeitsplatz befand sich somit seit diesem Zeitpunkt im räumlichen Geltungsbereich des KMTH-EKiBB (BlnW).

bb) Entgegen der Auffassung der Beklagten fand im Jahr 1992 auf das Arbeitsverhältnis der Parteien nicht die Rechtsverordnung Ost vom 28.8.1992 Anwendung.

Zu Unrecht hat das Arbeitsgericht gemeint, der KMTH-EKiBB (BlnW) habe nur Arbeitnehmer erfaßt, „die schon immer im Westteil Berlins gearbeitet haben" und dies mit dem Hinweis auf Art. 23 Abs. 3 des Kirchengesetzes vom 9.12.1990 und des § 3 TVO begründet. In der erstgenannten Bestimmung ist geregelt, daß das bisher geltende kirchliche Recht in seinem Geltungsbereich in Kraft bleibt. Die andere Vorschrift bestimmt die vorläufige Weitergeltung der bisherigen Regelungswerke in den Gebieten der jeweiligen Regionen. Beide Bestimmungen legen aber nicht fest, welches Regelungswerk gilt, wenn ein

Arbeitnehmer aus der einen Region einen Arbeitsplatz in der anderen übernommen hat.

Das Arbeitsverhältnis der Klägerin fällt seit dem 1.9.1991 nicht mehr in den Geltungsbereich der späteren Rechtsverordnung Ost. Die Anwendung dieser Rechtsverordnung auf das Arbeitsverhältnis der schon damals auf Dauer im räumlichen Geltungsbereich des KMTH-EKiBB (BlnW) beschäftigten Klägerin verstieße gegen den verfassungsrechtlichen Gleichheitssatz (Art. 3 Abs. 1 GG). Die Klägerin würde allein deshalb anders behandelt als die übrigen Arbeitnehmer, für die dieser Tarifvertrag galt, weil sie vorher im Beitrittsgebiet beschäftigt wurde. Dafür gibt es entgegen der Auffassung der Beklagten keinen sachlich einleuchtenden Grund. Insoweit verweist der Senat zur Vermeidung von Wiederholungen auf seine hier entsprechend geltenden Ausführungen im Urteil vom 30.7.1992 (BAGE 71, 68, 74f. = AP Nr. 1 zu § 1 TVAng Bundespost, zu B II 3 b der Gründe).

c) Entgegen der Auffassung der Beklagten ist der Anspruch der Klägerin für das Jahr 1992 nicht verfallen.

Nach der nicht gekündigten Vorschrift des § 86 Abs. 1 KMTH-EKiBB (BlnW) begann die sechsmonatige Ausschlußfrist frühestens mit der Aushändigung des Arbeitsvertrages oder des Nachtrags zum Arbeitsvertrag zu laufen. Daß der Klägerin ein schriftlicher Arbeitsvertrag ausgehändigt wurde, wird von der Beklagten weder behauptet noch ist dies sonst den Feststellungen zu entnehmen. Den Nachtrag Nr. 4 hat die Klägerin erst am 7.12.1993 erhalten. Die Klageerhebung am 24.3.1994 war somit rechtzeitig.

2. Ab dem 1.1.1993 hat die Klägerin gegen die Beklagte einen Anspruch auf Vergütung nach den Bestimmungen des Teils W des Vergütungs- und Lohntarifvertrags Nr. 1 und ab dem 1.7.1994 nach den Bestimmungen des Teils W des Vergütungs- und Lohntarifvertrags Nr. 2 zum KMT. Aus § 1 Abs. 3 Satz 1 der Zusatzvereinbarung zum KMT vom 27.4.1993 folgt nichts anderes. Dies ergibt die verfassungskonforme Auslegung des § 2 des diese Zusatzvereinbarung betreffenden Tarifvertrags vom 29.9.1993.

a) Seit dem 1.1.1993 findet der in diesem Zeitpunkt in Kraft getretene KMT vom 27.4.1993 Anwendung, der den KMTH-EKiBB (BlnW) abgelöst hat. Dies ergibt sich aus der kirchengesetzlichen Regelung des § 1 Abs. 3 Satz 1 TVO vom 16.11.1991.

b) Das Arbeitsverhältnis der Parteien unterfällt dem Geltungsbereich des KMT (§ 1 Abs. 1 Satz 1). Die Klägerin ist beim Berliner Missionswerk, einer rechtlich unselbständigen Einrichtung der Beklagten, als Angestellte beschäftigt.

Nach § 1 Abs. 3 KMT gelten die Vorschriften des Tarifvertrags einheitlich für die Mitarbeiter beider früheren Regionen, soweit nicht einzelne Bestimmungen für die Mitarbeiter der früheren Region Ost Übergangsvorschriften enthalten. Da die Klägerin seit September 1991 im Bereich der früheren Region West beschäftigt ist, gelten die abweichenden Übergangsbestimmungen für Mitarbeiter der bisherigen Region Ost für sie nicht. Sie hat daher Anspruch auf Vergütung nach Teil W der Vergütungs- und Lohntarifverträge Nr. 1 und Nr. 2 zum KMT.

c) Die nach § 26 Abs. 4 KMT ergangene Übergangsbestimmung steht dem Anspruch der Klägerin auf Vergütung nach Teil W der Vergütungs- und Lohntarifverträge nicht entgegen. Sie gilt für die Klägerin nicht. In dieser Übergangsbestimmung ist vereinbart, daß für Mitarbeiter im Bereich der früheren Region Ost der Ev. Kirche in Berlin-Brandenburg bis zur Vereinheitlichung der Vergütungs- und Lohnbeträge besondere Tabellen und Vergütungssätze, die ebenfalls tarifvertraglich vereinbart werden, gelten. Die dort geregelten Vergütungssätze sind niedriger als die Vergütung nach Teil W der genannten Tarifverträge.

Die Übergangsbestimmung knüpft in ihrem Wortlaut („für Mitarbeiter im Bereich der früheren Region Ost") an eine Beschäftigung im Gebiet der früheren Region Ost an. Die Klägerin ist aber seit September 1991 im Bereich der früheren Region West beschäftigt. Diese Wortlautauslegung entspricht dem Willen der Tarifvertragsparteien. Dies ist aus § 100 KMT zu schließen. Diese Bestimmung sieht eine Zusatzvereinbarung für die Fälle vor, in denen Mitarbeiter aus der einen früheren Region einen Arbeitsplatz im Bereich der anderen früheren Region übernommen haben. Dies zeigt, daß der Fall der Klägerin von der Übergangsbestimmung nicht erfaßt wird. Andernfalls hätte es der Regelung in § 100 KMT nicht bedurft.

d) Die auf dieser Bestimmung beruhende Zusatzvereinbarung vom 27.4.1993 führt nicht zu einem anderen Ergebnis. Dies gilt nicht nur für die von der Arbeitnehmerseite sogleich wieder gekündigte ursprüngliche Fassung, nach der das Überwechseln eines Arbeitnehmers in eine andere Region vergütungsrechtlich unerheblich sein sollte, sondern auch für die mit Wirkung vom 1.6.1993 in Kraft gesetzte endgültige Fassung der Zusatzvereinbarung, die in Fällen wie dem vorliegenden einen Anspruch auf eine die Vergütungsdifferenz nicht ausgleichende Zulage begründet.

§ 2 des Tarifvertrags betreffend die Zusatzvereinbarung, der diese Zulage für die in § 1 Abs. 3 Satz 1 der Zusatzvereinbarung geregelten Tatbestände vorsieht, ist verfassungskonform dahingehend auszulegen, daß allenfalls Fälle zeitlich befristeter, aus besonderem Anlaß (z. B. Erprobung, Fortbildung) erfolgter nachträglicher Zuweisung eines Arbeitsplatzes in einem anderen in der früheren Region West gelegenen Dienstgebäude erfaßt werden, nicht dagegen Fälle, in denen ein Arbeitnehmer, wie nach den bindenden Feststellungen des Landesarbeitsgerichts die Klägerin, auf nicht absehbare Zeit in einem in der früheren Region West gelegenen Dienstgebäude beschäftigt ist. Andernfalls verstieße § 2 des Tarifvertrags betreffend die Zusatzvereinbarung gegen Art. 3 Abs. 1 GG.

aa) Machen die Kirchen von der auch ihnen zustehenden Tarifautonomie Gebrauch, so sind sie als Tarifvertragsparteien an die Grundrechte gebunden. Das Bundesarbeitsgericht hat in ständiger Rechtsprechung angenommen, daß die Kirchen das Grundgesetz und die für alle geltenden Gesetze zu beachten haben, wenn sie sich zur Regelung ihrer Angelegenheiten in weltlicher Weise weltlicher Mittel bedienen, wie es beispielsweise beim Abschluß arbeitsrechtlicher Vereinbarungen der Fall ist (BAGE 30, 247, 252 f. = AP Nr. 2 zu Art. 140 GG, zu A 3 der Gründe; siehe auch von Mangoldt/Klein/von Campenhausen, GG, 3. Aufl., Art. 140 Rz.134).

Die Tarifvertragsparteien haben im Rahmen der ihnen durch Art. 9 Abs. 3 GG eingeräumten Tarifautonomie die Befugnis, für ihre Mitglieder die Arbeits- und Wirtschaftsbedingungen zu regeln. Hierbei steht ihnen zwar grundsätzlich ein weiter Regelungsspielraum zur Verfügung. Gleichwohl bestehen bei der tariflichen Normsetzung verfassungsrechtliche Grenzen der Regelungsbefugnis. Die Tarifvertragsparteien haben insbesondere Art. 3 GG zu beachten, der es verbietet, in einem Tarifvertrag gleiche Sachverhalte unterschiedlich zu behandeln (BAGE 71, 68, 73 = AP, aaO, zu B II 3 a aa der Gründe, m. w. N.). Eine gegen Art. 3 Abs. 1 GG verstoßende Ungleichbehandlung ist anzunehmen, wenn sich für die vorgenommene Differenzierung ein vernünftiger, aus der Natur der Sache sich ergebender oder sonstwie einleuchtender Grund nicht finden läßt, wenn also für eine am Gerechtigkeitsgedanken orientierte Betrachtungsweise die Regelung als willkürlich anzusehen ist (BVerfGE 1, 14 [52]). Die Tarifvertragsparteien haben weitgehende Gestaltungsfreiheit. Sie brauchen nicht die zweckmäßigste, vernünftigste und gerechteste Lösung zu wählen. Es genügt vielmehr, wenn sich für die getroffene Regelung ein sachlich vertretbarer Grund ergibt (BVerfGE 3, 58 [135]).

bb) Eine Ungleichbehandlung zu Lasten der Klägerin ist gegeben, und war auch, wenn man die abmildernde Regelung in der wieder in Kraft gesetzten Fassung der Zusatzvereinbarung berücksichtigt. Auch dann erhält die in der früheren Region West arbeitende Klägerin eine niedrigere Vergütung als die im gleichen Dienstgebäude beschäftigten Kollegen, deren Arbeitsplatz sich schon vorher dort befand. Durch die Zulagengewährung nach § 2 des Tarifvertrags vom 29. 9. 1993 ist das „Sonderopfer" der Klägerin, wie das Berufungsgericht zutreffend bemerkt hat, nur gemildert, nicht aber beseitigt worden. Ein sachlicher vertretbarer Grund für diese ungleiche Behandlung ist nicht erkennbar. Auch hier kann der Senat zur Vermeidung von Wiederholungen auf seine Ausführungen im Urteil vom 30. 7. 1992 (BAGE 71, 68, 76 f. = AP, aaO, zu B II 3 b cc der Gründe) verweisen.

cc) § 2 des Tarifvertrags betreffend die Zusatzvereinbarung ist verfassungskonform dahin auszulegen, daß er für Fälle wie den vorliegenden, in denen der Arbeitsplatz dauerhaft in ein Dienstgebäude in der ehemaligen Region West verlegt worden ist, nicht gilt.

Eine Bestimmung ist nur dann verfassungswidrig und deshalb ungültig, wenn sie nicht verfassungskonform ausgelegt werden kann. Eine solche Auslegung ist allerdings nur möglich, wenn sie sich nicht über die Grenzen hinwegsetzt, die sich aus dem möglichen Wortsinn, dem Zweck und dem Bedeutungszusammenhang der Norm ergeben (Larenz, Methodenlehre der Rechtswissenschaft, 6. Aufl., S. 339 bis 343). Diese Voraussetzungen liegen vor.

Aus § 1 Abs. 2 Satz 1 der Zusatzvereinbarung ergibt sich, daß Mitarbeiter, die von einem Arbeitgeber in der früheren Region Ost eingestellt und beschäftigt wurden und ab einem späteren Zeitpunkt im Bereich der früheren Region West beschäftigt werden, sich nur dann mit „Ostvergütung" begnügen müssen, wenn es sich um einen vorübergehenden „Westeinsatz" handelt. Hieraus folgt, daß bei nicht absehbarer Dauer der Beschäftigung in diesen Fällen, die sich von denen des Absatzes 3 dadurch unterscheiden, daß die Beschäftigung in der ehemaligen Region West nicht in einem Dienstgebäude derselben Dienststelle stattfindet, „*Westvergütung*" zu zahlen ist. Nichts anderes kann für den Anwendungsbereich des § 1 Abs. 3 Satz 1 der Zusatzvereinbarung gelten. Auch diese Bestimmung ist daher verfassungskonform dahin auszulegen, daß bei dauerndem Einsatz in der ehemaligen Region West die dort geltende Vergütungsregelung anzuwenden ist. Eine unterschiedliche Höhe der Vergütung läßt sich allenfalls dann rechtfertigen, wenn mit einer nur vorübergehenden Beschäftigung bestimmte Zwecke verfolgt werden, z. B. Einarbeitung, Fortbildung. Der Senat verweist insoweit auf seine bisherige Rechtsprechung, wo er dies als rechtlich zulässig in Erwägung gezogen, jedoch noch nicht abschließend entschieden hat (vgl. BAGE 68, 71 [78] = AP, aaO, zu B II 3 b dd der Gründe a. E., und BAG Urteil v. 1. 6. 1995 – 6 AZR 922/94 – AP Nr. 5 zu § 1 BAT-O, zu II 2 c der Gründe. Auch der vorliegende Fall veranlaßt nicht zu einer abschließenden Stellungnahme.

e) Die Beklagte kann sich auch hier nicht auf den Verfall des Anspruchs berufen. Nach § 86 KMT reicht die einmalige Geltendmachung der Ansprüche, die im 3. Quartal 1992 erfolgt ist, für den gleichen Tatbestand aus, um die Ausschlußfrist auch für später fällig werdende Ansprüche unwirksam zu machen.

15

1. Der nach der Satzung verfolgte Zweck, ein religiöses Leben der Vervollkommnung i.S. des Werkes der Hl. Engel in der röm.-kath. Kirche für alle und für den Kern der Gemeinschaft eine klösterliche Lebensführung anzustreben, läßt für sich genommen nicht erkennen, daß die Körperschaft ausschließlich gemeinnützige Zwecke i. S. des § 52 AO zu verfolgen beabsichtigt.

2. Die Versorgung der eigenen Mitglieder einer Körperschaft ist nicht Bestandteil einer klösterlichen Lebensführung, wenn nicht feststellbar ist, daß es sich um eine klösterliche Ordensgemeinschaft i. S. einer religiösen Glaubensgemeinschaft handelt. Sie ist damit gemeinnützigkeitsschädlich, wenn hierbei nicht in Übereinstimmung mit der eigenen Satzung mildtätige Zwecke i. S. des § 53 AO verfolgt werden.

3. Die Vergabe von Darlehen – gleich ob aus dem gebundenen oder ungebundenen Vermögen - widerspricht jedenfalls dann dem Grundsatz der Selbstlosigkeit, wenn dies der privaten Vermögensbildung dient bzw. die Darlehenskonditionen nicht dem unter fremden Dritten üblichen entsprechen.

§§ 55, 60 Abs. 1 AO, 5 Abs. 1 Nr. 9 KStG
FG München, Urteil vom 29. Februar 1996 – 15 K 4332/93 [1] –

Streitig ist, ob der Kläger als steuerbegünstigt gemäß §§ 51 ff. AO von der Körperschaftsteuer freizustellen ist (§ 5 Abs. Nr. 9 KStG). Ziel des Klägers, eines Vereins, ist nach seiner Satzung:

a) Ein religiöses Leben der Vervollkommnung i. S. des Werkes der Hl. Engel in der röm.- kath. Kirche für alle, für den Kern der Gemeinschaft eine klösterliche Lebensführung;
b) die Heranbildung von Personen ohne Altersgrenze, die sich in den Idealen der Liebesgemeinschaft des Hl. Geistes für ihr seelsorgerisches Wirken anschließen möchten sowie deren Versorgung im Falle der Bedürftigkeit;
c) die uneigennützige Förderung der seelischen und leiblichen Gesundung von bedürftigen Menschen;
d) die Pflege und Erhaltung von religiösen Gegenständen und religiösen Gedenkstätten einschließlich ihres Erwerbs.

Während in § 2 Abs. 3 der ab 5. 4. 1988 geltenden Vereinsatzung die Art der Verwirklichung des Vereinszwecks dargelegt ist, fehlt eine solche Bestimmung in der bis 5. 4. 1988 gültigen Satzung.

Aufgrund der Feststellungen einer Außenprüfung wurde der Kläger für die Jahre 1988 bis 1990 als in vollem Umfange steuerpflichtige Körperschaft besteuert, wobei die Körperschaftsteuer jeweils auf 0 DM festgesetzt worden ist.

Nach erfolglosem Einspruch hat der Kläger die vorliegende Klage erhoben, die keinen Erfolg hatte.

Aus den Gründen:

Die Klage ist nicht begründet. Das Finanzamt hat zu Recht den Kläger als voll steuerpflichtige Körperschaft behandelt und die Körperschaftsteuer 1988 bis 1990 zu Recht auf 0 DM festgesetzt.

---

[1] Amtl. Leitsätze. Nur LS: KuR 1997, 63. Die Nichtzulassungsbeschwerde wurde zurückgewiesen; BFH, Beschluß vom 12. 8. 1997 – I B 72/96 – BFH/NV 1998, 146.

Eine Körperschaft i. S. des §1 Abs. 1 KStG ist nur dann gem. § 5 Abs. 1 Nr. 9 KStG von der Körperschaftsteuer zu befreien, wenn sie die Voraussetzung über die Steuerbegünstigung gem. § 51 ff. AO erfüllt. Nach § 59 AO ist hierzu erforderlich, daß sich aus der Satzung ergibt, welchen Zweck die Körperschaft verfolgt, daß dieser Zweck den Anforderungen der §§ 52–55 AO entspricht und daß er ausschließlich und unmittelbar verfolgt wird. Außerdem muß die tatsächliche Geschäftsführung den Satzungsbestimmungen entsprechen. Diese Voraussetzungen erfüllt der Kläger nicht.

Nach § 60 Abs. 1 AO müssen die Satzungszwecke und die Art ihrer Verwirklichung in der Satzung des Klägers so genau bestimmt sein, daß aufgrund dieser Satzung geprüft werden kann, ob die satzungsmäßigen Voraussetzungen für die Steuervergünstigung gegeben sind. Hierzu ist notwendig, daß die Satzung in der Art eines Buchnachweises den Satzungszweck und die Art seiner Verwirklichung soweit wie möglich konkretisiert. Dies gilt jedenfalls dann, wenn eine Körperschaft einen Zweck verfolgt, dem kein jedermann bekanntes, begrifflich fest umrissenes gedankliches Konzept zugrunde liegt (BFH-Urteil v. 26. 2. 1992 – I R 47/89, BFH/NV 1992, 695). Die Verwendung offener, vom allgemeinen Sprachgebrauch her nicht bestimmbarer Begriffe reicht ebensowenig aus, wie die Bezugnahme auf externe Quellen (BFH-Urteile v. 9. 7. 1986 – I R 14/82, BFH/NV 1987, 632; v. 15. 12. 1993 – II R 44/89, n. v.; v. 5. 8. 1992 – X R 165/88, BFHE 169, 3; BStBl. II 1992, 1048). Diese Voraussetzungen an die formelle Satzungsmäßigkeit müssen während des gesamten Veranlagungszeitraumes erfüllt sein (§ 60 Abs. 2 AO). Die Satzungen des Klägers entsprechen dem nicht.

Soweit es den Veranlagungszeitraum 1988 betrifft, galt bis zum 5. 4. 1988 noch eine Satzung, die weder Ausführungen über die Art der Verwirklichung des Satzungszwecks, noch die sonstigen nach § 55 Abs. 1 AO erforderlichen Bestimmungen enthielt. Damit kann gem. § 60 Abs. 2 AO für das Jahr 1988 bereits aus diesem Grund die Steuerbegünstigung nicht gewährt werden.

Soweit es die Jahre 1989 und 1990 betrifft, ist die Satzung vom 5. 4. 1988 maßgeblich. Auch diese genügt den Anforderungen des § 60 Abs. 1 AO nicht. Ihr läßt sich nicht mit hinreichender Bestimmtheit entnehmen, welche konkreten Ziele der Kläger verfolgt. Der Senat kann daher auch nicht überprüfen, ob die satzungsmäßigen Ziele des Klägers den Anforderungen der §§ 52–55 AO entsprechen.

Primäres Ziel des Klägers ist nach § 2 Abs. 2 Buchst. a dieser Satzung „ein religiöses Leben der Vervollkommnung im Sinne des Werkes der Hl. Engel in der röm.-kath. Kirche für alle, für den Kern der Gemeinschaft eine klösterliche Lebensführung". Welchen Inhalt und welche Verkündung das „Werk der Hl. Engel in der römisch-katholischen Kirche" offenbaren soll, läßt sich jedoch weder dem § 2 der Satzung noch irgendeiner anderen Stelle in der

Satzung entnehmen. Bei dem „Werk der Hl. Engel in der römisch-katholischen Kirche" handelt es sich nach Auffassung des Senats auch nicht um einen jedermann geläufigen Glaubens- oder Lehrinhalt. Ob dieser in einer anderen Quelle offenbart wird, kann dahinstehen. Denn in der Satzung findet sich auch keinerlei Hinweis, welche konkrete externe, jedermann zugängliche Quelle Auskunft über den Inhalt dieses „Werkes" zu geben vermag. Der Senat kann daher offenlassen, ob entgegen dem Urteil des BFH in BFHE 169, 3, BStBl. II, 1048, das die konkrete Bezeichnung des Satzungszwecks in der eigenen Satzung verlangt, in Fällen, in welchen sich die Beschreibung des Satzungszweckes in der eigenen Satzung nur schwer und äußerst umfangreich darstellen ließe, eine Bezugnahme auf eine individualisierte externe Quelle ausreicht.

Der in der Satzung mehrfach verwandte Begriff „religiös" läßt ebenfalls keinen Schluß auf die tatsächlichen ideellen Zwecke des Klägers zu. Daran ändert nichts, daß in diesem Zusammenhang im weiteren Sinn auf die „römisch-katholische Kirche" Bezug genommen wird. Der Begriff „religiös" ist offen und kann nach Auffassung des Senats nicht annähernd die Ziele des Klägers soweit konkretisieren, daß erkennbar wäre, ob es sich bei dem „Werk der Hl. Engel in der römisch-katholischen Kirche" um ein eigenständiges Glaubensbekenntnis handelt und wenn ja, um welches, um eine Strömung innerhalb der röm.-kath. Kirche, oder um eine (lose) Gruppierung von Personen, die lediglich auf der Basis christlichen Gedankenguts zusammenleben wollen oder dies vielleicht auch nur vortragen. Ob eine religiöse Zielsetzung vorliegt, läßt sich nach Auffassung des Senats aus dem Gebrauch des offenen Terminus „religiös" allein jedenfalls noch nicht entnehmen. Hierfür bedürfte es zumindest einer Darlegung der wesentlichen Grundlehren des „Werkes der Hl. Engel in der römisch-katholischen Kirche" in der Satzung des Klägers (BFH-Urteil vom 6.6.1951 – III 69/51 U, BFHE 55, 376, BStBl. III 1951, 148).

Die Satzung entspricht außerdem nicht den Anforderungen der §§ 52 ff. AO an die Selbstlosigkeit. Nach § 55 Abs. 1 Nr. 1 S. 2 AO dürfen die Mitglieder einer steuerbegünstigten Körperschaft in ihrer Eigenschaft als Mitglieder keine Zuwendungen aus Mitteln der Körperschaft erhalten. In § 2 Abs. 2 Buchst. b der Satzung des Klägers ist jedoch als weiterer Vereinszweck vorgesehen, Personen, die sich den Idealen der Liebesgemeinschaft des Hl. Geistes für ihr seelsorgerisches Wirken anschließen möchten, im Falle ihrer Bedürftigkeit zu versorgen. Dies schließt vom Wortlaut der Satzung her auch bzw. gerade die Versorgung der eigenen Mitglieder ein. Wann ein Fall der Bedürftigkeit vorliegt, ist in der Satzung jedoch näher nicht geregelt. Die Versorgung (auch) der eigenen Mitglieder steht damit in der freien Bewertung und im Ermessen des Klägers. Dies widerspricht nach Auffassung des Senats dem Grundsatz der Selbstlosigkeit (§ 55 Abs. 1 Nr. 1 S. 2 AO).

Ob die Versorgung bedürftiger Personen und damit auch von Mitgliedern im Rahmen des § 53 AO möglich wäre, kann offenbleiben. Denn § 2 Abs. 2 Buchst. b der Satzung nimmt nicht auf § 53 AO und dessen enge Voraussetzungen an die Unterstützung hilfsbedürftiger Personen Bezug. Die in § 2 Abs. 1 der Satzung als Präambel formulierte allgemeine Zielsetzung des Klägers reicht nach Auffassung des Senats hierzu nicht aus. Die allgemeine Zielsetzung des Vereins wird in § 2 Abs. 2 seiner Satzung im einzelnen dargestellt und präzisiert – nicht umgekehrt. Für eine einschränkende Auslegung des Satzungszweckes „Versorgung bedürftiger Personen" fehlen aber in § 2 Abs. 2 der Satzung jegliche konkrete Hinweise (BFH-Urteil, BFH/NV 1992, 695).

Auch die tatsächliche Geschäftsführung entspricht nicht den Anforderungen der §§ 52 ff. AO. Insbesondere widerspricht die Bereitstellung kostenfreier Unterkunft und Verpflegung dem Grundsatz der Selbstlosigkeit (§ 55 Abs. 1 Nr. 1 S. 2 AO). Zuwendungen im Sinn dieser Vorschrift sind wirtschaftliche Vorteile jedweder Art, die die Körperschaft unentgeltlich oder gegen zu geringes Entgelt einem Mitglied zukommen läßt (Fischer in Hübschmann/Hepp/Spitaler, AO und FGO, § 55 AO Anm. 132). Die Zuwendung erhält ein Mitglied aus Mitteln der Körperschaft, wenn deren Vermögenswerte eingesetzt werden, um den wirtschaftlichen Vorteil dem Mitglied zukommen zu lassen. Danach liegt sowohl in der Bereitstellung kostenfreier Unterkunft, wie auch in der gezielten und langfristigen Abgabe kostenfreien bzw. kostengünstigen Essens eine nach § 55 Abs. 1 Nr. 1 S. 2 AO unzulässige Zuwendung von Vereinsmitteln an die Mitglieder des Klägers vor. Auf die Anzahl der begünstigten Mitglieder kommt es dabei weiter nicht an.

Soweit der Kläger vorträgt, die Versorgung der eigenen Mitglieder sei Bestandteil ihrer klösterlichen Lebensgemeinschaft und die Mitglieder würden anläßlich ihrer Aufnahme in den Kern der Lebensgemeinschaft schließlich auch ihr gesamtes Hab und Gut abgeben und damit aus dem materiellen Erdendasein ausscheiden, mag dies – soweit es die materiellen Erdendasein ausscheiden, mag dies – soweit es die materielle Seite betrifft – durchaus seine Richtigkeit haben. Dennoch gestattet es der Grundsatz der Selbstlosigkeit gem. § 55 Abs. 1 Nr. 1 AO nicht, die zuvor hingegebenen Vermögenswerte anschließend wieder selbst zu verbrauchen. Ob eine Selbstversorgung im Rahmen einer klösterlichen Ordensgemeinschaft den Anforderungen der Selbstlosigkeit entspricht, kann der Senat dabei offenlassen. Voraussetzung dafür wäre jedenfalls, daß eine klösterliche Ordensgemeinschaft oder eine nach bestimmten, für alle Mitglieder verbindlichen Regeln lebende religiöse Glaubensgemeinschaft vorliegt. Wie ausgeführt, läßt sich dies jedoch gerade der Satzung nicht entnehmen. Damit kann der Senat nicht ausschließen, daß es sich bei den Mitgliedern des Klägers lediglich um eine Gruppierung von wenigen Personen handelt, die (auf der Basis christlichen Gedankenguts) zusammenleben und ihren Lebensunterhalt zusammen bestreiten wollen.

Unabhängig davon hat der Kläger eigene Mittel gemeinnützigkeitsschädlich verwandt. Nach § 55 Abs. 1 Nr. 1 S. 1 AO dürfen die Mittel einer steuerbegünstigten Körperschaft nur für deren satzungsmäßige Zwecke verwendet werden. Die laufenden Einnahmen müssen außerdem grundsätzlich auch zeitnah eingesetzt werden. Gegen diese Grundsätze hat der Kläger mit der Vergabe von zwei Darlehen in Höhe von 58 000 DM bzw. 100 000 DM verstoßen. Diese Darlehen wurden ohne ausreichende vertragliche Fixierung und außerdem ohne jegliche Sicherheit ausgegeben, um in persönliche wirtschaftliche Schwierigkeiten geratenen Personen zu helfen. Nach dem Vortrag des Klägers sind die Darlehen wegen der fehlenden Sicherheit mittlerweile zumindest teilweise uneinbringlich geworden. Nach dem Schreiben des Klägers vom November 1994 wurde das eine Darlehen zur Sicherstellung der privaten Vermögensbildung einer mit dem Kläger sympathisierenden Person gegeben. Für das zweite Darlehen mußte der Kläger selbst ein Darlehen aufnehmen, das in den Bilanzen 1988 ff. als „Nicht für den Vereinszweck verwendete Darlehen" ausgewiesen ist. Der Kläger hat damit bewußt bzw. in erkennbarer Weise gegen seinen eigenen Vereinszweck gehandelt. Ob das Darlehen über 100 000 DM nunmehr in Raten von 100 DM weiter getilgt wird, ist hierfür weiter nicht von Bedeutung.

Zu der Frage, in welchem Umfang die Vergabe von Darlehen durch eine steuerbegünstigte Körperschaft möglich ist, hat der BMF im Schreiben vom 14.12.1994 IV B 7 – S 0170 – 121/94 Stellung genommen (FR 1995, 243; DB 1995, 119). Der Senat kann offenlassen, ob er der Auffassung des BMF folgt. Der Senat hält jedenfalls die Vergabe von Darlehen – gleich, ob aus dem gebundenen oder ungebundenen Vermögen einer gemeinnützigen Körperschaft finanziert – für gemeinnützigkeitsschädlich, wenn damit private Vermögensbildung unterstützt bzw. abgesichert oder wirtschaftliche Individualinteressen in ungewöhnlich hohem Maße (im Streitfall bis zu 100 000 DM) gefördert werden und wenn außerdem die Darlehenskonditionen nicht dem unter fremden Dritten Üblichen entsprechen. Neben einer eindeutigen, für einen Außenstehenden erkennbaren Festlegung der Darlehenskonditionen rechnet der Senat hierzu auch die Vereinbarung eines angemessenen Zinssatzes und vor allem – wie dies auch ein ordentlicher und gewissenhafter Geschäftsleiter machen würde – bei Darlehen in einer Größenordnung wie im Streitfall eine ausreichende Sicherheit. Da letzteres im Streitfall nicht erfolgte, ist davon auszugehen, daß an die Stelle einer vorübergehenden Zweckentfremdung der Mittel des Klägers zumindest bei dem einen Darlehen mittlerweile der endgültige Verlust getreten ist. Dadurch hat sich der Verstoß gegen § 55 Abs. 1 Nr. 1 S. 1 AO manifestiert.

Soweit der Kläger vorträgt, die Vergabe der beiden Darlehen sei aus religiösen Motiven erfolgt und daher von seiner Satzung gedeckt (§ 2 Abs. 2 Buchst. b), folgt dem der Senat nicht. Religiöse Motive bei der Hingabe von Darlehen an in persönliche wirtschaftliche Not geratene Personen vermag der Senat nicht zu erkennen. Unabhängig davon kann der Senat offenlassen, ob die finanzielle Hilfe bei der Bildung bzw. Sicherung fremden Vermögens noch Satzungszweck des Klägers ist. Sollte dies der Fall sein, würde die Satzung ohnehin dem Grundsatz der §§ 52 Abs. 1 S. 1 und 55 Abs. 1 Nr. 3 AO widersprechen, wonach eine unverhältnismäßig hohe Förderung von Einzelpersonen für deren wirtschaftliche Individualinteressen keinen steuerbegünstigten Zweck, insbesondere keine Förderung der Allgemeinheit darstellt. Davon abgesehen ist der Senat der Auffassung, daß der diesbezügliche Vortrag des Klägers seinem oben angesprochenen Einwand, durch die Präambel sei die von § 2 Abs. 2 Buchst. b der Satzung vorgesehene Unterstützung von in Not geratenen Personen entsprechend eingeengt, geradezu widerspricht.

16

Zur Frage, ob hauptamtliche Mitarbeiter von Scientology Arbeitsplätze i. S. von § 7 Abs. 1 SchwbG besetzen.

OVG Hamburg, Beschluß vom 4. März 1996 – Bs I 4/95 [1] –

Das Arbeitsamt Hamburg hat die Antragstellerin (Scientology Kirche e. V.) auf Grund von Feststellungsbescheiden zur Zahlung einer Ausgleichsabgabe nach dem Schwerbehindertengesetz verpflichtet. Die Antragstellerin bestreitet die Rechtmäßigkeit der Bescheide mit der Begründung, die von ihr beschäftigten hauptamtlichen Mitarbeiter seien keine Arbeitnehmer i. S. des Schwerbehindertengesetzes. Sie seien nicht auf Grund eines Arbeitsvertrages, sondern allein auf Grund ihrer Satzung bei ihr tätig. Ihre Beschäftigung diene auch nicht in erster Linie ihrem Erwerb, sondern sei durch Beweggründe religiöser Art bestimmt.

Die Antragstellerin möchte im Wege des einstweiligen Rechtsschutzbegehrens erreichen, vorerst keine Ausgleichsabgabe auf Grund der Bescheide zahlen zu müssen.

Das Verwaltungsgericht hat den Antrag abgelehnt. Die Beschwerde blieb ohne Erfolg.

Es überschreitet die Möglichkeiten des Eilverfahrens, den Einwendungen der Antragstellerin im einzelnen genauer nachzugehen und insoweit zuverlässigere Feststellungen zu treffen. Dies muß vielmehr dem Hauptsacheverfahren vorbehalten bleiben. Bei der im vorläufigen Verfahren gebotenen summarischen Überprüfung spricht jedoch manches dafür, daß diese Einwendungen rechtlich und tatsächlich nicht durchgreifen werden.

---

[1] ZfSH/SGB 1997, 96. Vgl. zu diesem Fragenkreis auch BVerwG GewArch 1998, 416; OVG Bremen GewArch 1997, 290.

Dies gilt einmal für die Frage, ob die hauptamtlich tätigen Mitarbeiter der Antragstellerin als Arbeitnehmer qualifiziert werden können mit der Folge, daß die von ihnen besetzten Stellen als Arbeitsplätze i. S. von § 7 Abs. 1 SchwbG anzusehen sind (vgl. hierzu Gröninger, SchwbG, Stand August 1990, § 7 Rdnr. 4; Neumann/Pahlen, SchwbG, 8. Aufl. 1992, § 7 Rdnr. 18–21). Diese Frage ist zwar vom Arbeitsgericht Hamburg mit Beschluß vom 12. 8. 1993 (8 Ca 556/92) verneint, sowohl vom Landesarbeitsgericht Hamburg (Beschluß v. 31. 5. 1994 – 6 Ta 24/93) als auch vom Bundesarbeitsgericht in dessen ausführlich begründetem Beschluß vom 27. 3. 1995 (NJW 1996, S. 143) jedoch bejaht worden. Das Bundesarbeitsgericht hat dabei maßgeblich unter anderem darauf abgestellt, daß die Antragstellerin entgegen ihren eigenen Angaben erwerbswirtschaftlich tätig sei und ein Gewerbe betreibe. Dies deckt sich jedenfalls für Teilbereiche mit den Feststellungen des Hamburgischen Oberverwaltungsgerichts in dessen Urteil vom 6. 7. 1993 (DVBl. 1994, S. 413[2]), das vom Bundesverwaltungsgericht bestätigt worden ist (Beschuß v. 16. 2. 1995, NVwZ 1995, S. 473[3]). Das Bundesarbeitsgericht hat ferner ausgeführt, die Begründung vereinsrechtlicher Arbeitspflichten dürfe nicht zur Umgehung zwingender arbeitsrechtlicher Schutzbestimmungen führen. Eine derartige Umgehung liege bei den Mitarbeitern der Antragstellerin vor, da diese als Vereinsmitglieder praktisch rechtlos seien. Ihnen stünden weder nachhaltige Möglichkeiten zu, auf den Verein Einfluß zu nehmen, noch werde ihnen ein Anspruch auf angemessene Vergütung und Versorgung eingeräumt, obwohl sie in erheblichem Umfang zur Arbeit in persönlicher Abhängigkeit verpflichtet seien (aaO, S. 151). Die Antragstellerin hat zwar gegen die Entscheidung des Bundesarbeitsgerichts eine Reihe von Einwendungen erhoben, die im Eilverfahren nicht im einzelnen geklärt werden können. Ungeachtet dessen kommt dieser Entscheidung als Erkenntnis des höchsten für den Bereich des Arbeitsrechts zuständigen Fachgerichts jedoch eine erhebliche Bedeutung für das vorliegende Verfahren zu. Sie begründet, im Zusammenhang mit dem genannten Urteil des Hamburgischen Oberverwaltungsgerichts, zumindest eine gewisse Wahrscheinlichkeit dafür, daß auch im Hauptsacheverfahren bei den hauptamtlich tätigen Mitarbeitern der Antragstellerin von einem Arbeitsverhältnis ausgegangen werden wird.

Als jedenfalls offen muß derzeit auch die weitere Frage angesehen werden, ob sich die Antragstellerin zu ihren Gunsten mit Erfolg auf die Vorschrift des § 7 Abs. 2 Nr. 2 SchwbG berufen kann mit der Folge, daß die Stellen, auf denen ihre hauptamtlich tätigen Mitarbeiter beschäftigt sind, nicht als Arbeitsplätze i. S. des Schwerbehindertengesetzes anzurechnen wären. Zwar hat die Antragstellerin eine Vielzahl von eidesstattlichen Versicherungen und sonstigen Unterlagen vor-

---

[2] KirchE 31, 235.   [3] KirchE 33, 43.

gelegt, die belegen sollen, daß die Beschäftigung ihrer Mitarbeiter nicht in erster Linie dem Erwerb dient, sondern überwiegend durch Beweggründe religiöser Art bestimmt ist. Dem steht jedoch wiederum die Entscheidung des Bundesarbeitsgerichts gegenüber, in der der Antragstellerin – entgegen deren Selbstverständnis – die Eigenschaft einer Religions- oder Weltanschauungsgemeinschaft i. S. der Art. 4, 140 GG, Art. 137 WRV abgesprochen wird mit der Begründung, deren religiöse oder weltanschauliche Lehren dienten lediglich als Vorwand für die Verfolgung wirtschaftlicher Ziele (aaO, S. 146/147). Diese Einschätzung des Bundesarbeitsgerichts läßt sich nicht von der Hand weisen, auch wenn nicht zuverlässig vorhergesagt werden kann, ob sie im Hauptsacheverfahren in vollem Umfang oder teilweise bestätigt werden wird. Immerhin führt das Gericht eine Reihe von Indiztatsachen für seine Auffassung an, z. B. die intensive geschäftliche Werbung, welche einen religiösen Bezug kaum erkennen läßt und die durch die Feststellungen im Urteil des Hamburgischen Oberverwaltungsgerichts vom 6.7.1993 (aaO) belegt wird, sowie eigene Angaben des Gründers der Antragstellerin Hubbard, welche eine Bestätigung durchaus als möglich erscheinen lassen. Ernstliche Zweifel an der Rechtmäßigkeit der angefochtenen Bescheide lassen sich aus der Nichtanwendung des § 7 Abs. 2 Nr. 2 SchwbG durch die Antragsgegnerin bei dieser Sachlage jedenfalls nicht herleiten.

Ohne Erfolg wendet sich die Antragstellerin schließlich im Rahmen dieses Verfahrens gegen die Berechnung der Ausgleichsabgabe. *(wird ausgeführt)*

17

1. Zum notwendigen Mindestaufwand für eine Bestattung im Wege der Ersatzvornahme (hier: Kosten für religiöse Beerdigungsfeierlichkeiten sowie religiöse bzw. dekorative Ausstattung mit Kreuzen und Blumen).
2. Ein einfaches Begräbnis mit einem Mindestaufwand ohne Beerdigungsfeierlichkeiten verstößt nicht gegen verfassungsrechtliche Grundsätze.

§§ 58 Abs.1 S. 2, 77 Abs.1 NW.VwVG, 11 Abs. 2 S. 2 Nr. 7
NW.KostO,15 Abs.1 NW.OBG
OVG Nordrhein-Westfalen, Beschluß vom 4. März 1996 – 19 A 194/96[1] –

Da der Beklagte nach dem Tode des Vaters der Kläger beisetzungswillige Angehörige zunächst nicht ermitteln konnte, beauftragte er ein Bestattungsunternehmen mit der Durchführung der Beisetzung. Später stellte er jedem der

---
[1] Amtl. Leitsätze. NWVBl. 1996, 380. Vgl. zu diesem Fragenkreis auch BVerwGE 105, 51; OVG.NW NJW 1998, 2154.

vier Kläger durch Leistungsbescheid ein Viertel der Beerdigungskosten in Rechnung. Der nach erfolglosem Widerspruch erhobenen Klage der Kläger gab das Verwaltungsgericht insoweit statt, als es die Leistungsbescheide aufhob, soweit darin die Kosten für ein Kreuz, ein Grabkreuz mit Schrift und Blumen sowie Kirchengebühren und Gebühren für die Benutzung der Friedhofskapelle einschließlich Dekoration enthalten waren. Die dagegen eingelegte Berufung des Beklagten hatte keinen Erfolg.

Aus den Gründen:

Das Verwaltungsgericht hat die Leistungsbescheide des Beklagten zu Recht jeweils in Höhe von 155,25 DM aufgehoben, denn die Bescheide sind in dieser Höhe rechtswidrig und verletzen die Kläger in ihren Rechten (S. 113 Abs. 1 S. 1 VwGO).

Zwar werden nach § 77 Abs. 1 S. 1 NW.VwVG für Amtshandlungen nach diesem Gesetz nach näherer Bestimmung einer Kostenordnung von dem Vollstreckungsschuldner oder dem Pflichtigen Kosten (Gebühren und Auslagen) erhoben. Zu den Auslagen gehören gemäß § 11 Abs. 2 S. 2 Nr. 7 NW.KostO die Beträge, die u. a. bei der Ersatzvornahme an Beauftragte oder Hilfspersonen zu zahlen sind sowie Kosten, die der Vollzugsbehörde durch die Ersatzvornahme entstehen.

Der Beklagte hat – als Ordnungs- und Vollzugsbehörde – die Bestattung des verstorbenen Vaters der Kläger auch im Wege der Ersatzvornahme durch einen Bestatter ausführen lassen. Die tatbestandlichen Voraussetzungen von §§ 55 Abs. 2, 59 Abs. 1, 63 Abs. 1 S. 3, 64 S. 2 NW.VwVG für die Ersatzvornahme im Wege des Sofortvollzugs lagen vor, da die Kläger als Angehörige ihres verstorbenen Vaters entgegen § 2 Abs. 1 der Ordnungsbehördlichen Verordnung über das Leichenwesen vom 7. 8. 1980 (GV.NW S. 756), zuletzt geändert durch Verordnung vom 6. 11. 1984 (GV.NW S. 670) – VOL – dessen Bestattung nicht besorgt haben und die Bestattung im Wege der Ersatzvornahme zur Abwehr einer gegenwärtigen Gefahr – vgl. § 4 VOL – notwendig war.

Wie das Verwaltungsgericht im Anschluß an die Rechtsprechung des erkennenden Senats (vgl. Beschluß vom 29. 8. 1995 – 19 E 617/95 –) zutreffend dargelegt hat, ist die Erhebung von Kosten in Höhe von insgesamt 621,– DM, die in der Bestatterrechnung enthalten sind und die der Beklagte in jedem der vier angefochtenen Leistungsbescheide in Höhe von 155,25 DM geltend gemacht hat, durch § 14 Abs. 1 NW.KostO ausgeschlossen, wonach Kosten, die durch unrichtige Behandlung der Sache entstanden sind, nicht erhoben werden.

Eine unrichtige Sachbehandlung im Sinne von § 14 Abs. 1 NW.KostO, die zur Verursachung der in den Leistungsbescheiden geltend gemachten Kosten geführt hat, liegt dann vor, wenn der Beklagte bei der Durchsetzung der ordnungsbehördlichen Bestattungspflicht mit dem Zwangsmittel der Ersatzvornahme offensichtlich gegen den in § 58 Abs. 1 S. 2 NW.VwVG und § 15 Abs. 1 NW.OBG normierten Grundsatz der Verhältnismäßigkeit verstoßen hat, wonach von mehreren möglichen und geeigneten Maßnahmen bei der Zwangsmittelanwendung diejenige zu bestimmen ist, die den Einzelnen und die Allgemeinheit am wenigsten beeinträchtigt.

Ein solcher Verstoß des Beklagten liegt hier in dem vom Verwaltungsgericht bezeichneten Umfang vor, in dem der seitens des Beklagten geforderte, von dem Bestattungsunternehmer in Rechnung gestellte Betrag mindestens über die notwendigen Mindestkosten der Bestattung hinausgeht. Es handelt sich dabei um die Kosten von 41,- DM für ein Kreuz, 150,- DM für ein Grabkreuz mit Schrift, 120,- DM für Blumen, 50,- DM für Kirchengebühren, 260,- DM für die Benutzung der Friedhofshalle einschließlich Dekoration.

Angesichts dessen, daß keiner der Angehörigen bestattungswillig und bereit war, den bezeichneten Aufwand zu bezahlen, erscheint es unangemessen und unverhältnismäßig, diesen für eine den rechtlichen Vorschriften genügende Bestattung nicht notwendigen Aufwand als Kosten der Ersatzvornahme den nicht bestattungswilligen Angehörigen aufzubürden.

Dies gilt nach der Senatsrechtsprechung (vgl. Beschluß vom 29. 8. 1995, aaO) unabhängig davon, ob der bezeichnete Aufwand zu den im Sinne von § 15 BSHG „erforderlichen" Kosten einer Bestattung zählt, die nach den Besonderheiten des Einzelfalles und der Nähe der Beziehung des Anspruchsberechtigten zum Verstorbenen zu bemessen sind (vgl. Oestreicher/Schelter/Kunz, BSHG-Kommentar, § 15 Rdnr. 7 m. w. N.; Knopp/Fichtner, BSHG-Kommentar, 6. Aufl., § 15 Rdnr. 3).

In diesem Sinne „erforderlich" mag auch ein den Wünschen beisetzungswilliger, ihre Bestattungspflicht anerkennender, aber nicht kostentragungsfähiger Angehöriger entsprechender Aufwand sein, der letztlich von der Sozialhilfe getragen wird, wohingegen im Falle einer Bestattung im Wege der Ersatzvornahme beisetzungswillige Angehörige, die ihre Bestattungspflicht anerkennen, gerade nicht vorhanden sind und ihnen daher nur ein notwendiger Mindestaufwand in Rechnung gestellt werden kann, der sie kostenmäßig „am wenigsten beeinträchtigt" (vgl. § 15 Abs. 1 NW.OBG, § 58 Abs. 1 S. 2 NW.VwVG). Daß der notwendige, den Bestattungspflichtigen kostenmäßig am wenigsten beeinträchtigende Mindestaufwand nicht mit dem Begriff „erforderliche Kosten der Bestattung" übereinstimmt, ergibt sich bereits daraus, daß § 15 BSHG gegenüber der bis dahin geltenden Regelung in § 6 Abs. 1 S. 2 der Reichsgrundsätze über Voraussetzung, Art und Maß der öffentlichen Fürsorge vom 4. 12. 1924 (RGBl. 1924 I S. 765), wonach der Bestattungsaufwand „nötigenfalls" aus Fürsorgemitteln zu bestreiten war, und sich daher auf den notwendigen Mindestaufwand für ein einfaches Begräbnis ohne Beerdigungsfeierlichkeiten beschränkte (vgl. BVerwG, Urteil vom 6. 10. 1959[2] – V C 316.58 –, DVBl. 1960, 246 f.), eine erweiternde Regelung darstellt (vgl. Oestreicher/Schelter/ Kunz, aaO, § 15 Rdnr. 1; Schellhorn/Jirasek/Seipp, BSHG-Kommentar, 12. Aufl., § 15 Rdnr. 2).

Entgegen der Ansicht des Beklagten verstößt ein solches einfaches Begräbnis mit einem Mindestaufwand ohne Beerdigungsfeierlichkeiten nicht gegen verfassungsrechtliche Grundsätze (vgl. BVerwG aaO). Durch die Nichtveranlassung religiöser Beerdigungsfeierlichkeiten bzw. die Nichtausstattung von Sarg und Grab mit religiösen Symbolen seitens der die Ersatzvornahme anordnenden Ordnungsbehörde werden derartige Aufwendungen nicht verhindert und damit weder die Religionsfreiheit noch die Gebote der Frömmigkeit und Ehrfurcht verletzt. Dem BVerwG, aaO, zufolge bleibt es vielmehr den Angehörigen oder der Religionsgemeinschaft des Verstorbenen überlassen, religiöse Beerdigungsfeierlichkeiten, die sie für erforderlich halten, ohne behördliche Beauftragung auf eigene Kosten durchzuführen. Insofern gibt es den vom Beklagten befürchteten Konflikt weder mit den Religionsgemeinschaften, die an der Ausübung religiöser Handlungen nicht gehindert werden, noch mit den – nicht bestattungs- und kostentragungswilligen – Angehörigen. Hier kommt hinzu, daß sich aus den Akten des Beklagten nicht ergibt, daß der Verstorbene oder seine Angehörigen eine religiöse Bestattung gewünscht haben.

Da es Rechtsvorschriften, die den hier im Streit stehenden Aufwand als notwendig bezeichnen, nicht gibt und die Kläger, wenn sie die Bestattung des Verstorbenen pflichtgemäß durchgeführt hätten, nicht gehindert gewesen wären, ein Begräbnis ohne diesen Aufwand zu veranlassen, war auch der Beklagte daran nicht gehindert. Sind die Angehörigen nicht bestattungswillig, so kann die Ordnungs- und Vollstreckungsbehörde von ihnen keine Kosten für eine Bestattung im Wege der Ersatzvornahme fordern, die über den notwendigen Mindestaufwand für eine den Rechtsvorschriften genügende Bestattung hinausgehen.

18

Die (vollständige) Versagung der Erstattung von Schülerbeförderungskosten in Fällen, in denen der Schüler (hier: einer konfessionellen Privatschule) nicht eine am Wohnort oder zwischen Wohnort und dem gewählten Schulort befindliche Schule, sondern eine weiter entfernte Schule der entsprechenden Schulart besucht, obwohl der Besuch der nächstliegenden Schule aus schulorganisatorischen Gründen nicht ausgeschlossen ist, verstößt gegen Art. 3 Abs. 1 GG (Art. 2 Abs. 1 BW.LV).

---

[2] KirchE 5, 85.

VGH Baden-Württemberg, Normenkontrollbeschluß vom 8. März 1996
– 9 S 1955/93 [1] –

Der Antragsteller zu 1 betreibt in R. eine konfessionelle Grund- und Hauptschule, die nach Art. 15 Abs. 2 LV aus einer früheren Bekenntnisschule hervorgegangen ist. Die Antragsteller zu 2–17 sind Eltern von Kindern, die diese Schule besuchen und deren Wohnungen nach ihrem Vortrag mehr als 3 km von der Schule entfernt liegen. Die Schülerbeförderung erfolgte zunächst in der Weise, daß der Antragsteller zu 1 mit Beförderungsunternehmen Schulbuslinien einrichtete. Die dem Antragsteller Nr. 1 entstandenen Schulbuskosten wurden noch im Schuljahr 1992/93 vom Antragsgegner (Landkreis R.) nach dessen Satzung über die Erstattung von Schülerbeförderungskosten (SBS) bezuschußt. Die einschlägigen Vorschriften lauteten auszugsweise wie folgt:

§ 1
Kostenerstattung
(1) Der Landkreis erstattet nach Maßgabe der jeweils geltenden gesetzlichen Vorschriften und dieser Satzung
– den Schulträgern
– den Wohngemeinden, wenn eine Schule außerhalb Baden-Württembergs besucht wird,
– den Schülern der in seiner Trägerschaft stehenden Schulen
– die entstehenden notwendigen Beförderungskosten zum Besuch eines Schulkindergartens oder einer Schule – mit Ausnahme einer Fachschule – abzüglich der Eigenanteile.
...
§ 3
Mindestentfernung
(1) Die notwendigen Beförderungskosten werden erstattet
...
d) für Schüler der Grundschulen, Hauptschulen, Realschulen, Gymnasien, ...
ab einer Mindestentfernung von 3 km, bemessen nach der kürzesten öffentlichen Wegstrecke zwischen Wohnung und Schule ...

Für das Jahr 1993 hat das Land Baden-Württemberg die Zuweisungen an die Kreise für Schülerbeförderungskosten gekürzt. Daraufhin hat der Antragsgegner durch § 1 Nr 1 der Änderungssatzung vom 10. 5. 1993, die am 1. 8. 1993 in Kraft getreten ist, in § 1 SBS a. F. einen neuen Absatz 5 eingefügt. Dieser lautet:

(5) Befindet sich am Wohnort des Schülers oder zwischen Wohnort und dem gewählten Schulort eine Schule der entsprechenden Schulart, deren Besuch aus schulorganisatorischen Gründen nicht ausgeschlossen ist, so werden für den Besuch der weiter entfernten Schule keine Beförderungskosten erstattet.

Am 17. 8. 1993 haben die Antragsteller wegen § 1 Abs. 5 SBS n. F das Normenkontrollverfahren eingeleitet und beantragt, § 1 Nr. 1 der Satzung des

---

[1] Amtl. Leitsatz. DVBl. 1996, 999. Der Beschluß ist rechtskräftig.

Antragsgegners vom 10. 5. 1993 zur Änderung der Satzung über die Erstattung von Schülerbeförderungskosten vom 30. 5. 1983 i. d. F. vom 25. 2. 1987 für nichtig zu erklären. Ihr Antrag hatte Erfolg.

Aus den Gründen:

Die beanstandete Satzungsregelung, nach welcher Schülerbeförderungskosten dann nicht erstattet werden, wenn eine weiter entfernte Schule besucht wird, obwohl sich am Wohnort des Schülers oder zwischen seinem Wohnort und dem gewählten Schulort eine Schule der entsprechenden Schulart befindet, deren Besuch aus schulorganisatorischen Gründen nicht ausgeschlossen ist, verstößt gegen höherrangiges Recht, nämlich Art. 3 Abs. 1 GG (Art. 2 Abs. 1 LV). Denn der Ausschluß jeglicher Erstattung beim Besuch einer „weiter entfernten" Schule stellt eine Ungleichbehandlung gegenüber dem Besuch der „nächstgelegenen" Schule dar, der durch sachliche Gründe nicht gerechtfertigt ist.

§ 18 FAG auferlegt den (Stadt- und) Landkreisen die Pflichtaufgabe, den im einzelnen bezeichneten Schulträgern bzw. Wohngemeinden die „notwendigen Beförderungskosten" zu erstatten; es bleibt ihnen im Rahmen ihrer Satzungsautonomie überlassen, den Umfang dieser Kosten selbst zu bestimmen und die notwendigen Kosten (gegen andere Kosten) abzugrenzen. Allerdings sieht § 18 FAG nicht vor, daß die Kostenerstattung unter bestimmten Voraussetzungen versagt werden kann. Seit Einführung des Instituts der Schülerbeförderungskostenerstattung zum 1. 5. 1965 (vgl. dazu und zur weiteren Entwicklung betr. den Eigenanteil eingehend Senatsbeschluß v. 10. 6. 1991, aaO) sind sämtliche hierzu ergangenen Regelungen (vgl. etwa Schullastenverordnung 1965 – GBl. S. 244 –, 1971 – GBl. S. 279 –, 1976 – GBl. 1977, 17 –, § 18 FAG i. d. F vom 24. 3. 1983 – GBl. S. 93 – sowie die nachfolgenden Änderungen) u. a. davon ausgegangen, daß in Baden-Württemberg wohnhaften Schülern die (notwendigen) Kosten für den Besuch einer (in Baden-Württemberg gelegenen) Schule erstattet werden. Obwohl die Kostenerstattung für den Besuch privater Schulen bis zum Inkrafttreten des § 18 FAG i. d. F. vom 24. 3. 1983 (GBl. S. 93) normativ nicht geregelt war, wurden die Schüler privater Schulen von Anbeginn den Schülern öffentlicher Schulen gleichgestellt (vgl. amtliche Begründung zu § 18 FAG i. d. F. vom 24. 3. 1983; LT-Drucks. 8/3350, S. 21) Der beanstandeten Satzungsregelung vergleichbare Regelungen sahen die genannten gesetzlichen und Verordnungsbestimmungen nicht vor; lediglich nach § 4 Abs. 3 Schullastenverordnung 1971 und 1976 (aaO) wurden Beförderungskosten für den Besuch einer *außerhalb* Baden-Württembergs gelegenen Schule (nur) dann erstattet, wenn die „nächstgelegene entsprechende öffentliche Schule in Baden-Württemberg ... aus schulorganisatorischen Gründen nicht besucht werden" konnte. Hiervon abgesehen wurden die (notwendigen) Kosten für den Besuch einer

Schule stets erstattet § 18 FAG 1983 sollte dementsprechend mit der Übernahme der Kostenträgerschaft der Stadt- und Landkreise keine Änderung dieser Konzeption mit sich bringen. Der Gesetzgeber ging vielmehr davon aus, daß die Stadt- und Landkreise „auch weiterhin die Gleichbehandlung öffentlicher und privater Schulen bei der Schülerbeförderungskostenerstattung gewährleisten und im übrigen keine nennenswerten Verschlechterungen im Schülerverkehr und der Fahrtkostenerstattung gegenüber dem Status quo eintreten" (amtl. Begründung, aaO).

Ging der Gesetzgeber hiernach davon aus, daß grundsätzlich für den Besuch aller Schulen – mit Ausnahme der Fachschulen – die notwendigen Beförderungskosten zu erstatten sind, so bedeutet dies allerdings nicht, daß stets sämtliche Kosten zu erstatten sind. Auf eine vollständige Erstattung notwendiger Schülerbeförderungskosten besteht weder ein verfassungsrechtlich geschützter subjektivrechtlicher Leistungsanspruch des Schülers bzw. seiner Eltern noch ein objektiv verfassungsrechtliches Gebot für den Normgeber (vgl. ausführlich Senatsbeschluß v. 10. 6. 1991 aaO; Beschluß vom 7. 11. 1995 – 9 S 1848/93 – jeweils m. w. N. zur Frage des Eigenanteils). Nichts anderes gilt für die Schulträger einschließlich der Träger der privaten Ersatzschulen. Im Falle des Antragstellers Nr. 1 ergibt sich ein solcher Anspruch auch nicht aus Art. 15 Abs. 2 LV i. V.m. § 5 des Ausführungsgesetzes zu Art. 15 LV vom 8. 2. 1967 (GBl. S. 7). Die dort geregelte (staatliche) Förderung umfaßt nicht die in § 18 Abs. 1 FAG geregelte und den Stadt- und Landkreisen auferlegte Erstattung von Schülerbeförderungskosten. Vielmehr besitzt der Normgeber für diese einen besonders weiten Gestaltungsspielraum, ob und in welchem Umfang er eine Erstattungsregelung trifft; hierbei darf er sich insbesondere auch von finanzpolitischen Erwägungen leiten lassen. Es unterliegt daher keinem Zweifel, daß der Antragsgegner berechtigt war, bei der Kostenerstattung Einschnitte vorzunehmen, um auf diese Weise die erhebliche Kürzung der Landeszuweisungen für 1993 (insgesamt 50 Mio. DM; vgl. dazu auch Senatsbeschluß v. 7. 11. 1995, aaO), die für den Antragsgegner, der nach Anlage 1 zu § 18 FAG 2,32 % der Zuweisungen erhält, einen Betrag in Höhe von 1,16 Mio. DM/Jahr ausmachten, auszugleichen bzw. aufzufangen. Allerdings hat der Antragsgegner bei einer Neuregelung auch den Gleichheitssatz des Art. 3 Abs. 1 GG (Art. 2 Abs. 1 LV) zu beachten.

Der Gleichheitssatz verbietet es dem Normgeber, gleichliegende Sachverhalte, die aus der Natur der Sache und unter dem Gesichtspunkt der Gerechtigkeit eine gleichartige Regelung erfordern, ungleich zu behandeln. Bei der Bestimmung staatlicher Leistungen enthält dieser Verfassungsrechtssatz ein Willkürverbot, das dem Normgeber einen weiten Spielraum zur Gestaltung finanzieller Förderungsbedingungen beläßt. Es bleibt seinem Ermessen überlassen, in welcher Weise er den Gedanken der Angemessenheit, Billigkeit und

Zweckmäßigkeit Rechnung trägt. Eine Ungleichbehandlung verletzt den Gleichheitssatz nur dann, wenn dafür jeder sachlich einleuchtende Grund fehlt. Die Abgrenzung eines begünstigten Personenkreises ist verfassungsrechtlich nicht zu beanstanden, wenn vertretbare Gründe dafür sprechen und wenn der Normgeber willkürliche Privilegierungen und Diskriminierungen vermeidet. Der Gestaltungsspielraum endet erst dort, wo eine ungleiche Behandlung der geregelten Sachverhalte nicht mehr mit einer am Gerechtigkeitsgedanken orientierten Betrachtungsweise vereinbar ist und mangels einleuchtender Gründe als willkürlich beurteilt werden muß (Senatsbeschluß vom 10. 6. 1991, aaO unter Hinweis auf BVerfGE 49, 280, 283 und BVerwG, Beschluß vom 22. 10. 1990, DVBl. 1991, 59). In Anwendung dieser Grundsätze verstößt die beanstandete Satzungsregelung gegen Art. 3 Abs. 1 GG.

§ 1 Abs. 5 SBS n. F. umfaßt Schulen aller Schularten, für die grundsätzlich Schülerbeförderungskosten erstattet werden. Sie gilt nicht nur für Pflichtschulen (vgl. dazu Senatsbeschluß vom 10. 6. 1991, aaO), die über einen eigenen Schulbezirk verfügen und zu deren Besuch der Schüler grundsätzlich verpflichtet ist (vgl. §§ 25 Abs. 1, 76 Abs. 2 S. 1, 79 Abs. 2 S. 1, 84 Abs. 1 SchulG), sondern auch für Wahlschulen wie etwa Gymnasien, Realschulen oder die Grund- und Hauptschule des Antragstellers Nr. 1 (vgl. § 76 Abs. 2 S. 2 SchulG) bzw. andere private Ersatzschulen. Deren Besuch wird in der Regel nicht nur durch die örtliche Lage der Schule, sondern insbesondere auch nach dem jeweiligen Unterrichts- bzw. Bildungsangebot oder (innerhalb einer Schulart) Schultyp bestimmt (vgl. etwa § 8 SchulG für Gymnasien). Eine nach diesen Kriterien erfolgende Schulwahl kann zur Konsequenz haben – und hat nach dem Vorbringen der Antragsteller diese Konsequenz –, daß die besuchte Schule nicht die im Sinne der beanstandeten Satzungsregelung nächstgelegene, sondern eine weiter entfernte Schule ist. Für diesen Fall sieht die Satzung eine Kostenerstattung für die Schülerbeförderung nicht vor, wenn der Besuch der nächstgelegenen Schule der entsprechenden Schulart „aus schulorganisatorischen Gründen nicht ausgeschlossen" ist. Damit knüpft die Regelung nicht etwa daran an, ob das an der gewählten „weiter entfernten" Schule vermittelte Bildungs- und Unterrichtsangebot auch an der „nächstgelegenen Schule" vorhanden ist, sondern stellt – ungeachtet der unterschiedlichen Angebote – allein auf die räumliche Nähe einer Schule der entsprechenden Schulart (§ 4 Abs. 1 S. 4 SchulG) ab, die der Schüler besucht. Der Besuch der nächstgelegenen Schule ist mithin nur dann aus schulorganisatorischen Gründen ausgeschlossen, wenn er dem Schüler trotz eines entsprechenden Wunsches verwehrt wäre (vgl. etwa §§ 76 Abs. 2 S. 3 Nr. 1, 88 Abs. 4 SchulG).

Soweit dieser Regelung der Gedanke zugrundeliegt, daß es demjenigen Schüler, der die nächstgelegene Schule der entsprechenden Schulart deshalb nicht besucht, weil er das Bildungsangebot der weiter entfernten Schule nutzen möchte, bzw. seinen Eltern zuzumuten ist, die finanziellen Folgen seiner Entscheidung (gegen die nächstgelegene Schule) selbst zu tragen, ist dies vor dem Hintergrund der knappen Finanzlage des Antragsgegners nicht zu beanstanden; denn für den Besuch einer Schule der gewählten Schulart sind grundsätzlich nur diejenigen Kosten notwendig, die für den Besuch der nächstgelegenen Schule entstehen. Eine darüber hinausgehende Erstattung für den Besuch der weiter entfernten Schule ist aus Gleichheitsgründen nicht geboten. Allerdings schließt die beanstandete Regelung in diesen Fällen nicht lediglich eine weitergehende Erstattung aus, sondern versagt diese umfassend. Ein solch weitgehender, allein an der Schulart ausgerichteter und ohne Rücksicht auf unterschiedliche Merkmale der einzelnen Schulen innerhalb derselben Schulart vorgenommener Ausschluß ist mit einer am Gerechtigkeitsgedanken orientierten Betrachtungsweise nicht vereinbar. Er nimmt ohne einleuchtenden, eine Ungleichbehandlung rechtfertigenden Grund vollständig von der Kostenerstattung aus, wer als Schulträger ein besonderes Bildungsangebot vorsieht oder als Schüler ein solches annimmt, sofern die gewählte Schule nicht die dem Wohnort des Schülers nächstgelegene ist. Er hat daher den Charakter einer Sanktion, die dem Recht der freien Schulwahl nach Maßgabe des Schulgesetzes widerspricht. Dabei wird für die hier in Rede stehenden privaten Grund- und Hauptschulen außer acht gelassen, daß die öffentlichen Schulen dieser Schulart als Pflichtschulen grundsätzlich von den Schülern des entsprechenden Schulbezirks besucht werden müssen und die beanstandete Regelung in diesen Fällen daher leer läuft; die Schüler von Pflichtschulen können nämlich nicht darauf verwiesen werden, daß eine private Ersatzschule der entsprechenden Schulart die nächstgelegene Schule sei. Demgegenüber ist die private Grund- und Hauptschule keine Pflicht-, sondern eine Wahlschule (§ 76 Abs. 2 Sätze 1 und 2 SchulG), so daß sich nur bei ihrem Besuch die Frage stellt, ob sie vom Wohnort des Schülers weiter entfernt ist als die öffentliche Schule, die dieser anderenfalls zu besuchen verpflichtet wäre. Da die Privatschule, die nach § 1 PrivSchG der öffentlichen Aufgabe dient, das Schulwesen des Landes zu bereichern, der öffentlichen Schule gleichzustellen ist und sie als Grund- und Hauptschule gleichfalls der schulischen Grundversorgung (vgl. Senatsbeschluß vom 7.11.1995, aaO, m.w.N.) dient, leuchtet nicht ein, daß für ihre Schüler unter den Voraussetzungen der beanstandeten Regelung eine Schülerbeförderungskostenerstattung vollständig ausgeschlossen ist. Die Schülerbeförderungskostenerstattung stellt eine Standardeinrichtung für die Regelbedürfnisse dar, die mit der schulischen Grundversorgung, nämlich dem Besuch der Grund- und Hauptschule, in deren Bezirk der Schüler wohnt, verbunden sind (vgl. Senatsbeschluß vom 7.11.1995, aaO). Wenn auch die private Grund- und Hauptschule als Wahlschule nicht über einen solchen Schulbezirk verfügt und es der Grundsatz der Gleichbehandlung nach dem Dargelegten nicht gebietet, für die Beförderung ihrer Schüler eine

Kostenerstattung in demselben Umfang zu gewähren wie bei Pflichtschulen, so ist es aus Gründen der Gleichbehandlung gleichwohl nicht gerechtfertigt, die Kostenerstattung vollständig zu versagen, wenn die entsprechende öffentliche Schule näher als die Privatschule gelegen ist. Vielmehr sind auch dem Schulträger der privaten Grund- und Hauptschule die Kosten für die Beförderung seiner Schüler unter angemessener Berücksichtigung des Umstands, daß es sich – anders als bei den öffentlichen Schulen – um eine Wahlschule handelt, zu erstatten. Ob der Satzungsgeber dabei im Wege der Vergleichsberechnung die Kostenerstattung dem Grunde und der Höhe nach auf diejenigen Kosten beschränkt, die für den Besuch der nächstgelegenen (öffentlichen) Schule entstanden wären, ob er für die Kostenerstattung bei privaten Grund- und Hauptschulen eine den öffentlichen Pflichtschulen vergleichbare räumliche Beschränkung schafft (vgl. dazu etwa OVG Koblenz, Urteil v. 29. 8. 1989, NVwZ-RR 1990, 199, 200) oder ob er zum Zwecke der Kosteneinsparung eine gänzlich andere – dem Gebot der Gleichbehandlung entsprechende – Regelung wählt (hierzu lagen dem Kreistag des Antragsgegners ausweislich der Kreistags-Drucksache IV-608 vom 6. 4. 1993 unterschiedliche Modelle vor), bleibt seinem Satzungsermessen vorbehalten.

Entsprechendes gilt für den Besuch weiterführender (Wahl-)Schulen wie etwa Realschulen und Gymnasien. Für die Schüler dieser Schulen hat der Senat zwar schon mehrfach (Beschluß v. 10. 6. 1991; v. 7. 11. 1995, aaO; ebenso BVerwG, Beschluß v. 22. 10. 1990, aaO) entschieden, daß diese Schülergruppen in der Frage der Übernahme der Schülerbeförderungskosten den Grund- und Hauptschulen nicht notwendig gleichgestellt werden müssen. Allerdings bedingt Art. 3 Abs. 1 GG auch hier, daß für den Fall des Besuchs einer anderen als der nächstgelegenen Schule der entsprechenden Schulart die Kostenerstattung für die Schülerbeförderung dann nicht vollständig ausgeschlossen werden kann, wenn sie im übrigen für die nächstgelegene Schule gewährt wird (vgl. auch BVerwG, Urteil v. 14. 9. 1994, NJW 1995, 344, 346).

Soweit sich der Antragsgegner für den vollständigen Ausschluß von der Schülerbeförderungskostenerstattung auf einen erheblichen Verwaltungsaufwand bei der Ermittlung der für den Besuch der nächstgelegenen Schule entstehenden „fiktiven" Beförderungskosten beruft, mag dies im Grundsatz zwar zutreffen. Indessen wird verkannt, daß eine Vergleichsberechnung zur Ermittlung des dem Schulträger zu erstattenden Höchstbetrages nur dann in Betracht kommt, wenn die Schülerbeförderung auch tatsächlich durchgeführt wird. Insofern ist – wie bislang auch – nicht für jeden Schüler ungeachtet der Frage, ob er die Schülerbeförderung in Anspruch nimmt, eine fiktive Berechnung anzustellen, sondern nur für diejenigen Schüler, die zu einer weiter entfernten Schule der entsprechenden Schulart befördert werden. Da hierfür Kosten entstehen, handelt es sich entgegen der Auffassung des Antragsgegners bei den zu erstattenden Kosten nicht lediglich um „fiktive", in Wahrheit gar nicht entstandene Kosten. Vielmehr dient die Vergleichsberechnung allein der Ermittlung des Betrages, bis zu dem diese (tatsächlichen) Kosten erstattet werden. Im übrigen stehen dem Antragsgegner nach dem Dargelegten verschiedene Möglichkeiten zur Seite, um die Schülerbeförderungskostenerstattung im Hinblick auf die Kürzungen der Landeszuweisungen unter Beachtung des Gleichheitssatzes auf eine neue Grundlage zu stellen.

19

Zum Unterlassungsbegehren von Vereinen und Anhängern einer Meditationsbewegung (hier: Transzendentale Meditation) wegen ihrer Zuordnung zum Spektrum der „sog. Jugendsekten" in dem nicht für die Öffentlichkeit bestimmten Bericht einer interministeriellen Arbeitsgruppe an die Landesregierung.

Art. 1 Abs. 1, 2 Abs. 1, 4 Abs. 1 u. 2 GG
VGH Baden-Württemberg, Beschluß vom 11. März 1996 – 10 S 3490/95 [1] –

Die Antragsteller, zwei eingetragene Vereine, eine Vereinsvorsitzende und ein Lehrer der Bewegung der Transzendentalen Meditation (TM), wenden sich gegen die Erwähnung ihrer Bewegung im 2. Bericht der „Interministeriellen Arbeitsgruppe für Fragen sog. Jugendsekten und Psychogruppen". Ihre Anträge auf Erlaß einer einstweiligen Anordnung gegen den Antragsgegner (Land Baden-Württemberg) hat das Verwaltungsgericht abgelehnt. Hiergegen haben die Antragsteller Beschwerde eingelegt, die erfolglos blieb.

Aus den Gründen:

Die zulässigen Beschwerden sind nicht begründet. Für den Erlaß der von den Antragstellern begehrten einstweiligen Anordnung ist auch nach Auffassung des Senats kein Raum.
1. Das in erster Linie begehrte vorläufige Verbot, „in dem zur Veröffentlichung anstehenden Bericht des Antragsgegners die TM in irgendeinem Zusammenhang zu erwähnen", kommt nicht mehr in Betracht. Der damit angesprochene 2. Bericht der „Interministeriellen Arbeitsgruppe für Fragen sogenannter Jugendsekten und Psychogruppen" (im folgenden: Interministerielle Arbeitsgruppe), der den Berichtszeitraum vom 1.7.1994 bis 30.6.1995 um-

---
[1] Amtl. Leitsatz. NJW 1996, 2116; DÖV 1996, 752; VBlBW 1996, 434. Nur LS: NVwZ 1996, 1027; KuR 2 (1996), 191; AkKR 165 (1996), 266.

faßt, ist nach Mitteilung des Antragsgegners bereits dem Staatsministerium vorgelegt worden und von diesem mit Schreiben vom 9.11.1995 dem Landtag zur Kenntnis zugeleitet worden; der Landtag hat ihn in eigener Verantwortung unter dem 8.12.1995 als Drucksache 11/6704 ausgegeben. Insoweit liefe das von den Antragstellern nach wie vor angestrebte Verbot einer Erwähnung der TM Bewegung ins Leere. Den glaubhaften Angaben des Antragsgegners zufolge ist eine (anderweitige) Veröffentlichung dieses Berichts – etwa als Broschüre – nicht geplant. Auch nach Mitteilung des Vertreters des öffentlichen Interesses hat der Vorsitzende der Interministeriellen Arbeitsgruppe bestätigt, daß der Bericht „weder demnächst noch überhaupt der Öffentlichkeit zugänglich gemacht werden" soll. Da insoweit nachteilige Auswirkungen auf Rechte der Antragsteller nicht zu erwarten sind, scheidet ein gerichtliches Verbot aus, die TM Bewegung in einer veröffentlichten Fassung des fraglichen Berichts zu erwähnen.

Dasselbe gilt für die von den Antragstellern hilfsweise angestrebte Anordnung gegenüber dem Antragsgegner, „vor Veröffentlichung des Berichts alle auf die TM hinweisenden Textteile, Bilder usw. unkenntlich zu machen". Eine derartige Veränderung des Berichtstextes ist, soweit es die bereits ausgegebene Landtagsdrucksache angeht, nicht mehr möglich und im übrigen nicht veranlaßt, da eine (anderweitige) Veröffentlichung nicht zu erwarten ist.

2. Ohne Erfolg bleibt auch der weitere Antrag, „dem Antragsgegner vorläufig zu untersagen, die TM künftig in irgendeinem Zusammenhang als Sekte, Jugendsekte, Jugendreligion, Psychosekte oder Psychogruppe zu bezeichnen. Mit Ausnahme des Begriffs „sogenannte Jugendsekte" hat der Antragsgegner in dem streitigen 2. Bericht der Interministeriellen Arbeitsgruppe keine dieser Bezeichnungen im Zusammenhang mit der TM Bewegung verwendet. Auch einen derartigen Sprachgebrauch an anderer Stelle haben die Antragsteller weder dargetan noch glaubhaft gemacht. Es sind ferner keine sonstigen Anhaltspunkte dafür ersichtlich, daß der Antragsgegner eine der im Bericht nicht auf die TM Bewegung bezogenen Bezeichnungen zukünftig auf diese anwenden wird. Insoweit sind daher die Gefahr einer zukünftigen Rechtsbeeinträchtigung zu Lasten der Antragsteller und ein entsprechender Unterlassungsanspruch von vornherein nicht glaubhaft gemacht (vgl. § 123 Abs. 3 VwGO i. V. m. § 920 Abs. 2 ZPO).

Die von den Antragstellern ebenfalls beanstandete Bezeichnung „Jugendsekte" findet sich in dem streitigen Bericht des Antragsgegners im Zusammenhang mit der TM Bewegung (ausschließlich) in einer Bezugnahme auf eine entsprechende Einschätzung der Bundesregierung (Antwort des Bundesministeriums für Familie, Senioren, Frauen und Jugend auf die schriftliche Frage des Abgeordneten Grotz, BT-Drs. 13/1605, S. 36). Ob die Verfasser des streitigen Berichts sich diese begriffliche Zuordnung der TM Bewegung zu den „sogenannten Jugendsekten" zu eigen machen, bedarf keiner Entscheidung. Denn auch in diesem Fall ist die Gefahr einer rechtswidrigen Beeinträchtigung von Rechten und insbesondere Grundrechten der Antragsteller nicht glaubhaft gemacht.

Der 2. Bericht der Interministeriellen Arbeitsgruppe ist nicht ein unmittelbar an die Öffentlichkeit gerichteter, staatliche Autorität in Anspruch nehmender Akt amtlicher Informationstätigkeit, sondern ein Dokument, dessen Adressat allein die Landesregierung ist, welche ihn ihrerseits dem Landtag zugeleitet hat. Der Bericht dient als solcher der internen Zusammenstellung und Bewertung von Informationen über Absichten und Praktiken von sog. Jugendsekten und Psychogruppen und der Vorbereitung möglicher Entscheidungen über administrative oder legislative Maßnahmen mit Außenwirkung (z. B. Unterrichtung der Öffentlichkeit, Warnung). In diesem Kontext hat der Sammelbegriff der „sogenannten Jugendsekten" ersichtlich allein die Funktion einer – am vorherrschenden Sprachgebrauch orientierten – internen Eingrenzung solcher Bewegungen, welche dem Mandat der Interministeriellen Arbeitsgruppe unterfallen. Dagegen ist eine unmittelbare Außenwirkung des Berichts im Sinne einer Beeinträchtigung des sozialen Achtungs- und Geltungsanspruchs der in ihm erwähnten Bewegungen und ihrer Anhänger oder einer Verkürzung ihrer grundrechtlichen Freiheiten aus Art. 4 Abs. 1 und 2 GG offenbar weder bezweckt noch – angesichts des Adressatenkreises – vorhersehbar. Erhebliche, weil schwerwiegende und nachhaltige Folgewirkungen dieser internen Kategorisierung dürften auch nicht deshalb anzunehmen sein, weil der streitige Bericht mit seiner Herausgabe als Landtagsdrucksache einem begrenzten Kreis von Lesern außerhalb der amtlichen Sphäre zugänglich ist. Schließlich fehlt es an ausreichenden Anhaltspunkten dafür, daß der Antragsgegner die in dem streitigen Bericht wiedergegebene Zuordnung der TM Bewegung zum Kreis der „sogenannten Jugendsekten" noch vor einer endgültigen Entscheidung über die beim Verwaltungsgericht anhängigen Unterlassungsklagen der Antragsteller in einer diesmal an die Öffentlichkeit gerichteten Verlautbarung als eigene Einschätzung wiederholen wird.

Unter diesen Umständen ist im vorliegenden Eilverfahren nicht zu klären, ob der gegenwärtig offensichtlich negativ besetzte Sammelbegriff der „sogenannten Jugendsekten" bei Verwendung im Rahmen staatlicher Öffentlichkeitsarbeit das objektive Erscheinungsbild der TM Bewegung in einem persönlichkeitsrechtlich erheblichen Ausmaß verfehlt (verneinend BVerfG, Beschluß vom 15. 8. 1989, NJW 1989, 3269; BVerwG, Urteil vom 23. 5. 1989[2], BVerwGE 82, 76, 85 ff. = NJW 1989, 2272 = DVBl. 1989, 999) und die individuelle oder kollektive Weltanschauungsfreiheit ihrer Anhänger aus Art. 4 GG beeinträchtigt (zur Gel-

---

[2] KirchE 27, 145.

tung von Art. 2 Abs. 1 i. V. m. Art. 1 Abs. 1 GG für Personenvereinigungen mit ideeller Zielsetzung vgl. BVerwG, aaO, S. 78; a. A. z. B. Jarass/Pieroth, Grundgesetz, 3. Aufl., Art. 2 Rdnr. 31 m. w. N.; zur Problematik amtlicher Äußerungen zu sog. Jugendsekten vgl. auch BVerwG, Beschluß vom 4. 5. 1993[3], Buchholz 11 Art. 4 Nr. 54 = NVwZ 1994, 162 = VBlBW 1993, 465; VGH Baden-Württemberg, Beschluß v. 4. 10. 1988[4], NVwZ 1989, 878 = VBlBW 1989, 187; OVG Hamburg, Beschluß v. 24. 8. 1994[5], NVwZ 1995, 498; BayVGH, Beschluß v. 13. 10. 1994[6], NVwZ 1995, 502). Der Senat weist jedoch darauf hin, daß nach der von den Antragstellern kritisierten Rechtsprechung des Bundesverwaltungsgerichts und des Bundesverfassungsgerichts (aaO) die amtliche öffentliche Verwendung eines den Vorwurf der Verführung, Gefährdung oder Ausbeutung Jugendlicher beinhaltenden Sammelbegriffs nur dann verfassungsrechtlich hinzunehmen ist, wenn gleichzeitig deutlich gemacht wird, daß unter den damit angesprochenen Bewegungen im Hinblick auf ihre Bedeutung und ihr Wirken zu differenzieren ist. Angesichts der Bedeutung der Pflicht des Staates zu weltanschaulich-religiöser Neutralität, Zurückhaltung und Sachlichkeit bei der öffentlichen Auseinandersetzung mit Trägern der Grundrechte aus Art. 2 Abs. 1, Art. 1 Abs. 1 und Art. 4 GG (vgl. hierzu z. B. BVerwG, Urteil v. 27. 3. 1992[7], Buchholz 11 Art. 4 Nr. 52 = DVBl. 1992, 1039, 1042, m. w. N.) liegt es nach Auffassung des Senats allerdings nahe, im Rahmen staatlicher Öffentlichkeitsarbeit, wenn es um die Auseinandersetzung mit heterogenen Gruppierungen geht, von vornherein Sammelbegriffe zu wählen, die weitestgehend wertfrei und dennoch hinreichend aussagekräftig sind (z. B. Neue Religions-/Weltanschauungsgemeinschaften, Meditationsbewegungen usw.).

3. Schließlich hat auch der Antrag, „dem Antragsgegner vorläufig die Behauptung zu untersagen, die TM könne zu psychischen Schäden führen", keinen Erfolg. Die Antragsteller haben weder dargetan noch glaubhaft gemacht, daß der Antragsgegner eine derartige Behauptung aufgestellt hat oder demnächst – ohne zureichenden Grund – aufstellen wird. Insbesondere besagt der streitige Bericht der Interministeriellen Arbeitsgruppe nichts über einen ursächlichen Zusammenhang zwischen der von den Antragstellern propagierten Meditationsmethode und dem Auftreten psychischer Störungen. Die bloße Erwähnung unter den „sogenannten Jugendsekten" impliziert diese Behauptung noch nicht (s. oben 2.). Das Vorbringen der Antragsteller zum Beweisergebnis im Verfahren vor dem Oberverwaltungsgericht Nordrhein-Westfalen und dessen Bewertung im Urteil des Bundesverwaltungsgerichts vom 23. 5. 1989 (aaO) führt daher im vorliegenden Verfahren nicht in ihrem Sinne weiter.

---

[3] KirchE 31, 145.
[4] KirchE 26, 276.
[5] KirchE 32, 307.
[6] KirchE 32, 393.
[7] KirchE 30, 151.

20

Das Nebeneinander von privater und kommunaler Altkleidersammlung berechtigt eine karitative Organisation nicht, die von der Gemeinde eingerichteten Wertstoffsammelplätze und/oder sonstige öffentliche Verkehrsflächen für die Aufstellung ihrer Sammelbehälter zu nutzen.

§ 18 Abs. 1 u. 4 Brem.LStrG n. F.
OVG Bremen, Beschluß vom 14. März 1996 – OVG 1 B 102/95 [1] –

Der Antragsteller, eine karitative Organisation, wirbt seit mehreren Jahren für Altkleiderspenden durch Aufstellung von Altkleidersammelbehältern auf öffentlicher Verkehrsfläche. Die Behälter sind mit einem Werbeaufkleber des Antragstellers versehen. Die Mehrzahl der stadtweit in Anspruch genommenen ca. 160 bis 190 Standorte befinden sich auf den von den Entsorgungsbetrieben der Antragsgegnerin eingerichteten Sammelplätzen für die kommunale Wertstoffsammlung (Altglas und Altpapier). Zur Durchführung der Alttextilsammlung bedient sich der Antragsteller eines gewerblichen Textilverwertungsbetriebes, der Sammelbehälter, Fahrzeuge, Personal usw. stellt und die Verwertung der Textilien übernimmt. Dafür erhält der Antragsteller eine monatliche Pauschale in Höhe von DM 3 500,–. Mit dem Geld finanziert der Antragsteller eine Mitarbeiterin.

Da die (nichtgenehmigte) Aufstellung der Altkleidersammelbehälter durch den Antragsteller und andere Organisationen immer wieder Anlaß für behördliche Beanstandungen bot, entschloß sich die Antragsgegnerin im Sommer 1995, ihre im Rahmen der Abfallentsorgung durchgeführte Wertstoffsammlung auch auf Altkleider auszudehnen und eigene Altkleidersammelbehälter aufzustellen.

Mit Verfügung vom 30. 8. 1995 lehnte die Antragsgegnerin daraufhin den bislang nicht beschiedenen Antrag des Antragstellers auf Erteilung einer entsprechenden Sondernutzungserlaubnis ab und forderte ihn auf, alle von ihm auf öffentlichem Grund aufgestellten Alttextilsammelbehälter binnen 4 Wochen zu entfernen. Für den Fall der Zuwiderhandlung wurde die Ersatzvornahme angedroht; der Sofortvollzug der Beseitigungsverfügung und der Ersatzvornahme wurden angedroht.

Der vom Antragsteller begehrte einstweilige Rechtsschutz wurde in beiden Instanzen versagt.

---

[1] Amtl. Leitsatz. GewArch 1996, 376. Nur LS: KuR 1997, 201.

Altkleidersammlung

Aus den Gründen:

Die Beschwerde bleibt ohne Erfolg.

1. Anders als der angefochtene Beschluß geht der Senat nicht davon aus, daß der Antragsteller mit seinem Begehren nach einstweiligem Rechtsschutz auch die Erteilung von Sondernutzungserlaubnissen für die Aufstellung der in seinem Auftrag über das gesamte Stadtgebiet verteilten Alttextiliensammelbehälter anstrebt *(wird ausgeführt).*

2. Der Antrag auf Wiederherstellung der aufschiebenden Wirkung des Widerspruchs gegen das in Ziffer 2 der Verfügung vom 30. 8. 1995 angeordnete Beseitigungsverlangen sowie gegen die in Ziffer 3 der Verfügung angedrohte Ersatzvornahme ist unbegründet.

Die Anordnung der sofortigen Vollziehung ist in einer den Anforderungen des § 80 Abs. 3 VwGO genügenden Weise begründet worden.

Der Senat gelangt bei der nach § 80 Abs. 5 VwGO gebotenen Interessenabwägung mit dem Verwaltungsgericht zu dem Ergebnis, daß das öffentliche Interesse an einer alsbaldigen Durchsetzung des angegriffenen Beseitigungsverlangens das private Interesse des Antragstellers, bis zum Abschluß des Rechtsmittelverfahrens von verwaltungspolizeilichen Maßnahmen verschont zu bleiben, überwiegt. Die Entscheidung der Antragsgegnerin, alle vom Antragsteller oder in seinem Auftrag auf öffentlicher Verkehrsfläche aufgestellten Alttextiliensammelbehälter bis zum 30. 9. 1995 zu entfernen, läßt Rechtsfehler nicht erkennen. Gleiches gilt für die Androhung der Ersatzvornahme.

Die vom Antragsteller auf öffentlichem Straßengrund aufgestellten Sammelbehälter stellen eine über den Gemeingebrauch hinausgehende Sondernutzung dar, die nach § 18 BremL.StrG erlaubnispflichtig ist. Dem Antragsteller ist diese Erlaubnis nicht erteilt, sondern mit Verfügung vom 30. 8. 1995 (Ziffer 1) versagt worden. Indem § 18 Abs. 1 BremL.StrG grundsätzlich jede Sondernutzung unter Erlaubnisvorbehalt stellt und § 48 Abs. 1 Nr. 1 Brem.LStrG unerlaubte Sondernutzung als Ordnungswidrigkeit qualifiziert, macht das Gesetz deutlich, daß jede nicht erlaubte Sondernutzung unzulässig und infolgedessen zu unterlassen ist. Diese kraft öffentlichen Rechts geltende Rechtspflicht darf die Antragsgegnerin durch Verwaltungsakt aufgrund der Vorschrift des § 11 Abs. 1 S. 1 Brem.VwVG vollstreckbar machen (vgl. zuletzt OVG Bremen, Urteil v. 22. 1. 1996 – 1 BA 38/95 –). Die Antragsgegnerin stützt das Beseitigungsgebot zwar auf § 10 Brem.PolG, das ist jedoch unschädlich und führt nicht zur Rechtswidrigkeit der getroffenen Anordnung. Denn andere entscheidungsrelevante Tatsachen und Erwägungen als sie bei Zugrundelegung der polizeilichen Generalklausel zu berücksichtigen sind, spielen auch bei der Anwendung des § 11 Abs. 1 S. 1 Brem.VwVG vorliegend keine ausschlaggebende Rolle. Der Erlaß eines auf § 11 Abs. 1 Brem.VwVG gestützten Gebots setzt gleichfalls eine Ermessensentscheidung voraus. Die Antragsgegnerin hat die Ermächtigung zur Ermessensausübung nicht verkannt und davon unter Ziffer 2 der Verfügung in nicht zu beanstandender Weise Gebrauch gemacht.

2.1. Die Beseitigungsverfügung verstößt nicht deshalb gegen den Grundsatz der Verhältnismäßigkeit, weil die begehrte Sondernutzung trotz formeller Rechtswidrigkeit etwa dem Grunde nach materiell genehmigungsfähig wäre. Der Antragsteller hat nämlich nicht dargetan, daß die Antragsgegnerin – unter dem Gesichtspunkt der „Ermessensreduzierung auf Null" – verpflichtet sein könnte, „eine gewisse Mindestmenge an Stellplätzen" zu genehmigen, „damit das derzeitige Spendenverkaufsergebnis gehalten und die Mitarbeiterin im Kinderschutzzentrum weiter beschäftigt werden" könne.

Die Rechtsordnung räumt dem Antragsteller für die über den Gemeingebrauch hinausgehende Nutzung öffentlicher Verkehrsfläche keinen Rechtsanspruch ein. Nach § 18 Abs. 4 S. 5 Brem.LStrG in der seit dem 1. 1. 1996 geltenden und hier anzuwendenden Fassung ist die Erlaubnis zu versagen, wenn die Sondernutzung die Sicherheit oder Leichtigkeit des Verkehrs oder straßen- oder städtebauliche oder andere öffentliche Belange beeinträchtigen würde oder ihr Gründe der öffentlichen Sicherheit oder Ordnung entgegenstehen. Im übrigen entscheidet die Ortspolizeibehörde über die Erteilung einer Erlaubnis nach pflichtgemäßen Ermessen (§ 18 Abs. 4 S. 1 Brem.LStrG). Der Senat vermag nicht festzustellen, daß der Antragsteller ausnahmsweise die Legalisierung der unerlaubten Sondernutzung zwingend verlangen kann.

Der Sache nach konkurrieren der Antragsteller und die Antragsgegnerin um das vorhandene Altkleideraufkommen, dessen Verwertung und die mit der Inanspruchnahme von öffentlicher Verkehrsfläche verbundenen Standortvorteile. Das Nebeneinander von privater (gemeinnütziger und/oder gewerblicher) und kommunaler Altkleidersammlung ist rechtlich unbedenklich und berührt den Antragsteller nicht in seinen Rechten. Es berechtigt den Antragsteller nicht, die von der Antragsgegnerin eingerichteten Depotsystemplätze (DPS) und/oder sonstige öffentliche Verkehrsflächen für die Aufstellung seiner Sammelbehälter zu nutzen.

In Rechtsprechung und Schrifttum ist anerkannt, daß Art. 12 Abs. 1 GG nicht vor Konkurrenz schützt, auch nicht vor dem Wettbewerb der öffentlichen Hand (vgl. BVerwGE 39, 329 f.; BVerwG, NJW 1978, 1539 m. w. N.). Das gilt um so mehr, als hier die Tätigkeit der Antragsgegnerin durch öffentliche Zwecke gerechtfertigt ist. Um unter dem „Dach" der Abfallentsorgung Verwertung von Abfällen zu ermöglichen, unterwirft § 1 Abs. 1 S. 2 AbfG bewegliche Sachen, die der Besitzer den entsorgungspflichtigen Körperschaften übergibt, auch im Falle ihrer Verwertung dem Abfallrecht, mit der Folge, daß Altkleider bis zur Rückführung in den Wirtschaftskreislauf Abfall sind. Die Antragsgegnerin betreibt die Abfallentsorgung als öffentliche Einrichtung durch die Bremer Entsorgungsbetriebe (BEB) als zuständige Behörde (vgl. § 2 Abs. 3 des Ortsgesetzes zur Neuordnung der Abfallentsorgung in der Stadtgemeinde Bremen vom 22. 6. 1993 – AbfOG –, Brem.GBl. S. 165; §§ 1 Abs. 2, 2 Abs. 1 Nr. 1 des Ortsgesetzes über die Entsorgungsbetriebe der Stadtgemeinde Bremen vom 26. 5. 1992 – Brem.GBl. S. 115), und es ist ihr nicht verwehrt, Altkleider neben Altpapier und Altglas in die Wertstoffsammlung einzubeziehen (vgl. §§ 5, 9 AbfOG). Sie erfüllt damit – und das wird im Grunde auch vom Antragsteller nicht in Frage gestellt – eine Aufgabe kommunaler Daseinsvorsorge.

Auch Art. 14 GG schützt den Antragsteller nicht vor einem neuen Konkurrenten. Der in der Rechtsprechung des Bundesverwaltungsgerichts gemachte Vorbehalt, daß der Konkurrent durch behördliche Maßnahmen eine Monopolstellung erlangt (BVerwGE 39, aaO), liegt hier gerade nicht vor. Das Abfallrecht läßt private Wertstoffsammlung zum Zwecke der Verwertung nach wie vor zu und stellt sie von der Anwendung des Abfallrechts frei (§ 1 Abs. 3 Nr. 6 und 7 AbfG). Letztlich entscheidet der Besitzer von Altkleidern, ob er diese Wertstoffe der privaten Wertstoffsammlung oder der entsorgungspflichtigen Körperschaft überlassen will. Dem Antragsteller bleibt es daher unbenommen, durch Sammlungen auf privaten Grundstücken und Abholungen von den Privathaushalten für seine Zwecke zu werben.

Die vom Antragsteller für seine Sammeltätigkeit beanspruchte Nutzung öffentlicher Verkehrsfläche wird allerdings weder durch Art. 12 Abs. 1 noch durch Art. 14 GG verbürgt. Auch das Recht auf Gleichbehandlung nach Art. 3 Abs. 1 GG gebietet nicht, dem Antragsteller – ebenso wie den BEB – eine angemessene Anzahl von Stellplätzen auf öffentlicher Verkehrsfläche für die Aufstellung seiner Sammelbehälter zuzuteilen. Ein derartiger Teilhabeanspruch steht dem Antragsteller nicht zu. Die Einrichtung von Depotsammelplätzen für Zwecke der kommunalen Wertstoffsammlung auf öffentlichem Straßengrund ist nämlich keine privatnützige Sondernutzung, sondern zulassungsfreier „Allgemeingebrauch", der von vornherein mit jeder Widmung einer Straße zum öffentlichen Verkehr eröffnet wird (vgl. dazu BVerwGE 82, 266f.). Plausible abfallwirtschaftliche Gründe (Vorrang der Verwertung vor Beseitigung) und das Bemühen der Antragsgegnerin, den finanziellen und organisatorischen Aufwand für die Abfallentsorgung effektiv und wirtschaftlich zu gestalten (zu den rechtlichen Anforderungen an die Einführung derartiger Sammelsysteme, vgl. BVerwG, NVwZ 1996, 63), machen es im Allgemeininteresse unumgänglich, öffentliche Straßen für die Aufstellung von Sammelbehältern zu benutzen. Demgegenüber verfolgt der Antragsteller mit seinem Nutzungsbegehren zwar gemeinnützige, jedoch private Interessen. Dieses Anliegen ist auf eine erlaubnispflichtige Sondernutzung und nicht auf zulassungsfreie Straßenbenutzung gerichtet. Der darin liegende sachliche Unterschied rechtfertigt die von der Beschwerde beanstandete Ungleichbehandlung des Antragstellers, ohne ihn in seinem Recht auf Gleichbehandlung zu berühren.

Andere Gründe, aus denen sich ein Rechtsanspruch auf Erteilung der begehrten Sondernutzungserlaubnis ergeben könnte, sind nicht ersichtlich.

2.2. Es spricht einiges dafür, daß darüber hinaus auch die von der Antragsgegnerin in der Verfügung vom 30. 8. 1995 und im Eilverfahren vorgetragenen Erwägungen, mit denen die Erteilung einer Erlaubnis abgelehnt worden ist, einer rechtlichen Überprüfung standhalten. Das bedarf hier keiner abschließenden Würdigung und ist der Rechtsprüfung im Widerspruchsverfahren bzw. in einem sich anschließenden Hauptsacheverfahren vorbehalten. Dabei wird gegebenenfalls zu klären sein, ob die begehrte Sondernutzung aus den genannten Erwägungen bereits gem. § 18 Abs. 4 Satz 5 Brem.LStrG n. F. von Rechts wegen zu versagen ist oder ob es insoweit auf eine behördliche Ermessensentscheidung ankommt. Unabhängig hiervon weist der Senat in sachlicher Hinsicht, auch aus Anlaß der Ausführungen des Verwaltungsgerichts, auf folgendes hin.

Die Versagung einer Sondernutzungserlaubnis ist dann rechtlich nicht zu beanstanden, wenn sie mit Rücksicht auf die öffentlich-rechtliche Zweckbestimmung der Straße als sachlich gerechtfertigt erscheint. Der Schutzzweck der Erlaubnispflichtigkeit von Sondernutzungen liegt in dem erforderlichen Interessenausgleich von gegenläufigen Straßennutzungsinteressen (BVerwG DÖV 1981, 226). Daher erstreckt sich die Ermessensausübung nicht nur auf die Wahrung der Sicherheit und Leichtigkeit des Verkehrs, sondern darüber hinaus sind alle Gründe zu berücksichtigen, die einen sachlichen Bezug zur Straße, ihrem Umfeld, ihrer Funktion oder ihrem Widmungszweck haben.

Es wird voraussichtlich nicht zu beanstanden sein, wenn sich die Antragsgegnerin angesichts der in der Vergangenheit mit der unerlaubten Sondernutzung aufgetretenen Mißstände (Verschmutzungen, Verkehrsbeeinträchtigungen, zusätzliche Reinigungskosten usw.) darauf beruft, daß ordnungs- und sicherheitsrechtliche Gründe einer Erlaubniserteilung entgegenstünden und es im öffentlichen Interesse erforderlich sei, zukünftig eine geordnete, einheitliche Aufstellung aller Arten von Wertstoffsammelbehältern an dafür geeigneten Standorten zu veranlassen. Denn ein in einheitlicher öffentlicher Verantwortung stehendes Sammelsystem dürfte weitaus eher in der Lage sein, die aufgetretenen Störungen zu vermeiden, als dies bei einem Nebeneinander verschiedener Sammelsysteme und Verantwortlichkeiten möglich ist. Die Konzeptentscheidung der Antragsgegnerin, die Altkleidersammlung in die „kostenorientierte sozio-ökologische Abfallentsorgung" unter „enger Verzahnung mit stadtgestalterischen, ordnungspolitischen und sicherheitsrelevanten Erfordernissen" zu integrieren, legitimiert daher auch den Ausschluß jedenfalls solcher Sondernutzungen, die auf ein flächendeckendes Sammelsystem abzielen. Die verallgemeinerungsfähigen Erfahrungen der letzten Jahre haben gezeigt, wie konfliktbeladen das Nebeneinander von privater und öffentlicher Wertstoffsammlung ist. Eine regelmäßige Betreuung und Entleerung der privaten Sammelbehälter sowie die Reinigung der Standorte durch die verantwortlichen Einrichtungen konnte nicht erreicht werden. Die Herstellung ordnungsgemäßer Zustände war – wenn überhaupt – nur unter erheblichem Ermittlungs- und Überwachungsaufwand der Behörden, teilweise nur unter Androhung von Verwaltungszwangsmaßnahmen möglich. Die Versagung der beantragten Sondernutzungserlaubnis erscheint daher als das adäquate Mittel, um die Gewährleistung eines störungsfreien Gemeingebrauchs, wozu eben auch die Abfallentsorgung in Gestalt der Wertstoffsammlung zählt, sicherzustellen.

Schließlich wird sich die Antragsgegnerin bei ihrer Abwägungsentscheidung gegenüber dem mit der Sondernutzung verfolgten privaten Verwertungsinteresse des Antragstellers darauf berufen können, daß ihr Interesse an einer ordnungsgemäßen Aufgabenerfüllung schützenswert ist und sie Beeinträchtigungen der Wertstoffsammlung durch konkurrierende Sondernutzungen nicht hinzunehmen braucht. Denn nur eine effizient und wirtschaftlich organisierte Wertstoffsammlung (als Teil der sekundären Zweckbestimmung öffentlicher Straßen) kann dem gesetzlich gewollten Vorrang der Abfallverwertung vor der Beseitigung Rechnung tragen und damit gleichzeitig auch im Interesse der Abfallbesitzer zu einer Entlastung bei den Abfallgebühren beitragen. Das gilt um so mehr, als dem Antragsteller die Möglichkeit verbleibt, Sammlungen weiterhin auf privaten Grundstücken sowie durch Hausabholungen durchzuführen. Demnach erscheint es nach summarischer Prüfung nicht rechtsfehlerhaft, wenn die Antragsgegnerin dem wirtschaftlichen Interesse des Antragstellers an der Aufstellung der Sammelbehälter kein ausschlaggebendes Gewicht beigemessen und die Erteilung einer Erlaubnis abgelehnt hat.

2.3. Dem sofortigen Beseitigungsverlangen steht auch nicht entgegen, daß die Antragsgegnerin das illegale Aufstellen von Altkleidersammelbehältern durch den Antragsteller und andere Einrichtungen mehrere Jahre hingenommen hat. Dieses Verhalten stand offenkundig unter dem Vorbehalt, allenfalls bis zur Entwicklung eines Konzepts, das die mit der unerlaubten Sondernutzung aufgetretenen Mißstände vermeiden sollte, nicht unverzüglich gegen alle aufgestellten Behälter vorzugehen. Daran hat sich die Antragsgegnerin gehalten. Ihr Entschluß, die unerlaubte Sondernutzung nicht länger hinzunehmen und auf der sofortigen Beseitigung der Sammelbehälter zu bestehen, steht in unmittelbarem zeitlichen Zusammenhang mit der Mitte 1995 getroffenen Konzeptentscheidung, die Altkleidersammlung zukünftig in eigener Verantwortung durch die BEB durchführen zu lassen. Für eine wie auch immer begründete „Genehmigungsanwartschaft" gibt der Sachverhalt entgegen der Auffassung der Beschwerde offenkundig nichts her.

2.4. Weitere plausible Gründe, die dem Erlaß einer Beseitigungsverfügung entgegenstehen könnten, sind nicht erkennbar und auch von der Beschwerde nicht benannt worden. Die Antragsgegnerin konnte sich daher ermessensfehlerfrei darauf berufen, daß sie die Maßnahme für erforderlich und zweckmäßig hält, um das ordnungswidrige Handeln zu beenden, die aufgetretenen Mißstände zu beheben und das Konzept der Stadt Bremen zeitgerecht umzusetzen. Die eingeräumte 4-Wochen-Frist zur Entfernung der aufgestellten Behälter ist ausreichend bemessen, damit der Antragsteller die erforderlichen Vorkehrungen zur Wiederherstellung rechtmäßiger Zustände treffen kann.

21

Hinsichtlich des Versicherungsschutzes eines Missionars ist zu unterscheiden zwischen Betätigungen, die im inneren Zusammenhang mit der versicherten Tätigkeit stehen, und solchen, die der privaten Sphäre des Versicherten zuzurechnen sind. Die Betätigungen des versicherten Missionars stehen nicht allein schon deshalb unter Versicherungsschutz, weil der Versicherte sich als Missionar in einer Missionsstation aufhält.

§§ 539 Abs. 1, 548 Abs. 1, 550 Abs. 1 RVO.
BSG, Urteil vom 19. März 1996 – 2 RU 14/95 –

Zwischen den Beteiligten ist der Anspruch der Klägerin auf Hinterbliebenenrente nach ihrem bei der beklagten Berufsgenossenschaft versichert gewesenen Ehemann umstritten. Der Ehemann (Versicherter) ist tödlich verunglückt.

Der Versicherte war als Pastor/Missionar in Brasilien tätig. Er nahm am 23. 9. 1990 an einem Missionstag in einer Missionsstation teil. Nach dem Mittagessen unternahmen die Teilnehmer eine gemeinsame, etwa 10 Minuten dauernde Bootsfahrt zu einer der Missionsstation gegenüberliegenden, etwa 1 500 m entfernten Insel, um dort unter Aufsicht des Versicherten zu baden. Gegen 15.00 Uhr kehrte die Gruppe zur Missionsstation zurück. Der Versicherte, der als guter Schwimmer galt, löste sich aus der Gruppe und schwamm, um seine Kondition als Schwimmer zu trainieren, in Richtung Missionsstation. Plötzlich versank er im Wasser und tauchte nicht mehr auf. Tags darauf wurde er tot aus dem Wasser geborgen. Als Todesursache wurde „Herz- und Atmungsstillstand, Tod durch Ertrinken" bescheinigt.

Die Beklagte lehnte die Gewährung von Hinterbliebenenleistungen ab. Das Sozialgericht hat die Beklagte verurteilt, der Klägerin Hinterbliebenenleistungen zu gewähren. Das Landessozialgericht hat die Klage abgewiesen. Die Revision der Klägerin hatte keinen Erfolg.

Aus den Gründen:

Die Revision ist unbegründet. Die Klägerin hat keinen Anspruch auf Witwenrente (§ 590 RVO). Das Landessozialgericht hat rechtlich zutreffend entschieden, daß der Tod des Versicherten nicht durch einen Arbeitsunfall i. S. des § 548 Abs. 1 RVO verursacht worden ist. Der Ehemann der Klägerin stand, als er ertrank, nicht unter dem Schutz der gesetzlichen Unfallversicherung. Der Ehemann der Klägerin war nach § 539 Abs. 1 Nr. 1 i. V. m. § 548 RVO gegen Arbeitsunfall versichert. Den Feststellungen des Landessozialgerichts ist zu entnehmen, daß die Missionstätigkeit des Ehemannes der Klägerin im Ausland gemäß der sog. Ausstrahlungsregelung in § 4 Abs. 1 SGB IV rechtlich wie eine Inlandstätigkeit zu behandeln ist. Der Versicherte war bei dem „Missionswerk der Gemeinde Gottes" angestellt und als Missionar „zunächst auf 5 Jahre" nach Brasilien entsandt (s. BSG, Urteil v. 5. 5. 1994 – 2 RU 35/93 – SozSich 1995, 270, 271 sowie BSGE 75, 232, jeweils m. w. N.). Hierüber besteht zwischen den Beteiligten auch kein Streit.

Diese den inländischen Versicherungsschutz begründende Tätigkeit bedeutet allerdings nicht, wie das Landessozialgericht zutreffend ausgeführt hat, daß der Ehemann der Klägerin während des Missionstags umfassend bei allen Betätigungen allein schon deshalb unter Versicherungsschutz stand, weil er sich aufgrund seiner Eigenschaft als Missionar in der Missionsstation aufhielt. Vielmehr ist auch hier zu unterscheiden zwischen Betätigungen, die im inneren Zusammenhang mit der versicherten Tätigkeit stehen, und solchen, die der privaten Sphäre des Versicherten zuzurechnen sind (s. BSG, SozR 2200 § 539 Nr. 110).

Nach § 548 Abs.1 S. 1 RVO ist Arbeitsunfall ein Unfall, den ein Versicherter „bei" einer der in den §§ 539, 540 und 543 RVO genannten und danach versicherten Tätigkeiten erleidet. Dazu ist in der Regel erforderlich, daß das Verhalten, bei dem sich der Unfall ereignet hat, einerseits der versicherten Tätigkeit zuzurechnen ist, und daß diese Tätigkeit andererseits den Unfall herbeigeführt hat (BSGE 61, 127, 128). Zunächst muß also eine sachliche Verbindung mit der im Gesetz genannten versicherten Tätigkeit bestehen, der sog. innere Zusammenhang, der es rechtfertigt, das betreffende Verhalten der versicherten Tätigkeit zuzurechnen (BSG, SozR 2200 § 548 Nr. 82; BSGE 63, 273, 274; BSG, Urteil v. 27. 3. 1990 – 2 RU 45/89 – HV-INFO 1990, 1181 = USK 90149; BSG, Urteil v. 27. 1. 1994 – 2 RU 3/93 – HV-INFO 1994, 943 = USK 9422). Der innere Zusammenhang ist wertend zu ermitteln, indem untersucht wird, ob die jeweilige Verrichtung innerhalb der Grenze liegt, bis zu welcher Versicherungsschutz in der gesetzlichen Unfallversicherung reicht (BSGE 58, 76 [77]; 61, 127 [128]). Für die tatsächlichen Grundlagen dieser Wertentscheidung ist der volle Nachweis zu erbringen; es muß bei vernünftiger Abwägung des Gesamtergebnisses des Verfahrens unter Berücksichtigung der besonderen Umstände des Einzelfalls der volle Beweis für das Vorliegen der versicherten Tätigkeit im Unfallzeitpunkt als erbracht angesehen werden können (BSGE 58, 80 [83] m. w. N.). Es muß also sicher feststehen, daß eine auch zu diesem Zeitpunkt versicherte Tätigkeit ausgeübt wurde (BSGE 61, 127 [128] m. w. N.). Innerhalb dieser Wertung stehen bei der Frage, ob der Versicherte zur Zeit des Unfalls eine versicherte Tätigkeit ausgeübt hat, Überlegungen nach dem Zweck des Handelns mit im Vordergrund (BSG, SozR 3-2200 § 548 Nr. 19). Ein solcher innerer Zusammenhang mit dem Beschäftigungsverhältnis ist am Ort einer auswärtigen Beschäftigung in der Regel eher anzunehmen als am inländischen Wohnort oder am Ort des Entsendeunternehmens (BSGE 63, 273 [274]; BSG, SozR 2200 § 539 Nr. 110).

Das Landessozialgericht hat dementsprechend zutreffend darauf hingewiesen, daß bei der Tätigkeit eines Missionars im Ausland eine klare Trennung zwischen privatem Handeln und Betätigungen i. S. des Missionsauftrags vielfach nicht möglich ist. Es entspricht der Besonderheit missionarischen Wirkens, daß herkömmliche Untergliederungen wie bei abhängig Beschäftigten zwischen betriebsbezogener Tätigkeit und privaten Verrichtungen (z. B. Nahrungsaufnahme) als Kriterien für die Abgrenzung der dienstlichen von der privaten Sphäre bei der Betätigung eines Missionars im Ausland nicht ohne weiteres zugrunde gelegt werden können. Nach den Feststellungen des Landessozialgerichts war das Wirken des Ehemanns der Klägerin während des Missionstags dadurch gekennzeichnet, daß er schon durch seine ständige Anwesenheit in der Gemeinschaft während der Bibelarbeit, beim gemeinsamen Mittagessen und anschließend bei dem Badeausflug auf die Flußinsel i. S. seiner Berufung als Missionar wirken konnte und wirkte. Die ihm für den Missionstag übertragene geistliche Leitung und Aufsicht über die Gruppe einschließlich der Badeaufsicht während des Ausflugs war daneben eine zusätzliche inhaltliche Konkretisierung seines Auftrags als Missionar.

Von diesen rechtlichen Grundsätzen ausgehend stand nach den Feststellungen des Landessozialgerichts die Fahrt des Ehemanns der Klägerin mit der Gruppe zu der Flußinsel für ihn ebenso im inneren Zusammenhang mit dem Beschäftigungsverhältnis als Missionar wie das dortige Baden mit der von ihm zu betreuenden Gruppe. Dieser Ausflug diente der Förderung der Gemeinschaftsverbundenheit und damit auch dem vom Versicherten zu verantwortenden Missionsanliegen.

Der gesamte Badeausflug als Gruppenveranstaltung unter der Aufsicht des Ehemanns der Klägerin war für ihn eine einheitliche und durchgehend versicherte Tätigkeit. Diese wurde allerdings in dem Augenblick unterbrochen, als er sich aus der Gemeinschaft löste und sich entschloß, nicht gemeinsam mit der Gruppe in einem der beiden Bootstouren zur Missionsstation zurückzufahren, sondern zurückzuschwimmen. Damit war der betriebliche Bezug aufgehoben. Der Ehemann der Klägerin tat dies nach den Feststellungen des Landessozialgerichts, um seine Kondition als Schwimmer zu trainieren, also von einer Handlungstendenz her aus einem Grund, der mit seiner versicherten Tätigkeit als

Missionar und als Aufsicht führende Person in keinem inneren Zusammenhang mehr stand. Es liegen auch keine Anhaltspunkte dafür vor, daß der Ehemann der Klägerin hätte davon ausgehen können, nicht das Zurückfahren im Boot, sondern auch ein Zurückschwimmen, würde betrieblichen Interessen entsprechen können. Zu Recht hat das Landessozialgericht in diesem Zusammenhang darauf hingewiesen, daß die von der Klägerin geäußerte Ansicht, ihr Ehemann habe auch während des Schwimmens noch Blickkontakt zur Gruppe im Boot halten und deshalb die Aufsicht auch weiterhin ausüben können, nicht überzeugend ist. Im Rahmen der freien richterlichen Beweiswürdigung i. S. des § 128 Abs. 1 S. 1 SGG hat das Landessozialgericht dazu festgestellt, daß der Ehemann der Klägerin bei einer im Fluß schwimmend zurückgelegten Strecke von etwa 1 500 m von einem bestimmten Zeitpunkt an weder die Insassen des Bootes noch die auf der Insel für die zweite Bootstour Zurückgebliebenen beaufsichtigen, helfend eingreifen oder als beauftragte Aufsichtsperson sonst auf sie einwirken konnte.

Das zum Unfall führende Zurückschwimmen im Fluß zur Missionsstation ist damit dem persönlichen und daher unversicherten Bereich zuzuordnen. Allerdings wollte der Ehemann der Klägerin nach Beendigung des Konditionstrainings, also nach Wiedererreichen des Ufers und der Missionsstation, weiterhin aktiv am Missionstag teilnehmen. Der Weg von der Insel zur Missionsstation war demnach der Missionsarbeit des Ehemannes der Klägerin zu dienen bestimmt. Ist ein Weg sowohl betrieblichen als auch privaten Zwecken zu dienen bestimmt und ist er nicht eindeutig in einen – versicherten – unternehmensbedingten und einen – unversicherten – unternehmensfremden Teil zu zerlegen, so ist entscheidend, ob der Weg im Einzelfall dem versicherten Unternehmen, wenn auch nicht überwiegend, so doch wesentlich dient (BSG, SozR 2200 § 548 Nrn. 90 und 93; Brackmann, Handbuch der Sozialversicherung, 11. Aufl. S. 581 r m. w. N.). Ist der Weg wesentlich allein privaten Interessen zu dienen bestimmt, so scheidet ein Versicherungsschutz aus. Gleiches gilt, wenn bei einer sog. gemischten Tätigkeit die zum Unfall führende Verrichtung ausschließlich betriebsfremden Zwecken zu dienen bestimmt ist und die zum Unfall führende besondere Gefahr wesentlich allein in der von den privaten Zwecken geprägten Verrichtung entspringt (vgl. BSGE 64, 159 [161]; BSG, SozR 2200 § 550 Nr. 37; BSG, SozR 3-2200 § 548 Nr. 22). Das war hier der Fall. Die Gefahr, beim Zurückschwimmen zu ertrinken, entsprang nicht dem den betrieblichen Interessen zu dienen bestimmten Zurücklegen des Weges zur Missionsstation, sondern allein dem dem Konditionstraining zu dienen bestimmten Schwimmen.

Der vom Landessozialgericht festgestellte Sachverhalt läßt einen Versicherungsschutz auch nicht unter dem Gesichtspunkt begründen, der Ehemann der Klägerin habe während einer in den Missionstag eingeschobenen Mittagspause

Erholung und Entspannung beim Schwimmen gesucht, um damit letztlich seine Arbeitskraft zu stärken. Das bloße Interesse des Unternehmers, daß Arbeitspausen in vernünftiger Weise zur Erholung und Entspannung verwendet werden, reicht zur Aufrechterhaltung des Versicherungsschutzes nicht aus (BSG, SozR 2200 § 539 Nr. 110). Schwimmen während der Arbeitspause steht mit der versicherten Tätigkeit nur dann in einem inneren und damit rechtlich wesentlichen Zusammenhang, wenn es aus besonderen Gründen notwendig oder zweckmäßig war (BSG, aaO). Solche besonderen Gründe sind nach den Feststellungen des Landessozialgericht nicht vorhanden gewesen; vielmehr hatte der Ehemann der Klägerin sich allein um des Konditionstrainings willen entschlossen, zur Missionsstation zurückzuschwimmen.

Entgegen der Auffassung der Revision war der Ehemann der Klägerin im Zeitpunkt des Unfalls nicht auf einem – versicherungsrechtlich geschützten – Weg nach dem Ort der Tätigkeit (Missionsstation) i. S. des § 550 Abs. 1 RVO. Nach den Feststellungen des Landessozialgerichts stand die Tätigkeit des Ehemanns der Klägerin während des gesamten Badeausflugs grundsätzlich unter Versicherungsschutz. Daher befand er sich auch nicht, als er mit der Gruppe die Missionsstation in Richtung Insel verließ, auf dem Weg „nach dem Ort der Tätigkeit"; dementsprechend war auch der Weg von der Insel zur Missionsstation kein solcher „von dem Ort der Tätigkeit" i. S. des § 550 Abs. 1 RVO. Unabhängig davon wäre der Versicherungsschutz auch dann aus den vorstehend aufgezeigten Gründen zu verneinen.

Nach alledem ist der Ehemann der Klägerin nicht „bei" einer versicherten Tätigkeit tödlich verunglückt. Zu Recht brauchte das Landessozialgericht damit auch nicht der Frage nachzugehen, ob hier ein möglicherweise erlittener Sekundenherztod mit der erforderlichen Wahrscheinlichkeit auf einen Arbeitsunfall zurückzuführen ist (s. BSG, SozR 3-2200 § 548 Nr. 14).

22

1. Die Betreuung der dem Vereinsbetreuer zugewiesenen Personen ist ein einheitlicher Arbeitsvorgang.
2. Ein als Vereinsbetreuer (§ 1897 Abs. 2 BGB) tätiger Diplom-Sozialarbeiter erfüllt mit seiner Tätigkeit in der Regel nicht die Merkmale der „besonderen Schwierigkeit und Bedeutung" der Vergütungsgruppe IVa Fallgruppe 6 der Vergütungsgruppe für Sozialarbeiter/Sozialpädagogen im Sozialdienst der Anlage 1 a zum BAT-KF.

BAG, Urteil vom 20. März 1996 – 4 AZR 967/94[1] –

---

[1] Amtl. Leitsätze. BAGE 82, 252. Nur LS: AuR 1996, 373.

Die Parteien streiten über die zutreffende Eingruppierung der Klägerin, die als Vereinsbetreuerin (§ 1897 Abs. 2 S. 1 BGB) bei dem Beklagten tätig ist. Die Klägerin ist Diplom-Sozialarbeiterin und als solche seit dem 1. 7. 1978 bei dem Beklagten beschäftigt. Zunächst leitete sie das Übergangswohnheim für Frauen. Dort waren ihr zwölf Mitarbeiterinnen unterstellt. Seit 1979 erhält sie die Vergütung der VergGr. IVa BAT-KF, der nebst Anlagen auf das Arbeitsverhältnis der Parteien Anwendung findet. Zum 1. 2. 1986 wechselte die Klägerin in den Bereich „Vormundschaften für Erwachsene". Die bisherige Eingruppierung wurde beibehalten. Seit dem 1. 1. 1992 bestimmt sich ihre Tätigkeit nach dem Betreuungsgesetz vom 12. 9. 1990 (BGBl. I, S. 2002). Etwa 83,5 % ihrer Arbeitszeit dienen ausschließlich der Betreuung ihrer Klienten. Ihr sind ca. 45 Personen zugewiesen. Nach der Stellenbeschreibung vom 14. 4. 1992 hat sie die folgenden Aufgaben:

Stellenbeschreibung
1. Bezeichnung der Stelle
VereinsbetreuerIn
2. Unterstellung/Überstellung
2.1 Der/die StelleninhaberIn ist für die Wahrnehmung der Aufgaben als persönlich bestellte/r VereinsbetreuerIn dem Vormundschaftsgericht gegenüber direkt verantwortlich.
Die Dienst- und Fachaufsicht obliegen dabei dem Einstellungsträger mit der Maßgabe, daß zwingende Anforderungen aus dem Betreuungsverhältnis nicht beeinträchtigt werden.
2.2 Im Rahmen der dem Verein obliegenden Aufgaben ist die/der StelleninhaberIn der Referatsleitung und in referatsübergreifenden Angelegenheiten dem Abteilungsleiter Gefährdetenhilfe unterstellt. Die uneingeschränkte Dienst- und Fachaufsicht liegt beim Einstellungsträger.
3. Stellvertretung
Der/die StelleninhaberIn wird gem. der im Referat festgelegten Regelung von anderen MitarbeiterInnen vertreten und vertritt diese entsprechend.
4. Ziele der Stelle
 – Durch die Wahrnehmung der gesetzlichen Vertretung, der Personen- und Vermögenssorge für Menschen, die psychisch krank oder körperlich, geistig oder seelisch behindert sind, soll diesen zur Verwirklichung ihrer Selbstbestimmung und ihrer Grundrechte verholfen werden.
 – Durch entsprechende Darstellung der Tätigkeit und Auftreten in der Öffentlichkeit sollen Bürger zur Übernahme ehrenamtlicher Betreuungen motiviert werden.
5. Aufgaben im einzelnen
 5.1 – Der/die StelleninhaberIn übernimmt Betreuungen als Vereinsbetreuerin
 – die Führung von Vereinsbetreuungen und
 – wirkt mit bei der Gewinnung und Beratung ehrenamtlich tätiger Betreuer
 5.2 Sozialpädagogisch – sozialtherapeutischer Art
 – Erarbeiten einer Vertrauensbasis in regelmäßigen Gesprächen mit Betroffenen und Bezugspersonen
 – Ermutigung der Klienten in ihren durch Krankheit und Behinderung erschwerten Lebenssituationen, Wege zur zufriedenstellenden Lebensführung zu finden

- *Förderung einer deutlichen Selbstwahrnehmung und Selbstbejahung*
- *Hilfen zur Krisen- und Konfliktbewältigung*
- *Motivierung der Klienten, vorhandene medizinische Hilfs- und Behandlungsmöglichkeiten zu nutzen*
- *Reduzierung des Umweltdruckes durch Veränderung des sozialen Umfeldes*
- *Anleitung und praktische Hilfen zur Strukturierung des Alltags, z. B. zur wirtschaftlichen Haushaltsführung und Pflege der Wohnung*
- *Förderung sozialer Beziehungen durch Gruppenangebote und Freizeitaktivitäten*
- *Motivierung von Menschen aus dem sozialen Umfeld der Klienten zur Übernahme von Betreuungen*

5.3 *Aufgaben administrativer Art*
- *Wahrnehmung der Rechte von Klienten gegenüber Dritten, z. B. Arbeitgebern, Vermietern, Gläubigern, Unterhaltspflichtigen*
- *Durchsetzung von Ansprüchen der Klienten bei Rententrägern, Arbeitsämtern, Sozialhilfeträgern, Versicherungen und Versorgungsämtern*
- *Regelung der Wohnungsangelegenheiten (Wohnungssuche, Vorbereitung und Abschluß von Mietverträgen, Vermittlung von Heimplätzen, Haushaltsauflösungen nach Heimunterbringung)*
- *Verwaltung des Mündelvermögens und des Einkommens mit Rechnungslegung*
- *Aktenführung mit Berichterstattung an Vormundschaftsgericht und ggf. gutachterliche Stellungnahme*
- *Schlußrechnungslegung und Berichterstattung nach Beendigung der Betreuung*

6. *Befugnisse*
- *Zeichnungsrecht für alle Vorgänge im Rahmen der Aufgabenwahrnehmung als persönlich bestellter VereinsbetreuerIn*
- *Zeichnungsrecht für alle sonstigen Vorgänge der laufenden Verwaltung, soweit nicht wegen der Bedeutung und Besonderheit der Sache eine Unterzeichnung durch Abteilungs- oder Geschäftsleitung erfolgen muß*
- *Verantwortung, Entscheidung und Weisungsrecht für korrekte und wirtschaftliche Verwendung des Klientenvermögens unter Beachtung des Betreuungsrechtes*
- *Entscheidung über die Gewährung von Beihilfen an Klienten im Rahmen des Etats nach bestehender Regelung*

7. *Zusammenarbeit und Information*
- *Teilnahme an Dienstbesprechungen auf Referats- und Abteilungsebene*
- *Zusammenarbeit mit anderen Arbeitsgebieten der Diakonie in D. und kommunalen Dienststellen*
- *Zusammenarbeit mit ambulanten und stationären Versorgungseinrichtungen anderer Träger*
- *Mitarbeit in überregionalen Arbeitskreisen auf Weisung*

8. *Anforderungen an den/die StelleninhaberIn*
- *Ausbildung als SozialarbeiterIn oder SozialpädagogIn, Mindestalter 25 Jahre*
- *Der/die StelleninhaberIn soll entweder aufgrund seiner/ihrer Studienschwerpunkte oder seines/ihres bisherigen Engagements in diesem oder einem ähnlichen Hilfebereich qualifiziert sein und/oder Erfahrung im Umgang mit diesem Klientel und in der Gestaltung und Durchführung sach- und personengerechter Hilfeleistung haben.*

...

Mit Schreiben vom 13. 6. 1993 forderte die Klägerin den beklagten Verein erfolglos auf, ihr das Gehalt der VergGr. III BAT-KF zu zahlen.

Das Arbeitsgericht hat die Klage abgewiesen. Die hiergegen gerichtete Berufung der Klägerin hat das Landesarbeitsgericht zurückgewiesen. Mit der vom Landesarbeitsgericht zugelassenen Revision verfolgt die Klägerin ihren Klageantrag weiter. Die Revision hatte keinen Erfolg.

Aus den Gründen:

Die Revision der Klägerin ist nicht begründet. Zu Recht haben die Vorinstanzen der Klage nicht entsprochen. Die Klägerin hat keinen Anspruch darauf, ab 1. 1. 1993 nach der VergGr. III BAT-KF vergütet zu werden.

I. Die Klage ist zulässig. Es handelt sich um eine Eingruppierungsfeststellungsklage, die auch außerhalb des öffentlichen Dienstes allgemein üblich ist und nach ständiger Rechtsprechung des Bundesarbeitsgerichts keinen prozeßrechtlichen Bedenken begegnet (z. B. Senatsurteile v. 26. 5. 1993 – 4 AZR 358/92 –, – 4 AZR 382/92 –, – 4 AZR 383/92 – AP Nr. 2, 3, 4 zu § 12 AVR Caritasverband, zu B I bzw. I der Gründe, jeweils m. w. N.).

II. Die Klage ist jedoch nicht begründet. Der beklagte Verein ist nicht verpflichtet, der Klägerin ab 1. 1. 1993 das Gehalt der VergGr. III BAT-KF zu zahlen.

1. Nach den Feststellungen des Landesarbeitsgerichts finden die Bestimmungen des BAT-KF mit seinen Anlagen, insbesondere dem AVGP BAT-KF, Anwendung. Insofern besteht zwischen den Parteien kein Streit.

2. Für die Eingruppierung der Klägerin kommt es nach § 22 Abs. 2 Unterabs. 2 S. 1 BAT-KF darauf an, ob ihre Tätigkeit zeitlich mindestens zur Hälfte aus Arbeitsvorgängen besteht, die für sich genommen die Anforderungen der VergGr. IVa BAT-KF (AVGP BAT-KF, Berufsgruppe 2.30, Fallgr. 6) erfüllen.

a) Damit ist von dem von der Senatsrechtsprechung entwickelten Begriff des Arbeitsvorgangs auszugehen. Diesen hat der Senat verstanden als eine unter Hinzurechnung der Zusammenhangstätigkeiten bei Berücksichtigung einer sinnvollen, vernünftigen Verwaltungsübung nach tatsächlichen Gesichtspunkten abgrenzbare und rechtlich selbständig zu bewertende Arbeitseinheit der zu einem bestimmten Arbeitsergebnis führenden Tätigkeit eines Angestellten (BAGE 51, 59; 51, 282; 51, 356 = AP Nr. 115, 116 und 120 zu §§ 22, 23 BAT 1975; std. Rspr. des Senats). Dabei ist es zwar rechtlich möglich, daß die gesamte Tätigkeit des Angestellten nur einen Arbeitsvorgang bildet, wenn der Aufgabenkreis nicht weiter aufteilbar und nur einer einheitlichen rechtlichen Bewertung zugänglich ist (vgl. Urteil des Senats v. 30. 1. 1985 – 4 AZR 184/83 – AP Nr. 101 zu §§ 22, 23 BAT 1975; Urteil des Senats v. 23. 2. 1983 – 4 AZR 222/80 BAGE 42, 29 = AP Nr. 70 zu §§ 22, 23 BAT 1975). Tatsächlich trennbare

Tätigkeiten mit unterschiedlicher Wertigkeit können jedoch nicht zu einem Arbeitsvorgang zusammengefaßt werden (vgl. Urteil des Senats v. 20. 3. 1991 – 4 AZR 471/90 – AP Nr. 156 zu §§ 22, 23 BAT 1975).

b) Das Landesarbeitsgericht hat die Betreuungstätigkeit der Klägerin als einen einheitlichen Arbeitsvorgang angesehen. Arbeitsergebnis dieser Tätigkeit sei die Besorgung der Angelegenheiten ihrer Klientel. Das Landesarbeitsgericht hat offen gelassen, ob Rüstzeiten, Dienstbesprechungen und Gruppenarbeit in den Arbeitsvorgang „Betreuung" einzubeziehen sind oder nicht. Darauf komme es nicht an, weil der Arbeitsvorgang „Betreuung" auch ohne diese Tätigkeiten bereits 83,5 % der Arbeitszeit in Anspruch nehme.

c) Diesen Ausführungen des Landesarbeitsgerichts schließt sich der Senat an. Die Betreuungstätigkeit kann nicht in verschiedene Arbeitsvorgänge aufgespalten werden. Bei der Betreuung der zugewiesenen Personen kann nicht nach einfachen, durchschnittlichen und schwierigen Fällen unterschieden werden (anders: Jesse/Rothbrust, Die Eingruppierung von Angestellten mit Aufgaben nach dem Betreuungsgesetz, ZTR 1995, 54, 57). Eine derartige Aufteilung liefe dem Aufspaltungsverbot der Protokollnotiz Ziff. 1 S. 2 zu § 22 Abs. 2 BAT-KF zuwider. Danach ist jeder einzelne Arbeitsvorgang als solcher zu bewerten. Er darf dabei hinsichtlich der Anforderungen zeitlich nicht aufgespaltet werden. Der BAT-KF geht also davon aus, daß ein Arbeitsvorgang durchaus Tätigkeiten verschiedener Anforderung in sich vereinen kann. Zwar dürfen tatsächlich trennbare Tätigkeiten mit unterschiedlicher Wertigkeit nicht zu einem Arbeitsvorgang zusammengefaßt werden. Tatsächlich trennbar sind die Tätigkeiten jedoch nur dann, wenn sie sich verschiedenen bestimmten Arbeitsergebnissen zuordnen lassen. Arbeitsergebnis ist aber nicht die Besorgung einer einzelnen – schwierigen oder weniger schwierigen – Angelegenheit für den Betroffenen. Hierbei handelt es sich nur um einzelne Schritte, die darauf gerichtet sind, die krankheits- oder behinderungsbedingten Defizite des Betroffenen auszugleichen. Ziel der Tätigkeit ist vielmehr die umfassende Fürsorge für den Betreuten. Dabei kann nicht danach unterschieden werden, ob es sich um eine schwieriger oder weniger schwierig zu betreuende Person handelt. Eine Typisierung der zu betreuenden Personen ist praktisch nicht durchführbar. Der Schwierigkeitsgrad kann sich im Verlauf einer Betreuung erheblich ändern. Der Verlauf einer Betreuung ist bei ihrer Übernahme nicht absehbar. Der Betreuer muß regelmäßig mit sämtlichen bei Betreuungen üblicherweise auftretenden Problemen rechnen.

Für die Bildung eines einheitlichen Arbeitsvorgangs bei Betreuungstätigkeiten spricht im übrigen, daß der BAT-KF die Fürsorge für einen bestimmten Personenkreis als Beispiel für eine schwierige Tätigkeit eines Sozialarbeiters aufführt (Anm. Nr. 3 zu AVGP BAT-KF, Berufsgr. 2.30, Fallgr. 3; wortgleich mit Protokollerklärung Nr. 12 zu VergGr. IV b Fallg. 16 des TV zur Änderung der

Anl. 1 a zum BAT [Angestellte im Sozial- und Erziehungsdienst] vom 19. 6. 1970 in der Neufassung des Tarifvertrages zur Änderung der Anl. 1 a zum BAT vom 24. 4. 1991, Fassung der Vereinigung Kommunaler Arbeitgeberverbände). Die hierzu gehörenden Tätigkeiten sollen also einheitlich bewertet werden. Dementsprechend sind alle im Rahmen der Fürsorge für den genannten Personenkreis zu erledigenden Tätigkeiten zu einem Arbeitsvorgang zusammenzufassen (z. B. Senatsurteil v. 29. 9. 1993 – 4 AZR 690/92 – AP Nr. 7 zu §§ 22, 23 BAT Sozialarbeiter). Auch in vergleichbaren Eingruppierungsstreitigkeiten von Sozialarbeitern hat der Senat regelmäßig die fürsorgerische Tätigkeit für einen bestimmten Personenkreis als einheitlichen Arbeitsvorgang angesehen (vgl. Senatsurteil v. 4. 5. 1988 – 4 AZR 728/87 – BAGE 58, 230 = AP Nr. 143 zu §§ 22, 23 BAT 1975, zu einem Sozialarbeiter im Sachgebiet „Sozialdienst für Nichtseßhafte und Haftentlassene" der Abteilung „Gefährdetenhilfe"; Senatsurteil v. 6. 2. 1991 – 4 AZR 343/90 – ZTR 1991, 379, zu einer Sozialarbeiterin im Sachgebiet „Erziehungsbeistandsschaften" in der Familientherapie; Senatsurteil v. 29. 9. 1993 – 4 AZR 690/92 – AP, aaO, zu einem für die „Organisation von therapeutischen Wohngemeinschaften und deren Beratung" zuständigen Sozialarbeiter; Senatsurteil v. 27. 7. 1994 – 4 AZR 593/93 – AP Nr. 5 zu § 12 AVR Caritasverband, zu einem als Vereinsbetreuer tätigen Sozialpädagogen).

Angesichts des zeitlich weit überwiegenden Umfangs des Arbeitsvorgangs „Betreuungen" kann es dahinstehen, ob die übrigen Tätigkeiten diesem Arbeitsvorgang zuzuschlagen sind bzw. einen oder mehrere eigene Arbeitsvorgänge bilden. Für die Eingruppierung entscheidend ist der Arbeitsvorgang „Betreuungen", der ca. 83,5 % der Arbeitszeit ausfüllt.

3. Die Eingruppierung der Klägerin richtet sich nach den speziellen Tätigkeitsmerkmalen der Anlage 1 a zum BAT-KF für Sozialarbeiter/Sozialpädagogen im Sozialdienst (AVGP BAT-KF, Berufsgr. 2.30). Maßgeblich ist zunächst die ab 1. 12. 1992 geltende Fassung des Vergütungsgruppenplans, der, soweit für den Rechtsstreit von Bedeutung, den folgenden Wortlaut hat:

„*2.30 Sozialarbeiter/Sozialpädagogen im Sozialdienst*

Fallgruppe	Tätigkeitsmerkmal	VergGr.
1.	*Sozialarbeiter/Sozialpädagogen mit entsprechender Tätigkeit[1]*	*V b*
2.	*Mitarbeiter der Fallgruppe 1 nach zweijähriger Bewährung in einer Tätigkeit der Verg.Gr. V b[2]*	*IV b*
3.	*Sozialarbeiter/Sozialpädagogen mit entsprechenden schwierigen Tätigkeiten[1, 2, 3]*	*IV b*

...

Fortsetzung:
Fallgruppe	*Tätigkeitsmerkmal*	*VergGr.*
6.	*Sozialarbeiter/Sozialpädagogen, deren Tätigkeit sich durch besondere Schwierigkeit und Bedeutung aus der Fallgruppe 3 heraushebt*[1, 5]	*IV a*
7.	*Mitarbeiter der Fallgruppe 6 nach vierjähriger Bewährung in dieser Fallgruppe*	*III*

...

Anmerkungen:

1. a) Sozialarbeiter und Sozialpädagogen im Sinne dieser Tätigkeitsmerkmale sind solche mit staatlicher Anerkennung. Ihnen stehen die nach einem vierjährigen Studium an einer Fachhochschule graduierten Sozialarbeiter und Sozialpädagogen gleich. Ferner stehen ihnen die (früheren) Jugendleiterinnen mit staatlicher Prüfung gleich.
...
3. Schwierige Tätigkeiten sind zum Beispiel die
 a) Beratung von Suchtmittel-Abhängigen,
 b) Beratung von HIV-Infizierten oder an AIDS erkrankten Personen,
 c) begleitende Fürsorge für Heimbewohner und nachgehende Fürsorge für ehemalige Heimbewohner,
 d) begleitende Fürsorge für Strafgefangene und nachgehende Fürsorge für ehemalige Strafgefangene,
 e) Koordinierung von Arbeiten mehrerer Mitarbeiter mindestens der Verg.Gr. V b.
...
5. Eine Heraushebung aus der Fallgruppe 3 durch besondere Schwierigkeit und Bedeutung ist zum Beispiel gegeben bei der Tätigkeit von Sozialarbeitern/Sozialpädagogen, denen
 a) als Leiter eines Diakonischen Werkes (vgl. Anmerkung 6) mindestens drei Mitarbeiter in Tätigkeiten mindestens der Verg.Gr. VI b im Sozial- und Erziehungsdienst durch ausdrückliche Anordnung ständig unterstellt sind.
 b) als Sozialarbeiter/Sozialpädagoge mit entsprechender Tätigkeit mindestens sechs Mitarbeiter in Tätigkeiten mindestens der Verg.Gr. VI b im Sozial- und Erziehungsdienst durch ausdrückliche Anordnung ständig unterstellt sind.
...

Die hier maßgeblichen Eingruppierungsvorschriften blieben bei den späteren Neufassungen der Berufsgruppe 2.30 inhaltlich unverändert.

Die Tätigkeitsmerkmale der VergGr. III bzw. IV a Fallgr. 6 und 7 bauen auf der VergGr. IV b Fallgr. 3 auf, die ihrerseits die Erfüllung der Anforderungen der VergGr. Vb Fallgr. 1 der Berufsgr. 2.30 Sozialarbeiter/Sozialpädagogen im Sozialdienst des AVGP BAT-KF voraussetzt. Zunächst müssen die Voraussetzungen der Ausgangsgruppe erfüllt sein. Anschließend sind die weiteren Merkmale der darauf aufbauenden höheren Vergütungsgruppen zu prüfen (ständige Rechtsprechung des Senats, vgl. z. B. Senatsurteil v. 24. 9. 1980 – 4 AZR 427/78 –

BAGE 34, 158 = AP Nr. 36 zu §§ 22, 23 BAT 1975; Senatsurteil v. 17. 8. 1994 – 4 AZR 644/93 – AP Nr. 183 zu §§ 22, 23 BAT 1975). Dabei genügt eine pauschale Überprüfung, soweit die Parteien die Tätigkeit des Klägers als unstreitig ansehen und der Beklagte Tätigkeitsmerkmale als erfüllt erachtet (vgl. z. B. Senatsurteil v. 6. 6. 1984 – 4 AZR 203/82 – AP Nr. 91 zu §§ 22, 23 BAT 1975; Senatsurteil v. 17. 8. 1994 – 4 AZR 644/93 – AP, aaO).

a) Die Klägerin erfüllt die Voraussetzungen der VergGr. V b Fallgr. 1 BAT-KF Sozialarbeiter/Sozialpädagogen im Sozialdienst.

Die Klägerin ist Diplom-Sozialarbeiterin und besitzt damit die in der Anm. Nr. 1a zur Berufsgr. 2.30 AVGP BAT-KF vorausgesetzte Qualifikation. Diesem Berufsbild entspricht auch ihre Tätigkeit. Aufgabe des Sozialarbeiters/Sozialpädagogen, der Sozialarbeiterin/Sozialpädagogin ist es, anderen Menschen verschiedener Altersstufen Hilfe zur besseren Lebensbewältigung zu leisten. Hierzu gehört nicht nur die sozialtherapeutische Hilfestellung, sondern auch die Unterstützung bei der Bewältigung wirtschaftlicher/materieller Probleme. Ziel der sozialen Arbeit ist es insbesondere, Benachteiligungen der Klientel im gesellschaftlichen Leben auszugleichen, Belastungen zu mindern und ihre eigenen Kräfte zum Zwecke der Problembewältigung zu stärken (vgl. Senatsurteil v. 14. 6. 1995 – 4 AZR 271/94 – AP Nr. 17 zu §§ 22, 23 BAT Sozialarbeiter; Senatsurteil v. 29. 9. 1993 – 4 AZR 690/92 – AP Nr. 7 zu §§ 22, 23 BAT Sozialarbeiter; Blätter zur Berufskunde, Bd. 2, IV A 30 „Diplom-Sozialpädagoge/ Diplom-Sozialpädagogin, Diplom-Sozialarbeiter/Diplom-Sozialarbeiterin (FH)", 5. Aufl. 1986, S. 2 und 7 ff.; Blätter zur Berufskunde, Bd. 2, IV A 31 „Diplom-Sozialpädagoge/Diplom-Sozialpädagogin (BA)", 2. Aufl. 1994, S. 4 und 8 ff.). Zu dem Berufsbild des Sozialarbeiters/ Sozialpädagogen gehören auch die Tätigkeiten eines Behördenbetreuers nach dem Betreuungsgesetz vom 12. 9. 1990 (vgl. Senatsurteil v. 27. 7. 1994 – 4 AZR 593/93 – AP Nr. 5 zu § 12 AVR Caritasverband; Deinert, Handbuch der Betreuungsbehörde, 1993, S. 84; Jaeger, Nachrichtendienst des Deutschen Vereins für öffentliche und private Fürsorge (NDV), 1992, 245, 249; Jesse/Rothbrust, ZTR 1995, 54, 58 f.). Der Betreuer unterstützt die ihm zugewiesenen Personen bei der Lebensbewältigung. Innerhalb des ihm übertragenen Aufgabenkreises hat er für die Betreuten zu sorgen (§§ 1896, 1901 BGB). Hierbei handelt es sich um typische fürsorgerische Tätigkeiten.

Die Revision wendet sich gegen die in den Entscheidungen des Senats enthaltenen Ausführungen, daß die Tätigkeit des jeweiligen Klägers (...) dem Berufsbild des Sozialarbeiters entspreche. Sie führt aus, es sei außerhalb jeder praktischen Erfahrung zu behaupten, jeder Sozialarbeiter müsse sozialtherapeutische Hilfestellung geben oder auch unmittelbar praktisch bei der Bewältigung wirtschaftlich-materieller Probleme Unterstützung leisten. Überhaupt nicht jeder Sozialarbeiter müsse Betreute aus unnötiger Abhängigkeit lösen und

Sozialisationsdefizite überwinden helfen. Unter diesen Umständen seien die Ausgangspunkte der Rechtsprechung unzutreffend. Die Fallgr. 1 knüpfe nur an rein formelle Kriterien an, sage jedoch nichts über den Inhalt der Aufgabenstellung des jeweiligen Sozialarbeiters aus. Art, Umfang und Qualität der Arbeit eines Sozialarbeiters werde von Fallgr. 1 überhaupt nicht erfaßt. Fallgr. 1 regele lediglich, daß die betreffende Person als Sozialarbeiter mit einer entsprechenden Ausbildung angestellt oder beschäftigt werde. Erst in den weiteren Fallgruppen, nämlich den Fallgr. 3 und 6 würden Aussagen zur Qualität, zum Inhalt, zum Umfang; zur Art der Arbeit, die der Sozialarbeiter in einer bestimmten Position zu erbringen habe, gemacht und daraus Konsequenzen im Sinne einer Höhergruppierung gezogen.

Damit hat die Revision den Senat mißverstanden. Es ging und geht dem Senat lediglich darum, aufzuzeigen, daß der jeweilige Kläger (...) nicht nur die formale Voraussetzung für die Eingruppierung in die Vergütungsgruppen für Sozialarbeiter/Sozialpädagogen im Sozialdienst aufweisen, demnach, daß sie Diplom-Sozialarbeiter/Diplom-Sozialpädagogen mit staatlicher Anerkennung sind, sondern auch „mit entsprechender Tätigkeit" befaßt sind, also mit einer Tätigkeit mit „Sozialarbeiter/Sozialpädagogen-Zuschnitt" und damit jedenfalls die Voraussetzungen der Ausgangsfallgruppe für die Vergütung von Sozialarbeitern/Sozialpädagogen erfüllen. Wenn dabei nicht das gesamte Berufsbild des Sozialarbeiters aufgearbeitet wird, so wird damit nicht das Berufsbild des Sozialarbeiters verkürzt, sondern lediglich fallbezogen dargestellt, daß der jeweilige Kläger (...) Arbeiten ausführen, die zum Berufsbild des Sozialarbeiters/Sozialpädagogen gehören und damit (...) die Klägerin deshalb jedenfalls in VergGr. V b, die Ausgangsvergütungsgruppe für Sozialarbeiter/Sozialpädagogen, eingruppiert sind. Für die Frage der Eingruppierung in höhere Vergütungsgruppen ist damit nichts gesagt. Das bleibt der weiteren Prüfung anhand der qualifizierenden Tätigkeitsmerkmale vorbehalten, wie sie der Senat in ständiger Rechtsprechung vornimmt. Ein sich bei der Eingruppierung zu Ungunsten der Sozialarbeiter/Sozialpädagogen auswirkende Vorverständnis liegt darin nicht, was die Revision dem Senat der Sache nach vorwirft.

b) Die Klägerin erfüllt auch die Voraussetzungen der VergGr. IV b Fallgr. 3, da sie schwierige Tätigkeiten i. S. dieser Vergütungsgruppe ausübt.

Der Begriff „schwierige Tätigkeiten" ist in der Anm. 3 durch konkrete Beispiele erläutert. Trifft eines dieser Tätigkeitsbeispiele zu, ist nach ständiger Rechtsprechung des Senats auch das Merkmal des Oberbegriffs erfüllt (z. B. Senatsurteil v. 29. 9. 1993 – 4 AZR 690/92 – AP, aaO). Wird kein Tätigkeitsbeispiel erfüllt, ist auf den allgemeinen Begriff zurückzugreifen. Bei der Bestimmung des allgemeinen Tätigkeitsmerkmals sind die Beispielstatbestände als Maßstab heranzuziehen. Mit den Beispielen sind Maß und Richtung für die Auslegung des allgemeinen Begriffs vorgegeben worden (z. B. Senatsurteil v.

29.1.1986 – 4 AZR 465/84 – BVGE 51, 59, 87f. = AP Nr. 115 zu §§ 22, 23 BAT 1975). Zu den schwierigen Tätigkeiten i. S. der VergGr. IV b Fallgr. 3 zählen z. B. die begleitende Fürsorge für Heimbewohner und die nachgehende Fürsorge für ehemalige Heimbewohner (Anm. 3 Buchst. c). Soweit die Klägerin betreuend tätig wird, gehören zu ihren Klienten auch Heimbewohner. Das ergibt sich aus den Feststellungen des Landesarbeitsgerichts. Die von der Klägerin betreuten Personen leben entweder in ihren Wohnungen, in Wohngemeinschaften oder in Heimen.

Die Aufgaben der Klägerin sind ihrer Wertigkeit nach mit den in der Anm. 3 Buchst. a bis d genannten Beispielen vergleichbar. Diesen Beispielen ist gemeinsam, daß der Sozialarbeiter mit Personen umzugehen hat, die regelmäßig vielgestaltige oder umfangreiche soziale Probleme mitbringen. Aufgeführt sind Suchtmittelabhängige, HIV-Infizierte oder an Aids erkrankte Personen, Heimbewohner, ehemalige Heimbewohner, Strafgefangene oder ehemalige Strafgefangene. Vergleichbare Problemlagen weisen im Regelfall auch Personen auf, für die ein Betreuer im Sinne der §§ 1896 ff. BGB bestellt ist. Eine Betreuung kann nur dann angeordnet werden, wenn jemand aufgrund einer psychischen Krankheit oder aufgrund einer körperlichen, geistigen oder seelischen Behinderung seine Angelegenheiten ganz oder teilweise nicht besorgen kann (§ 1896 Abs. 1 S. 1 BGB).

Im übrigen geht auch der Beklagte davon aus, daß es sich um schwierige Tätigkeiten handelt und die Klägerin dementsprechend in der VergGr. IV b Fallgr. 3 eingruppiert ist. Weitere Ausführungen hierzu sind daher nicht erforderlich.

c) Die Klägerin erfüllt jedoch nicht die Voraussetzungen der VergGr. IV a Fallgr. 6. Ihre Tätigkeit hebt sich nicht mindestens zur Hälfte durch besondere Schwierigkeit und Bedeutung aus der VergGr. IV b Fallgr. 3 heraus.

aa) Entgegen der Ansicht des beklagten Vereins scheitert die Eingruppierung der Klägerin in der VergGr. IV a Fallgr. 6 nicht bereits daran, daß die Klägerin keine Leitungstätigkeiten ausübt. Nach Anm. 5 zur Berufsgruppe 2.30 hebt sich eine Tätigkeit durch besondere Schwierigkeit und Bedeutung heraus, wenn dem Sozialarbeiter je nach Funktion eine bestimmte Anzahl von Mitarbeitern durch ausdrückliche Anordnung ständig unterstellt sind. Hierbei handelt es sich jedoch lediglich um eine beispielhafte Aufzählung von zwei Tätigkeiten, die das Eingruppierungsmerkmal erfüllen. Diese Aufzählung ist keinesfalls abschließend. Auch läßt sich hieraus nicht entnehmen, daß ausschließlich Leitungstätigkeiten das hier streitige Eingruppierungsmerkmal erfüllen können.

bb) Die der Klägerin übertragenen Aufgaben sind jedoch nicht besonders schwierig i. S. der VergGr. IVa Fallgr. 6.

Das Merkmal „besondere Schwierigkeit" ist erfüllt, wenn sich die Tätigkeit angesichts der fachlichen Anforderungen in beträchtlicher, gewichtiger Weise gegenüber der VergGr. IV b Fallgr. 3 heraushebt. Das Tätigkeitsmerkmal bezieht sich nach der ständigen Rechtsprechung des Senats auf die fachliche Qualifikation des Angestellten (z. B. Urteil v. 20. 3. 1991 – 4 AZR 471/90 – AP Nr. 156 zu §§ 22, 23 BAT 1975). Verlangt wird ein Wissen und Können, das die Anforderungen der VergGr. IV b in gewichtiger Weise übersteigt. Diese erhöhte Qualifikation kann sich im Einzelfall aus der Breite und Tiefe des geforderten fachlichen Wissens und Könnens ergeben, aber auch aus außergewöhnlichen Erfahrungen oder einer sonstigen gleichwertigen Qualifikation, etwa Spezialkenntnissen. Dabei muß sich die Schwierigkeit unmittelbar aus der Tätigkeit selbst ergeben, so daß diese nicht etwa deswegen als besonders schwierig im Tarifsinne angesehen werden kann, weil sie unter belastenden Bedingungen geleistet werden muß.

Zur Auslegung des Merkmals „besondere Schwierigkeit" ist desweiteren die Anm. 3 zur VergGr. IV b Fallgr. 3 heranzuziehen. In dieser Anmerkung sind die Tätigkeiten aufgeführt, die grundsätzlich als (nur) schwierige Tätigkeiten angesehen werden und daher der VergGr. IV b zugeordnet sind. Übersteigt eine Tätigkeit den dort festgelegten Wertigkeitsrahmen nicht, handelt es sich zwar um eine schwierige, nicht jedoch um eine besonders schwierige Tätigkeit. Besonders schwierig ist eine Tätigkeit erst dann, wenn sie ein umfangreicheres oder tiefergehendes Wissen und Können verlangt als die in der Anmerkung genannten Beispiele. Der Unterschied in den fachlichen Anforderungen muß beträchtlich, d. h. nicht nur geringfügig, sein.

Diejenigen Tatsachen, die den rechtlichen Schluß auf das Vorliegen des in Anspruch genommenen Tätigkeitsmerkmals zulassen, hat der Kläger darzulegen und im Bestreitensfalle zu beweisen (z. B. Senatsurteil v. 20. 10. 1993 – 4 AZR 47/93 – AP Nr. 173 zu §§ 22, 23 BAT 1975, zu B II 3 b der Gründe). Der Sachvortrag muß erkennen lassen, daß die auszuübenden Tätigkeiten den tariflichen Rechtsbegriff erfüllen. Beruft sich der Kläger auf ein Heraushebungsmerkmal, so hat er nicht nur seine eigene Tätigkeit im einzelnen darzustellen. Vielmehr muß er Tatsachen darlegen, die einen wertenden Vergleich mit den nicht herausgehobenen Tätigkeiten ermöglichen (Senatsurteil v. 20. 10 1993 – 4 AZR 47/93 – AP, aaO). Der Tatsachenvortrag muß erkennen lassen, wodurch sich eine bestimmte Tätigkeit im Vergleich zur Grundtätigkeit heraushebt. Bezogen auf das Merkmal „besondere Schwierigkeit" heißt das: Aus dem Vorbringen des Klägers muß sich ergeben, inwiefern seine Aufgaben im Vergleich zu den nur schwierigen Tätigkeiten der VergGr. IV b Fallgr. 3, insbesondere den in der Anm. 3 genannten Beispielen, ein deutlich gesteigertes fachliches Wissen und Können erfordern. Dies läßt sich den klägerischen Darlegungen jedoch nicht entnehmen.

Die Betreuungstätigkeit der Klägerin ist vom Schwierigkeitsgrad her mit der begleitenden Fürsorge für Heimbewohner bzw. der nachgehenden Fürsorge für ehemalige Heimbewohner (Anm. 3 Buchst. c) vergleichbar. Der in einem Heim fürsorgerisch tätige Sozialarbeiter hat regelmäßig eine Vielzahl unterschiedlicher Probleme der einzelnen Heimbewohner zu bewältigen, wie zum Beispiel Bindungslosigkeit, hohes Aggressionspotential, Drogenkonsum, Erkrankungen usw. Hierfür benötigt er ein im Vergleich zur Normaltätigkeit gesteigertes Wissen und Können. Er muß in der Lage sein, auf die unterschiedlichen Probleme der einzelnen Betroffenen einzugehen. Hierzu gehört auch der Umgang mit Menschen, in deren Person verschiedene Problemlagen zusammentreffen, was die Lösung der Probleme dementsprechend erschwert. Desweiteren muß sich der Sozialarbeiter in einem Heim um die wirtschaftlichen Angelegenheiten der Klienten kümmern. So unterstützt er den Heimbewohner beispielsweise bei der Geltendmachung von Rentenansprüchen, der Wohnungssuche, der Suche nach einem Arbeitsplatz, bei Arztbesuchen, der Schuldenregulierung usw. Dementsprechend hat der Senat beispielsweise entschieden, daß Sozialarbeiter in einem Heim für Nichtseßhafte regelmäßig in Vergütungsgruppe IV b BAT eingruppiert sind (Senatsurteil v. 1. 3. 1995 – 4 AZR 8/94 – AP Nr. 19 zu §§ 22, 23 BAT Sozialarbeiter). Auch Sozialarbeiter, die im Bereich „Sozialpädagogisch Betreutes Wohnen" für Jugendliche und junge Erwachsene sorgen, erfüllen in der Regel nicht die Voraussetzungen der VergGr. IV a Fallgr. 15, 16 BAT/VKA (Senatsurteil v. 14. 6. 1995 – 4 AZR 271/94 – AP Nr. 17 zu §§ 22, 23 BAT Sozialarbeiter).

Die Tätigkeiten der Klägerin als Vereinsbetreuerin erfordern demgegenüber kein beträchtlich gesteigertes fachliches Wissen und Können. Ebenso wie der Sozialarbeiter in einem Heim hat sie den Betreuten im Rahmen des ihr übertragenen Aufgabenkreises in allen persönlichen und wirtschaftlichen Angelegenheiten zu unterstützen. Dazu gehört u. a. die Hilfe bei der Wohnungs- oder Heimplatzsuche, die Vermittlung von Arbeits- oder Lehrstellen, die Geltendmachung von Ansprüchen auf Sozial-, Versicherungs- und Versorgungsleistungen. Der Vereinsbetreuer unterscheidet sich nur insofern von dem Sozialarbeiter in einem Heim als er dem Betroffenen nicht nur hilft, sondern ihn in dem übertragenen Aufgabenkreis gerichtlich und außergerichtlich vertritt (§ 1902 BGB). Entscheidungsbefugnisse hat der Betreuer ggf. auch bei der Untersuchung des Gesundheitszustandes, einer Heilbehandlung oder einem ärztlichen Eingriff (§ 1904 BGB), der Sterilisation (§ 1905 BGB), der Unterbringung (§ 1906 BGB) und der Aufgabe einer Mietwohnung (§ 1907 BGB). Für derartige Maßnahmen benötigt der Betreuer jedoch grundsätzlich eine vormundschaftsgerichtliche Genehmigung. Das gilt auch für eine Reihe von Rechtsgeschäften im Rahmen der Vermögenssorge. Die im Vergleich zu einem Sozialarbeiter im Heim erweiterten Entscheidungsbefugnisse erfordern nicht wesentlich mehr Fachkenntnisse und Fähigkeiten. Zwar benötigt der Betreuer gründlichere Kenntnisse des Betreuungsrechts und der damit zusammenhängenden Nebengebiete. Dies ist jedoch allein durch die unterschiedlichen Schwerpunkte der Tätigkeiten bedingt. Die Sozialarbeit in einem Heim erfordert aufgrund des täglichen Umgangs mit den Klienten umfangreichere therapeutische Kenntnisse. Im Vergleich zu dem Sozialarbeiter in einem Heim verschieben sich die von einem Betreuer abgeforderten Kenntnisse lediglich. Eine Steigerung der Breite und Tiefe nach läßt sich – insgesamt gesehen – nicht erkennen. Der Sozialarbeiter im Heim muß ebenso wie der Betreuer wissen, welche Maßnahmen bei der Besorgung der persönlichen und wirtschaftlichen Angelegenheiten zum Wohl der Klienten geboten sind. Während jedoch der Sozialarbeiter im Heim den Klienten hierzu veranlassen muß, kann der Betreuer im Gegensatz dazu solche Entscheidungen ganz oder teilweise selbst treffen. Dies allein allerdings vermag eine höhere Eingruppierung nicht zu rechtfertigen.

Die Revision führt weiter aus, die Anm. 3 zur Fallgr. 3 setze voraus, daß es sich um Menschen handele, die tatsächlich in einer Situation seien, in der ein erheblich höheres und qualitativ besseres Maß an Anforderungen an den Sozialarbeiter gestellt werde. Es handele sich aber nicht um eine Betreuung, sondern um Beratung und begleitende Fürsorge. Das Bundesarbeitsgericht unterscheide nicht zwischen Beratung, Fürsorge, insbesondere begleitende Fürsorge und Betreuung und setze den Begriff Sozialarbeiter offensichtlich mit dem Begriff Sozialbetreuer gleich und Sozialarbeit mit dem Begriff der Sozialhilfe immer ausgehend von der inhaltsleeren Generaldefinition der Blätter zur Berufskunde, auf die sich das Bundesarbeitsgericht ausdrücklich berufe. Dabei übersieht die Revision, daß es jedenfalls bei der begleitenden Fürsorge für Heimbewohner und bei der begleitenden Fürsorge für Strafgefangene nicht um unverbindliche Beratung, sondern um Fürsorge für in der Regel nicht freiwillig im Heim befindliche Personen und um Fürsorge für Strafgefangene geht, also letztlich um Betreuung. Nichts anderes tut der Sache nach der Vereinsbetreuer/die Vereinsbetreuerin i. S. des § 1897 Abs. 2 BGB: Sie haben auf der einen Seite zwar mehr Befugnisse, auf der anderen Seite reduziert sich die Betreuung auf die gesetzlichen Vorgaben.

Die Klägerin hält ihre Tätigkeit u. a. auch deshalb für besonders schwierig, da sie nicht nur mit einer, sondern mit verschiedenen der in der Anm. Nr. 3 a bis d genannten Problemgruppen befaßt sei. Dies gilt jedoch gleichermaßen auch für einen Sozialarbeiter in einem Heim. Die Kumulierung von Tätigkeiten, die jede für sich nach der Anm. Nr. 3 a bis d „schwierige Tätigkeiten" eines Sozialarbeiters i. S. der VergGr. IV b Fallgr. 3 sind, läßt die Tätigkeit grundsätzlich noch nicht als „besonders schwierig" erscheinen (vgl. Senatsurteil v. 23. 8. 1995 – 4 AZR 341/94 – AP Nr. 20 zu §§ 22, 23 BAT Sozialarbeiter).

Die Klägerin führt aus, sie greife in den Fällen der Anm. 3 zur Fallgr. 3, die als schwierige Tätigkeiten i. S. der Fallgruppe gehandhabt würden, noch nicht ein. Für sie seien die schwersten Fälle aus dieser Gruppe vorbehalten. Es handele sich dabei um den Drogensüchtigen, wenn sich seine Drogensucht zu einer psychischen Erkrankung entwickelt habe, die ihn unfähig mache, seine eigenen Angelegenheiten noch wahrnehmen zu können. Es gehe um den HIV-Infizierten oder Aids-Kranken, der infolge seiner Erkrankung eine so starke seelische Behinderung entwickelt habe, daß er nicht in der Lage sei, seine Angelegenheiten zu regeln, und deshalb in Gefahr stehe, schon an den Grunderfordernissen des Lebens zugrundezugehen, bevor ihn seine Krankheit zugrundegehen lasse. Ferner gehe es um Heimbewohner oder ehemalige Heimbewohner, deren körperliche oder geistige Kräfte so nachgelassen hätten, daß sie sich zu einer körperlich und geistig so schweren Behinderung entwickelt hätten, daß dieser Personenkreis nicht mehr in der Lage sei, seine eigenen Angelegenheiten zu regeln. Schließlich handele es sich um Strafgefangene und ehemalige Strafgefangene, die aufgrund des Strafvollzuges psychisch so schwer erkrankt seien oder eine solche geistige oder seelische Fehlhaltung entwickelt hätten, daß sie am Vollzug oder an den Folgen des Vollzuges kaputtgingen, ohne in die Lage versetzt zu werden, die Grunderfordernisse ihres Lebens noch erfüllen zu können. Die Klägerin arbeite somit mit allen Fällen der Fallgr. 3, wobei die Fälle nur deshalb nicht mehr in die Fallgruppe 3 fielen, weil sie sich zu solchen existentiellen menschlichen Notlagen entwickelt hätten, daß eine Eigenversorgung und eine eigene Lebensbewältigung dieses Personenkreises nicht mehr gegeben sei. Damit sei der Personenkreis, den die Klägerin nicht zu beraten, sondern zu betreuen habe, noch längst nicht erschöpft. Neben den Adressaten der Fallgr. 3 gebe es eine Fülle weiterer Fallgruppen und Einzelschicksale, in denen aus anderen Gründen als Drogen, Aids, Heimsituation oder Strafvollzug sich psychische Erkrankungen, geistige oder seelische Fehlhaltungen entwickelten. Auch für all diese Personengruppen sei die Klägerin zuständig. Sie müsse für jeden einzelnen die Ursachen seiner Behinderung oder psychischen Erkrankung ermitteln und angepaßt auf den erkrankten oder behinderten Menschen die für diesen erforderlichen menschlichen und notwendigen Lösungen erarbeiten und konsequent durchsetzen. Das von der Klägerin geforderte Wissen sei äußerst vielschichtig und erfordere außergewöhnliches zusätzliches Erfahrungswissen. Die zu betreuenden Erwachsenen müßten in allen Lebensbereichen vertreten werden. Es müßten umfassende Entscheidungen getroffen werden. Der Betreuer müsse in allen Rechtsgebieten, die für die Besorgung der Angelegenheiten seiner pflegebefohlenen in Betracht kämen, Kenntnisse aufweisen, die ihn in die Lage versetzen, die Angelegenheiten der Anvertrauten so zu regeln, wie dies ihrem wohlverstandenen Interesse entspreche. Die Tätigkeit erfordere, solle sie sachgerecht und mit angemessenem Zeitaufwand durchgeführt werden, Fachwissen sowohl auf dem Gebiet der Vermögenssorge im weitesten Sinne, die die sonstige Besorgung der Vermögensangelegenheit mit umfasse, wie etwa die Geltendmachung oder die Abwehr von Ansprüchen als auch Fragen der Aufenthaltsbestimmung und der allgemeinen Personensorge. Da Geisteskranke und Geistesschwache, Selbstmordgefährdete, Drogenabhängige, seelisch und geistig Behinderte den Regelfall der Klientel ausmachten, ergebe sich darüber hinaus die Notwendigkeit von Erfahrungswissen im Umgang mit solchen erkrankten und gefährdeten Personen, und zwar nicht zuletzt auch auf medizinischem Gebiet.

Es wird aber nicht dargelegt, inwiefern mehr Fachwissen erforderlich ist als bei Tätigkeiten i. S. der Fallgr. 3. Insbesondere fehlt der Vergleich, was gegenüber den in der Anm. 3 genannten, als schwierige Tätigkeiten angesehenen Aufgaben die besondere Schwierigkeit i. S. der VergGr. IVa ausmachen soll. Der Hinweis darauf, die Tätigkeit der Klägerin erschöpfe sich weder in der rein fürsorgerischen Betreuung (was ist das?) noch in einer verwaltungstechnischen Abwicklung der Geschäfte, reicht nicht aus. Auch im Rahmen der in Anm. 3 genannten Tätigkeiten ist ein umfassendes Eingehen auf alle Belange sachlicher, emotionaler und krankheitsbedingter Art erforderlich, um die Aufgaben sachgerecht zu erledigen. Auch bei der begleitenden Fürsorge findet der Sache nach persönliche Betreuung i. S. des BtG (zum Begriff, Bienwald, Betreuungsrecht, 1992, § 1897 BGB Rz. 26 ff.; Anger, BtPrax, 1994, 131) statt und nicht nur anonyme Verwaltung. Damit kann die „besondere Schwierigkeit" der VergGr. IVa nicht belegt werden.

cc) Die Tätigkeit der Klägerin hebt sich auch nicht durch ihre Bedeutung aus der VergGr. IV b Fallgr. 3 heraus.

Mit dem Merkmal „Bedeutung" sind die Auswirkungen der Tätigkeit angesprochen. Anhaltspunkte hierfür können sich aus der Größe des Aufgabenkreises sowie der Tragweite für den innerdienstlichen Bereich und die Allgemeinheit ergeben. Die Tätigkeit muß sich hinsichtlich der Bedeutung aus der VergGr. IV b Fallgr. 3 deutlich wahrnehmbar herausheben (vgl. Senatsurteil v. 29. 9. 1993 – 4 AZR 690/92 – AP, aaO; Senatsurteil v. 1. 3. 1995 – 4 AZR 8/94 – AP, aaO).

Da die Tätigkeit bedeutsamer sein muß als eine schwierige Tätigkeit i. S. der VergGr. IV b Fallgr. 3, ist wiederum auf die dort genannten Beispiele (Anm. 3) als Vergleichsmaßstab zurückzugreifen. Auch die begleitende Fürsorge für Heimbewohner und die nachgehende Fürsorge für ehemalige Heimbewohner (Anm. 3 Buchst. c) hat erhebliche Auswirkungen auf die Betroffenen. Der Sozialarbeiter ist in diesem Fall häufig die einzige Bezugsperson. Da die Heimbewohner ihren alltäglichen Problemen eher hilflos gegenüberstehen, haben die Dienste des Sozialarbeiters ein besonderes Gewicht. Zwar ist der Sozialarbeiter in einem Heim – anders als der Betreuer – nicht ermächtigt, Entscheidungen in wirtschaftlichen oder persönlichen Angelegenheiten der Klienten zu treffen. Angesichts der besonderen Situation der Betroffenen kann er die Lebensgestaltung der Bewohner jedoch ebenfalls erheblich beeinflussen. Im übrigen kann der Betreuer die für den Betreuten wesentlichen Entscheidungen nur mit Genehmigung des Vormundschaftsgerichtes treffen. Die Initiative für derartige Entscheidungen geht zwar von dem Betreuer aus. Ihre eigentliche Tragweite für den Betreuten erlangen diese Maßnahmen aber erst mit der vormundschaftsgerichtlichen Genehmigung.

Die Bedeutung der hier zum Vergleich stehenden Tätigkeiten für die Allgemeinheit unterscheidet sich ebenfalls nicht nennenswert. Das Interesse der Allgemeinheit an der (Wieder-)Eingliederung in die Gesellschaft ist bei der Betreuung nicht stärker betroffen als bei der Sozialarbeit in einem Heim. Die Folgen der Tätigkeiten für die Allgemeinheit sind in etwa gleich zu beurteilen.

Die Revision führt aus, die Betreuung sei bereits für die Betreuten selbst von herausragender Bedeutung, weil ihre Lebensumstände, ihre Angelegenheiten jedenfalls zu einem entscheidenden Teil vom Betreuer gestaltet, mitgestaltet oder ganz gestaltet würden. Von seiner Tätigkeit hänge es ab, ob die Betreuten trotz der Probleme, die aus den vielfältigen Ursachen für ihre Pflegebedürftigkeit erwüchsen, in die Lage versetzt würden, ein ihrer konkreten Situation angemessenes menschenwürdiges Leben zu führen. Dabei handele es sich bei den Betreuungsfällen der Klägerin in einem Teil der Fälle um Teilbereiche, jedoch ändere das die Bedeutung der Tätigkeit der Klägerin nicht, da es sich dabei um für die Lebensführung entscheidende Bereiche handele. Darüber hinaus sei die gesetzliche Verpflichtung des Betreuers zu berücksichtigen, die ihm auferlege, den Betreuten aus dem Betreuungsverhältnis herauszuführen. Die Bedeutung des Aufgabengebietes beschränke sich nicht nur auf die Pflegebefohlenen. Das von der Klägerin wahrgenommene Aufgabengebiet sei im Hinblick auf das Sozialstaatsprinzip im Interesse des Staates und der Allgemeinheit von überragender Bedeutung. Führe die Klägerin die ihr obliegende Betreuung umfassend und sachgerecht aus, entlaste sie die Allgemeinheit, wobei auch finanzielle Auswirkungen von Belang seien. Das ist bei den in der Anm. 3 genannten Personengruppen nicht anders. Auch bei ihnen geht es darum, sie in die Gesellschaft zu reintegrieren und am Ende die Gemeinschaft zu entlasten.

4. Die Klägerin hat auch keinen – übertariflichen – vertraglichen Anspruch auf Vergütung nach VergGr. III BAT-KF. Die Klägerin führt aus, sie sei seit 1979 in die VergGr. IV a eingestuft. Beide Vertragsparteien seien davon ausgegangen, daß die Klägerin zutreffend eingestuft sei. Auch der Beklagte gehe von der zutreffenden Einstufung der Klägerin in VergGr. IV a aus. Da die Klägerin sich seit 1979 bewährt habe, erfülle sie ohne weiteres die Voraussetzungen der VergGr. III.

Das ist unzutreffend. Nach der eindeutigen Regelung in VergGr. III Fallgr. 7 nimmt eine Sozialarbeiterin nur dann am Bewährungsaufstieg aus VergGr. IVa in VergGr. III teil, wenn sie sich zuvor vier Jahre lang in VergGr. IVa Fallgr. 6 bewährt hat. Nach der ständigen Rechtsprechung des Senats kommt es nicht darauf an, ob die Angestellte formell in die Vergütungsgruppe eingestuft worden ist, aus der der Bewährungsaufstieg möglich ist. Entscheidend für den tariflichen Anspruch ist vielmehr, ob sie mit ihrer auszuübenden Tätigkeit die tariflichen Tätigkeitsmerkmale erfüllt oder nicht (vgl. BAG Urteile v. 28. 8. 1968 – 4 AZR 464/67 –, v. 5. 3. 1969 – 4 AZR 273/68 –, v. 26. 11. 1969 – 4 AZR 528/68 –, v. 10. 12. 1969 – 4 AZR 46/69 –, v. 31. 3. 1971 – 4 AZR 200/70 – und v. 10. 9. 1975 – 4 AZR 485/74 – AP Nr. 2, 5, 8, 9, 10 und 12 zu § 23 a BAT). Für den Bereich des BAT-KF gilt nichts anderes.

Die Klägerin hat nicht vorgetragen, es sei arbeitsvertraglich eine Beschäftigung mit Tätigkeiten der VergGr. IV a Fallgr. 6 vereinbart worden. Sie legt vielmehr selbst dar, sie sei seit vielen Jahren bei dem Beklagten als Sozialarbeiterin tätig. Sie ist mit unterschiedlichen Aufgaben beschäftigt worden, die unterschiedliche vergütungsrechtliche Wertigkeiten gehabt haben mögen, die sich darüber hinaus im Laufe der Jahre geändert haben können. Ein Bewährungsaufstieg aufgrund des Arbeitsvertrages kommt daher nicht in Betracht.

23

Art. 140 GG i. V. m. Art. 138 Abs. 1 WRV gewährleisten keine Gebührenfreiheit der Kirche in Verfahren vor dem Bundesverwaltungsgericht.

BVerwG, Beschluß vom 22. März 1996 – 7 KSt 5.96[1] –

Aus den Gründen:

Die gegen diesen Kostenansatz eingelegte Erinnerung der Klägerin, der der Rechtspfleger nicht abgeholfen hat, bleibt ohne Erfolg.

Die Klägerin beruft sich zu Unrecht darauf, daß sie nach Art. 140 GG i. V. m. Art. 138 Abs. 1 WRV von den in Rechnung gestellten Gerichtsgebühren befreit sei. Dabei kann offenbleiben, ob eine Befreiung von Gerichtskosten überhaupt als sog. negative Staatsleistung an der durch diese Verfassungsnormen bis zu einer Ablösung solcher Leistungen eingeräumten Bestandsgarantie teilnähme, was der 11. Senat des Bundesverwaltungsgerichts im Anschluß an die Rechtsprechung des Bundesverfassungsgerichts (BVerfGE 19, 1 [14 ff.][2]) mit Beschluß vom 14. 2. 1996 – BVerwG 11 VR 40.95 – verneint hat (vgl. auch BVerwG, Beschluß vom 10. 6. 1977 – BVerwG VII B 154.75 – KirchE 16, 140). Denn selbst wenn man sich mit der Klägerin auf den Standpunkt stellt, die

---

[1] Amtl. Leitsatz. NVwZ 1996, 287. Nur LS: DÖV 1997, 557; KuR 1996, 254; AkKR 165 (1996), 264. Vgl. zu diesem Fragenkreis auch Hess. FG EFG 1997, 905.
[2] KirchE 7, 183.

Gerichtskostenfreiheit habe ebenso wie die als negative Staatsleistungen anerkannten Steuerbefreiungen – zumindest auch – dazu gedient, den Unterhalt der Kirchen nach der Säkularisation zu sichern (vgl. dazu Hollerbach, JZ 1965, 612 [614]; zu diesem Problemkreis auch Isensee, in: Handbuch des Staatskirchenrechts der Bundesrepublik Deutschland, 1. Band, 2. Auflage, S. 1009 [1025 f.]), greift die durch Art. 138 Abs. 1 WRV vermittelte Bestandsgarantie hier nicht. Die Klägerin vernachlässigt nämlich, daß sie eine Freiheit von Gebühren erstrebt, die für die Tätigkeit eines Bundesgerichts an den Bund zu leisten sind. Einen verfassungsrechtlichen Anspruch auf Beibehaltung einer solchen Regelung könnte die Klägerin daher von vornherein nur haben, wenn es den Befreiungstatbestand bei Inkrafttreten der Weimarer Reichsverfassung bereits gab und Art. 138 Abs. 1 WRV überhaupt Staatsleistungen des Reiches erfaßte.

Zweifeln läßt sich schon daran, ob die geltend gemachte Gebührenfreiheit auf der Zentralstaatsebene damals geregelt war. In Betracht kommt insoweit nur § 1 Nr. 3 der Verordnung, betreffend die Gebührenfreiheit in dem Verfahren vor dem Reichsgericht, vom 24. 12. 1883 (RGBl. 1884 S. 1), die – unter den dort geregelten Voraussetzungen – auch die Kirchen erfaßte, die seinerzeit jedoch keine Bedeutung für verwaltungsgerichtliche Verfahren entfalten konnte, weil es damals keine allgemeine Verwaltungsgerichtsbarkeit auf Reichsebene gab. Selbst wenn man dieser Verordnung dennoch den allgemeinen Willen des Normgebers entnehmen wollte, die Kirchen unter Fortschreibung alter Privilegien generell von solchen Gebühren zu befreien, die infolge von Kompetenzverlagerungen oder Schaffung neuer Gerichte auf der Ebene des Zentralstaates nicht oder nicht mehr der Regelungshoheit der Länder unterlagen, führte das nicht dazu, daß die hier in Rede stehenden Gebühren von Art. 138 Abs. 1 WRV erfaßt würden. Diese Vorschrift der Weimarer Reichsverfassung hatte ausschließlich Staatsleistungen der Länder (möglicherweise einschließlich gemeindlicher Leistungen – vgl. insoweit die Darstellung des Streitstandes bei Lindner, Baulasten an kirchlichen Gebäuden, 1995, S. 196 ff. m. w. N.) im Blick (vgl. Isensee, aaO, S. 1030 m. w. N.). Das wird schon dadurch erkennbar, daß dem Landesgesetzgeber die Ablösung dieser Staatsleistungen überantwortet wird. Die verfassungsrechtliche Bestandsgarantie kann daher von vornherein nur Leistungen erfassen, die zur Zeit des Inkrafttretens der Weimarer Reichsverfassung von den Ländern zu gewähren waren. Damit sind jedenfalls solche Befreiungstatbestände vom Anwendungsbereich des Art. 138 Abs. 1 WRV ausgeschlossen, die bereits seinerzeit auf Reichsebene geregelt waren und nicht erst durch spätere Kompetenzverlagerungen „hochgezont" wurden (vgl. dazu Isensee, aaO, S. 1030, Fn 87 m. w. N.).

Zusammengefaßt ergibt sich somit: Wird die von der Klägerin beanspruchte Gebührenbefreiung weder von der erwähnten Verordnung vom 24. 12. 1883 noch durch den ihr zugrundeliegenden Rechtsgedanken erfaßt, gehört sie schon deswegen nicht zu dem Bestand überkommener Staatsleistungen, die bis zu ihrer

Ablösung verfassungsrechtlich gewährleistet sind. Versteht man die Verordnung demgegenüber als Ausdruck einer allgemeinen Gebührenbefreiung auch auf der Ebene des Zentralstaates, hat diese wegen der Beschränkung des Art. 138 Abs. 1 WRV auf Leistungen der Länder keinen Eingang in den Gewährleistungsbereich der Verfassungsnorm gefunden. Die Klägerin hat daher – gleichgültig welcher Betrachtung man folgt – keinen Anspruch auf die begehrte Gebührenbefreiung.

24

Zur tarifgerechten Eingruppierung von Frauenbeauftragten in kirchlichen Untergliederungen.

ArbG Saarbrücken, Urteil vom 29. März 1996 – 5e Ca 149/94[1] –

Die Parteien streiten um die tarifgerechte Vergütung der Klägerin. Die Klägerin, die die zweite juristische Staatsprüfung bestanden hat, ist seit 1.4.1991 bei dem Beklagten, dem Evangelischen Kirchenkreis X., als Frauenbeauftragte beschäftigt. Im Wege der Analogie wurde sie zunächst in die VergGr. IV b BAT-KF der Berufsgr. 2.30 Sozialarbeiter, Sozialpädagogen im Sozialdienst, Fallgr. IV b, eingruppiert; mit Wirkung vom 1.4.1995 wurde sie nach IV a BAT-KF höhergruppiert.

Die Klägerin bewarb sich auf eine Stellenanzeige, die die Tätigkeit der Frauenbeauftragten wie folgt umriß:

– *Koordination und Organisation von Frauenversammlungen*
– *Impulse für die inhaltliche Gestaltung evangelischer Frauenarbeit (Ökumene, Feministische Theologie, Frauenbewegung)*
– *Kontaktstelle für Anregungen und Beschwerden*
– *Erarbeitung von Frauenförderplänen*
– *Öffentlichkeitsarbeit.*

Der Kirchenkreis erwartete folgende Qualifikationen:

– *Erfahrung in der Arbeit mit Frauengruppen und Gremien*
– *Kenntnis von kirchlichen Strukturen*
– *möglichst Fachhochschul- oder Hochschulabschluß.*

Die Stelle sollte nach VergGr. IV b BAT-KF vergütet werden.

Im Arbeitsvertrag vom 25.3.1991 ist unter § 3 bestimmt, daß die Aufgaben der Klägerin in einer besonderen Dienstanweisung festgelegt werden können. Der Beklagte hat hiervon mit Dienstanweisung vom 21.3.1991 Gebrauch gemacht.

---

[1] Das Urteil ist rechtskräftig.

Unter Ziffer 2) der Dienstanweisung wird das Aufgabengebiet der Klägerin wie folgt umfaßt:

- *Frauenversammlungen und Frauentage im Kirchenkreis anzuregen*
- *zu theologischer Arbeit aus der Perspektive von Frauen zu ermutigen*
- *frauengerechte Sprache in Gottesdienst und Liturgie zu fördern*
- *Ansprechpartnerin zu sein für Beschwerden, Anfragen und Anregungen von Frauen*
- *ökumenische Impulse, insbesondere im Zusammenhang mit der Dekade „Solidarität der Kirchen mit Frauen", aufzunehmen*
- *zur Klärung des Selbstverständnisses von Frauen und Männern in unserer Kirche beizutragen*
- *die Lebenswirklichkeit von Frauen im Kirchenkreis zu untersuchen*
- *Benachteiligung von Frauen aufzudecken, sowohl im Bereich der ehrenamtlichen, als auch der entlohnten Kirchenarbeit (Mitspracherecht bei Stellenausschreibungen und -besetzungen)*
- *Frauenförderpläne zu entwickeln, damit leitende Funktionen verstärkt von Frauen wahrgenommen werden können*
- *Kirchliche Verlautbarungen auf Inhalte und Formulierungen hin zu untersuchen, die Frauen ausschließen oder ihnen eine Rolle zuschreiben, die ihnen nicht gemäß ist*
- *wichtige frauenpolitische Themen für die kirchliche Frauenbewegung zu bearbeiten.*

Unter Ziffer 3) wird folgender Auftrag formuliert:

- *die Zusammenarbeit mit dem Frauenreferat der Rheinischen Landeskirche*
- *die Kooperation mit den beiden Frauenbeauftragten der Kirchenkreise A. und B.*
- *die Zusammenarbeit mit Frauenverbänden und -initiativen im Kirchenkreis*
- *die Kontaktpflege mit überregionalen Organisationen, mit kirchlichen und kommunalen Einrichtungen*
- *die Pflege von ökumenischen Kontakten*
- *und entsprechende Öffentlichkeitsarbeit.*

Mit Schreiben vom 25. 6. 1993 beantragte die Klägerin ihre Höhergruppierung nach IIa BAT-KF (Berufsgr. 6, Fallgr. 1 der allg. VergO. BAT-KF) zum 1. 1. 1994. Mit Schreiben vom 3. 12. 1993 lehnte der Beklagte den Antrag ab. Die Klage hatte keinen Erfolg.

Aus den Gründen:

Die Klage ist zulässig, aber nicht begründet.
1. Auf das Arbeitsverhältnis der Parteien findet kraft einzelvertraglicher Regelung der Bundesangestelltentarifvertrag in kirchlicher Fassung – BAT-KF – Anwendung.
2. Die Entscheidung des Rechtsstreites hängt davon ab, ob mindestens die Hälfte der die Gesamtarbeitszeit der Klägerin ausfüllenden Arbeitsvorgänge den Tätigkeitsmerkmalen der von ihr in Anspruch genommenen VergGr. IIa BAT-KF entspricht. Dabei ist von dem in der Rechtsprechung des BAG entwickelten Begriff des Arbeitsvorganges auszugehen. Danach ist unter Arbeitsvorgang eine

unter Hinzuziehung der Zusammenhangstätigkeit und bei Berücksichtigung einer sinnvollen, vernünftigen Verwaltungsübung nach tatsächlichen Gesichtspunkten abgrenzbare und rechtlich selbständig zu bewertende Arbeitseinheit der zu einem bestimmten Arbeitsergebnis führenden Tätigkeit eines Angestellten zu verstehen. Tatsächlich trennbare Tätigkeiten mit unterschiedlicher tariflicher Wertigkeit können nicht zu einem Arbeitsvorgang zusammengefaßt werden. Das BAG ist in drei grundlegenden Entscheidungen (Urteile v. 20. 3. 1991 – 4 AZR 471/90, v. 20. 9. 1995 – 4 AZR 413/94 – und – 4 AZR 685/94) bei den Tätigkeiten von Gleichstellungsbeauftragten von einem einheitlichen Arbeitsvorgang ausgegangen. Die Kammer übernimmt dieses Ergebnis auch für Frauenbeauftragte in kirchlichen Untergliederungen. Alle der Klägerin übertragenen Arbeiten dienen bei zwangloser und lebensnaher Betrachtungsweise einem konkreten Arbeitsergebnis, nämlich dem, die Gleichberechtigung von Männern und insbesondere von Frauen in der Kirche voran zu bringen und unter diesem Aspekt die frauenspezifischen Belange in einer von Alters her „männerbezogenen" Kirche in den Vordergrund zu rücken. Hierbei ist – wie es auch schon die Berufsbezeichnung ausdrückt – die Klägerin eine Anlaufstelle von Frauen für Frauen. Von daher ist eine Aufgliederung in jeweils abgeschlossene Arbeitsvorgänge nicht möglich. Sie ist auch praktisch – betrachtet man die Darstellung der Aufgabengebiete in der Dienstanweisung der Klägerin – nicht durchführbar, da die dortigen Vorgaben äußerst schwammig und wenig hilfreich sind. Die Dienstanweisung regelt Zuständigkeiten ohne eine Verantwortung zu übertragen, was insbesondere dadurch deutlich wird, daß der Aufgabenkreis sich darin erschöpft, daß angeregt, ermutigt, gefördert, Impulse aufgenommen, untersucht und entwickelt werden soll. Die Tätigkeiten beinhalten eine Allzuständigkeit ohne besondere Verantwortung oder – positiv ausgedrückt – vermitteln gerade die Allzuständigkeit der Frauenbeauftragten für die fraulichen Belange in der Kirche. Bei einer Abgrenzung einzelner Aufgaben bliebe daher das durch den Kirchenkreis vorgegebene einheitliche Ziel der Tätigkeit unberücksichtigt.

3. Für die Eingruppierung der Klägerin kommen danach folgende Tätigkeitsmerkmale des BAT-KF in Betracht:

VergGr. II a der Berufsgr. 6, Fallgr. 1: „Mitarbeiter mit abgeschlossener wissenschaftlicher Hochschulausbildung und mit entsprechender Tätigkeit".

Die Klägerin erfüllt nicht die Voraussetzungen der VergGr. II a BAT-KF. Sie verfügt zwar als Volljuristin über eine abgeschlossene wissenschaftliche Hochschulausbildung, sie übt jedoch keine ihrer Hochschulausbildung entsprechende Tätigkeit aus. Entsprechend den Vorgaben des BAG (vgl. Urteil vom 20. 9. 1995 – 4 AZR 413/94 –) muß die Tätigkeit der konkreten wissenschaftlichen Hochschulausbildung der betreffenden Angestellten entsprechen. Sie muß schlechthin die Fähigkeit erfordern, wie ein einschlägig ausgebildeter Akademiker auf dem entsprechenden akademischen Fachgebiet Zusammenhänge zu überschauen und selbständig Ergebnisse zu entwickeln. Sie muß einen sogenannten akademischen Zuschnitt haben. Nicht ausreichend ist es hingegen, wenn die entsprechenden Kenntnisse der Angestellten für ihren Aufgabenkreis lediglich nützlich oder erwünscht sind; sie müssen vielmehr im zuvor erläuterten Rechtssinne zur Ausübung der Tätigkeit erforderlich, d. h. notwendig sein.

Die Darlegungs- und Beweislast für das Vorliegen dieser Voraussetzung liegt bei der Klägerin. Ob sie eine ihrer Ausbildung entsprechende Tätigkeit ausübt, ist nur feststellbar, wenn im einzelnen dargelegt ist, welche Kenntnisse und Fertigkeiten ihr die Ausbildung vermittelt hat und aus welchem Grunde sie ihre Aufgaben ohne diese Kenntnisse und Fertigkeiten nicht ordnungsgemäß erledigen kann. Es muß erkennbar sein, daß die Ausbildung nicht nur nützlich oder erwünscht, sondern für die Tätigkeit erforderlich ist.

Die Klägerin hat nicht näher dargelegt, welche Kenntnisse und Fertigkeiten sie in ihrem juristischen Studium erworben hat und inwiefern sie diese Kenntnisse und Fertigkeiten für ihre Tätigkeit als Frauenbeauftragte benötigt. Insbesondere ist nicht feststellbar, daß die auszuübenden Tätigkeiten einen akademischen Zuschnitt haben. Sie hat zwar eine detaillierte Arbeitsplatzbeschreibung vorgelegt und zu den einzelnen Arbeitsschritten ihre wissenschaftlichen Leistungen umfangreich vorgetragen. Dieser Sachvortrag läßt eine konkrete Darstellung bezogen auf ihr juristisches Studium vermissen, die Darstellung allgemeiner wissenschaftlicher Methoden reicht jedoch nicht aus. Zudem umfaßt die Arbeitsplatzbeschreibung einen Zeitraum von mehreren Jahren – von 1992 bis Mitte 1995 –, was schon deshalb unzulässig ist, weil hierdurch anhand der bearbeiteten Themenbereiche der Eindruck erweckt wird, als wäre die Bearbeitung verschiedener Themenbereiche eine Daueraufgabe. In Wirklichkeit, betrachtet man die vorgelegten Tätigkeitsberichte der Klägerin, sind die dargelegten Themenbereiche jeweils Schwerpunkt eines einzelnen Jahres und werden neben der übrigen Arbeit erledigt.

Die Klägerin begehrt die Höhergruppierung ab 1994, maßgebend für die Bewertung ist daher der Zeitraum 1993. Für die Frage, in welcher VergGr. die Angestellte ist, ist deren gesamte auszuübende, nicht dagegen die ausgeübte Tätigkeit maßgebend. Entscheidend ist somit grundsätzlich die vom Arbeitgeber im Rahmen des Arbeitsvertrages übertragene Tätigkeit. Aus den übertragenen Tätigkeiten laut Dienstanweisung läßt sich ein akademischer Zuschnitt nicht feststellen. Es ist zwar einzuräumen, daß die Dienstanweisung wenig Substantiiertes bietet und keine klare Aufgabenstellung beinhaltet. So ist z. B. schwerlich nachzuvollziehen, wie eine *Ermutigung* zu theologischer Arbeit aus der Perspektive von Frauen stattfinden soll oder wie ökumenische Impulse *aufzunehmen* sind. Dies kann jedoch dahinstehen, da im Zusammenhang mit dem

Arbeitsbericht 92/93 eine verläßliche Konkretisierung der auszuübenden Tätigkeit erfolgen kann. Danach war die Klägerin schwerpunktmäßig mit dem Thema „Arbeit in der Kirche" befaßt, und zwar in folgenden zwei Bereichen:

a) hauptamtliche, d. h. bezahlte Arbeit und
b) ehrenamtliche und freiwillige Arbeit.

Zu a): Es wurde im wesentlichen der Entwurf einer Dienstvereinbarung zur Förderung der Gleichstellung von Frauen im Diakonischen Werk vorgelegt. Der Entwurf wurde erarbeitet von der Arbeitsgruppe Frauengleichstellung, die sich aus Vertretern der Mitarbeitervertretung des Diakonischen Werkes, Angestellten des Diakonischen Werkes, einer Vertreterin der ÖTV und den Frauenbeauftragten der Kirchenkreise zusammensetzte. Welchen Anteil die Klägerin an dem Entwurf hatte, ist nicht dargelegt. Wie der Gleichstellungsplan erarbeitet wurde, ist ebenfalls nicht ersichtlich. Denkbar ist, ein Konglomerat aus bereits bestehenden Gleichstellungsplänen, zusammengefaßt auf die Bedürfnisse der jeweiligen Kirchenkreise, oder das selbständige erarbeiten ohne diese Hilfestellung. Für die erste Alternative, was einem „Abschreiben" nahekommt, ist sicherlich eine wissenschaftliche Hochschulausbildung nicht erforderlich.

Zu b): Es wurde eine Situationsanalyse erstellt und werden verschiedene Problemfelder angesprochen. Es fand eine Koordination mit dem Kirchenkreis X. statt, so daß auch hier der Anteil der Klägerin an dem Gesamtergebnis nicht bekannt ist. Zudem läßt die Ausarbeitung nicht den Schluß auf die Erforderlichkeit eines juristischen Studiums zu.

Es läßt sich demnach feststellen, daß die Tätigkeiten der Klägerin 1993 keine überwiegenden Tätigkeiten darstellten, die ein juristisches Hochschulstudium erforderten.

Zu keinem anderen Ergebnis kommt man auch, wenn man die Tätigkeitsbeschreibung der Klägerin in der Klageschrift zu Hilfe nimmt. Die Öffentlichkeitsarbeit, Zusammenarbeit mit anderen Organisationen, die Bewirtschaftung von Eigenmitteln mit einem Zeitanteil von insgesamt 47,8/100 (Ziffer 3–6 des Aufgabenkatalogs) beinhalten keine Tätigkeiten akademischen Zuschnitts. Die Erarbeitung von statistischem Material zur Erstellung von Strukturanalysen und die Erstellung von wissenschaftlichen Untersuchungen mit einem Zeitanteil von 29,4/100 enthält mit Sicherheit mehr als 5/100 für die Erarbeitung von statistischem Material. Gerade letzteres kann – wie auch das BAG richtigerweise ausgeführt hat – auch von Fachhochschulabsolventen ausgeführt werden. Sind demnach über 50/100 keine Tätigkeit akademischen Zuschnitts, sind auch die Eingruppierungsmerkmale der VergGr. II a BAT-KF nicht erfüllt.

25

Zum Umfang der Darlegungslast für die Behauptung, ein Finanzmakler betreibe eine „Scientology-nahe" Firma.

§§ 823 Abs. 2, 1004 BGB, 186 StGB
OLG Hamburg, Urteil vom 3. April 1996 – 5 U 130/95 –

Aus den Gründen:

Die Berufung der Antragsteller ist begründet. Dem Antragsgegner ist im Wege der einstweiligen Verfügung antragsgemäß zu untersagen, den Namen der Antragsteller in einer Liste mit der Überschrift

„Umwandlungs- und Entmietungsprofis Scientology-nahe und andere Firmen und ihre (ehemaligen) Helfer und Helfershelfer"

zu führen und entsprechende Behauptungen aufzustellen und zu verbreiten. Der begehrte Unterlassungsanspruch folgt aus §§ 823 Abs. 2 BGB, 186 StGB i. V. m. § 1004 BGB.

Wie das Landgericht an sich zu Recht erkannt hat, enthält die Überschrift der beanstandeten Liste Tatsachenbehauptungen; die Liste soll – entsprechend der mit ihr verfolgten Informationsabsicht – die darin benannten Unternehmen und Personen als solche der Immobilienbranche zugehörig bezeichnen, die sich professionell mit der Umwandlung von Miet- in Eigentumswohnungen befassen und dabei – das läßt die negativ wertende Formulierung „Entmietungsprofi" erkennen – sich methodisch über berechtigte Mieterinteressen hinwegsetzen. Zu solchen Unternehmen werden ausweislich der zweiten Zeile einschränkungslos *„scientology-nahe"* Firmen gerechnet; mit der Einbeziehung von „Helfern und Helfershelfern" wird zum Ausdruck gebracht, daß die in der Liste benannten Unternehmen den „Entmietungsprofis" und deren Praxis zumindest unterstützende Hilfe leisten.

Im Hinblick auf die seit geraumer Zeit in der Öffentlichkeit zunehmend, auch von staatlichen Organen, geäußerte Kritik am Auftreten und an den Praktiken der Scientology-Sekte zum einen und der bis in die Medien hineingetragenen Auseinandersetzung um die bei einzelnen Umwandlungsprojekten angewandten Methoden und deren soziale Auswirkungen zum anderen ist die Aufnahme in die fragliche Liste des Antragsgegners geeignet, die jeweils Betroffenen, also auch die Antragsteller, in der allgemeinen Meinung, der Öffentlichkeit, herabzuwürdigen (§ 186 StGB).

Demgemäß obliegt jedenfalls für den hier geltend gemachten Unterlassungsanspruch dem Antragsgegner die Darlegungs- und Beweislast für die Richtigkeit seiner Behauptungen. Insoweit reicht sein Vorbringen jedoch nicht aus, um die Aufnahme der Antragsteller in die strittige Liste zu rechtfertigen.

Die Antragsteller sind Finanzierungsmakler, daher mit Umwandlungsprojekten nicht unmittelbar selbst befaßt. Nach der eigenen Darstellung des Antragsgegners kommen sie „nur" als „Helfer" und „Helfershelfer" in Betracht. Dies läßt sich indes – auch wenn manches für die Annahme des Antragsgegners spricht – nicht mit der gebotenen Sicherheit feststellen. Empfehlungen, auch die Weitergabe von Visitenkarten der Antragsteller durch – unstreitig – der Scientology-Sekte nahestehende Personen bedeuten nicht zwingend, daß die Antragsteller die Scientology-Sekte oder deren Praktiken wissentlich unterstützt haben. Das folgt auch nicht aus der ehemaligen Bürogemeinschaft mit der Firma X., selbst wenn feststünde – was nicht glaubhaft gemacht ist –, daß diese Firma von Scientologen beherrscht wird. Inzwischen besteht die Bürogemeinschaft nicht mehr, und der Antragsgegner hat weitere Verbindungen zu dieser Firma aus jüngster Zeit nicht mehr belegt. Aus den insgesamt fünf belegten Geschäftsvorgängen – Januar, März 1995 und Februar 1996 – läßt sich weder ein Schwerpunkt noch auch nur eine Tendenz der Antragsteller zur Zusammenarbeit mit scientology-nahen Unternehmen mit hinreichender Überzeugungskraft feststellen. Ihnen Sympathisantentum mit der Scientology-Sekte vorzuwerfen, kann daher insbesondere in subjektiver Hinsicht nicht mit der gebotenen Sicherheit begründet werden. Denn nicht jeder geschäftliche Kontakt mit Scientologen bedeutet zugleich deren wissentliche Unterstützung, macht die Betreffenden noch nicht zu „Helfershelfern".

Auf die Wahrnehmung berechtigter Interessen kann sich der Antragsgegner bei dieser Sachlage nicht berufen.

26

Verstoßen sog. Auditing-Sitzungen einer Scientology-Mission gegen das Heilpraktikergesetz?

§§ 812, 823 Abs. 2, 826 BGB, 263 StGB, 1 Abs. 2 HeilprG.
LG Stuttgart, Urteil vom 3. April 1996 – 24 O 316/95[1] –

Der Kläger war seit Mai 1989 Mitglied der Scientology-Mission in K. und der IAS (International Association of Scientologists). Den Kontakt hatte er durch den Geschäftsführer seiner damaligen Arbeitgeberin erhalten. Er nahm dort an diversen Kursen, Seminaren und an sog. Auditings teil. Er schrieb sich u. a. für den Kommunikationskurs in ein einführendes Auditing, ein Reini-

---

[1] NJW-RR 1997, 1077. Das Urteil ist rechtskräftig.

sog. Auditing-Sitzung 129

gungsprogramm und ein weiterführendes Auditing ein. Im vom Kläger unterschriebenen Einschreibeformular für den Kommunikationskurs stellt die „Mission der Scientology Kirche K. e. V." fest, daß „sie sich nicht damit befaßt, körperliche Gebrechen oder geistige Krankenheiten zu behandeln oder zu diagnostizieren und sich auch nicht mit der Lehre oder Ausübung der Heilkunst oder Medizin befaßt". Ähnliches ist im Einschreibeformular für das Reinigungsprogramm festgehalten. Im Jahr 1990 wurde auch ein Persönlichkeitstest nach der „Standard Oxford Capacity Analyse" durchgeführt. Ab Mitte des Jahres 1990 nahm der Kläger keine weiteren Angebote der Scientology-Mission in K. wahr.

Im Januar 1992 wandte sich der Kläger wiederum an die Beklagte, um dort eine Verbesserung seiner Persönlichkeitsstruktur zu erreichen. Dies sollte mittels Auditing geschehen. Dem Kläger war dabei bekannt, daß die Beklagte Scientologin ist, zwar nicht als integrierter Bestandteil einer Scientology-„Mission", aber als „freie Feld-Auditorin". Er führte dort nochmals einen Persönlichkeitstest nach der „Standard Oxford Capacity Analyse" durch. Zur Vorbereitung des Auditings bei der Beklagten fand ein Gespräch mit dem späteren Auditor G. über seine Erfahrungen in K. und seine dort erreichten Erfolge statt.

Der Kläger bezahlte im Februar 1992 21 500 DM und März 1992 21 592 DM. Für die Teilnahme mußte er sich bei der Mission in K. ein sog. „Field Staff Member Selection Slip" besorgen, was Voraussetzung für die Inanspruchnahme der Dienste der Beklagten war.

Anschließend nahm der Kläger für ca. 70 Stunden an Auditings bei der Beklagten bzw. Herrn G. teil. Das Auditing untergliederte sich in drei Blöcke, nach deren jedem er einen Erlebnisbericht ausfüllen mußte. Danach wurde ein weiterer Persönlichkeitstest durchgeführt. Von den weiteren in Erwägung gezogenen Programmen nahm der Kläger Abstand.

Der Kläger begehrt mit der Klage Rückerstattung von Zahlungen, die er für Auditing-Sitzungen erbracht hat. Er trägt vor, er sei nur deswegen Mitglied der Scientology-Mission K. geworden, da er praktisch wie in einem Sparverein Dienstleistungen billig einkaufen wollte. Außerdem habe man ihm dort gesagt, man werde ihn leistungsfähiger machen. Er habe jedoch das Vertrauen zu der Mission K. verloren, weshalb er dort ab Frühjahr 1990 keine Angebote mehr wahrgenommen habe.

Er trägt weiter vor, Hintergrund der Inanspruchnahme der Beklagten sei gewesen, daß Herr G. ihm Gesprächstherapien nahegelegt habe, um seine Leistungsfähigkeit und Belastbarkeit zu verbessern. Bei Beginn der Behandlung bei der Beklagten habe er auch gefragt, was mit körperlichen Störungen sei. Es sei ihm mitgeteilt worden, daß diese immer auch ihren geistigen Hintergrund hätten und darauf eingewirkt werden könne. Dies sei als sicher erfolgreich versprochen worden.

sog. Auditing-Sitzung

Die Beklagte habe ihm erklärt, daß sie nicht der Scientology-Mission angehöre, daß sie jedoch als Scientologin freie Feldauditorin sei. Es handle sich auch nicht um eine Mission der Scientologen, da die Räume nicht als Kirche gekennzeichnet seien und auch nicht diesen Eindruck erwecken würden. Außerdem seien die Scientologen auch keine Religionsgemeinschaft, wie das Bundesarbeitsgericht (5 AZB 21/94[2]) festgestellt habe. Ihm sei Hilfsbedürftigkeit suggeriert worden. Weiter sei der Anschein einer leistungsfähigen psychologischen Beratungsstelle erweckt worden. Die Wissenschaftlichkeit der „Standard Oxford Capacity Analyse" werde in Betrugsabsicht vorgetäuscht, was auch von Seiten der Scientology Vertriebsorganisation eingeräumt werde, da die Auswertung des Testes ohne Vorkenntnisse von jedermann nach kurzer Einarbeitungszeit vorgenommen werden könne. Einziger Zweck sei es, die beruflichen Schwierigkeiten, Krankheitssymptome und psychologische Schwierigkeiten auszuforschen sowie abzufragen, ob der Betroffene in der Lage ist, teure Auditing-Sitzungen zu bezahlen. Der Test habe hier zum Ergebnis geführt, daß er angeblich instabil und psychisch nicht durchsetzungsfähig oder nicht aktiv genug sei und auf Menschen zu unruhig wirke. Dies sei Folge persönlichkeitsbedingter und erlebnisreaktiver Störungen und müsse sofort therapiert werden, da sonst bleibende psychische Schäden für sein Leben entstünden. Zu den objektiven Ergebnissen sei ihm gesagt worden, daß die Testergebnisse künstlich überhöht seien.

Es handle sich beim Auditing um eine psychotherapeutische Gesprächstherapie mit Hypnose, also um eine entgeltliche Heilbehandlung, für die die Beklagte unstreitig keine Erlaubnis hat. Im übrigen sei weder eine Verbesserung der psychischen Konstellation eingetreten noch seien die Heilungsversprechungen eingetroffen. Beim ganzen handele es sich um eine arglistige Täuschung, um an sein Geld heranzukommen. Er, der Kläger, sei auch psychologisch unter Druck gesetzt worden.

Die Klage hatte keinen Erfolg.

Aus den Gründen:

Die Klage ist nicht begründet. Dem Kläger steht der geltend gemachte Rückforderungsanspruch weder aus Bereicherungsrecht (1) noch aus Delikt (2) zu. Auch für Ansprüche auf Schadensersatz wegen Schlechtleistung ist nicht substantiiert vorgetragen (3).

1. Einer Rückforderung aus ungerechtfertigter Bereicherung steht der zwischen den Parteien geschlossene Vertrag über die Erbringung des Auditing entgegen. Das Zustandekommen dieses Vertrages scheitert nicht an einem Dissens

---

[2] KirchE 33, 92.

(a), der Vertrag ist auch nicht wegen Verstoßes gegen das Heilpraktikergesetz – HeilprG – i. V. m. § 134 BGB nichtig (b). Eine Sittenwidrigkeit nach § 138 BGB ist nicht erkennbar (c).

a) Zwischen den Parteien ist ein Vertrag über die Erbingung der Auditing-Leistungen zustandegekommen, da sich die Willenserklärungen beider Parteien decken.

Die Kammer hatte zwar zunächst erwogen, ob ein Vertragsverhältnis zwischen den Parteien schon wegen Dissenses ausscheidet, weil Angebot und Annahme sich nicht gedeckt hätten. Das wäre dann der Fall gewesen, wenn die eine Seite religiöse Leistungen angeboten und die andere eine Persönlichkeitsverbesserung angestrebt hätte. Dies liegt auch bei Personen, die mittels der „Einstein"-Werbung veranlaßt werden, Leistungen der Scientologen in Anspruch zu nehmen, durchaus nahe. Nach der ausführlichen Anhörung des Klägers i. V. m. den zahlreichen Unterlagen über seine bislang in Anspruch genommenen Leistungen bei den Scientologen hat sich dies jedoch nicht bestätigt.

Es war Ziel des Klägers, durch die Teilnahme am Auditing der Beklagten eine Verbesserung seiner Persönlichkeitsstruktur i. S. von höherer Leistungsfähigkeit und Belastbarkeit zu erreichen. Hierbei kann in diesem Stadium noch offen bleiben, inwieweit es ihm daneben auch auf eine Linderung körperlicher Symptome ankam wie die Linderung von Schmerzen infolge der Schulteroperation und des übersäuerten Magens. Daß dies für den Kläger jedenfalls nicht der Hauptzweck war, ergibt sich bereits daraus, daß er während des Zeitraums, in dem er weder bei der Scientology-Mission in K. noch bei der Beklagten an Auditing-Kursen teilnahm, nicht bei einem Arzt in Dauerbehandlung war, obwohl die Symptome damals bereits vorlagen. Dies wird weiter dadurch gestützt, daß bereits nach den Angaben im Klageschriftsatz Zweck der Teilnahme war, die Leistungsfähigkeit und Belastbarkeit zu verbessern, wozu ihm der Geschäftsführer seiner damaligen Arbeitgeberin auch geraten hatte. Auch spielten die körperlichen Probleme während des Auditings keine Rolle mehr.

Eine solche Persönlichkeitsverbesserung hat ihm jedoch – unabhängig von weiteren religiösen Leistungen – die Beklagte angeboten und dazu das Auditing erbracht. Dies galt auch aus seinem Empfängerhorizont. Ihm war nämlich aufgrund seiner bisherigen Erfahrung mit der Scientology-Mission in K. und der Kenntnis, daß es sich bei der Beklagten ebenfalls um eine Scientologin – einerlei welcher Schattierung – handelte, bekannt, daß die Beklagte zwar die Persönlichkeitsverbesserung in Aussicht stellte, das ganze jedoch im Rahmen der von ihr behaupteten Religionsausübung stattfinden sollte. Der Kläger hat in der Anhörung auch eingeräumt, daß ihm die schriftlichen Erklärungen über die religiösen Bezüge durchaus bekannt waren, daß er jedoch trotzdem die Verbesserung der Persönlichkeitsstruktur in den Vordergrund stellte. Weiter hat er angegeben, daß ihm auf Nachfrage in K. erklärt worden sei, die schriftlichen Unterlagen seien zur Absicherung nach außen erforderlich. Daß das Auditing bei der Beklagten umfangreicher war und teilweise in anderen Varianten vorgenommen wurde, ändert an der Vorkenntnis des Klägers nichts.

b) Der damit zustandegekommene Vertrag über die entgeltliche Erbringung von Auditing-Leistungen ist auch nicht wegen Verstoßes gegen das Heilpraktikergesetz nichtig. Insoweit kann offen bleiben, ob ein Verstoß gegen das Heilpraktikergesetz überhaupt zur Nichtigkeit nach § 134 BGB führt (aa), denn bereits die tatbestandsmäßigen Voraussetzungen für die Anwendung des Heilpraktikergesetzes liegen nicht vor (bb), so daß auch dahingestellt bleiben kann, ob das Heilpraktikergesetz in die Freiheit des von der Beklagten behaupteten Glaubens nach Artikel 4 GG eingreift (cc).

aa) Zwar hat das OLG München (NJW 1984, 1826) vor Bekanntwerden des sogenannten Schwarzarbeiterurteils des Bundesgerichtshofes (NJW 1984, 1175) die Auffassung vertreten, daß auch der Verstoß gegen das Heilpraktikergesetz zur Nichtigkeit des Vertrages nach § 134 BGB führe, nach den Ausführungen des Bundesgerichtshofes sind hieran jedoch Zweifel angebracht (so auch Hahn in seiner Anmerkung zum Urteil des OLG München NJW 1984, 1827, sowie BGH NJW 1987, 2928). Die Kammer tendiert allerdings eher dazu, im Fall des Verstoßes gegen das Heilpraktikergesetz auch tatsächlich eine Nichtigkeit nach § 134 BGB anzunehmen, da sich zwar das Verbot nur gegen den Heilpraktiker richtet, die sonstigen Erwägungen im „Schwarzarbeiterurteil" jedoch so für einen Verstoß gegen das Heilpraktikergesetz nicht zutreffen. Bei einer Heilpraktikerbehandlung handelt es sich um ein regelmäßig vorhandenes Vertrauensverhältnis zwischen Heilpraktiker und Kunden, so daß eine einfache Substitution durch einen zugelassenen Heilpraktiker nicht in Betracht kommt. Außerdem sind Gewährleistungsansprüche in diesem Falle eines Dienstvertrages auch nicht so bedeutsam wie im Fall eines Werkvertrages.

bb) Die Tätigkeit der Beklagten fällt jedoch im konkreten Fall nicht unter § 1 Abs. 2 HeilprG.

Die Heilung der vom Kläger geschilderten körperlichen Mängel war nämlich – selbst wenn man dem Klägervortrag folgt – nur als Nebenfolge des Auditing gewollt und bei der hauptsächlich erhofften Verbesserung der Persönlichkeitsstruktur handelt es sich nicht um Heilbehandlung, selbst wenn sehr viel dafür spricht, daß es sich bei dem Auditing tatsächlich um eine Art von Gesprächstherapie wie bei einer Psychoanalyse handelt (die Definition der Psychoanalyse enthält bereits die Zielrichtung der Erkrankung und deren Behandlung, vgl. BVerwG NJW 1984, 1414 r. Sp. unter 2, 4. Abs., was hier noch zu untersuchen ist).

(1) Für die Anwendung des Heilpraktikergesetzes ist nämlich ausweislich seines Gesetzeswortlauts weiter erforderlich, daß die „Behandlung" zur Feststel-

sog. Auditing-Sitzung 133

lung, Heilung oder Linderung von Krankheiten, Leiden oder Körperschäden durchgeführt wird. Das Ziel ist also ebenfalls auschlaggebend (Pelchen in: Erbs/Kohlhaas, Strafrechtliche Nebengesetze, Heilpraktikergesetz § 1 Rdnr. 6 a. E.). Dieser Zustand muß wenigstens in der subjektiven Einbildung des Patienten vorhanden sein (BGHSt 9, 237, 238 – Eindruckstheorie). Schutzzweck des Gesetzes war nämlich von Anfang an die „Volksgesundheit" (vgl. Arndt, Heilpraktikerrecht, S. 84), insbesondere daß Patienten davon abgehalten wurden, trotz Krankheit zu einem ausgebildeten Arzt zu gehen (BVerwG, 1970, 1988 1. Sp.; BGH NJW 1978, 599 [600]). Auch nur mit diesem Schutzgut läßt sich unter der Geltung des Grundgesetzes ein Eingriff in die Berufsfreiheit des Art. 12 GG begründen, da es sich nicht nur um eine Berufsausübungs-, sondern um eine Zulassungsbeschränkung zum Beruf handelt. Ein solches Abhalten von einer ärztlichen Behandlung wird aber noch nicht einmal vom Kläger selbst behauptet. *(wird ausgeführt)*

(2) Etwas anderes ergibt sich nicht daraus, daß viel für den Klägervortrag spricht, daß die Methode an sich zu Gefahren für die Gesundheit führen kann, weil Psychotherapie nach allgemeiner Auffassung ärztliche oder heilkundliche Fachkenntnisse voraussetzt (BVerwG NJW 1984, 1414), falls man nicht der ebenfalls vom Klägervertreter vorgelegten Information über Gesprächspsychotherapie folgt, daß diese vor allem Selbstwertgefühl verleihen soll und noch nicht zu den anerkannten Krankheitsbehandlungen mit vorausgesetzter ärztlicher Fachkenntnis gehört. Das Heilpraktikergesetz kann eben nicht über die Grenzen seines Wortlauts hinaus allein erfolgsbezogen angewandt werden, es ist immer eine Behandlung in diesem Sinne erforderlich. Das liegt bei einer Persönlichkeitsverbesserung aber nicht vor. *(wird ausgeführt)*

Die Kammer befindet sich hierbei nicht im Widerspruch zur höchstrichterlichen Rechtsprechung des Bundesverwaltungsgerichts oder des Bundesgerichtshofs.

Zwar fallen nach der Rechtsprechung des Bundesverwaltungsgerichts (z. B. NJW 1970, 1987 f.) auch solche Tätigkeiten unter den Anwendungsbereich des Heilpraktikergesetzes, die Gesundheitsgefährdungen mittelbar zur Folge haben können, allen Entscheidungen des Bundesverwaltungsgerichts liegen aber Sachverhalte zugrunde, in denen konkret Krankheiten behandelt werden sollten (aaO: chiropraktische Heiltätigkeit; BVerwG NJW 1984, 1414: Erkennen und Behandeln psychischer und körperlicher Erkrankungen).

Nichts anderes gilt für die Rechtsprechung des 1. und 2. Zivilsenats des Bundesgerichtshofes (NJW 1981, 2008 [2009] bzw. NJW 1987, 2928 [2929]). Der zweite Zivilsenat hat aaO zwar u. a. ausgeführt, daß es genügt, wenn die Art des Eingriffes zu besonderen Gefahren für die Gesundheit des einzelnen führen kann. Er hat jedoch ebenfalls eine konkrete Behandlung i. S. des Heilpraktikergesetzes gefordert.

Zum selben Ergebnis gelangt man bei Anwendung der Grundsätze des 1. Strafsenats des Bundesgerichtshofs (NJW 1978, 599). Der Bundesgerichtshof setzt sich zwar mit dem Problem auseinander, daß eine Umgehung des Schutzzwecks des Heilpraktikergesetzes nicht allein dadurch möglich sein soll, daß der Ausübende sich möglichst weit von den Regeln ärztlicher Wissenschaft entfernt, läßt dies aber letztlich offen, da im konkreten Fall der Angeklagte ein Ziel verfolgt hatte, das nach allgemeiner Anschauung ärztliches Fachwissen voraussetzt (aaO, S. 600). Das ist bei Persönlichkeitsverbesserungen aber gerade nicht der Fall. Zwar spricht sich der 1. Strafsenat in einem obiter dictum gegen eine Einengung des Tatbestandes des Heilpraktikergesetzes aus, aufgrund derer die besonders gefährlichen und strafwürdigen Fälle der Scharlatanerie und der schwindelhaften Kurpfuscherei nicht mehr erfaßt würden. Aber auch hierbei muß es sich um Heilbehandlung i. w. S. handeln, wie sich aus der Wahl des Begriffes „Kurpfuscherei" ergibt. Im übrigen wollte der Angeklagte dort selbst eine Heilbehandlung durchführen. Der Schutz vor vermögensrechtlichen Konsequenzen liegt aber außerhalb des gesundheitsorientierten Schutzzwecks des Heilpraktikergesetzes (BGH, NJW-RR 1992, 430 b a. E.)

Soweit die Staatsanwaltschaft beim Landgericht München I in den Verfahren 338 Js 10438/84 und 338 Js 10439/84 in einem obiter dictum pauschal zu einem anderen Ergebnis kommt, kann dies gerade unter dem Gesichtspunkt des strafrechtlichen Analogieverbots nicht überzeugen. In der kurzen Begründung in der Einstellungsverfügung fehlt auch jede Auseinandersetzung mit der Voraussetzung des Zieles einer Heilbehandlung. Es läßt sich allerdings den tatsächlichen Ausführungen zur beispielsweise genannten Zeugin S. nicht entnehmen, inwieweit sie das Auditing zur Heilung oder Linderung von Krankheiten, Leiden oder Körperschäden erhielt.

(3) Selbst wenn man jedoch bereits die geschilderten Symptome für eine Krankheit halten wollte und auch die Nebenfolge genügen lassen wollte, so wäre der Kläger insoweit beweisfällig geblieben. *(wird ausgeführt)*

cc) Unter diesen Umständen kann dahingestellt bleiben, inwieweit der Beklagten aufgrund der ihr persönlich zustehenden Glaubensfreiheit zugebilligt werden müßte, das Auditing als den ihrer Auffassung nach zentralen Bestandteil ihres Glaubens beim Kläger auch ohne Zulassung nach dem Heilpraktikergesetz durchzuführen, wenn sich dieser aufgrund seiner langjährigen Vorkenntnis bezüglich der angeblichen Religionseigenschaft auf diesen angeblichen Glauben einließ. Nachdem Art. 4 GG neben der Religionsfreiheit auch die des persönlichen Glaubens schützt, müßte dies für die Person der Beklagten unabhängig von der Frage der von der Kammer bezweifelten Religionseigenschaft der Scientology-Organisation entschieden werden (so neuerdings auch die 4. Zivilkammer des LG Frankfurt/M. im Urteil v. 18. 8. 1995).

c) Anhaltspunkte dafür, daß der Vertrag wegen § 138 BGB sittenwidrig und damit nichtig ist, sind nicht in hinreichendem Maße vorhanden. Abgesehen davon, daß eine besondere Situation i. S. des § 138 Abs. 2 BGB nicht vorlag, kann beim derzeitigen Klägervortrag auch schwerlich von einem wucherisch überhöhten Preis ausgegangen werden, da vom Kläger keine geeignete Vergleichsbasis für die Feststellung der Überhöhung des Preises dargetan ist. Diese müßte zum einen die Preise für eine Verbesserung der Persönlichkeitsstruktur enthalten und nicht nur die Kosten für eine Behandlung mit einer Psychotherapie. Zum anderen müßte sie auch die Einfärbung mit religiösen oder pseudoreligiösen Elementen berücksichtigen. Schließlich ist nicht ersichtlich, daß der Vertrag über die Persönlichkeitsverbesserung nach § 138 Abs. 1 BGB nichtig wäre. Im übrigen wird auf diesen rechtlichen Gesichtspunkt auch vom Kläger selbst nicht abgestellt.

2. Der geltend gemachte Anspruch steht dem Kläger auch nicht unter dem Gesichtspunkt des Deliktes zu.

Hierbei greift allerdings nicht die von Beklagtenseite eingewandte Verjährung ein, da nach § 852 Abs. 3 BGB die noch vorhandenen Früchte der unerlaubten Handlung auch nach Ablauf der Verjährungsfrist herauszugeben sind. Insofern kann offenbleiben, ab wann eine Verjährung überhaupt zu laufen begonnen hätte.

Deliktische Ansprüche kommen, da jedenfalls substantiiert keine Verletzung absoluter Rechtsgüter des Klägers vorgetragen ist, allenfalls unter dem Gesichtspunkt des § 823 Abs. 2 BGB i. V. m. § 263 StGB sowie im Hinblick auf § 826 BGB in Betracht.

a. Für eine Haftung über den Betrugstatbestand des § 263 StGB kommt entgegen der Auffassung des Klägervertreters nicht in Betracht, daß von Beklagtenseite vorgespiegelt worden wäre, daß es sich um eine leistungsfähige psychologische Beratungsstelle handeln würde. Insofern konnte dem Kläger nämlich erfolgreich nichts vorgespiegelt werden, nachdem er hinreichende Kenntnis dessen hatte, was ihn im Rahmen eines Auditings der Scientologen erwartet. Auch eine Versuchsstrafbarkeit scheidet insoweit aus, da schon gar nicht davon ausgegangen werden kann, daß die Beklagte entsprechenden Vorsatz hatte. Zudem wäre durch den erfolglosen Versuch auch kein Schaden beim Kläger entstanden.

Für einen Betrug kann auch nicht daran angeknüpft werden, daß dem Kläger vorgespiegelt worden wäre, daß er instabil und psychisch nicht durchsetzungsfähig sowie nicht aktiv genug gewesen sei. Soweit sich der Kläger hierbei auf die Testunterlagen beruft, ergeben die vorgelegten Testunterlagen eher das Gegenteil. Soweit er darauf hinweist, daß ihm erklärt worden sei, diese seien künstlich überhöht, kann er hierfür lediglich wieder die Vernehmung seiner eigenen Partei anbieten, der die Beklagtenseite nicht zugestimmt hat. Auch hier spricht keine überwiegende Wahrscheinlichkeit für den Klägervortrag, so daß wiederum eine Parteivernehmung von Amts wegen nach § 448 ZPO ausscheidet.

Auch aus der angeblichen Vorspiegelung, daß alle psychischen und körperlichen Probleme geheilt werden könnten, kann für einen Betrug nichts hergeleitet werden, da die angeblichen Anpreisungen sich so im Allgemeinen und Vagen halten, daß kein Tatsachenkern behauptet wäre. In Anbetracht der zwei vorangegangen Tests wäre im übrigen eine solche Verbesserung auch lediglich wieder an den gleichen Standards zu messen, wobei der Beklagte nicht einmal bestreiten konnte, daß der dritte Test vom 21. 7. 1992 erfolgreicher war.

b. Unter diesen Umständen kommen auch keine Ansprüche nach § 826 BGB in Betracht.

3. Schließlich steht dem Kläger auch unter dem Gesichtspunkt der positiven Vertragsverletzung kein Anspruch zu. Er hat nicht substantiiert vorgetragen, daß die Beklagte die Dienstleistung an sich schlecht erbracht habe und ihm dadurch ein Schaden entstanden sei. Im Gegensatz zum Werkvertrag kommt es dabei nicht auf den Erfolg der Behandlung an.

27

Zur Strafzumessung bei Verurteilung eines Mitglieds der Zeugen Jehovas wegen Zivildienstflucht.

§§ 15 a Abs. 1 ZDG, 46 Abs. 3, 47, 56 b StGB
OLG Koblenz, Beschluß vom 15. April 1996 – 1 Ss 85/96[1] –

Der Strafrichter des Amtsgerichts hat den Angeklagten wegen (Zivil-)Dienstflucht zu einer Geldstrafe von 10 Tagessätzen à 80,– DM verurteilt. Hiergegen hat die Staatsanwaltschaft unter Beschränkung auf den Rechtsfolgenausspruch Berufung eingelegt. Die Strafkammer hat diese Beschränkung als wirksam angesehen und ohne die amtsgerichtlichen Schuldfeststellungen mitzuteilen ausgeführt, die Berufungshauptverhandlung habe „in tatsächlicher Hinsicht zu den gleichen Feststellungen geführt, wie sie bereits das Amtsgericht getroffen hat". Weiter heißt es sodann:

„Der Angeklagte ist Zeuge Jehovas und wurde als Kriegsdienstverweigerer anerkannt. Er wurde zur Ableistung seines Zivildienstes für die Zeit vom 2. 8. 1993 bis zum 31. 10. 1994 in die Kinderklinik V. in K. einberufen. Dieser Aufforderung ist er nicht nachgekommen, wobei er sich darauf berufen hat, daß es ihm als Zeugen Jehovas auch

---
[1] NStZ-RR 1997, 149. Nach Zurückverweisung hat die Strafkammer unter Abänderung des erstinstanzlichen Urteils gegen den Angeklagten auf eine Geldstrafe von 60 Tagessätzen à 80,– DM erkannt.

verwehrt sei, Zivildienst zu leisten. Denn er unterstehe als Zivildienstleistender dem Zivildienstgesetz, was bedeute, daß ein Zivildienstleistender im Verteidigungsfall dem Wehrpflichtgesetz Folge leisten müsse, wo es heiße, daß man im Verteidigungsfall den Wehr- bzw. Zivildienst unbefristet ausführen müsse. Die zivile Verteidigung sei aber ein unverzichtbarer Bestandteil der Gesamtverteidigung, zu der er nicht beitragen wolle. Der Angeklagte hat auch bislang ein freies Arbeitsverhältnis nach § 15 a ZDG nicht nachgewiesen, obwohl er hierzu aufgefordert wurde. Er hat rund 170 Bewerbungen abgesandt, auf die er zwar nach seinen eigenen Angaben überwiegend Absagen erhielt. Allerdings sind entsprechend den eigenen Bekundungen auch drei freie Arbeitsverhältnisse an seinen eigenen Vorbehalten gescheitert."

Die Strafkammer hat das erstinstanzliche Urteil aufgehoben und den Angeklagten zu einer Freiheitsstrafe von einem Jahr verurteilt. Deren Vollstreckung hat sie auf drei Jahre zur Bewährung ausgesetzt und dem Angeklagten zur Auflage gemacht, „innerhalb dieser Zeit seine Dienstpflicht in Form eines freien Arbeitsverhältnisses abzuleisten".

Zur Strafzumessung hat sie folgendes ausgeführt:

„Nachdem der Gesetzgeber selbst den von den Zeugen Jehovas geltend gemachten Gewissensgründen eine Möglichkeit eingeräumt hat, unter Beachtung dieser Gewissensgründe ihrer Dienstpflicht nachzukommen, kann bei Verletzung dieser Dienstpflicht nur auf eine Freiheitsstrafe erkannt werden. Die Verhängung einer Geldstrafe kommt schon aus dem verfassungsrechtlichen Gesichtspunkt der Gleichbehandlung nach Art. 3 GG nicht in Betracht, denn andernfalls könnte sich jedermann letztlich durch Zahlung eines Geldbetrages von der Ableistung seiner Dienstpflicht freikaufen. Unter Berücksichtigung des Strafrahmens einerseits und der Tatsache andererseits, daß der Angeklagte ansonsten straffrei lebt, ist auch im Hinblick auf die Wehrdienstzeit bzw. Zivildienstzeit die Verhängung einer Freiheitsstrafe von einem Jahr erforderlich und angemessen."

Die Strafaussetzung zur Bewährung hat sie so begründet:

„Allerdings konnte diese Strafe nach § 56 Abs. 1 StGB zur Bewährung ausgesetzt werden, da davon auszugehen ist, daß sich der Angeklagte die Bestrafung als Warnung dienen lassen dürfte und nunmehr entsprechend der ihm erteilten Bewährungsauflage seiner Dienstpflicht im Rahmen des § 15 a ZDG nachkommen wird."

Gegen dieses Urteil richtet sich die rechtswirksam erhobene und auf den Rechtsfolgenausspruch beschränkte Revision des Angeklagten, mit der er die Verletzung des materiellen Rechts rügt. Auch die Generalstaatsanwaltschaft hält das Urteil der Strafkammer in mehrfacher Hinsicht für rechtsfehlerhaft und hat seine Aufhebung beantragt.

Die Revision führte zur Aufhebung des Urteils und Zurückverweisung der Sache an die Vorinstanz.

Aus den Gründen:

Der Angeklagte hat sein Rechtsmittel ausdrücklich auf die Strafzumessung beschränkt. Dennoch hat der Senat – von Amts wegen – zu prüfen, ob diese

Beschränkung wirksam ist. Das ist nur dann der Fall, wenn die tatsächlichen Feststellungen im angefochtenen Urteil so vollständig, klar und widerspruchsfrei sind, daß sie eine ausreichende Grundlage für die separate Nachprüfung des Rechtsfolgenausspruchs bilden (vgl. BGHSt 27, 70, 72). Dies kann hier noch bejaht werden. Zwar hat die Strafkammer die erstinstanzlichen Feststellungen, an die sie wegen der für rechtswirksam gehaltenen Beschränkung der staatsanwaltschaftlichen Berufung gebunden war, nicht mitgeteilt. Sie hat jedoch noch ausreichende eigene Feststellungen getroffen, die eine Überprüfung des Rechtsfolgenausspruchs ermöglichen. Diese Prüfung ergibt, daß das Urteil im Rechtsfolgenausspruch wegen zahlreicher Rechtsfehler aufgehoben und insoweit neu verhandelt werden muß.

1. Im angefochtenen Urteil wird ausgeführt, es könne schon deswegen nur auf Freiheitsstrafe erkannt werden, weil der Gesetzgeber den Zeugen Jehovas in § 15 a ZDG eine Möglichkeit eingeräumt habe, unter Beachtung ihrer Gewissensgründe der Dienstpflicht nachzukommen. Damit hat die Strafkammer gegen § 46 Abs. 3 StGB verstoßen. Nach dieser Vorschrift dürfen Umstände, die schon Merkmale des gesetzlichen Tatbestandes sind, im Rahmen der Strafzumessung nicht erneut gegen den Angeklagten berücksichtigt werden.

Zwar gehört zum Tatbestand des § 53 Abs. 1 ZDG im engeren Sinne nur, daß der Angeklagte eigenmächtig dem Zivildienst, zu dem er einberufen worden ist, ferngeblieben ist, um sich dieser Verpflichtung dauernd zu entziehen. Es ist aber anerkannt, daß das Verbot des § 46 Abs. 3 StGB nicht nur auf die Tatbestandsmerkmale im engeren Sinne beschränkt werden darf, sondern auf sämtliche Erwägungen ausgedehnt werden muß, die den Gesetzgeber bei der Normierung eines bestimmten Tatbestandes geleitet haben, namentlich auch solche, die der Strafvorschrift unausgesprochen zugrundeliegen (Bruns, Strafzumessungsrecht, 2. Aufl., S. 366). Zu diesen ungeschriebenen Tatbestandsmerkmalen gehört bei § 53 Abs. 1 ZDG auch, daß der Täter die Möglichkeit, ein freies Arbeitsverhältnis i. S. v. § 15 a Abs. 1 Satz 1 ZDG einzugehen, abgelehnt hat oder, wie der Angeklagte, die ihm in § 15 a Abs. 2 ZDG eingeräumte Frist, ein solches zu absolvieren, hat verstreichen lassen. Dementsprechend bestimmt § 15 a Abs. 2 ZDG, daß die Pflicht des anerkannten Kriegsdienstverweigerers, Zivildienst zu leisten, erlischt, wenn er vor Vollendung seines 27. Lebensjahres nachweist, daß er für die in Abs. 1 genannte Mindestdauer in einem Arbeitsverhältnis der in Abs. 1 bezeichneten Art tätig war. Die Ableistung eines solchen Arbeitsverhältnisses hat daher unmittelbaren Einfluß auf die Verpflichtung zur Ableistung des Zivildienstes und damit auf die Erfüllung des Tatbestandes des § 53 Abs. 1 ZDG.

Kann aber überhaupt nur derjenige zum Zivildienst einberufen werden – und bei Nichtbefolgung dieser Einberufung bestraft – werden, der von der Möglichkeit des freien Arbeitsverhältnisses keinen Gebrauch gemacht hat, so folgt daraus

Zivildienstflucht eines Zeugen Jehovas 139

zwingend, daß es sich hierbei um ein zwar ungeschriebenes, sich aber aus § 15 a ZDG unmittelbar erschließendes zusätzliches Tatbestandsmerkmal handelt, das somit dem Verwertungsverbot des § 46 Abs. 3 unterfällt (Senat, Beschluß v. 30.1.1995 – 1 Ss 334/94 –, veröffentlicht in Lemke, OLGSt, Nr. 3/§ 53 ZDG; BayObLG, Beschluß v. 9.10.1990 – 4 Str 185/90 –, erwähnt in BayObLG NJW 92, 191; vgl. auch Riegel in Erbs-Kohlhaas, Strafrechtliche Nebengesetze – Z 30 – Stand 1.10.1994, Rdnr. 5 zu § 15 a ZDG, wo darauf hingewiesen wird, daß [nur] „wer ... nicht von der Möglichkeit des § 15 a Gebrauch macht, aber dennoch seiner Zivildienststelle fernbleibt, ... nach § 53 wegen Dienstflucht strafbar" ist).

2. Die Strafkammer hat weiter argumentiert, Geldstrafe komme auch „schon aus dem verfassungsrechtlichen Gesichtspunkt der Gleichbehandlung ... nicht in Betracht, denn andernfalls könnte sich jedermann letztlich durch Zahlung eines Geldbetrages von der Ableistung seiner Dienstpflicht freikaufen". Auch dies ist unzutreffend.

Die Strafkammer hat hier schon die Bedeutung des verfassungsrechtlichen Gleichheitsgebots (Art. 3 GG) grundlegend verkannt. Dieses besagt, daß wesentlich Gleiches nicht ungleich (BVerfGE 1, 14 [52]; 76, 256 [329]; 78, 249 [287]) und wesentlich Ungleiches nicht gleichbehandelt werden darf (BVerfGE 72, 141 [150]; 84, 133 [158]; BGHZ 112, 163 [173]). Dabei dürfen die Vergleichsfälle nicht „anderen rechtlichen Ordnungsbereichen angehören und in anderen systematischen und sozial-geschichtlichen Zusammenhängen stehen" (BVerfGE 11, 283 [293]; 40, 121 [139 f.]; 75, 78 [108]). Die Strafkammer will aber aus gewissen persönlichen und wirtschaftlichen Nachteilen eines nicht strafbaren, sogar gesetzlich geforderten Verhaltens (Erfüllung der Dienstpflicht) einen Maßstab für die Ahndung einer Straftat ableiten. Das hat mit einer Anwendung des Gleichheitssatzes nichts zu tun.

3. Gleichermaßen unvertretbar ist die damit zusammenhängende Strafzumessungserwägung der Strafkammer, die nach ihrer Auffassung allein in Betracht kommende Freiheitsstrafe sei „im Hinblick auf die Wehrdienstzeit bzw. Zivildienstzeit" auf ein Jahr zu bemessen. Damit hat der Vorderrichter deutlich gemacht, daß es ihm im Hinblick auf die Länge der Wehrdienst- und Zivildienstzeit prinzipiell unmöglich erscheint, in Fällen der Dienstflucht eine Freiheitsstrafe von unter einem Jahr oder gar unter sechs Monaten zu verhängen (und ggf. gemäß § 47 Abs. 2 StGB auf Geldstrafe zu erkennen).

Die Strafkammer hat damit den Strafrahmen des § 53 ZDG i. V. m. § 56 ZDG (vgl. dazu Dreher/Tröndle, StGB, 47. A., Rdnr. 1 zu § 47) und § 47 Abs. 1 und 2 StGB verkannt. Nach dem Kontext ihrer Ausführungen drängt es sich auf, daß die verhängte Strafe auf dieser unzutreffenden Rechtsansicht beruht.

Die von der Strafkammer geäußerte Strafzumessungserwägung ist aber auch deshalb verfehlt, weil sich die darin zum Ausdruck kommende Gleichsetzung von Kriminalstrafe, noch dazu Freiheitsstrafe, mit einem ehrenhaften Dienst an der Allgemeinheit, sei es in Form von Wehr- oder Zivildienst, von vornherein verbietet, und zwar unter jedem denkbaren Gesichtspunkt. Freiheitsstrafe und Wehr- bzw. Ersatzdienst (Zivildienst) sind ihrem Wesen nach völlig unvergleichbar, so daß es bereits im Ansatz ausgeschlossen ist, die Länge der Freiheitsstrafe für Dienstflucht irgendwie in Relation zur Dauer dieser Dienstzeiten zu bringen (std. Rspr., vgl. z. B. OLG Köln NJW 1970, 67; OLG Hamm NJW 1980, 2425; vgl. auch Bruns, aaO, 560 und Dürig JZ 1967, 426 ff., der dies nicht nur rechtlich für „völlig verfehlt" hält [427], sondern zu Recht auch davor warnt, „den Angehörigen unserer Bundeswehr und unseres zivilen Ersatzdienstes seitens der Justiz den Tort anzutun, die Dienstzeiten quantitativ und qualitativ mit Gefängnistagen zu vergleichen, zu kompensieren oder abzugelten" [431].).

Auch die Bestrafung des Zivildienstflüchtigen hat sich allein an den in §§ 46, 47 StGB normierten Kriterien auszurichten, wobei im Falle der Bestrafung von Gewissenstätern noch besondere, von der Rechtsprechung entwickelte Strafzumessungsgrundsätze zu beachten sind. Aufgrund der Rechtsprechung des Bundesverfassungsgerichts (NJW 1968, 979 [981][2]) ist anerkannt, daß sich bei Gewissenstätern wie insbesondere den Zeugen Jehovas, die gewissermaßen aus einer psychischen Zwangslage heraus handeln, das allgemeine „Wohlwollensgebot" auszuwirken hat (OLG Hamm, NJW 1980, 2425; BayObLG NJW 1992, 191; OLG Stuttgart MDR 1988, 1080, 1081 und NJW 1992, 3251; OLG Zweibrücken StV 1989, 397). Den besonderen Umständen gerade der Zeugen Jehovas, die in der Vergangenheit vielfach Zeugnis dafür abgelegt haben, daß sie in ihren religiösen Überzeugungen besonders tief verhaftet sind (BVerfG NJW 1989, 1211) und sich einem ungewöhnlich rigiden Glaubensdogmatismus sowie einer streng hierarchisch geprägten Organisationsstruktur verpflichtet fühlen, ist dabei mit erhöhter Nachsicht zu begegnen (vgl. BVerfG NJW 1968, 979 [981]: „rechtlich erheblich" ist hier „der tatsächlich gegebene Zustand, der mit Begriffen wie ‚übermächtige Motivation' oder ‚unüberwindbarer psychischer Zwang' zu umschreiben versucht worden ist"). Mit diesen Besonderheiten hat sich die Strafkammer nicht einmal andeutungsweise befaßt.

Zwar müssen die von der Strafkammer mitgeteilten Beweggründe des Angeklagten, aus denen er zwei der drei ihm angebotenen freien Arbeitsverhältnisse ausgeschlagen hat, in Anbetracht der Nachteile und Entbehrungen, die Wehrdienst-, aber auch Zivildienstleistende als selbstverständlich auf sich nehmen, befremden (wobei der Grund, dessentwegen er den Dienst im V.-S. nicht angetreten haben will, als besonders töricht und geradezu albern erscheinen muß);

---

[2] KirchE 10, 14.

doch ist zu beachten, daß der Dienstflüchtige nicht dafür bestraft wird, daß er nicht von der „Ausweichmöglichkeit" des § 15 a ZDG Gebrauch gemacht hat. Der Grund für seine Strafbarkeit ist auch nach der durch das Gesetz zur Verbesserung der Wehrgerechtigkeit usw. vom 13. 6. 1986 (BGBl. I 873) eingeführten Neufassung des § 15 a ZDG nach wie vor allein der Nichtantritt des Zivildienstes. Deshalb haben die Gründe, weshalb ein Dienstflüchtiger von der ihm durch § 15 a ZDG eröffneten Möglichkeit, die Strafbarkeit abzuwenden, keinen Gebrauch gemacht hat, für die Strafzumessung grundsätzlich außer Betracht zu bleiben (Senat aaO). Stattdessen ist darauf Rücksicht zu nehmen, daß der Gesetzeskonflikt des Totalverweigerers seine Ursache in einer religiös-weltanschaulich bedingten Grundüberzeugung und Gewissensentscheidung hat, die ihm schlechthin verbietet, Wehr- und Wehrersatzdienst abzuleisten. In der obergerichtlichen Rechtsprechung ist inzwischen allgemein anerkannt, daß dies in mehrfacher Hinsicht Anlaß für eine spezielle, den Gewissenstäter begünstigende Betrachtungsweise sein muß: So hat sich z. B. im Zusammenhang mit der Frage der Aussetzung zur Bewährung entgegen einer früher (etwa vom 2. Strafsenat des Oberlandesgerichts Koblenz – allerdings in einem nicht einen Zeugen Jehovas betreffenden Sonderfall, in dem die Gewissensgründe zweifelhaft erschienen –, vgl. MDR 1984, 1978; dagegen schon OLG Stuttgart MDR 1988, 1080, 1081) vertretenen Meinung die Auffassung durchgesetzt, auch bei einem unerschütterlich zur Ablehnung jedweden Ersatzdienstes entschlossenen Kriegsdienstverweigerer sei die Vollstreckung in aller Regel zur Bewährung auszusetzen; dabei komme es für die Prognoseentscheidung nicht auf die zukünftige Einstellung zum Zivildienst, sondern lediglich auf das zu erwartende sonstige Wohlverhalten an (OLG Hamm NStZ 1984, 456, NJW 1980, 68 sowie 79, 890; OLG Frankfurt OLGSt 3 zu § 53 ErsDG; OLG Schleswig SchlHAnz 1969, 97; vgl. auch BVerfG NJW 1989, 1211[3] und BayObLG NJW 1980, 2424). Ebenso ist heute allgemein anerkannt, daß das „Wohlwollensgebot" gerade bei derart zwanghaft handelnden Gewissenstätern wie den Zeugen Jehovas, bei denen die Einstellung zum Kriegsdienst – und damit auch zum Wehrersatzdienst – auf einer den Kern ihrer Persönlichkeit prägenden Gewissensentscheidung beruht, sich unmittelbar auf Strafart und Strafmaß auswirken muß. Denn für den für die Strafzumessung wesentlichen Schuldumfang ist zu berücksichtigen, daß bei demjenigen, dem das gesetzwidrige Verhalten von Jugend auf durch Vorbild und Lehre als Gott wohlgefällig eingeprägt worden ist, das Beharren auf der Verweigerung des Ersatzdienstes und des als Surrogat empfundenen freiwilligen Dienstes (§ 15 a ZDG) milder zu beurteilen ist. Für ihn kann ein Strafmaß ausreichen, das im unteren Bereich des gesetzlichen Strafrahmens

---

[3] KirchE 26, 170.

bleibt, an der gesetzlichen Mindeststrafe orientiert ist und seine Rechtfertigung lediglich im Gedanken der „Rechtsbewährung" findet (so schon OLG Köln NJW 1965, 1448 [1450]; ebenso OLG Zweibrücken aaO, OLG Hamm NZW 1980, 2425; zustimmend Bruns, aaO, 559f. m.w.N. bei Fn. 6). Das Grundrecht der Gewissensfreiheit ist eine wertentscheidende Grundsatznorm höchsten verfassungsrechtlichen Ranges, die bei jeder Staatstätigkeit und damit insbesondere bei der Strafzumessung im Strafverfahren, Wertmaßstäbe setzende Kraft entfaltet (BVerfG NJW 1968, 979 [981]; BayObLG NJW 1980, 2424; OLG Zweibrücken StV 1989, 397; OLG Hamm aaO). Dies hat zur Folge, daß Strafsanktionen, die bei Nichtgewissenstätern angemessen wären, bei der hier in Rede stehenden Minderheit bereits übermäßig und unverhältnismäßig sein können. Auch dies hat die Strafkammer ersichtlich nicht bedacht.

4. Die vorstehenden Grundsätze haben Bedeutung auch für die Frage, ob es überhaupt notwendig ist, eine Freiheitsstrafe zu verhängen. In der obergerichtlichen Rechtsprechung ist wiederholt auf die Möglichkeit und Notwendigkeit, dies besonders zu prüfen, hingewiesen worden (vgl. zuletzt Senat aaO; OLG Zweibrücken StV 1989, 397 m.w.N.). Ebenso sind, ohne daß dies von Instanzgerichten gerügt wurde, in vergleichbaren Fällen auch früher schon Geldstrafen verhängt worden (z.B. LG Lübeck StV 1984, 158; LG Aachen StV 1986, 344) ein Umstand, dem in Anbetracht der Gleichförmigkeit der zugrundeliegenden Sachverhalte erhöhte Bedeutung zukommt; insoweit – aber auch nur insoweit – ist in der Tat der Gleichbehandlungsgrundsatz angesprochen.

Durch die beanstandeten Rechtsfehler hat sich die Strafkammer von vornherein der Frage verschlossen, ob eine unter sechs Monate liegende Freiheitsstrafe angemessen wäre, die dann gemäß § 47 Abs. 2 StGB in eine Geldstrafe hätte umgewandelt werden müssen. Spezialpräventive Überlegungen verbieten sich dabei von selbst, da es aus den vom Bundesverfassungsgericht dargelegten Gründen (NJW 1968, 981 und NJW 1989, 1211) verfassungswidrig wäre, eine achtbare Gewissensentscheidung durch harte Strafen brechen zu wollen und eine erneute Einberufung des Angeklagten ohnehin nicht in Betracht kommt (BVerfG, aaO). Aber auch generalpräventive Gesichtspunkte haben zurückzutreten (OLG Stuttgart, aaO; OLG Hamm NJW 1980, 2425; BayObLG NJW 1980, 2424 und NJW 1992, 191). Es gibt keinerlei Anhaltspunkte dafür, daß zivildienstunwillige Wehrpflichtige, nur um wegen Dienstflucht mit Geldstrafe statt (einer auf Bewährung ausgesetzten) Freiheitsstrafe bestraft zu werden, Mitglied der Zeugen Jehovas werden und sich deren strengen und entbehrungsreichen Glaubens- und Lebensregeln unterwerfen. Die besondere Situation solcher Gewissenstäter, speziell der Angehörigen dieser Religionsgemeinschaft, die zu einer umfangreichen Rechtsprechung und Literatur geführt hat (vgl. exemplarisch Dürig in JZ 1967, 426 ff.), legt es vielmehr nahe, sich bei der Strafbemessung im unteren Bereich des Strafrahmens und sogar an der gesetzlichen

Mindeststrafe zu orientieren (BayObLG NJW 1992, 191[4] BayObLGSt 1980, 15 [16]; OLG Hamm NJW 1980, 2425; OLG Stuttgart, aaO, 1081; OLG Zweibrücken, aaO); dabei ist insbesondere die Umwandlung in eine Geldstrafe nach den Grundsätzen des § 47 Abs. 2 StGB zu erwägen (Senat, OLG Hamm, OLG Zweibrücken, jeweils aaO).

Da die Strafkammer dies alles nicht berücksichtigt hat und ihre Rechtsfehler die Entscheidung zu Ungunsten des Angeklagten beeinflußt haben, ist auf seine Revision hin das angefochtene Urteil aufzuheben und die Sache gemäß § 354 Abs. 2 StPO zu neuer Verhandlung an eine andere Berufungskammer des Landgerichts Bad Kreuznach zurückzuverweisen.

IV. Für die neue Rechtsfolgenentscheidung weist der Senat auf folgendes hin:
1. Im Hinblick auf § 47 Abs. 1 (letzte Alternative) StGB kann von Bedeutung sein, daß sich die Thematik der Zivildienstflucht von Zeugen Jehovas alsbald von selbst erledigen dürfte. Wie bereits in Presseberichten angekündigt (vgl. z. B. Der Spiegel Nr. 15/96, S. 16) hat die zentrale Führung dieser Religionsgemeinschaft unlängst entschieden, ihre Mitglieder aus dem Gewissenszwang zur Verweigerung auch des zivilen Ersatzdienstes zu entlassen. Dieser gilt jetzt nicht mehr als bibelwidrig („Der Wachtturm", Mai-Ausgabe 1996, S. 18 f.). Da es andererseits nach den Glaubens- und Lebensregeln dieser Religionsgemeinschaft ein zwingendes Gebot ist, sich in allen Lebensbereichen, in denen es nicht zu glaubensbedingten Gewissenskonflikten kommt, absolut staatsloyal und gesetzestreu zu verhalten, („Der Wachtturm", aaO, S. 20) ist zu erwarten, daß sich die weitaus meisten Zeugen Jehovas die nunmehr erfolgte „offizielle" Aufgabe des Dogmas von der Bibelwidrigkeit (nicht nur des Wehrdienstes, sondern auch) des zivilen Ersatzdienstes zu eigen machen und sich der Einberufung zum Zivildienst künftig nicht mehr widersetzen werden. Denn es liegt auf der Hand, daß jede Art strafrechtlicher Sanktionen, auch Bestrafungen mit Geldstrafen anstelle kurzer Freiheitsstrafen, von den Anhängern dieses Bekenntnisses als schwerwiegendes Übel empfunden werden, das in Kauf zu nehmen sie nur bereit sind, um einem aus ihrer Sicht von Gott vorgegebenen und daher höherrangigen Glaubensgebot Folge zu leisten.

2. Der mit dem angefochtenen Urteil erlassene Pflichtbeschluß nach § 56 b StGB, 268 a Abs. 1 StPO ist zwar nicht selbständig angefochten, jedoch als unselbständige Nebenentscheidung mit der Aufhebung des Rechtsfolgenausspruchs gegenstandslos. Sollte es auch unter Beachtung der unter Ziffer III. aufgezeigten Grundsätze noch einmal zur Verhängung einer Freiheitsstrafe kommen, was besonderer Begründung bedürfte, wäre auch eine Bewährungsauflage, wie die Strafkammer sie festgesetzt hat, unzulässig.

---
[4] KirchE 29, 83.

a) Dem Angeklagten ist zur Auflage gemacht worden, „innerhalb von drei Jahren seine Dienstpflicht in Form eines freien Arbeitsverhältnisses abzuleisten". Dabei hat die Strafkammer schon verkannt, daß die von ihr apostrophierte „Dienstpflicht" gar nicht existiert. Kein Zivildienstpflichtiger *muß* ein Arbeitsverhältnis im Sinne von § 15 a ZDG eingehen bzw. ableisten. Die Bedeutung eines rechtzeitig eingegangenen (§ 15 a Abs. 1) bzw. abgeleisteten (§ 15 a Abs. 2) freien Arbeitsverhältnisses besteht, wie oben ausgeführt, allein darin, die Zivildienstpflicht des anerkannten Kriegsdienstverweigerers aufzuschieben (§ 15 Abs. 1) bzw. zum Erlöschen zu bringen (§ 15 Abs. 2). Es bleibt dem Zivildienstpflichtigen überlassen, ob er von dieser Möglichkeit Gebrauch macht oder sich als Zivildienstflüchtiger bestrafen läßt.

b) Die Auflage wäre auch ihrem Inhalt nach unzulässig, weil sie sowohl gegen Art. 12 GG als auch gegen § 56 b StGB verstößt.

Zwar kann nach § 56 b Abs. 2 Nr. 3 StGB einem Verurteilten auferlegt werden, „sonst gemeinnützige Leistungen zu erbringen", worunter nach allgemeiner Auffassung auch die Ableistung von Arbeit in den in § 15 a Abs. 1 ZDG genannten Einrichtungen fällt (Dreher/Tröndle, RN 8 zu § 56 b m. w. N.). Dies berechtigt jedoch nicht dazu, dem Verurteilten eine Auflage der vorliegenden Art zu erteilen.

Für § 56 b Abs. 2 Nr. 1 StGB hat das Bundesverfassungsgericht schon 1981 entschieden, die Vorschrift sei keine nach Art. 12 Abs. 1 Satz 2 GG ausreichende gesetzliche Grundlage für eine (im dortigen Fall an einen Arbeitsunwilligen gerichtete) Bewährungsauflage, „unverzüglich ein Arbeitsverhältnis zu begründen" (dort: um Schadenswiedergutmachung leisten zu können). Zur Begründung hat es u. a. ausgeführt, daß § 56 b Abs. 2 StGB eine abschließende Aufzählung der gesetzlich zulässigen Auflagen enthalte und – im Unterschied zu § 56 c StGB (Weisungen) – berufsbezogene Auflagen nicht vorsehe. Bei Eingriffen in die Berufsfreiheit müsse, entsprechend der Bedeutung dieses Grundrechts, ein besonders strenger Maßstab angelegt werden. Es könne auch nicht eingewandt werden, daß Bewährungsauflagen gegenüber der Strafvollstreckung ein Minus darstellten; denn Strafvollstreckung und Strafaussetzung seien ihrem Wesen nach verschieden, und es sei auch zu bedenken, daß die Beschränkung bei der Bewährungsauflage länger andauern könne als bei einer Vollstreckung der Freiheitsstrafe (NJW 1982, 67).

Diese Grundsätze gelten – erst recht – auch im vorliegenden Fall. Zwar hat das Bundesverfassungsgericht in einem später entschiedenen Fall (NJW 1991, 1043 [1044] bei auf § 56 b Abs. 2 Nr. 3 StGB gestützten „begrenzten Arbeitspflichten … unter bestimmten Voraussetzungen" keinen Verstoß gegen Art. 12 Abs. 2, 3 GG gesehen. Denn die Auferlegung von „Arbeitsleistungen" und „sonst gemeinnützigen Leistungen" unterliege spezifischen, sich unmittelbar aus § 56 StGB ergebenden sachlichen Begrenzungen, durch die sichergestellt sei, daß eine derartige Auflage „nicht einen solchen Umfang haben darf, daß sie einer Strafe gleichkommt". Vor allem aber sei der Verurteilte gegen einen unzulässigen Grundrechtseingriff dadurch geschützt, daß nach § 56 b Abs. 1 Satz 2 StGB keine unzumutbaren Anforderungen gestellt werden dürften, die auf ein „individuell nicht tragbares Maß" hinauslaufen würden; „danach wäre es nicht zulässig, dem Verurteilten gemeinnützige Leistungen aufzuerlegen, die ihrem Umfang nach oder in ihrer Art und Weise mit seiner beruflichen Tätigkeit, etwa einem Arbeitsverhältnis, einer Berufsausbildung oder auch mit der Ausübung des Sorgerechts für Kinder, unvereinbar wären". Art. 12 Abs. 1 GG werde nicht berührt, weil § 56 b Abs. 2 Nr. 3 StGB das Gericht nicht ermächtige, dem Verurteilten solche Arbeitsleistungen aufzuerlegen, die der „Zuweisung eines Berufs, eines Arbeitsplatzes" gleichkämen „oder den Betroffenen sonst an der Wahrnehmung seiner Rechte aus Art. 12 Abs. 1 GG hindern" (BVerfG, aaO, 1044 unter Hinweis auf BVerfGE 58, 358 [365] und 74, 102 [125 f.]).

Unter Anwendung dieser Grundsätze hat das Bundesverfassungsgericht festgestellt, daß sich eine „Auflage von 300 Stunden gemeinnütziger Leistungen ... noch im Rahmen der genannten Grenzen" halte (NJW 1991, aaO, a. E. Ziff. III). Es kann danach keinem Zweifel unterliegen, daß eine Bewährungsauflage, die, wie die hier vorliegende, beinhaltet, daß der Verurteilte sein bestehendes Arbeitsverhältnis kündigen, seinen erlernten und ausgeübten Beruf (hier: CNC-Dreher) für mindestens zweieinhalb Jahre (vgl. §§ 15 a Abs. 1 Satz 2, 24 Abs. 2 Satz 1 ZDG mit § 5 Abs. 1 WehrpflG) aufgeben und stattdessen ein Arbeitsverhältnis der in § 15 a ZDG bezeichneten Art eingehen muß (freilich ohne dadurch die in § 15 a ZDG zugesagte Straffreiheit zu erlangen), verfassungsrechtlicher Prüfung nicht standhalten würde. Hinzu kommt, daß der Verurteilte nach Beendigung seiner zweieinhalbjährigen Tätigkeit im gemeinnützigen Arbeitsverhältnis nach der gegenwärtigen und sich wohl auch in absehbarer Zeit nicht entscheidend verbessernden Situation auf dem Arbeitsmarkt begründete Aussicht hätte, in Arbeitslosigkeit zu verfallen. Anders als der zivile Ersatzdienst nach § 1 ZDG ist schon das gesetzlich normierte freie Arbeitsverhältnis des § 15 a ZDG in § 78 ZDG dem Grundwehrdienst im Sinne von §§ 1, 2, 6 des Gesetzes über den Schutz des Arbeitsplatzes bei Einberufung zum Wehrdienst nicht gleichgestellt; erst recht würde demnach ein in Erfüllung der dem Angeklagten erteilten Auflage, also außerhalb von § 15 a ZDG eingegangenes Arbeitsverhältnis dem Zivildienst in arbeitsplatzsicherungsrechtlicher Hinsicht nicht gleichstehen. Die Erfüllung einer Auflage, wie sie hier erteilt wurde, würde damit neben der strafrechtlichen Ahndung auch noch zu einer unerträglichen existentiellen Gefährdung des Angeklagten und seiner Familie in wirtschaftlicher Hinsicht führen. Sie verstößt deshalb sowohl gegen Verfassungs- wie auch einfaches Recht (ebenso Schönke-Schröder-Stree, StGB, 24. A., RN 16 zu § 56 b). Die entgegenstehende Ansicht des BayObLG (NZW 1973, 27 [28]), die noch auf dem anderslautenden § 15 a ErsDG i. V. m. dem früheren § 24 a

StGB beruhte, hat sich durch die zwischenzeitlich ergangene Rechtsprechung des Bundesverfassungsgerichts erledigt. Gleiches gilt für das obiter dictum in OLG Nürnberg NStZ 1982, 429, das sich auf die vorgenannte Entscheidung des BayObLG beruft und im übrigen unzutreffenderweise eine „gesetzliche Verpflichtung" zur Tätigkeit in einem § 15 a ZDG entsprechenden Arbeitsverhältnis annimmt, die „neben § 56 b Abs. 2 Nr. 3 StGB eine zusätzliche Rechtsgrundlage" für die „Forderung" gemeinnütziger Arbeit darstelle (ebenso noch OLG Hamm StV 81, 75); tatsächlich verpflichtet § 15 a ZDG den Dienstpflichtigen zu nichts (s. o. Ziff. 2a).

3. Die dem Angeklagten auferlegte Verpflichtung könnte auch nicht als „Weisung" gemäß § 56 c StGB aufrechterhalten werden. Nach dieser Vorschrift können Weisungen nur zu dem Zweck erteilt werden, die Begehung von Straftaten künftig zu vermeiden (Schönke-Schröder-Stree aaO, RN 4, 6 zu § 56 c m. w. N.). Dagegen kann der Verurteilte nicht dazu angehalten werden, Pflichten zu erfüllen, die auch nicht mittelbar diesem Zweck dienen, vor allem dann, wenn die Wiederholung der Straftat ausgeschlossen ist und wenn seine Persönlichkeit weitere Straftaten auch sonst als unwahrscheinlich erscheinen läßt. Wegen erneuter Zivildienstflucht kann der Angeklagte nach der Entscheidung des Bundesverfassungsgerichts in Bd. 23, 191 ff. aber in keinem Fall mehr straffällig werden.

Da eine Auflage der hier vorliegenden Art somit schon aus den genannten Gründen unzulässig wäre, braucht auf die zusätzlichen Bedenken, die sich gegen ihre mangelnde Bestimmtheit zu richten hätten (OLG Schleswig OLGSt Nr. 1 und 2 zu § 56 b StGB), nicht mehr eingegangen zu werden.

28

Die Änderung der Kirchlichen Anstellungsordnung (KAO) durch die Paritätische Kommission nach dem ARRG unterliegt einer gerichtlichen Billigkeitskontrolle nach § 317 BGB.

Die Zuwendung nach dem Zuwendungs-TV wird nicht „pro rata temporis" verdient. Ihre Anspruchsgrundlagen können noch kurz vor dem Fälligkeitstag mit Wirkung für den gesamten Bezugszeitraum geändert werden.

BAG, Urteil vom 17. April 1996 – 10 AZR 558/95[1] –

Die Parteien streiten über die Höhe einer Sonderzuwendung für das Jahr 1994.

---

[1] Amtl. Leitsätze. ZevKR 42 (1997), 61; ZMV 1996, 249. Nur LS: AuR 1996, 372; KuR 1996, 254; RdA 1996, 325; AkKR 165 (1996), 268.

Der Kläger war vom 1.8.1982 bis zum 31.12.1994 bei der Beklagten als kirchlicher Angestellter beschäftigt. Er wurde am 1.1.1995 als kirchlicher Studienrat in ein Kirchenbeamtenverhältnis auf Lebenszeit übernommen.
In § 2 des schriftlichen Arbeitsvertrages vom 30.7.1982 hatten die Parteien vereinbart:

"Anstellungsgrundlagen

Zwischen den Vertragsschließenden wird vereinbart, daß für das Anstellungsverhältnis, soweit nicht durch diesen Vertrag etwas anderes bestimmt wird, die Bestimmungen der Kirchlichen Anstellungsordnung (KAO) in ihrer jeweiligen Fassung gelten; sie werden ausdrücklich als Bestandteil dieses Vertrags anerkannt."

In § 6 der Kirchlichen Anstellungsordnung (im folgenden: KAO) vom 27.4.1988 ist – soweit hier von Interesse – folgendes geregelt:

"Anwendung tariflicher Bestimmungen

(1) Auf die Dienstverhältnisse der hauptberuflichen Mitarbeiter nach § 2 Abs. 2 dieser Ordnung finden die Bestimmungen des Bundes-Angestelltentarifvertrages (BAT) vom 23. Februar 1961 in der für Bund und Länder jeweils geltenden Fassung, sowie die Vergütungstarifverträge zum BAT und die den BAT ergänzenden Tarifverträge entsprechend Anwendung. Dies gilt nicht, wenn in dieser Ordnung etwas anderes bestimmt ist oder im Falle künftiger Änderungen oder Ergänzungen der genannten Tarifverträge bestimmt wird.

..."

Die Beklagte zahlte an den Kläger bis zum Jahr 1993 nach § 6 KAO in Verbindung mit dem Tarifvertrag über eine Zuwendung für Angestellte vom 12.10.1973 (im folgenden: Zuwendungs-TV) am 1.12. eines jeden Jahres eine Sonderzuwendung in Höhe von 100 v. H. der Urlaubsvergütung, die dem Kläger zugestanden hätte, wenn er während des ganzen Monats September Erholungsurlaub gehabt hätte.

Die Arbeitsrechtliche Kommission der Beklagten beschloß am 8.9.1994 mit Wirkung zum 1.10.1994 u. a. folgende Änderung der KAO:

"...
2. In § 7 wird folgender neuer Absatz 2. a) eingefügt:
2. a) In Abweichung von § 2 Abs. 1 des Zuwendungstarifvertrages vom 12.10.1973 beträgt die Zuwendung im Jahr 1994 für Mitarbeiter der Vergütungsgruppen
X bis IV b bzw. Kr I bis VIII   90 v. H.
IV a bis I bzw. Kr IX bis Kr XIII   80 v. H.
der Urlaubsvergütung nach § 47 Abs. 2 BAT, die dem Mitarbeiter zugestanden hätte, wenn er während des ganzen Monats September Erholungsurlaub gehabt hätte."

Auf Grund dieser Änderung zahlte die Beklagte an den Kläger für 1994 eine entsprechend seiner Vergütungsgruppe um 20 % gekürzte Sonderzuwendung. Die auf Zahlung der ungekürzten Sonderzuwendung gerichtete Klage hat das

Arbeitsgericht abgewiesen, das Landesarbeitsgericht hat ihr stattgegeben. Mit der vom Landesarbeitsgericht zugelassenen Revision verfolgt die Beklagte ihren Klageabweisungsantrag weiter.
Die Revision hatte Erfolg.

Aus den Gründen:
Die Revision der Beklagten ist begründet.
Die Kürzung der im Jahr 1994 an den Kläger gezahlten Zuwendung um 20 % durch die Beklagte war Rechtens.

1. Das Landesarbeitsgericht hat zur Begründung seiner klagestattgebenden Entscheidung ausgeführt, die Kürzung der Sonderzuwendung gegenüber dem Kläger sei deshalb unwirksam, weil dieser ab Januar 1994 darauf habe vertrauen dürfen, daß ihm am 1.12.1994 eine volle Sonderzuwendung gezahlt werde. Seine bereits zu 9/12 durch Leistungserbringung erworbene Rechtsposition habe ihm nicht nachträglich mit Wirkung ab dem 1.10.1994 entzogen werden dürfen.

Diese Ausführungen des Landesarbeitsgerichts halten einer revisionsrechtlichen Überprüfung nicht stand.

2. Der Rechtsweg zu den Gerichten für Arbeitssachen ist gegeben.

Arbeitnehmer, die Ansprüche aus ihrem Arbeitsverhältnis mit Kirchen oder deren Einrichtungen geltend machen, können Rechtsschutz im staatlichen arbeitsgerichtlichen Verfahren beanspruchen. Nach § 2 Abs. 1 Nr. 3a ArbGG sind die Arbeitsgerichte zuständig für bürgerliche Rechtsstreitigkeiten zwischen Arbeitnehmern und Arbeitgebern aus dem Arbeitsverhältnis. Soweit sich die Kirchen wie jedermann der Privatautonomie zur Begründung von Arbeitsverhältnissen bedienen, findet auf diese Arbeitsverhältnisse das staatliche Arbeitsrecht Anwendung. Das ist schlichte Folge einer Rechtswahl (BVerfG, Beschluß v. 4.6.1985[2] – 2 BvR 1703/83, 1718/83 und 2 BvR 856/83 – AP Nr. 24 zu Art. 140 GG; BAGE 51, 239 = AP Nr. 25 zu Art. 140 GG).

3. Der Kläger hat auf Grund der durch § 2 des Arbeitsvertrages vom 30.7.1982 erfolgten einzelvertraglichen Bezugnahme auf die KAO in ihrer jeweiligen Fassung für das Jahr 1994 einen Anspruch auf eine Zuwendung gemäß dem Zuwendungs-TV in Höhe von 80 % der Urlaubsvergütung, die ihm nach § 47 Abs. 2 BAT zugestanden hätte, wenn er während des ganzen Monats September 1994 Erholungsurlaub gehabt hätte. Diesen Anspruch des Klägers in der rechnerisch unstreitigen Höhe von 5 449,99 DM hat die Beklagte durch Zahlung erfüllt.

---

[2] KirchE 23, 105.

Kürzung von Zuwendungen 149

a) Die KAO findet auf das Arbeitsverhältnis der Parteien auf Grund einzelvertraglicher Vereinbarung Anwendung. Als kirchliche Arbeitsvertragsregelung stellt die KAO keinen Tarifvertrag im Sinne des § 1 TVG dar. Tarifverträge im Rechtssinne sind nur solche Vereinbarungen, die nach Maßgabe des Tarifvertragsgesetzes zustande gekommen sind und dem allgemeinen arbeitsrechtlichen Begriff des Tarifvertrages entsprechen. Es muß sich demnach um Vereinbarungen handeln, welche in Vollzug der durch Art. 9 Abs. 3 GG den Gewerkschaften und Arbeitgebern bzw. Arbeitgeberverbänden eingeräumten Rechtssetzungsautonomie von diesen nach den Grundsätzen des im Tarifvertragsgesetz näher geregelten staatlichen Tarifrechts auf Grund entsprechender Verhandlungen freier und voneinander unabhängiger Tarifvertragsparteien mit Normencharakter zustande gekommen sind (ständige Rechtsprechung des BAG; für alle: BAGE 60, 345 = AP Nr. 37 zu § 72a ArbGG 1979 Grundsatz).

Dies ist bei der KAO aber nicht der Fall. Diese beruht vielmehr auf kirchenrechtlichen Bestimmungen und innerkirchlichen Vereinbarungen, die ohne Vereinbarung mit einer Gewerkschaft oder einem Zusammenschluß von Gewerkschaften als „Tarifvertragspartei" im Sinne des § 2 TVG zustande gekommen ist. Deshalb stellen Arbeitsvertrags- oder Anstellungsordnungen und Arbeitsvertragsrichtlinien der Kirchen keine Tarifverträge dar (vgl. Richardi, Arbeitsrecht in der Kirche, 2. Aufl., § 14 Rz. 3).

Aus diesem Grunde können die Regelungen der KAO niemals ein Arbeitsverhältnis unmittelbar und zwingend wie ein Tarifvertrag gestalten. Es bedarf vielmehr stets der vertraglichen Transformation durch Einzelvertrag, Gesamtzusage oder Einheitsregelung, wenn die in der KAO enthaltenen Arbeitsvertragsregelungen in einem Arbeitsverhältnis gelten sollen (so zu den Arbeitsvertragsrichtlinien des Deutschen Caritasverbandes (AVR): BAGE 66, 314 = AP Nr. 12 zu § 2 BeschFG 1985).

Eine solche „Transformation" ist im vorliegenden Falle durch die Inbezugnahme der KAO für das Arbeitsverhältnis in ihrer jeweiligen Fassung durch § 2 des Arbeitsvertrages vom 30.7.1982 erfolgt.

b) Die KAO ihrerseits erklärt in § 6 die Bestimmungen des BAT in der jeweils geltenden Fassung sowie die Vergütungstarifverträge zum BAT und die den BAT ergänzenden Tarifverträge für entsprechend anwendbar. Damit findet auch der Zuwendungs-TV für die der KAO unterfallenden Arbeitsverhältnisse entsprechende Anwendung, weil es sich bei diesem um einen den BAT ergänzenden Tarifvertrag handelt (BAG Urteil vom 23.6.1993 – 10 AZR 567/92 – AP Nr. 6 zu §§ 22, 23 BAT Zuwendungs-TV). Auch aus § 7 KAO, der festlegt, daß unter öffentlicher Dienst i. S. der Protokollnotiz Nr. 2 zu § 1 des Zuwendungs-TV auch der kirchliche Dienst i. S. des § 4 KAO zu verstehen ist, folgt, daß die KAO den Zuwendungs-TV auf die ihr unterfallenden Arbeitsverhältnisse für anwendbar erklärt.

c) Die Inbezugnahme des Zuwendungs-TV gilt aber nicht uneingeschränkt. § 6 Abs. 1 S. 2 KAO enthält eine Einschränkung dahingehend, daß die entsprechende Anwendung des BAT, der Vergütungstarifverträge zum BAT und der den BAT ergänzenden Tarifverträge dann nicht erfolgt, wenn in der KAO etwas anderes bestimmt ist oder im Falle künftiger Änderungen oder Ergänzungen dieser Tarifverträge bestimmt wird.

Damit behält sich die KAO die Befugnis vor, von den in Bezug genommenen Tarifverträgen abweichende Regelungen zu treffen. Daraus folgt, daß durch die KAO weder eine verbindliche statische noch eine verbindliche dynamische Verweisung auf die in § 6 Abs. 1 S. 1 KAO genannten Tarifverträge erfolgt, sondern daß § 6 KAO lediglich eine subsidiäre Inbezugnahme dieser Tarifverträge vorsieht, soweit die KAO selbst keine anderweitigen Regelungen enthält.

4. Da der einzelne Arbeitnehmer, der mit der Beklagten die Geltung der KAO in der jeweils geltenden Fassung für sein Arbeitsverhältnis einzelvertraglich vereinbart hat, keinen Einfluß auf den jeweiligen (künftigen) Inhalt der KAO hat, führt die Inbezugnahme der KAO dazu, daß bei Änderungen derselben letztlich die vom Arbeitnehmer und vom Arbeitgeber zu erbringenden Leistungen nicht von beiden Vertragspartnern gemeinsam bestimmt werden, sondern von dem Organ, welches zur Änderung der KAO auf Grund kirchenrechtlicher Bestimmungen befugt ist.

a) Nach § 2 Abs. 2 des Kirchengesetzes über das Verfahren zur Regelung der Arbeitsverhältnisse der privatrechtlich angestellten Mitarbeiter im kirchlichen Dienst (Arbeitsrechtsregelungsgesetz – ARRG) vom 27. 6. 1980 für die Ev. Landeskirche in Württemberg hat die Arbeitsrechtliche Kommission die Aufgabe, im Rahmen der Ordnung der Landeskirche arbeitsrechtliche Regelungen zu beschließen, die den Inhalt, den Abschluß und die Beendigung von Arbeitsverträgen betreffen. In Ausübung dieser Befugnis hat die Arbeitsrechtliche Kommission die KAO beschlossen. Auch die jeweiligen Änderungen der KAO werden durch die Arbeitsrechtliche Kommission festgelegt.

b) Der Kläger hat sich demnach durch die einzelvertragliche Inbezugnahme der KAO in ihrer jeweiligen Fassung einzelvertraglich diesem Bestimmungsrecht der Arbeitsrechtlichen Kommission über den jeweiligen Inhalt der KAO und damit auch über den Inhalt seines Arbeitsverhältnisses unterworfen. Dies entspricht dem in § 317 Abs. 1 BGB geregelten Fall, daß die Vertragsparteien die Leistungsbestimmung aus einem Vertrag einem Dritten überlassen haben. Gerade bei Dauerschuldverhältnissen, zu denen auch das Arbeitsverhältnis zählt, können die Vertragsparteien vereinbaren, daß ein Dritter die Anpassung des Vertragsverhältnisses an veränderte Umstände vornehmen soll; es liegt dann ein sog. „Leistungsbestimmungsvorbehalt" vor (MünchKomm-Söllner, § 317 Rz. 6). Dabei können auch paritätisch zusammengesetzte, unabhängige Kommissionen diese Anpassung vornehmen und damit „Dritter" i. S. des § 317 Abs. 1 BGB sein (vgl. MünchKomm-Söllner, § 317 Rz. 9).

Bei der Arbeitsrechtlichen Kommission handelt es sich um eine solche unabhängige, paritätisch besetzte Kommission. Sie besteht nach § 7 ARRG nämlich aus jeweils sechs Mitarbeitern im kirchlichen Dienst der Beklagten und im diakonischen Dienst sowie aus jeweils sechs Vertretern von Leitungsorganen kirchlicher Körperschaften der Beklagten und aus dem Bereich des Diakonischen Werkes. Die Mitglieder der Arbeitsrechtlichen Kommission sind auch unabhängig und an Weisungen nicht gebunden, § 11 Abs. 1 ARRG, so daß sie nicht als Beauftragte der Beklagten bzw. der Mitarbeiter handeln, was die Eigenschaft der Arbeitsrechtlichen Kommission als „Dritter" i. S. des § 317 Abs. 1 BGB ausschließen könnte.

Die Annahme, bei der Arbeitsrechtlichen Kommission handele es sich um einen „Dritten" i. S. des § 317 Abs. 1 BGB scheitert nicht daran, daß es sich bei ihr um eine kraft Kirchengesetzes durch die Beklagte eingesetzte Institution handelt, die durch ein entsprechendes Kirchengesetz auch wieder abgeschafft bzw. bezüglich ihrer paritätischen Besetzung oder Unabhängigkeit grundlegend verändert werden könnte. Die arbeitsvertragliche Bezugnahme der Parteien auf die KAO in ihrer jeweiligen Fassung erfolgte nämlich unter beiderseitiger Zugrundelegung des jetzigen Rechtszustandes, das heißt, beide Parteien gingen davon aus, daß die KAO nur durch die paritätisch besetzte, an Weisungen nicht gebundene Arbeitsrechtliche Kommission geändert werden kann. Eine Änderung der KAO auf andere Weise wäre durch die arbeitsvertragliche Inbezugnahme der KAO in ihrer jeweiligen Fassung nicht gedeckt, das heißt, eine solche Änderung würde nicht Vertragsbestandteil.

c) Mangels Anhaltspunkten für eine anderweitige Vereinbarung der Parteien ist nach § 317 Abs. 1 BGB davon auszugehen, daß die Arbeitsrechtliche Kommission ihre Leistungsbestimmung, das heißt die jeweiligen Änderungen der KAO nach billigem Ermessen zu treffen hat.

Die nach billigem Ermessen zu treffenden Entscheidungen der Arbeitsrechtlichen Kommission sind den Parteien gegenüber aber nur dann nicht verbindlich, wenn sie offenbar unbillig sind, § 319 Abs. 1 Satz 1 BGB.

d) Einer gerichtlichen Billigkeitskontrolle steht das Selbstordnungs- und Selbstverwaltungsrecht der Kirchen nach Art. 140 GG i. V. m. Art. 137 Abs. 3 WRV nicht entgegen.

Die Gestaltungsfreiheit des kirchlichen Arbeitgebers nach Art. 137 Abs. 3 WRV steht für die auf Vertragsebene begründeten Arbeitsverhältnisse unter dem Vorbehalt des für alle geltenden Gesetzes (BVerfG, Beschluß v. 4.6.1985 – 2 BvR 1703/83 – u. a. AP Nr. 24 zu Art. 140 GG). Bei der Interpretation des Arbeitsrechts ist zwar dem Selbstverständnis der Kirchen ein besonderes Gewicht beizumessen. Ein Konflikt zwischen kirchlichem Selbstbestimmungsrecht und staatlichem Arbeitsrecht besteht bei der Gewährung einer Sonderzuwendung an kirchliche Angestellte jedoch nicht. Durch eine gerichtliche Billigkeitskontrolle der Kürzung der Höhe einer Sonderzuwendung wird die verfassungsrechtlich geschützte Eigenart des kirchlichen Dienstes, das spezifisch Kirchliche und das kirchliche Proprium nicht in Frage gestellt (ebenso: BAG, Urteil v. 1.12.1993[3] – 7 AZR 428/93 – AP Nr. 4 zu § 41 SGB VI).

e) Der Beschluß der Arbeitsrechtlichen Kommission vom 8.9.1994, daß die Zuwendung nach dem Zuwendungs-TV für das Jahr 1994 auf 80 % für die Vergütungsgruppe, welcher der Kläger angehört, gekürzt wird, stellt keine offenbar unbillige Entscheidung dar und ist deshalb für den Kläger verbindlich.

Offenbar unbillig im Sinne des § 319 Abs. 1 S. 1 BGB ist die Leistungsbestimmung eines Dritten dann, wenn sie in grober Weise gegen Treu und Glauben verstößt und sich dies bei unbefangener sachkundiger Prüfung sofort aufdrängt (BGH, Urteil v. 26.4.1991 – V ZR 61/90 – NJW 1991, 2761). Der Kläger, der sich auf die Unbilligkeit der Änderung der KAO beruft, wäre für die Umstände darlegungs- und beweispflichtig, aus denen sich die offenbare Unbilligkeit der Entscheidung der Arbeitsrechtlichen Kommission vom 8.9.1994 ergeben soll (Staudinger-Mayer-Maly, BGB, 12. Aufl., § 319 Rz. 31; MünchKomm-Söllner, § 319 Rz. 2; Palandt-Heinrichs, BGB, 53. Aufl., § 319 Rz. 7).

Die Beklagte hat sich darauf berufen, die Kürzung der Zuwendung durch die Arbeitsrechtliche Kommission sei Teil eines Gesamtkonzeptes zur Vermeidung betriebsbedingter Kündigungen.

Die Kürzung von Gratifikationen, um durch die dadurch freiwerdenden Finanzmittel ansonsten auf Grund fehlender Geldmittel erforderliche betriebsbedingte Kündigungen zu vermeiden, stellt an sich eine zweckmäßige und damit keine offenbar unbillige Entscheidung dar. Es hätte dem Kläger daher oblegen, einen substantiierten und schlüssigen Tatsachenvortrag dafür zu erbringen, daß dennoch eine Unbilligkeit des Beschlusses der Arbeitsrechtlichen Kommission vorliegt (vgl. BGH NJW 1984, 43). Dafür hat der Kläger aber nichts vorgetragen.

f) Entgegen der Ansicht des Landesarbeitsgerichts war die Arbeitsrechtliche Kommission auch berechtigt, durch den mit Wirkung ab 1.10.1994 in Kraft getretenen Beschluß die Zuwendung nach dem Zuwendungs-TV für das laufende Jahr zu kürzen. Sie griff damit nicht rückwirkend in zugunsten des Klägers bereits entstandene Rechte ein.

Dies wäre nur dann der Fall, wenn der Kläger zum Zeitpunkt des Inkrafttretens des Kürzungsbeschlusses bereits einen – ggf. anteiligen – Anspruch auf die ungekürzte Zuwendung nach dem Zuwendungs-TV erworben gehabt hätte.

---

[3] KirchE 31, 513.

aa) Ein solcher Anspruch des Klägers wäre nur entstanden, wenn es sich bei der Zuwendung um einen Vergütungsbestandteil handeln würde, der in das vertragliche Austauschverhältnis von Vergütung und Arbeitsleistung (§ 611 Abs. 1 BGB) eingebunden wäre und mit dem kein weiterer Zweck verfolgt würde als die Entlohnung tatsächlich erbrachter Arbeitsleistung. Solche „arbeitsleistungsbezogenen" Sonderzahlungen werden nämlich als Vergütungsbestandteile in den jeweiligen Abrechnungsmonaten verdient, jedoch aufgespart und dann am vereinbarten Fälligkeitstag ausbezahlt. In einem solchen Falle entstehen die Ansprüche auf die Sonderzahlung „pro rata temporis", werden allerdings erst am vereinbarten Auszahlungstermin fällig (BAG, Urteil v. 11.10.1995 – 10 AZR 984/94 –).

Um eine solche, in einem unmittelbaren Austauschverhältnis zur Arbeitsleistung stehende Sonderzahlung handelt es sich bei der Zuwendung nach dem Zuwendungs-TV aber nicht.

Der Zweck einer tariflichen Jahressonderzahlung ergibt sich alleine aus deren im Tarifvertrag normierten Voraussetzungen, Ausschluß- und Kürzungstatbeständen. Dies hat der Senat bereits in seinem Urteil vom 24.3.1993 (– 10 AZR 160/92 – AP Nr. 152 zu § 611 BGB Gratifikation) entschieden.

bb) Unter Zugrundelegung dieser Rechtsprechung ist davon auszugehen, daß Zweck der Zuwendung nach dem Zuwendungs-TV nicht die Gewährung einer mit der Arbeitsleistung in einem Synallagma stehenden zusätzlichen Vergütung für jeden geleisteten Abrechnungszeitraum ist, die erst am tariflich vorgesehen Auszahlungstermin fällig wird.

Dies folgt zunächst daraus, daß Arbeitnehmer, die vor dem 1.12. eines Kalenderjahres aus dem Arbeitsverhältnis ausscheiden, grundsätzlich keinen Anspruch auf eine anteilige Zuwendung haben, sondern nur dann, wenn einer der Ausnahmetatbestände des § 1 Abs. 2 S. 1 Nr. 1 bis 4 Zuwendungs-TV vorliegt. Sollte mit der Zuwendung aber eine zusätzliche Vergütung für die erbrachte Arbeitsleistung gewährt werden, die aufgespart und erst am Auszahlungstag ausbezahlt werden soll, läge also eine „arbeitsleistungsbezogene" Sonderzahlung vor, so müßten alle Arbeitnehmer, die den Stichtag 1.12. (§ 1 Abs. 1 Nr. 1 Zuwendungs-TV) wegen ihres vorzeitigen Ausscheidens aus dem Betrieb nicht erreichen, ihre anteilig „verdiente" Zuwendung bei der Beendigung des Arbeitsverhältnisses ausbezahlt bekommen und nicht nur diejenigen Angestellten, die auf Grund der durch § 1 Abs. 2 S. 1 Nr. 1 bis 4 Zuwendungs-TV privilegierten Tatbestände aus dem Arbeitsverhältnis ausgeschieden sind.

Auch die tarifliche Regelung, daß Arbeitnehmer, die wegen der Ableistung von Grundwehrdienst und Zivildienst, wegen der Beschäftigungsverbote nach § 3 Abs. 2 und § 6 Abs. 1 MuSchG oder wegen Inanspruchnahme des Erziehungsurlaubs im Kalenderjahr keine oder nur verminderte Bezüge erhalten haben, die Zuwendung dennoch ungekürzt erhalten (§ 2 Abs. 2 Satz 2 Zuwendungs-TV), zeigt, daß die Zuwendung nicht als zusätzliche Arbeitsvergütung für in den einzelnen Abrechnungszeiträumen geleistete Arbeit zu betrachten ist. Die in dieser Tarifbestimmung genannten Arbeitnehmer erhalten nämlich eine ungekürzte Zuwendung, deren Höhe nicht vom Umfang der im Bezugszeitraum erbrachten Arbeitsleistung abhängig ist.

Daß Arbeitnehmer, die vor dem 31. 3. des Folgejahres aus dem Arbeitsverhältnis aus ihrem Verschulden oder auf eigenen Wunsch ausscheiden, keinen Anspruch auf die Zuwendung haben und ggf. eine erhaltene Zuwendung zurückzahlen müssen (§ 1 Abs. 1 Nr. 3, § 1 Abs. 5 Zuwendungs-TV), wenn nicht einer der Ausnahmefälle des § 1 Abs. 4 Zuwendungs-TV vorliegt, zeigt ebenfalls, daß die Zuwendung nicht eine reine, monatlich erdiente zusätzliche Vergütung darstellt, sondern auch dazu dient, den Angestellten zur Betriebstreue anzuhalten.

Daß die Zuwendung nicht alleine eine Gegenleistung für geleistete Dienste ist, sondern daß sie auch eine Belohnung für erwiesene Betriebstreue darstellt, folgt auch daraus, daß Angestellte, deren Arbeitsverhältnis erst nach dem 1. 10. eines Kalenderjahres begründet worden ist und die im laufenden Kalenderjahr nicht insgesamt sechs Monate bei demselben Arbeitgeber in einem Arbeitsverhältnis gestanden haben oder stehen, für dieses Kalenderjahr keinen Anspruch auf eine Zuwendung erwerben (§ 1 Abs. 1 Nr. 2 Zuwendungs-TV).

Demnach ist der Anspruch des Klägers auf eine Zuwendung für das Jahr 1994 erstmals am Stichtag, dem 1. 12. 1994, entstanden. Der Anspruch richtet sich bezüglich seinen Voraussetzungen und seiner Höhe nach den zu diesem Zeitpunkt in Kraft befindlichen Bestimmungen.

Da auf Grund des am 1. 10. 1994 in Kraft getretenen Beschlusses der Arbeitsrechtlichen Kommission vom 8. 9. 1994 am 1. 12. 1994 die Höhe der Zuwendung nach dem Zuwendungs-TV für den Kläger um 20 % gekürzt war, ist für ihn nur ein Anspruch auf diese verminderte Zuwendung entstanden.

29

Das Vormerkungsverfahren dient nur dazu, das Vorhandensein von Anrechnungszeiten in tatsächlicher und rechtlicher Hinsicht für den künftigen Leistungsfall vorab zu klären. Mithin stellt sich allein die Frage, ob Schulbesuch und Hochschulstudium als Anrechnungszeiten i. S. von § 58 Abs. 1 Nr. 4 SGB VI zu werten sind. Nach dem Charakter des Vormerkungsverfahrens ist es unerheblich, ob in demselben Zeitraum im Hinblick auf die Ordenszugehörigkeit noch andere versicherungsrechtlich relevante Zeiten gegeben waren und/oder ob während der Ordenszugehörigkeit Versicherungspflicht oder im Hinblick auf die Regeln der Kongregation eine An-

wartschaft auf Versorgung bei verminderter Erwerbsfähigkeit und im Alter und damit Versicherungsfreiheit bestand.

BSG, Urteil vom 18. April 1996 – 4 RA 18/94 –

Streitig ist der Anspruch des Klägers auf Vormerkung von Anrechnungszeiten wegen eines Schulbesuchs und wegen eines abgeschlossenen Hochschulstudiums. Der 1945 geborene Kläger italienischer Staatsangehörigkeit gehörte seit August 1962 als Novize dem Orden der Salesianer Don Boscos an und legte nach Ablauf eines Jahres das sog. zeitliche und etwa Mitte 1968/69 das sog. ewige Gelübde ab. Etwa Ende 1975 trat der Kläger aus dem Orden aus. Vom 1. 7. 1963 an besuchte er eine der gymnasialen Oberstufe entsprechende Schule der Salesianer in Italien und legte dort am 27. 7. 1966 die Reifeprüfung ab. Er studierte sodann von 1966 – unterbrochen durch ein Praktikum – Theologie, ab 1. 10. 1971 an der als wissenschaftlichen Hochschule anerkannten Philosophisch-Theologischen Hochschule der Salesianer Don Boscos in B. Am 30. 6. 1973 legte er dort seine theologische Abschlußprüfung ab. Von Oktober 1973 bis Ende Februar 1976 studierte er Theologie an der Universität R. und wurde dort am 4. 11. 1975 zum Doktor der Theologie promoviert. Als wissenschaftliche Hilfskraft entrichtete er während dieser Zeit und – nach beruflicher Tätigkeit in Italien und in der Schweiz – ab März 1978 Pflichtbeiträge in die Rentenversicherung der Angestellten.

Mit dem streitigen Bescheid vom 28. 11. 1989, bestätigt durch den Widerspruchsbescheid vom 19. 10. 1990, lehnte die Beklagte (Bundesversicherungsanstalt) die Anerkennung der Zeit vom 1. 8. 1962 bis 4. 11. 1975 als Ausfallzeiten ab, und führte u. a. aus, mit der Ablegung des zeitlichen Gelübdes habe der Kläger ein Dienstverhältnis zur Ordensgemeinschaft der Salesianer begründet; aufgrund dieses Dienstverhältnisses sei er verpflichtet gewesen, Theologie zu studieren. Die Ausbildung teile infolgedessen versicherungsrechtlich das Schicksal des Dienstverhältnisses.

Durch das angefochtene Urteil hat das Sozialgericht die Beklagte antragsgemäß unter teilweiser Abänderung der Bescheide verurteilt, die Zeit vom 1. 7. 1963 bis 27. 7. 1966 und vom 1. 10. 1971 bis 30. 6. 1973 als Anrechnungszeiten gemäß § 58 Abs. 1 Nr. 4 SGB VI im Versicherungsverlauf des Klägers vorzumerken; ferner hat das Sozialgericht die Sprungrevision zugelassen.

Die Revision der Beklagten hatte keinen Erfolg.

Aus den Gründen:

Die (Sprung-)Revision der Beklagten ist unbegründet.

Das Sozialgericht hat zu Recht die Beklagte zur Vormerkung der streitigen Anrechnungs-/Ausbildungszeit des Klägers für die Zeit vom 1. 7. 1963 bis 27. 7. 1966 und vom 1. 10. 1971 bis 30. 6. 1973 verpflichtet.

versicherungsrechtl. Anrechnungszeiten

Rechtsgrundlage für den Anspruch des Klägers ist § 149 Abs. 5 SGB VI i. V. m. § 58 Abs. 1 Satz 1 Nr. 4 Buchst. a und b SGB VI. Die Bestimmung findet gemäß dem am 1.1.1992 in Kraft getretenen § 300 SGB VI Anwendung, und zwar unabhängig davon, ob der Sachverhalt, auf den sich der Anspruch gründet, bereits vor Inkrafttreten des Gesetzes vorgelegen hat. Nach dieser Grundregel sind sowohl die Vorschriften über das Vormerkungsverfahren in § 149 Abs. 5 SGB VI als auch – entgegen der Auffassung der Beklagten – die materiell-rechtliche Bestimmung des § 58 Abs. 1 Nr. 4 SGB VI über die Anrechnungszeit anzuwenden. Gestritten wird nämlich in diesen Fällen über die Vormerkung rechtserheblicher Tatbestände für einen erst in der Zukunft liegenden Leistungsfall (vgl. hierzu BSGE 71, 227 [228 f.] = SozR 3-2600 § 56 Nr. 4, S. 12 f. m. w. N.; Urteil v. 19. 12. 1995 – 4 RA 84/94 –).

Nach § 149 Abs. 5 S. 1 SGB VI stellt der Versicherungsträger, nachdem er das Versicherungskonto geklärt hat, die im Versicherungsverlauf enthaltenen und nicht bereits festgestellten Daten, die – wie hier – länger als sechs Kalenderjahre zurück liegen, durch Bescheid fest. Über die Anrechnung und Bewertung der im Versicherungsverlauf enthaltenen Daten wird hingegen erst bei der Feststellung einer Leistung entschieden (S. 2, aaO). Infolgedessen ist im Rahmen eines Vormerkungsverfahrens nur zu prüfen, ob der behauptete Anrechnungszeittatbestand nach seinen tatsächlichen und rechtlichen Voraussetzungen erfüllt ist. Ob und in welchem Umfang diese Zeit sodann jeweils bei der Berechnung der Rente Berücksichtigung findet, kann erst bei Eintritt des Leistungsfalles entschieden werden (vgl. BSGE 49, 44, 46 = SozR 2200 § 1259 Nr. 44, S. 119; BSGE 56, 151 [153] = SozR 2200 § 1259 Nr. 82, S. 225). Selbst wenn also derzeit jegliche versicherungsrechtliche Auswirkung einer Ausbildung als Anrechnungszeit zu verneinen wäre, könnte die Vormerkung einer derartigen Anrechnungszeit nicht mit dieser Begründung abgelehnt werden, weil sich zum Zeitpunkt des Leistungsfalls das bei der Berechnung der Leistung anzuwendende Recht geändert haben kann. Damit wird zugleich deutlich, daß eine Zeit sowohl als Anrechnungs- als auch grundsätzlich als Beitragszeit oder als eine andere rentenversicherungsrechtlich relevante Zeit vorgemerkt werden kann (vgl. hierzu entsprechend BSGE 49, 44, 46 = SozR 2200 § 1259 Nr. 44, S. 119). Welche der unter Umständen für ein und denselben Zeitraum vorgemerkten Versicherungszeiten schließlich Priorität hat, beurteilt sich sodann nach dem bei Eintritt des Leistungsfalles geltenden Recht (vgl. BSGE 56, 151 [153] = SozR 2200 § 1259 Nr. 82, S. 226).

Nach alledem dient das Vormerkungsverfahren dazu, das Vorhandensein von Anrechnungszeiten in tatsächlicher und rechtlicher Hinsicht für den künftigen Leistungsfall vorab zu klären. Mithin stellt sich hier allein die Frage, ob Schulbesuch und Hochschulstudium des Klägers im streitigen Zeitraum als Anrechnungszeiten i. S. von § 58 Abs. 1 Nr. 4 SGB VI zu werten sind; unerheblich ist hingegen nach dem Charakter des Vormerkungsverfahrens, ob der Kläger in demselben Zeitraum im Hinblick auf seine Ordenszugehörigkeit noch andere versicherungsrechtlich relevante Zeiten zurückgelegt hat und/oder ob er damals, während seiner Zugehörigkeit zur Kongregation der Salesianer Don Boscos, versicherungspflichtig oder – im Hinblick auf die üblicherweise nach den Regeln der Gemeinschaft bestehende Anwartschaft auf Versorgung bei verminderter Erwerbsfähigkeit und im Alter – versicherungsfrei war (vgl. hierzu Urteil v. 19.12.1995, aaO). Denn die Anrechnungszeit setzt tatbestandlich nur den Schulbesuch oder ein erfolgreich abgeschlossenes Hochschulstudium voraus.

Der Kläger hat diese Voraussetzungen für die Vormerkung der Anrechnungszeiten im obengenannten Zeitraum erfüllt (§ 149 Abs. 5 i.V. m. § 58 Abs. 1 Satz 1 Nr. 4 Buchst. a und b SGB VI). Die – durch Bescheid nicht festgestellten – Daten liegen länger als sechs Jahre zurück. Nach den Feststellungen des Sozialgerichts (§ 163 i.V. m. § 161 Abs. 4 SGG) hat er ferner nach Vollendung seines 16. Lebensjahres, vom 1.7.1963 bis 27.7.1966, eine der gymnasialen deutschen Oberstufe entsprechende Schule in Italien besucht (§ 58 Abs. 1 Nr. 4 Buchst. a SGB VI). Unerheblich ist in diesem Zusammenhang, daß der Kläger die Schulzeit in Italien verbracht hat. Denn aus dem Wortlaut der og. Bestimmung ergibt sich – unabhängig von EG-rechtlichen Vorschriften – keine Beschränkung in dem Sinne, daß nur Ausbildungszeiten in Bildungseinrichtungen der Bundesrepublik Deutschland anerkannt werden sollten (vgl. hierzu BSG SozR 2200 § 1259 Nr. 80 S. 219). Ausschlaggebend für die Anerkennung der og. Anrechnungszeit ist vielmehr allein die den einzelnen Begriffen zugrundeliegende Qualifikation der Bildungseinrichtungen, hier als eine zur Vorbereitung auf das Studium befähigende Lehranstalt. Auch der Zeitraum vom 1.10.1971 bis 30.6.1973 ist als Anrechnungszeitraum vorzumerken; denn der Kläger hat in dieser Zeit an der als wissenschaftliche Hochschule anerkannten Phil.-Theol. Hochschule der Salesianer Don Boscos in B. Theologie studiert und dieses Studium erfolgreich abgeschlossen.

Unerheblich ist entgegen der Auffassung der Beklagten, ob die Mitgliedschaft in dem Orden als ein besonderes Gewalt- oder Dienstverhältnis zu werten ist, oder ob die Gemeinschaft insoweit familienähnlichen Charakter hat. Denn die Schul- und Hochschulausbildung teilt weder notwendigerweise das versicherungsrechtliche Schicksal der zeitgleichen Mitgliedschaft zum Orden noch erfüllt die Mitgliedschaft einen rentenversicherungsrechtlichen Tatbestand, der im Rahmen des Vormerkungsverfahrens die Bestimmung über die Anrechnungszeit grundsätzlich nach den allgemeinen Konkurrenzregeln verdrängt (vgl. Urteil v. 19.12.1995, aaO).

Entgegen der Auffassung der Beklagten findet die Rechtsprechung, wonach solche Ausbildungszeiten, die innerhalb eines an sich versicherungspflichtigen Beschäftigungsverhältnisses zurückgelegt werden, grundsätzlich keine Anrechnungs-/Ausfallzeit sein können (vgl. BSG SozR 2200 § 1259 Nr. 107, S. 287; BSGE 56, 5 [7f.] = SozR 2200 § 1259 Nr. 79, S. 218), keine – auch keine entsprechende – Anwendung. Dieser Rechtsprechung liegen Fallgestaltungen zugrunde, in denen die Ausbildung Teil eines umfassenden „Beschäftigungsverhältnisses" ist (vgl. BSG SozR 2200 § 1259 Nr. 90, S. 242). In diesen Fällen kann – begrifflich – nicht die Ausbildung, sondern nur das sie umschließende Beschäftigungsverhältnis „für die Entrichtung oder Nichtentrichtung von Pflichtbeiträgen" maßgebend sein. Im Hinblick darauf, daß die Berücksichtigung von Anrechnungs-/Ausfallzeiten ein sozialer Ausgleich dafür sein soll, daß der Versicherte durch bestimmte, in seiner Person liegende Umstände ohne eigenes Verschulden gehindert war, einer rentenversicherungspflichtigen Tätigkeit nachzugehen und – dementsprechend – Pflichtbeiträge zur gesetzlichen Rentenversicherung zu leisten (vgl. BSG SozR 2200 § 1259 Nr. 102, S. 277; SozR 2200 § 1259 Nr. 23, S. 70), muß also eine Ausbildung, die gerade innerhalb eines allgemeinen Beschäftigungsverhältnisses vollzogen wird und die zugleich Inhalt der Arbeits- und Dienstpflicht ist, versicherungsrechtlich das Schicksal des Beschäftigungsverhältnisses teilen (BSGE 56, 5, 7 = SozR 2200 § 1259 Nr. 79, S. 218). Diese Rechtsprechung beruht auf dem Gedanken, daß im Leistungsfall auf ein und denselben Sachverhalt grundsätzlich nicht zugleich Regeln über verschiedene rentenrechtliche Zeiten (§ 54 SGB VI) anwendbar sind. Erforderlich ist i. S. der obengenannten Rechtsprechung jedoch stets, daß während desselben Zeitraums das Durchlaufen der Ausbildung zugleich Teil einer sich aus dem Arbeits- bzw. Dienstverhältnis ergebenden Pflicht ist, die derart eng mit der Hauptpflicht verknüpft ist, daß bei einer Verletzung dieser Pflicht eine Leistungsstörung des Vertragsverhältnisses eintritt. Wird also ein identischer Lebenssachverhalt bewertet aufgrund von verschiedenen rentenrechtlichen Vorschriften, entfällt bei Anspruchskonkurrenz die Vormerkung von Ausbildungszeiten, wenn gleichzeitig eine rentenrechtliche Zeit im obengenannten Sinne vorliegt; die Anrechnungszeit wegen Ausbildung geht dann gleichsam in dem anderen Tatbestand auf.

Um einen derartigen – vergleichbaren – Sachverhalt handelt es sich hier jedoch nicht. Die Ausbildung des Klägers erfolgte zwar während seiner Zugehörigkeit zum Orden, sie war jedoch nicht etwa Voraussetzung für den Verbleib des Klägers in dem Orden. Im Einklang damit steht, daß sowohl Schulbesuch als auch Hochschulstudium Sachverhalte sind, die typischerweise auch ohne die Ordenszugehörigkeit erfüllt werden konnten.

30

Das Küchenmeister- und Lietzo'sche Familienstipendium Zerbst ist keine kirchliche Stiftung.

VG Dessau, Urteil vom 18. April 1996 – 1 A 149/94[1] –

Die Klägerin, die Ev. Landeskirche Anhalt, begehrt von dem beklagten Regierungspräsidium die Anerkennung des Küchenmeister- und Lietzo'schen Familienstipendiums in Zerbst als kirchliche Stiftung.

Das Küchenmeister- und Lietzo'sche Familienstipendium entstand im 14. Jahrhundert als Altarstiftung zu Gunsten der Nicolaikirche in Zerbst. Diese Altarstiftung diente dazu, den Stiftern durch ihre „guten Werke" und ihr Lesen von Messen an dem Altar zu ihrem und ihrer Familien Seelenheil und zum Ablaß ihrer Sünden zu verhelfen. Im Zuge der Reformation entfiel der genannte Stiftungszweck, weil nach der Luther'schen Lehre die Vergebung der Sünden allein durch den Glauben, nicht aber durch „gute Werke" zu erreichen war. Das Regulativ der Stiftung wurde daher in den Jahren 1600, 1740/1797, 1831/1851 und 1884 neu geordnet; aus der ursprünglichen Altarstiftung entstand eine Stipendienstiftung für Nachkommen der Stifterfamilien des sog. Nicolaialtars zum Zwecke der Bildungsförderung.

Das Regulativ über die Verteilung des Küchenmeister- und Lietzo'schen Familienstipendiums in Zerbst vom 22. 6. 1884 enthält unter anderem folgende Bestimmungen:

§ 1 Das Küchenmeister- und Lietzo'sche Familienstipendium in Zerbst besitzt zur Zeit
a) an Ackerplänen zu Zerbst im Stadtfeld hinter der Blume

in Frauenthor'scher Mark	*1 599,4473 Ar*
und in den Teufelsteinenden	*430,8550 Ar*
in Summa	*2 030,3023 Ar*

b) an sicheren Staatspapieren etwas über 18 000,– Mark.

§ 3 Die Einkünfte kommen Familienangehörigen, die sich durch kirchliche und standesamtliche Zeugnisse über ihre eheliche Herkunft als der protestantischen Konfession zugetane Nachkommen der Stifterfamilien erwiesen haben, für begrenzte Zeiträume ihrer Ausbildung auf Gymnasien und ihres akademischen Studiums während der Zeit der Ausbildung selbst zugute.

§ 5 Studierende der Theologie, der Jurisprudenz und Kameralwissenschaft, der Medizin und der philosophischen Diszplin sind auf Nachweisung der vollen Absolvierung ihrer Gymnasialstudien durch Reifezeugnisse, welche zur Bewerbung um höhere Staats- und Kirchenämter berechtigen, zum Genuß der Universitätsstipendien nicht länger als drei Jahre berechtigt.

---

[1] Über die Berufung der Klägerin (A 2 S 231/96 OVG Sachsen-Anhalt) war bei Redaktionsschluß (1.4.1999) noch nicht entschieden.

§ 6 Neben Universitäten gelten als Lehranstalten, deren Zöglinge an den Universitätsstipendien teilnehmen können, auch Maler-, Bildhauer-, Bau- und Forstakademien, höhere medizinisch-chirurgische Institute, Tierarzneischulen und dergleichen öffentliche staatliche oder städtische Hochschulen, deren wirklich wissenschaftlicher Charakter höheren Grades nachweisbar ist.

§ 8 Zöglinge von Handelsschulen, Baugewerkschulen, Gewerbeschulen, landwirtschaftlichen Schulen, Gärtnerlehranstalten und anderen derartigen Instituten gelten, zumal wenn diese nur Privatanstalten sind, nicht als den Studierenden auf Universitäten und öffentlichen Akademien gleichberechtigt.

§ 10 Es wird erwartet, daß alle vorgelegte Schulzeugnisse löbliches Betragen, ununterbrochene Aufmerksamkeit, sowie regelmäßigen und angestrengten Fleiß bescheinigen und die sowohl für das sittliche Verhalten, als auch für die Leistungen und Fortschritte erteilten Zensuren, die zu einer weiteren und höheren wissenschaftlichen Bildung nötigen Fähigkeiten zweifellos erscheinen lassen. Bei etwaigen Bedenken des Familienausschusses über die Zulässigkeit einer Bewerbung wegen nicht befriedigender Zeugnisse entscheidet das Herzogliche Konsistorium.

§ 19 Die Verwaltung des Stipendiums erfolgt durch einen Kollator, einen Administrator und den Familienausschuß.

§ 20 Kollator des Stipendiums ist auf drei hintereinander folgende Jahre der jedesmalige Älteste der Familie schon durch die Geburt angehörige Mann, mag der selbe wohnen und sich aufhalten, wo es sei. Überlebt er die drei Jahre, so tritt der nächstälteste Mann der Familie an seine Stelle und so fort.

§ 25 Der Ausschuß der sechs in Zerbst wohnenden Familienglieder wird in einer Konferenz, zu welcher alle in Zerbst wohnenden erwachsenen Familienmitglieder, die das Bürgerrecht der Stadt Zerbst genießen, einzuladen sind, nach Stimmenmehrheit auf die sechs nächsten Jahre erwählt und die Wahl dem Herzoglichen Konsistorium zur Genehmigung vorgelegt.

§ 29 Der Familienausschuß hat den Administrator in der Verwaltung seines Amtes zu kontrollieren und die sämtlichen Interessenten der ganzen Familie zu repräsentieren, so daß er Erklärungen, welche für alle Mitglieder der Familie verbindlich sind, abgeben kann. Es müssen jedoch in besonders wichtigen Fällen die Familienglieder zu einer Plenarkonferenz eingeladen werden, um ihre Pflichten zu vernehmen, sobald zwei Dritt-Teile des Ausschusses sich für eine solche Konferenz entschieden haben.

§ 32 Oberaufsichtsbehörde für die gesamte Verwaltung des Stipenpiums ist das Herzoglich Anhaltische Konsistorium.

Durch Resolution vom 28. 8. 1884 genehmigte der Herzog zu Anhalt das „vorstehende Regulativ für die Verwaltung des Küchmeister-Lietzo'schen Familienstipendiums in Zerbst".

Im Jahre 1975 stellte die letzte Administratorin des Küchenmeister- und Lietzo'schen Familienstipendiums, Frau A. R., ihre Tätigkeit ein; es folgte eine interimistische Verwaltung des Stipendiums zunächst durch den Leiter des ev. Kreiskirchensteueramtes in Zerbst und danach durch Kirchenangestellte in Dessau und Zerbst. Mit am 14. 1. 1985 durch den Landeskirchenrat in Dessau beschlossener und am 1.1.1985 in Kraft getretener Stiftsordnung wurden das Jungmann'sche Stipendium, das Sieberlehn'sche Stipendium und das Küchenmeister- und Lietzo'sche Familienstipendium unter Leitung des Bartholomäi-Stiftes zu Zerbst mit diesem verwaltungsmäßig zusammengeschlossen (§ 1 StiftsO.). Gemäß § 4 StiftsO. wird für die Leitung der gemeinsamen Verwaltung ein Stiftskapitel bestellt. Es besteht aus bis zu sieben Stiftsräten, die vom Kreisoberpfarrer für jeweils sechs Jahre bestellt und vom Landeskirchenrat bestätigt werden. Die Stiftsräte erhalten über ihre Beauftragung eine Urkunde. Erneute Beauftragung ist möglich. Außerdem gehört der Kreisoberpfarrer dem Stiftskapitel als Vorsitzender und Stiftspropst an. § 5 StiftsO. bestimmt, daß das Stiftskapitel mindestens zwei Mal im Jahr tagt. Es hat über die Verteilung der jährlich aufkommenden Gelder durch Beschluß zu entscheiden. Dabei sind die gesetzlichen Aufgaben und die satzungsgemäßen Aufgaben der Stiftungen – soweit möglich – zu erfüllen. Die Überschüsse sind vom Stiftskapitel für die bauliche Erhaltung der Zerbster Kirchen zu verwenden. Unter dem 8.1.1991 setzten der Stiftspropst und der Stiftsrat die Landesregierung Sachsen-Anhalt über den Beschluß vom 14.1.1985 in Kenntnis.

Bereits mit Schreiben vom 15.9.1990 meldete der Beigeladene zu 1) als Mitglied der Gesamtfamilie beim damaligen Landkreis Zerbst vermögensrechtliche Ansprüche für das Küchenmeister- und Lietzo'sche Familienstipendium in Zerbst an. Dieser gab sodann den Vorgang zuständigkeitshalber (§ 3 StiftG. i. V. m. dem Beschluß der Landesregierung über die Zuständigkeiten nach dem StiftG. vom 13.8.1991 [MBl. Nr. 20/91]) an den Beklagten ab. Am 12.9.1992 beschloß die Familienversammlung (Plenarkonferenz) der Küchenmeister- und Lietzo'schen Familienstiftung Zerbst, den seit Beginn der 80er Jahre vakanten Familienausschuß neu zu besetzen. Als Familienausschußmitglieder wurden die Beigeladenen zu 1), 3), 5), 7), 9) und 11) gewählt; der Beigeladene zu 1) wurde zugleich zum Vorsitzenden des Familienausschusses gewählt.

Nach Anhörung der Klägerin untersagte der Beklagte ihr mit Bescheid vom 2.6.1993 die weitere Verwaltung der Küchenmeister- und Lietzo'schen Familienstiftung. Zur Begründung führte er aus, die am 14.1.1985 beschlossene StiftsO. sei rechtsunwirksam, weil hierfür die gemäß § 9 Abs. 2 EGZGB erforderliche Genehmigung des Rates des Bezirks und auch die Zustimmung der Stiftungsorgane nicht erteilt worden seien. Es gelte insoweit das Regulativ vom 22.6.1884 fort. Bei der Küchenmeister- und Lietzo'schen Familienstiftung Zerbst handele es sich deshalb nicht um eine kirchliche, sondern um eine Familienstiftung. Mit weiterem, an den Beigeladenen-Vertreter gerichtetem Bescheid vom 3.6.1993 ordnete der Beklagte an, daß jener zusammen mit dem provisorischen Familienausschuß gemäß den §§ 19, 21 und 25 des Regulativs vom 22.6.1884 ab sofort die Verwaltung der Familienstiftung übernehmen und dabei gleichzeitig als Administrator fungieren solle.

Gegen den Bescheid des Beklagten vom 2.6.1993 erhob die Klägerin am 11.6.1993 Widerspruch. Zur Begründung gab sie an, bei der Küchenmeister- und Lietzo'schen Familienstiftung Zerbst handele es sich um eine kirchliche Stiftung, weil diese Stiftung auf eine Altarstiftung der Zerbster Nicolaikirche zurückgehe. Diese Stiftung habe unter der Oberaufsicht des Konsistoriums gestanden, das der Teil der staatlichen Verwaltung gewesen sei, der als Kirchenverwaltung fungiert habe. Zweck der Stiftung sei es gewesen, den kirchlichen Auftrag im Bereich der Bildung zu erfüllen. Aus den Regulativen ergebe sich die Einbindung des Familienstipendiums in die kirchliche Struktur, weil hierin Mitwirkungs- und Aufsichtsrechte des Konsistoriums geregelt seien.

Mit Widerspruchsbescheid vom 6.10.1994 wies der Beklagte ihren Widerspruch als unbegründet zurück, weil dem Regulativ von 1884, insbesondere dessen § 5, eine Zuordnung der Ausbildungsförderung zu den kirchlichen Angelegenheiten nicht zu entnehmen sei. Aus der Oberaufsicht durch das Herzoglich Anhaltische Konsistorium könne ebenfalls nicht auf eine kirchliche Angelegenheit geschlossen werden. Denn dem Konsistorium hätten Theologen und Juristen angehört, die sowohl geistige als auch schulische Angelegenheiten wahrgenommen hätten. Mit Ablauf des 30.6.1920 sei das Anhaltische Konsistorium aufgehoben worden. Die ihm zugewiesenen Aufgaben seien dem Staatsrat für Anhalt übertragen worden. Zwar sei in dem zwischen der Klägerin und dem Land Anhalt beim OLG Naumburg am 3.2.1930 geschlossenen Vergleich vereinbart worden, daß das Staatsministerium, unbeschadet seiner eigenen staatlichen Oberaufsicht, die Aufsicht über Stiftungen aus dem Geschäftsbereich des ehemaligen Anhaltischen Konsistoriums und des Ev. Landeskirchenrats für Anhalt dem Ev. Landeskirchenrat für Anhalt auf dessen Antrag übertragen wird. Die Klägerin habe aber eine entsprechende Antragstellung nicht nachzuweisen vermocht. Da die Stiftsordnung vom 14.1.1985 eine Satzungsänderung der einzelnen Stipendien beinhalte, hätte die StiftsO. der Genehmigung durch den Rat des Bezirks Magdeburg – wie es in anderen Stiftungsfällen auch geschehen sei – bedurft. Art. 19 des Einigungsvertrages gelte nur für erlassene, nicht hingegen für unterbliebene Verwaltungsakte.

Die auf Aufhebung des angefochtenen Bescheides gerichtete Klage wurde abgewiesen.

Aus den Gründen:

Die Klage hat keinen Erfolg.

Sie ist als Verpflichtungsklage gemäß § 42 Abs. 1 VwGO statthaft. *(wird ausgeführt)*

Die Verpflichtungsklage ist jedoch nicht begründet. Die Einstufung als kirchliche Stiftung richtet sich nach § 26 StiftG v. 13.9.1990 (GBl. DDR I Nr. 61, S.1483). Dieses Gesetz gilt gemäß der Anlage II Sachgebiet B Ab-

Stiftungsrecht 163

schnitt I Ziffer 2 zum Einigungsvertrag – EV – als Landesrecht in den neuen Bundesländern fort. Es ist auch auf die im Zeitpunkt seines Inkrafttretens bereits bestehenden historischen Stiftungen anzuwenden (§ 29 StiftG).
Gemäß § 26 Abs. 1 StiftG sind kirchliche Stiftungen i. S. des Stiftungsgesetzes Stiftungen, die ausschließlich oder überwiegend dazu bestimmt sind, kirchliche Aufgaben zu erfüllen und von einer Kirche errichtet oder organisatorisch mit einer Kirche verbunden oder in der Stiftungssatzung der kirchlichen Aufsicht unterstellt oder deren Zwecke nur sinnvoll in Verbindung mit einer Kirche zu erfüllen sind. Im hier zu entscheidenden Fall sind für die Abgrenzung von kirchlichen und weltlichen Stiftungen zwei Merkmale wesentlich: die spezifische Zweckbestimmung und die organisatorische Zuordnung der Stiftung zu einer Kirche bzw. die Unterstellung unter die kirchliche Aufsicht.

Die Zweckbestimmung und die Organisation einer historischen Stiftung beurteilt sich nach der Satzung, die im Zeitpunkt des Inkrafttretens des Stiftungsgesetzes am 24. 9. 1990 (§ 32 Abs. 1 StiftG) galt (Nds.OVG, Urteil v. 16. 2. 1994 – 13 L 8142/91 – DÖV 1994, 1053 [1054][2]). Einschlägig ist hier insoweit das Regulativ über die Verteilung des Küchenmeister- und Lietzo'schen Familienstipendiums in Zerbst vom 22. 6. 1884 und nicht die StiftsO. v. 14. 1. 1985, nach der das Jungmann'sche Stipendium, das Sieberlehn'sche Stipendium und das Küchenmeister- und Lietzo'sche Familienstipendium unter Leitung des Bartholomäi Stifts zu Zerbst mit diesem verwaltungsmäßig zusammengeschlossen wurden.

Die StiftsO. ist schon deswegen ungültig, weil für sie nicht die gemäß § 9 EGZGB v. 19. 6. 1975 (GBl.DDR I Nr. 27, S. 517) erforderliche Genehmigung des Rates des Bezirkes eingeholt worden ist. Die genannte Vorschrift war entgegen der Ansicht der Klägerin auf die von ihr vorgenommene Änderung der Stiftung anzuwenden. Denn gemäß § 9 Abs. 1 EGZGB wird lediglich die rechtliche Stellung der bei Inkrafttreten des Zivilgesetzbuches bestehenden Stiftungen, das heißt ihr Status als rechtsfähige oder nicht rechtsfähige Stiftung des öffentlichen oder privaten Rechts, durch das bis zu diesem Zeitpunkt geltende Recht bestimmt. Nach den Absätzen 2 und 3 der genannten Gesetzesstelle führt jedoch der Rat des Bezirks die Aufsicht über alle Stiftungen, deren Sitz sich in seinem Bereich befindet; er kontrolliert die Tätigkeit der Stiftungen und legt die zur Gewährleistung der ordnungsgemäßen Erfüllung des Stiftungszweckes erforderlichen Maßnahmen fest; er ist berechtigt, Auflagen zu erteilen und, soweit es für die ordnungsgemäße Erfüllung des Stiftungszwecks erforderlich ist, einen Vorstand zu bestellen (Abs. 2) und er entscheidet über Anträge auf Änderung der Satzung oder Aufhebung einer Stiftung (Abs. 3). Die Räte der Bezirke in der

---
[2] KirchE 32, 52.

DDR übten ihre Stiftungsaufsicht i. S. des § 9 Abs. 2 und 3 EGZGB tatsächlich aus. Letzteres wird durch vergleichbare Stiftungsfälle – Kanzler von Pfau'sche-Stiftung Bernburg, Hoffmann-Stiftung Bernburg, zusammengefaßte Stiftungen der Stadt Dessau, Fürstliches Stift Leopolddank Dessau und Hermann-Schmelzer-Stiftung Haldensleben – belegt, nach denen Beschlüsse über Satzungsänderungen, die Zusammenlegung von Stiftungen und die Auflösung einer Stiftung durch den jeweils zuständigen Rat des Bezirks genehmigt wurde bzw. dieser hierfür seine Zustimmung erteilte. Durch § 5 StiftsO., nach dem unter anderem die Überschüsse vom Stiftskapital für die bauliche Erhaltung der Zerbster Kirchen zu verwenden sind, ist § 3 des Regulativs des Küchenmeister- und Lietzo'schen Familienstipendiums vom 12. 6. 1884 abgeändert worden. Dem Rat des Bezirkes Magdeburg hätte deshalb die Entscheidung (Genehmigung oder Zustimmung) über einen Antrag auf (teilweise) Änderung des genannten Regulativs oblegen. Da ein solcher Verwaltungsakt unterblieben ist, ist die StiftsO. v 14. 1. 1985 unwirksam. Eine andere rechtliche Beurteilung ergibt sich auch nicht, soweit nach dem Vorbringen der Klägerin in der mündlichen Verhandlung die StiftsO. nicht vorgelegt worden sei, um nicht den Bestand der Stiftung zu gefährden. Ebensowenig kommt es darauf an, daß die zuständigen Organe der DDR aufgrund der lückenlosen Überwachung der Kirchen den Beschluß über die StiftsO. möglicherweise kannten und geduldet haben. Abgesehen davon, daß dieses Klägervorbringen in einem gewissen Widerspruch zu dem zuvor erwähnten Vortrag steht, genügte eine stillschweigende Duldung nicht dem Wirksamkeitserfordernis nach § 9 EGZGB. Zwar bestimmt Art. 19 S. 1 EV, daß vor dem Wirksamwerden des Beitritts ergangene Verwaltungsakte der DDR wirksam bleiben. Die genannte Gesetzesstelle findet aber keine Anwendung auf an sich einzuholende, jedoch unterbliebene Verwaltungsakte. Abgesehen von dem Fehlen der Genehmigung war die Klägerin damals sachlich nicht für Änderungen des Stiftungscharakters zuständig. Solche Änderungen oblagen allein den Organen der Küchenmeister- und Lietzo'schen Familienstiftung, die an dem Beschluß vom 14. 1. 1985 über die StiftsO. nicht beteiligt wurden (vgl. § 29 des Regulativs v. 22. 6. 1884), obwohl zum maßgeblichen Zeitpunkt ein Familienmitglied in Zerbst wohnte und auch heute noch wohnt.

Legt man somit das Regulativ von 1884 als letzte gültige Satzung zugrunde, fällt die Küchenmeister- und Lietzo'sche Familienstiftung nicht unter § 26 Abs. 1 StiftG. Im Stiftungsrecht gehört zu den kirchlichen Aufgaben bzw. kirchlichen Zwecken die gesamte Bandbreite spezifisch kirchlicher Tätigkeiten. Der Begriff der kirchlichen Zwecke ist nicht auf Gottesdienst und Seelsorge beschränkt. In Übereinstimmung mit den verfassungsrechtlichen Definitionen seit dem Reichsdeputationshauptschluß (1803) zählen dazu über Erziehung, Unterricht und Wohlfahrtspflege hinaus auch die Unterhaltung von kirchlichen Gebäuden, die Verwaltung von Kirchenvermögen, die Besoldung und Versorgung von Geistlichen, Kirchenbeamten, kirchlichen Dienern und deren Hinterbliebenen. Ein Teil der kirchlichen Zwecke gehört ausschließlich zum kirchlichen Funktionsbereich. Erziehung und Unterricht einschließlich Ausbildungsförderung sind hingegen heute in erster Linie Aufgaben des Staates und der Kommunen. Stiftungen, die derartige Zwecke verfolgen – wie das Küchenmeister- und Lietzo'sche Familienstipendium in Zerbst (vgl. §§ 3, 5 des Regulativs vom 22. 6. 1884) – können sowohl kirchliche als auch weltliche Stiftungen sein; die in § 3 des genannten Regulativs geforderte Konfessionszugehörigkeit der Stipendiaten ist hingegen kein wesentliches Kriterium. Die Zweckbestimmung reicht allein als Unterscheidungsmerkmal nicht aus; sie hat lediglich insoweit negative Bedeutung, als Stiftungen, die einem anderen Zweck dienen, von vornherein als kirchliche Stiftungen ausscheiden (vgl. Ebersbach, Handbuch des deutschen Stiftungsrechts, Göttingen 1972, S. 249f.; Seifart, Handbuch des Stiftungsrechts, München 1987, S. 325f.). Nach dem Zweck der Küchenmeister- und Lietzo'schen Familienstiftung in Zerbst kann deshalb nicht ausgeschlossen werden, daß die erste Tatbestandsvoraussetzung des § 26 Abs. 1 StiftG erfüllt ist.

Das zweite Kriterium der kirchlichen Stiftungen besteht darin, daß sie der kirchlichen Organisation in spezifischer Weise eingegliedert oder angelehnt sind. Das Küchenmeister- und Lietzo'sche Familienstipendium in Zerbst ist von keiner Kirche errichtet worden (vgl. 1. Variante der zweiten Tatbestandsvoraussetzung des § 26 Abs. 1 StiftG), sondern durch eine von Familienmitgliedern im 14. Jahrhundert gegründete Altarstiftung zu Gunsten der Nicolaikirche in Zerbst entstanden. Eine organisatorische Verbindung mit einer Kirche (vgl. 2. Variante der zweiten Tatbestandsvoraussetzung des § 26 Abs. 1 StiftG) setzt eine, wenn auch noch so lockere, rechtlich geordnete Bindung an die amtlich verfaßte Kirche, ihre Glieder oder Zusammenschlüsse, die der Stiftung selbst einen kirchen- und staatskirchenrechtlichen Status verleiht, voraus. Eine solche Bindung liegt insbesondere vor, wenn die Stiftung nach dem in der Stiftungsverfassung manifestierten Willen des Stifters von kirchlichen Organen verwaltet wird. Dabei braucht das Verwaltungsorgan der Stiftung kein Organ der Kirche zu sein; den Charakter eines kirchlichen Organs kann es dann schon haben, wenn es sich aus Personen zusammensetzt, die selbst Organe der Kirche sind, die solchen Organen angehören oder bei deren Auswahl den Organen der Kirche ein entscheidender Einfluß eingeräumt ist (vgl. Ebersbach, aaO, S. 250; Seifart, aaO, S. 329). Nach § 19 des Regulativs vom 22. 6. 1884 erfolgt die Verwaltung des Stipendiums durch den Kollator (den Ältesten der Familie schon durch die Geburt angehörigen Mann), den Administrator (ein in Zerbst wohnendes geborenes Mitglied der Familie) und den Familienausschuß (sechs in Zerbst wohnende Familienmitglieder). Die Stiftung wird danach ausschließlich durch Familienmitglieder verwaltet, die weder Organen der Kirche angehören noch von solchen Organen (mit) ausgewählt werden. Ein organisatorischer Zusammenhang mit einer Kirche läßt sich somit aufgrund der Regelung über die Verwaltung des Küchenmeister- und Lietzo'schen Familienstipendiums im Regulativ von 1884 nicht feststellen. Ein solcher Zusammenhang besteht aber auch, wenn die Stiftung und ihre Satzung der kirchlichen Aufsicht unterstellt ist (vgl. Ebersbach, aaO, S. 250; Seifart, aaO, S. 329; 3. Variante der zweiten Tatbestandsvoraussetzung des § 26 Abs. 1 StiftG). § 32 des Regulativs vom 22. 6. 1884 bestimmt zwar, daß Oberaufsichtsbehörde für die gesamte Verwaltung des Stipendiums das Herzoglich Anhaltische Konsistorium ist; diesem werden in den §§ 5, 7, 10, 11 u. a. des genannten Regulativs zudem Mitwirkungsrechte eingeräumt. Das Konsistorium nahm aber die Befugnisse des Landesherrn als Trägers des obersten Kirchenregiments und der Kirchenregierung wahr. Es erfüllte danach kirchliche Aufgaben und beaufsichtigte die Kirche und zwar als (staatliche) Behörde des Herzogs, die dem weltlichen Bereich zugeordnet werden kann. Bis zur Trennung von Staat und Kirche im Jahre 1918 setzte sich das Herzoglich Anhaltische Konsistorium zudem aus geistlichen und juristischen Mitgliedern sowie aus Schulräten zusammen (vgl. §§ 3, 4 der GeschO. für das Herzogliche Konsistorium vom 1. 9. 1870). Es war nicht nur Kirchenbehörde, sondern gemäß § 4 Buchst. A GeschO. auch Ober-Schul-Behörde des Herzogtums. Unter Zugundelegung des alleinigen Zwecks der Küchenmeister- und Lietzo'schen Familienstiftung – der allgemeinen Ausbildungsförderung von Familienangehörigen im Bereich der höheren Schulen und Universitäten – liegt deshalb der Schluß nahe, daß dem Herzoglich Anhaltischen Konsistorium die Oberaufsicht über diese Stiftung als Ober-Schul-Behörde oblag.

Entgegen der Ansicht der Klägerin trat ihr Kirchenrat in den Jahren 1918/19 auch nicht unmittelbar die Rechtsnachfolge des Herzoglich Anhaltischen Konsistoriums an. Denn durch Gesetz vom 22. 5. 1920 wurden das Anhaltische Konsistorium als staatliche Behörde erst mit dem Ablauf des 30. 6. 1920 aufgehoben und die dem Konsistorium zugewiesenen Befugnisse vorläufig dem Staatsrat für Anhalt übertragen. Die Klägerin kann sich zudem nicht mit Erfolg darauf berufen, daß spätestens im Jahre 1930 aufgrund der Abänderung der Nr. 8 des gerichtlichen Vergleichs vom 3. 2. 1930 die Aufsicht über die Küchenmeister- und Lietzo'sche Familienstiftung auf sie übergegangen sei. Denn sie hat eine Urkunde oder ein ähnliches Dokument, wonach das Staatsministerium ihrem Kirchenrat diese Stiftungsaufsicht übertragen hat, nicht vorgelegt. Die von der Klägerin im Termin vorgelegten Dokumente aus den Jahren 1939 und 1983 stellen zwar ein Indiz dafür dar, daß die Beteiligten faktisch von einer Aufsicht des Kirchenrates über das Küchenmeister- und Lietzo'sche Familienstipendium ausgingen. Diese Dokumente reichen aber für den Nachweis eines rechtlichen Übertragungsaktes nicht aus. Des weiteren ergibt sich aus der von der Klägerin vorgelegten Aufstellung über die am 1. 10. 1947 vorhandenen Stiftungen im Lande Anhalt lediglich, daß die Küchenmeister- und Lietzo'sche Familienstiftung in Zerbst als kirchliche Stiftung eingestuft wird; als Vorstandsvorsitzender wird Herr K. P. aufgeführt, der in der Zeit von 1928 bis 1951 Administrator und zum Teil zugleich Kollator des Küchenmeister- und Lietzo'schen Familienstipendiums war. Diese Aufstellung steht allerdings im Widerspruch zu der von dem Beklagten vorgelegten „Hauptliste der im Lande Sachsen-Anhalt vorhandenen Stiftungen Kreis Zerbst = Stadt Kreis-Nr. XII" aus dem Jahre 1950 (Landesarchiv Magdeburg, Rep.K Min.Präs. Nr. 671, S. 160), in der die Küchenmeister- und Lietzo'sche Familienstiftung Zerbst unter der laufenden Nr. 1 als bürgerliche Stiftung verzeichnet ist. Sie kann daher für die Beurteilung des Stiftungscharakters nicht ausschlaggebend sein.

Insbesondere mit Blick darauf, daß Ausbildungsförderung heute primär durch den Staat und die Kommunen wahrgenommen werden, bestehen für die Kammer keine Anhaltspunkte dafür, daß der Zweck der Küchenmeister- und Lietzo'schen Familienstiftung nur sinnvoll i. V. m. der Kirche zu erfüllen ist (vgl. 4. Variante der 2. Tatbestandsvoraussetzung des § 26 Abs. 1 StiftG).

Der Antrag der Klägerin, den Bescheid des Beklagten vom 2. 6. 1993 in der Fassung des Widerspruchsbescheids vom 6. 10. 1994 aufzuheben, ist zulässig, aber unbegründet. Ermächtigungsgrundlage für die Untersagung der weiteren Verwaltung der Küchenmeister- und Lietzo'schen Familienstiftung sind die §§ 19, 31 StiftG. Nach der letztgenannten Vorschrift entscheidet die Stiftungsbehörde – also der Beklagte – über bestehende Zweifel über die Rechtsnatur einer Stiftung, die für sie geltende Satzung oder die Stiftungsverwaltung; sie kann der Stiftung eine andere Zweckbestimmung geben oder die Stiftung auflösen (§ 31 S. 1 u. 2 StiftG). § 19 Abs. 3 StiftG ermächtigt die Stiftungsbehörde unter anderem dazu, dem Mitglied des Stiftungsorgans die Geschäftsführung einstweilen zu untersagen, wenn es sich einer groben Pflichtverletzung schuldig gemacht hat. Aus dem Gesamtzusammenhang dieser Vorschriften folgt, daß die Stiftungsbehörde auch – und erst recht – einer nicht zur Verwaltung befugten Stelle die Verwaltungstätigkeit untersagen kann.

31

Zur Frage der Berücksichtigung religiöser Gesichtspunkte bei der Entscheidung über die elterliche Sorge für die Dauer des Getrenntlebens der Ehegatten.

§§ 1672, 1671 Abs. 1 BGB
OLG Hamm, Beschluß vom 3. Mai 1996 – 12 UF 41/96[1] –

---

[1] NJWE-FER 1997, 54.

Der 1947 geborene Antragsgegner und die 1955 geborene Antragstellerin haben 1986 geheiratet. Aus der Ehe ist der Sohn A., geboren 1987, hervorgegangen. Die Eltern trennten sich im September 1992. Die Antragsstellerin zog zusammen mit dem Kind und ihrer weiteren Tochter B., geboren 1983, aus der Ehewohnung aus. Das Kind A. lebt seitdem in ihrem Haushalt. Durch Beschluß des Amtsgerichts – Familiengericht – wurde das Aufenthaltsbestimmungsrecht für A. der Mutter übertragen. Die Eltern schlossen in dem Termin vor dem Familiengericht einen Vergleich, in dem sie sich über ein umfangreiches Umgangsrecht des Vaters mit A. einigten.

Die Antragstellerin ist nicht erwerbstätig. Sie ist Hausfrau und versorgt die beiden Kinder. Sie erhält vom Sozialamt der Stadt N. Hilfe zum Lebensunterhalt nach dem Bundessozialhilfegesetz. Die Antragstellerin ist Mitglied der Religionsgemeinschaft der Zeugen Jehovas. Der Antragsgegner ist Taxifahrer. Er hat ein Fahrzeug und betreibt das Gewerbe selbständig. Von Aushilfskräften abgesehen hat er keine Angestellten.

Mit ihrem Antrag hat die Antragstellerin die Übertragung der elterlichen Sorge für den Sohn A. während der Dauer des Getrenntlebens auf sich beantragt. Sie hat vorgetragen, daß wegen der bestehenden Meinungsverschiedenheiten über die religiöse Erziehung des Kindes eine Regelung über die Ausübung der elterlichen Sorge erforderlich sei. Sie habe A. seit der Geburt überwiegend betreut und versorgt. Der Antragsgegner sei dazu schon wegen seiner Berufstätigkeit nicht in der Lage und auf die Hilfe Dritter angewiesen. Durch seine ablehnende Haltung gegenüber ihrer Religion bringe er das Kind in einen ständigen Loyalitätskonflikt.

Der Antragsgegner ist dem Begehren entgegengetreten und hat um die Übertragung der elterlichen Sorge für das Kind auf sich nachgesucht. Er hat vorgetragen, daß die Antragstellerin A. ganz im Sinne der Zeugen Jehovas erziehe und versuche, ihn, den Vater, von der Erziehung auszuschließen, da er mit den Glaubensüberzeugungen und den daraus resultierenden Lebensverhältnissen der Zeugen Jehovas nicht einverstanden sei. A. sei katholisch getauft und solle in diesem Glauben aufwachsen. Er sei in der Lage, das Kind zu versorgen. Während seiner berufsbedingten Abwesenheit könne A. nach der Schule einen Kinderhort besuchen.

Das Amtsgericht – Familiengericht – hat nach Anhörung der Eltern, des Kindes A. und des Vertreters des Jugendamtes durch den angefochtenen Beschluß die elterliche Sorge für das Kind A. der Mutter übertragen mit Ausnahme der Entscheidungen über die religiöse Erziehung und die Religionsausübung. Insoweit sollte allein dem Vater die Entscheidung und Durchführung zustehen. Dabei hat es sich auf den Standpunkt gestellt, daß das Kind durch die Taufe der kath. Kirche angehöre und einen Anspruch darauf habe, altersgemäß in diesem Glauben unterrichtet und erzogen zu werden. Dies sei nur durch die Einwirkung des Vaters möglich. Die Grundversorgung des Kindes sei bei der Mutter gewährleistet, während der Vater dazu wegen seiner Berufstätigkeit nicht in der Lage sei. Es sei deshalb für die Übertragung der elterlichen Sorge grundsätzlich der Mutter der Vorrang einzuräumen.

Gegen diesen Beschluß richtet sich die Beschwerde der Mutter, mit der sie die uneingeschränkte Übertragung der elterlichen Sorge auf sich erreichen will. Der Vater begehrt mit seiner Anschlußbeschwerde eine Abänderung der Entscheidung dahingehend, daß *ihm* die elterliche Sorge übertragen werde.

Die Antragstellerin trägt vor, daß es ihrer Meinung nach nicht zutreffend sei, daß die Eltern an die einmal getroffene Entscheidung über die religiöse Erziehung bis zur Volljährigkeit des Kindes gebunden seien. Es sei auch nicht so, daß A. von ihr indoktriniert oder zu einem Verhalten oder zu Maßnahmen gezwungen werde, die er selbst nicht möchte. Ihm stehe es frei, weiterhin den kath. Religionsunterricht in der Schule zu besuchen oder auch in die Kirche zu gehen. Dies wolle er jedoch, wie viele Kinder seines Alters, nicht. Der Antragsteller seinerseits habe während des ehelichen Zusammenlebens und auch während der Trennungszeit kein Interesse an Religion oder religiöser Erziehung gehabt. Er sehe jetzt nur eine Möglichkeit, durch die Diffamierung der Glaubensgemeinschaft der Antragstellerin dieser selbst zu schaden. Dabei nehme er in Kauf, daß ein solches Vorgehen auch dem Kindeswohl schade.

Der Antragsgegner macht geltend, daß es nicht nur darum gehe, dem Kind den Kontakt zu der Religion zu erhalten, die ihm seit seiner Geburt vermittelt worden sei, sondern auch darum, daß der Kontakt des Kindes zu ihm gefährdet sei. Die Antragstellerin lehne nicht nur seine Religion, sondern auch die Personen ab, die nicht der Sekte der Zeugen Jehovas angehörten, insbesondere ihn, den Antragsgegner. A. habe jedoch tiefe, echte Beziehungen zu beiden Elternteilen und brauche für seine Entwicklung auch den Kontakt zum Vater. Gegen ihn, den Vater, spreche nur seine berufliche Tätigkeit. Er sei jedoch in der Lage, das Kind ordnungsgemäß zu versorgen. Es bestehe die Möglichkeit, A. während seiner berufsbedingten Abwesenheit in einem Hort in der Nähe der Schule unterzubringen.

Unter Zurückweisung der Anschlußbeschwerde des Vaters gibt der Senat der Beschwerde der Mutter statt und überträgt ihr für die Dauer das Getrenntlebens der Eltern uneingeschränkt die elterliche Sorge für das Kind A.

Aus den Gründen:

Die Beschwerde der Mutter ist gemäß §§ 621 e Abs. 1, 621 Abs. 1, 621 e Abs. 3 i. V. m. §§ 516 ff. ZPO zulässig und in der Sache begründet. Die Anschlußbeschwerde des Vaters ist nicht begründet und war zurückzuweisen.

Dem Wohle des Kindes A. entspricht es am besten, wenn die elterliche Sorge während der Dauer des Getrenntlebens der Eltern uneingeschränkt auf die Mutter übertragen wird (§§ 1672 i. V. m. 1671 Abs. 1 BGB). Bei der vorzunehmenden Gesamtabwägung aller Umstände ist zu prüfen, wer von den Eltern eher geeignet ist, das Kind angemessen zu fördern. Weiter ist von Bedeutung der Gesichtspunkt der Kontinuität und die Bindung des Kindes an die Eltern.

Es ist davon auszugehen, daß die Mutter eher geeignet ist, das Kind zu fördern, das heißt, essentiell wichtige Erziehungs- und Betreuungsaufgaben zu übernehmen. Ihr Erziehungs- und Betreuungsverhalten während des ehelichen Zusammenlebens gibt nach dem Ergebnis der Anhörung der Eltern durch den Senat keinen Anlaß zu Beanstandungen. Sie hat entsprechend der ehelichen Lebensplanung im wesentlichen keine Berufstätigkeit ausgeübt, um so imstande zu sein, die Verantwortung für die Betreuung und Versorgung des Kindes voll zu übernehmen. Demgegenüber ist der Antragsgegner seiner Erwerbsarbeit als Taxiunternehmer nachgegangen, um den Familienunterhalt sicherstellen zu können. Auch jetzt ist die Mutter nicht erwerbstätig und daher durchgängig in der Lage, den acht Jahre alten Sohn zu betreuen und zu versorgen. Der Antragsgegner seinerseits ist tagsüber berufsbedingt abwesend. Er ist darauf angewiesen, die Betreuung A's in der Zeit, in der er nicht die Schule besucht, mit Hilfe Dritter zu organisieren. Er hat sich insoweit schon darum bemüht, einen Platz in einem Kinderhort für die Zeit, in der A. nicht die Schule besucht, zu bekommen. Wenn jedoch sonst gegen einen Elternteil hinsichtlich seiner Erziehungseignung keine Bedenken bestehen, dann gebührt demjenigen der Vorrang, der sich dazu nicht der Hilfe Dritter bedienen muß (Johannsen/Henrich/Jaeger, Eherecht, 2. Aufl., § 1671 Rdnr. 25). Ein häufiger Wechsel der Bezugspersonen und eine Trennung von der Hauptbezugsperson während des Tages ist der Entwicklung des Kindes eher abträglich.

Die Zugehörigkeit der Mutter zu der Religionsgemeinschaft der Zeugen Jehovas allein beeinträchtigt ihre Erziehungseignung nicht. Es ist mit dem Grundrecht der Glaubens- und Bekenntnisfreiheit unvereinbar, einem Elternteil allein wegen seiner Glaubenszugehörigkeit die Eignung zur Ausübung der elterlichen Sorge abzusprechen (BayObLG NJW 1976, 2017[2]; OLG Düsseldorf FamRZ 1995, 1511[3]). Soweit die Religionslehre der Zeugen Jehovas, deren überzeugte Anhängerin die Mutter ist, Einfluß auf die Entwicklung der Persönlichkeit des Kindes nimmt, was durch das Zusammenleben mit der Mutter nicht zu verhindern ist, kann im vorliegenden Fall eine konkrete Gefährdung des

---

[2] KirchE 15, 48.   [3] KirchE 33, 32.

Kindeswohls nicht festgestellt werden. Die von dem Antragsgegner vorgetragene allgemeine Befürchtung, daß A. in eine Außenseiterrolle gedrängt werden könnte, reicht nicht aus, um eine Beeinträchtigung des Kindes anzunehmen. Die Mutter gehört der Glaubensgemeinschaft der Zeugen Jehovas schon seit 1992 an, ohne daß hieraus bisher eine ernsthafte Gefährdung für das Kindeswohl erwachsen ist. Eine solche kann nach dem Verhalten der Antragstellerin in der Vergangenheit auch für die Zukunft nicht angenommen werden, wobei es für die Entwicklung der Gesamtpersönlichkeit des Kindes nicht entscheidend ist, ob es an einzelnen Festen oder Veranstaltungen aus religiöser Überzeugung teilnehmen kann oder nicht.

Der Gesichtspunkt der Kontinuität spricht ebenfalls für die Mutter. Sie hat A. seit seiner Geburt betreut und versorgt. Er ist auch nach der Trennung im September 1992, also seit etwa dreieinhalb Jahren, bei ihr und in ihren Haushalt integriert. In diesem Zusammenhang ist auch von Bedeutung, daß bei der Mutter die jetzt zwölf Jahre alte Halbschwester A's lebt, zu der eine enge Beziehung be-steht und mit der zusammen A. aufwächst.

Die Bindungen des Kindes zu den Eltern dürften etwa gleich eng sein. Wenn A. bei seiner Anhörung zu dem Senat zum Ausdruck gebracht hat, daß er bei der Mutter bleiben wolle, dann bedeutet das nur, daß er keine Veränderung der gegenwärtigen Situation wünscht. Dies stellt jedoch seine enge emotionale Beziehung zum Vater nicht in Frage.

Eine Aufspaltung des Sorgerechts in der Form, daß die Entscheidungen über die Religionsausübung und die religiöse Erziehung auf den Vater zu übertragen sind, ist letztlich mit dem Kindeswohl nicht vereinbar. Es entspricht nicht dem Kindeswohl, dem Elternteil, der im übrigen nicht Inhaber der elterlichen Sorge ist, in einem Punkt, in dem tiefgreifende Meinungsverschiedenheiten zwischen den Eltern bestehen, eine Entscheidungsbefugnis zu übertragen. Dadurch wird das Kind, das beiden Elternteilen in Liebe verbunden ist und das an beiden hängt, in ständige Loyalitätskonflikte gestürzt, die es nicht verkraften kann. A. wäre überfordert, wenn er aufgrund von Entscheidungen des Vaters Handlungen ausführen soll und an Veranstaltungen teilnehmen soll, von denen er weiß, daß die Mutter diese nicht billigt. Ihm muß die Sicherheit gegeben werden, daß für *alle* ihn betreffenden Entscheidungen nur ein Elternteil – hier die Mutter – zuständig ist. Es bestünde auch die Gefahr, daß die Eltern die Frage der Religionserziehung des Kindes dazu benutzen, um eigene Konflikte auszutragen, und so ständig neuer Streitstoff auf Kosten des Kindes entsteht.

32

Die iranische Scheidung durch Verstoßung nach Art. 1133 iran. ZGB verstößt gegen Art. 3 GG. Daher ist eine „talàq-Scheidung" nach iranischem Recht nur möglich, wenn die Scheidung auch nach deutschem Recht ausgesprochen werden könnte.

OLG Köln, Beschluß vom 9. Mai 1996 – 21 WF 151/95 [1] –

Das Familiengericht hat dem Antragsteller (iranischer Asylberechtigter) Prozeßkostenhilfe für seinen Scheidungsantrag verweigert. Die hiergegen eingelegte Beschwerde hatte keinen Erfolg.

Aus den Gründen:

Im Ergebnis zu Recht hat das Familiengericht den Prozeßkostenhilfeantrag zurückgewiesen, weil das Scheidungsbegehren keine hinreichende Aussicht auf Erfolg bietet. Ob das iranische Recht über Art. 17, Abs. 1 Satz 1, 14 Abs. 1 Nr. 1 EGBGB oder nach dem deutsch-iranischen Niederlassungsabkommen vom 17. 2. 1929 (s. Palandt-Heldrich, BGB, 54. Aufl., Art. 14 EGBGB, Rdnr. 5) maßgebend ist, kann dahinstehen. Es braucht auch nicht aufgeklärt zu werden, ob der Antragsteller als Asylberechtigter einem deutschen Staatsangehörigen oder einem Staatenlosen gleichzustellen ist, weil die internationale Zuständigkeit der deutschen Gerichte in jedem Fall wegen des gewöhnlichen Aufenthaltes des Antragstellers in der Bundesrepublik gegeben ist. Wegen der Asylberechtigung des Antragstellers und seines Aufenthaltes in der Bundesrepublik ist allerdings das iranische Recht nur anwendbar, soweit es nicht gegen den deutschen ordre public verstößt, also nicht zu einem Ergebnis führt, das im konkreten Fall mit wesentlichen Grundsätzen des deutschen Rechts offensichtlich unvereinbar ist (Art. 6 EGBGB).

Die iranische Scheidung durch Verstoßung nach Art. 1133 ZGB behandelt Männer und Frauen ungleich. Nur der Mann kann seine Frau verstoßen, während der Frau ein solches Recht nicht zusteht. Das verstößt gegen Art. 3 GG, so daß zwar grundsätzlich eine „talàq-Scheidung" möglich ist, aber nur dann, wenn auch bei Anwendung deutschen Rechts die Scheidung ausgesprochen werden könnte (s. OLG München, IPRax 1989, 238 ff. [241]). Den dortigen Ausführungen schließt sich der Senat an und nimmt auf sie Bezug. Daraus folgt, daß das Scheidungsbegehren des Antragstellers derzeit keine Aussicht auf Erfolg hat, weil zu den Voraussetzungen der §§ 1565, 1566 BGB nichts vorgetragen ist.

---

[1] FamRZ 1996, 1147.

33

Auch bei einer Überschreitung der nach Nr. 2.321 TA-Lärm zulässigen Immissionsrichtwerte ist noch nicht ohne weiteres davon auszugehen, daß das sog. Angelusläuten einer kath. Kirche den üblichen Rahmen einer sozialadäquaten Einwirkung übersteigt, ein Mißbrauch des Läuterechts vorliegt oder die Gefahr einer Beeinträchtigung der körperlichen Unversehrtheit i. S. v. Art. 2 Abs. 2 GG gegeben ist.

Nieders. OVG, Urteil vom 13. Mai 1996 – 6 L 1093/94[1] –

Die Kläger wenden sich als Eigentümer eines Wohngrundstücks, das seit 1970 mit einem Flachdach-Einfamilienhaus bebaut ist, gegen das dreimal täglich zu hörende Angelusläuten aus dem neuen Glockenturm der beigeladenen kath. Kirchengemeinde auf dem östlich angrenzenden Kapellengrundstück, der nur ca. 10 m von ihrem Wohnhaus und ca. 5 m von ihrem Grundstück entfernt steht.

Ein Bebauungsplan wurde für dieses Gebiet nicht aufgestellt. Im Westen grenzt das Grundstück der Kläger an einen ca. 35 m breiten Acker vor einem Schulgrundstück. An der gegenüberliegenden Nordseite der Straße liegt eine ca. 120 m breite, unbebaute landwirtschaftlich genutzte Fläche. Im übrigen ist die Straße in diesem Bereich an beiden Seiten mit Wohnhäusern bebaut. Die Kapelle wurde bereits um 1964 ohne Turm errichtet.

1991 genehmigte der beklagte Landkreis der Beigeladenen die Errichtung des streitigen Glockenturmes, der den vorgeschriebenen Grenzabstand einhält. Später wurde eine Standortänderung genehmigt, und zwar für einen Platz 3,80 m weiter südlich, auf dem der Turm tatsächlich errichtet wurde. Dieser ist für zwei Glocken vorgesehen, eine große mit 102 kg und 73 Anschlägen pro Minute sowie eine kleine mit 70 kg und 75 Anschlägen pro Minute. Den gegen die erste Genehmigung erhobenen Widerspruch der Kläger wies die Bezirksregierung als unbegründet zurück, weil das Angelusläuten als Kulthandlung zur Religionsausübung gehöre und von den Nachbarn hinzunehmen sei. Über den Widerspruch der Kläger gegen die Nachtragsgenehmigung wurde bisher nicht entschieden.

Mit ihrer Klage erstreben die Kläger die Untersagung des Angelusläutens. Sie machen im wesentlichen geltend: Gegenstand ihrer Klage sei nicht die gesamte Baugenehmigung. Sie wüßten, daß sie die Errichtung des Glockenturms als Nachbarn hinzunehmen hätten. Auch gegen das liturgische Geläut vor und während der kirchlichen Veranstaltungen hätten sie nichts einzuwenden. Nur

---

[1] Die Nichtzulassungsbeschwerde wurde zurückgewiesen; BVerwG, Beschluß vom 2. 9. 1996, KirchE 34, 340.

das dreimal tägliche Angelusläuten um 7.00 Uhr, 12.00 Uhr und 18.00 Uhr müsse unterbunden werden. Das Angelusläuten dauere jeweils insgesamt 3,45 Minuten. Dabei werde zunächst innerhalb einer Minute die kleine Glocke dreimal angeschlagen. Daran schließe sich ein 2,45 Minuten langes Dauergeläut mit der großen Glocke an. An ihrem Wohnhaus hätten sie eine Lautstärke während des Läutens von 80 bis 82 dB(A) gemessen. Diese Werte seien auf die Dauer gesundheitsschädlich und ihnen nicht zumutbar, da der von der Rechtsprechung festgelegte Geräuschpegel von maximal 52 bzw. 60 dB(A) weit überschritten werde. Das Angelusläuten halte sich auch nicht mehr im Rahmen des Herkömmlichen. Die Kapelle sei nämlich seit Jahrzehnten vorhanden, ohne daß in dieser Zeit das Angelusläuten durchgeführt worden sei. Die Beigeladene nehme auch keinen spezifischen Öffentlichkeitsauftrag wahr, da die evangelische Bevölkerung hier weitaus überwiege.

Der Beklagte meint, daß Angelusläuten werde durch das Selbstbestimmungsrecht der Kirche geschützt. Seine Untersagung komme daher nur in Betracht, wenn die Beigeladene gleich- oder höherrangige Rechtsgüter wie die Gesundheit oder das Eigentum der Kläger beeinträchtige oder sonst allgemeine Gesetze verletze. Dies sei aber nicht der Fall. Lärmgrenzwerte seien insoweit in der Rechtsprechung nicht festgesetzt. Vielmehr sei darauf abzustellen, ob das Läuten sozialadäquat und weder mißbräuchlich noch gesundheitsschädigend sei. Im übrigen werde der von den Klägern angegebene Lärmwert von 80 bis 82 dB(A) bezweifelt. Deshalb dürfe die Beigeladene ihre Glocken im Rahmen des Herkömmlichen läuten, zumal auch eine kleine Gemeinde in der Diaspora eine durch das Grundgesetz geschützte Kirchengemeinde sei.

Die Beigeladene vertritt die Auffassung, in dem vorhandenen unbeplanten allgemeinen Wohngebiet sei das Angelusläuten zulässig. Im Hinblick auf die Lautstärke des Glockengeläuts sei darauf hinzuweisen, daß die katholische Kirche damit lediglich ihren spezifischen Öffentlichkeitsauftrag wahrnehme. Um auch die Bewohner der abgelegenen Bereiche des Wohngebiets ansprechen zu können, bedürfe es der Überschreitung eines gewissen Geräuschpegels. Die Gesamtdauer des Angelusläutens betrage jeweils ca. 3 Minuten.

Das Verwaltungsgericht[2] hat die Klage abgewiesen.

Hiergegen richtet sich die Berufung der Kläger, mit der sie geltend machen: Es sei von einer unzumutbaren Belästigung durch das Angelusläuten auszugehen. Dazu bedürfe es keiner Gefährdung der Gesundheit. Die Abwägung der betroffenen Interessen müsse zu ihren Gunsten ausfallen. Zwar sei das Angelusläuten grundsätzlich vom verfassungsrechtlich garantierten Selbstbestimmungsrecht der Kirchen gedeckt und als Akt freier Religionsausübung geschützt. Dem stünde aber das Grundrecht auf körperliche Unversehrtheit gegenüber. Der

---

[2] VG Oldenburg, Gerichtsbescheid vom 11. 1. 1994, KirchE 32,1.

Beigeladenen sei es ohne weiteres möglich, die Belästigungen durch das Läuten der Glocken zu vermeiden oder auf ein erträgliches Maß zu begrenzen. Das Angelusläuten könne auf die kleinere und leisere der beiden Glocken im Turm beschränkt werden. Sie habe zuvor jahrzehntelang für diesen Zweck an der Pfarrkirche in F. ausgereicht. Angesichts der Vermeidbarkeit der Belästigung durch die große Glocke könne das Angelusläuten nur als rücksichtslos eingestuft werden. Die verhärtete Haltung der Beigeladenen beruhe nur auf einem persönlichen Rachegefühl des Gemeindepfarrers aufgrund von jahrzehntelangen Meinungsverschiedenheiten.

Der Senat hat Sachverständigenbeweis zu der Frage erhoben, welche Lärmimmissionen das Angelusläuten der Beigeladenen vor dem nächsten Fenster eines Aufenthaltsraumes des Wohnhauses der Kläger erreicht, und sodann die Berufung zurückgewiesen.

Aus den Gründen:

Die Berufung der Kläger ist zulässig, aber nicht begründet. Das Verwaltungsgericht hat ihre Klage zu Recht abgewiesen. Sie haben keinen Rechtsanspruch darauf, daß der Beigeladenen das Angelusläuten auf dem benachbarten Kapellengrundstück untersagt oder beschränkt wird.

Zur Begründung kann auf die zutreffenden Gründe des angefochtenen Gerichtsbescheides verwiesen werden, denen der Senat folgt. Voraussetzung für den Klaganspruch wäre, daß das streitige Angelusläuten zu objektiv unzumutbaren Belästigungen der Kläger führte, denen ein solches Gewicht zukäme, daß sie gegenüber dem Läuterecht der Kirchen als einem durch Art. 4 Abs. 2 GG geschützten Akt der Religionsausübung zu berücksichtigen wären (vgl. BVerwG, Urteil v. 7. 10. 1983 – VII C 44.81 –, BVerwGE 68, 62 [68][3]).

Das ist hier nicht der Fall. Insbesondere können sie sich nicht mit Erfolg auf bestimmte Immissionsrichtwerte berufen. Das ist zwar bei Störungen durch das Zeitschlagen von Kirchturmuhren während der Nachtzeit denkbar (vgl. BVerwG, Urteil v. 30. 4. 1992 – 7 C 25.71 –, BVerwGE 90, 163 [166][4]). Dabei handelt es sich jedoch nicht um sakrales Geläut, das wie im vorliegenden Fall den besonderen Verfassungsschutz des Art. 4 Abs. 2 GG genießt. Geräuschimmissionen durch liturgisches Glockengeläut der Kirchen im herkömmlichen Rahmen sind regelmäßig keine erhebliche Belästigung, sondern eine zumutbare, sozialadäquate Einwirkung (vgl. BVerwG, aaO). Auch bei einer Überschreitung der nach Nr. 2.321 der TA-Lärm zulässigen Immissionsrichtwerte ist noch nicht ohne weiteres davon auszugehen, daß das Angelusläuten den üblichen Rahmen einer sozialadäquaten Einwirkung übersteigt oder ein Mißbrauch des Läuterechts vorliegt oder davon ein derart exzessiver Gebrauch gemacht wird, daß für

---

[3] KirchE 21, 251.   [4] KirchE 30, 211.

die Kläger die Gefahr eines gesundheitlichen Schadens herbeigeführt und damit deren Grundrecht des Art. 2 Abs. 2 GG auf körperliche Unversehrtheit beeinträchtigt würde. Der von dem Sachverständigen in seinem Gutachten vom 6. 3. 1996 (S. 10) ermittelte Beurteilungspegel von 66,6 dB(A) vor dem Wohnhaus der Kläger ist nicht so hoch, daß er die Annahme einer Unzumutbarkeit rechtfertigen könnte. Das gleiche gilt für den vom Sachverständigen gemessenen Wirkpegel von 80,2 dB(A). Das ergibt sich schon daraus, daß kurzzeitige Geräuschspitzen den Immissionsrichtwert am Tage um bis zu 30 dB(A) überschreiten dürfen (Nr. 3.3.1 Abs. 2 der VDI-Richtlinie 2058). Danach werden Kurzzeitgeräusche bis zu 85 dB(A) am Tage in allgemeinen Wohngebieten für unbedenklich gehalten.

Aus der bloßen Möglichkeit, für das Angelusläuten nur die kleinere der beiden vorhandenen Glocken einzusetzen, folgt noch keine entsprechende Verpflichtung der Beigeladenen. Zweck des Läutens beider Glocken ist es, auch die entfernteren Gläubigen zu erreichen, was bei einer Beschränkung auf die kleine Glocke nicht gewährleistet wäre. Die Beigeladene hat bestritten, in der Pfarrkirche in F. nur eine kleine Glocke für das Angelusläuten eingesetzt zu haben. Darauf kommt es aber letztlich nicht an, weil es sich dort um einen Notbehelf gehandelt haben kann und die hier vorliegenden Verhältnisse maßgeblich sind. Dabei ist den Klägern einzuräumen, daß die geringe Entfernung ihres Wohnhauses zum Glockenturm zu Belästigungen führen kann. Diese müssen jedoch in dem Sinne unzumutbar sein, daß sie die Grenzen des Angemessenen überschreiten. Das ist hier nicht erkennbar. Die verfassungsrechtliche Gewährleistung einer ungestörten Religionsausübung umfaßt auch ein kultisches Glockengeläut, das sich nach Zeit, Dauer und Intensität im Rahmen des Herkömmlichen hält. In diesem Zusammenhang braucht die Beigeladene sich nicht entgegenhalten zu lassen, daß die seit 1964 vorhandene Kapelle bisher ohne das Angelusläuten ausgekommen sei. Denn hierbei handelt es sich um einen jahrhundertealten Ritus der kath. Kirche, der üblicherweise zu jedem ihrer Gotteshäuser gehört. Deshalb kann der Beigeladenen nicht angesonnen werden, auch für die Zukunft auf das Angelusläuten zu verzichten. Sie bewegt sich damit innerhalb einer ihr zustehenden Rechtsposition. Das schließt die Annahme einer unangemessenen und damit unzumutbaren Störung der Nachbarschaft aus. Hinzu kommt, daß die Kläger mit der Wahl ihres Bauplatzes in unmittelbarer Nähe der vorhandenen Kapelle einkalkulieren mußten, daß eines Tages ein Glockenturm mit entsprechendem Geläut errichtet würde, das auch das tägliche Angelusläuten umfaßte. Wer neben einem solchen Kirchengrundstück wohnt, muß mit einer entsprechenden Lärmbelästigung rechnen. Daraus ergibt sich unter dem Gesichtspunkt des Gebotes der gegenseitigen Rücksichtnahme die Anrechenbarkeit einer gewissen Lärmvorbelastung, die die Schutzwürdigkeit ihres Wohngrundstücks mindert.

34

1. Zu dem Antrag des „Vereins zur Förderung der Psychologischen Menschenkenntnis" (VPM), dem Bundesministerium für Familie, Senioren, Frauen und Jugend im Wege der einstweiligen Anordnung nach § 123 VwGO zu untersagen, den VPM in die geplante Broschüre „Sog. Jugendsekten und Psychogruppen in der Bundesrepublik Deutschland" aufzunehmen.

2. Belege und Grundlagen für einen kritischen und warnenden Hinweis in einer Veröffentlichung der vorgenannen Art müssen nicht vollständig in dieser selbst angeführt werden; entscheidend ist vielmehr, daß negative Werturteile auf einem im wesentlichen zutreffenden oder zumindest sachgerechten und vertretbar gewürdigten Tatsachenkern beruhen, der sich auch aus Umständen außerhalb der Broschüre ergeben kann.

Art. 2 Abs. 2 S. 1, 6 Abs. 1, 19 Abs. 3 u. 4, 65 GG; § 123 VwGO
OVG Nordrhein-Westfalen, Beschluß vom 15. Mai 1996 – 5 B 168/94 [1] –

Die Antragsgegnerin plant die Herausgabe einer Broschüre mit dem Titel „Sog. Jugendsekten und Psychogruppen in der Bundesrepublik Deutschland". Im Entwurf der Broschüre ist der Verein, dessen Name der Antragsteller zu 1) trägt, erwähnt. Antragsteller zu 2) bis 8) sind örtliche Vereine mit gleichem oder ähnlichem Namen. Der Antrag auf Erlaß einer einstweiligen Anordnung mit dem Ziel, der Antragsgegnerin zu untersagen, den Verein in die Broschüre aufzunehmen, hatte in zweiter Instanz keinen Erfolg.

Aus den Gründen:

Bei der im Rahmen des vorliegenden Verfahrens gebotenen summarischen Prüfung der Sach- und Rechtslage kann dahingestellt bleiben, ob dem Antragsteller zu 1) ein solcher Anspruch schon deshalb nicht zusteht, weil er als ausländische juristische Person nicht grundrechtsfähig ist (Art. 19 Abs. 3 GG). Auch wenn er sich auf eine einfachrechtliche, inhaltlich den Grundrechten einer inländischen juristischen Person entsprechenden Rechtsposition berufen könnte, bliebe sein Begehren erfolglos, weil er nicht einen Anordnungsanspruch glaubhaft gemacht hat.

Ein Anspruch auf die mit dem Haupt- und Hilfsantrag begehrte Untersagungsanordnung steht sämtlichen Antragstellern nicht zu, weil es an den Voraussetzungen fehlt, unter denen eine – mit dieser Untersagungsanordnung begehrte – Vorwegnahme der Entscheidung zur Hauptsache in Betracht kommt.

---

[1] Amtl. Leitsätze. NJW 1996, 3355; NWVBl. 1996, 381. Nur LS: NVwZ 1997, 198; KuR 1997, 62; AkKR 165 (1996), 267.

Art. 19 Abs. 4 GG fordert bei einem auf die Vorwegnahme der Hauptsacheentscheidung gerichteten Antrag die Gewährung vorläufigen Rechtsschutzes, wenn anderenfalls schwere und unzumutbare, anders nicht abwendbare Nachteile entstünden, zu deren nachträglicher Beseitigung die Entscheidung in der Hauptsache nicht mehr in der Lage wäre (vgl. BVerfGE 46, 166 [179]; 51, 268 [284]). Einem auf die Vorwegnahme der Hauptsacheentscheidung gerichteten Antrag nach § 123 VwGO ist jedoch nur dann stattzugeben, wenn das Abwarten in der Hauptsache für den Antragsteller unzumutbar wäre, insbesondere, wenn das Begehren in der Hauptsache schon aufgrund der im Verfahren des vorläufigen Rechtsschutzes anzustellenden, bloß summarischen Prüfung des Sachverhalts erkennbar Erfolg haben wird (vgl. etwa BVerwG, Beschluß vom 14. 12. 1989 – BVerwG 2 ER 301.89 –, Buchholz 310 § 123 VwGO Nr. 15).

Daran fehlt es hier. Es ist bei summarischer Prüfung nicht erkennbar, daß die geplante Veröffentlichung rechtswidrig ist, dem Untersagungsbegehren der Antragsteller in einem Verfahren zur Hauptsache mithin Erfolg beschieden sein wird.

Dabei kann dahinstehen, ob eine Verpflichtung der Antragsgegnerin bestand, die Antragsteller zuvor anzuhören. Denn jedenfalls hatten die Antragsteller, wie das Verwaltungsgericht zutreffend dargelegt hat, ausreichend Gelegenheit, umfassend zu der geplanten Veröffentlichung Stellung zu nehmen, nachdem sie sich frühzeitig in den Besitz der verschiedenen Entwürfe gebracht hatten.

In der Sache sprechen gewichtige Anhaltspunkte dafür, daß die Antragsgegnerin zu der geplanten Veröffentlichung berechtigt ist. Nach der Rechtsprechung des BVerwG und des BVerfG ist der mit einer Warnung durch die Bundesregierung verbundene Eingriff in die Grundrechte Betroffener durch die Aufgabenstellung der Bundesregierung (Art. 65 GG) in Verbindung mit der Wahrnehmung von Schutzpflichten – insbesondere aus Art. 2 Abs. 2 Satz 1, Art. 6 Abs. 1 GG – legitimiert, wenn ein hinreichend gewichtiger, dem Inhalt und der Bedeutung des berührten Grundrechts entsprechender Anlaß besteht und wenn die mitgeteilten Tatsachen zutreffen und negative Werturteile nicht unsachlich sind, sondern auf einem im wesentlichen zutreffenden oder zumindest sachgerecht und vertretbar gewürdigten Tatsachenkern beruhen (vgl. BVerfG, Beschluß v. 15. 8. 1989[2] – 1 BvR 881/89 –, NJW 1989, 3269; BVerwG, Beschluß v. 4. 5. 1993[3] – 7 B 149.92 –, NVwZ 1994, 162 [163]; Beschluß v. 13. 3. 1991[4] – 7 B 99.90 –, NJW 1991, 1770 [1771]; Urteil v. 23. 5. 1989[5] – 7 C 2.87 –, BVerwGE 82, 76 [83]; OVG.NW, Urteil v.

---

[2] KirchE 27, 211.
[3] KirchE 31, 145.
[4] KirchE 29, 59.
[5] KirchE 27, 145.

22. 5. 1990[6] – 5 A 1223/86 –, NVwZ 1991, 174; OVG.NW, Beschluß v. 25. 8. 1995[7] – 5 B 167/94 –, NWVBl. 1996, 188 [189]). Ein hinreichender Anhaltspunkt für eine Warnung besteht, wenn eine Gefahr für verfassungsrechtlich geschützte Rechtsgüter oder zumindest der begründete Verdacht einer Gefahr vorliegt. Entsprechend dem Verhältnismäßigkeitsgrundsatz bestimmt sich das von der Bundesregierung einzuhaltende Maß der Sachaufklärung nach dem Gewicht der Gefahr sowie nach dem Inhalt und der Funktion der Warnung (vgl. BVerwG, Beschluß v. 13. 3. 1991 – 7 B 99.90 –, NJW 1991, 1770 [1771]).

Gemessen an diesen Grundsätzen sind hier mit Blick auf die von der Antragsgegnerin im Beschwerdeverfahren vorgelegten und detailliert in Bezug genommenen Selbstzeugnisse der Antragsteller, die Erkenntnisse von Beratungsstellen, die Aussagen von (ehemaligen) VPM-Anhängern sowie Sekundärliteratur hinreichende Anhaltspunkte für die mit der geplanten Veröffentlichung verbundene Warnung gegeben.

1. Die Antragsgegnerin hat die in der geplanten Broschüre vorgesehene Zuordnung des Vereins für Psychologische Menschenkenntnis (VPM) zu den „(Therapie-)Gemeinschaften" bzw. „sogenannten Psychogruppen mit therapeutischem Anspruch" im einzelnen plausibel dargelegt. Der VPM hat in seinen Veröffentlichungen die theoretischen Grundlagen seiner Arbeit stets (auch) in psychotherapeutischen Erkenntnissen gesehen und seine Tätigkeit vielfach als (Psycho-)Therapie bezeichnet. *(es folgen Zitate)*

In der vom VPM herausgegebenen Broschüre „Der VPM – was er wirklich ist", 1991, ist ein umfangreiches Kapitel der „Entstehung und Entwicklung der therapeutischen Praxis" gewidmet, wo u. a. zu den sogenannten „Ausbildungsgruppen" ausgeführt wird:

> *„Gruppentherapie ist ein hochkomplexer Vorgang, der hohe Anforderungen an den Therapeuten stellt und der bei uns – wie überall auf der Welt – nach psychotherapeutischen Kriterien geführt wird... In diesen Gruppen hat die Schulung der Persönlichkeit der Teilnehmer im therapeutischen Prozeß ein besonderes Gewicht."*
> *(aaO, S. 288f.).*

Frau Dr. Buchholz-Kaiser, unter deren Leitung „*das reichhaltige Werk Friedrich Lieblings ... heute im VPM ... fortgeführt wird*" (aaO), S. 238), wird in derselben Broschüre als „*große Therapeutenpersönlichkeit*" hervorgehoben, deren „*therapeutischer Ansatz*" Grundlage für die „*gruppentherapeutische Tätigkeit*" (aaO, S. 247) ist.

Angesichts dieser Selbstzeugnisse des VPM erscheinen die Behauptungen der Antragsteller, weder habe der VPM einen therapeutischen Anspruch oder ein

---

[6] KirchE 28, 106.   [7] KirchE 33, 313.

therapeutisches Angebot noch betreibe dessen Leiterin Frau Dr. Buchholz-Kaiser Psychotherapie, bei summarischer Prüfung unglaubhaft. Auch der Einwand der Antragsteller, zwischen dem VPM und den Mitgliedern des VPM bestehe eine formale Trennung und nur bei letzteren gebe es ein therapeutisches Angebot, vermag kein anderes Ergebnis zu begründen. Er entkräftet nicht den Umstand, daß jedenfalls auch der VPM entsprechend seinem Selbstverständnis und seiner Selbstdarstellung therapeutische Arbeit betreibt. Darüber hinaus ist entscheidend, daß der VPM sich als eine Gruppe oder Bewegung versteht und darstellt, deren Mitglieder bzw. Anhänger – ungeachtet der behaupteten formellen Trennung – unter Anleitung und maßgeblichem Einfluß des VPM dessen Ziele und Methoden verbreiten. *(wird ausgeführt)*

Bei summarischer Prüfung drängt sich im übrigen der Eindruck auf, daß die Antragsteller und ihre Mitglieder kritische Einwände gegenüber dem VPM überwiegend dadurch zu entkräften versuchen, daß sie Aktivitäten des VPM als „private" Handlungen und Verhaltensweisen einzelner Personen qualifizieren, um so den tatsächlichen Umfang des Betätigungsfeldes des VPM zu verschleiern. Weitere Beispiele einer solchen Verschleierungsstrategie sind etwa Aussagen von Mitgliedern der Antragsteller, im VPM fänden Supervisionen nicht statt; vielmehr führe Frau Dr. Buchholz-Kaiser lediglich in ihrer eigenen Praxis Supervisionen durch (vgl. Sitzungsprotokoll des LG Hannover – 6 O 367/92 – vom 20. 7. 1994, S. 4, 15 und 19).

Demgegenüber ist in der bereits zitierten Schrift „Der VPM – was er wirklich ist" der Supervision im VPM ein eigenes Kapitel gewidmet. *(es folgen Zitate)*

Soweit mithin das Konzept des VPM gerade darauf zielt, über Multiplikatoren Breitenwirkung zu erreichen, ist es der Antragsgegnerin nicht verwehrt, über einen sich daraus ergebenden Gefahrenverdacht oder eine mögliche Gefahr zu informieren.

2. Die Gefahrenbeschreibung und kritische Würdigung des VPM im Zusammenhang mit seiner Einordnung als „Psychogruppe mit therapeutischem Anspruch" in der geplanten Broschüre der Antragsgegnerin halten sich bei summarischer Prüfung im Rahmen eines willkürfreien, sachlichen Werturteils, das auf einem vertretbar gewürdigten Tatsachenkern beruht.

Zu Recht hat das Verwaltungsgericht die Zusammenfassung am Ende des geplanten Beitrags als zentrale, in ihrer Tendenz für den VPM negative Aussage angesehen. Das Verwaltungsgericht verkennt jedoch den rechtlichen Ausgangspunkt, wenn es annimmt, diese negative Aussage ließe sich nur dann rechtfertigen, wenn die vorausgehenden Ausführungen ausreichende Tatsachen enthielten, die diese Bewertung begründen könnten. Belege und Grundlagen für einen kritischen oder warnenden Hinweis müssen nicht vollständig in der in Rede stehenden Broschüre selbst angeführt werden. Entscheidend ist vielmehr, daß negative Werturteile auf einem im wesentlichen zutreffenden oder zumindest sachgerecht und vertretbar gewürdigten Tatsachenkern beruhen, der sich auch aus Umständen außerhalb der Broschüre ergeben kann.

Es steht im pflichtgemäßen, durch den grundrechtlichen Schutz der Betroffenen gesteuerten Ermessen der Antragsgegnerin, in welchem Umfang sie in einer Broschüre der geplanten Art die Ziele, Tätigkeiten und Methoden von Vereinigungen sowie die tatsächlichen Grundlagen ihrer kritischen Würdigung darstellt. Zweck einer derartigen Veröffentlichung ist nicht eine wissenschaftliche Darstellung und Auseinandersetzung, sondern eine für ein breiteres Publikum gedachte Informationsschrift mit Warnfunktion. In die Broschüre aufgenommene Zitate müssen deshalb nicht notwendig sämtliche Wertungen bis ins einzelne belegen, sondern können auch lediglich der punktuellen Verdeutlichung dienen; sie müssen jedoch dem Erfordernis einer in tatsächlicher Hinsicht zutreffenden oder zumindest vertretbaren Beurteilung des objektiven Erscheinungsbildes einer Bewegung bzw. ihrer Auswirkungen gerecht werden und dürfen insbesondere nicht willkürlich ausgewählt oder (etwa durch Auslassungen) verfälschend wiedergegeben werden.

a) Hiervon ausgehend ist die Charakterisierung des VPM als „Psychogruppe mit Ausschließlichkeits- und Heilsanspruch" nicht zu beanstanden.

Der Absolutheitsanspruch des VPM findet etwa in dem in der geplanten Broschüre (S. 104) wiedergegebenen Zitat seinen Ausdruck:

„Die Richtigkeit psychologischer Befunde läßt ebensowenig Vieldeutigkeiten zu wie die Richtigkeit des Fallgesetzes. Es gibt keine ‚Toleranz' zu sagen, der Stein könne unter den gegebenen Naturbedingungen auch einmal nach oben fallen. Das empirische Erfassen und Beschreiben der Realität, beispielsweise der Natur der Menschen, ist eine sachliche Feststellung und liegt somit auf einer anderen Ebene als die Frage der Toleranz." (Hrsg.: VPM, Zu Theorie und Tätigkeit des VPM, 1990, S. 6).

Die Psychologie wird hier als Wissenschaft dargestellt, die auf eine Frage nur *eine* zutreffende Antwort zuläßt. Der absolute Anspruch, „richtig" und „falsch" bei psychologischen Befunden ebenso wie bei Naturgesetzen unterscheiden zu können, wird in dem in der Broschüre wiedergegebenen Zitat von der Toleranz, die auf einer anderen Ebene liege, unterschieden. Deshalb ist auch das Nichtzitieren des sich im Original unmittelbar anschließenden Satzes entgegen der Auffassung des Verwaltungsgerichtes nicht irreführend; die Toleranz gegenüber der Meinung anderer ändert nichts an der mit absolutem Wahrheitsanspruch vertretenen eigenen Auffassung.

Nimmt man die in der zitierten Schrift des VPM nachfolgenden theoretischen Ausführungen zum psychotherapeutischen Prozeß und zur psychologischen Theorie – wie sie auch in verschiedenen anderen Publikationen des VPM verbreitet werden – hinzu, ist die Darstellung der Antragsgegnerin vertretbar, der VPM vertrete den absoluten Anspruch, allein die richtige Lösung für die verschiedenen Fragen des menschlichen Zusammenlebens anbieten zu können.

Diese Bewertung wird bei summarischer Prüfung auch gestützt von Erfahrungen in Beratungsstellen mit VPM-Anhängern und Aussagen von ehemaligen VPM-Mitgliedern oder Personen, die unmittelbar oder mittelbar Kontakt zum VPM hatten. *(wird ausgeführt)*
Bestätigt wird der Heilsanspruch des VPM auch durch das in die geplante Broschüre (S. 103) aufgenommene Zitat:

„Der nächsten Generation soll möglichst viel an seelischem Leid erspart bleiben, das bisher durch mangelhafte Schulung und Aufklärung von Eltern und Erziehern unbewußt entstanden ist. Die meisten Eltern legen ihre volle Fürsorglichkeit und ihr Gewissen in die Erziehung der nächsten Generation. Wenn sich ohne ihr Wissen und Wollen trotzdem Fehlentwicklungen ergeben, trifft weder ihre noch die Generation ihrer Kinder eine Schuld: Sie alle brauchen Hilfe und Unterstützung." (VPM-Jahresbericht 1988, S. 15; Hervorhebung im Original).

Entgegen der Auffassung des Verwaltungsgerichts bezieht sich die Aussage, der nächsten Generation solle möglichst viel an seelischem Leid erspart bleiben, also deren seelisches Leid verhindert werden, (siehe dazu auch Hrsg.: VPM, Zu Theorie und Tätigkeit des VPM, 1990, S. 28: *„Seine wesentliche Aufgabe sieht der VPM darin, seelisches Leid zu verhindern..."*) nicht nur auf diejenigen, bei denen sich trotz der Fürsorglichkeit der Eltern Fehlentwicklungen ergeben haben. Vielmehr ergibt der Zusammenhang, dem das Zitat entnommen ist, daß der VPM sich – im Sinne der Prophylaxe – (so auch in: Zu Theorie und Tätigkeit des VPM, aaO, S. 28) tendenziell an alle wendet. *(wird ausgeführt)*

Bei summarischer Prüfung nicht zu beanstanden ist auch die Darstellung der Antragsgegnerin, der Heilsanspruch des VPM, seelisches Leid durch Betreuung und Schulung in und durch den VPM zu verhindern, solle durch den Aufbau eines neuen „Gemeinschaftsgefühls" erreicht werden. Das „Gemeinschaftsgefühl" ist nach den Selbstbekundungen des VPM eine zentrale Kategorie seiner Theorie und Tätigkeit. Dabei stützt der VPM sich auf die Arbeiten von Adler und Liebling sowie die Dissertation seiner Leiterin, Frau Dr. Buchholz-Kaiser, „Das Gemeinschaftsgefühl – Entstehung und Bedeutung für die menschliche Entwicklung". Dieses Werk wird in der Broschüre „Theoretische Grundlagen zur psychologischen Tätigkeit im VPM" mit den Worten angezeigt:

„In der vorliegenden Untersuchung wird einer der wichtigsten Aspekte der theoretischen Grundlagen der psychologischen Lehr- und Beratungsstelle Friedrich Lieblings und heute des Vereins zur Förderung der Psychologischen Menschenkenntnis (VPM) dargestellt: Die Entstehung und die Bedeutung des Gemeinschaftsgefühls."
(aaO, S. 103).

In derselben Broschüre wird hierzu ausgeführt:

„Unzweifelhaft ist die Verstärkung des Gemeinschaftsgefühls und der sozialen Verbundenheit der entscheidendste Heilungsfaktor, den wir kennen." (Theoretische Grundlagen zur psychologischen Tätigkeit im VPM, aaO, S. 8 unter Zitierung Lieblings).

Alfred Adler habe „*das Gemeinschaftsgefühl als Grad der seelischen Gesundheit des Menschen*" (aaO, S. 8) und „*den Grad an Gemeinschaftsgefühl ... als ursächlich für das Lebensgefühl und Lebensglück des Menschen*" (aaO, S. 9) erkannt. Es werde daher „*zur diagnostischen Aufgabe in der Psychotherapie, das individuell erworbene Maß an Gemeinschaftsgefühl abzuschätzen*" (ebenda). Und weiter: „*Irrtümliche Meinungen ... sucht der Psychologe ermutigend aufzuklären und zu korrigieren. Die Korrektur liegt im Sinne des therapeutischen Ziels, nämlich der Stärkung und Schulung des Gemeinschaftsgefühls...*" (aaO, S. 10). Der VPM versteht nach eigener Aussage „die Begriffe ,*Gemeinschaft*' und ,*Gemeinschaftsgefühl*' ... im umfassenden Sinne Adlers" (Zu Theorie und Tätigkeit des VPM, aaO, S. 21) und faßt das „*Gemeinschaftsgefühl als anzustrebendes Menschheitsideal*" auf (aaO, S. 23).

Es bestehen daher – entgegen der Auffassung des Verwaltungsgerichts – auch keine Bedenken gegen die Aufnahme des letztlich auf eine Aussage Adlers zurückgehenden Zitats

„*Das Wohl der Gemeinschaft ist das Auswahlkriterium, nach dem die kulturellen Schöpfungen in erhaltens- und vergessenswerte ausgeschieden werden.*"

in die geplante Broschüre (S. 106); denn die Kategorien „*Gemeinschaft*" und „*Gemeinschaftsgefühl*" im Sinne Adlers gehören – wie dargelegt – zu den zentralen theoretischen Grundlagen des VPM. Ihre Rezeption im VPM ist u. a. über die bereits zitierte Dissertation von Frau Dr. Buchholz-Kaiser erfolgt *(siehe oben)*.

Vor diesem gesamten Hintergrund bleiben bei summarischer Prüfung auch die Bewertungen „*Sendungsbewußtsein*" (S. 101 der geplanten Broschüre), „*Dogmatismus*" (aaO, S. 100) und „*Ideologie*" (aaO, S. 100) im Rahmen eines willkürfreien, sachlichen Werturteils, das auf einen vertretbar gewürdigten Tatsachenkern beruht.

Entsprechendes gilt für die Wertung „*utopischer Machbarkeitsglaube*" (aaO, S. 100); sie erscheint vertretbar angesichts des Umstandes, daß der VPM sich etwa die folgende Aussage Adlers zu eigen gemacht hat:

„*Es besteht die berechtigte Erwartung, daß in viel späterer Zeit, wenn der Menschheit genug Zeit gelassen wird, die Kraft des Gemeinschaftsgefühls über alle äußeren Widerstände siegen wird. Dann wird der Mensch Gemeinschaftsgefühl äußern wie atmen.*" (Zu Theorie und Tätigkeit des VPM, aaO, S. 23 f.).

b) Bei summarischer Prüfung ist auch die geplante Bewertung der Antragsgegnerin, der VPM weise eine „*autoritäre bis totalitäre Struktur*" auf, nicht zu beanstanden. Die Antragsgegnerin hat unter Verweis auf zahlreiche Quellen hinreichende tatsächliche Anhaltspunkte für eine derartige Beurteilung dargelegt. Die innere Struktur des VPM ist auf die „Führerfigur" seiner fachlichen Leiterin Frau Dr. Buchholz-Kaiser ausgerichtet. In der Schrift „Der VPM – was er wirklich ist" ist Frau Dr. Buchholz-Kaiser neben Friedrich Liebling ein eigenes Kapitel gewidmet (S. 239 ff.), in dem sie aufgrund ihrer Kenntnis „*der Problematik und der Entwicklung jedes einzelnen Teilnehmers"* (aaO, S. 239) als Nachfolgerin von Liebling dargestellt wird. Ihr Wirken wird als *„conditio sine qua non für den Bestand der auswärtigen Gruppen"* bezeichnet (aaO, S. 511). Ehemalige VPM-Mitglieder und -Anhänger haben übereinstimmend berichtet, daß Frau Dr. Buchholz-Kaiser im VPM als einzige wirklich zur Psychotherapie fähige Person angesehen wird, an die man sich bei allen schwierigeren persönlichen oder beruflichen Problemen wendet bzw. an die man verwiesen wird (vgl. Schreiben des ehemaligen Vizepräsidenten Dr. G. vom 2.3.1991, S. 1). Insbesondere sei es ein „faktisches Muß", daß jeder der im VPM tätigen Psychologen bei ihr in Supervision sei (ebenda; eidesstattliche Versicherung von Frau K. vom 24.2.1994; S. 4f.). Die Supervision werde als Macht- und Kontrollmittel eingesetzt, um nichtkonforme *(„zweifelhafte")* Teilnehmer zu befragen, ihre Charakterstruktur zu analysieren und gegebenenfalls zu ächten. Charakterprobleme, welche zu irrtümlichen, abweichenden Auffassungen geführt hätten, würden psychologisch abgeklärt (Schreiben von Dr. G. vom 2.3.1991, S. 2; eidesstattliche Erklärung von Dr. G. vom 24.2.1994, S. 2).

Soweit die Antragsteller demgegenüber vortragen, die Supervision sei nicht verpflichtend (vgl. auch die Aussagen von VPM-Mitgliedern vor dem LG Hannover), handelt es sich bei summarischer Prüfung um eine nicht glaubhafte Schutzbehauptung. *(wird ausgeführt)*

Die Wertung *„autoritäre bis totalitäre Struktur"* rechtfertigt darüber hinaus insbesondere der bei Hemminger (Der Verein zur Förderung der psychologischen Menschenkenntnis [VPM] und die Züricher Schule, 1990, Werkmappe Nr. 61, S. 37 ff.) wiedergegebene Briefwechsel. Er belegt die in Berichten von Beratungsstellen und ehemaligen VPM-Anhängern (vgl. Zeugenaussagen vor dem LG Hannover, Sitzungsprotokoll vom 28.7.1993, S. 20 und vom 8.12. 1993, S. 17f.; eidesstattliche Versicherungen von Frau S. vom 25.1.1994, S. 4 und von Frau K. vom 24.2.1994, S. 2) vorgetragene Kritik, der VPM gehe gegenüber Andersdenkenden, insbesondere aus den eigenen Reihen, mit psychologischem Unterdrückungsinstrumentarium vor. Ein innerer Kritiker habe eine *„Selbstpathologisierung"* – in der Art einer Selbstanklage – vorzunehmen, wolle er aufgrund der gezeigten Reue gegebenenfalls wieder aufgenommen werden. Entsprechend bezichtigt sich in dem bei Hemminger abgedruckten Brief der betroffene Psychologe u. a. der *„seelischen Verrohung",* der *„Inhumanität, Ignoranz und Gewalt"* und führt aus:

> *„Ein solches Verhalten ist nicht nur mit der Arbeit von Herrn Liebling und Frau Kaiser unvereinbar, sondern es stimmt auch, was Ihr schreibt: Dadurch habe ich jegliche menschliche Würde mit Füßen getreten ...*
>
> *Meine Inhumanität und mein Machtstreben gingen so weit, daß ich in der Frage der Einschätzung der Lage massiv mit ihr [Frau Kaiser] konkurriert habe; ich wollte es besser wissen als sie ... "*
> *(aaO, S. 38).*

In diesem Brief wird zugleich die Kontrollfunktion der Supervision deutlich:
„*Was ich vorhabe ist daher, diese Charakteranteile mit Hilfe von Frau Kaiser und der Supervisionsgruppe weiter abzuklären und zu versuchen, mir selber gegenüber sehr wachsam zu sein.*" *(ebenda)*

Von Mitarbeitern in Beratungsstellen und ehemaligen VPM-Mitgliedern wird ferner berichtet, daß Psychologen und Psychotherapeuten im VPM, die Frau Dr. Buchholz-Kaiser die kritiklose Gefolgschaft verweigern, innerhalb kürzester Zeit den Entzug ihrer Klientel befürchten müssen, wenn in Gruppensitzungen verkündet werde, daß die Betreffenden nicht mehr auf der Linie von Frau Dr. Buchholz-Kaiser lägen (vgl. eidesstattliche Versicherung von Frau K. vom 24. 2. 1994, S. 2; Schreiben des ehemaligen Vizepräsidenten Dr. G. vom 2. 3. 1991, S. 2; eidesstattliche Versicherung von Frau S. vom 25. 1. 1994, S. 3).

Der Einsatz dieses existenzbedrohenden Machtmittels wird auch – zumindest mittelbar – durch den zitierten Briefwechsel bestätigt: „Nun haben ... (Namen) ihre Praxis geschlossen, ... (Namen) führen einen Teil ihrer Gespräche." (Hemminger, aaO, S. 39). Darüber hinaus haben verschiedene vom VPM als Zeugen benannte Mitglieder und Psychologen vor dem Landgericht Hannover eingeräumt, daß es vorgekommen sei, daß Psychologen des VPM ein bis zwei Wochen keine Gespräche geführt hätten; dabei habe es sich nicht um angeordnete „*Therapieverbote*", sondern um „*Denkpausen*" gehandelt. (Sitzungsprotokoll des LG Hannover – 6 O 367/92 – vom 20. 7. 1994, S. 13 und 17; Sitzungsprotokoll vom 21. 7. 1994, S. 10).

c) Die Wertung in der geplanten Broschüre, im VPM herrsche ein „*rigides Freund – Feind – Denken*", ist bei summarischer Prüfung ebenfalls auf eine zutreffende, zumindest vertretbar gewürdigte tatsächliche Grundlage gestützt. Bereits der erwähnte Umgang mit Kritikern aus den eigenen Reihen macht die Wertung plausibel. Darüber hinaus belegen die zahlreichen in das vorliegende Verfahren eingeführten Selbstzeugnisse des VPM, daß auch außenstehende Andersdenkende, insbesondere Kritiker, mit allen Mitteln bekämpft und zum Teil persönlich diffamiert werden. Beispielhaft sei auf die Ausführungen in „Der VPM – was er wirklich ist", S. 75 ff. verwiesen. Angesichts der verschiedenen diskriminierenden und diffamierenden Kampagnen gegen Kritiker (vgl. ferner Beiakte 11, Anlagen B 1 bis B 3; eidesstattliche Versicherung von Frau S. vom 25. 1. 1994) erscheint es auch vertretbar, insoweit von „*Psychoterror*" zu sprechen.

d) Vor dem Hintergrund der gesamten vorstehenden Ausführungen erweist sich auch die zusammenfassende Einschätzung in der geplanten Broschüre (S. 107), „*für den einzelnen besteh(e) die Gefahr, daß eine tiefe Abhängigkeit zu der Gruppe entsteht, der individuelle Lebenslauf den Gruppennormen und dem ‚Gemeinschaftsgefühl' angepaßt wird und so eine zunehmende Entfremdung zum bisherigen sozialen und persönlichen Umfeld entsteht*", bei summarischer Prüfung als sachliches Werturteil, das auf einem vertretbar gewürdigten Tatsachenkern beruht. Das oben näher beschriebene dogmatische Konzept des VPM einer Steigerung des Gemeinschaftsgefühls, der Absolutheits- und Heilsanspruch sowie die subtilen Macht- und Kontrollmechanismen lassen die Warnung der Antragsgegnerin, es bestehe die „Gefahr" der Gruppenanpassung und Abhängigkeit sowie der Entfremdung, als nicht unsachlich erscheinen.

Eine solche Gefährdung kommt nicht nur für Mitglieder des VPM, sondern für alle in Betracht, die an den Aktivitäten des VPM und seiner Mitglieder teilnehmen. Hierzu zählen nicht nur (junge) Erwachsene, sondern auch Jugendliche und Kinder, die ebenfalls eine Zielgruppe des VPM sind. So wird z. B. den vom VPM organisierten Feriengemeinschaften für Kinder und Jugendliche eine *„korrigierend-therapeutische"* Wirkung zugeschrieben (Jahresbericht 1988 des VPM, S. 12; s. a. Aufbau, Zielsetzungen, Grundlagen und Tätigkeiten des VPM Köln, 1995, S. 2 *„Für Kinder und Jugendliche bietet der Verein altersentsprechende Gruppen an ..."*).

35

Ein religiöser Verein kann seine inneren Angelegenheiten, u. a. das Mitgliedschaftsverhältnis, ohne Bindung an vereinsrechtliche Vorschriften gestalten.

Art. 140 GG, 137 Abs. 3 WRV; §§ 25, 37 Abs. 1 BGB
OLG Frankfurt a. M., Beschluß vom 22. Mai 1996 – 20 W 96/94 [1] –

Der Beschwerdeführer ist ein der ev. Kirche nahestehender Jugendverband mit der aus den Beschlußgründen ersichtlichen, statutengemäßen Zielsetzung. Durch Vorgängereinrichtungen reicht er bis ins 19. Jh. zurück. Die Vereinssatzung unterscheidet von Anfang an zwischen „Eingeschriebenen Mitgliedern" und „Tätigen Mitgliedern". Die „Tätigen Mitglieder" werden aus dem Kreis derjenigen „Eingeschriebenen Mitglieder", die Jesus Christus als ihren Herrn und Heiland bekennen, durch Beschluß des Vorstands berufen (§ 8 Abs. 1). Nur sie haben nach der Satzung (§ 8 Abs. 3) die Stellung von Vereinsmitgliedern im Sinne der §§ 32 ff. BGB.

Das Registergericht hat aus Anlaß der Anmeldung einer Satzungsänderung im Jahre 1992 durch Verfügung den Verein darauf hingewiesen, die Satzungsbestimmungen, durch die die „Eingeschriebenen Mitglieder" von der Willensbildung des Vereins, insbesondere von der Anwesenheit und der Mitwirkung in der Mitgliederversammlung, ausgeschlossen werden, seien wegen Verstoßes gegen die §§ 32, 36, 37 BGB unzulässig und müßten daher von Amts wegen

---

[1] RPfleger 1996, 460. Vgl. zu diesem Fragenkreis auch OLG Hamm RPfleger 1997, 481.

gelöscht werden. Der Widerspruch des Vereins gegen die Löschungsankündigung hat der Rechtspfleger des Registergerichts zurückgewiesen. Gegen den Zurückweisungsbeschluß hat der Verein sofortige Erinnerung eingelegt, der der Registerrichter nicht abgeholfen hat. Das Landgericht hat das nunmehr als sofortige Beschwerde geltende Rechtsmittel durch den angefochtenen Beschluß zurückgewiesen.

Gegen diesen Beschluß richtet sich die sofortige weitere Beschwerde der Verfahrensbevollmächtigten des Vereins, die Erfolg hatte. Der Senat hebt die vom Amtsgericht ausgesprochene Löschungsankündigung auf.

Aus den Gründen:

In der Sache ist das Rechtsmittel begründet, weil die Entscheidung des Landgerichts auf einer Verletzung des Gesetzes beruht (§ 27 Abs. 1 FGG). Der Ansicht der Vorinstanzen, die vom Amtsgericht beanstandeten Satzungsbestimmungen müßten wegen Verstoßes gegen zwingende vereinsrechtliche Bestimmungen des BGB von Amts wegen gelöscht werden, kann aus Rechtsgründen nicht gefolgt werden.

Zutreffend ist allerdings der Ausgangspunkt des Landgerichts, daß jedenfalls dann ein Amtslöschungsverfahren hinsichtlich solcher Satzungsbestimmungen eingeleitet werden kann, die – wie hier – bereits in der Gründungssatzung enthalten sind, wenn später eine Neufassung der Satzung eingetragen worden ist, was auch hier der Fall gewesen ist. Richtig ist ferner die Auffassung der Vorinstanzen, daß das Recht der Vereinsmitglieder auf Teilnahme an der Mitgliederversammlung (vgl. dazu LG Bremen Rpfleger 1990, 262) und das Minderheitenrecht nach der Vorschrift des § 37 Abs. 1 BGB, wonach sichergestellt sein muß, daß die Einberufung der Mitgliederversammlung auf Verlangen einer Minderheit zu erfolgen hat (vgl. dazu OLG Stuttgart OLGZ 1986, 257, NJW-RR 1986, 995; Palandt/Heinrichs BGB 55. Aufl. § 37 Rn. 1 und 2), zu den wesentlichen Mitgliedschaftsrechten gehört (Sauter/Schweyer, Der eingetragene Verein, 14. Aufl., S. 141; Stöber, VereinsR, 6. Aufl., Rn. 186; Reichert/Dannecker, Hdb. d. Vereins- und VerbandsR, 5. Aufl., Rn. 499). Diese Rechte stehen jedoch im Streitfall nach der Vereinssatzung nur den „Tätigen", nicht aber den (bloß) „Eingeschriebenen" Vereinsmitgliedern zu. Damit sind die Grenzen der vereinsrechtlichen Gestaltungsfreiheit nach § 25 BGB überschritten. *(wird weiter ausgeführt)*

Gleichwohl können die Vorentscheidungen keinen Bestand haben. Beide Vorinstanzen haben übersehen, daß es sich bei dem betroffenen Verein um einen religiösen Verein handelt (Obermayer, in: Dolzer/Vogel BK Art. 140 Rn. 51), so daß für die Entscheidung die besondere Regelung von Art. 4, 140 GG maßgebend ist, wonach für die inneren Vereinsangelegenheiten die Bestimmungen des Vereinsrechts über die Bestellung des Vorstands durch die Mitgliederversammlung, das Stimmrecht der Mitglieder, die Zusammensetzung und Rechte der Mitgliederversammlung und dergleichen mehr nur eingeschränkt anzuwenden sind (vgl. dazu BVerfGE 83, 341, NJW 1991, 2623[2]; BayObLG NJW 1980, 1756[3]; BayObLGZ 1987, 161[4]; OLG Köln NJW 1992, 1048[5] – dazu die Vorentscheidung LG Bonn Rpfleger 1991, 156 –; OLG Hamm FGPrax 1995, 86, NJW-RR 1995, 119, Rpfleger 1995, 24[6]; LG Oldenburg, JZ 1992, 250; v. Campenhausen Rpfleger 1989, 349; Flume JZ 1992, 238[7]; Schockenhoff NJW 1992, 1013; Machanek JuS 1985, 440).

Der betroffene Verein knüpft nach der in seiner Satzung beschriebenen Grundbestimmung an die früheren Evangelischen Jünglingsvereine und an die später aus dem Pietismus hervorgegangene freie Vereinigung der Evangelischen männlichen Jugend an (vgl. Brockhaus Enzyklopädie 19. Aufl. Band 4 S. 556). Er betreut junge Menschen in religiöser, erzieherischer und sozialer Hinsicht und will eine interkonfessionelle Gemeinschaft in der einen Kirche Christi sein, die ökumenisch bestimmt ist. Er ist zwar nicht organisatorisch mit den beiden großen, das religiöse Leben in Deutschland weitgehend bestimmenden Kirchen verbunden, sondern eine organisatorisch selbständige, den Angehörigen aller Kirchen und christlichen Vereinigungen, die mit ihrem Bekenntnis auf der Grundlage der Bibel stehen, offenstehende Vereinigung. Auf die Grundrechte aus Art. 4 Abs. 1 und 2 GG können sich aber nicht nur die Kirchen und die in sie eingegliederten religiösen Vereine, sondern auch Vereinigungen berufen, die sich nicht die allseitige, sondern nur die partielle Pflege des religiösen oder weltanschaulichen Lebens ihrer Mitglieder zum Ziel gesetzt haben (BVerfGE 24, 236 [246][8] = NJW 1969, 31; BayObLG NJW 1980, 1756 [1757]; Obermayer in Dolzer/Vogel BK Art. 140 Rn. 49). Darüber hinaus steht der betroffene Verein, obwohl er schon begrifflich nicht eine Religionsgemeinschaft im Sinne der Art. 136 ff. WRV ist und auch nicht satzungsgemäß mit den beiden großen Kirchen verzahnt ist, sowohl nach seiner Entstehungsgeschichte als auch kraft seines Bekenntnisses und seiner Zielsetzung jedenfalls der Evangelischen Kirche so nahe, daß nach Meinung des Senats auch ihm das Selbstbestimmungsrecht nach Art. 140 GG i. V. m. Art. 137 Abs. 3 WRV zuzuerkennen ist, seine Angelegenheiten selbständig innerhalb der Schranken des für alle geltenden Gesetzes zu ordnen und zu verwalten.

Die allgemeinen Vorschriften des bürgerlichen Rechts finden daher im Streitfall eine gewisse Modifizierung durch Art. 137 Abs. 3 WRV insofern, als das verfassungsrechtlich verbürgte Selbstbestimmungsrecht zu bestimmten Sonder-

---

[2] KirchE 29, 9.
[3] KirchE 17, 297.
[4] KirchE 25, 199.
[5] KirchE 29, 328.
[6] KirchE 32, 215.
[7] KirchE 29, 294.
[8] KirchE 10, 181.

regeln im Innenverhältnis für religiöse Vereine führt. Das Vereinsrecht des BGB ist dabei nur insoweit für alle geltendes Gesetz i. S. von Art. 137 Abs. 3 WRV, als es um Bestimmungen geht, die die nach außen wirkenden Rechtsverhältnisse regeln (OLG Köln NJW 1992, 1048 [1049]; v. Campenhausen, in: v. Mangoldt/Klein/v. Campenhausen, Bonner GG, 3. Aufl. Art. 140 Rn. 140; Reichert/Dannecker aaO Rn. 2847 ff.). So muß der Verein zwingend einen Vorstand haben (§ 26 BGB) und in seinem Namen den Zusatz „eingetragener Verein" oder abgekürzt „e. V." führen (§ 65 BGB); Einschränkungen der Vertretungsmacht des Vorstandes müssen zum Vereinsregister angemeldet und eingetragen werden (§§ 64, 71 BGB). Anderes gilt für die inneren Angelegenheiten. Diese kann der betroffene Verein auf der Grundlage seines religiösen Selbstverständnisses ohne Bindung an bestehende vereinsrechtliche Vorschriften gestalten. Zu diesen inneren Angelegenheiten gehört die Regelung des Mitgliedschaftsverhältnisses, also die Voraussetzungen für den Erwerb und das Ende der Mitgliedschaftsrechte sowie der Inhalt der Mitgliedschaftsrechte, die Ämterorganisation einschließlich der Bestellung des Vorstands und der gesamte innere Aufbau (vgl. OLG Köln NJW 1992, 1048 [1050]; OLG Hamm FGPrax 1995, 86 [87]; LG Oldenburg JZ 1992, 250 [253]; Reichert/Dannecker aaO Rn. 2848; v. Campenhausen Rpfleger 1989, 349/350 ff.). Sämtliche vom Amtsgericht beanstandeten Satzungsbestimmungen betreffen den Ausschluß der „Eingeschriebenen Mitglieder" von der Willensbildung des Vereins. Sie beziehen sich also nicht auf das Außenverhältnis, sondern auf die innere Struktur des Vereins. Sie sind daher nach den vorstehenden Ausführungen nicht zu beanstanden, obwohl sie bei nicht religiösen Vereinen unzulässig wären.

Sämtliche Vorentscheidungen sind daher ersatzlos aufzuheben.

36

Die Revision gegen das Urteil des Bay. Verwaltungsgerichtshofs vom 25. 10. 1995 – KirchE 33, 376 – über die Herausgabe der St Salvator-Kirche in München an den Freistaat Bayern war weder wegen grundsätzlicher Bedeutung der Sache noch wegen eines Verfahrensfehlers zuzulassen.

§ 132 Abs.1 Nr. 1 u. 3 VwGO
BVerwG, Beschluß vom 29. Mai 1996 – 7 B 43.96[1] –

---

[1] NVwZ 1997, 799. Die Vollstreckung aus dem Urteil des Bay. Verwaltungsgerichtshofs vom 25. 10. 1995 – 7 B 90. 3798 – KirchE 33, 376 – wurde einstweilen für die Dauer des Verfassungsbeschwerdeverfahrens untersagt; BVerfG, Beschluß vom 13. 2. 1997 – 2 BvR 1275/96 – NVwZ 1997, 782. Die Verfassungsbeschwerde wurde zurückgewiesen; BVerfG, Beschluß vom 13. 10. 1998 – 2 BvR 1275/96 – BVerfGE 99, 100. Vgl. auch BayVerfG KirchE 34, 325.

Der Kläger verlangt von dem beklagten Verein die Herausgabe der St. Salvatorkirche in München. Der Verwaltungsgerichtshof hat der Klage, nachdem das in dieser Sache ergangene erste Berufungsurteil mit Urteil des beschließenden Senats vom 15. 11. 1990 – BVerwG 7 C 9.89 – (BVerwGE 87, 115[2]) aufgehoben worden und die Sache an den Verwaltungsgerichtshof zurückverwiesen worden war, durch Urteil vom 25. 10. 1995 – 7 B 90. 3798[3] – erneut stattgegeben. Die Beschwerde, mit der der Beklagte die Zulassung der Revision erreichen möchte, hatte keinen Erfolg.

Aus den Gründen:
1. Die Sache hat nicht die ihr von der Beschwerde beigemessene grundsätzliche Bedeutung (§ 132 Abs. 2 Nr. 1 VwGO).
Der Inhalt der sog. Kirchengutsgarantie (Art. 140 GG, Art. 138 Abs. 2 WRV) ist, soweit diese Garantie im vorliegenden Verfahren entscheidungserheblich ist, bereits durch das genannte Revisionsurteil vom 15. 11. 1990 geklärt worden. Einen weitergehenden Klärungsbedarf zeigt die Beschwerde nicht auf. Entsprechendes gilt, soweit sich der Beklagte in seinen Grundrechten aus Art. 3 Abs. 1, Art. 4 Abs. 1 und Art. 14 Abs. 1 GG verletzt sieht. Zur Klärung von Fragen des Völkerrechts gibt der vom Verwaltungsgerichtshof festgestellte Sachverhalt, an den der beschließende Senat in einem Revisionsverfahren gebunden wäre (§ 137 Abs. 2 VwGO), keinen Anlaß.

Ebensowenig ist die Revision zur Klärung der Frage zuzulassen, ob und unter welchen Voraussetzungen ein bereits in der ordentlichen Gerichtsbarkeit rechtskräftig abgewiesener Klageantrag erneut vor dem Verwaltungsgericht zur Entscheidung gestellt werden kann. Wie die Beschwerde nicht verkennt, sind die Rechtskraftwirkungen der Entscheidung in einem Vorprozeß, soweit erforderlich, anhand der Entscheidungsgründe zu bestimmen; dabei ist auch – namentlich bei Streitigkeiten, die sowohl nach öffentlichem als auch nach privatem Recht zu beurteilen sind – ein in den Entscheidungsgründen enthaltener Vorbehalt zu beachten (vgl. BGH, NJW 1995, 2993). Die mit einem solchen Vorbehalt verbundenen Einschränkungen der Rechtskraft ergeben sich aus den Umständen des Einzelfalls, sind also einer fallübergreifenden Klärung entzogen.

Aus ähnlichen Gründen ist die Revision auch nicht zur Klärung der Bindungswirkungen einer zurückverweisenden Revisionsentscheidung gemäß § 144 Abs. 6 VwGO zuzulassen. Die Beschwerde macht insoweit lediglich geltend, der Verwaltungsgerichtshof habe die Vorgaben des Revisionsurteils vom 15. 11. 1990 nicht ausreichend beachtet. Eine mit Tragweite über den Einzelfall

---

[2] KirchE 28, 294.   [3] KirchE 33, 376.

hinaus zu klärende Frage der Auslegung des § 144 Abs. 6 VwGO ist diesem Vorbringen nicht zu entnehmen. Das Beschwerdevorbringen ergibt insoweit auch keinen Verfahrensfehler. Ob der Beklagte die griechisch-orthodoxen Gläubigen nur noch „in unerheblichem Umfang" repräsentiert, ist nach dem genannten Urteil nicht numerisch, sondern wertend unter dem Blickwinkel zu ermitteln, ob der Förderungszweck, die seelsorgerische Betreuung aller griechisch-orthodoxen Gläubigen im Raum München, durch die Nutzungsänderung „aller Voraussicht nach weitaus besser erreicht wird als bisher" (Urteil v. 15. 11. 1990 – BVerwG 7 C 9.89 – aaO, S. 129; ähnlich S. 130); dementsprechend läßt sich die Grenze zwischen einem rechtmäßigen und einem rechtswidrigen Nutzungsübergang nicht in bestimmten Zahlenverhältnissen ausdrücken (ebd. S. 130). Die Beschwerde stellt demgegenüber allein auf eine solche zahlenmäßige Betrachtungsweise ab und verkennt damit schon im Ansatz den Umstand der Bindungswirkung, die dem Urteil des beschließenden Senats für das weitere Verfahren vor dem Berufungsgericht zukam.

2. Die Revision ist ferner nicht gemäß § 132 Abs. 2 Nr. 3 VwGO wegen der von der Beschwerde weiterhin geltend gemachten Verfahrensfehler zuzulassen.

Entgegen der Annahme der Beschwerde mußte der Verwaltungsgerichtshof die vorliegende Klage nicht deswegen als unzulässig abweisen, weil der Kläger bereits früher im ordentlichen Rechtsweg erfolglos auf Herausgabe des Kirchengebäudes geklagt hat. Zwar ist, wie der beschließende Senat in seinem Urteil vom 15. 11. 1990 (aaO, S. 118) dargelegt hat, durch das rechtskräftige Urteil des Bayerischen Obersten Landesgerichts vom 12. 12. 1980 (BayVBl. 1981, 438 [4]) abschließend geklärt worden, daß dem Beklagten für die Dauer der derzeitigen Zweckbestimmung (Widmung) der St. Salvatorkirche für den griechisch-orthodoxen Gottesdienst ein den Herausgabeanspruch des Klägers gemäß § 985 BGB ausschließendes Recht zum Besitz im Sinne von § 986 BGB zusteht. Das Bayerische Oberste Landesgericht hat sich jedoch erklärtermaßen einer Entscheidung darüber enthalten, ob der Kläger auf der Grundlage von Vorschriften des öffentlichen Rechts die Änderung dieser Zweckbestimmung verlangen kann. Damit ist insbesondere auch die Frage nach dem Inhalt eines solchen Anspruchs (Abgabe einer Entwidmungserklärung oder Herausgabe des Kirchengebäudes) unbeantwortet geblieben. Infolgedessen war der Kläger nicht durch das rechtskräftige Urteil des Bayerischen Obersten Landesgerichts gehindert, den Beklagten auf der Grundlage des öffentlichen Rechts vor dem Verwaltungsgericht erneut auf Herausgabe der Kirche in Anspruch zu nehmen.

Das angefochtene Urteil leidet auch nicht deswegen an einem zur Revisionszulassung führenden Verfahrensfehler, weil der Verwaltungsgerichtshof dem

---

[4] KirchE 18, 358.

Antrag des Beklagten nicht gefolgt ist, das Gutachten eines Sachverständigen über die Möglichkeiten des Widerrufs der Überlassung eines staatseigenen Kirchengebäudes nach dem Staatsrecht der bayerischen konstitutionellen Monarchie einzuholen. Selbst wenn – woran Zweifel bestehen – die Einholung eines solchen Gutachtens gemäß § 173 VwGO in Verbindung mit § 293 ZPO zulässig gewesen sein sollte, war der Verwaltungsgerichtshof hierzu nicht verpflichtet; vielmehr konnte er sich die zur Beurteilung des Rechtsstreits erforderlichen Rechtskenntnisse unter Heranziehung des einschlägigen Schrifttums selbst verschaffen (vgl. Beschluß v. 21. 7. 1988 – BVerwG 1 B 44. 88 – NJW 1989, 3107).

37

Zu dem Antrag von „Scientology", im Wege der einstweiligen Anordnung kritische Äußerungen des Bundesministers für Arbeit und Sozialordnung über „Scientology" zu untersagen.

Art. 19 Abs. 4 GG; §§ 123 VwGO, 261 StGB
OVG Nordrhein-Westfalen, Beschluß vom 31. Mai 1996 – 5 B 993/95[1] –

Der gegen die Bundesrepublik Deutschland gerichtete Antrag, im Wege der einstweiligen Anordnung die Wiederholung verschiedener kritischer, in der Presse wiedergegebener Äußerungen des Bundesministers für Arbeit und Sozialordnung zu verhindern, blieb in zwei Instanzen erfolglos.

Aus den Gründen:

Der Antrag auf Erlaß einer einstweiligen Anordnung ist zu Recht gegen die Antragsgegnerin und nicht gegen den Bundesminister für Arbeit und Sozialordnung gerichtet. Die vom Antragsteller angegriffenen Zitate sind als Äußerungen des Ministers in Ausübung seiner Amtsgeschäfte der Antragsgegnerin zuzurechnen. Der in Rede stehende Zeitungsartikel läßt erkennen, daß die streitgegenständlichen Äußerungen im Zusammenhang mit einer Anweisung des Ministers an die Bundesanstalt für Arbeit stehen, Mitglieder der „Scientology" als unzuverlässig einzustufen und ihnen keine Arbeitsvermittlungserlaubnisse zu erteilen. Damit hat der Minister nicht als Privatmann, sondern hoheitlich in seiner Funktion als Minister zu Fragen Stellung genommen, die zu

---

[1] Amtl. Leitsatz. NVwZ 1997, 302; NWVBl. 1996, 447. Nur LS: NJW 1997, 1459; KuR 1997, 133; AkKR 165 (1996), 267. Vgl. zu diesem Fragenkreis auch BayVGH NVwZ 1998, 391.

seinem Geschäftsbereich gehören (vgl. BVerwG, Urteil v. 29. 6. 1995 – 2 C 10.93 –, NWVBl. 1996, 101 [102] m. w. N.).

Ein Anspruch auf die erstinstanzlich begehrte, im vorliegenden Beschwerdeverfahren weiterverfolgte Unterlassungsanordnung steht dem Antragsteller nicht zu, weil es an den Voraussetzungen fehlt, unter denen eine – mit dieser Unterlassungsanordnung begehrte – Vorwegnahme der Entscheidung zur Hauptsache in Betracht kommt.

Art. 19 Abs. 4 GG fordert bei einem auf die Vorwegnahme der Hauptsacheentscheidung gerichteten Antrag die Gewährung vorläufigen Rechtsschutzes, wenn anderenfalls schwere und unzumutbare, anders nicht abwendbare Nachteile entstünden, zu deren nachträglicher Beseitigung die Entscheidung in der Hauptsache nicht mehr in der Lage wäre (vgl. BVerfGE 46, 166 [179]; 51, 268 [284]). Einem auf die Vorwegnahme der Hauptsacheentscheidung gerichteten Antrag nach § 123 VwGO ist jedoch nur dann stattzugeben, wenn das Abwarten in der Hauptsache für den Antragsteller unzumutbar wäre, insbesondere, wenn das Begehren in der Hauptsache schon aufgrund der im Verfahren des vorläufigen Rechtsschutzes anzustellenden, bloß summarischen Prüfung des Sachverhalts erkennbar Erfolg haben wird (vgl. etwa BVerwG, Beschluß v. 14. 12. 1989 – 2 ER 301.89 –, Buchholz 310 § 123 VwGO Nr. 15). Daran fehlt es hier. Es ist bei summarischer Prüfung nicht erkennbar, daß dem Unterlassungsbegehren des Antragstellers in einem Verfahren zur Hauptsache Erfolg beschieden sein wird bzw. daß ein Abwarten in der Hauptsache unzumutbar wäre. Vielmehr sprechen gewichtige Anhaltspunkte dafür, daß die Antragsgegnerin zu den im Antrag unter b) bis f) aufgeführten Äußerungen berechtigt ist und dem Antragsteller im übrigen ein Abwarten der Entscheidung in der Hauptsache zugemutet werden kann.

Dabei kann dahinstehen, ob der Antragsteller eine Religions- oder Weltanschauungsgemeinschaft und damit Träger des Grundrechts aus Art. 4 GG ist (vgl. zuletzt verneinend BAG, Beschluß v. 22. 3. 1995[2] – 5 AZB 21/94 –, NJW 1996, 143 ff. m. w. N. zur Problematik). Auch wenn man zugunsten des Antragstellers den Schutz des Art. 4 GG unterstellen würde, bliebe der Antrag auf Erlaß einer einstweiligen Anordnung erfolglos.

Nach der Rechtsprechung des BVerwG und des BVerfG ist der mit einer Warnung durch die Bundesregierung verbundene Eingriff in die Grundrechte Betroffener durch die Aufgabenstellung der Bundesregierung (Art. 65 GG) in Verbindung mit der Wahrnehmung von Schutzpflichten – insbesondere aus Art. 2 Abs. 2 Satz 1, Art. 6 Abs. 1 GG – legitimiert, wenn ein hinreichend gewichtiger, dem Inhalt und der Bedeutung des berührten Grundrechts ent-

---

[2] KirchE 33, 92.

sprechender Anlaß besteht und wenn die mitgeteilten Tatsachen zutreffen und negative Werturteile nicht unsachlich sind, sondern auf einem im wesentlichen zutreffenden oder zumindest sachgerecht und vertretbar gewürdigten Tatsachenkern beruhen (vgl. BVerfG, Beschluß v. 15. 8. 1989[3] – 1 BvR 881/89 –, NJW 1989, 3269; BVerwG, Beschluß v. 4. 5. 1993[4] – 7 B 149.92 –, NVwZ 1994, 162 [163]; Beschluß v. 13. 3. 1991 – 7 B 99.90 –, NJW 1991, 1770 [1771]; Urteil v. 23.5.1989[5] – 7 C 2.87 –, BVerwGE 82, 76 [83]; OVG.NW, Urteil v. 22. 5. 1990 – 5 A 1223/86 –, NVwZ 1991, 174; OVG.NW, Beschluß v. 25. 8. 1995[6] – 5 B 167/94 –, NWVBl. 1996, 188 [189]).

Ein hinreichender Anhaltspunkt für eine Warnung besteht, wenn eine Gefahr für verfassungsrechtlich geschützte Rechtsgüter oder zumindest der begründete Verdacht einer Gefahr vorliegt. Entsprechend dem Verhältnismäßigkeitsgrundsatz bestimmt sich das von der Bundesregierung einzuhaltende Maß der Sachaufklärung nach dem Gewicht der Gefahr sowie nach dem Inhalt und der Funktion der Warnung (vgl. BVerwG, Beschluß v. 13. 3. 1991 – 7 B 99.90 –, NJW 1991, 1770 [1771]). Je nach Art und Anlaß der Äußerung (Informationsbroschüre, Pressemitteilung, mündliches Statement) können unterschiedlich hohe Anforderungen an die Formulierungsgenauigkeit zu stellen sein; hiervon unberührt bleibt das grundsätzliche Erfordernis, daß die mitgeteilten Tatsachen zutreffen müssen und daß die Bundesregierung sich unsachlicher Abwertungen zu enthalten hat.

Gemessen an diesen Grundsätzen sind hier mit Blick auf die von der Antragsgegnerin im vorliegenden Verfahren vorgelegten und detailliert in Bezug genommenen Selbstzeugnisse des Antragstellers, die Erkenntnisse von staatlichen Stellen, die Aussagen von (ehemaligen) „Scientology"-Anhängern sowie Sekundärliteratur hinreichende Anhaltspunkte für eine Warnung vor dem Antragsteller gegeben.

1. Die Charakterisierung des Antragstellers als *„menschenverachtendes Kartell der Unterdrückung"* ist nicht zu beanstanden. Das BAG hat in seinem bereits erwähnten Beschluß vom 22.3.1995 (– 5 AZB 21/94 –, NJW 1996, 143 [149f.]) unter ausführlicher Zitierung von Selbstzeugnissen der „Scientology"-Organisationen menschenverachtende Anschauungen und totalitäre Tendenzen bei „Scientology" beschrieben und festgestellt. Diese detaillierten Feststellungen und Belege, auf die zur Vermeidung von Wiederholungen verwiesen werden kann, rechtfertigen im Rahmen der hier gebotenen summarischen Prüfung ohne weiteres die angegriffene Wertung.

2. Auch die Beschreibung des Antragstellers als *„Riesenkrake"* begegnet keinen Bedenken. Soweit darin eine negative Wertung zum Ausdruck kommt, liegt

---

[3] KirchE 27, 211.
[4] KirchE 31, 145.
[5] KirchE 27, 145.
[6] KirchE 33, 313.

ihr ein zutreffender bzw. vertretbar gewürdigter Tatsachenkern zugrunde. So ist dem „Scientology"-Papier „Clear Switzerland" der Anspruch zu entnehmen, „*alle Lebensbereiche*" zu durchdringen und zu kontrollieren. In der „Scientology"-Schrift „Die Führungskanäle der Scientology" wird die eigene weltweite (*„noch nie dagewesene"*) Expansion und das „*Klären dieses Planetens*" beansprucht; die eigene Organisationsstruktur wird als „*globales Netzwerk*", das hierarchisch durchstrukturiert ist, beschrieben. Die internationale „Scientology" bestehe „aus über 600 Dienstleistungs-Organisationen, -Missionen und -Gruppen auf allen Kontinenten der Welt"; „Scientology" sei die „schnellst wachsende Bewegung der Welt". In Verbindung mit den vom BAG in seinem zitierten Beschluß festgestellten und von der Antragsgegnerin kritisch gewürdigten Aktivitäten des Antragstellers stellt der eigene Expansions- und Durchdringungsanspruch von „Scientology" eine hinreichende tatsächliche Grundlage für die angegriffene Qualifizierung als „Riesenkrake" dar.

3. Die Wertung „*verblendete Ideologie*" ist bei summarischer Prüfung ebenfalls nicht zu beanstanden. Angesichts des Anspruchs von „Scientology", „*die einzige, funktionierende Technologie (zu besitzen), mit der man hier auf der Erde eine neue Zivilisation aufbauen kann*" (in: „Die Führungskanäle der Scientology", S. 28) oder ihrer Behauptung, die Schweiz sei „das erste geklärte Land auf dem Planeten", erscheint diese Wertung nicht unsachlich.

4. Ferner beruht der Vorwurf der „*Gehirnwäsche*" bei summarischer Prüfung auf einem vertretbar gewürdigten Tatsachenkern. Der Begriff „Gehirnwäsche" wird zwar im engeren Sinne als eine Art der Folterung von politischen Häftlingen oder Kriegsgefangenen mit dem Ziele einer völligen Umkehrung des politischen Denkens und Wollens verstanden (vgl. dtv-Lexikon, 1990, zum Stichwort „Gehirnwäsche"). Umgangssprachlich werden darüber hinaus jedoch auch massive psychische Beeinflussungen, wie sie dem Antragsteller vorgeworfen werden, als „*Gehirnwäsche*" bezeichnet. Prof. Dr. med. K. hat in dem von der Antragsgegnerin zitierten Gutachten aus dem Jahre 1989 dargelegt, daß die psychologische Vorgehensweise bei dem vom Antragsteller betriebenen „*Auditing*" und einer „*Gehirnwäsche*" eine gewisse Analogie aufweise. Angestrebt werde nämlich in beiden Fällen die Zerstörung bisheriger Werte und die Einimpfung neuer Überzeugungen durch ein Indoktrinationssystem. Kennzeichnend seien das Aufsuchen von schwachen Stellen im System der bisherigen Überzeugungen und von „*wunden Punkten*" im Lebenslauf des einzelnen, die Erweckung von Schuldgefühlen, die Suggestion von Zwang zur Beteiligung und endlich das Beginnen mit kleinen, kaum abzuschlagenden Forderungen und der Steigerung der Ansprüche mit dem Grad der bereits vollzogenen Kollaboration. In diesem Sinne spricht auch Dr. K. anläßlich seiner Anhörung als Sachverständiger in der 13. Sitzung des Ausschusses für Frauen und Jugend des Deutschen Bundestages vom 9.10.1991 davon, daß bei dem Antragsteller durch die Verwendung des

sogenannten „*E-Meters*" (Hautwiderstandsmesser) im Rahmen des „*Auditing*" und durch den Einsatz von Belohnung und Strafe ständig eine „*effektive operante Konditionierung*" der Mitglieder von „Scientology" stattfinde. Dies läßt es als vertretbar erscheinen, in einem umgangssprachlichen Sinne von „*Gehirnwäsche*" zu sprechen.

5. Die Behauptung, die „*Rädelsführer*" von „Scientology" seien „*Kriminelle*", ist bei summarischer Prüfung ebenfalls auf eine zutreffende, zumindest vertretbar gewürdigte tatsächliche Grundlage gestützt. Der Organisationsgründer L. Ron Hubbard wurde, was auch der Antragsteller einräumt, in Frankreich im Jahre 1978 in Abwesenheit wegen Betrugs zu einer Freiheitsstrafe von vier Jahren und einer Geldstrafe von 30 000 Franc verurteilt. Seine Ehefrau Mary Sue Hubbard sowie weitere zehn führende „Scientologen" wurden 1979 in den USA wegen Einbruchs, Verschwörung gegen die Regierung und Blockierung der Rechtspflege mehrheitlich zu vier- bis fünfjährigen Freiheitsstrafen und Geldstrafen verurteilt.

6. Schließlich kann der Antragsteller nicht beanspruchen, der Antragsgegnerin im Wege der einstweiligen Anordnung die Verwendung des Begriffs „*verbrecherische Geldwäsche-Organisation*" grundsätzlich zu untersagen; vielmehr ist ihr insoweit ein Abwarten in der Hauptsache zuzumuten.

Der Minister hat den vorgenannten Begriff in seinem Interview für den Beitrag in der „Welt am Sonntag" ohne nähere Erläuterung oder Konkretisierung gebraucht, so daß er auch als „Geldwäsche" i. S. des Straftatbestandes des § 261 StGB verstanden werden könnte. Im Rahmen des vorliegenden Verfahrens sind jedoch keine hinreichenden Anhaltspunkte ersichtlich, die bei summarischer Prüfung den Vorwurf einer Straftat nach § 261 StGB rechtfertigen.

Der Minister hat indes mit seiner Äußerung den Antragsteller bzw. deren Verantwortliche offensichtlich keiner Straftat gemäß § 261 StGB bezichtigen wollen. Die Antragsgegnerin hat im vorliegenden Verfahren klargestellt, daß der Vorwurf der „verbrecherischen Geldwäsche-Organisation" nicht auf den strafrechtlichen Bedeutungsgehalt des § 261 StGB gerichtet gewesen sei. Vielmehr habe ein Gesamttatbestand umschrieben werden sollen, der unter anderem durch folgende Umstände gekennzeichnet sei: Der Antragsteller veranlasse seine Mitglieder durch Schaffung entsprechender psychischer Abhängigkeiten, ihr gesamtes Vermögen und Einkommen einzusetzen, um völlig überteuerte Kurse zu besuchen und Bücher zu bestellen. Mitglieder würden gezwungen, sich in hohem Maße zu verschulden, und auch veranlaßt, die benötigten enormen Finanzmittel des Antragstellers durch strafbare Handlungen zu beschaffen. Die aus dem Verkauf von Schriften und Kursen erzielten Einnahmen verwende der Antragsteller, um sich in Unternehmen einzukaufen und diese von innen zu infiltrieren. In ähnlicher Weise hat der Minister in einem Ende November 1995 veröffentlichten – vom Antragsteller selbst ins Verfahren eingeführten – Spiegel-

Interview auf eine entsprechende Frage seine Formulierung „verbrecherische Geldwäsche-Organisation" gegenüber der Öffentlichkeit konkretisiert und ausgeführt, daß diese Sekte eine Krake sei, die Menschen ruiniere und gezielt in die Verschuldung treibe, weil sie maßlos überteuerte Psychokurse absolvieren müßten. Bei einer summarischen Gesamtwürdigung ist daher davon auszugehen, daß der Minister mit der in Rede stehenden Interview-Wendung in plakativer Umgangssprache darstellen wollte, daß der Antragsteller seine erheblichen finanziellen Mittel auf verwerfliche Art und Weise erlangt, daß die Mittel zumindest zum Teil aus Straftaten herrühren, in Unternehmen investiert und diese Umstände verschleiert werden.

Dieser Bedeutungsgehalt beruht bei summarischer Prüfung auf einem zumindest vertretbar gewürdigten Tatsachenkern. Der Antragsteller hat im einzelnen unter Vorlage von (Werbe-)Broschüren verschiedener „Scientology"-Zentralen dargelegt, daß zur Erlangung der sogenannten Befreiungsstufen „Clear" bis „OT VII" umgerechnet rund 190 000,– DM aufzubringen sind, daß für die Vorbereitungskurse zur Freigabe der nächsten OT-Stufe („OT IX") als „Sonderangebot" der „Sonderpreis" von umgerechnet rund 52 000,– DM verlangt wird und daß das sogenannte „E-Meter" mit einem geschätzten Materialwert von 500,– DM für bis zu 9 000,– DM verkauft wird (vgl. ferner die Nachweise im Beschluß des BAG v. 22. 3. 1995 – 5 AZB 21/94 –, NJW 1996, 143 [147 f.]).

Wie dargelegt bestehen auch hinreichende tatsächliche Anhaltspunkte, daß bei der Vereinnahmung solcher Geldbeträge, denen keine angemessenen Gegenleistungen gegenüberstehen, psychische Abhängigkeiten ausgenutzt werden. Der Antragsteller hat weiter Belege dafür vorgelegt, daß Mitglieder der „Scientology"-Organisation auch Straftaten begehen, um der Organisation entsprechende Geldmittel zukommen lassen zu können.

Für eine Erfassung dieser Zusammenhänge dürfte der Begriff „Geldwäsche" zwar nur bedingt geeignet sein; seine Verwendung im dargelegten Kontext eines Interviews ist aber als schlagwortartige Umschreibung eines komplexen Sachverhalts – zumindest bis zum Abschluß eines Hauptsacheverfahrens – (noch) vertretbar. Insoweit ist im Hinblick auf den dargestellten Tatsachenkern ein Eingriff in Rechte des Antragstellers jedenfalls nicht so gewichtig, daß ein Abwarten einer Hauptsacheentscheidung nicht zumutbar wäre. Aus dem vorstehend Ausgeführten folgt zugleich, daß eine isolierte Verwendung des Begriffs *„Geldwäsche"* i. S. des Straftatbestandes des § 261 StGB bei summarischer Prüfung eine unzulässige Schmähung des Antragstellers darstellen dürfte. Der Senat hat jedoch vor dem Hintergrund der Erklärungen der Antragsgegnerin im vorliegenden Verfahren sowie der Erläuterungen des Ministers im erwähnten Spiegel-Interview keinen Anlaß für die Annahme, daß der umstrittene Begriff isoliert im Sinne eines strafrechtlichen Vorwurfs (§ 261 StGB) gebraucht werden soll. Da andererseits eine Verwendung im aufgezeigten Kontext jedenfalls vorläufig hinnehmbar erscheint, konnte der Antrag auf einstweilige Anordnung insgesamt keinen Erfolg haben.

38
Zur Verleihung des Status einer Körperschaft des öffentlichen Rechts nach DDR-Recht.

BVerwG, Beschluß vom 3. Juni 1996 – 7 B 117.96 [1] –

Die Klägerin (Zeugen Jehovas) begehrt die Feststellung, daß sie Körperschaft des öffentlichen Rechts ist, hilfsweise die Verpflichtung des Beklagten (Land Berlin), ihr diese Rechtsstellung im Land Berlin zu verleihen. Das Verwaltungsgericht hat den Hauptantrag der Klägerin abgewiesen und ihrem Hilfsantrag stattgegeben. Das OVG Berlin (Urteil vom 14.12.1995 – OVG 5 B 20.98 – KirchE 33, 549) hat die Berufungen der Klägerin und des Beklagten zurückgewiesen; ferner hat es die Revision gegen sein Urteil, soweit darin über den Hauptantrag entschieden worden ist, nicht zugelassen.

Die gegen die Nichtzulassung der Revision gerichtete Beschwerde der Klägerin hat keinen Erfolg.

Aus den Gründen:

Die Beschwerde hält die Frage für grundsätzlich bedeutsam und klärungsbedürftig, „welche Rechtsstellung nach dem Recht der Bundesrepublik Deutschland die Klägerin hat". Diese Frage führt schon deswegen nicht zur Revisionszulassung, weil sie sich nur aufgrund der Umstände des vorliegenden Einzelfalls, namentlich unter Einbeziehung der Urkunde vom 14.3.1990, beantworten läßt. Eine grundsätzliche, d.h. über diesen Fall hinausweisende Bedeutung kommt ihr nicht zu.

Ebensowenig ist die Revision zur Klärung der Frage zuzulassen, „ob die in § 2 KirchStG DDR getroffenen Regelungen rechtsbegründenden oder lediglich deklaratorischen Charakter haben". Das folgt aus dem Umstand, daß das Kirchensteuerrecht der DDR nach Art. 9 Abs. 5 des Einigungsvertrags nicht als Bundes-, sondern als Landesrecht fortgilt, über dessen Auslegung und Anwendung in einem Revisionsverfahren – von hier nicht vorliegenden Ausnahmen abgesehen – gemäß § 137 Abs. 1 VwGO nicht entschieden werden kann. Fra-

---

[1] NVwZ 1996, 998. Nur LS: KuR 1996, 253. Vgl. zu diesem Fragenkreis auch BVerwGE 105, 117.

gen des irrevisiblen Rechts können, da sie im Revisionsverfahren nicht klärungsfähig sind, die Zulassung der Revision wegen grundsätzlicher Bedeutung der Rechtssache nicht rechtfertigen. Eine in einem Revisionsverfahren zu klärende Frage des revisiblen (Bundes-)Rechts mit grundsätzlicher Bedeutung ist den Ausführungen der Beschwerde zu § 2 KirchStG DDR nicht zu entnehmen. Auf die weiteren Ausführungen der Beschwerde zur Weitergeltung von Verleihungsakten der DDR im Land Berlin braucht nach dem zuvor Gesagten nicht mehr eingegangen zu werden, weil sie sich nicht gegen die vom Oberverwaltungsgericht für die Abweisung des Feststellungsantrags gegebene Hauptbegründung, sondern gegen zusätzliche Erwägungen richten, auf die das Oberverwaltungsgericht hätte verzichten können, ohne daß sich hierdurch am Ausgang des Rechtsstreits etwas geändert hätte. Ist die Entscheidung der Vorinstanz auf mehrere selbständig tragende Begründungen gestützt, so kann die Nichtzulassungsbeschwerde nach der ständigen Rechtsprechung des Bundesverwaltungsgerichts nur dann Erfolg haben, wenn hinsichtlich jeder Begründung ein Revisionszulassungsgrund geltend gemacht wird und vorliegt (vgl. Beschluß v. 9. 12. 1994 – BVerwG 11 PKH 28.94 – Buchholz 310 § 132 Abs. 2 Ziff. 1 VwGO Nr. 4 m. w. N.). Daran fehlt es hier.

39

Die Aufwendungen eines Vikars für die Teilnahme an einer Studienfahrt als Bestandteil des Predigerseminars sind Werbungskosten.

§ 9 EStG
FG des Saarlandes, Gerichtsbescheid vom 5. Juni 1996 – 1 K 257/95[1] –

Der Kläger befand sich im Streitjahr 1992 im Vikariat (Vorbereitungsdienst) der Ev. Kirche im Rheinland. Anfang 1992 nahm er an einer Studienfahrt nach Malta teil. Die im Zusammenhang mit dieser Reise entstandenen Kosten machte der Kläger in seiner Einkommensteuererklärung für 1992 als Werbungskosten bei seinen Einkünften aus nichtselbständiger Arbeit geltend. Die Studienfahrt fand im Rahmen des Predigerseminars statt, welches die Voraussetzung für die Übernahme in den Hilfsdienst der Landeskirche ist.

Im Einkommensteuerbescheid versagte die Beklagte (Finanzamt) den Aufwendungen die steuerliche Anerkennung. Den Einspruch hat die Beklagte als unbegründet zurückgewiesen. Die Klage hatte Erfolg.

---

[1] EFG 1997, 61. Der Gerichtsbescheid ist rechtskräftig.

Aus den Gründen:

1. Der Kläger bezog im Streitjahr 1992 als Vikar Einkünfte aus nichtselbständiger Arbeit. Die Einkünfte dieser Einkunftsart sind der Überschuß der Einnahmen über die Werbungskosten (§ 2 Abs. 2 Nr. 2 EStG). Werbungskosten sind begrifflich solche Aufwendungen, die der Arbeitnehmer zur Erwerbung, Sicherung und Erhaltung seiner Einnahmen tätigt (§ 9 Abs. 1 S. 1 EStG). Die vorliegend streitigen Aufwendungen für die Teilnahme des Klägers an der ökumenischen Exkursion nach Malta sind dem Grunde nach Werbungskosten im vorgenannten Sinne.

Das zwischen dem ersten und zweiten theologischen Staatsexamen abgeleistete Vikariat stellt nämlich – vergleichbar dem Referendariat zwischen der ersten und zweiten juristischen Staatsprüfung – ein auf Ausbildung gerichtetes Dienstverhältnis dar. Die in Erfüllung der Verpflichtung zur Ausbildung innerhalb eines derartigen Dienstverhältnisses getragenen Aufwendungen sind deshalb auch dann in tatsächlich angefallener Höhe abziehbare Werbungskosten, wenn sie außerhalb eines Ausbildungsdienstverhältnisses nur als beschränkt abziehbare Ausbildungskosten im Sinne des § 10 Abs. 1 Nr. 7 EStG berücksichtigt werden könnten (BFH, Urteile v. 10. 12. 1971 – VI R 253/68 – BStBl. II 1972, 247 und – VI R 112/70 – BStBl. II 1972, 251).

Der Besuch des Predigerseminars gehörte zum Gegenstand der Dienstpflicht des Klägers; die erfolgreiche Teilnahme daran war Voraussetzung für die Übernahme in den Hilfsdienst der Ev. Kirche im Rheinland. Die Studienfahrt nach Malta, die schwerpunktmäßig im Zeichen der Ökumene stand, war als Bestandteil des Predigerseminars eine dienstliche Veranstaltung. Die Teilnahme an ihr war grundsätzlich ebenso Pflicht wie die Teilnahme an dem Seminar im übrigen. Insoweit kommt es für die Beurteilung der beruflichen Veranlassung in solchen Fällen nicht darauf an, ob sich der Betreffende ohne weiteres oder nur unter besonderen Voraussetzungen von der Teilnahme an der Studienfahrt hätte befreien lassen können (BFH, Urteil v. 7. 2. 1992 – VI R 93/90 – BStBl. II 1992, 531).

Auch die konkrete Gestaltung des Programms, auf die der Kläger keinen Einfluß hatte, kann in der gegebenen Situation keine für den Werbungskostenabzug schädliche private Mitveranlassung i. S. des § 12 Nr. 1 S. 1 EStG begründen. Die für die Ausbildung im Rahmen eines Ausbildungsdienstverhältnisses getätigten Aufwendungen sind nämlich auch dann Werbungskosten, wenn lediglich Allgemeinwissen oder allgemeine berufliche Bildung vermittelt wird, welche ansonsten der steuerlich irrelevanten Lebensführung (§ 12 Nr. 1 EStG) zuzuordnen wären (BFH, Urteile v. 7. 2. 1992, aaO, v. 28. 9. 1984 – VI R 144/83 – BStBl. II 1985, 89 und v. 3. 12. 1974 – VI R 159/74 – BStBl. II 1975, 356).

Die Aufwendungen des Klägers für die Studienfahrt nach Malta sind deshalb dem Grunde nach berücksichtigungsfähige Werbungskosten.

2. Dies gilt indessen nicht für die geltend gemachten „Lernmittel" in Höhe von 115,42 DM. Nach den vom Kläger hierfür vorgelegten Belegen handelt es sich dabei nämlich um die Anschaffungskosten von Filmmaterial und Aufwendungen für Fotoarbeiten. Eine berufliche Veranlassung dieser Kosten ist weder dargetan noch sonst erkennbar. Dessen hätte es aber bedurft, da nicht alle im Zusammenhang mit einer steuerlich anzuerkennenden Studienfahrt anfallenden Kosten von vornherein deren steuerrechtliches Schicksal teilen.

40

In der Aufhebungssache betr. Dompropst und Prälat Bernhard Lichtenberg wird das Urteil des Sondergerichts I bei dem Landgericht Berlin vom 22. Mai 1942 aufgehoben, da es auf rassistischen und politischen Gründen beruhte und der Durchsetzung des nationalsozialistischen Systems in Deutschland diente.

§§ 1, 2, 4, 5 StrWG
LG Berlin, Beschluß vom 17. Juni 1996 – 517 AR 5/96[1] –

Bernhard Lichtenberg war seit 1900 in Berlin als katholischer Geistlicher tätig. Im Jahre 1930 wurde er zum Domkapitular bei der St. Hedwigskirche ernannt und übernahm zugleich das Amt des Dompfarrers, später wurde er Dompropst. Er befand sich früh im Gegensatz zu den Nationalsozialisten. Die von der Gestapo und anderen Behörden in den Konzentrationslagern und bei Euthanasieaktionen begangenen Tötungen, Körperverletzungen und Freiheitsberaubungen sowie die Judendeportationen griff er in Briefen an Ministerien und bei öffentlichen Predigten in seinen Gottesdiensten an. Am 29. 8. 1941 hielt Lichtenberg in der Kirche eine Abendandacht, welcher zahlreiche Gläubige beiwohnten. Diese Andacht schloß er mit einem Gebet, in dem er unter anderem erklärte: *„Laßt uns nun beten für die Juden und die armen Gefangenen in den Konzentrationslagern, vor allem auch für meine Amtsbrüder."* Hieran nahmen zwei Studentinnen (richtig laut Akte: Schülerinnen der Chemotechnikerschule – und Mitglieder im BDM –), die sich (laut Akte: angeblich nur zufällig) in der Kirche befanden, Anstoß und erstatteten Anzeige.

Im Oktober 1941 kam Lichtenberg in den Besitz eines Flugblattes mit folgendem Inhalt:

---

[1] NJW 1996, 2740. Nur LS: KuR 1996, 255; AkKR 165 (1996), 268. Vgl. zu diesem Fragenkeis auch LG Berlin NJ 1997, 437.

„*Wenn Du dieses Zeichen (Judenstern) siehst, dann denke daran, was der Jude unserem Volke angetan hat,*
als er als Urheber und Anführer der Revolte im Jahre 1918 den Zusammenbruch des Deutschen Volkes verschuldete, als er dann die maßgeblichen Positionen in der Staatsführung innehatte und durch die Inflation das Vermögen des deutschen Volkes stahl,
als er durch seine Herrschaft über die deutsche Wirtschaft brutal und rücksichtslos mehr als sieben Millionen Deutsche zu Erwerbslosen machte, um dadurch über billige Arbeitskräfte zu verfügen und so seinen Profit ins Unermeßliche zu steigern,
als er fast die gesamte deutsche Presse in seinen Händen hatte,
als er das Theater, den Film, das gesamte Kulturleben beherrschte und dadurch das deutsche Volk seelisch vergiften und moralisch verderben wollte.
Wie einen bösen Traum haben viele Volksgenossen diese Erinnerungen an die Zeit der größten Not und tiefsten Erniedrigung des deutschen Volkes beiseite geschoben.
Alles das jedoch, was wir als Folge der Judenherrschaft in Deutschland erlebten, ja alles, was wir bisher von den Plänen des Weltjudentums gehört oder erfahren haben, ist nichts gegen die grauenvolle Zukunft, die Juda dem deutschen Volk tatsächlich bereiten will.
Jetzt wurde zum ersten Mal offen ausgesprochen, was das Weltjudentum wünscht:
„*Deutschland muß sterben*"
80 Millionen kulturell hochstehende, fleißige und anständige deutsche Frauen, Männer und Kinder sollen ausgerottet werden. Das ist die Forderung, die der amerikanische Jude Theodore Nathan Kaufman, Präsident der Amerikanischen Friedensvereinigung, als Sprecher des Weltjudentums in seinem Buch ‚Gemany must perish' offen erhebt.
‚*Deutschland muß sterben und für immer vom Erdboden verschwinden. Und glücklicherweise, wie wir gleich sehen werden, ist die Lösung nicht mehr undurchführbar' so schreibt der Jude Kaufmann. Und wie sich dieser Jude die Lösung denkt, das liest Du in der Broschüre:*
Das Kriegsziel der Weltplutokratie
Wenn Du diese Schrift gelesen hast, dann weißt Du, deutscher Mann, und Du, deutsche Frau, daß Juda Deinen und Deiner Kinder Tod beschlossen hat ... Unser Volk kämpft den größten Kampf seiner Geschichte. In diesem Kampf setzen unsere Soldaten täglich ihr Leben ein. Daß der grauenvolle Plan des Weltjudentums, den der Jude Kaufman der Welt verkündete, niemals Wirklichkeit wird, dafür sorgt die deutsche Wehrmacht. Daß das Judentum niemals wieder auch nur den geringsten Einfluß in unserem Volke erhält, dafür mußt Du durch Deine Haltung dem Juden gegenüber sorgen.
Erkenne den wahren Feind!"

Lichtenberg war sofort entschlossen, gegen den Inhalt des Blattes innerhalb seiner Gemeinde Stellung zu nehmen, und zwar in Form der Vermeldung, das heißt mit einer Verkündung während des Gottesdienstes durch alle Geistlichen der St. Hedwigskirche. Zu diesem Zweck fertigte er folgenden Entwurf an, der bei seiner Festnahme am 23. 10. 1941 vorgefunden wurde:

„*Vermeldung*
In Berliner Häusern wird ein anonymes Hetzblatt gegen die Juden verbreitet. Darin wird behauptet, daß jeder Deutsche, der aus angeblicher falscher Sentimentalität die Juden irgendwie unterstützt, und sei es auch nur durch ein freundliches Entgegenkommen, Verrat an seinem Volke übt. Laßt Euch durch diese unchristliche Gesinnung nicht beirren, sondern handelt nach dem strengen Gebot Jesu Christi: „*Du sollst Deinen Nächsten lieben, wie Dich selbst.*"

Den Entwurf ließ er kurz darauf von einer Pfarrschwester in Maschinenschrift übertragen. Außerdem las er ihn beim Mittagstisch zwei Geistlichen der St. Hedwigskirche sowie zwei anderen Geistlichen, welche von der Gestapo früher einmal gemaßregelt und darauf in die Tischgemeinschaft aufgenommen worden waren, vor, indem er hinzufügte, daß diese Vermeldung vom kommenden Sonntag ab bei den Gottesdiensten in der St. Hedwigskirche vorbehaltlich etwaiger redaktioneller Änderungen verlesen werden sollte. Zu der Verlesung war es jedoch wegen der inzwischen erfolgten Festnahme nicht gekommen.

Das Sondergericht I bei dem Landgericht Berlin verurteilte Lichtenberg am 22. Mai 1942 wegen Kanzelmißbrauchs in einem Fall und Vergehens gegen § 2 des Heimtückegesetzes in einem weiteren Fall zu einer Gesamtstrafe von zwei Jahren Gefängnis unter Anrechnung der Polizei (= Gestapo-) und Untersuchungshaft. Die Urteilsgründe enthalten u. a. folgende Ausführungen:

„Indem der Angeklagte in seinem Gebet ausdrücklich für die Juden und die Gefangenen in den Konzentrationslagern eintrat, befaßte er sich öffentlich mit den gegen die genannten Personengruppen eingeleiteten staatlichen Maßnahmen; denn der Grund dafür, daß er sie in seine Fürbitte aufnahm, lag nach seiner eigenen Einlassung allein darin, daß er sie um ihrer Rassenzugehörigkeit oder ihrer Weltanschauung willen für von den staatlichen Behörden verfolgt ansah. Er hat also in Ausübung seines Berufs in einer Kirche vor Mehreren Angelegenheiten des Staates zum Gegenstand einer Verkündigung gemacht. Dies geschah in einer den öffentlichen Frieden gefährdenden Weise. Sowohl die Regelung der Judenfrage wie auch die Bekämpfung staatsfeindlicher Elemente durch Anordnung der Vorbeugehaft in Konzentrationslagern sind Maßnahmen des nationalsozialistischen Staates, an denen die gesamte deutsche Bevölkerung Anteil nimmt. Ihre Erörterung findet deshalb allgemein starke Beachtung, zumal wenn sie – wie vorliegend – von einem hochgestellten Priester ausgeht, während des Gottesdienstes geschieht und in einer Form erfolgt, welche keinen Zweifel daran aufkommen läßt, daß die von den staatlichen Maßnahmen Betroffenen als bedauernswert, die Maßnahmen selbst also als ungerecht hingestellt werden sollen. Die Gefahr einer Beeinflussung von Teilen der Zuhörer gegen die Maßnahmen des Staates und damit einer Beeinträchtigung des öffentlichen Friedens läßt sich bei dieser Sachlage ersichtlich nicht von der Hand weisen.
Das alles hat der Angeklagte auch erkannt. Er wußte wie jeder andere Volksgenosse, daß die Regelung der Judenfrage und die Einrichtung von Konzentrationslagern zu dem Aufgabenkreis des heutigen Staates gehört, daß er sich also mit Staatsangelegenheiten befaßte, wenn er in der geschehenen Form für die Juden und Konzentrationslagerinsassen eintrat. Er hat aber auch – daran ist bei seinem Bildungsgrad kein Zweifel möglich – erkannt, daß die von ihm gewählten Worte – bezeichnend ist die Wendung „die armen Gefangenen in den Konzentrationslagern" – geeignet waren, bei seinen Zuhörern Mißstimmung gegen die staatlichen Maßnahmen zu erzeugen und damit eine Gefährdung des öffentlichen Friedens herbeizuführen."

„Der Angeklagte ... hat sich damit über den Herrn Reichspropagandaminister, also eine leitende Persönlichkeit des Staates und der NSDAP, sowie über eine seine Anordnungen in einer Weise ausgelassen, welche geeignet war, das Vertrauen des Volkes zur politischen Führung zu untergraben; denn er bezeichnete das auf Anordnung des Herrn Reichspropagandaministers verbreitete Flugblatt als ein „anonymes Hetzblatt", warf dem Verfasser

„unchristliche Gesinnung" vor und forderte durch die Mahnung: „Laßt Euch nicht beirren, sondern handelt nach dem strengen Gebot Jesu Christi"... zum Ungehorsam gegen die in dem Flugblatt niedergelegten Richtlinien über das Verhalten gegenüber den Juden auf. Die Schwere der erhobenen Vorwürfe, namentlich die Bezeichnung des Flugblattes als „anonymes Hetzblatt", und die damit verbundene Aufforderung zum Ungehorsam kennzeichnet sein Vorgehen ohne weiteres als böswillig. Wenn der Inhalt der Vermeldung auch noch nicht an die Öffentlichkeit gelangt war, so mußte der Angeklagte, welcher sie sowohl seiner Pfarrschwester zugänglich gemacht wie auch seinen Tischgenossen vorgelesen hatte, doch damit rechnen, daß er von diesen weiterverbreitet und damit in die Öffentlichkeit gebracht wurde. Der Angeklagte hat also durch diese Handlungsweise gegen § 2 Absatz 2 des Heimtückegesetzes verstoßen."

Lichtenberg verbüßte die Strafe bis zum 23. 10. 1943. Dann wurde er der Gestapo überstellt. Die Akte schließt mit dem Schreiben der Geheimen Staatspolizei, Staatspolizeileitstelle Berlin, vom 28. 10. 1943 an den Generalstaatsanwalt bei dem Landgericht Berlin vom 28. 10. 1943: „Da zu befürchten steht, daß Lichtenberg nach seiner Haftentlassung wiederum im staatsfeindlichen Sinne in Erscheinung tritt und hierdurch die Öffentlichkeit beunruhigt, hat das Reichssicherheitshauptamt seine Einweisung in ein Konzentrationslager verfügt." Lichtenberg, der an Herzmuskelschwäche, Coronarsklerose und Herzkrampfanfällen litt, verstarb am 5. 11. 1943 auf dem Weg in das Konzentrationslager Dachau. Er ist in Berlin am 16. 11. 1943 beerdigt worden.

Auf Antrag der Staatsanwaltschaft wurde das Urteil vom 22. 5. 1942 aufgehoben.

Aus den Gründen:

II.1. Der Antrag auf Aufhebung des Urteils ist zulässig (…).
2. Die Zuständigkeit des Landgerichts Berlin folgt aus §§ 2 Nr. 1 u. 5 Abs. 1 StrWG (…).
III. Der Antrag ist auch begründet. Nach § 1 Abs. 1 StrWG sind gerichtliche Entscheidungen auf dem Gebiet des Strafrechts, die in der Zeit vom 30. 1. 1933 bis zum 8. 5. 1945 ergangen sind, aufzuheben, wenn sie nachweislich auf Vorschriften beruhen, die die Festigung nationalsozialistischen Gedankenguts bezweckt haben, oder wenn die Entscheidungen aus politischen, rassischen oder religiösen Gründen ergangen sind. Dies gilt insbesondere, wenn die Entscheidungen Zuwiderhandlungen gegen die unter anderem durch Kontrollratsgesetz Nr. 1 aufgehobenen Vorschriften betreffen.
Zunächst ist in diesem Zusammenhang von Bedeutung, daß Lichtenberg durch ein Sondergericht verurteilt worden ist. Bei den Sondergerichten handelt es sich um durch Verordnung vom 21. 3. 1933 eingesetzte Gerichte, die zunächst nur für die Ahndung von Verstößen gegen die Verordnung zum Schutze von Staat und Volk vom 28. 2. 1933 und gegen die Heimtückeverordnung vom

21. 3. 1933, beides Regelungen zur Ausschaltung politischer Gegner der Nationalsozialisten, zuständig waren. Später kamen Verstöße gegen die Rundfunkverordnung, das Heimtückegesetz, die Volksschädlingsverordnung und gleichartige Regelungen dazu. Die Aufgabe dieser Gerichte bestand darin, in kurzer Zeit (die Verhandlungen sollten regelmäßig binnen zwei Wochen nach Anklageerhebung stattfinden) jegliche freie Information oder jegliche politische Betätigung außerhalb der NSDAP und damit jegliche wirksame Kritik an den Maßnahmen der Regierung beziehungsweise der NSDAP unterbinden.

§ 130 a RStGB und §§ 1 und 2 HeimtückeG haben folgenden Wortlaut:

„§ 130 a RStGB Kanzelmißbrauch:
(1) Ein Geistlicher oder anderer Religionsdiener, welcher in Ausübung oder in Veranlassung der Ausübung seines Berufes öffentlich vor einer Menschenmenge, oder welcher in einer Kirche oder an einem anderen zu religiösen Versammlungen bestimmten Orte vor Mehreren Angelegenheiten des Staates in einer den öffentlichen Frieden gefährdenden Weise zum Gegenstande einer Verkündigung oder Erörterung macht, wird mit Gefängnis bis zu zwei Jahren bestraft.
(2) Gleiche Strafe trifft denjenigen Geistlichen oder anderen Religionsdiener, welcher in Ausübung oder in Veranlassung der Ausübung seines Berufes Schriftstücke ausgibt oder verbreitet, in welchen Angelegenheiten des Staates in einer den öffentlichen Frieden gefährdenden Weise zum Gegenstande einer Verkündigung oder Erörterung gemacht sind."

„§ 1 HeimtückeG
(1) Wer vorsätzlich eine unwahre oder gröblich entstellte Behauptung tatsächlicher Art aufstellt oder verbreitet, die geeignet ist, das Wohl des Reichs oder das Ansehen der Reichsregierung oder das der Nationalsozialistischen Deutschen Arbeiterpartei oder ihrer Gliederungen schwer zu schädigen, wird, soweit nicht in anderen Vorschriften eine schwerere Strafe angedroht ist, mit Gefängnis bis zu zwei Jahren und, wenn er die Behauptung öffentlich aufstellt oder verbreitet, mit Gefängnis nicht unter drei Monaten bestraft.
(2) Wer die Tat grob fahrlässig begeht, wird mit Gefängnis mit bis zu drei Monaten oder mit Geldstrafe bestraft.
(3) Richtet sich die Tat ausschließlich gegen das Ansehen der NSDAP oder ihrer Gliederungen, so wird sie nur mit Zustimmung des Stellvertreters des Führers oder der von ihm bestimmten Stelle verfolgt.
§ 2 HeimtückeG
(1) Wer öffentlich gehässige, hetzerische oder von niedriger Gesinnung zeugende Äußerungen über leitende Persönlichkeiten des Staates oder der NSDAP, über ihre Anordnungen oder die von ihnen geschaffenen Einrichtungen macht, die geeignet sind, das Vertrauen des Volkes zur politischen Führung zu untergraben, wird mit Gefängnis bestraft.
(2) Den öffentlichen Äußerungen stehen nicht öffentliche böswillige Äußerungen gleich, wenn der Täter damit rechnet oder damit rechnen muß, daß die Äußerung in die Öffentlichkeit dringen werde.
(3) Die Tat wird nur auf Anordnung des Reichsministers der Justiz verfolgt; richtet sich die Tat gegen eine leitende Persönlichkeit der NSDAP, so trifft der Reichsminister der Justiz die Anordnung im Einvernehmen mit dem Stellvertreter des Führers.
(4) Der Reichsminister der Justiz bestimmt im Einvernehmen mit dem Stellvertreter des Führers den Kreis der leitenden Persönlichkeiten im Sinne des Absatzes 1."

In weiteren Vorschriften des HeimtückeG wird unter Strafe gestellt, wer sich wahrheitswidrig als NSDAP-Mitglied ausgibt oder unbefugt Uniformen, Fahnen oder Abzeichen der NSDAP verwendet.

§ 130a RStGB, der im Jahre 1876 eingeführt worden ist und noch bis zum Jahr 1953 gegolten hat, hat seinen Ursprung im sogenannten Bismarckschen Kirchenkampf und ist daher nicht als nationalsozialistisch zu bezeichnen. Maßgeblich bei der Bewertung ist jedoch nicht nur der Ursprung und der Wortlaut einer Vorschrift, sondern auch deren Anwendung. Diese beruht im vorliegenden Fall auf einer Entscheidung des Reichsgerichts aus dem Jahre 1937 (RGSt 71, 248) und die – wie ihre Begründung erkennen läßt – der Unterstützung und Durchsetzung nationalsozialistischen Gedankengutes, vor allem nämlich der Ausscheidung von Kritik an staatlichen Maßnahmen im weitesten Sinne, diente. So heißt es in der Reichsgerichtsentscheidung:

„Nicht zu bemängeln ist, daß das Gericht den Begriff der staatlichen Angelegenheiten i. S. des § 130a StGB weit gefaßt hat. Schon nach der früheren Rechtsprechung (RGSt. 27, 430) wurden unter den Angelegenheiten des Staates im Sinne dieser gesetzlichen Bestimmung „alle Angelegenheiten im weitesten Sinne verstanden, die den Staat als solchen angehen, alle Angelegenheiten, bei denen es sich um seine Rechte und Pflichten, seine Interessen und Aufgaben handelt, die – wie die Privatangelegenheiten durch die Gesetze des Privatrechts – durch diejenigen des öffentlichen Rechts geordnet und gestaltet werden". Inzwischen ist durch die geschichtliche Wendung zum nationalsozialistischen Staate der Bereich des staatlichen Lebens nicht eingeschränkt, sondern erweitert worden. Alles, was zum Beispiel über den Begriffsinhalt von Blut, Boden und Rasse sowie über ihre Wirkungen und Anforderungen für das Leben der Gesamtheit und des Einzelnen ernsthaft öffentlich vorgetragen oder gelehrt wird, geht in der Regel die nationalsozialistische Bewegung und daher auch den nationalsozialistischen Staat an, den sie trägt."

Daß das Gericht auch vor dem Hintergrund dieser Auslegung zu einer Verurteilung kommt, ergibt sich aus den tragenden Gründen des Sondergerichtsurteils. Allein die Tatsache, daß ein Priester eine staatliche Maßnahme öffentlich als ungerecht darstellt, reichte dem Gericht für eine Verurteilung aus. Die Anwendung der Vorschrift stellt sich daher im vorliegenden Falle als eine Entscheidung zur Festigung des Nationalsozialismus dar; sie untersagt letztlich jede auch nur vorsichtige, vom christlichen Glauben getragene Kritik an staatlichen Maßnahmen. Sie erfüllt daher die Voraussetzungen des Aufhebungstatbestandes.

Bei den Vorschriften des HeimtückeG folgt schon aus dem Wortlaut selbst, aber auch aus dem Zeitpunkt des Erlasses (wenige Monate nach der sogenannten Niederschlagung des sogenannten Röhmputsches, das heißt der Tötung von politischen Gegnern durch SS-Männer auf Befehl Hitlers), daß dieses Gesetz den Staat der NSDAP schützen sollte und daher der Durchsetzung politischer Ziele des Nationalsozialismus diente. Das HeimtückeG ist durch Kontrollratsgesetz Nr. 1, damals noch als Verordnung bezeichnet, am 20. 9. 1945 aufgehoben worden (BerlVBl. 1945, 102). Die Verurteilung aufgrund des § 2 Absatz 2 des Heimtückegesetzes erfüllt daher ebenfalls die Aufhebungsvoraussetzungen nach § 1 StrWG.

IV. Zusammenfassend ist festzustellen, daß das Sondergericht mit Bernhard Lichtenberg einen politischen Gegner allein deswegen bestraft hat, weil er sich durch sein konsequentes Christentum in Widerspruch zu den Machthabern in Deutschland befand. Das Urteil bezweckte die Durchsetzung des nationalsozialistischen Systems in Deutschland. Es war daher aufzuheben.

41

Im Falle der Betroffenheit eines nichtrechtsfähigen bischöflichen Ordinariats ist dessen Leiter befugt, ein presserechtliches Gegendarstellungsverlangen zu unterzeichnen.

§ 11 PressG.BW
OLG Karlsruhe, Urteil vom 19. Juni 1996 – 14 U 242/95[1] –

Die Klägerin begehrt im Wege der einstweiligen Verfügung vom beklagten Verlag Abdruck einer Gegendarstellung, nachdem in der vom Beklagten verlegten B'Zeitung vom 8.7.1995 unter den Überschriften „Die Kirche will denkmalgeschütztes Anwesen zu den N. transferieren, des Mammons wegen" und „Wie der ‚Falkenhof' zum Spekulationsobjekt verkommt" sich kritisch mit der Absicht auseinandersetzte, einen im Eigentum der katholischen Kirche stehenden Schwarzwaldbauernhof abzureißen und in einem Freilichtmuseum wieder aufzubauen.

Mit Aufforderungsschreiben vom 13.7.1995 verlangte die Klägerin den Abdruck der dem Schreiben beigelegten, vom Domkapitular Dr. S. in Vertretung des Generalvikars („p. t." = pro tempore) unterzeichneten Gegendarstellung gleichen Inhalts wie beantragt, den die Beklagte mit Schreiben vom 17.7.1995 ablehnte. Zur Vertretungsfrage hat die Klägerin eidesstattliche Versicherung des Oberrechtsrats B. vom 12.10.1995 und die Grundordnung ihres Ordinariats vorgelegt.

Die Klägerin hat geltend gemacht, die angegriffenen Äußerungen unter 1. und 2. stellten die Behauptung innerer Tatsachen dar. Die unter 3. und 4. angegriffenen Äußerungen habe Prof. Dr. S. nicht gemacht. Die unter 6. beanspruchte Ergänzung könne sie verlangen, weil sie den letzten Stand der Dinge wiedergebe.

---

[1] AfP 1998, 65. Das Urteil ist rechtskräftig.

Betroffen im Sinne § 11 PressG.BW sei das erzbischöfliche Ordninariat als „Stelle" im Sinne dieser Vorschrift, das nach § 5 Nr. 1 seiner veröffentlichten Geschäftsordnung vom Generalvikar und nach Nr. 3 bei dessen Abwesenheit vom dienstältesten Domkapitular vertreten werde.

Das Landgericht hat die einstweilige Verfügung antragsgemäß erlassen. Die Beklagte hat Widerspruch eingelegt und eingewandt, der Unterzeichner des Gegendarstellungsverlangens sei nicht zur Vertretung der Klägerin anstelle des ausschließlich vertretungsbefugten Erzbischofs befugt gewesen. Sie bestreitet, daß die von der Klägerin vorgelegte Geschäftsordnung vom Erzbischof der Erzdiözese Fr. stamme, von ihm unterzeichnet und die aktuelle Fassung sei. Sie stelle auch keine hinreichende Vertretungsregelung dar, denn sie entspreche nicht dem Codex Iuris Canonici, nach dem bei Verhinderung des Generalvikars der Diözesanbischof einen anderen als dessen Vertreter „ernennen" könne. Im übrigen müsse sich die Vertretungsbefugnis aus einer öffentlich zugänglichen Ordnungsvorschrift ergeben, während die Geschäftsordnung nicht veröffentlicht worden oder jedenfalls nicht der Öffentlichkeit zugänglich sei. In diesem Zusammenhang hat sie die Abwesenheit des Generalvikars bestritten sowie, daß der unterzeichnende Domkapitular der dienstälteste anwesende gewesen sei.

Nachdem das Landgericht gegen die Beklagte ein Zwangsgeld festgesetzt hatte, veröffentlichte die Beklagte eine Gegendarstellung in der Ausgabe der B'Zeitung vom 1. 9. 1995.

Das Landgericht hat seine einstweilige Verfügung bestätigt.

Dagegen wendet sich die Beklagte mit der Berufung. Sie hat vorrangig geltend gemacht, der Rechtsstreit sei durch den Abdruck der Gegendarstellung in der Hauptsache erledigt.

Die Berufung hatte keinen Erfolg.

Aus den Gründen:

I. Die Berufung der Beklagten ist unbegründet, denn das Landgericht hat sie zu Recht zum Abdruck der beantragten Gegendarstellung verpflichtet.

1. Entgegen der Auffassung der Beklagten ist der Rechtsstreit durch den Abdruck der Gegendarstellung nach Erlaß der einstweiligen Verfügung und der Festsetzung eines Zwangsgeldes nicht in der Hauptsache erledigt. *(wird ausgeführt)*

2. In der Sache kann die Berufung nicht deshalb Erfolg haben, weil es an einem den Anforderungen von § 11 PressG.BW entsprechenden Abdruckverlangen fehlt, insbesondere, weil das Abdruckverlangen nicht vom Betroffenen oder seinem gesetzlichen Vertreter (§ 11 Abs. 2 S. 4 PressG.BW) unterzeichnet gewesen wäre. Jedenfalls für das Verfahren der einstweiligen Verfügung ist davon auszugehen, daß die Unterzeichnung des Gegendarstellungsverlangens vom

13.7.1995 durch den Domkapitular Dr. S. in Vertretung des Generalvikars den Wirksamkeitsanforderungen genügt.

Dabei kommt es nicht darauf an, ob beim Abdruckverlangen für die Klägerin geltende Vertretungsregelungen eingehalten worden sind.

Betroffen durch die Veröffentlichung der Beklagten ist nämlich nicht nur die Klägerin in ihrer Eigenschaft als kirchliche Körperschaft des öffentlichen Rechts, weil sie in dem die Gegendarstellung veranlassenden Beitrag bereits im ersten Absatz in einem Zusammenhang genannt ist, der sie als Urheberin der kritisierten Zustände im Zusammenhang mit dem „Falkenhof" erscheinen läßt. Betroffen ist gleichfalls das Ordinariat der Klägerin als deren kirchliche Verwaltungsbehörde und „Stelle" i. S. von § 11 Abs. 1 PressG.BW (KG, ArchPR 1977, 446, zit. n. Wenzel, aaO, Rdnr. 11.40), die für den „Falkenhof" zuständig ist und im Beitrag der Beklagten gleichfalls in verantwortlicher Weise genannt ist. Damit wäre das Gegendarstellungsverlangen nach dem Wortlaut des Gesetzes vom gesetzlichen Vertreter des Ordinariats zu unterzeichnen gewesen, den es mangels Rechtsfähigkeit des Ordinariats nicht gibt. Anerkannt ist aber, daß in solchen Fällen der Leiter der Behörde befugt ist, das Gegendarstellungsverlangen zu stellen (Wenzel, aaO, Rdnr. 11.43). Dies ist nach § 5 Nr. 1 der Geschäftsordnung des Ordinariats der Generalvikar, der nach § 5 Nr. 3 in Abwesenheit durch den dienstältesten Domkapitular vertreten wird. Daß aber Dr. S. zum Zeitpunkt des Abdruckverlangens der dienstälteste Domkapitular des Ordinariats war, ist durch die eidesstattliche Versicherung des Oberrechtsrates B. vom 12.10.1995 ebenso belegt wie die damalige Urlaubsabwesenheit des Generalvikars.

Die in diesem Zusammenhang von der Beklagten aufgestellten Bedenken gegen die Wirksamkeit der Grundordnung teilt der Senat nicht.

3. zu den Passagen im Einzelnen: *(wird ausgeführt)*

42

Zu den Voraussetzungen eines Unterlassungsanspruchs bei Behauptungen zur Tätigkeit eines Mitgliedes von Scientology.

§ 1004 Abs. 1 BGB i. V. m. §§ 823 Abs. 3 BGB, 186 StGB
OLG Frankfurt am Main, Urteil vom 20. Juni 1996 – 16 U 163/95 –

Gegenstand des Rechtsstreits ist die Klage eines Malers gegen zwei im Saarland ansässige Vereine auf Unterlassung verschiedener Äußerungen zur Tätigkeit des Klägers im Zusammenhang mit Aktivitäten von Scientology. Die Beklagten haben u. a. öffentlich erklärt, der Kläger sei „Auditor IV" (Geistlicher) der Scientology Church, er gehöre zu einer Gruppe, die in einem zwangshypnotischen Verfahren die Psyche von Menschen zerstöre. Außerdem fördere er den Scientologischen Geheimdienst, dem der Erlös aus dem Verkauf einer Lithographie des Klägers zufließe.

Auf die Berufung der Beklagten wurde das Urteil des Landgerichts unter Abweisung der Klage im übrigen dahingehend abgeändert, daß den Beklagten untersagt wurde, zu behaupten oder zu verbreiten, der Erlös aus dem Verkauf der Lithographie fließe nachweislich dem scientologischen Geheimdienst zu.

Aus den Gründen:

Die Berufung ist im wesentlichen begründet. Dem Kläger steht hinsichtlich der meisten von den Beklagten aufgestellten Behauptungem kein Unterlassungsanspruch analog § 1004 Abs. 1 BGB i.V.m. §§ 823 Abs. 2 BGB, 186 StGB zu.

Soweit der Kläger Unterlassung der Äußerung verlangt, er bezeichne sich selbst als Geistlicher, so konnte der Senat dahingestellt bleiben lassen, ob es sich überhaupt um eine ehrenrührige Behauptung der Beklagten handelt und ob diese Behauptung wahr ist, denn der Kläger hätte gleichwohl diese Äußerung zu dulden. Die Beklagten durften sich insoweit auf entsprechende Veröffentlichungen in der Presse verlassen.

Mit dem Bundesverfassungsgericht (NJW 1992, 1439) ist auch der Senat der Auffassung, daß die Anforderungen an die Darlegungspflicht überspannt werden, wenn jemand, der eine herabsetzende Behauptung über Dritte aufstellt, die nicht seinem eigenen Erfahrungsbereich entstammt und seine eigenen Überprüfungsmöglichkeiten überspannt, sich zur Begründung nicht auf unwidersprochene Pressemitteilungen beziehen darf. Das Bundesverfassungsgericht weist zutreffend darauf hin, daß es dem Einzelnen bei Vorgängen von öffentlichem Interesse regelmäßig nicht möglich ist, Beweise oder Belegtatsachen aufgrund eigener Nachforschungen beizubringen. Er ist auf die Berichterstattung durch die Medien angewiesen.

Die Beklagten haben sich auf ein Interview bezogen, das im Jahre 1993 in der Zeitschrift *„celebrity* Major issue 262" erschienen ist. Darin wird der Kläger als *„Auditor IV"* bezeichnet. Ein Auditor ist ein Geistlicher i. S. der Terminologie der Scientology Church. Die Beklagten durften diesen Artikel so auffassen, als ob der Kläger sich selbst als „Auditor", also als Geistlicher, bezeichnet hat. Diese Bezeichnung findet sich schon in der Überschrift des Interviews des Klägers. Daraus muß der unbefangene Leser schließen, daß sich der Kläger als Geistlicher interviewen ließ und gegenüber dem interviewenden Reporter sich auch als Geistlicher ausgegeben hat.

Auf diese Veröffentlichung durften sich die Beklagten verlassen. Zwar sind die eigenen Publikationen der Scientology Church vor allem für ihre Mitglieder bestimmt. Gleichwohl sind sie öffentlich zugänglich. Derjenige, der sich auf

solche öffentlich zugänglichen Quellen verläßt, kann erst dann zur Unterlassung oder zum Widerruf verurteilt werden, wenn die Berichterstattung erkennbar überholt oder widerrufen ist (BVerfG, aaO).
Beide Voraussetzungen sind nicht erfüllt. Ein überholendes Ereignis wurde vom Kläger nicht vorgetragen und ist auch für den Senat nicht ersichtlich. Aber auch ein Widerruf der Behauptung durch die Zeitschrift „celebrity" ist nicht erfolgt. Es erscheint schon fraglich, ob es ausreicht, wenn sich der Kläger wegen der Unterlassung an die Scientology Church Deutschland wendet, während der entsprechende Artikel weder von Scientology Church Deutschland verfaßt noch veröffentlicht wurde. Der Kläger konnte sich deshalb wegen des Widerrufs der Behauptung nur an die Redaktion der Zeitschrift „celebrity" in den USA wenden. Dies hat er unstreitig nicht getan.

Aber auch die Scientology Church Deutschland hat sich, wie sich aus der vom Kläger vorgelegten Korrespondenz ergibt, weder zur Unterlassung verpflichtet noch einen Widerruf abgedruckt oder veranlaßt. Der Kläger hat damit der öffentlich aufgestellten Behauptung nicht widersprochen, daß er sich als Geistlicher bezeichnet habe.

Aus den gleichen Gründen sind die Beklagten auch nicht verpflichtet, die Äußerung zu unterlassen, der Kläger sei „Auditor IV" der Scientology Church. Auch insoweit sind die in der Presse veröffentlichten Behauptungen nicht widerrufen worden.

Die Beklagten schulden auch nicht die Unterlassung der Äußerung, der Kläger gehöre zu einer Gruppe, die in einem zwangshypnotischen Verfahren unter Zuhilfenahme eines Lügendetektors die Psyche von Menschen zerstört, um sie unter Bewußtseinskontrolle zu stellen. Diese Erklärung enthält zwei Elemente. Zum einen enthält sie die Behauptung, der Kläger sei Gruppenmitglied, d. h. Mitglied der Scientology Church. Zum anderen wird behauptet, diese Gruppe benutze zwangshypnotische Verfahren, um das Bewußtsein der Menschen zu kontrollieren.

Der erste Teil der Erklärung ist eine Tatsachenbehauptung. Diese Behauptung ist wahr, denn der Kläger ist Scientologe. Er bekennt sich jedenfalls zu dieser Organisation. Dies ergibt sich aus zahlreichen Umständen. So geht aus einem Interview in der Zeitschrift „college" aus dem Jahre 1975 hervor, daß der Kläger seinerzeit selbst angab, seit 1972 Scientologist zu sein. Auch hat die Scientology Church zu einem Sommerfest beim Kläger im Jahre 1986 eingeladen. Sowohl in der Zeitschrift „Scientology heute" als auch im „Spiegel" wird angegeben, daß der Kläger Scientologe ist. Auch aus der vorgelegten Liste der „patrons" von Scientology geht hervor, daß der Kläger Mitglied der Organisation ist. Auch hat der Kläger gegenüber Frau M., einer Journalistin, 1991 erklärt, er sei Scientologe, was diese in einem Artikel in der Zeitschrift „Cash Flow" veröffentlichte, ohne daß der Kläger dem widersprochen hätte. Darüber hinaus hat der Kläger an einer Anzeige in der Frankfurter Allgemeinen Zeitung zum Tode von L. Ron Hubbard, dem Begründer der Scientology Church, mitgewirkt und ist auch der Behauptung der Beklagten nicht entgegengetreten, er sitze im Beirat des Verbandes der verantwortungsbewußten Geschäftsleute e. V., einer Tarnorganisation der Scientology Church.

Der zweite Teil der Erklärung befaßt sich mit der Charakterisierung der Scientology Church. Durch diese Äußerung ist nicht nur die Scientology Church betroffen, sondern auch der Kläger selbst, da auch auf ihn durch die negative Charakterisierung der Scientology Church ein schlechtes Licht geworfen wird.

Die Beklagten durften jedoch diese Behauptung aufstellen, denn sie durften sich auf eine entsprechende Mitteilung der Ständigen Konferenz der Innenminister und Senatoren der Länder vom 6.5.1994 verlassen. In dieser Pressemitteilung wird die Scientology Organisation u. a. als eine Organisation bezeichnet, die unter dem Deckmantel einer Religionsgemeinschaft Psychoterror betreibt. Angesichts dieser Feststellungen der Länderinnenminister ist es nicht zu beanstanden, wenn die Beklagten behaupten, diese Organisation setze zwangshypnotische Verfahren ein und verwende einen Lügendetektor.

Dieser Veröffentlichung der Länderinnenminister hat die Scientology Church nicht widersprochen. Es wurde kein Widerruf dieser Äußerung verlangt oder veröffentlicht. Die Beklagten durften deshalb von der Richtigkeit der Angaben in dieser Presseveröffentlichung ausgehen. Dabei spielt es keine Rolle, daß die Veröffentlichung der Pressemitteilung erst erfolgt ist, nachdem die Beklagten den offenen Brief vom 3.3.1994 verfaßt haben. Insoweit dürfte die Pressemitteilung nur das wiedergeben, was die für die Gefahrenabwehr zuständigen Behörden bereits seit längerer Zeit ermittelt haben und auch aus anderen öffentlich zugänglichen Quellen zu entnehmen war.

Aber selbst wenn dies nicht der Fall sein sollte, kommt es für die Entscheidung des vorliegenden Rechtsstreits auf die Sach- und Rechtslage im Zeitpunkt der letzten mündlichen Verhandlung an. Es kann deshalb dahingestellt bleiben, ob die Beklagten im Zeitpunkt der Verteilung des offenen Briefes vom 3.3.1994 auf die Richtigkeit ihrer Äußerung vertrauen konnten, weil sie die Tatsachen anderen veröffentlichten Mitteilungen entnommen haben. Für die Frage, ob die Beklagten künftig die Äußerungen unterlassen müssen oder ob sie auf entsprechende Presseveröffentlichungen vertrauen dürfen, kommt es nur auf die Situation im Zeitpunkt der letzten mündlichen Verhandlung an. Zu diesem Zeitpunkt lag die unwidersprochene Pressemitteilung der Länderinnenminister-Konferenz vom 6.5.1994 vor.

Durch die Verbreitung vorstehend erörterter Behauptungen wird der Kläger nicht in seinen Grundrechten verletzt. Zwar kann sich der Kläger gegenüber dem Grundrecht der Beklagten auf Meinungsfreiheit auch auf sein allgemeines Persönlichkeitsrecht und eventuell auf sein Grundrecht auf freie Religionsausübung berufen. Im vorliegenden Fall überwiegen jedoch die Interessen der Beklagten an der Veröffentlichung der Behauptung, daß der Kläger Geistlicher und Auditor der Klasse IV ist sowie als Scientologe einer Organisation angehört, die Psychoterror betreibt.

Der Kläger ist ein international bekannter Künstler, der mit seinen Kunstwerken und Aktionen an die Öffentlichkeit getreten ist. Er hat sich auch bereiterklärt, bei der künstlerischen Gestaltung des ehemaligen KZ-Geländes „N. N." in S. mitzuwirken. Ob der Kläger diesen Auftrag bekommen soll, ist eine die Öffentlichkeit interessierende Frage. Für die Öffentlichkeit ist in diesem Zusammenhang auch von Interesse, ob der Kläger Mitglied der Scientology Church ist und ob er insoweit die Stellung eines Auditor der Klasse IV hat und um was für eine Organisation es sich bei der Scientology Church handelt.

Weiterhin ist zu berücksichtigen, daß der Kläger in zahlreichen Veröffentlichungen sich als Scientologist bezeichnet hat und von der Presse auch als Auditor IV bezeichnet wurde. Der Kläger hat also in der Vergangenheit seine Mitgliedschaft und seine Einstellung zu Scientology nicht gerade geheimgehalten.

Zu unterlassen haben die Beklagten aber die Äußerung, der Erlös einer limitierten Lithographie, die in der Galerie 48 erhältlich ist, fließe nachweislich dem scientologischen Geheimdienst (OSA München) zu. Bei dieser Äußerung handelt es sich um eine Tatsachenbehauptung. Unstreitig ist bisher noch kein Geld an die OSA geflossen. Wie sich aus dem Schreiben des Vorsitzenden der Scientology-Kirche vom 7.5.1992 ergibt, hat sich der Kläger bereiterklärt, eines seiner Kunstwerke zum Zwecke der Unterstützung von N. und OSA auf den Markt zu bringen.

Der Kläger hat nur eingeräumt, das Geld für N. bestimmt zu haben. Als er aber davon erfahren habe, daß die Gelder anderer Verwendung zugedacht waren, habe er seine Zusage widerrufen. Dies haben die Beklagten nicht ausdrücklich bestritten. Sie meinen lediglich mit der unstreitigen Zusage, den Erlös der Firma Narconon zufließen zu lassen, sei die Richtigkeit der Behauptung erwiesen.

Dies ist jedoch nicht der Fall. Wenn die Beklagten behaupten, das Geld fließe der OSA zu, so bezeichnen sie damit einen konkreten Geldfluß. Der unbefangene Leser wird dies so verstehen, daß zur Zeit Lithographien verkauft werden, deren Erlös schon an die OSA geflossen ist oder gerade fließt. Er wird aus der Äußerung der Beklagten nicht schließen, daß der Kläger lediglich versprochen hat, den Erlös der Firma N. zukommen zu lassen. Die Worte „fließt nachweislich" bedeuten die Schilderung gegenwärtiger Ereignisse, nicht die Angabe von Absichten des Klägers.

Da diese Behauptung falsch ist, und die Beklagten selbst nicht behaupten, daß bereits Geld geflossen ist, besteht ein Unterlassungsanspruch analog §§ 823 Abs. 2, 186 StGB, 1004 Abs. 1 BGB.

43

Wiedereingliederungsbeihilfen, die Pastoren nach Rückkehr von einem mehrjährigen Auslandsaufenthalt erhalten, gehören zu den Einkünften aus nichtselbständiger Tätigkeit. Die Leistungen sind weder steuerfrei analog § 3 Nr. 61 EStG noch steuerlich begünstigt gem. § 24 Nr. 1 a i. V. m. § 34 Abs. 1 EStG. Bei den Wiedereingliederungsbeihilfen handelt es sich auch nicht um eine Vergütung für eine mehrjährige Tätigkeit i. S. des § 34 Abs. 3 EStG.

Nieders. FG, Urteil vom 21. Juni 1996 – XII 443/94[1] –

Die Beteiligten streiten über die Steuerfreiheit einer Wiedereingliederungsbeihilfe nach § 19 des Auslandsgesetzes der EKD. Der Kläger ist Pastor im Dienst der EKD. In dieser Eigenschaft war er in Südamerika im Außendienst eingesetzt. Nach seiner Rückkehr erhielt er eine Wiedereingliederungsbeihilfe, die als laufender Arbeitslohn versteuert worden ist.

Die hiergegen gerichtete Klage hatte keinen Erfolg.

Aus den Gründen:

Die Klage ist nicht begründet.

Die dem Kläger gewährte Wiedereingliederungsbeihilfe gehört zu seinen Einkünften aus nichtselbständiger Arbeit gem. §19 EStG. Die Wiedereingliederungsbeihilfe, die der Kläger erhalten hat, ist nicht als steuerfrei zu behandeln. Insbesondere ergibt sich die Steuerfreiheit nicht aus § 3 Nr. 61 EStG. Nach dieser Vorschrift sind steuerfrei die Leistungen nach §§ 4 Abs. 1 Nr. 2, 7 Abs. 3, 9, 10 Abs. 1, 13, 15 des Entwicklungshelfergesetzes. Die Vorschrift begünstigt demgemäß ausdrücklich nur bestimmte Leistungen nach dem Entwicklungshelfergesetz (BGBl. I 1969, 549). Wiedereingliederungsbeihilfen für Pastoren sind darin nicht genannt, so daß eine Anwendung dieser Vorschrift auf den Streitfall schon aus diesem Grunde nicht in Betracht kommt.

Zutreffend weist das Finanzamt im übrigen auch darauf hin, daß die Wiedereingliederungsbeihilfe nicht als Entschädigung i. S. des § 24 EStG behandelt werden kann. In Betracht käme hier allenfalls eine Entschädigung, die gewährt wird als Ersatz für entgangene oder entgehende Einnahmen (§ 24 Nr. 1 a EStG). Wie die EKD in ihrer Bescheinigung ausdrücklich ausführt, erhalten aus dem Auslandsdienst in Übersee zurückkehrende Pastoren eine Wiedereingliederungsbeihilfe zum Aufbau eines neuen Hausstandes in Deutschland. Damit ist gleichzeitig deutlich gemacht, daß die Wiedereingliederungsbeihilfe nicht für ent-

---

[1] Amtl. Leitsätze. EFG 1996, 1200. Das Urteil ist rechtskräftig.

gehende oder entgangene Einnahmen i. S. des § 24 Nr. 1 a EStG gezahlt wird. Eine Besteuerung mit dem ermäßigten Steuersatz gem. § 24 Nr. 1 a i. V. m. § 34 Abs. 1 EStG kommt demgemäß nicht in Betracht. Auch eine Vergütung für mehrjährige Tätigkeit i. S. des § 34 Abs. 3 scheidet aus. Danach beträgt die Einkommensteuer auf Einkünfte, die Vergütung für eine mehrjährige Tätigkeit sind, das Dreifache des Unterschiedsbetrages zwischen der Einkommensteuer für das um diese Einkünfte verminderte zu versteuernde Einkommen (verbleibendes zu versteuerndes Einkommen) und der Einkommensteuer für das verbleibende zu versteuernde Einkommen zuzüglich eines Drittels dieser Einkünfte. Erforderlich ist demgemäß, daß die Vergütung grundsätzlich für eine mehrjährige Tätigkeit gezahlt wird. Diese Voraussetzung ist im vorliegenden Fall nicht erfüllt. Denn schon nach dem Wortlaut der Vorschrift muß die Vergütung gerade für die mehrjährige Tätigkeit gezahlt worden sein. Dies ist indes nicht der Fall, denn entsprechend der Bescheinigung der EKD wurde der Betrag von 37 988 DM ausdrücklich zum Aufbau eines neuen Hausstandes an den Kläger gezahlt.

44

Wird dem Steuerpflichtigen (nach)gezahlte Kirchensteuer teilweise erstattet, weil er der Kirche nicht angehört hat, kann er bei der Veranlagung für das Jahr der (Nach-)Zahlung nur die Differenz zwischen (nach)gezahlter und erstatteter Kirchensteuer als Sonderausgaben abziehen. Das gilt auch dann, wenn erst nach Ablauf des Veranlagungszeitraums der (Nach-)Zahlung geklärt wird, daß der Steuerpflichtige die Kirchensteuer mangels Kirchenmitgliedschaft nicht geschuldet hat.

§ 10 Abs. 1 Nr. 4 EStG
BFH, Urteil vom 26. Juni 1996 – X R 73/94[1] –

Die Kläger und Revisionsbeklagten sind Eheleute, die zusammen zur Einkommensteuer veranlagt wurden. Der Kläger hat 1982 seinen Austritt aus der Kirche erklärt.

In dem – unter Vorbehalt der Nachprüfung erlassenen – Einkommensteuerbescheid für das Streitjahr 1988 vom 12. 7. 1990 berücksichtigte der Beklagte und Revisionskläger (Finanzamt) – entsprechend der Steuererklärung der Kläger – Kirchensteuer in Höhe von 16 542 DM als Sonderausgaben. Der Betrag

---

[1] Amtl. Leitsätze. BFHE 181, 144; BB 1996, 2502; DB 1996, 2471; HFR 1997, 81; BStBl. 1996, 646. Nur LS: KuR 1997, 62.

setzt sich zusammen aus einer Nachzahlung von 16916 DM abzüglich einer Erstattung von 374 DM für das Jahr 1987. Die Nachzahlung ergab sich aus den geänderten Einkommensteuer- und Kirchensteuerbescheiden für 1980 bis 1986. Der Kläger hatte bereits im Jahr 1986 Zweifel an seiner früheren Mitgliedschaft in der Kirche geäußert. Im Einspruchsverfahren gegen die vom Finanzamt im Jahr 1990 erlassenen weiteren Einkommensteuer- und Kirchensteueränderungsbescheide für 1978 bis 1982 machte er erneut geltend, er sei nie Mitglied der Kirche gewesen. Der Einspruch hatte im wesentlichen Erfolg. Aufgrund der Abrechnungsbescheide vom 28. 9. 1990 erstattete das Finanzamt den Klägern für die Jahre 1978 bis 1982 Kirchensteuer in Höhe von 16175,- DM. Davon entfielen 13075,- DM auf die Jahre 1980 bis 1982.

In dem – aufgrund einer Außenprüfung nach § 164 Abs. 2 der Abgabenordnung (AO 1977) geänderten – Einkommensteuerbescheid für 1988 vom 10. 6. 1991 berücksichtigte das Finanzamt wegen der im Jahr 1990 erstatteten Beträge zunächst überhaupt keine Kirchensteuer als Sonderausgabe. Auf den Einspruch der Kläger zog es in der Einspruchsentscheidung von der im Streitjahr 1988 nachgezahlten Kirchensteuer von 16916 DM die Erstattungen für das Jahr 1987 (= 374,– DM) und für die Jahre 1980 bis 1982 (= 13075,– DM) ab. Die Erstattungen für die Jahre 1978 und 1979 ließ das Finanzamt unberücksichtigt, weil die Kläger für diese Jahre keine Kirchensteuer als Sonderausgaben geltend gemacht hatten. Es verblieb ein abziehbarer Betrag von 3467,– DM.

Mit der Klage wandten sich die Kläger gegen die Anrechnung der im Jahr 1990 erstatteten Kirchensteuer. Das Finanzgericht gab der Klage statt. Die Revision des Finanzamtes hatte Erfolg.

Aus den Gründen:

Die Revision führt zur Aufhebung der Vorentscheidung und zur Abweisung der Klage (§ 126 Abs. 3 Nr. 1 FGO).

Zu Unrecht hat das Finanzgericht die im Streitjahr 1988 nachgezahlte Kirchensteuer zum Abzug als Sonderausgaben zugelassen, ohne die Erstattung für die Jahre 1980 bis 1982 zu berücksichtigen.

1. Nach § 10 Abs. 1 Satz 1 EStG sind bestimmte, im einzelnen aufgeführte „Aufwendungen" als Sonderausgaben abziehbar. Hierzu gehört auch die „gezahlte Kirchensteuer" (§ 10 Abs. 1 Nr. 4 EStG).

a) Aus der Verwendung des Begriffs „Aufwendungen" und aus dem Zweck des § 10 EStG, bestimmte, die wirtschaftliche Leistungsfähigkeit des Steuerpflichtigen mindernde Privatausgaben vom Abzugsverbot des § 12 EStG auszunehmen, folgt nach ständiger Rechtsprechung des Bundesfinanzhofs, daß nur solche Ausgaben als Sonderausgaben berücksichtigt werden dürfen, durch die der Steuerpflichtige tatsächlich und *endgültig* wirtschaftlich belastet ist (vgl. z. B. Urteile v. 22.11.1974[2] – VI R 138/72 – BFHE 114, 346, BStBl. II 1975, 350; v. 20.2.1976 – VI R 131/74 – BFHE 118, 331; v. 24.9.1985 – IX R 2/80 – BFHE 145, 507, BStBl. II 1986, 284; v. 4.4.1989 – X R 14/85 – BFHE 157, 88, BStBl. II 1989, 779; v. 24.10.1990 – X R 43/89 – BFHE 162, 425, BStBl. II 1991, 175). Das Bundesverfassunsgericht hat diese Rechtsprechung als verfassungsgemäß bestätigt (Beschluß v. 18.2.1988 – 1 BvR 930/86 – HFR 1989, 271, unter 1 b).

Keine wirtschaftliche Belastung hat der BFH z. B. angenommen,
– wenn die Aufwendungen aus einer hierfür empfangenen Gegenleistung erbracht werden können, und zwar unabhängig davon, ob Gegenleistung und Aufwendungen in den gleichen Veranlagungszeitraum fallen (BFHE 157, 88, BStBl. II 1989, 779 [kein Abzug von Grabpflegekosten als dauernde Last]),
– wenn ein durchsetzbarer Ersatzanspruch gegen einen Dritten besteht (BFHE 118, 331 [kein Schuldzinsenabzug bei Rückgriffsanspruch des Bürgen]; vgl. auch BFH-Urteil v. 28.2.1996 – X R 65/93 – BFHE 180, 116 [kein Abzug von Erhaltungsaufwendungen nach § 10e Abs. 6 EStG bei Regreßanspruch gegen Verkäufer]),
– wenn bereits im Zeitpunkt der Zahlung erkennbar ist, daß die Sonderausgaben vom Empfänger zurückerstattet werden müssen (BFHE 114, 346, BStBl. II 1975, 350 [kein Abzug von versehentlich festgesetzten Kirchensteuervorauszahlungen]).

Aufwendungen des Steuerpflichtigen im Veranlagungszeitraum werden somit mangels wirtschaftlicher Belastung nicht als Sonderausgaben berücksichtigt, soweit sich bereits im Zeitpunkt der Zahlung absehen läßt, daß die Aufwendungen von einem Dritten oder vom Empfänger zu erstatten sind. Unerheblich ist, ob die Erstattung in den Veranlagungszeitraum der Aufwendungen oder in einen späteren Zeitraum fällt.

b) Bei den in der Regel jährlich wiederkehrenden Sonderausgaben wie Kirchensteuern und Versicherungsbeiträgen steht häufig die endgültige Belastung im Zahlungsjahr noch nicht fest, weil dem Steuerpflichtigen nach Ablauf des Veranlagungszeitraums ein Teil der Versicherungsbeiträge rückerstattet wird oder sich die – von der Höhe der festgesetzten Einkommensteuer abhängige – Kirchensteuer mindert. In diesen Fällen sind nach ständiger Rechtsprechung und Verwaltungspraxis die erstatteten Beträge mit den im Jahr der Erstattung gezahlten gleichartigen Sonderausgaben zu verrechnen, so daß nur der Saldo zum Abzug als Sonderausgaben verbleibt (zur Verrechnung von Kirchensteuer: BFH-Urteile v. 27.9.1963 – VI 123/62 U – BFHE 77, 592 – BStBl. III 1963,

---

[2] KirchE 14, 194.

536, BFHE 114, 346, BStBl. II 1975, 350; Abschn. 101 Abs. 3 S. 1 der Einkommensteuer-Richtlinien [EStR] 1987; H 86a Amtliches Einkommensteuer-Handbuch [EStH] 1995; zur Verrechnung von Beitragsrückerstattungen: BFH-Urteile v. 20. 2. 1970 – VI R 11/68 – BFHE 98, 357, BStBl. II 1970, 314; v. 27. 2. 1970 – VI R 314/67 – BFHE 98, 412, BStBl. II 1970, 422; Abschn. 88 Abs. 6 S.1 EStR 1987; H 86a EStH 1995).
Bisher offen gelassen hat der BFH, ob und ggf. wie es sich steuerlich auswirkt, wenn die Erstattungen in einem Veranlagungszeitraum die Zahlungen übersteigen. In der Literatur wird zum Teil die Auffassung vertreten, ein Überschuß wirke sich steuerlich nicht aus. Er dürfe weder in späteren Veranlagungszeiträumen verrechnet werden noch dürfe die Veranlagung des Zahlungsjahres geändert werden, weil die Voraussetzungen für den Sonderausgabenabzug im Zahlungsjahr erfüllt gewesen seien (vgl. z. B. Nolde, in: Herrmann/Heuer/Raupach, Einkommensteuer- und Körperschaftsteuergesetz mit Nebengesetzen, Kommentar, § 10 EStG Anm. 22a; Blümich/Hutter, Einkommensteuergesetz, § 10 Rz. 33; Stephan, in: Littmann/Bitz/Hellwig, Das Einkommensteuerrecht, § 10 EStG Rz. 6). Kirchhof/Söhn (Einkommensteuergesetz, § 10 Rz. B 54 ff.) lehnen eine Verrechnung entrichteter und erstatteter Sonderausgaben grundsätzlich ab. Sie sei zwar praktikabel, aber nicht gesetzlich vorgesehen. Vielmehr müsse die Steuerfestsetzung des Veranlagungszeitraums, in dem die erstatteten Sonderausgaben abgeflossen und steuermindernd berücksichtigt worden seien, nach § 173 Abs. 1 Nr. 1 oder § 175 Abs. 1 Nr. 2 AO 1977 geändert werden, wenn in Höhe des zurückgezahlten Betrages endgültig keine zwangsläufige Ausgabe des Zahlungsjahres vorliege.

2. Nach Auffassung des Senats bestehen zwar gegen die Verrechnung erstatteter Kirchensteuer mit der im Jahr der Erstattung gezahlten Kirchensteuer aus systematischen Gründen Bedenken. Als Sonderausgaben abziehbar sind nur solche Aufwendungen, durch die der Steuerpflichtige *endgültig* wirtschaftlich belastet ist (s. 1. a). Werden die Aufwendungen in einem späteren Jahr erstattet, liegt keine endgültige wirtschaftliche Belastung und in Höhe der Erstattung somit keine Aufwendung i. S. des § 10 Abs. 1 S. 1 EStG vor. Die Erstattung wäre daher an sich durch die Kürzung des Sonderausgabenabzugs im Zahlungsjahr zu berücksichtigen.

Dies hätte aber bei den in der Regel jährlich wiederkehrenden Sonderausgaben wie der Kirchensteuer und den Versicherungsbeiträgen zur Folge, daß zahllose Veranlagungen bei zum Teil nur geringfügigen Erstattungen zu ändern wären. Aus Gründen der Praktikabilität und auch der Rechtskontinuität hält der Senat daher mit der bisherigen Rechtsprechung und Verwaltungspraxis am Grundsatz der Verrechnung im Erstattungsjahr fest. Denn bei Sonderausgaben, die wie die Kirchensteuer und Versicherungsbeiträge regelmäßig jährlich wiederkehren und aufgrund geänderter Einkommensteuerfestsetzungen oder aufgrund von Beitragserstattungen der Versicherungsgesellschaften in einem späteren Jahr (teilweise) erstattet werden, ist es nach Auffassung des Senats hinnehmbar, die aufgrund der Erstattung entfallende wirtschaftliche Belastung durch Verrechnung mit den im Erstattungsjahr zu zahlenden gleichartigen Sonderausgaben zu berücksichtigen. Zu Recht hat das Finanzamt daher die Teilerstattung der im Jahr 1987 von der Klägerin gezahlten Kirchensteuer mit der Nachzahlung im Jahr 1988 verrechnet.

Werden jedoch – wie im Streitfall – Kirchensteuer(nach)zahlungen ohne Rechtsgrund geleistet, weil der Steuerpflichtige nie Mitglied der Kirche war, und werden diese zu Unrecht geleisteten Zahlungen nach Änderung der Kirchensteuerbescheide in einem späteren Veranlagungszeitraum erstattet, ist eine Ausnahme von der steuersystematisch richtigen Korrektur im Zahlungsjahr nicht hinreichend begründet. Die Auffassung des Finanzgerichts, erstatte Sonderausgaben könnten, sofern der Rückforderungsanspruch nicht schon im Zahlungsjahr feststehe, stets nur mit gleichartigen Sonderausgaben im Jahr der Erstattung verrechnet werden, würde zu ungerechtfertigten Steuervorteilen führen, weil gleichartige Sonderausgaben im Erstattungsjahr nicht angefallen sind. Der Steuerpflichtige würde steuerlich entlastet, obwohl er wegen der Erstattung der Kirchensteuer wirtschaftlich nicht endgültig belastet ist. Den Sonderausgabenabzug nur dann zu versagen, wenn bereits im Zahlungszeitpunkt abzusehen ist, daß die Aufwendungen in einem späteren Veranlagungsjahr zurückgezahlt werden, hält der Senat für nicht vertretbar. Die im Veranlagungszeitraum aufgrund einer Steuerfestsetzung gezahlte Kirchensteuer ist daher auch dann nicht als Sonderausgaben abziehbar, wenn erst nach Ablauf des Veranlagungszeitraums geklärt wird, daß der Steuerpflichtige die Kirchensteuer mangels Kirchenmitgliedschaft nicht geschuldet hat. Ist der Einkommensteuerbescheid für das Zahlungsjahr – wie hier – noch nicht bestandskräftig, ist daher der Sonderausgabenabzug um die nachträgliche Erstattung zu mindern. Offenlassen kann der Senat, ob ein bereits bestandskräftiger Bescheid nach § 175 AO 1977 zu ändern wäre.

3. Im Streitfall hat der Kläger im Jahr 1982 ausdrücklich seinen Austritt aus der Kirche erklärt. Bereits im Jahr 1986 – also schon vor der Nachzahlung der Kirchensteuer im Streitjahr 1988 – hat er Zweifel an seiner früheren Kirchenmitgliedschaft geäußert. Erst im Jahr 1990 wurde aber anerkannt, daß er nie Mitglied der Kirche war und daraufhin im September 1990 Kirchensteuer u. a. für die Jahre 1980 bis 1982 erstattet. Zu Recht hat das Finanzamt bei der endgültigen Veranlagung für das Streitjahr 1988 (Einkommensteuerbescheid vom 10. 6. 1991) von den als Sonderausgaben geltend gemachten Kirchensteuernachzahlungen für die Jahre 1980 bis 1986 die Erstattung für die Jahre 1980 bis 1982 abgezogen und wegen fehlender wirtschaftlicher Belastung nur den Differenzbetrag zum Abzug zugelassen.

45

Spenden für wissenschaftliche Zwecke sind auch dann bis zur Höhe von 10 v.H. des Gesamtbetrags der Einkünfte abzugsfähig, wenn ihr Empfänger eine Kirche oder deren Untergliederung ist (gegen BMF-Schreiben vom 21. 1. 1994 – IV B 4 – S 2223 – 7/94 – BStBl. 1 1994, 139).

§§ 10b Abs. 1 S. 1 u. 2 EStG, 48 Abs. 1–3 EStDV

FG Rheinland-Pfalz, Urteil vom 26. Juni 1996 – 1 K 2611/95 [1] –

Der Kläger spendete im Streitjahr der Diözese X., einer Körperschaft des öffentlichen Rechts, insgesamt 130 000,– DM zur Förderung der beabsichtigten Errichtung eines Lehrstuhls für Theologie an der Universität Y (sog. Stiftungslehrstuhl). In den Spendenbescheinigungen wurde bestätigt, daß die zugewendeten Gelder nur zur Förderung wissenschaftlicher Zwecke verwendet werden. Die Beteiligten streiten darüber, ob der gespendete Betrag bis zur Höhe von 5 v. H. oder von 10 v. H. des Gesamtbetrags der Einkünfte als Sonderausgabe abzugsfähig ist.

Die Klage hatte Erfolg.

Aus den Gründen:

Die Klage ist begründet. Die an die Diözese X geleisteten Spendenbeträge sind, da sie wissenschaftlichen Zwecken zu dienen bestimmt sind, unter Anwendung des erhöhten Abzugssatzes nach § 10b Abs. 1 S. 2 EStG von 10 v. H. des Gesamtbetrags der Einkünfte als Sonderausgabe abzuziehen. Die von dem Kläger freiwillig und ohne Gegenleistung („unentgeltlich") verausgabten Beträge dienten der Förderung wissenschaftlicher Zwecke. Dieser Begriff ist, obwohl § 48 Abs. 1 EStDV dieserhalb u. a. auf § 52 AO verweist, gesetzlich nicht definiert. Hierunter wird aber herkömmlicherweise die Forschung und Lehre auf dem Gebiet der Geistes- und Naturwissenschaften sowie der theoretischen und angewandten Wissenschaften verstanden (Schmidt/Heinicke, EStG, 14. Aufl., § 10b Rdnr. 25; Herrmann/Heuer/Raupach, EStG, KStG, 20. Aufl., § 10b EStG Anm. 45). Dieser Zweck wird bei der geplanten Einrichtung eines Lehrstuhls an der Universität Y unzweifelhaft erfüllt.

Die Zahlungen sind auch an einen begünstigten Empfänger i. S. des § 48 Abs. 3 Nr. 1 EStDV entrichtet worden. Die Diözese X ist eine inländische Körperschaft (juristische Person) des öffentlichen Rechts (vgl. Schmidt/Heinicke, aaO, § 10b Rdnr. 28 i. V. m. § 10 Rdnr. 103). Die in der Vorschrift geforderte weitere Voraussetzung, daß die die Zuwendungen empfangende juristische Per-

---

[1] Amtl. Leitsatz. EFG 1996, 1216. Das Urteil ist rechtskräftig.

Spendenabzug 221

son des öffentlichen Rechts eine Spendenbestätigung des Inhalts begibt, daß die zugeflossenen Beträge zu wissenschaftlichen Zwecken verwendet werden, liegt gleichfalls vor. Weitere Voraussetzungen für den hier streitbefangenen Spendenabzug stellt das Gesetz nicht auf.

Allerdings besteht in der steuerlichen Rechtsprechung (und der wohl überwiegenden Literaturmeinung) darüber Einvernehmen, daß auch eine Zweckverwendung – wie bestätigt – tatsächlich und unmittelbar geschehen muß, d. h. daß die beim Steuerpflichtigen abgeflossenen Mittel bestimmungsgemäß für die steuerbegünstigten (hier: wissenschaftlichen) Zwecke tatsächlich verwendet werden (BFH-Urteile v. 5.2.1992 – I R 63/91 – BFHE 168, 35, BStBl. II 1992, 748; v. 19.3.1976 – VI R 72/73 – BFHE 118, 224, BStBl. II 1976, 338). Sammelt aber – wie hier – ein begünstigter Empfänger eingehende Gelder, um sie später (wenn ein entsprechender Betrag erreicht ist) dem begünstigten Zweck zuzuführen, so reicht für den Spendenabzug zunächst die Vorlage der Bescheinigung i. S. des § 48 Abs. 3 Nr. 1 EStDV aus, und zwar bis eine endgültige Entscheidung über die tatsächliche Zweckverwendung getroffen werden kann. Ggf. ist dann der Spendenabzug unter Beachtung des § 10 b Abs. 4 EStG rückgängig zu machen.

Der Senat teilt nicht die im BMF-Schreiben vom 21.1.1994 (BStBl. I 1994, 139) niedergelegte und die Aussage in Abschn. 63 Sätze 2 und 3 LStR 1993 modifizierende Auffassung der Finanzverwaltung, daß der erhöhte Abzugssatz von 10 v. H. in § 10 b Abs. 1 S. 2 EStG für Zuwendungen an kirchliche öffentlich-rechtliche Körperschaften und Einrichtungen nur dann Anwendung findet, wenn damit eine Förderung mildtätiger Zwecke oder der Denkmalspflege erfolgt. Die Berufung auf das BFH-Urteil vom 18.11.1966 – VI R 167/66 – (BFHE 88, 282, BStBl. III 1967, 365 [2]) geht insoweit fehl.

Der BFH hat zwar in seiner Entscheidung ausgeführt, daß bei Zuwendungen an kirchliche Körperschaften und Einrichtungen „zunächst und unmittelbar" kirchliche – und nicht wissenschaftliche – Zwecke gefördert würden, und zwar unabhängig von der tatsächlichen Verwendung durch den Empfänger im Einzelfall. Dies ergebe sich aufgrund der den Empfängern zugeteilten kirchlichen Aufgaben. Der Senat läßt es dahinstehen, ob er dieser Auffassung zu folgen vermag (ablehnend FG Nürnberg, Urteil v. 11.7.1994 – VI 221/93 – EFG 1994, 1090; Schmidt/Heinicke, aaO, § 10b Rdnr. 61; Herrmann/Heuer/Raupach, aaO, § 10b EStG Anm. 102). Jedenfalls ist das genannte Urteil auf den vorliegenden Fall nicht anwendbar:

Wie das FG Baden-Württemberg in seiner Entscheidung vom 29.11.1991 – 9 K 278/91 – (EFG 1992, 258) zutreffend darlegt, ist das angeführte BFH-

---

[2] KirchE 8, 239.

Urteil zu Spenden an Empfänger i. S. des § 48 Abs. 3 *Nr. 2* EStDV – und nicht an Empfänger i. S. des § 48 Abs. 3 *Nr. 1* EStDV – ergangen. Anders als bei den in Nr. 1 der Vorschrift bezeichneten Empfängern, bedarf es aber bei denjenigen der Nr. 2 – und dies hat den BFH offensichtlich zu seiner entsprechenden Aussage bewogen – der satzungsgemäßen ausschließlichen und unmittelbaren Verfolgung des begünstigten Zwecks. Hieran fehlte es in dem vom BFH entschiedenen Fall: Die dort genannten kirchlichen Organisationen verfolgten ihrer Satzung bzw. Aufgabe gemäß lediglich (allgemein) kirchliche, nicht aber (speziell) wissenschaftliche Zwecke. Bei den in Nr. 1 des § 48 Abs. 3 EStDV bezeichneten juristischen Personen des öffentlichen Rechts bzw. ihren Dienststellen ist eine derartige Zweckbindung nicht vorgesehen (vgl. OFD Frankfurt, Vfg. vom 13. 7. 1995 – S 2223 A – 35 – St II 22, FR 1996, 38). I. S. der vorgenannten Auslegung ist bei näherer Betrachtung wohl auch das angeführte BMF-Schreiben zu verstehen. Denn dort heißt es u. a. im Betreff: „... an kirchliche Organisationen". Gemeint sind hiermit wohl Zuwendungen an (Unter-)Organisationen der Kirchen, die keinen (speziellen) außerkirchlichen Zweck ihrer Aufgabe/ Satzung nach verfolgen.

Darüber hinaus handelt es sich bei dem vom BFH entschiedenen Fall offensichtlich um nicht zweckgebundene Zuwendungen an kirchliche Institutionen; diese konnten vielmehr frei über die Verwendung der zugeflossenen Geldmittel entscheiden. Im Streitfall ist dies anders. Der Kläger wollte mit seinen Zuwendungen zielgerichtet ausschließlich wissenschaftliche Zwecke fördern. Es kann daher nicht darauf ankommen, ob der Zuwendungsempfänger (i. S. des § 48 Abs. 3 Nr. 1 EStDV) nach seinem Aufgabenbereich für diese Zwecke zuständig ist; allein entscheidend ist vielmehr, ob diese Zwecke mit den zweckbestimmten Mitteln auch tatsächlich verwirklicht werden. Dies ist vorliegend der Fall.

Die Voraussetzungen für den erhöhten Spendenabzug sind – unabhängig von dem Vorstehenden – auch dann erfüllt, wenn man als Zuwendungsempfänger nicht die Diözese X, sondern die als unselbständige Stiftung des privaten Rechts ohne eigene Rechtspersönlichkeit geschaffene Vermögensmasse „Stiftungslehrstuhl" ansieht. Diese ist nach § 5 Abs. 1 Nr. 9 KStG steuerbefreit, da sie nach dem Stiftungsgeschäft und nach der tatsächlichen Geschäftsführung ausschließlich und unmittelbar gemeinnützigen (wissenschaftlichen) Zwecken dient. Jedenfalls liegt eine dahingehende Bestätigung (§ 48 Abs. 3 Nr. 2 EStDV) der Diözese X als Fiduziar vor, die in Übereinstimmung mit dem Schreiben des Finanzamtes H. erteilt wurde. Hierauf darf der Kläger gem. § 10b Abs. 4 S. 1 EStG vertrauen. Anhaltspunkte für die in der Vorschrift genannten Ausnahmetatbestände liegen nicht vor.

46

Die Zugehörigkeit eines Elternteils zu den Zeugen Jehovas steht der Übertragung des Personensorgerechts nicht entgegen.

§§ 1671 Abs. 2, 1672 BGB
OLG Oldenburg, Beschluß vom 3. Juli 1996 – 11 UF 23/96 –

Durch den angefochtenen Beschluß hat das Amtsgericht die elterliche Sorge für die Kinder A. (geb. 1979, N. (geb. 1982), S. (geb. 1991) und E. (geb. 1994) der Antragstellerin übertragen. Hiergegen wendet sich der Antragsgegner, der u. a. geltend macht, die Erziehung der Kinder werde durch die Zugehörigkeit der Antragstellerin zu den Zeugen Jehovas beeinträchtigt.
Die Beschwerde hatte keinen Erfolg.

Aus den Gründen:

Zur Zeit sind keine Gründe für die Annahme vorhanden, daß die Kinder der Parteien bei dem Antragsgegner besser aufgehoben wären, als bei der Antragstellerin. A. und N. haben zum Ausdruck gebracht, daß sie lieber bei der Antragstellerin aufwachsen wollen. Daß sich an diesem Wunsch zwischenzeitlich etwas geändert hätte, ist nicht ersichtlich. Vielmehr hat sich der geäußerte Wille der Kinder über längere Zeit verfestigt. Der Senat verkennt nicht, daß der Kindeswille allein für das Sorgerecht nicht ausschlaggebend ist. Der gleichbleibende Wille der Kinder verdient aber mit ihrem zunehmenden Alter und dem damit verbundenen Reifeprozeß stärkere Beachtung. A. ist inzwischen 17 und N. 13 Jahre alt. Aufgrund der weiteren Ermittlungen steht außerdem fest, daß die religiöse Ausrichtung der Antragstellerin die schulische Entwicklung der Kinder und ihre soziale Integration nicht in einem Maße beeinträchtigt, daß das Sorgerecht dem Antragsgegner übertragen werden müßte.

Die Zeugin Frau K.; A's Klassenlehrerin hat bekundet, daß A's Fehlzeiten sich nicht erheblich von denen ihrer Mitschüler unterscheiden und daß ihr durch Regeln ihrer Religionsgemeinschaft bestimmtes Verhalten, wie etwa ihre Weigerung, anläßlich des Weihnachtsfestes Geschenke zu verteilen, ihre soziale Integration in die Schulklasse nicht beeinträchtigt. Auch ihr Leistungsvermögen leidet nicht; vielmehr ist sie die beste Schülerin der Klasse.

Der Zeuge R., N's Klassenlehrer, hat bekundet, daß auch ihr Verhalten, soweit es religiös veranlaßt ist, ihre Einordnung in die Klasse und ihre Beziehungen zu Mitschülern nicht hindert.

Ihre Fehlzeiten wie auch ihre Verspätungen, welche ihre Ursache nicht erkennbar in ihrer Zugehörigkeit zu den Zeugen Jehovas hatten, sind erheblich zurückgegangen. Soweit N's Leistungen unter dem Durchschnitt liegen, ist die

Ursache nicht in ihrer religiösen Ausrichtung zu suchen, sondern bei ihren Begabungen. Nach allem kann nicht festgestellt werden, daß die Übertragung der Sorge für A. und N. auf den Antragsgegner dem Wohl der Kinder mehr entsprechen würde, als die angeordnete Übertragung auf die Antragstellerin. Daß es dem Wohl der Kinder eher entsprechen würde, wenn die Sorge für E. und S. dem Antragsgegner übertragen würde, ist ebenfalls nicht festzustellen. Es sind keine Anhaltspunkte dafür vorhanden, daß die Antragsgegnerin die Kinder mehr als ihrer Entwicklung förderlich zu Veranstaltungen der Zeugen Jehovas mitnimmt. Von erheblicher Bedeutung ist für E. und S. der Gesichtspunkt der Geschwisterbindung. Diese verbietet es zur Überzeugung des Senats, die Sorge für diese beiden Kinder dem Vater zu übertragen, denn für die bisherige und die künftige Entwicklung der beiden jüngeren Geschwister sind die älteren schon aufgrund des großen Altersunterschieds mitbestimmend.

Hinzu kommt, daß die Betreuung der jüngeren Kinder im Fall der Übertragung der Sorge auf den Vater wenigstens teilweise von Dritten wahrgenommen werden müßte, die den Kindern noch nicht einmal bekannt sind. Dies würde sie (erneut) stark belasten.

Auch der Schriftsatz des Antragsgegners vom 19. 6. 1996 gibt keinen Anlaß zu einer abweichenden Entscheidung. Es ist schon zweifelhaft, ob die Erklärungen der Antragstellerin zu eventuellen Blutübertragungen überhaupt wirksam sind. Notfalls werden in entsprechenden Situationen Maßnahmen des eiligen Rechtsschutzes zu prüfen sein. Bei den bislang erfolgten Maßnahmen handelt es sich um medizinische Routineeingriffe, die in aller Regel nicht zu einer konkreten Gefährdung des Patienten führen.

47

Die Zulassung von Feuerbestattungsanlagen in der Trägerschaft eines privaten Unternehmens verletzt auch nicht das den Kirchen und Religionsgemeinschaften in Art. 148, 149 Abs. 1 Satz 2 BV garantierte Recht zur Mitwirkung und zur Vornahme religiöser Handlungen bei der Bestattung, da dieses Recht im Rahmen der Genehmigung (der Feuerbestattungsanlage) gesichert werden kann.

BayVerfGH, Entscheidung vom 4. Juli 1996 – Vf 16-VII-94 u. a.[1] –

---

[1] Amtl. Leitsatz (Auszug). BayVBl. 1996, 626; GewArch 1996, 466; AkKR. 165 (1996), 574. Nur LS: NJW 1997, 2874; KuR 1996, 255.

Mehrere Städte in Bayern haben mit Popularklagen die Feststellung der Verfassungswidrigkeit des § 1 Nr. 8 des Gesetzes zur Änderung des Bestattungsgesetzes vom 10. 8. 1994 (BayGVBl. 1994, 770, BayRS 2127-1-A) begehrt. Durch die Änderung des Bestattungsgesetzes kann auch privaten Unternehmen der Betrieb von Feuerbestattungsanlagen genehmigt werden. Nach Ansicht der Antragstellerinnen verstößt die angegriffene Regelung u. a. gegen das Kulturstaatsprinzip des Art. 3 Abs. 1 Satz 1 i. V. m. Art. 149 Abs. 1 BV, da die Totenbestattung seit jeher eine gemeinsame Aufgabe von Staat, Gemeinden und Kirchen sei und damit eine öffentliche Angelegenheit der Kommunen im Zusammenwirken mit den Religionsgemeinschaften. Zudem sei die Zulassung privater Feuerbestattungsunternehmen nicht vereinbar mit dem in Art. 148, 149 Abs. 1 BV gewährleisteten Recht der Religionsgemeinschaften, bei der Bestattung mitzuwirken.

Die Popularklage hatte keinen Erfolg.

Aus den Gründen:

V. 3. Die Zulassung von Feuerbestattungsanlagen in der Trägerschaft eines privaten Unternehmens verletzt nicht das den Kirchen und Religionsgemeinschaften in Art. 148, 149 Abs. 1 S. 2 BV garantierte Recht zur Mitwirkung und zur Vornahme religiöser Handlungen bei der Bestattung.

a) Nach Art. 148 BV sind die Religionsgemeinschaften zur Vornahme religiöser Handlungen, zum Gottesdienst und zur Seelsorge in öffentlichen Anstalten zuzulassen. Dieses Recht bezieht sich seinem Sinn nach auch auf Friedhöfe und Bestattungseinrichtungen sowie auf die Totenbestattung (vgl. Meder, Die Verfassung des Freistaates Bayern, 4. Aufl.1992, Rdnr. 1 zu Art. 149). Ebenso wie bei dem Recht der Religionsgemeinschaften aus Art. 149 Abs. 1 S. 2 BV handelt es sich um ein gegen den Staat und die Gemeinden gerichtetes Recht (vgl. von Busse, in: Nawiasky/Schweiger/Knöpfle, Die Verfassung des Freistaates Bayern, Rdnr. 3, 4 zu Art. 148; Meder, aaO, Rdnr. 1 zu Art. 149). Hierauf beschränkt sich die Wirkung dieser Vorschrift jedoch nicht. Der Sinn der Art. 148, 149 Abs. 1 Satz 2 BV besteht darin, den Religionsgemeinschaften in allen Einrichtungen das Recht zur Vornahme religiöser Handlungen einzuräumen, in denen ein solches Bedürfnis besteht. Es wäre mit diesem Sinn der Verfassungsnormen nicht vereinbar, wenn sie nur auf öffentliche Einrichtungen angewendet würden. Jedenfalls schließen diese Vorschriften die staatliche Gewährleistung und Unterstützung seelsorglicher Tätigkeit in anderen Anstalten als in denen öffentlicher Träger nicht aus (vgl. von Busse, aaO, Rdnr. 7 zu Art. 148 m. w. N.). Nach Art. 11 Abs. 2 des Konkordats mit dem Heiligen Stuhle und Art. 17 Abs. 2 des Vertrags mit der Ev.-Luth. Kirche in Bayern hat sich der Staat verpflichtet, tunlichst dahin zu wirken, daß bei der Genehmigung von Anstalten anderer

Unternehmer eine seelsorgliche Betreuung gewährleistet bleibt. Gegenüber anderen Religionsgemeinschaften wird sich diese Verpflichtung aus dem Gebot staatlicher Neutralität und der Gleichbehandlung aller Religionsgemeinschaften (vgl. Art. 118 Abs. 1 BV) ergeben.

b) Bei der Prüfung, ob die Mitwirkungsrechte der Religionsgemeinschaften nach Art. 148, 149 Abs. 1 S. 2 BV in der dargelegten Auslegung durch die Zulassung von Feuerbestattungsanlagen in privater Trägerschaft verletzt werden, können die tatsächlichen Verhältnisse nicht außer Betracht bleiben. Die Mitwirkung der Religionsgemeinschaften wird sich – wie bisher schon bei der Feuerbestattung in den kommunalen Krematorien – nur auf die Trauerfeier vor der Einäscherung und die nachfolgende Urnenbeisetzung erstrecken, nicht dagegen auf die Einäscherung selbst. In sehr vielen Fällen wird die Einäscherung durch ein privates Unternehmen – wie jetzt schon bei Verstorbenen, deren Gemeinde kein Krematorium betreibt – an einem anderen Ort durchgeführt werden als die Trauerfeier und die Urnenbeisetzung, die am Wohn- oder Sterbeort oder in dessen unmittelbarer Nähe stattfinden dürften. Die Urne ist grundsätzlich auf einem öffentlichen Friedhof beizusetzen (vgl. Art. 12 BestG, § 17 BestVO); dies wird in der Regel der Friedhof des letzten Wohnorts sein. Bei der Einäscherung selbst sind religiöse Zeremonien allgemein nicht üblich.

Allerdings ist möglich, daß auch die Trauerfeier in einer privaten Feuerbestattungsanlage stattfinden soll und der Bestattungsunternehmer für solche Wünsche sorgen, unter anderem etwa eine Aussegnungshalle errichten will. Für diesen Fall hat die zuständige Genehmigungsbehörde auf Grund der vorstehend dargelegten staatskirchlichen Rechtslage das Recht und die Pflicht, die Mitwirkung der Religionsgemeinschaften in gleicher Weise wie die schickliche Totenbestattung zusammen mit der Genehmigung durch geeignete Nebenbestimmungen zu gewährleisten. Zu einer die Würde des Verstorbenen und das sittliche Empfinden der Allgemeinheit wahrenden Bestattung i. S. des Art. 5 BestG gehört – bei einem entsprechenden Wunsch des Verstorbenen oder seiner Angehörigen – in verfassungsadäquater Auslegung dieser Vorschrift auch die Mitwirkung einer Religionsgemeinschaft. Sie zu gewährleisten, liegt im Rahmen zulässiger Nebenbestimmungen der Genehmigung (vgl. Art. 13 Abs. 2 S. 2 i. V. m. Abs. 1 BestG, Art. 36 BayVwVfG). Die Gefahr, daß die verfassungsrechtlich gewährleistete Mitwirkung der Religionsgemeinschaften bei der Totenbestattung verletzt würde, besteht sonach auch bei der Feuerbestattung in Anlagen privater Unternehmer nicht.

48

Zur Frage, ob das – auch auf das Angebot entgeltlicher Leistungen gerichtete – werbende Ansprechen von Passanten im öffentlichen Straßenraum, wenn es sich als Ausübung der Glaubensfreiheit (Art. 4 Abs. 1 u. 2 GG) darstellt, als Sondernutzung gewertet werden darf und inwieweit ein Anspruch auf Sondernutzungserlaubnis besteht.

§§ 14 Abs. 1, 18 Abs. 1 Nds.StrG
BVerwG, Beschluß vom 4. Juli 1996 – 11 B 23.96[1] –

Dem Kläger, der sich als Religionsgemeinschaft betrachtet, wurde von der beklagten Stadt untersagt, ohne Sondernutzungserlaubnis im öffentlichen Straßenraum Passanten werbend ansprechen zu lassen, um ihnen die Durchführung eines Persönlichkeitstests oder darüber hinausgehende entgeltliche Dienstleistungen oder Waren anzubieten. Die Einzelheiten des Sachverhalts und der Prozeßgeschichte ergeben sich aus dem Urteil des Nds.OVG vom 13.11.1995 (KirchE 33, 496), das die Anfechtungsklage abgewiesen und Revision nicht zugelassen hat.

Die Nichtzulassungsbeschwerde des Klägers wurde zurückgewiesen.

Aus den Gründen:

1. Die Beschwerde macht als Verfahrensmangel (§ 132 Abs. 2 Nr. 3 VwGO), und zwar als Verletzung der gerichtlichen Aufklärungspflicht (§ 86 Abs. 1 VwGO), geltend, die berufungsgerichtliche Schilderung der Art und Weise, wie die Beauftragten des Klägers auf Straßenpassanten eingewirkt hätten, beruhe auf bloßen Mutmaßungen des Gerichts und auf den vom Kläger bestrittenen Behauptungen der Beklagten. Unrichtig sei auch die – vom Kläger stets bestrittene – Annahme des Berufungsgerichts, das Ansprechen von Straßenpassanten habe nicht nur der Mitgliederwerbung, sondern zugleich dem entgeltlichen Angebot von Dienstleistungen und Büchern gedient.

Das diesbezügliche Beschwerdevorbringen genügt jedoch nicht den Darlegungsanforderungen des § 133 Abs. 3 Satz 3 VwGO. Zur Bezeichnung eines Aufklärungsmangels gehört nach ständiger Rechtsprechung des Bundesverwaltungsgerichts unter anderem die Angabe der Beweismittel, deren sich das Tatsachengericht fehlerhaft nicht bedient haben soll (vgl. z. B. Urteil v. 3.7.1992 – BVerwG 8 C 72.90 – [NVwZ 1993, 62/63]; Beschluß v. 8.8.1994 – BVerwG

---

[1] Amtl. Leitsatz. NJW 1997, 406. Nur LS: NVwZ 1997, 272; KuR 1997, 133. Vgl. zu diesem Fragenkreis auch BayObLG DÖV 1997, 1054; OLG Düsseldorf NJW 1998, 2375; OVG Bremen GewArch 1997, 287.

11 B 163.93 – [ergangen im Rechtsstreit der Stadt Frankfurt am Main gegen die Scientology Kirche Frankfurt e. V.]). Daran fehlt es. Die Beschwerde weist lediglich auf Schriftstücke hin, in denen der Kläger seine Tätigkeit und das Verhalten seiner Beauftragten aus seiner Sicht dargestellt hat, und beanstandet – ohne Beweismittel zu benennen –, daß „weder in erster noch in zweiter Instanz Beweis erhoben wurde".

Fehlt es somit an beachtlichen Verfahrensrügen, so ist der beschließende Senat an die im Berufungsurteil enthaltenen tatsächlichen Feststellungen gebunden (§ 137 Abs. 2 VwGO).

2. Die Revision kann auch nicht wegen grundsätzlicher Bedeutung der Rechtssache (§ 132 Abs. 2 Nr. 1 VwGO) zugelassen werden. Eine solche Bedeutung kommt einer Rechtssache nur zu, wenn sie eine revisible Rechtsfrage aufwirft, die im Interesse der Einheit oder der Fortbildung des Rechts revisionsgerichtlicher Klärung bedarf. Das Darlegungserfordernis des § 133 Abs. 3 Satz 3 VwGO verlangt in dieser Hinsicht die Bezeichnung einer konkreten Rechtsfrage, die für die Revisionsentscheidung erheblich sein wird, und einen Hinweis auf den Grund, der ihre Anerkennung als grundsätzlich bedeutsam rechtfertigen soll (vgl. BVerwGE 13, 90 [91 f.]).

a) Die Beschwerde wirft die Frage auf, „ob und in welchem Umfang eine Tätigkeit, die gemäß den Feststellungen des Gerichts grundsätzlich dem Schutzbereich von Art. 4 GG unterfällt, aufgrund des mittlerweile straßenrechtlich anerkannten Begriffes des *kommunikativen Verkehrs*, zumindest in verkehrsberuhigten Bereichen und Fußgängerzonen dem Gemeingebrauch zuzurechnen ist bzw. ob der Ausübung solcher grundrechtlicher Befugnisse aus Art. 4 GG durch Gesetz ein Genehmigungsverfahren vorgeschaltet werden darf, aus dem sich nicht ergibt, von welchen Voraussetzungen die Erteilung der Genehmigung abhängt, sondern dies ins zwar pflichtgemäße, aber im übrigen freie Ermessen der Exekutive gestellt wird". Diese Frage rechtfertigt die Zulassung der Revision nicht. Sie umfaßt eine Vielzahl von unterschiedlichen Fallgestaltungen, die sämtlich dem unscharfen Begriff des *kommunikativen Verkehrs* zugeordnet werden können, deren rechtliche Beurteilung aber von den näheren Umständen des Einzelfalls abhängt und sich deshalb einer rechtsgrundsätzlichen Festlegung entzieht.

Sollte die zitierte Frage dahin zu verstehen sein, daß nicht nach der Beurteilung der denkbaren einzelnen Fallgestaltungen, sondern nach den dafür maßgeblichen *Rechtsgrundsätzen* gefragt wird, so führt sie gleichfalls nicht zur Zulassung der Revision; denn die Rechtsgrundsätze sind in der Rechtsprechung des Bundesverwaltungsgerichts geklärt:

Zunächst ist darauf hinzuweisen, daß die Abgrenzung von Gemeingebrauch und Sondernutzung an Straßen, die – wie hier – nicht Bundesfernstraßen sind, im Landesstraßenrecht geregelt ist und folglich grundsätzlich keiner revisionsgerichtlichen Nachprüfung unterliegt (vgl. § 137 Abs. 1 VwGO; BVerwGE 30, 235; Beschluß v.19.12.1986 – BVerwG 7 B 144.86 – [Buchholz 407.5 Straßengesetze der Länder Nr. 2]). Deshalb läßt sich revisionsgerichtlich nicht beanstanden, daß das Berufungsgericht in Anwendung des Niedersächsischen Landesstraßengesetzes zwar das bloße Verteilen von Werbezetteln und Faltblättern dem Gemeingebrauch zuordnet (vgl. dazu BVerfG NVwZ 1992, 53), intensivere Formen der *„persönlichen Einwirkung"* auf Straßenpassanten aber als Sondernutzung ansieht.

Soweit eine vom Landesrecht als Sondernutzung qualifizierte Straßennutzung als Ausübung des vorbehaltlos gewährleisteten Grundrechts der Glaubensfreiheit (Art. 4 Abs. 1 u. 2 GG) zu werten ist, gelten dieselben bundesrechtlichen Grundsätze, die das Bundesverwaltungsgericht in ständiger Rechtsprechung (vgl. BVerwGE 84, 71 [75 ff.]; Beschluß vom 19.12.1986, aaO) im Hinblick auf die – gleichfalls vorbehaltlos gewährleistete – Kunstfreiheit (Art. 5 Abs. 3 S.1 GG) für Fälle der Straßenkunst entwickelt hat (vgl. ferner – zum Thema Baukunst und Baurecht – Beschlüsse v. 27.6.1991 – BVerwG 4 B 138.90 – [Buchholz 406.41 Baugestaltungsrecht Nr. 4] und v. 13.4.1995 – BVerwG 4 B 70.95 – [Buchholz 406.11 § 35 BauGB Nr. 309] sowie – zum Thema Glaubensfreiheit und Gewerberecht – Beschluß v. 16.2.1995 – BVerwG 1 B 205.93 [Buchholz 451.20 § 14 GewO Nr. 6] [2]).

Danach ist das behördliche Kontrollverfahren der Sondernutzungserlaubnis grundsätzlich mit diesen Grundrechten vereinbar; denn es dient dazu, die verschiedenen grundrechtlich geschützten Belange, die bei der Benutzung des „knappen Gutes öffentliche Straße" miteinander in Konflikt geraten können, in Einklang zu bringen. Der Zwang, zu diesem Zweck eine Erlaubnis zu beantragen, stellt in der Regel nur eine geringe und damit keine unverhältnismäßige Belastung dar. Ob dies – gemäß der Ansicht des Berufungsgerichts – auch für den vorliegenden Fall gilt oder ob – wie der Kläger meint – die konkrete Straßenbenutzung hier so wenig störend wirkt, daß eine Ausnahme von der genannten Regel geboten ist, hängt von der tatsächlichen Würdigung der Umstände des Einzelfalls ab und eröffnet deshalb nicht die Grundsatzrevision.

Was die behördliche Entscheidung über den Antrag betrifft, so regelt das Niedersächsische Straßengesetz zwar nicht ausdrücklich, wann die Sondernutzungserlaubnis erteilt werden muß, welche Nebenbestimmungen dabei in Betracht kommen und aus welchen Gründen der Antrag abgelehnt werden darf. Das Fehlen einer solchen gesetzlichen Kasuistik bedeutet aber nicht, daß die Erlaubnis in Fällen der Grundrechtsausübung – unzulässigerweise (vgl. BVerfG NVwZ 1992, 53 [54]) – im freien Ermessen der Exekutive stände. Vielmehr

---

[2] KirchE 33, 43.

ergeben sich die Entscheidungsmaßstäbe hierfür nach ständiger Rechtsprechung unmittelbar aus dem verfassungsrechtlichen Gebot, gegenläufige, gleichermaßen verfassungsrechtlich geschützte Interessen mit dem Ziel ihrer Optimierung im Wege fallbezogener Abwägung auszugleichen. Welches Gewicht die Gründe haben müssen, die angesichts der vorbehaltlosen Garantie der Glaubensfreiheit die Versagung der Sondernutzungserlaubnis für eine Religions- oder Weltanschauungsgemeinschaft rechtfertigen können, läßt sich nicht rechtsgrundsätzlich klären, sondern nur im jeweiligen konkreten Fall entscheiden. Ergibt die Einzelfallprüfung, daß die beabsichtigte Straßenbenutzung weder die durch Art. 2 Abs. 1, Art. 3 Abs. 1 GG im Kern geschützten Rechte der Verkehrsteilnehmer noch das Recht auf Anliegergebrauch (Art. 14 Abs. 1 GG) noch andere Grundrechte ernstlich beeinträchtigt, so besteht in aller Regel ein Anspruch auf Erlaubniserteilung.

b) Die Beschwerde möchte weiterhin geklärt sehen, ob die Beantwortung der unter a) zitierten Frage „davon abhängt, daß mit den Tätigkeiten, die unmittelbar der Mitgliederwerbung für die Religionsgemeinschaft dienen, mittelbar, also außerhalb des öffentlichen Straßenraumes auch Zwecke verfolgt werden sollen, die nach dem Selbstverständnis der Religionsgemeinschaft zwar gleichwohl Religionsausübung sind, die aufgrund der Tatsache, daß sie nach außen gerichtet sind, aber auch als Gewerbe angezeigt wurden".

Diese Frage entspricht nicht den Feststellungen des Berufungsgerichts und wäre deshalb so, wie der Kläger sie formuliert, nicht entscheidungserheblich. Das Berufungsgericht hat nämlich festgestellt, daß die Straßenbenutzung, die dem Kläger wegen fehlender Erlaubnis untersagt worden ist, „sowohl der Mitgliederwerbung als auch zugleich seiner gewerblichen Tätigkeit" diente. Davon abgesehen ist die angesprochene Frage in der Rechtsprechung des Bundesverwaltungsgerichts bereits dahin gehend geklärt, daß einer Religions- oder Weltanschauungsgemeinschaft der Schutz des Art. 4 GG auch dann nicht zu versagen ist, wenn sie sich in erheblichem Umfang (erwerbs-)wirtschaftlich betätigt, sofern nicht ihre Glaubenslehre nur als Vorwand für die Verfolgung wirtschaftlicher Zwecke dient (vgl. BVerwGE 90, 112 [116ff.][3]; Beschluß vom 16. 2. 1995, aaO). Daß die Straßenbenutzung nicht nur die „Missionierung", sondern zugleich den Verkauf von Waren und Dienstleistungen bezweckt, kann je nach den konkreten Umständen für die Beurteilung des Störungsgrades dieser Tätigkeit im öffentlichen Verkehrsraum von Bedeutung sein. Ohne Einfluß auf diese Beurteilung sind freilich – darin ist der Beschwerde zuzustimmen – bloße erwerbswirtschaftliche *Motive*, die in den konkreten Umständen der Straßenbenutzung gar nicht hervortreten; dies betont aber auch das Berufungsgericht.

---

[3] KirchE 30, 151.

49

Welches Gewicht die Gründe haben müssen, die angesichts der vorbehaltlosen Garantie der Glaubensfreiheit die Versagung der Sondernutzungserlaubnis für eine Religions- oder Weltanschauungsgemeinschaft rechtfertigen können, läßt sich nicht rechtsgrundsätzlich klären, sondern nur im jeweiligen konkreten Einzelfall enscheiden. Daß ein Informationsstand einer Religions- oder Weltanschauungsgemeinschaft, der nicht nur der Mitgliederwerbung, sondern nach den konkreten Umständen vor allem erwerbswirtschaftlichen Zwecken dient, läßt zwar den Schutz des Art. 4 GG nicht entfallen, kann aber für Beurteilung des Störungsgrades des Standes und damit für die Abwägung der gegenläufigen Belange der Straßennutzer von Bedeutung sein.

Art. 5 GG; § 18 NdsStrG
BVerwG, Beschluß vom 4. Juli 1996 – 11 B 24.96[1] –

Die Parteien, die Scientology Kirche X e.V. und die Gemeinde N., streiten über die von der Beklagten versagte Genehmigung eines Informationsstandes. Die Einzelheiten des Sachverhalts und die Prozeßgeschichte ergeben sich aus dem Urteil des Nieders.OVG vom 13.11.1995 (KirchE 33, 502), das die Berufung gegen das klageabweisende Urteil erster Instanz zurückgewiesen und die Revision nicht zugelassen hat.

Die Nichtzulassungsbeschwerde des Klägers hatte keinen Erfolg.

Aus den Gründen:

Die auf § 132 Abs. 2 Nr. 1 und Nr. 2 VwGO gestützte Beschwerde hat keinen Erfolg.

1. a) Sie hält zunächst für rechtsgrundsätzlich klärungsbedürftig die Frage, ob „eine Religionsgemeinschaft, die eine Sondernutzungserlaubnis beantragt für einen Informationsstand, der der Mitgliederwerbung dienen soll, einen aus Art. 4 GG abzuleitenden Anspruch auf die Erteilung der erforderlichen Erlaubnis hat, sofern keine spezifisch straßenrechtlichen Gründe, die sich aus der Ausgleichs- und Verteilungsfunktion der Sondernutzungserlaubnis ergeben, entgegenstehen". Damit kann die Zulassung der Revision nicht erreicht werden; denn selbst wenn der Kläger eine Religions- oder Weltanschauungsgemeinschaft i. S. von Art. 4 Abs. 1 GG wäre – was das Berufungsgericht unter Hinweis auf

---

[1] NJW 1997, 408. Nur LS: NVwZ 1997, 272; KuR 1997, 133. Vgl. zu diesem Fragenkreis auch BayObLG DÖV 1997, 1054; OLG Düsseldorf NJW 1998, 2375; OVG Bremen GewArch 1997, 287.

unterschiedliche Rechtsprechung (verneinend: BAG, Beschluß v. 22. 3. 1995, NJW 1996, 143[2] bejahend: OVG Hamburg NVwZ 1995, 498[3] ausdrücklich offengelassen hat –, läßt sich die gestellte Frage aufgrund der bisherigen Rechtsprechung ohne weiteres Revisionsverfahren beantworten:
Soweit eine straßenrechtliche Sondernutzung als Ausübung des vorbehaltlos gewährleisteten Grundrechts der Glaubensfreiheit (Art. 4 Abs. 1 und 2 GG) zu werten ist, gelten dieselben bundesrechtlichen Grundsätze, die das Bundesverwaltungsgericht in ständiger Rechtsprechung (vgl. BVerwGE 84, 71 [75 ff.]; Beschluß v. 19. 12. 1986 – BVerwG 7 B 144.86 – [Buchholz 407.5 Straßengesetze der Länder Nr. 2]) im Hinblick auf die – gleichfalls vorbehaltlos gewährleistete – Kunstfreiheit (Art. 5 Abs. 3 S. 1 GG) für Fälle der Straßenkunst entwickelt hat (vgl. ferner – zum Thema Baukunst und Baurecht – Beschlüsse v. 27. 6. 1991 – 4 B 138.90 – [Buchholz 406.41 Baugestaltungsrecht Nr. 4] und v. 13. 4. 1995 – BVerwG 4 B 70.95 – [Buchholz 406.11 § 35 BauGB Nr. 309] sowie – zum Thema Glaubensfreiheit und Gewerberecht – Beschluß v. 16. 2. 1995 – 1 B 205.93 – [Buchholz 451.20 § 14 GewO Nr. 6][4]). Danach ist das behördliche Kontrollverfahren der Sondernutzungserlaubnis grundsätzlich mit diesen Grundrechten vereinbar; denn es dient dazu, die verschiedenen grundrechtlich geschützten Belange, die bei der Benutzung des „knappen Gutes öffentliche Straße" miteinander in Konflikt geraten können, in Einklang zu bringen. Der Zwang, zu diesem Zweck eine Erlaubnis zu beantragen, stellt in der Regel nur eine geringe und damit keine unverhältnismäßige Belastung dar. Was die behördliche Entscheidung über den Antrag betrifft, so regelt das Niedersächsische Straßengesetz zwar nicht ausdrücklich, wann die Sondernutzungserlaubnis erteilt werden muß, welche Nebenbestimmungen dabei in Betracht kommen und aus welchen Gründen der Antrag abgelehnt werden darf. Das Fehlen einer solchen gesetzlichen Kasuistik bedeutet aber nicht, daß die Erlaubnis in Fällen der Grundrechtsausübung – unzulässigerweise (vgl. BVerfG NVwZ 1992, 53 [54]) – im freien Ermessen der Exekutive stände. Vielmehr ergeben sich die Entscheidungsmaßstäbe hierfür nach ständiger Rechtsprechung unmittelbar aus dem verfassungsrechtlichen Gebot, gegenläufige, gleichermaßen verfassungsrechtlich geschützte Interessen mit dem Ziel ihrer Optimierung im Wege fallbezogener Abwägung auszugleichen. Welches Gewicht die Gründe haben müssen, die angesichts der vorbehaltlosen Garantie der Glaubensfreiheit die Versagung der Sondernutzungserlaubnis für eine Religions- oder Weltanschauungsgemeinschaft rechtfertigen können, läßt sich nicht rechtsgrundsätzlich klären, sondern nur im jeweiligen konkreten Fall entscheiden. Ergibt die Einzelfallprüfung, daß die beabsichtigte Straßenbenutzung weder die durch

---

[2] KirchE 33, 92.   [3] KirchE 32, 307.   [4] KirchE 33, 43.

Art. 2 Abs. 1, Art. 3 Abs. 1 GG im Kern geschützten Rechte der Verkehrsteilnehmer noch das Recht auf Anliegergebrauch (Art. 14 Abs. 1 GG) noch andere Grundrechte ernstlich beeinträchtigt, so besteht in aller Regel ein Anspruch auf Erlaubniserteilung.

Daß das Berufungsgericht die Klagen gleichwohl für unbegründet gehalten hat, beruht allein darauf, daß sie lediglich die Erteilung einer Sondernutzungserlaubnis für *nichtgewerbliche* Betätigung bzw. – zusätzlich – einer *unbefristeten* Sondernutzungserlaubnis zum Gegenstand hatten. Diese Besonderheiten werden von der genannten Rechtsfrage jedoch nicht thematisiert.

b) Auch die von der Beschwerde ferner aufgeworfene Frage, ob ein Anspruch einer unter Art. 4 GG fallenden Gemeinschaft auf Erteilung einer Sondernutzungserlaubnis für Informationsstände auf öffentlichen Straßen daran scheitern kann, „daß eine Religionsgemeinschaft neben der durch Art. 4 GG geschützten Mitgliederwerbung mit dem beantragten Informationsstand mittelbar, also nicht am konkreten Stand, auch Zwecke verfolgt, die einer gewerblichen Betätigung dienen sollen", führt nicht zur Zulassung der Revision. Zunächst enthält das Berufungsurteil keine Feststellungen dahin gehend, daß von den hier in Rede stehenden Informationsständen eine nur „mittelbare" gewerbliche Betätigung ausgehen sollte. Die Vorinstanz hat – ohne daß hiergegen begründete Verfahrensrügen erhoben wurden – festgestellt, daß die beantragten Informationsstände sowohl der Mitgliederwerbung als auch der gewerblichen Betätigung dienen sollten; ferner ist – von der Beschwerde ebenfalls unbeanstandet – festgestellt, daß die gewerbliche Werbung bei den ausgelegten bzw. auszulegenden Werbemitteln bei weitem überwog. Von einer nur „mittelbaren" gewerblichen Betätigung des Klägers kann demnach nicht ausgegangen werden.

Die von der Beschwerde angesprochene Rechtsfrage ist im übrigen in der Rechtsprechung des Bundesverwaltungsgerichts bereits dahin gehend geklärt, daß einer Religions- oder Weltanschauungsgemeinschaft der Schutz des Art. 4 GG nicht schon dann zu versagen ist, wenn sie sich in erheblichem Umfang (erwerbs-)wirtschaftlich betätigt, sofern nicht ihre Glaubenslehre nur als Vorwand für die Verfolgung wirtschaftlicher Zwecke dient (vgl. BVerwGE 90, 112 [116ff.][5]; Beschluß v. 16.2.1995, aaO). Daß ein Informationsstand einer Religions- oder Weltanschauungsgemeinschaft nicht nur der Mitgliederwerbung, sondern nach den konkreten Umständen vor allem erwerbswirtschaftlichen Zwecken dient, läßt daher den Schutz des Art. 4 GG nicht entfallen, kann aber für die Beurteilung des Störungsgrades des Standes und damit für die Abwägung der gegenläufigen Belange der Straßenbenutzer von Bedeutung sein. Ob das

---

[5] KirchE 30, 151.

Berufungsgericht diese Abwägung für den vorliegenden Sachverhalt zutreffend vorgenommen hat, ist eine Frage der tatsächlichen Würdigung des Einzelfalls, die nicht die Zulassung der Grundsatzrevision rechtfertigen kann. Immerhin sei bemerkt, daß das Berufungsurteil dem Kläger einen Erlaubnisanspruch nicht etwa generell, sondern nur für einen bestimmten Standort und für einen „permanenten Stand" abgesprochen hat.

50

Das unentgeltliche Anbieten und Abgeben von Zeitschriften (hier u. a. religiösen Inhalts) auf verkehrsberuhigten öffentlichen Straßen und Plätzen ist durch die Widmung der Straße gedeckt und bedarf keiner Sondernutzungserlaubnis, solange die in den Zeitschriften enthaltene Werbung für Verlagsprodukte und Förderabonnements gegenüber dem übrigen Inhalt nicht im Vordergrund steht.

Art. 14 Abs. 1 Satz 2, 22 Abs. 1 BayStrWG
BayVGH, Beschluß vom 4. Juli 1996 – 8 CE 95.4155 [1] –

Der Antragsteller (Universelles Leben e. V.) möchte erreichen, daß er ohne Erlaubnis auf öffentlichen Wegen und Plätzen der Antragsgegnerin kostenlos Zeitungen verteilen darf. Es handelt sich dabei um die Zeitschrift „Denk mit und handle" sowie „Freie Christen, Christusstaat", die beide im „Verlag Universelles Leben GmbH & Co., Wort, Bild und Ton im Universellen Leben KG" erscheinen. Auf der Titelseite beider Zeitschriften ist ein Kaufpreis von 0,30 bzw. 3,00 DM angegeben, zudem wird auf die Möglichkeit eines Abonnements hingewiesen. Die Zeitschriften enthalten vorwiegend Aufsätze über zeitgeschichtliche und religiöse Probleme; die letztgenannte Zeitschrift enthält daneben auch einzelne Werbeseiten.

Die Antragsgegnerin untersagte einer Mitarbeiterin des Antragstellers die kostenlose Verteilung der Zeitschriften in der L'straße in I. am 7.7.1995 mit der Begründung, daß die dafür erforderliche Sondernutzungserlaubnis fehle. Auf Gegenvorstellung des Antragstellers führte die Antragsgegnerin aus, gegen die Verteilung von Handzetteln zur freien Meinungsäußerung sei nichts einzuwenden. Die Zeitschrift „Wort, Bild und Ton" koste im Abonnement jedoch 100 DM. In dem Verteilen dieser Zeitschrift sei demnach eine wirtschaftliche

---

[1] NVwZ-RR 1997, 258. Nur LS: KuR 1997, 133. Vgl. zu diesem Fragenkreis auch BayObLG DÖV 1997, 1054; OLG Düsseldorf NJW 1998, 2375; OVG Bremen GewArch 1997, 287.

Tätigkeit zu sehen, auch wenn sie kostenlos verteilt werde. Der Antragsteller müsse deshalb einen Antrag auf Erteilung einer Sondernutzungserlaubnis stellen, andernfalls seien Ordnungswidrigkeitenverfahren nicht zu vermeiden.

Daraufhin beantragte der Antragsteller beim Verwaltungsgericht München, im Wege der einstweiligen Anordnung festzustellen, daß der Antragsteller für das kostenlose Anbieten von Zeitungen (ohne Informationsstand) im Stadtbereich der Antragsgegnerin keiner Sondernutzungserlaubnis bedürfe.

Das Verwaltungsgericht wies den Antrag ab. Mit der Beschwerde verfolgt der Antagsteller seinen Antrag weiter. Die Beschwerde war erfolgreich.

Aus den Gründen:

Die Beschwerde hat Erfolg. Ein Grund für die beantragte einstweilige Anordnung ist glaubhaft gemacht; der Antragsteller möchte die von der Antragsgegnerin als unzulässig erachtete Verteilung von Zeitschriften fortsetzen. Nicht zu beanstanden ist, daß der Antragsteller mittels der beantragten einstweiligen Anordnung eine vorläufige Feststellung begehrt (vgl. Schoch/Schmidt-Aßmann/ Pietzner, VwGO, Rdnr. 35 zu § 123).

Der Antrag ist auch in der Sache begründet. Der Antragsteller hat Anspruch auf eine einstweilige Anordnung. (...) Der Antragsteller bietet durch Mitarbeiter in der Fußgängerzone, d. h. auf öffentlichen Wegen und Plätzen in der Straßenbaulast der Antragsgegnerin, Zeitschriften aus einem ihm verbundenen Verlag an vorübergehende Passanten an. Die Zeitungen werden unentgeltlich und ohne zusätzliche Hilfsmittel (z. B. Informationsstände) abgegeben. Es ist nicht vorgetragen und auch nicht ersichtlich, daß dies aggressiv werbend z. B. durch Ansprechen oder Anhalten von Passanten (vgl. OVG Lüneburg v. 13.11.1995[2], NVwZ-RR 1996, 244f.) vor sich geht, daß damit der Verkehrsraum für die Fußgänger unerträglich eingeengt wird (Störung der Sicherheit und Leichtigkeit des Verkehrs) oder damit ein ins Gewicht fallendes Verschmutzen des Straßengrunds (durch weggeworfene oder fallengelassene Zeitschriften) verbunden ist. Eine solche Betätigung ist nach der Entscheidung des Bundesverfassungsgerichts vom 18.10.1991 (NVwZ 1992, 53f.) Gemeingebrauch; es liegt einer der Fälle vor, in denen es im Hinblick auf die Meinungsfreiheit nicht gerechtfertigt ist, die Verteilung der Zeitschriften generell von einem Erlaubnisvorbehalt (Sondernutzungserlaubnis) abhängig zu machen.

Diese Kammerentscheidung des Bundesverfassungsgerichts ist kritisiert worden unter anderem deshalb, weil sie die ausgleichende und friedenstiftende Funktion eines Sondernutzungserlaubnisverfahrens ebenso verkenne wie die

---

[2] KirchE 33, 502.

allgemeine Struktur des Straßen- und Wegerechts (vgl. Enders, VerwArch 83 [1992], 527f.). Ob diese Kritik berechtigt ist und der Entscheidung allgemein zu folgen ist, mag dahinstehen (dazu Sendler, NJW 1995, 3291 f.). Die vom Bundesverfassungsgericht aus Art. 5 GG gezogene Schlußfolgerung, daß Betätigungen dieser Art als Gemeingebrauch anzusehen seien, entspricht jedenfalls bei der hier gegebenen Fallgestaltung auch der Regelungsstruktur des Straßen- und Wegerechts. Bei den Straßen und Plätzen, auf denen der Antragsteller die Zeitschriften anbietet, handelt es sich so gut wie ausschließlich um verkehrsberuhigte Bereiche. Der Straßenraum wird hier nicht nur zur Fortbewegung, sondern auch zu Kommunikation und Kontaktaufnahme benutzt; er erfüllt eine Aufenthaltsfunktion und dient dem Austausch von Informationen und Meinungen in Wort und Schrift (vgl. Zeitler, BayStrWG [Stand Januar 1996], Rdnr. 38f. zu Art. 14 m.w.N.). Die Art der Betätigung, die der Antragsteller in der Fußgängerzone anstrebt, ist somit von der Widmung der Straße gedeckt und deshalb Gemeingebrauch. Erst wenn der erweiterte Widmungszweck überschritten würde, sei es, weil die Verkehrsfunktion der Straße beeinträchtigt würde (Störung der Fußgänger), sei es, weil der Kommunikationszweck nicht mehr gewahrt wäre (Störung der Kommunikation anderer einschließlich des Wunsches „in Ruhe gelassen zu werden"), wäre die Ordnung der verschiedenen Straßennutzungen durch ein Verteilungs-(Sondernutzungs-)Verfahren angezeigt. Dabei genügte die Möglichkeit, daß solche Konflikte entstehen könnten, um Anlaß für ein Sondernutzungserlaubnisverfahren zu geben (vgl. Art. 22 Abs. 1 BayStrWG). Im vorliegenden Fall ist hierfür nichts ersichtlich.

Das Anbieten von Zeitschriften durch den Antragsteller ist auch nicht deshalb Sondernutzung, weil die Straße nicht zum Verkehr, sondern zu „anderen Zwecken" benutzt wird (Art. 14 Abs. 1 Satz 2 BayStrWG). Es ist unbestritten, daß gewerbliche Betätigungen sondernutzungspflichtig sind (vgl. OVG Lüneburg v. 13.11.1995, NVwZ-RR 1996, 244f.). Die bloße Verteilung der genannten Zeitschriften kann jedoch nicht als gewerbliche Betätigung in diesem Sinn qualifiziert werden. Die Antragsgegnerin erblickt die gewerbliche Tätigkeit darin, daß in den Zeitschriften auf die Möglichkeit eines sogenannten Förderabonnements sowie auf die vom Verlag herausgegebenen und vertriebenen Bücher und Schallplatten hingewiesen wird, die jeweils zu üblichen Marktpreisen angeboten würden. Dabei wird aber übersehen, daß diese Hinweise wie auch einzelne Anzeigen für offensichtlich dem Antragsteller verbundene Betriebe sich lediglich inseratmäßig im hinteren Teil der Zeitschriften befinden und auch der Aufmachung nach in keiner Weise im Vordergrund stehen. Die Werbung einschließlich der Anzeigen ist jedenfalls – verglichen mit üblichen Tageszeitungen oder (Anzeigen-)„Wochenblättern" – deutlich untergeordnet. Das Schwergewicht ist bei den vorgelegten Zeitungen inhaltlich und quantitativ auf Meinungsäußerungen und Beiträge allgemein religiöser, historischer oder politischer

Art gerichtet. Die Fallgestaltung unterscheidet sich deutlich von derjenigen, die dem Urteil des OVG Lüneburg vom 13.11.1995 (aaO) zugrundeliegt. Auf die Frage, ob der Antragsteller eine Religionsgesellschaft im Sinne von Art. 140 GG i. V. m. Art. 137 WRV ist, kommt es somit nicht an (bejahend BayVGH vom 13.10.1994[3] NVwZ 1995, 502).

51

1. Besoldungsstreitigkeiten ohne statusrechtliche Vorfragen zwischen einem kirchlichen Dienstherrn und einem Beamten im Kirchendienst unterfallen nicht dem verfassungsrechtlich geschützten Autonomiebereich der Kirche.
2. Für Streitigkeiten dieser Art ist der Rechtsweg zu den staatlichen Gerichten eröffnet.
3. Verfügt die Religionsgesellschaft über eine eigene effektiven Rechtsschutz in richterlicher Unabhängigkeit gewährende Verwaltungsgerichtsbarkeit, ist dieser Rechtsschutz vorrangig in Anspruch zu nehmen.

Art. 20 Abs. 3, 140 GG, 137 Abs. 3 Satz 2 WRV
OVG Rheinland-Pfalz, Urteil vom 5. Juli 1996 – 2 A 12622/95 [1] –

Die Klägerin war als Professorin im Kirchendienst an der in der Trägerschaft der Ev. Landeskirche der Pfalz stehenden Fachhochschule für Sozialwesen tätig. Sie nimmt die beklagte Landeskirche auf Zahlung von Dienstbezügen in Anspruch. Das Verwaltungsgericht hat die Klage als unzulässig abgewiesen.

Die Berufung der Klägerin hatte keinen Erfolg.

Aus den Gründen:

Die Berufung ist zulässig, aber nicht begründet. Das Verwaltungsgericht hat die Klage, die auf Zahlung angeblich rückständiger aus einem früheren kirchlichen Amtsverhältnis fließender Dienstbezüge für den Monat Februar 1994 gerichtet ist, zu Recht als unzulässig abgewiesen.

Die Unzulässigkeit der Klage ergibt sich entgegen der Auffassung des Verwaltungsgerichts allerdings nicht schon daraus, daß für eine Streitigkeit der hier in Rede stehenden Art der Rechtsweg zu den staatlichen Verwaltungsgerichten

---

[3] KirchE 32, 393.

[1] Amtl. Leitsätze. NVwZ 1997, 802. Nur LS: DVBl. 1996, 1331; KuR 1997, 64; AkKR 165 (1996), 599. Das Urteil ist rechtskräftig. Vgl. zu diesem Fragenkeis auch VG Düsseldorf NWVBl. 1998, 454.

nicht eröffnet ist. Auf dem Hintergrund der verfassungsrechtlichen Kollision der allgemeinen Justizgewährpflicht des Staates (vgl. Art. 20 Abs. 3 GG) und dem in Art. 140 GG i. V. m. Art. 137 Abs. 3 S. 2 WRV gewährleisteten Selbstbestimmungsrecht der Religionsgesellschaften tritt nach gesicherter Auffassung in Rechtsprechung (vgl. BVerwGE 66, 241 ff. m. w. N.[2]; BVerwG, NJW 1994, 3367 f.[3]; OVG.NW, NJW 1994, 3368 ff. m. w. N.[4]; OVG Lüneburg, NVwZ 1991, 796 f.[5]; VGH.BW., NVwZ-RR 1994, 422 f.[6]) und Schrifttum (vgl. von Campenhausen, Der staatliche Rechtsschutz im kirchlichen Bereich, AöR 112 (1987), 623 ff.; Maurer, Kirchenrechtliche Streitigkeiten vor den allgemeinen Verwaltungsgerichten, Festschrift für Menger, 1985, S. 285 ff.; Hollerbach, Religion, Kirche, Weltanschauung, Gewissen, in: HDStR VI, 1989, Rdnr. 148 ff.), welcher der Senat folgt, die staatliche Justizgewährleistung nur in solchen Streitigkeiten hinter die Autonomie der Kirche zurück, in denen es um die geistlichen Aufgaben, um das kirchliche Selbstverständnis sowie um statusrechtliche Streitigkeiten der geistlichen und öffentlich-rechtlichen Amtsträger geht. Mithin unterfallen diese Materien der staatlichen Gerichtsbarkeit allenfalls aufgrund einer speziellen kirchenrechtlichen Rechtswegzuweisung.

Geht es hingegen, so wie im vorliegenden Fall, um die gerichtliche Durchsetzung eines vermögensrechtlichen Anspruches mit der Notwendigkeit, umzugs- und aufrechnungsrechtliche nicht aber statusrechtliche Vorfragen zu klären, dann ist nach dem Stand der höchstrichterlichen Rechtsprechung offen (vgl. BVerwG, Urteil v. 25.11.1982 – 2 C 21.78 –, BVerwGE 66, 241 [249]; BVerwG, NJW 1983, 2582 f.[7]; von Campenhausen, aaO, AöR 112 (1987), 623 ff. [646]), ob es sich um einen den Rechtsweg zu den staatlichen Gerichten hindernden Streitgegenstand handelt. Der Senat beantwortet diese Frage in Übereinstimmung mit der Rechtsprechung des Oberverwaltungsgerichts Nordrhein-Westfalen (vgl. Urteil v. 22.3.1994 – 5 A 2378/93 – NJW 1994, 3368 ff.) dahingehend, daß staatlicher Rechtsschutz insoweit generell in Betracht kommt. Im Zusammenhang mit Besoldungsstreitigkeiten aus einem kirchlichen Amt stellt sich nämlich der mit dem Rechtsstreit angestrebte „Arbeitnehmerschutz" im Vergleich zur Respektierung eines kirchlichen Autonomiebereiches keineswegs als nachrangig dar. Im Vordergrund des Rechtsstreites steht nämlich ein Anspruch auf Zahlung amtsangemessenen Unterhaltes. Damit wird eine Verpflichtung des kirchlichen Dienstherrn angesprochen, deren Erfüllung der Sicherung der staatsbürgerlichen Existenz des Bediensteten und damit einem Rechtsgut von hohem Wert dient, das seinerseits der Kirchenautonomie Schranken zieht. Die verhältnismäßige Zuordnung der staatlichen Justizgewährpflicht

---

[2] KirchE 20, 208.
[3] KirchE 32, 148.
[4] KirchE 32, 97.
[5] KirchE 29, 1.
[6] KirchE 31, 199.
[7] KirchE 20, 217.

und des kirchlichen Selbstverwaltungsrechtes erfordert es unter diesen Umständen nicht, insbesondere wenn die Leistungspflicht, so wie hier, dem Grunde nach unstreitig ist, auch insoweit den kirchlichen Autonomiebereich von staatlichen Ingerenzen vollständig freizuhalten.

Aus der Eröffnung des Rechtsweges zu den staatlichen Gerichten folgt allerdings noch nicht die Zulässigkeit der erhobenen Klage. Dazu bedarf es vielmehr weiterer prozessualer Voraussetzungen, insbesondere muß das allgemeine Rechtsschutzinteresse vorliegen. Daran fehlt es regelmäßig, wenn, solange und soweit der Rechtsschutzsuchende über anderweitige Rechtsschutzmöglichkeiten verfügt und ihm die Verweisung hierauf zuzumuten ist (vgl. BGHZ 47, 172 [174]; Ehlers in: Schoch/Schmidt-Aßmann/Pietzer, VwGO, Vorb. § 40 Rdnr. 87; Maurer, Kirchenrechtliche Streitigkeiten vor den allgemeinen Verwaltungsgerichten, Festschrift für Menger, 1985, S. 299 ff.; von Campenhausen, Der staatliche Rechtsschutz im kirchlichen Bereich, AöR 112 [1987] S. 638 ff., Hollerbach, Religion, Kirche, Weltanschauung, Gewissen, HDStR VI, 1989, Rdnr. 156). So liegen die Dinge hier.

Die beklagte ev. Kirche der Pfalz verfügt nämlich über eine kircheneigene Verwaltungsgerichtsbarkeit. Sie wurde durch das Gesetz über das Verfassungs- und Verwaltungsgericht der Pfälzischen Landeskirche vom 17.10.1959 (ABl. S. 171) eingerichtet. Aufgrund dieses Gesetzes ist eine zweizügige Gerichtsbarkeit mit einem Verwaltungsgericht und einem Verwaltungsgerichtshof als Rechtsmittelgericht ins Leben gerufen worden, deren Spruchkörper nach den Bekundungen der Prozeßbevollmächtigten der Beklagten in der mündlichen Verhandlung ihre rechtsprechende Tätigkeit seit Jahren in richterlicher Unabhängigkeit ausüben. Als korporationseigene Rechtsschutzinstitutionen schließen sie den staatlichen Rechtsschutz zwar nicht grundsätzlich aus, doch weisen sie ihm, ähnlich wie in der Vereins- und Schiedsgerichtsbarkeit, eine subsidiäre Funktion zu, solange der Rechtsschutzsuchende von seinen speziellen Rechtsschutzmöglichkeiten noch keinen Gebrauch gemacht hat. Dies ist hier der Fall, denn die Klägerin hat vor der Anrufung des staatlichen Gerichtes weder das in § 4 Abs. 3 des Gesetzes vom 17.10.1959 vorgeschriebene kirchenbehördliche Vorverfahren durchgeführt, noch die Verwaltungsgerichte der Beklagten bemüht. Davon wäre sie nur dann enthoben gewesen, wenn der Subsidiaritätsvorbehalt durch innerkirchliche Anordnung für Streitigkeiten der hier vorliegenden Art entfallen wäre, oder wenn es der Klägerin nicht zugemutet werden könnte, vorrangig auf die kirchlichen Verwaltungsgerichte verwiesen zu werden. Beides ist jedoch nicht der Fall.

Der Subsidiaritätsvorbehalt wird insbesondere durch die in § 96 Abs. 1 S. 1 der Verfassung der Ev. Kirche der Pfalz vom 1.1.1991 enthaltene Rückverweisung auf „die für die Staatsbeamten geltenden Vorschriften" nicht berührt, weil von dieser auf § 135 S. 2 BRRG bezogenen Klausel die Vorschriften des Kap. II,

Abschn. II des BRRG ersichtlich nicht in Bezug genommen werden. Dies hat das Verwaltungsgericht im angegriffenen Urteil mit zutreffender Begründung, auf die Bezug genommen wird, dargelegt. Liegt aber eine kirchengesetzliche Verweisung auf die rechtswegspezifischen Regelungen des BRRG nicht vor, dann verbleibt es auch beim Subsidiaritätsvorbehalt, ohne daß es noch auf die Klärung der weiteren Frage ankommt, ob Beamte im kirchlichen Hochschuldienst dem persönlichen Geltungsbereich des § 96 der Kirchenverfassung überhaupt unterfallen, der seinem Wortlaut nach nur von den Mitgliedern und den Beamten des Landeskirchenrates handelt.

Der Klägerin kann auch nicht darin gefolgt werden, daß die Beschreitung des kirchlichen Rechtsweges für sie unzumutbar sei. Zwar trifft es zu, daß die Verwaltungsgerichtsbarkeit der Beklagten in bezug auf die Besetzung der Spruchkörper, die Klagetypen, den verwaltungsgerichtlichen Kontrollmaßstab insbesondere bei der Ermessensprüfung von den Bestimmungen der Verwaltungsgerichtsordnung abweicht. Richtig ist auch, daß die Judikate der kirchlichen Verwaltungsgerichte keine vollstreckbaren Titel darstellen. Diese Umstände lassen die Verweisung der Klägerin auf den kirchlichen Verwaltungsrechtsweg aber nicht als unzumutbar erscheinen, weil ihnen gewichtige sachliche Gründe gegenüberstehen, die für einen vorgeschalteten kirchlichen Rechtsschutz sprechen. So hängt die Entscheidung des Rechtsstreites maßgeblich davon ab, ob und ggf. in welchem Umfang die Beklagte Normen des staatlichen Rechtes, insbesondere des Umzugskostenrechtes, in ihren innerkirchlichen Rechtskreis inkorporiert hat. Diesbezüglich verfügt das kirchliche Verwaltungsgericht ohne Zweifel über einen weiterreichenden Kenntnisstand als die staatlichen Gerichte. Es steht auch in seinen gerichtlichen Aufklärungsmöglichkeiten den staatlichen Gerichten keineswegs nach und was den verwaltungsgerichtlichen Kontrollmaßstab anbelangt, so ist darauf hinzuweisen, daß dieser bei der Prüfung kirchlicher Handlungen durch staatliche Verwaltungsgerichte ohnedies eingeschränkt ist (vgl. OVG.NW, Urteil v. 22.3.1994[8] – 5 A 2378/93 – NJW 1994, 3368 [3369]), so daß er in seiner Intensität nicht über den der kirchlichen Verwaltungsgerichte hinausgehen dürfte. Da diese Art staatlicher Rechtsschutzgewährleistung der Klägerin zudem nicht verloren geht, stellt sich die Frage der Unzumutbarkeit allenfalls unter zeitlichen und vollstreckungsrechtlichen Aspekten. Letzterer fällt dabei nicht entscheidend ins Gewicht, weil nach dem Selbstverständnis und dem Handeln der Ev. Landeskirche ein Vollstreckungszwang für die Durchsetzung von Forderungen entbehrlich ist. Darin liegt im übrigen auch der Grund dafür, daß allgemeine Leistungsklagen im kirchengerichtlichen Verfahren nicht vorgesehen sind. Schließlich erfährt der Rechtsstreit durch eine

---

[8] KirchE 32, 97.

Klage vor den kirchlichen Verwaltungsgerichten auch keine nachhaltige Verzögerung, denn zum einen fehlt es erfahrungsgemäß an einem Bedürfnis, den nachgeschalteten staatlichen Rechtsschutz zu bemühen und zum anderen kann der kirchliche Rechtsschutz wegen der deutlich geringeren Belastung der Kirchengerichte in der Regel zeitnaher gewährt werden.

52

Zur Eingruppierung eines im Dienst einer kirchlichen Körperschaft stehenden Gewerbeschulrats im Angestelltenverhältnis, der die Befähigung für das Lehramt des gehobenen Dienstes an gewerblichen Berufs- und Berufsfachschulen im Lande Baden-Württemberg hat.

Vorbem. Ziff. 1 AVR Diakonisches Werk
BAG, Urteil vom 10. Juli 1996 – 4 AZR 148/95[1] –

Die Parteien streiten über die zutreffende Eingruppierung des Klägers. Dieser hat an der Fachhochschule Feinwerktechnik und anschließend an der Berufspädagogischen Hochschule Unterrichtslehre des Maschinenbaus/Kfz. studiert. Nach dem Vorbereitungsdienst und erfolgreicher Ablegung der Prüfung für das Lehramt an gewerblichen Berufs- und Berufsfachschulen trat er am 15. 8. 1977 als Gewerbelehrer in die Dienste der Beklagten, einer kirchlichen Körperschaft des öffentlichen Rechts. In dem Formulararbeitsvertrag haben die Parteien die Geltung der „Arbeitsvertragsrichtlinien des Diakonischen Werkes – Innere Mission – der Ev. Kirche in Deutschland (AVR) in der jeweils gültigen Fassung" vereinbart.

Der Kläger erhielt von Beginn seines Arbeitsverhältnisses an die Vergütungsgruppe II a BAT. Dies war zunächst im Arbeitsvertrag offengelassen worden, weil die Beklagte, deren Personalkosten für Lehrer in voller Höhe vom Land Baden-Württemberg refinanziert werden, die Eingruppierung mit dem Oberschulamt abklären wollte. Nachdem das Oberschulamt die Einstellung des Klägers „als Gewerbelehrer im Schuldienst (VergGr. BAT II a)" genehmigt hatte, wurde der Arbeitsvertrag entsprechend ergänzt. Außerdem bezog der Kläger ab Einstellung eine widerrufliche Zulage, die am 14. 1. 1981 widerrufen wurde.

Am 24. 3. 1982 wurde dem Kläger vom Oberschulamt für die Dauer seiner Lehrtätigkeit an der Sonderberufsschule beim Berufsbildungswerk in freier Trägerschaft der J-Anstalten M. das Recht zur Führung der Bezeichnung „Gewerbeschulrat" verliehen.

---

[1] NZA 1996, 1324. Nur LS: ZMV 1997, 143.

Am 6.4.1992 beantragte er bei der Beklagten „eine Höhergruppierung von BAT IIa auf BAT Ib entsprechend den AVR des Diakonischen Werkes der Evangelischen Kirche". Dieser Antrag wurde von der Beklagten abgelehnt. Die vom Kläger angerufene Schiedsstelle des Diakonischen Werkes der Ev. Landeskirche in Baden e.V. sah sich außerstande, eine Entscheidung zu treffen, „da es insbesondere an der Aufklärung der personellen Voraussetzungen für die Erfüllung der laufbahnrechtlichen Voraussetzungen" fehle. Daraufhin reichte der Kläger Feststellungsklage beim Arbeitsgericht ein. Das Arbeitsgericht hat die Klage abgewiesen. Das Landesarbeitsgericht hat ihr stattgegeben. Mit der Revision erstrebt die Beklagte die Wiederherstellung des erstinstanzlichen Urteils.
Die Revision hatte Erfolg.

Aus den Gründen:

Die Revision der Beklagten ist begründet. Der Kläger hat keinen Anspruch auf Vergütung aus der VergGr. Ib BAT gegenüber der Beklagten.

I. Der Antrag des Klägers ist eindeutig. Er erstrebt die Feststellung der Verpflichtung der Beklagten zur Zahlung von Vergütung nach der VergGr. Ib BAT, obgleich der Kläger seinen Anspruch in erster Linie auf die Eingruppierungsmerkmale der Anl. 1a der AVR in der bei Abschluß des Arbeitsvertrages geltenden Fassung stützt. Dies erscheint auf den ersten Blick widersprüchlich, kann aber sinnvoll dahin gedeutet werden, der Kläger gehe davon aus, die Voraussetzungen seines Vergütungsanspruchs richteten sich nach den Eingruppierungsmerkmalen der Anl. 1a der AVR, dessen Höhe hingegen nach dem BAT. Dem entspricht die Refinanzierung seines Gehaltes aus Mitteln des Landes Baden-Württemberg. In § 3a des Arbeitsvertrages ist die VergGr. IIa, in die der Kläger „eingestuft" worden ist, auch als solche des BAT bezeichnet.

II. Die Klage ist zulässig. Es handelt sich um eine Eingruppierungsfeststellungsklage, die auch außerhalb des öffentlichen Dienstes allgemein üblich ist und gegen deren Zulässigkeit nach ständiger Rechtsprechung des Bundesarbeitsgerichts keine Bedenken bestehen (z. B. Senatsurteile vom 26.5.1993 – 4 AZR 358/92 –, – 4 AZR 382/92 – und – 4 AZR 383/92 – AP Nr. 2, 3, 4 zu § 12 AVR Caritasverband; vgl. auch Urteil des Senats vom 28.3.1990 – 4 AZR 619/89 – AP Nr. 26 zu §§ 22, 23 BAT Lehrer).

III. Die Klage ist nicht begründet. Die Beklagte ist aus keinem rechtlichen Gesichtspunkt zur Zahlung von Vergütung nach VergGr. Ib BAT an den Kläger ab 1.9.1992 verpflichtet.

1. Entgegen der vom Kläger vertretenen Auffassung bestimmen sich die Voraussetzungen seines Vergütungsanspruchs für den streitigen Anspruchszeitraum nicht nach den Eingruppierungsmerkmalen der Anl. 1a der AVR in der bei Abschluß des Arbeitsvertrages geltenden Fassung. Dies folgt eindeutig aus § 2 des Formulararbeitsvertrages der Parteien vom 15.8.1977. Dort haben die Par-

teien vereinbart, daß für das Dienstverhältnis die Arbeitsvertragsrichtlinien des Diakonischen Werkes – Innere Mission und Hilfswerk – der Ev. Kirche in Deutschland (AVR) in der jeweils gültigen Fassung gelten.
1.1 Folglich kann sich der Kläger zur Rechtfertigung seines Vergütungsanspruchs für die Zeit ab 1. 9. 1992 nicht auf die bei Abschluß des Arbeitsvertrages geltenden Eingruppierungsmerkmale der Berufsgruppeneinteilung A des Gruppenplanes 02 stützen, die für die Eingruppierung von Lehrkräften keine Geltung mehr haben. Im Anschluß an die Berufsgruppeneinteilung A ist in der Anl. 1a der AVR unter Ziff. 1 der Vorbemerkungen folgendes bestimmt:

1. Die Anlage 1 a gilt nicht für Mitarbeiterinnen und Mitarbeiter, die als Lehrkräfte an allgemeinbildenden und beruflichen Schulen beschäftigt werden.

Die Eingruppierung und die übrigen Bestandteile der Bezüge dieser Mitarbeiterinnen und Mitarbeiter richten sich nach den jeweils geltenden Bestimmungen für die im Dienst der Länder im Angestelltenverhältnis beschäftigten Lehrerinnen und Lehrer.

Diese Vorschrift ist, mit geringen sprachlichen Abweichungen zum jetzigen Wortlaut, durch Beschluß der AK DW vom 21. 10. 1980 als Anmerkung im Anschluß an die Berufsgruppeneinteilung A in die Anl. 1 a AVR eingeführt worden und ist am 1. 1. 1981 in Kraft getreten.

Seitdem bestimmte sich die Vergütung des Klägers nicht mehr nach den Eingruppierungsmerkmalen der Anl. 1 a AVR in der bei Vertragsabschluß geltenden Fassung, auf die der Kläger seinen Anspruch mit seiner Hauptbegründung stützt; dabei wird hier zu seinen Gunsten unterstellt, daß dies überhaupt der Fall war, was wegen der Vereinbarung seiner „Einstufung" in die VergGr. II a BAT nicht zweifelsfrei ist.

1.2 Durch die Änderung der für ihn maßgebenden Eingruppierungsmerkmale zum 1. 1. 1981 ist auch nicht in einen geschützten Besitzstand des Klägers eingegriffen worden.

1.2.1 Die Merkmale der Anl. 1 a der AVR in der bei Beginn des Arbeitsverhältnisses geltenden Fassung, aus denen der Kläger seinen Anspruch auf Vergütung nach der VergGr. I b BAT in erster Linie herleitet, hatten seinerzeit folgenden Wortlaut:

02. Mitarbeiter mit abgeschlossener wissenschaftlicher Hochschulbildung und entsprechenden Tätigkeiten
VergGr. II a
1.a) Mitarbeiter mit abgeschlossener wissenschaftlicher Hochschulbildung und mit entsprechender Tätigkeit
b) Mitarbeiter, die aufgrund gleichwertiger Fähigkeiten und ihrer Erfahrungen entsprechende Tätigkeiten ausüben
VergGr. I b
2.a) Mitarbeiter wie zu 1. nach einer Bewährungszeit in der VergGr. II a. Die Bewährungszeit beträgt 11 Jahre, wenn der Mitarbeiter eine zweite Staatsprüfung oder die zweite theologische Prüfung mit Erfolg abgelegt hat, im übrigen 15 Jahre.

1.2.2 Der Auffassung des Klägers, durch die Änderung der Anl. I a der AVR, hier die Herausnahme der Lehrer aus dieser, sei unzulässig in von ihm wohlerworbene Rechte eingegriffen worden, kann nicht gefolgt werden. Der Kläger hat sich im Arbeitsvertrag mit den AVR in der jeweils geltenden Fassung einverstanden erklärt, also auch hinsichtlich der Tätigkeitsmerkmale der Anlagen zu den AVR. Dann aber gilt nichts anderes als bei Tarifverträgen. Die spätere Fassung der AVR tritt an die Stelle der vorherigen ohne Rücksicht darauf, ob die frühere Fassung günstiger war oder nicht. Es bedurfte also einer besonderen Regelung, wenn die bisherigen Rechte der Mitarbeiter/-innen des Diakonischen Werkes einschließlich etwaiger Expektanzen auf einen Zeit- oder Bewährungsaufstieg aus der günstigeren bisherigen Regelung erhalten bleiben sollten (Urteil des Senats v. 14. 6. 1995 – 4 AZR 250/94 – AP Nr. 7 zu § 12 AVR Caritasverband). Auch hier treffen die Grundsätze des Tarifrechts des öffentlichen Dienstes zu. Durch den Wegfall des Bewährungsaufstiegs für bestimmte Arbeitnehmer durch eine Tarifänderung wird nicht in geschützte Besitzstände eingegriffen, wenn im Zeitpunkt des Wirksamwerdens des neuen Tarifvertrages die Voraussetzungen des Bewährungsaufstiegs noch nicht gegeben waren (Urteile des Senats v. 14. 6. 1995, aaO; v. 21. 10. 1992 – 4 AZR 156/92 – AP Nr. 27 zu § 23 a BAT; v. 27. 8. 1986 – 4 AZR 286/85 –, n. v.).

Dies war bei der Änderung der Anl. 1 a der AVR mit Wirkung vom 1. 1. 1981 bezüglich des Klägers der Fall. Die elfjährige Bewährungszeit der VergGr. I b Fallgr. 2 a des Einzelgruppenplans 02 der Anl. 1 a der AVR hatte er seinerzeit nicht aufzuweisen.

2. Mit Recht haben die Vorinstanzen daher geprüft, ob der Anspruch des Klägers auf Vergütung nach der VergGr. I b BAT aus den Richtlinien des Finanzministeriums Baden-Württemberg über die Eingruppierung der im Angestelltenverhältnis beschäftigten Lehrkräfte des Landes, auf welche der BAT Anwendung findet – nachfolgend kurz: Lehrerrichtlinien BW –, folgt, und zutreffend angenommen, daß dies nicht der Fall ist.

2.1 Mit der Vereinbarung der Geltung der AVR in der jeweils gültigen Fassung gilt auch die Vorbemerkung Ziff. 1 in der Anl. 1 a der AVR, die für die Eingruppierung der Mitarbeiterinnen und Mitarbeiter, die als Lehrkräfte an allgemeinbildenden und beruflichen Schulen beschäftigt werden, bestimmt, daß deren Eingruppierung und die übrigen Bestandteile ihrer Bezüge sich nach den jeweils geltenden Bestimmungen für die im Dienst der Länder im Angestelltenverhältnis beschäftigten Lehrerinnen und Lehrer richtet. Dies hat der Senat für eine gleichlautende Vertragsbestimmung in seinem Urteil vom 28. 3. 1990 – 4 AZR 619/89 –, aaO, entschieden. Daran ist festzuhalten.

Aus der Anl. 1 a der AVR ergibt sich zwar nicht unmittelbar, daß für die Eingruppierung des Klägers die Erlasse für die im Dienst des Landes Baden-Württemberg im Angestelltenverhältnis beschäftigten Lehrer maßgeblich sein sollen. Da die AVR bundesweit gelten und in der Anl. 1 a der AVR nicht ein bestimmtes Bundesland benannt ist, sondern die Formulierung „im Dienst der Länder" verwendet wurde, wobei wegen der Kulturhoheit der Länder jedes Bundesland seine eigenen Vorschriften hat, folgt aber aus dem Gesamtzusammenhang, daß die Eingruppierung der betreffenden Lehrkräfte sich nach den Bestimmungen für die im Angestelltenverhältnis beschäftigten Lehrer des Bundeslandes richten soll, in dem der Angestellte seinen Dienst ausübt. Damit sind vorliegend die Bestimmungen für die Lehrkräfte im Dienste des Landes Baden-Württemberg maßgebend (Urteil des Senats v. 28. 3. 1990 – 4 AZR 619/89 –, aaO).

Davon gehen auch die Parteien und die Vorinstanzen aus. Sie haben allerdings übersehen, daß die Lehrerrichtlinien BW vom 18. 5. 1982, unter anderem geändert durch die Richtlinien des Finanzministeriums vom 5. 12. 1990, durch die Lehrerrichtlinien BW vom 3. 8. 1992 abgelöst worden sind.

2.2 Diese haben, soweit hier von Interesse, folgenden Wortlaut:

1. Allgemeine Grundsätze
Die im Angestelltenverhältnis beschäftigten Lehrkräfte des Landes an Grund- und Hauptschulen, Realschulen, Sonderschulen, Gymnasien, beruflichen Schulen, integrierten Gesamtschulen und Orientierungsstufen oder an Schulkindergärten für schulpflichtige Kinder werden eingruppiert,
1.1 wenn sie die fachlichen und pädagogischen Voraussetzungen für die Übernahme in das Beamtenverhältnis auf Lebenszeit erfüllen,
nach den Nr. 2.1 bis 2.7,
...
2. Lehrkräfte, die die fachlichen und pädagogischen Voraussetzungen für die Übernahme in das Beamtenverhältnis auf Lebenszeit erfüllen
2.1 Die fachlichen und pädagogischen Voraussetzungen für die Übernahme in das Beamtenverhältnis auf Lebenszeit sind nur erfüllt, wenn der Angestellte die laufbahnrechtlich vorgeschriebenen Ausbildungen erfolgreich abgeleistet hat.
Die Lehrkräfte werden in die Vergütungsgruppe des BAT eingruppiert, die nach Maßgabe folgender Übersicht der Besoldungsgruppen der vergleichbaren beamteten Lehrkraft entspricht; Besoldungsgruppe in diesem Sinne ist die Besoldungsgruppe, in welcher ein Beamter nach Abschluß der vorgeschriebenen Ausbildung erstmals angestellt wird:
Besoldungsgruppe   Vergütungsgruppe
...
A 13   II a
A 14   I b
...
2.3 Die Lehrkräfte, die die Voraussetzungen für das erste von der Zuweisung einer Funktion unabhängige Beförderungsamt erfüllen würden und mindestens acht Jahre an öffentlichen Schulen, Ersatzschulen oder einheitlichen Volks- und höheren Schulen tätig waren, werden in die Vergütungsgruppe des nach Nr. 2.1 vergleichbaren beamteten Lehrers im ersten Beförderungsamt eingruppiert.
Lehrkräfte des Satzes 1, die die Voraussetzungen für ein zweites von der Zuweisung einer Funktion unabhängiges Beförderungsamt erfüllen würden, werden frühestens nach weite-

ren fünf Jahren in die Vergütungsgruppe des nach Nr. 2.1 vergleichbaren beamteten Lehrers im zweiten Beförderungsamt eingruppiert.

Bei der Festsetzung der Zeiten für die Höhergruppierung nach Abs. 1 und 2 ist im Einzelfall von den für vergleichbare Beamte maßgebenden Beförderungswartezeiten auszugehen.

Die Nr. 2 und 2.1 der Lehrerrichtlinien BW haben keine Änderung erfahren und gelten seit dem 1.8.1982 unverändert weiter. In Nr. 2.3 sind in den Abs. 1 und 2 lediglich zwei Klarstellungen vorgenommen worden. In Abs. 1 wurde vor dem Wort „acht" das Wort „mindestens" eingefügt. In Abs. 2 wurde vor den Worten „nach weiteren 5 Jahren" das Wort „frühestens" eingefügt. Neu angefügt wurde der Abs. 3. Die Neufassung der Nr. 2.3 trat rückwirkend am 1.8.1991 in Kraft (Änderungsrichtlinien des Finanzministeriums vom 29.6.1992).

2.3 Der Kläger erfüllt nicht die Voraussetzungen einer beamteten Lehrkraft der Besoldungsgruppe A 14 und kann daher nicht kraft Ziff. 2.3 der Lehrerrichtlinien BW Vergütung nach der VergGr. Ib BAT verlangen, wie die Vorinstanzen mit Recht angenommen haben.

2.3.1 Die vorgeschriebenen Ausbildungen für das höhere Lehramt an beruflichen Schulen sind in der Verordnung des Ministeriums für Kultus und Sport über den Vorbereitungsdienst und die Zweite Staatsprüfung für das höhere Lehramt an beruflichen Schulen (APrObSch hD) vom 5.3.1981 (GBl. S. 221) geregelt. Nach deren § 2 Abs. 1 wird zum Vorbereitungsdienst zugelassen wer

„...
4.a) in Baden-Württemberg eine der nachfolgend genannten Prüfungen bestanden hat: Wissenschaftliche Prüfung für ein höheres Lehramt an beruflichen Schulen,
..."

2.3.2 Der Kläger hat lediglich die Prüfung für das Lehramt an gewerblichen Berufs- und Berufsfachschulen nach der Verordnung des Kultusministeriums über die Ausbildung und Prüfung für das Lehramt an gewerblichen Berufs- und Berufsfachschulen vom 14.8.1968 (GBl. S. 377) abgelegt. Damit verfügt er nicht über eine Ausbildung für den höheren Dienst. Dies ergibt sich auch aus dem LBesGBW. In der LBesOBW ist der beamtete „Gewerbeschulrat" in der Besoldungsgruppe A 13 genannt. In der Fußnote 6 heißt es erläuternd dazu:

„Mit der Befähigung für ein Lehramt des gehobenen Dienstes (ausgenommen das Lehramt für Technische Lehrer an beruflichen Schulen) an beruflichen Schulen oder einer dieser Befähigung entsprechenden Verwendung."

Der Aufstieg in ein Amt als „Obergewerbeschulrat" der Besoldungsgruppe A 14 als ein von einer Funktion unabhängiges Beförderungsamt im Sinne der Nr. 2.3 der Lehrerrichtlinien BW ist in der Landesbesoldungsordnung nicht vorgesehen.

2.3.3 Erst nach der Verleihung eines Amtes der Laufbahn des höheren Dienstes derselben Fachrichtung nach § 30 LVOBW, also des Amtes eines Stu-

Eingruppierung 247

dienrates, käme der in Ziff. 2.3 der Lehrerrichtlinien BW vorausgesetzte Aufstieg für einen Gewerbeschulrat im Beamtenverhältnis in Betracht. Nach § 30 Abs. 1 LVOBW darf Beamten des gehobenen Dienstes ein Amt der Laufbahn des höheren Dienstes derselben Fachrichtung verliehen werden, wenn sie 1) sich mindestens in einem Amt der BesGr. A 12 befinden, 2) eine Dienstzeit von 12 Jahren zurückgelegt haben, 3) das 40. Lebensjahr und noch nicht das 58. Lebensjahr vollendet haben und 4) nach ihrer Persönlichkeit und ihren bisherigen Leistungen für den höheren Dienst geeignet erscheinen.

Der Kläger hat nicht die Erfüllung aller Voraussetzungen für diesen Aufstieg in den höheren Schuldienst dargelegt. Zwar befände er sich, wäre er Beamter, in einem Amt der BesGr. A 13 und damit mindestens in einem Amt der BesGr. A 12 und liegt mit – bei Beginn des streitigen Anspruchszeitraums – 42 Jahren in der Altersspanne der Nr. 3 des § 30 Abs. 1 LVOBW. Gemäß § 49 Abs. 6 LVOBW findet bei der Verleihung eines Amtes des Schulaufsichtsdienstes oder des höheren Schuldienstes an Gymnasien, Berufsschulen, Berufsfachschulen, Berufsoberschulen und Fachschulen § 30 Abs. 1 Nr. 2 LVOBW keine Anwendung; diese gesetzliche Regelungslücke wird dadurch geschlossen, daß die Schulverwaltung für den Aufstieg von Lehrern in den höheren Schuldienst eine achtjährige Bewährungszeit fordert, wie auch in dem Schreiben des Ministeriums für Kultus und Sport Baden-Württemberg vom 23.7.1993 an den Kläger unter Ziff. IV ausgeführt ist.

Der Aufstieg in den höheren Dienst erfordert nach § 30 Abs. 1 Nr. 4 LVOBW weiter, daß der Beamte des gehobenen Dienstes nach seiner Persönlichkeit und seinen bisherigen Leistungen für den höheren Dienst geeignet erscheint. Welche Anforderungen an die Leistungen von Lehrern für den Aufstieg aus dem gehobenen in den höheren Schuldienst im Land Baden-Württemberg gestellt werden, ergibt sich aus dem vom Kläger selbst vorgelegten vorerwähnten Schreiben vom 23.7.1993, dessen inhaltliche Richtigkeit der Kläger nicht in Zweifel gezogen hat. Danach sind aufgrund der großen Zahl von Aufstiegsbewerbern im Verhältnis zur Zahl der zur Verfügung stehenden Aufstiegsstellen bis einschließlich 1993 besser als gute Leistungen (mindestens 1,5) für den Aufstieg erforderlich. Der Kläger hat jeglichen Vortrag dazu vermissen lassen, daß er diese Voraussetzung für den Aufstieg in den höheren Schuldienst erfüllt.

2.4 Da der Kläger nicht alle Voraussetzungen dafür dargelegt hat, daß ihm, wäre er Beamter, ein Amt der Laufbahn des höheren Dienstes derselben Fachrichtung übertragen worden wäre, kann er das Eingruppierungsmerkmal der Ziff. 2.3 der Lehrerrichtlinien BW – als Beamter Aufstieg in ein von der Zuweisung einer Funktion unabhängiges Beförderungsamt der BesGr. A 14 – nicht erfüllen.

3. Das Landesarbeitsgericht, insoweit im Ergebnis derselben Auffassung, hat der Feststellungsklage mit der Begründung stattgegeben, der Anspruch des

Klägers auf Höhergruppierung ergebe sich aus dem ihm arbeitsvertraglich eingeräumten Status. Dem vermag der Senat nicht zu folgen.

3.1 Das Landesarbeitsgericht hat ausgeführt, die Beklagte habe eine nach den Lehrerrichtlinien nicht geschuldete, vielmehr deutlich zu hohe Eingruppierung des Klägers vorgenommen. Auf welchen Überlegungen dies beruhe, sei von ihr zu keiner Zeit dargelegt worden. Da die Beklagte an die Lehrerrichtlinien nicht gebunden sei, habe es ihr freigestanden, davon abzuweichen. Die dem Kläger zuteil gewordene Eingangseingruppierung entspreche sowohl derjenigen des höheren Dienstes als auch der höchsten Besoldungsgruppe des gehobenen Dienstes. Hiermit könne dreierlei gemeint gewesen sein: Einmal die – vollständige – Gleichstellung des Klägers mit einem beamteten Lehrer des höheren Dienstes in A13; oder eine „übertarifliche Vergütung" derart, daß der Kläger von Anfang an so gestellt sein sollte wie ein Beamter des gehobenen Dienstes, der sämtliche Beförderungsämter bereits durchlaufen habe; oder schließlich, daß der Kläger nur bei der Eingangseingruppierung, nicht mehr aber bei der Beförderungsmöglichkeit wie ein Lehrer des höheren Dienstes habe behandelt werden sollen. Unter diesen Auslegungsmöglichkeiten sei derjenigen der gewollten vollständigen Gleichstellung des Klägers mit einem Lehrer des höheren Dienstes der Vorzug zu geben. Es wäre widersprüchlich, die Voraussetzungen für die Eingruppierung entsprechend einem Beamten im höherem Dienst lediglich für die Eingangseingruppierung zu vereinbaren. Typisch und wesentlich bei der Beamtenbesoldung sei, daß der Beamte befördert werden könne. Der angestellte Lehrer dürfe darauf vertrauen, an der beamtenrechtlichen Beförderung teilnehmen zu können. Der Arbeitgeber habe bei der Einstellung redlicherweise allen Anlaß, den betreffenden Lehrer darauf hinzuweisen, wenn er gerade die Beförderungsmöglichkeit ausschließen wolle. Aus diesem Grunde habe der Kläger, der keinen derartigen Hinweis erhalten habe, auf die seiner Eingangseingruppierung entsprechende Beförderung vertrauen dürfen. Hinzu komme, daß die Beklagte dem Kläger ab Beginn des Arbeitsverhältnisses die Zulage gemäß Abschn. II Teil 2 der seinerzeit geltenden Lehrerrichtlinien gewährt habe. In diesem Zusammenhang sei der Kläger als „Assessor des Lehramts in Vergütungsgruppe II a" angesprochen worden. Auch dies deute auf die uneingeschränkt gewollte Gleichstellung mit einem Lehrer im höheren Lehramt hin, der entsprechend bezeichnet zu werden pflege.

3.2 Diese Ausführungen des Landesarbeitsgerichts halten einer revisionsrechtlichen Prüfung nicht stand. Dem Arbeitsvertrag der Parteien ist nicht zu entnehmen, daß die Parteien den Willen hatten, bezogen auf den Zeitpunkt des Vertragsabschlusses eine höhere als nach der einschlägigen Eingruppierungsregelung zutreffende Vergütung des Klägers zu vereinbaren, erst recht nicht derjenige, diesen Abstand zur zutreffenden Vergütung für die Zukunft festzuschreiben.

3.2.1 Bei dem Arbeitsvertrag der Parteien handelt es sich um einen Formularvertrag, den der Senat unbeschränkt und selbständig auslegen kann (BAGE 58, 283, 290 = AP Nr. 24 zu §§ 22, 23 BAT Lehrer, m. w. N.).

3.2.2 Das Landesarbeitsgericht hat keine Tatsachenfeststellungen getroffen, die die von ihm vertretene Auslegung stützen. Es fehlt jeglicher Sachvortrag der Parteien dazu, aus welchen Gründen die Parteien den Willen hatten, die vollständige Gleichstellung des Klägers mit einem Lehrer des höheren Dienstes zu vereinbaren.

3.2.3 Auch der unstreitige Sachverhalt erlaubt keinen zuverlässigen Rückschluß auf die Gründe für die vertragliche „Einstufungsvereinbarung": Es ist keineswegs sicher, daß die Beklagte den Kläger bewußt günstiger als zutreffend eingestuft hat. Das Landesarbeitsgericht hat nicht einmal begründet, daß dies nach den seinerzeit geltenden Eingruppierungsmerkmalen der Fall war. Der unstreitige Sachverhalt rechtfertigt auch eher Zweifel daran, daß die Beklagte eigene Überlegungen über die zutreffende Eingruppierung des Klägers angestellt hat. Der Geschehensablauf, nämlich die Nichteintragung der Vergütungsgruppe in den Arbeitsvertrag bei dessen Abschluß und das Abwarten des Bescheides des Oberschulamtes K., legt vielmehr die Annahme nahe, daß die Beklagte sich überhaupt keine eigenen Gedanken über die zutreffende Eingruppierung des Klägers gemacht hat, sondern vor dem Hintergrund der vollen Personalkostenerstattung durch das Land dessen Beurteilung der Eingruppierung des Klägers ohne eigene Prüfung übernehmen wollte.

3.2.4 Es sind im Streitfall eine Reihe unterschiedlicher Gründe für die Vereinbarung einer höheren als der nach den Eingruppierungsmerkmalen zutreffenden Vergütung denkbar. Diese und ihre unterschiedlichen Konsequenzen für die Auslegung der Eingruppierungsvereinbarung der Parteien darzulegen, ist entbehrlich. Denn der Kläger hat zu keinem Zeitpunkt behauptet, er habe bei der Beklagten seinerzeit vertraglich eine auf Dauer höhere als nach der einschlägigen Eingruppierungsregelung zutreffende Vergütung durchgesetzt. Vielmehr hat der Kläger stets geltend gemacht, seine Vergütung entspreche der Eingruppierungsregelung der Anl. 1a der AVR in der seinerzeit geltenden Fassung und derjenigen der Lehrerrichtlinien BW. Demzufolge fehlt jeder Tatsachenvortrag des Klägers zu den Gründen und zum Inhalt einer vertraglichen Vereinbarung über eine oberhalb der zutreffenden liegenden Vergütung.

3.2.5 Das Landesarbeitsgericht verkennt die Regeln der Beweislastverteilung, wenn es den Vortrag der Beklagten zu den Gründen der von ihr mit dem Kläger vereinbarten „viel zu hohen Ersteingruppierung" vermißt und dies zum Nachteil der Beklagten berücksichtigt. Wenn der Kläger Anspruch auf eine höhere als nach der einschlägigen Eingruppierungsregelung zutreffenden Vergütung erhebt – was nicht der Fall ist –, obliegt es ihm, nach der Grundregel der Beweislastverteilung die anspruchsbegründenden Voraussetzungen dafür als ihm günstige Tatsachen darzulegen.

3.2.6 Die Auslegung des Landesarbeitsgerichts steht auch im Widerspruch zu der Rechtsprechung des Senats zum Bewährungsaufstieg. Nach dieser kann darin, daß der Arbeitgeber aus Anlaß der möglichen Teilnahme des Angestellten am Bewährungsaufstieg dessen tarifliche Mindestvergütung nochmals überprüft und sich nunmehr darauf beruft, dieser sei bisher übertariflich vergütet worden, kein Verstoß gegen Treu und Glauben oder arglistiges Verhalten erblickt werden (vgl. z. B. BAG, Urteil v. 28. 3. 1979 – 4 AZR 446/77 – AP Nr. 19 zu §§ 22, 23 BAT 1975). Mit Fallgestaltungen dieser Art ist die vorliegende vergleichbar. Die Vorschrift der Ziff. 2.3 der Lehrerrichtlinien BW knüpft an die sog. Regelförderung der Beamten, teils ersetzt durch die sog. Bewährungsbeförderung, im Unterschied zur Funktionsbeförderung an (vgl. Schütz, Beamtenrecht des Bundes und der Länder, 5. Aufl., Stand Mai 1996, Teil C § 8 Rz. 13 ff. m. zahlr. N.).

4. Der Anspruch des Klägers auf Vergütung nach der VergGr. Ib BAT ab 1. 9. 1992 folgt auch nicht aus dem arbeitsrechtlichen Gleichbehandlungsgrundsatz.

4.1 Nach dem Gleichbehandlungsgrundsatz ist es dem Arbeitgeber verwehrt, einzelne oder Gruppen von Arbeitnehmern ohne sachlichen Grund von allgemein begünstigenden Regelungen im Arbeitsverhältnis auszuschließen und schlechter zu stellen. Dieser Grundsatz gebietet, Gleiches gleich und Ungleiches seiner Eigenart entsprechend verschieden zu behandeln. Er ist dann verletzt, wenn sich ein vernünftiger, aus der Natur der Sache sich ergebender oder sonstwie sachlich einleuchtender Grund für eine Differenzierung nicht finden läßt (BAG Urteile v. 27. 7. 1988 – 5 AZR 244/87 – AP Nr. 83 zu § 242 BGB Gleichbehandlung, zu II 1 der Gründe; v. 4. 5. 1988 – 4 AZR 811/87 – AP Nr. 144 zu §§ 22, 23 BAT 1975; v. 21. 7. 1993 – 4 AZR 394/92 – AP Nr. 171 zu §§ 22, 23 BAT 1975).

Zwar hat bei der Festlegung der Vergütung der Grundsatz der Vertragsfreiheit Vorrang vor dem arbeitsrechtlichen Gleichbehandlungsgrundsatz. Dies gilt aber nur für individuell vereinbarte Arbeitsentgelte. Dagegen beansprucht der Gleichbehandlungsgrundsatz nach ständiger Rechtsprechung des Bundesarbeitsgerichts uneingeschränkt Geltung, wenn der Arbeitgeber Leistungen nach einem erkennbaren und generalisierenden Prinzip festlegt (z. B. BAG-Urteile v. 28. 7. 1992 – 3 AZR 173/92 – BAGE 71, 29 = AP Nr. 18 zu § 1 BetrAVG Gleichbehandlung, zu B I 2 b (3) der Gründe; v. 21. 7. 1993 – 4 AZR 394/92 – AP Nr. 171 zu §§ 22, 23 BAT 1975; v. 23. 2. 1994 – 4 AZR 219/93 – BAGE 76, 44 = AP Nr. 51 zu Art. 119 EWG-Vertrag = EzA Art. 119 EWG-Vertrag Nr. 18).

4.2 Der Kläger hat es schon versäumt, substantiiert darzulegen, daß die Beklagte Gleiches ungleich behandelt. Er hat lediglich sehr allgemein behauptet, die Gewerbeschulräte M., H. und K. seien in Ausbildung und Werdegang mit ihm vergleichbar. Dies hat die Beklagte bestritten und darüberhinaus in Abrede gestellt, daß eine Vergleichbarkeit des Klägers mit den genannten Gewerbeschulräten hinsichtlich der Leistungen bestehe. Angesichts dieses Bestreitens oblag es dem Kläger, seinen Vortrag zur Vergleichbarkeit mit den Gewerbeschulräten zu substantiieren. Dies hat er versäumt. Abgesehen davon hat der Kläger auch nicht behauptet, daß die Beklagte bei der Vergütung von Gewerbeschulräten im Angestelltenverhältnis nach einem erkennbaren und generalisierenden Prinzip verfahre. Er hat lediglich drei Fälle der Eingruppierung von Gewerbeschulräten in die VergGr. I b BAT angeführt, aber nicht behauptet, die Beklagte vergüte allgemein mit ihm nach Ausbildung und Werdegang vergleichbare Gewerbeschulräte im Angestelltenverhältnis nach der VergGr. I b BAT.

53

Das Fehlen einer Kappungsregelung im bayerischen Kirchensteuergesetz verstößt nicht gegen höherrangiges Recht.

Art. 3 Abs.1, 140 GG.137 Abs. 3 WRV; § 163 AO
FG Nürnberg, Urteil vom 11. Juli 1996 – Vl 69/96[1] –

Streitig ist, ob das Kirchensteueramt die beantragte Kappung bzw. den begehrte (Teil-)Erlaß von Kirchensteuer für das Jahr 1992 zu Recht abgelehnt hat. Gegen den Kirchensteuerbescheid legte die Klägerin Einspruch ein und begehrte die Neufestsetzung (Kappung) der Kirchensteuer 1992 in Höhe von 3 % des zu versteuernden Einkommens.

Nachdem das Finanzgericht Nürnberg mit Urteil vom 16.11.1995 (Az. VI 201/93) die von der Klägerin begehrte Kappung der Kirchensteuer für die Streitjahre 1990 und 1991 abgelehnt hatte, wies das Kirchensteueramt mit Einspruchsentscheidung unter Hinweis auf dieses Urteil den Einspruch zurück.

Mit der Klage verfolgt die Klägerin ihr Begehren auf „Teilerlaß und Kappung" der Kirchensteuer 1992 weiter.

Die Klage hatte keinen Erfolg.

Aus den Gründen:

Die Klage ist nicht begründet. Wie das Gericht bereits mit Urteil vom 16.11.1996 (Az. VI 201/93) für die Streitjahre 1990 und 1991 entschieden hat, läßt die Ablehnung der begehrten Kappung der Kirchensteuer durch das Kirchensteueramt keinen Ermessensfehler erkennen.

---

[1] EFG 1996, 1237. Nur LS: AkKR 165 (1996), 600. Die Revision der Klägerin wurde zurückgewiesen; BFH, Beschluß vom 11.2.1998 – 1 R 56/96 – unv.

Mit ihrem Antrag auf Kappung der Kirchensteuer begehrt die Klägerin eine (vom Bay. Kirchensteuergesetz -BayKiStG-) abweichende niedrigere Steuerfestsetzung für das Jahr 1992 aus Billigkeitsgründen. Anspruchsgrundlage für diesen Billigkeitserlaß im Festsetzungsverfahren ist § 163 AO (vgl. Tipke/Kruse, AO, 15. Aufl., § 163 Tz. 1 und BFH-Urteil v. 21.1.1992 – VIII R 51/88 – BStBl. II 1993, 3).

Die Vorschrift des § 163 AO verlangt – ebenso wie § 227 AO – als tatbestandliche Voraussetzung, daß die Erhebung der Steuer nach Lage des einzelnen Falles unbillig wäre (§ 163 Abs. 1 S. 1, § 227 Abs. 1 S. 1 AO); es handelt sich um eine Ermessensentscheidung, die vom Gericht nach § 102 FGO nur daraufhin überprüft werden kann, ob die Kirchenbehörde die gesetzlichen Grenzen des Ermessens überschritten oder von dem Ermessen in einer dem Zweck der Ermächtigung nicht entsprechenden Weise Gebrauch gemacht hat (ständige höchstrichterliche Rechtsprechung, vgl. BFH-Urteil v. 9.9.1993 – V R 45/91 – BFHE 172, 237 = BStBl. II 1994, 131, unter Hinweis auf den Beschluß des Gem. Senats der Obersten Gerichtshöfe des Bundes v. 19.10.1971 – GmS-OGB 3/70 – BFHE 105, 101 = BStBl. II 1972, 603). Maßgebend für die gerichtliche Kontrolle sind die tatsächlichen Verhältnisse, die der Behörde im Zeitpunkt der letzten Verwaltungsentscheidung – hier der Einspruchsentscheidung des Kirchensteueramtes – bekannt waren oder hätten bekannt sein müssen (ebenfalls stRspr., vgl. BFH-Urteil v. 26.3.1991 – VII R 66/90 – BFHE 164, 7 = BStBl. II 1991, 545 m.w.N.). Nicht zu entscheiden hat der Senat die Frage, ob auch eine andere, für die Klägerin günstigere Entscheidung rechtlich vertretbar gewesen wäre.

Ein von der Klägerin begehrter Erlaß aus sachlichen Billigkeitsgründen – persönliche Billigkeitsgründe sind weder vorgetragen noch ersichtlich – ist nach § 163 AO geboten, wenn der Sachverhalt zwar den gesetzlichen Tatbestand erfüllt, die Besteuerung aber dem Gesetzeszweck zuwiderläuft. Diese Voraussetzung ist im Streitfall nicht gegeben. Die von der Klagepartei vorgetragenen Argumente greifen nicht.

Rechtsgrundlage für die Festsetzung der Kirchensteuer seitens des Kirchensteueramtes ist das Bayerische Kirchensteuergesetz. Im Geltungsbereich dieses Gesetzes gilt seit dem 1.4.1949 unverändert ein Hebesatz von 8%. Eine Höchstbegrenzung („Kappung") der Kirchensteuer auf 3% bzw. 3,5% des zu versteuernden Einkommens ist – anders als in den Kirchensteuergesetzen anderer Bundesländer – nicht vorgesehen. Auch wenn der Vortrag von Klägerseite richtig ist, daß außerhalb Bayerns eine Kappung der Kirchensteuer auch ohne gesetzliche Verankerung aus Billigkeitsgründen gewährt wird (vgl. die Darstellung von Meyer, Kirchensteuerübersicht 1994, NWB Fach 12, S. 1383 [1392]), ergibt sich für das beklagte Kirchensteueramt hieraus keine rechtliche Verpflichtung zu einer gleichen Verfahrensweise. Wie das Finanzgericht Köln in seinem

Urteil vom 14. 3.1984 – XI 137/81 Ki[2] – und der erkennende Senat in seinem Urteil vom 2. 2.1995 – VI 41/91 – (BB 1995, 1223 = EFG 1995, 691[3]) dargelegt haben, ist jede katholische Diözese innerhalb ihrer regionalen Grenzen im Rahmen des jeweiligen Landeskirchensteuergesetzes und der für alle geltenden Gesetze (Art. 140 GG i.V.m. Art. 137 Abs. 3 WRV) autonomer Gesetzgeber, der aufgrund seiner gesetzgeberischen Gestaltungsfreiheit eigenständig über einen Erlaß bestimmen kann. Es mag sein, daß dadurch – wie von der Klagepartei vorgetragen – „Wettbewerbsverzerrungen" entstehen, eine Verletzung des Grundrechtes auf Gleichbehandlung nach Art. 3 Abs. 1 GG kann darin aber nicht gesehen werden. Denn nach der ständigen Rechtsprechung des Bundesverfassungsgerichtes kann die Verfassungsmäßigkeit eines Landesgesetzes grundsätzlich nicht deshalb in Zweifel gezogen werden, weil es von verwandten Regelungen anderer Länder oder des Bundes abweicht; das gleiche müsse für das Fehlen eines Landesgesetzes gelten. Nur in seinem eigenen Herrschaftsbereich sei der Landesgesetzgeber – und dies gilt nach Auffassung des erkennenden Senates für jeden autonomen Gesetz- und Verordnungsgeber – gehalten, den Gleichheitsgrundsatz zu wahren (vgl. BVerfG-Beschluß v. 29.10.1969 – 1 BvR 65/68 – BVerfGE 27, 175 [179] m. w. N.).

Auch wenn der Leitsatz 3 des BVerfG-Beschlusses –2 BvL 37/91 – (BStBl. II 1995, 655:

„Die Vermögensteuer darf zu den übrigen Steuern auf den Ertrag nur hinzutreten, soweit die steuerliche Gesamtbelastung des Sollertrags bei typisierender Betrachtung von Einnahmen, abziehbaren Aufwendungen und sonstigen Entlastungen in der Nähe einer hälftigen Teilung zwischen privater und öffentlicher Hand verbleibt") nach der abweichenden Meinung des Richters Böckenförde (BStBl. II 1995, 665) und den zahlreichen hierzu veröffentlichten Stellungnahmen in der Literatur (Flume, DB 1995, 1779; Mayer, DB 1995, 1831; Rose, DB 1995, 1879; Krüger/Kalbfleisch/Köhler, Deutsches Steuerrecht 1995, S. 1452 u. S. 2387; Schaumburg, GmbH Rundschau 1995, 613; Wittmann, BB 1995, 1933; Leisner, NJW 1995, 2591; Arndt/Schumacher, NJW 1995, 2603; Felix, BB 1995, 2241; Wagner/Hör, DB 1996, 585; Arndt, BB 1996, Beilage 7) in seiner Bedeutung über die formal allein angesprochene Vermögensteuer hinausreicht, nämlich eine Aussage bezüglich einer maximal zulässigen Gesamtsteuerbelastung enthält, so kann daraus nach Ansicht des Senats – entgegen Rose (DB 1995, 1879 [1880]) – kein unmittelbarer, gerichtlich durchsetzbarer Anspruch des einzelnen Steuerpflichtigen auf Begrenzung seiner jährlichen, im Streitfall unbestritten über 50 % liegenden Gesamtsteuerbelastung abgeleitet werden. Denn anders als beispielsweise bei den Entscheidungen zum Kinder-

---

[2] KirchE 22, 32.   [3] KirchE 33, 37.

lastenausgleich (BVerfG v. 29. 5.1990 – 1 BvL 20/84 – u. a., BStBl. II 1990, 653 und v. 12. 6.1990 – 1 BvL 72/86 – BStBl. II 1990, 664) greift das Bundesverfassungsgericht mit seinen Beschlüssen v. 22. 6.1995 in „gesetzgeberischer Vernunft" (Flume, DB 1995, 1779) nicht in den gegenwärtigen Gesetzeszustand und die gegenwärtige Besteuerungspraxis ein, sondern läßt dem Gesetzgeber Zeit (bis zum 31.12.1996) für eine verfassungskonforme Neuregelung. Nach dem von Bundesverfassungsrichter Kirchhof am 20. 3.1996 gehaltenen Vortrag auf der Münchner Steuerfachtagung gilt dieses Datum 31.12.1996 auch für die vom Bundesverfassungsgericht gemachte Aussage der „hälftigen Teilung", woraus sich ein Systematisierungsauftrag an den Gesetzgeber ergebe.

Mit seinen Ausführungen in den Entscheidungsgründen (BStBl. II 1995, 655 [665]: „Die Erfordernisse verläßlicher Finanz- und Haushaltsplanung und eines gleichmäßigen Verwaltungsvollzugs für Zeiträume einer weitgehend schon abgeschlossenen Veranlagung rechtfertigen es, die Regelungen zur Vermögensbesteuerung für zurückliegende Kalenderjahre wie bisher weiter anzuwenden") gibt das Bundesverfassungsgericht dem Gebot der Rechtssicherheit als Ausfluß des Rechtsstaatsprinzip eindeutig Vorrang vor dem Gebot der materiellen Gerechtigkeit. Und dieser Vorrang der Rechtssicherheit ist für den Senat in noch weit stärkerem Maße geboten, wenn es nicht nur um die Vermögens- und Erbschaftsbesteuerung, sondern um die (Höhe der) Besteuerung in ihrer Gesamtheit geht.

54

Zur Frage der pressemäßigen Sorgfaltsanforderungen vor Verbreitung einer den Straftatbestand der üblen Nachrede erfüllenden Publikation über Scientology. Ein Anspruch auf Geldentschädigung zum Ausgleich immaterieller Nachteile steht einer juristischen Person des Privatrechts nicht zu. Natürliche Personen können einen solchen Anspruch nicht rechtswirksam abtreten.

Art. 2 Abs. 1, 5 Abs. 1 GG; §§ 399, 823, 847 BGB, 186, 193 StGB
OLG München, Urteil vom 12. Juli 1996 – 21 U 4775/95[1] –

Der Kläger (Scientology-Kirche Deutschland e.V.) begehrt von der Beklagten zu 1) die Unterlassung von Behauptungen und deren Verbreitung, von der Beklagten zu 2) die Verbreitung von Behauptungen, die in dem Buch „Scientology – Ich klage an" enthalten sind, das die Beklagte zu 1) verfaßt hat und das im Verlag der Beklagten zu 2) erschien. Ferner verlangt er von den Beklagten die Zahlung eines Schmerzensgeldes.

---

[1] Das Urteil ist rechtskräftig.

Die Beklagte zu 1) verfolgt mit dem von ihr verfaßten Buch „Scientology – Ich klage an" die Absicht, „Scientology an den Pranger" zu stellen und als „staatlich geduldeter, von der Justiz nicht verfolgter, von Prominenten, Künstlern und Medien verharmloster Terror" anzuklagen (Kapitel 1, S. 13, 15). In diesem Buch hat die Beklagte zu 1) u. a. folgendes formuliert

Seite 16:
„Was wir seit 1991 erleben, nenne ich schon einmal die Chronologie einer Konfrontation mit dem Wahnsinn. Von permanentem Telefonterror (Morddrohung incl.), Drohbriefen, verschiedensten Bestechungsversuchen, Lauschangriffen, Verleumdungen, schikanösen Prozessen, Gewalt gegen Sachen, anonyme Bedrohung meiner Kinder – und als makabren Höhepunkt: Das aktenkundige Geständnis einer Ex-Scientologin in der Untersuchungshaft, sie habe den Auftrag, die H. mit einer Autobombe zu beseitigen, reicht die Erlebnis-Skala unseres etwas ungewöhnlichen Alltags."
Seite 256:
„Bis April 1993 wurde versucht, mich mit den geschilderten Mitteln mundtot zu machen. Seit dem 5. 4. hat diese Bedrohung eine neue Dimension bekommen. Ich erhielt an diesem Tag nämlich einen Brief, der in einer Justizvollzugsanstalt in Bayern abgesandt worden war. Eine mir bis dahin unbekannte Frau (Anm. d. Herausgeber: Anita K.) schrieb mir einen handschriftlichen Brief, in dem sie ausführte, daß sie mich eigentlich „Renate" nennen könne, da sie mich aus ihrer Tätigkeit bei der OSA sehr gut kenne. „Mein Status ist clear", schrieb die Frau über ihre Stufe bei Scientology."
...
„Ich besorgte mir für die entsprechende Justizvollzugsanstalt (JVA) eine Besuchserlaubnis. Zuvor hatte ich von der Kripo erfahren, daß die in U-Haft einsitzende Frau mich sprechen wolle, weil sie einen Auftrag von der OSA hatte, mich zu liquidieren."
Seite 258:
„Diese Unterlagen, die meine Familie und mich in Gefahr bringen könnten, lägen sie in unserem Haus, habe ich einem sicheren Gewährsmann übergeben. Dort liegen sie im Safe, zusammen mit dem genauen Plan, wie diese Frau mich und Paul mit Sprengstoff töten sollte. Der Teil ihrer Aussage, der den Plan betraf, meinen Mann und mich umzubringen, ist inzwischen aktenkundig. Die Frau hat diesen Teil in einem Strafgerichtsprozeß gegen sie öffentlich ausgesagt".

In dem Buch der Beklagten zu 1) werden einige Scientology-Mitglieder als Verantwortliche oder Mitarbeiter von OSA genannt. Diese Personen haben ihre Ansprüche auf Ersatz des immateriellen Schadens an den Kläger abgetreten.

Der Kläger trug vor dem Landgericht vor, daß sämtliche zitierten und in dem Buch der Beklagten zu 1) aufgestellten Behauptungen frei erfunden seien. Anita K. sei zu keinem Zeitpunkt Mitglied der Scientology-Kirche gewesen und habe niemals einen Auftrag erhalten, die Beklagte zu 1) zu töten. Die Beklagte zu 1) habe sich die Äußerungen der Anita K. zu eigen gemacht. Die Beklagte zu 2) verbreite diese Behauptungen mit dem von ihr verlegten Buch der Beklagten zu 1). Die Behauptungen seien geeignet, ihn in seinem Ansehen herabzuwürdigen. Sie verletzten ihn in seinem allgemeinen Persönlichkeitsrecht. Wegen der schwerwiegenden Verletzung stünde ihm ein Schmerzensgeldanspruch zu.

Schmerzensgeld könne er im übrigen auch aus abgetretenem Recht beanspruchen. Die namentlich genannten Mitglieder der OSA würden vom Leser des Buches als Mittäter bei dem Versuch, die Eheleute H. zu beseitigen, angesehen. Deshalb stünde diesen ein Anspruch auf Ersatz ihres immateriellen Schadens zu. Das Landgericht hat die Unterlassungsansprüche des Klägers für begründet erachtet, den Anspruch auf Schmerzensgeld jedoch abgewiesen.

Gegen die Entscheidung wendet sich der Kläger mit seiner Berufung, mit der er seinen Anspruch auf immateriellen Schadensersatz weiterverfolgt. Die Beklagten begehren demgegenüber mit ihrer Berufung die Abweisung der Klage. Berufung und Anschlußberufung blieben erfolglos.

Aus den Gründen:

Die zulässige Berufung des Klägers und die ebenfalls zulässige Anschlußberufung der Beklagten haben in der Sache keinen Erfolg. Dem Kläger steht in Übereinstimmung mit der angefochtenen Entscheidung, denen der Senat folgt (§ 543 Abs. 1 ZPO), der geltend gemachte Unterlassungsanspruch in der Form, wie er sich aus dem Urteilsausspruch ergibt, in entsprechender Anwendung von §§ 1004, 823 Abs. 2 BGB i. V. m. § 186 StGB zu. Einen Anspruch auf Ersatz immateriellen Schadens hat das Landgericht dem Kläger demgegenüber zu Recht versagt.

I. 1. Der Kläger nimmt als juristische Person des Privatrechts an dem durch Art. 2 Abs. 1 GG geschützten Persönlichkeitsbereich in dem Umfang teil, wie er sich aus ihrem Wesen als Zweckschöpfung des Rechts und den ihr zugewiesenen Funktionen ergibt (BVerfG, NJW 1957, 665; NJW 1970, 378 [381]; NJW 1994, 1784; vgl. auch Dau, Vom Persönlichkeitsschutz zum Funktionsschutz, 1989). Dieser geschützte Bereich ist betroffen, wenn die juristische Person zu einem Objekt herabwürdigender Kritik gemacht wird (BGH, NJW 1975, 1882 – Oberzell; NJW 1986, 2951 – BMW). Dies haben die Beklagten mit den von dem Kläger beanstandeten Passagen in dem Buch „Scientology – Ich klage an" getan (vgl. unten I. 2.). Der Eingriff in das Persönlichkeitsrecht des Klägers erfolgte jedoch nicht in der Weise, wie im Klageantrag des Klägers und im Tenor der angegriffenen Entscheidung formuliert. Ausgangspunkt des Unterlassungsanspruchs ist nämlich die konkrete Verletzungshandlung. Die konkrete Verletzungshandlung, gegen die sich der Kläger mit seinem Unterlassungsbegehren zur Wehr setzt, besteht dabei in der in dem zitierten Buch enthaltenen Aussage, Anita K., ein Mitglied der Scientology-Kirche, die in der Hierarchie der Kirchenorganisation den Status „clear" erreicht habe, sogar in der OSA (Office for special affairs) tätig gewesen sei, habe von dieser Abteilung den Auftrag erhalten, die Beklagte zu 1) und deren Ehemann, wofür es einen Plan gäbe, mit einer Autobombe zu beseitigen. Die Verbreitung dieser Aussage greift in das Persönlichkeitsrecht des Klägers ein, weil mit ihr behauptet, bzw. eine Behauptung verbreitet wird, der Kläger habe durch ein eigenes Mitglied in herausgehobener Position versucht, eine Kritikerin zu töten. Dies stellt die Verletzungshandlung der Beklagten dar, die nicht in Einzelaussagen, wie im Klageantrag und im Tenor der angegriffenen Entscheidung formuliert, aufgespalten werden kann, weil verschiedenen Einzelbehauptungen für sich genommen kein ehrenrühriger Gehalt beigemessen werden kann. Dies gilt aus der Sicht des Durchschnittslesers (BGH, NJW 1992, 1314 Kassenarztrundschreiben) für die Behauptungen, Anita K. sei Mitglied der Scientology-Kirche gewesen, sie habe dort den Status „clear" erreicht, sei in OSA tätig gewesen, im Rahmen dieser Tätigkeit seien ihr die Lebensumstände der Beklagten zu 1) bekannt geworden. Da für den Durchschnittsleser Anita K. eine unbekannte Person ist, ihm die vom Kläger behauptete psychische Erkrankung dieser Person nicht bekannt ist, kann diesen Behauptungen für sich genommen ein ehrenrühriger Gehalt nicht beigemessen werden. Die weitere Behauptung, Anita K. habe wirklich aus Scientology aussteigen wollen, hat keine eigenständige Bedeutung. Mit ihr wird nur die Behauptung verstärkt, diese Person sei Mitglied des Klägers gewesen. Die Einzelbehauptungen stellen nur in ihrer sinngemäßen Verknüpfung, wie sie auch in den zitierten Passagen des Buchs „Scientology – Ich klage an" zum Ausdruck kommen, die Verletzungshandlung dar, der mit dem Unterlassungsbegehren der Klägerin begegnet werden kann. Der Klageantrag kann danach auch nur so verstanden werden, daß der Kläger von der Beklagten zu 1) die Unterlassung des Aufstellens und Verbreitens, von der Beklagten zu 2) die Verbreitung der Gesamtbehauptung begehrt. In der vorgenommenen Konkretisierung der Verletzungshandlung und damit des Tenors der angefochtenen Entscheidung liegt keine teilweise Klageabweisung, sondern allein eine Umformulierung, die den sachlichen Umfang des vom Landgericht zuerkannten Unterlassungsanspruchs unberührt läßt. Der Schutzumfang des neuformulierten Unterlassungstitels umfaßt dabei auch den Klageantrag I 1 f.) und den Unterlassungsausspruch des Landgerichts im Tenor der angefochtenen Entscheidung unter I. 3. und 4., da sich der Schutzumfang eines Unterlassungstitels auf alle Verletzungshandlungen erstreckt, die der Verkehr als gleichwertig ansieht und bei denen die Abweichungen den Kern der Verletzungshandlung unberührt lassen (Zöller/Stöber, ZPO, 19. Aufl., Rdnr. 3 zu § 890 m. w. N.).

2. Die im Buch „Scientology – Ich klage an" verbreitete Behauptung, Anita K. sei Mitglied der Klägerin, die dort den Status „clear" erreicht habe, im OSA tätig gewesen sei, dort die Lebensumstände der Beklagten zu 1) kennengelernt habe und von dieser Abteilung den Auftrag erhalten habe, die Beklagte und auch ihren Ehemann mittels einer Autobombe zu beseitigen, erfüllt den Tatbestand der üblen Nachrede nach § 186 StGB. Die Beklagten haben damit eine Tatsache verbreitet, die den Kläger auf die Stufe eines Straftäters stellt. Eine solche

Behauptung ist geeignet, den Kläger verächtlich zu machen und in der öffentlichen Meinung herabzuwürdigen. Dabei stellen sämtliche durch die Beklagten verbreiteten Behauptungen Tatsachenbehauptungen dar, die dem Beweis zugänglich sind, also als wahr oder unwahr feststellbar sind (vgl. Wenzel, Das Recht der Wort- und Bildberichterstattung 4. Aufl., Rdnr. 5.188 ff.). So ist grundsätzlich durch Urkunden oder Zeugen zu klären, ob Anita K. Mitglied der Klägerin war, ob sie dort einen bestimmten Status erreicht hat und ob sie bei OSA tätig gewesen ist. In gleicher Weise könnte geklärt werden, ob sie einen Tötungsauftrag erhielt.

Dabei hat die Beklagte zu 1) nicht nur, wie der Beklagte zu 2), den Tatbestand des § 186 StGB durch die Verbreitung herabwürdigender Tatsachen erfüllt. Sie hat diese Tatsachen auch selbst behauptet. Es ist nämlich im Bereich des Ehrenschutzes anerkannt, daß auch die Wiedergabe der Aussage eines Dritten eine eigene Äußerung der Zitierenden ist, wenn diese sich den Inhalt der fremden Äußerung erkennbar zu eigen gemacht hat (BGH, NJW 1996, 1131 [1132] m.w.N.). Ob ein intellektueller Verbreiter, wie die Beklagte zu 1), sich Fremdäußerungen zu eigen macht, hängt davon ab, wie ihre Darstellung auf den Durchschnittsempfänger wirkt und von ihm verstanden wird (BGH, NJW 1964, 1144). Dabei ist ein Zueigenmachen nicht nur dann anzunehmen, wenn die verbreitete Fremdäußerung ausdrücklich bestätigt wird, sondern allgemein dann, wenn die Mitteilung sich dem Leser in der Form, in der sie publiziert wird, als wahr darstellt (Soehring, Presserecht, 2. Aufl., Rdnr. 16.4). Diesen Eindruck erweckt die von der Beklagten zu 1) gewählte Darstellung. So beschreibt sie auf S. 16 des Buches „Scientology – Ich klage an" zunächst eigene Erlebnisse. Sie berichtet von selbsterlebtem permanentem Telefonterror, von Drohbriefen, verschiedenen Bestechungsversuchen, Lauschangriffen, Verleumdungen, schikanösen Prozessen, Gewalt gegen Sachen, anonymer Bedrohung ihrer Kinder und von dem „makabren" Höhepunkt: „Das aktenkundige Geständnis einer Ex-Scientologin in Untersuchungshaft." Damit hat die Beklagte die Fremdbehauptung der „Ex-Scientologin in der Untersuchungshaft" ohne jede Distanzierung an eigene Behauptungen angereiht, Bedenken gegen die Glaubhaftigkeit der Darstellung nicht erwähnt und deren Wahrheitsgehalt noch dadurch bestärkt, daß sie die Drittbehauptung als aktenkundig geworden bezeichnet hat. Dabei ließ die Beklagte zu 1) unerwähnt, daß, wie die S'Presse U. und die I'Zeitung jeweils am 15.5.1993 berichteten, die wiedergegebene Behauptung vor dem Amtsgericht M. im Rahmen eines gegen sie geführten Betrugsverfahrens zur Erläuterung der Anmietung eines Autos, für das sie die Mietzinsen nicht entrichtet hat, aufgestellt hat.

Die Beklagte zu 1) hat die Behauptung der Anita K. weiterhin dadurch als wahr untermauert, daß sie in dem von ihr verfaßten Buch (S. 256) dargelegt hat, die von der Klägerin gegen sie ausgehende Bedrohung habe seit dem 5.4. eine neue Dimension bekommen. An diesem Tag habe sie nämlich einen Brief aus der Justizvollzugsanstalt erhalten. In dem Brief habe Frau K. geschrieben, daß sie mich eigentlich Renate nennen könne, da sie mich aus ihrer Tätigkeit bei der OSA sehr gut kenne. Mein Status sei „clear", habe die Frau geschrieben. Es gäbe auch einen in einem Safe verwahrten Plan, wie diese Frau sie und ihren Ehemann mit Sprengstoff töten habe sollen.

Die von der Beklagten zu 1) gewählte Darstellung, insbesondere die völlig unkritische Verknüpfung der Aussage der Informantin mit der Schilderung von Selbsterlebtem, der Hinweis auf einen dokumentierten Plan und die Berufung auf ein Geständnis in Untersuchungshaft, das den Eindruck erweckt, die Informantin habe einen von Strafverfolgungsbehörden erhobenen Vorwurf eingeräumt, begründet beim Leser die Gewißheit, Anhaltspunkte für die Unrichtigkeit der Darstellung der Anita K. lägen nicht vor (vgl. BGH, NJW 1974, 1371). Deshalb hat die Beklagte zu 1) die von der Klägerin beanstandeten Behauptungen nicht nur verbreitet, sondern selbst aufgestellt.

3. Da danach die Beklagte zu 1) den Straftatbestand der üblen Nachrede in der Form der Behauptung und Verbreitung und die Beklagte zu 2) den Straftatbestand in der Form der Verbreitung herabwürdigender Tatsachen verwirklicht hat, wäre es gemäß der über § 823 Abs. 2 BGB in das Zivilrecht transformierten Beweisregel des § 186 StGB deren Sache gewesen, die Wahrheit der Behauptung nachzuweisen (BGH, NJW 1996, 1131 [1133]). Die Beklagten haben aber einerseits schon nicht konkret behauptet, daß der Kläger der Anita K. tatsächlich einen Tötungsauftrag erteilt hat. Darüber hinaus haben sie auch nicht unter Beweis gestellt, daß Anita K. tatsächlich Mitglied der Klägerin und deren Unterorganisation OSA gewesen sei und dort ihre Lebensumstände kennengelernt habe. *(wird ausgeführt)*

4. Abgesehen von der unterbliebenen Beweisführung der Beklagten zur Wahrheit der verbreiteten und aufgestellten Behauptungen kann eine solche Behauptung jedenfalls in Fällen, in denen es um eine die Öffentlichkeit wesentlich berührende Angelegenheit geht, auf der Grundlage der nach Art. 5 Abs. 1 GG und § 193 StGB vorzunehmenden Güterabwägung demjenigen, der sie aufstellt oder verbreitet solange nicht untersagt werden, als er sie zur Wahrnehmung berechtigter Interessen für erforderlich halten darf (BGH, NJW 1994, 2614; BGH, NJW 1996, 1131 [1133 m.w.N.]). Eine Berufung der Beklagten hierauf setzt jedoch voraus, daß sie vor Aufstellung und/oder der Verbreitung der Behauptung hinreichend sorgfältige Recherchen über deren Wahrheitsgehalt angestellt haben. Da das streitgegenständliche Buch nach den Grundsätzen zu behandeln ist, die für Presseveröffentlichungen gelten, sind an die Erfüllung der Recherchierungspflicht sogenannte „pressemäßige Sorgfaltsanforderungen" zu stellen. Allerdings dürfen solche Anforderungen nicht überspannt, insbesondere nicht so bemessen werden, daß die Funktion der Meinungsfreiheit in Gefahr

gerät. Dies ist insbesondere dort zu beachten, wo über Angelegenheiten berichtet werden soll, die für die Allgemeinheit von erheblicher Bedeutung sind (vgl. BVerfGE 61, 1 [8]; BVerfGE 85, 1 [15]; BGH, NJW 1996, 1131 [1133]). Demgemäß ist unter Würdigung der Umstände des Falles eine Güterabwägung vorzunehmen, bei der sowohl dem Grundrecht des Äußernden aus Art.5 Abs. 1 GG als auch der verfassungsrechtlich geschützten Position des Betroffenen (hier) aus Art. 2 Abs. 1 GG das gebotene Gewicht beizumessen ist (vgl. dazu Wenzel, aaO, Rdnr. 6.107ff.; Soehring, aaO, Rdnr. 2.8ff.; neuerdings auch Schippan, ZUM 1996, 398).

Dabei ist zunächst zu berücksichtigen, daß es sich mit der verbreiteten Behauptung, die Klägerin würde zur Beseitigung von ihr unangenehmen Kritikern auch nicht davor zurückschrecken, eigene Mitglieder mit deren Beseitigung zu beauftragen, um einen schwerwiegenden Eingriff handelt. Das streitgegenständliche Buch behandelt auch ein Thema, das die Öffentlichkeit stark berührt. Es formuliert die Ziele des Klägers und beschreibt, wie er zu deren Erreichen auf Personen einwirkt, sie überwacht, kontrolliert und versucht, Einfluß auf Bereiche der heutigen Gesellschaft zu erlangen. Dies entband die Beklagten angesichts der Intensität ihres Angriffs nicht, dem Kläger Gelegenheit zur Stellungnahme zu geben, um auch dessen Standpunkt zu erfahren und gegebenenfalls zum Ausdruck bringen zu können. Bereits dies haben sie unterlassen. Die aufgestellte und verbreitete Behauptung beruhte allein auf der Aussage der Anita K. gegenüber der Beklagten zu 1) und auf ihrer Einlassung vor dem Amtsgericht M. in dem gegen sie geführten Strafverfahren. Hierzu hat der Kläger unwidersprochen vorgetragen, daß bereits bei den Verhandlungsterminen gegen die Angeklagte Anita K., bei dem die Beklagte zu 1) nach ihrer eigenen Darstellung anwesend war (S. 258 des streitgegenständlichen Buches), ein Sachverständiger sein Gutachten über den Geisteszustand der Angeklagten erstattete. (...) Die pauschale und unerläuterte Behauptung der Beklagten, ihnen seien die gegen die Glaubwürdigkeit der Informantin sprechenden psychiatrischen Gutachten nicht bekannt gewesen, ist angesichts des Umstandes, daß die Beklagte nach ihrer eigenen Darstellung während des Strafprozesses anwesend war, nicht in ausreichender Weise substantiiert. Die Würdigung der vorgenannten Umstände ergibt mithin, daß die Beklagten ihrer Pflicht, die Informationen, die sie allein von Anita K. erhalten haben, zu überprüfen, nicht genügt haben. Sie haben die Erklärung der Informantin unbesehen übernommen, obwohl sich bereits wegen des Zusammenhangs, in dem die Information erteilt wurde, eine nähere Überprüfung aufgedrängt hätte. Anita K. hat nämlich in einem gegen sie gerichteten Strafverfahren ohne nachvollziehbares Motiv über den geplanten Anschlag auf die Beklagte zu 1) berichtet, der in keinen schlüssigen Zusammenhang mit den gegen sie erhobenen Vorwürfen wegen Betrugs und Urkundenfälschung zu bringen ist.

Die Pflicht der Beklagten, selbst mit der gebotenen pressemäßigen Sorgfalt zu recherchieren, ist dabei nicht dadurch entfallen, daß die Aussagen der Anita K. widerspruchslos von anderen Presseorganen verbreitet wurden (Soehring, aaO, Rdnr. 2.20). Die von den Beklagten zitierten aktuellen Presseberichte über das Strafverfahren gegen Anita K. durch die S'Presse U., die l'Zeitung und die G'Tagespost, jeweils vom 15. 5.1993, unterscheiden sich in ihrer Berichterstattung ganz wesentlich von der der Beklagten. Sämtlichen zitierten Presseberichten ist nämlich gemein, daß sie sich von der Erklärung der Angeklagten Anita K. deutlich distanziert haben. In ihnen wurde jeweils darauf hingewiesen, daß dem Gericht zur Klärung der Persönlichkeitsstruktur der Angeklagten die Einholung eines psychiatrischen Gutachtens erforderlich erschien. In diesen Presseberichten ist auch jeweils ausdrücklich der staatsanwaltschaftliche Sitzungsvertreter zitiert, der die von der Angeklagten im Zusammenhang mit dem Kläger behaupteten Tatsachen als Schutzbehauptungen qualifizierte, um von ihren Taten abzulenken. Diese Umstände, mit der sich die Presseberichte von der Beschuldigung durch Anita K. distanzieren, lassen sich dem streitgegenständlichen Buch in keiner Weise entnehmen. Die Beklagten können sich mithin gegenüber dem Unterlassungsbegehren des Klägers nicht darauf berufen, sie hätten die Aufstellung und das Verbreiten der beanstandeten Behauptung zur Wahrnehmung berechtigter Interessen für erforderlich halten dürfen.

II. Das Landgericht hat den Anspruch des Klägers auf immaterielle Entschädiung im Ergebnis zu Recht abgewiesen.

1. Ein Anspruch auf immaterielle Geldentschädigung wegen Verletzung des Persönlichkeitsrechts kommt grundsätzlich dann in Betracht, wenn es sich um einen schwerwiegenden Eingriff handelt und die Beeinträchtigung nicht in anderer Weise befriedigend aufgefangen werden kann. Bei einer solchen Entschädigung handelt es sich im eigentlichen Sinn nicht um ein Schmerzensgeld nach § 847 BGB, sondern um einen Rechtsbehelf, der auf den Schutzauftrag aus Art. 1 und Art. 2 Abs. 1 GG zurückgeht (BVerfGE 34, 269 [282/292] – Soraya). Die Zubilligung einer Geldentschädigung beruht auf dem Gedanken, daß ohne einen solchen Anspruch die Verletzung der Würde und Ehre des Menschen häufig ohne Sanktion bliebe mit der Folge, daß der Rechtsschutz der Persönlichkeit verkümmern würde. Anders als beim Schmerzensgeldanspruch steht bei dem Anspruch auf eine Geldentschädigung wegen einer Verletzung des allgemeinen Persönlichkeitsrechts der Gesichtspunkt der Genugtuung des Opfers im Vordergrund (BGHZ 35, 363 [369] – Ginseng). An diesen eben zitierten Grundsätzen hielt der Bundesgerichtshof in seiner Entscheidung vom 15.11.1994 (BGHZ 128, 1 [15]) trotz der im Schrifttum geäußerten Vorbehalte ausdrücklich fest.

Der Kläger ist ein rechtsfähiger Verein und damit eine juristische Person des Privatrechts. Als solchem steht ihm eine Geldentschädigung zum Ausgleich immaterieller Nachteile nicht zu. Ob dies bereits daraus folgt, daß der soziale

Geltungsanspruch des Klägers sich auf seinen Funktionsbereich beschränkt und dieser, wie das Bundesarbeitsgericht in seiner Entscheidung vom 22.3.1995 (NJW 1996, 143 ff.[2]) festgestellt hat, durch die Verfolgung wirtschaftlicher Ziele geprägt ist, kann dahinstehen (vgl. auch Abel, NJW 1996, 91 [93]). Dem geltend gemachten Anspruch steht nämlich bereits entgegen, daß er, wie dargelegt, dem Verletzten in erster Linie Genugtuung verschaffen soll. Ein Genugtuungsbedürfnis haben nur natürliche Personen (BGH, NJW 1980, 2807 [2810]; a. A. BGH, NJW 1981, 675 [677], die Entscheidung betrifft jedoch einen Amtshaftungsanspruch; Wenzel, aaO, Rdnr. 14.129; Soehring, aaO, Rdnr. 32.16; Damm/Kuner, Widerruf, Unterlassung und Schadensersatz in Presse- und Rundfunk, Rdnr. 362 [363]; Löffler/Ricker, Handbuch des Presserechts, 3. Aufl., Kap. 44, Rdnr. 43; Jarass, NJW 1989, 857 [860]; Klippel, JZ 1988, 625 [634f.]).

2. Dem Kläger steht auch kein Anspruch auf immateriellen Schadensersatz aus abgetretenem Recht zu.

Der Kläger beruft sich hierzu auf die Abtretung von Ansprüchen ihrer Mitglieder R. K., R. W., C. K., R. E. und K. W. wegen Verletzung von deren Persönlichkeitsrechten durch die beanstandeten, von den Beklagten aufgestellten, bzw. verbreiteten Behauptungen. Ein Anspruch auf immaterielle Entschädigung steht diesen Personen bereits deshalb nicht zu, weil sie nicht unmittelbar Betroffene der von der Beklagten zu 1) aufgestellten und von beiden Beklagten verbreiteten Behauptungen sind. R. W. und R. K. werden im streitgegenständlichen Buch im Zusammenhang mit dem Kapitel „Die Machenschaften des Herrn H." namentlich als OSA-Mitglieder erwähnt. C. K. wird von den Beklagten als Teilnehmerin einer Vortragsveranstaltung am 17.1.1992 vorgestellt. Sie sei bei der OSA in München zuständig für die Öffentlichkeitsarbeit. R. E. wird von den Beklagten als Mitarbeiter der OSA, der einen Brief, mit dem Mitglieder von Scientology zum Kauf eines Bildes animiert werden sollten, genannt. K. W. wird schließlich als Commanding Officer der OSA bezeichnet, der 1993 Chick Corea eine Ehrentafel überreicht hat. Aus dem Zusammenhang, in dem die Zedenten in dem streitgegenständlichen Buch vorgestellt werden, läßt sich allenfalls eine mittelbare Betroffenheit durch die aufgestellten und verbreiteten Behauptungen der Beklagten entnehmen, weil sie als Mitglieder der OSA genannt werden. Unmittelbar betroffen sind sie jedoch nicht, weil sich aus dem streitgegenständlichen Buch nicht ergibt, sie wären persönlich an dem behaupteten Plan für den Anschlag auf das Leben der Beklagten zu 1) beteiligt oder in ihn eingeweiht gewesen. Da es mithin an einer unmittelbaren Betroffenheit der Zedenten durch die ehrverletzende Behauptung fehlt, steht ihnen auch

---

[2] KirchE 33, 92.

kein Anspruch auf immateriellen Schaden zu, den sie an den Kläger abtreten hätten können (vgl. Wenzel, aaO, Rdnr. 14.130).

Im übrigen ist der Anspruch auf Ersatz immateriellen Schadens wegen der Verletzung des Persönlichkeitsrechts eine Forderung aus der Verletzung eines höchstpersönlichen Rechts. Ein solcher Anspruch ist gemäß § 399 BGB nicht abtretbar (Palandt/Heinrichs, BGB, 55. Aufl., Rdnr. 7 zu § 399). Daran hat sich auch durch die Novellierung von § 847 Abs. 1 BGB, durch die dessen Satz 2 mit Wirkung seit 1.7.1990 gestrichen wurde, nichts geändert. Da der aus einer Persönlichkeitsverletzung herrührende Anspruch auf Ersatz immateriellen Schadens seine Rechtsgrundlage nicht in einer analogen Anwendung von § 847 BGB findet, sondern ein Rechtsbehelf ist, der auf den Schutzauftrag aus Art. 1 und Art. 2 Abs. 1 GG zurückgeht (vgl. BGHZ 128, 1 [15]), verbleibt es bei dessen Nichtabtretbarkeit (Damm/Kuner, aaO, Rdnr. 365; vgl. auch Soehring, aaO, Rdnr. 32.19). Das Landgericht hat mithin zu Recht den vom Kläger geltend gemachten Anspruch auf Ersatz immateriellen Schadens abgewiesen.

55

Mitglieder und Mitarbeiter einer Unterorganisation der Scientology-Kirche, die auf öffentlichen Verkehrsflächen Passanten ansprechen oder Druckerzeugnisse verteilen und dadurch für den Erwerb von Büchern oder Dienstleistungen werben, üben eine gewerbliche Tätigkeit aus, die den Gemeingebrauch überschreitet.

Art. 4, 5 Abs. 1 S. 1 GG; §§ 13 Abs. 1, 16 Abs. 1 u. 8 BW.StrG
VGH Baden-Württemberg, Beschluß vom 12. Juli 1996 – 5 S 472/96[1] –

Die Beteiligten streiten darüber, ob die Antragsgegnerin (Stadt S.) Mitgliedern und Mitarbeitern des Antragstellers (Scientology-Kirche) untersagen durfte, auf öffentlichen Verkehrsflächen Passanten anzusprechen, Schriften zu verteilen und für Bücher und Dienstleistungen zu werben. Gegen die Untersagungsverfügungen hat der Antragsteller Widersprüche erhoben und anschließend beantragt, die aufschiebende Wirkung seiner Widersprüche gegen die Untersagungsverfügungen und deren Zwangsgeldandrohungen wiederherzustellen bzw. anzuordnen. Das Verwaltungsgericht hat den Antrag abgelehnt. Die Beschwerde hatte keinen Erfolg.

---

[1] Amtl. Leitsatz. NVwZ 1998, 91. Nur LS: KuR 1998, 63. Der Beschluß ist rechtskräftig. Vgl. zu diesem Fragenkreis auch BayObLG DÖV 1997,1054; OLG Düsseldorf NJW 1998, 2375; OVG Bremen GewArch 1997, 287.

Aus den Gründen:

Die – zulässige – Beschwerde ist unbegründet. Denn das Verwaltungsgericht hat den Antrag des Antragstellers auf Wiederherstellung bzw. Anordnung der aufschiebenden Wirkung seiner Widersprüche gegen die straßenrechtlichen Untersagungsverfügungen der Antragsgegnerin und deren Zwangsgeldandrohungen zu Recht abgelehnt. Auch nach Auffassung des Senats haben die Widersprüche gegen die Verfügungen vom 19.1.1995 und 27.7.1995 voraussichtlich keinen Erfolg; dagegen sind die Erfolgsaussichten des Widerspruchs gegen die Verfügung vom 30.10.1995 offen. Gleichwohl überwiegt insgesamt das öffentliche Interesse an der sofortigen Vollziehung sämtlicher Verfügungen.

Formell-rechtliche Fehler liegen nicht vor. *(wird ausgeführt)*

Ohne Erfolg bleibt die weitere Rüge des Antragstellers, er sei vor Erlaß der Verfügungen nicht angehört worden. *(wird ausgeführt)*

Die Verfügungen vom 19.1.1995 und vom 27.7.1995 sind bei summarischer Prüfung auch materiell-rechtlich nicht zu beanstanden. Die Antragsgegnerin hat dem Antragsteller, seinen Mitgliedern und Mitarbeitern untersagt, auf öffentlichen Verkehrsflächen in S. „Passanten anzusprechen und zu einem Informations- oder Verkaufsgespräch oder zu einem Persönlichkeitstest in ihren Räumen einzuladen" (Verfügung vom 19.1.1995) sowie „Handzettel, Broschüren, Prospekte oder sonstige Druckerzeugnisse, mit denen zum Kauf von Büchern, für Tests oder Beratungen gegen Entgelt in den Geschäftsräumen, sowie für die Buchung von Seminaren oder Kursen geworben wird, zu verteilen; andere Druckerzeugnisse (z. B. die Publikation „Freiheit") in Verbindung mit einem Ansprechen oder Einladen von Passanten zu einem Informations- oder Verkaufsgespräch oder zu einem Persönlichkeitstest zu verteilen; Bücher zum Kauf anzubieten" (Verfügung vom 27.7.1995). Diese dem Antragsteller auf den öffentlichen Verkehrsflächen in S. nach § 16 Abs. 8 Satz 1 StrG untersagten Verkaufs- und Werbetätigkeiten sind Sondernutzungen im Sinne des § 16 Abs. 1 StrG.

Danach ist Sondernutzung die Benutzung der Straße über den Gemeingebrauch hinaus, die der Erlaubnis bedarf. Nach der Legaldefinition des § 13 Abs. 1 StrG ist Gemeingebrauch der Gebrauch der öffentlichen Straßen, der jedermann im Rahmen der Widmung und der Straßenverkehrsvorschriften innerhalb der verkehrsüblichen Grenzen gestattet ist, soweit er den Gemeingebrauch anderer nicht unzumutbar beeinträchtigt. Der Umfang des Gemeingebrauchs bestimmt sich in erster Linie nach dem der Straße durch § 2 Abs. 1 StrG generell zuerkannten Widmungszweck. Danach ist der schlichte Gemeingebrauch der Straße durch Nichtanlieger – der sogenannte gesteigerte Gemeingebrauch durch Anlieger kommt hier nicht in Betracht – vorwiegend auf Verkehrszwecke beschränkt. Dazu gehört nicht nur die Nutzung der Straße zum Aufenthalt oder zur Fortbewegung, sondern auch – insbesondere mit Rücksicht auf Art und Funktion einer Fußgängerzone – zur Begegnung und Kommunikation mit anderen Verkehrsteilnehmern (sogenannter kommunikativer Verkehr). Der (landes-)straßenrechtliche Verkehrsbegriff umfaßt kommunikative Aktivitäten aber allenfalls als Nebenzweck der Straßennutzung i. S. einer individuellen Begegnung, nicht aber als vom Verkehrsinteresse isolierten Hauptzweck. Dies gilt auch für Straßen, die dem Fußgängerverkehr gewidmet sind. Denn auch Fußgängerzonen werden – soweit nicht eine andere Zweckbestimmung erfolgt ist – nicht als eine Art „Kommunikationsmedium" für politische oder künstlerische Zwecke, sondern primär als Verkehrseinrichtung für den ungehinderten Fußgängerverkehr geschaffen (VGH.BW, Urteil v. 26. 6. 1986 – 1 S 2448/ 85 – ESVGH 36, 293 = VBl.BW 1987, 137 = DÖV 1987, 160; Urteil v. 24. 4. 1992 – 14 S 3212/89 – BWGZ 1995, 68, jeweils mit zahlreichen Nachweisen aus Rechtsprechung und Literatur). Deshalb fallen wirtschaftliche und gewerbliche Betätigungen, bei denen ein Verkehrsinteresse nicht vorhanden oder allenfalls nebensächlich ist und die nicht auf individuelle Begegnung angelegt sind, sondern sich an die Allgemeinheit richten, nicht mehr unter den Gemeingebrauch (so ebenfalls noch Hamb.OVG, Beschluß v. 27. 2. 1985 – Bs II 12/85 – NJW 1986, 209 und Nieders.OVG, Urteil v. 13. 11. 1995[2] – 12 L 1856/93 – NVwZ-RR 1996, 247 für das Ansprechen von Passanten). Der in Literatur (z. B. Grote in: Kodal/Krämer, Straßenrecht, 5. Aufl., Rdnrn. 100 und 113 und Lorenz, Landstraßengesetz Baden-Württemberg, § 13 Rdnr. 23) und Rechtsprechung (vgl. z. B. Hamb.OVG, Urteil v. 14. 12. 1995[3] – Bf II 1/93 – NJW 1996, 2051 sowie teilweise Nieders.OVG, Urteil v. 13. 11. 1995 aaO sowie insbesondere die dort beispielhaft zitierten Entscheidungen der Oberlandesgerichte Stuttgart, Frankfurt und Bremen) vertretenen gegenteiligen Auffassung vermag der Senat nicht zu folgen. Denn diese Auffassung, die nicht auf die Motivation des Wegebenutzers, sondern auf sein äußeres Erscheinungsbild abstellt und gewerbliche Tätigkeiten wie das Verkaufen von Zeitungen und Verteilen von Werbematerial als Gemeingebrauch wertet, solange sich der Gewerbetreibende rein äußerlich nicht anders verhält als ein umherstehender oder schlendernder Verkehrsteilnehmer, ist jedenfalls mit dem dargelegten Verkehrsbegriff nach dem baden-württembergischen Landesstraßenrecht nicht zu vereinbaren. Eine ausdrückliche Widmung öffentlicher Verkehrsflächen der Antragsgegnerin für derartige gewerbliche Betätigungen ist ebensowenig feststellbar wie eine Qualifizierung dieser Tätigkeiten unter dem Gesichtspunkt der Verkehrsüblichkeit als ortsüblicher Gemeingebrauch (vgl. dazu VGH.BW Urteil v. 24. 4. 1992, aaO und BVerwG, Urteil v. 9. 11. 1989, BVerwGE 84, 71 = NJW 1990, 2011 = Gew-Arch. 1990, 16).

---

[2] KirchE 33, 502.   [3] KirchE 33, 564.

Unter Berücksichtigung der dargelegten Grundsätze hat das Verwaltungsgericht diese untersagten Tätigkeiten zu Recht nicht als gemeingebräuchliche Benutzung der öffentlichen Verkehrsflächen gewürdigt. Denn das Werben von Fußgängern für den Erwerb von Büchern und Dienstleistungen durch Angebote auf öffentlichen Verkehrsflächen, durch Einladung zu Informations- oder Verkaufsgesprächen oder Persönlichkeitstests, die allein der Einleitung von Verkaufsgesprächen dienen, stellt eine auf Gewinnerzielung gerichtete gewerbliche Tätigkeit dar. Die Straßenwerber des Antragstellers nutzen die öffentlichen Verkehrsflächen nicht zum individuellen Meinungs- und Informationsaustausch mit anderen Verkehrsteilnehmern, sondern ähnlich wie einen Geschäftsraum zur Anbahnung und Abwicklung von Geschäften, indem sie bei Passanten systematisch in längeren Gesprächen Interesse für ihre Angebote zu wecken versuchen.

Ohne Erfolg bleibt der Einwand des Antragstellers, die Antragsgegnerin habe teilweise Handlungsweisen untersagt, die nicht oder jedenfalls so nicht vorgekommen seien, wie das Ansprechen und Werben von Passanten für ein Verkaufsgespräch und entgeltliche Beratungen in ihren „Geschäftsräumen" oder für die Buchung von Kursen und Seminaren durch „Nichtmitglieder". Denn nach den Feststellungen des VGH Baden-Württemberg (Urteil v. 2. 8. 1995[4] – 1 S 438/94 –) in dem Verfahren des Vereins „Scientology Neue Brücke, Mission der Scientology-Kirche e. V.", der dieselbe Geschäftsadresse wie der Antragsteller hat und mit diesem eng verflochten ist, entsprechen die dem Antragsteller untersagten Aktivitäten im wesentlichen den Sach- und Dienstleistungsangeboten sämtlicher vergleichbarer Untergliederungen der Scientology-Kirche im ganzen Bundesgebiet. Der Senat geht daher im vorliegenden Verfahren des vorläufigen Rechtsschutzes von den in jenem Hauptsacheverfahren gewonnenen Erkenntnissen aus, zumal durch die in den vorliegenden Verwaltungsakten der Antragsgegnerin enthaltenen Zeugenaussagen bestätigt wird, daß Mitarbeiter des Antragstellers bei Passanten für entgeltliche Vorträge und das entgeltliche Erstellen von Persönlichkeitsprofilen in den Wohnungen von Passanten geworben haben. Im übrigen ist es für die Wertung der wirtschaftlichen Betätigung auf der Straße unerheblich, wo die angepriesenen Leistungen letztlich stattfinden, ob in den Geschäftsräumen des Antragstellers oder in den Wohnungen der geworbenen Passanten.

Der Senat teilt auch die Auffassung des Verwaltungsgerichts, daß die Berufung des Antragstellers auf Art. 4 GG schon deshalb fehlgeht, weil die festgestellten Tätigkeiten der Mitglieder und Mitarbeiter des Antragstellers nach dem gegenwärtigen Erkenntnisstand die behauptete Absicht der Werbung für religiöses oder weltanschauliches Gedankengut nicht hinreichend deutlich zum

---

[4] KirchE 33, 283.

Ausdruck bringen. Entgegen der Auffassung des Antragstellers rechtfertigt der Inhalt der vorgelegten eidesstattlichen Versicherungen seiner Mitglieder keine andere Beurteilung. Danach haben die Mitglieder K. F. und F. W. Passanten vor allem gefragt, ob sie Interesse an einem Persönlichkeitstest haben oder das Buch „Dianetik" kennen, aber erst dann, wenn sie in einem Gespräch auf Interesse gestoßen waren, ihren Namen gesagt und mitgeteilt, daß sie für „das Dianetik-Zentrum bzw. die Scientology-Kirche tätig" seien. Das Mitglied S. Sch. hat sich dazu, wie es Passanten angesprochen hat, gar nicht geäußert. Demgegenüber haben Werber des Antragstellers die Zeugen T. F. und W. K. für eine Umfrage gewinnen wollen, nach der Telefonnummer gefragt und erst im Verlauf des Gesprächs auf die gezielte Frage nach der dahinter stehenden Organisation zunächst gar nicht bzw. zögernd auf die „Dianetik, eine Wissenschaft", hingewiesen. Dies stimmt mit der Feststellung überein (vgl. VGH.BW, Urteil v. 2. 8. 1995, aaO), daß der Verein Neue Brücke und der Antragsteller in der an Nichtmitglieder gerichteten Werbung das religiöse Element nicht herausstellen und daß die Werbung „den materialistisch ausgerichteten aber sinnsuchenden Menschen ansprechen" soll. Abgesehen davon bestehen nach der Rechtsprechung des Bundesverwaltungsgerichts (Beschluß v. 16. 2. 1995[5] – 1 B 205.93 – NVwZ 1995, 473) keine grundsätzlichen Bedenken dagegen, die wirtschaftliche Betätigung einer Religions- oder Weltanschauungsgemeinschaft jedenfalls bezüglich der Verpflichtung zur – wertneutralen und die religiöse Betätigung nicht oder doch nicht nennenswert beeinträchtigenden – Gewerbeanmeldung nach § 14 GewO in den gewerberechtlichen Ordnungsrahmen einzubinden. Nichts anderes gilt im Lichte der Bedeutung des Art. 4 GG für die Verkaufs- und Werbetätigkeit als den Gemeingebrauch überschreitende Straßennutzung, wenn es sich beim Antragsteller um eine Religions- oder Weltanschauungsgemeinschaft handeln sollte (vgl. dazu BAG, Beschluß v. 22. 3. 1995[6] – 5 AZB 21/94 – NJW 1996, 143), weil die Verpflichtung zur Einholung einer straßenrechtlichen Sondernutzungserlaubnis für die Straßenwerbung und den Straßenverkauf ebenfalls wertneutral ist und keine nennenswerte Beeinträchtigung mit sich bringt.

Die hier vorgenommene Auslegung verstößt entgegen der Auffassung des Antragstellers auch nicht gegen Art. 5 Abs. 1 Satz 1 GG; denn anders als in dem vom Bundesverfassungsgericht entschiedenen Fall wegen der Verteilung eines Informationsbriefs über die Aufdeckung von Mißständen in der Psychiatrie (Beschluß der 3. Kammer des Ersten Senats vom 18. 10. 1991 – 1 BvR 1377/ 91 – NVwZ 1992, 53) geht es hier um das Verteilen von Druckerzeugnissen mit ausschließlich wirtschaftlicher Werbung, die den Schutz dieses Grundrechts nicht genießen (siehe dazu Hamb.OVG, Beschluß v. 22. 10. 1992 – Bs II 13/92 –).

---

[5] KirchE 33, 43. [6] KirchE 33, 92.

Der Erfolg des Widerspruchs und einer eventuellen Klage gegen die Verfügung der Antragsgegnerin vom 30. 10. 1995 ist aus folgenden Gründen offen: Die Antragsgegnerin hat damit dem Antragsteller, seinen Mitgliedern und Mitarbeitern untersagt, „auf öffentlichen Verkehrsflächen von ihr oder anderen Scientology-Kirchen in Deutschland oder der Church of Scientology International herausgegebene Druckerzeugnisse, z. B. „Freiheit" zu verteilen oder das Verteilen von Druckerzeugnissen, die von der von Scientologen gegründeten Bürgerfinitiative MUT herausgegeben werden, z. B. „Fakten aktuell", zu veranlassen oder zu unterstützen". Aus der Begründung, insbesondere der Bezugnahme auf die beiden vorangegangenen Verfügungen und der beispielhaften Erwähnung der beiden Publikationen schließt der Senat, daß sich die Untersagung nur auf das Verteilen von solchen Druckschriften beziehen dürfte, die neben Meinungsäußerungen auch Werbung für die überwiegend wirtschaftliche Tätigkeit des Antragstellers enthalten. Bei diesem Verständnis können die untersagten Aktivitäten rein straßenrechtlich zwar als Sondernutzung angesehen werden; dies ist unter verfassungsrechtlichen Gesichtspunkten jedoch nicht zweifelsfrei. Denn es spricht einiges dafür, daß Meinungsäußerungen, die mit gewerblicher Werbung verbunden sind, den Schutz des Art. 5 Abs. 1 S. 1 GG genießen, und es ist nicht ganz ausgeschlossen, daß bei Auslegung des grundrechtsbeschränkenden § 16 Abs. 1 StrG im Lichte des Art. 5 Abs. 1 S. 1 GG dieses Grundrecht ein stärkeres Gewicht erhält. Dies könnte nach der Rechtsprechung des Bundesverfassungsgerichts (Beschluß v. 18. 10. 1991, aaO) unter Umständen zur Folge haben, daß die in der Verfügung vom 30. 10. 1995 untersagten Tätigkeiten jedenfalls in Fußgängerzonen, verkehrsberuhigten Zonen und gegebenenfalls auf innerstädtischen Gehwegen als Gemeingebrauch bewertet werden oder zu dulden sind, sofern die Antragsgegnerin nicht von der Möglichkeit des § 16 Abs. 7 StrG Gebrauch macht, in bestimmtem Umfang die erlaubnisfreie Sondernutzung zu regeln. Da die Antragsgegnerin Gelegenheit hat, im Widerspruchsbescheid den Inhalt der Untersagungsverfügung klarzustellen bzw. zu präzisieren und ihr Ermessen erneut zu betätigen, ist ein Erfolg des Widerspruchs derzeit nicht wahrscheinlich.

Wegen weiterer Einzelheiten der Begründung, insbesondere auch zur Ermessensausübung und zur Zwangsgeldandrohung, wird ergänzend auf den angefochtenen Beschluß verwiesen.

Trotz offener Erfolgsaussichten des Rechtsbehelfs überwiegt das öffentliche Interesse an der sofortigen Vollziehung der Verfügung vom 30. 10. 1995 – und erst recht der voraussichtlich rechtmäßigen Verfügungen vom 19. 1. 1995 und 27. 7. 1995 – das private Interesse des Antragstellers, diese Tätigkeiten einstweilen bis zur rechtskräftigen Entscheidung in der Hauptsache fortzusetzen. Denn durch die teilweise sehr intensiven Werbeaktionen des Antragstellers vor allem im Innenstadtbereich wird die Sicherheit und Leichtigkeit des dort verstärkt anzutreffenden Fußgängerverkehrs beeinträchtigt, ohne daß durch die Ordnungsfunktion von Sondererlaubnissen zeitlich und örtlich ein Ausgleich mit anderen sondernutzungserlaubnispflichtigen Veranstaltungen geschaffen und der beschränkt zur Verfügung stehende Straßenraum angemessen verteilt werden könnte. Außerdem hätte die Fortsetzung der Tätigkeit des Antragstellers die vom Verwaltungsgericht dargestellte negative Vorbildwirkung für andere Gewerbetreibende. Demgegenüber wird die Tätigkeit des Antragstellers nur vorübergehend und nicht nennenswert beeinträchtigt. Dabei berücksichtigt der Senat, daß es im Hinblick auf die höchstrichterliche Rechtsprechung (vgl. BAG, Beschluß v. 22.3.1995 – 5 AZB 21/94 – NJW 1996, 143; a.A. z.B. Hamb.OVG, Beschluß v. 24.8.1994 [7] – Bs III 326/93 – NVwZ 1995, 498) sehr zweifelhaft ist, ob der Antragsteller überhaupt eine Religions- oder Weltanschauungsgemeinschaft ist.

56

Die Bemessung der Kirchensteuer nach den auf den kirchenangehörigen Ehepartner einer glaubensverschiedenen Ehe entfallenden Einkünften ist verfassungsrechtlich nicht zu beanstanden.

Art. 3, 4, 14 GG, 9 Abs. 2 Nr. 2 BayKiStG
FG München, Urteil vom 15. Juli 1996 – 13 K 1392/96 [1] –

Streitig ist der Grundsatz des Art. 9 Abs. 2 Nr. 2 des BayKiStG in der vor dem 1.1.1995 geltenden Fassung (KiStG a.F.), wonach die Kirchensteuer bei glaubensverschiedener Ehe in den Fällen der Zusammenveranlagung zur Einkommensteuer für den umlagepflichtigen Ehegatten aus dem Teil der gemeinsamen nach Art. 8 Abs. 2 KiStG gekürzten Einkommensteuer erhoben wird, der auf ihn entfällt; gem. Art. 9 Abs. 2 Nr. 2 Satz 2 KiStG a.F. ist zur Feststellung des Anteils die für die Ehegatten veranlagte gemeinsame, nach Art. 8 Abs. 2 KiStG gekürzte Einkommensteuer im Verhältnis der Einkommensteuer-Beträge aufzuteilen, die sich bei Anwendung der für die getrennte Veranlagung geltenden Einkommensteuertabelle (Grundtabelle) auf die Einkünfte eines jeden Ehegatten ergibt.

---

[7] KirchE 32, 307.

[1] Amtl. Leitsatz. EFG 1996, 1178. Nur LS: AkKR 165 (1996), 600. Die Revision des Klägers wurde zurückgewiesen; BFH Urteil vom 8.4.1997 – I R 68/96 – BFHE 183, 107. Die Verfassungsbeschwerde wurde nicht zur Entscheidung angenommen; BVerfG, Beschluß vom 28.10.1998 – 2 BvR 1394/97 – unv. Vgl. zu diesem Fragenkreis auch BFH/NV 1998, 1262; FG München EFG 1997, 1043 u. 1044; FG München EFG 1998, 684; FG Münster EFG 1997, 565.

Der Kläger war im Streitjahr noch Mitglied der ev.-luth. Kirche in Bayern. Seine Ehefrau trat 1993 aus der röm.-kath. Kirche aus. Mit Kirchensteuer-Bescheid 1994 veranlagte der Beklagte (Kirchensteueramt) den Kläger nach den o. g. Grundsätzen zur Kirchensteuer.
Die Klage blieb erfolglos.

Aus den Gründen:

Die Klage ist unbegründet.

Der angegriffene Kirchensteuerbescheid 1994 und die Einspruchsentscheidung stehen in Einklang mit den gesetzlichen Vorschriften, insbes. mit der Regelung des Art. 9 Abs. 2 Nr. 2 KiStG a. F. zur glaubensverschiedenen Ehe. Dies wird vom Kläger auch nicht bestritten.

Seinen verfassungsrechtlichen Bedenken gegen diese Vorschrift vermag der Berichterstatter sich nicht anzuschließen. Entgegen den Ausführungen des Klägers wurde das BVerfG – Urteil vom 14. 12. 1965 – 1 BvR 606/60 – (BVerfGE 19, 268, BStBl. I 1966, 196 [2]) durch den bayerischen Gesetzgeber oder die Kirchen nicht fehlinterpretiert. Vielmehr handelt es sich bei der kritisierten Vorschrift um eine genaue Ausführung verfassungsgerichtlicher Vorgaben. Denn das Bundesverfassungsgericht stützte sein Ergebnis, daß der „Halbteilungsgrundsatz des deutschen Kirchensteuerrechts, nach dem in glaubensverschiedenen Ehen die Kirchensteuer des einer steuerberechtigten Religionsgesellschaft angehörenden Ehegatten nach der Hälfte der zusammengerechneten Einkommensteuer beider Ehegatten erhoben wird," gegen Art. 2 Abs. 1 GG verstoße, auf eine den einzelnen Kirchensteuerpflichtigen isolierende Betrachtungsweise. Diese umreißt das Bundesverfassungsgericht wie folgt: „Wenn die Kirche nur den ihr angehörigen Ehegatten besteuern darf, dann darf sie bei der Wahl des Besteuerungsmaßstabes nur an Merkmale anknüpfen, die in dessen Person gegeben sind. Nimmt sie das Einkommen im Sinne des Einkommensteuerrechts als Maßstab, dann muß es das marktwirtschaftliche Einkommen (im Sinne des EStG) des kirchenangehörigen Ehegatten sein."

Das „marktwirtschaftliche Einkommen" entspricht genau dem vom Kläger wiederholt angesprochenen „externen Einkommen".

Es mag sein, daß diese Entscheidung heutigen Überlegungen zur gemeinsamen Erwirtschaftung des Familieneinkommens durch beide – den alleinverdienenden und den mit der Hausarbeit und der Kinderaufsicht beschäftigten – Ehepartner (Kirchhof, Ehe und Familie im staatlichen und kirchlichen Steuerrecht, in: Essener Gespräche zum Thema Staat und Kirche, Heft 21/1986, S. 117 ff.) nicht mehr entspricht. Dieser Umstand rechtfertigt es jedoch nicht,

---

[2] KirchE 7, 352.

gesetzliche Regelungen, die aufgrund dieser Entscheidungen erlassen wurden, aufgrund gewandelter steuerpolitischer Wertentscheidungen für verfassungswidrig zu erklären. Derartige Überlegungen mögen steuerpolitisch wünschenswert und beachtenswert sein; einen Anspruch auf ein bestimmtes Tätigwerden des oder der Gesetzgeber begründen sie nicht.

Die Vorschrift des Art. 9 Abs. 2 Nr. 2 KiStG verletzt keine Grundrechte des Klägers.

Art. 3 GG ist nicht verletzt. Abzustellen ist nach Auffassung des Berichterstatters allein darauf, ob der Kläger gegenüber anderen Personen, die Angehörige einer steuererhebungsberechtigten Religionsgemeinschaft sind und in vergleichbaren wirtschaftlichen Verhältnissen leben (d. h. Allein- oder Mehrverdiener sind), willkürlich bevorzugt oder benachteiligt wird.

Insbesondere sind Eheleute heranzuziehen, die – wie auch der Kläger zur Einkommensteuer zusammenveranlagt werden (denn bei getrennter Veranlagung gelten ohnehin andere Grundsätze). Bei konfessionsgleicher und konfessionsverschiedener Ehe hat der alleinverdienende Ehepartner wirtschaftlich die gesamte Kirchensteuer (8 v. H.) zu tragen, mag auch formal entsprechend dem bis 31.12.1994 geltenden Halbteilungsgrundsatz der auf seine Religionsgemeinschaft entfallende Anteil nur 4 v. H. (der gesamten Einkommensteuer) betragen. Denn der Alleinverdiener muß die auf seinen einkünftelosen Ehegatten entfallenden 4 v. H. Kirchensteuer ebenfalls finanzieren. Verdient der glaubensverschiedene Ehepartner mit, wird nur sein Anteil am Familieneinkommen zur Kirchensteuer herangezogen (so der Fall des Klägers).

Alle hier angesprochenen Personen sind somit gleich hoch belastet, nämlich mit Kirchensteuer in Höhe von 8 v. H. der Einkommensteuer, welche auf ihre Einkünfte entfällt.

Demgegenüber wäre bei der vom Kläger vorgeschlagenen Lösung das einer glaubensverschiedenen Ehe angehörende alleinverdienende Mitglied nur mit 50 v. H. der von einer konfessionsverschiedenen Ehe angehörenden alleinverdienenden Mitglied zu tragenden Kirchensteuer belastet.

Noch krasser fällt der Vergleich aus, wenn man die Steuerbelastung des Ledigen heranzieht: Bei einem zu versteuernden Einkommen von 88 856 DM (so dasjenige des Klägers lt. Einkommensteuer-Bescheid 1994) beträgt die Einkommensteuer lt. Grundtabelle 25 713 DM und die lt. Splittingtabelle 18 734 DM. Die Kirchensteuerbelastung des Ledigen beträgt somit 2 057,04 DM, die des alleinverdienenden Ehegatten und Kirchenmitglieds 1 498,72 DM (ohne die weiteren beim Kläger gegebenen steuerlichen Entlastungen lt. Einkommensteuerbescheid 1994). Hingegen hätte der Alleinverdiener nach dem klägerischen Modell nur 749,36 DM, also weniger als das $2^{1}/_{2}$ fache des Ledigen, zu zahlen. Dieses Ergebnis erscheint dem Berichterstatter als mit dem Grundsatz gleichmäßiger Kirchensteuerfestsetzung (§ 85 Satz 1 AO) nicht mehr vereinbar.

Es besteht auch keine Verpflichtung aus Art. 3 GG für die jeweilige steuerberechtigte Glaubensgemeinschaft, dem Mitglied die Finanzierung der Aufwendungen seines Ehegatten für dessen religiöse Betätigung in gleicher Höhe zu ermöglichen (BayVerfGH, Urteil v. 14.11.1972 – Vf. 39–VII–71 – BayVerfGHE 25, 129 [3]; FG Baden-Württemberg, Urteil v. 15.5.1992 – 9 K 219/88 – EFG 1992, 620 [4]). Denn der alleinverdienende Ehegatte kann zivilrechtlich nur verpflichtet werden, die Zwangsbeiträge seines Ehepartners zu finanzieren, d. h. die von diesem geschuldeten Kirchenumlagen. Und bei diesen ist durch das KiStG sichergestellt, daß die eine steuerberechtigte Religionsgemeinschaft nicht gegenüber der anderen ungerechtfertigt bevorzugt wird.

Den freireligiösen Gemeinden, denen der glaubensverschiedene Ehepartner angehört, steht es zudem frei, den Status einer Körperschaft des öffentlichen Rechts und damit die Steuerberechtigung zu erwerben (bei weniger als 25 000 Mitgliedern allerdings ohne staatliche Hilfe beim Kirchensteuereinzug: s. Art. 15 Abs. 1 Satz 1,17 Abs. 1 Satz 3 KiStG). Eine Pflicht zur Rücksichtnahme der steuerberechtigten Religionsgemeinschaften auf die freireligiösen derart, daß sie durch Verzicht auf Kirchensteuer indirekt deren Beiträge mitfinanzieren müßten, ergibt sich nicht aus Art. 3 GG und schon gar nicht aus den in das Grundgesetz integrierten Kirchenartikeln der Weimarer Verfassung.

Die vom Kläger vorgetragene Lösung wäre auch mit einem nicht vertretbaren Verwaltungsaufwand verbunden: Bei jedem Fall einer konfessionsverschiedenen Ehe wäre nämlich zu überprüfen, ob der glaubensverschiedene Ehepartner die geringeren Einkünfte hat und wenn ja, ob er einer freireligiösen Gemeinschaft angehört und dieser mindestens im Streitjahr 4 v. H. der gemeinsam veranlagten Einkommensteuer gespendet hat. Angesichts des in der Bundesrepublik Deutschland stark ausgeprägten Datenschutzes ist es sehr zweifelhaft, ob derartige Daten des nicht kirchenangehörigen Ehegatten überhaupt eingeholt werden dürfen und ob den Kirchensteuerpflichtigen insoweit eine Nachweispflicht trifft.

Auch eine Verletzung sonstiger Grundrechte ist nicht gegeben:

Art. 4 GG gebietet nicht, bei der Bemessung der Kirchensteuer die Finanzierung freireligiöser Gemeinschaften durch den Ehepartner des kirchensteuerpflichtigen Mitglieds zu berücksichtigen; er gebietet nur, die religiöse Betätigung dieser Gemeinschaften und ihrer Mitglieder nicht zu behindern. Eine Behinderung ist aber nicht darin zu erblicken, daß die steuerberechtigten Religionsgesellschaften ihren Mitgliedern 8 v. H. der auf ihre Einkünfte entfallenden Einkommensteuer abverlangen.

Art. 14 GG ist schon deshalb nicht tangiert, weil die Eigentumsgarantie lediglich den Schutz vor erdrosselnder (konfiskatorischer), unverhältnismäßig

---

[3] KirchE 13, 74.   [4] KirchE 30, 222.

hoher Besteuerung beinhaltet. Davon kann bei einer Mehrsteuer von 468 DM gegenüber der vom Kläger intendierten Belastung nicht die Rede sein, zumal der Mehrbetrag in voller Höhe bei der Einkommensteuer als Sonderausgabe abgezogen werden kann.

57

Die Einrichtung eines Diplomstudienganges Katholische Theologie an einer staatlichen Universität, der auf die Ausbildung zum katholischen Volltheologen abzielt und mit einem theologischen Diplom abschließt, ist eine gemeinsame Angelegenheit von Staat/Universität und Kirche.

Das Recht der Kirche, ihre Angelegenheiten selbständig zu ordnen und zu verwalten (Art. 140 GG i.V.m. Art. 137 Abs. 3 Satz 1 WRV), betrifft auch die Organisation der an ihr Bekenntnis gebundenen Theologenausbildung. Seine Schranken finden sich nicht nur in den einfachgesetzlichen Regelungen, die für alle gelten, sondern auch in verfassungsrechtlichen Gewährleistungen, insbesondere in der Garantie der Wissenschaftsfreiheit mit den daraus herzuleitenden staatlichen Aufgaben (Art. 5 Abs. 3 Satz 1 GG). Der zur Neutralität verpflichtete Staat hat ein legitimes Interesse daran, etwa mit Hilfe bekenntnisgebundener Studiengänge – deren Inhalte freilich allein in der Verantwortung der Religionsgesellschaften stehen – menschliche Wertorientierung zu fördern. Probleme, die in diesem Spannungsfeld auftreten, sind durch eine konkrete Güterabwägung zu lösen. Danach darf unter den hier gegebenen Umständen die Einrichtung des Diplomstudienganges Katholische Theologie nicht ohne das Einverständnis der Kirche erfolgen. Ausschlaggebend ist, daß die bekenntnisgebundene Theologenausbildung nach dem maßgeblichen Selbstverständnis der katholischen Kirche ein zentrales Anliegen dieser Bekenntnisgemeinschaft ist. Eine weitere Verknappung ihrer personellen Ressourcen als Folge der Einrichtung des Diplomstudienganges an einer staatlichen Universität, die einen negativen Einfluß auf die Ausbildungsqualität und die Ausbildungsinhalte auch an anderen Ausbildungsstätten haben kann, muß sie nicht hinnehmen.

Der möglichst schonende Ausgleich kollidierender Rechtsgüter ist auch durch die Gestaltung des Verwaltungsverfahrens in der Weise zu gewährleisten, daß das Gewicht der jeweiligen Interessen erkennbar wird. Die zuständige Behörde muß der Kirche die Gründe näher darlegen, die aus staatlicher Sicht das Vorhaben erfordern. Demgegenüber darf die Kirche ihre Beteiligung nicht grundlos oder gar mißbräuchlich verweigern.

BVerwG, Urteil vom 18. Juli 1996 – 6 C 10.94[1] –

Gegenstand des Verfahrens ist die Einrichtung eines Diplomstudienganges Kath. Theologie im Fachbereich Kath. Theologie der Johann Wolfgang Goethe-Universität zu Frankfurt am Main.

Die streiterheblichen Einzelheiten ergeben sich aus den Urteilen des VG Wiesbaden vom 21. 6. 1990 (KirchE 28, 143) und des Hess.VGH vom 7. 7. 1994 (KirchE 32, 245).

Das Verwaltungsgericht hat die Klage des Bischofs von Limburg abgewiesen. Auf die Berufung des Klägers hat der Verwaltungsgerichtshof das Urteil des Verwaltungsgerichts abgeändert und den angefochtenen Erlaß insoweit aufgehoben, als darin der Einführung des Diplomstudienganges Kath. Theologie im Fachbereich Kath. Theologie der beigeladenen Universität zugestimmt und die von der Beigeladenen für diesen Studiengang vorgelegte Diplomprüfungsordnung genehmigt wird. Die hiergegen vom beklagten Land und der beigeladenen Universität eingelegte Revision blieb erfolglos.

Aus den Gründen:

Die zulässigen Revisionen sind unbegründet; das angefochtene Urteil beruht nicht auf der Verletzung revisiblen Rechts (vgl. § 137 Abs. 1 VwGO). Das Berufungsgericht hat zutreffend erkannt, daß der Erlaß des Hessischen Ministeriums für Wissenschaft und Kunst vom 19. 9. 1988 im Umfang seiner Anfechtung rechtswidrig ist und die katholische Kirche in ihrem verfassungsrechtlich gewährleisteten Selbstbestimmungsrecht verletzt (Art. 140 GG i. V. m. Art. 137 Abs. 3 S. 1 WRV). Das Hessische Ministerium für Wissenschaft und Kunst ist unter den hier gegebenen Umständen nicht berechtigt, der Einführung des Diplomstudienganges Kath. Theologie im Fachbereich Kath. Theologie der Johann Wolfgang Goethe-Universität in Frankfurt am Main zuzustimmen, die Diplomprüfungsordnung zu genehmigen und auch die angezeigte Studienordnung unbeanstandet zu lassen.

1. Soweit das Berufungsgericht dargelegt hat, daß die umstrittene Zustimmung zu der Einführung des Diplomstudienganges nicht gegen Vorschriften des hessischen Hochschulrechts, insbesondere nicht gegen § 43 Abs. 2 HHG verstößt und daß auch kirchenvertragliche Bestimmungen der Einführung des Studienganges nicht entgegenstehen, ist ein Verstoß gegen bundesrechtliche Nor-

---

[1] Amtl. Leitsätze. BVerwGE 101, 309; NJW 1996, 3287; DVBl. 1996, 1375; ZevKR 41 (1996), 460; AkKR 165 (1996), 576. Nur LS: NVwZ 1997, 160; DÖV 1997, 650; KuR 1996, 256. Zur Kostenentscheidung bzgl. der noch zweitinstanzlich anhängigen Berufung des Bistums Limburg gegen das Urteil des VG Wiesbaden vom 21. 6. 1990 (KirchE 26, 143) vgl. Hess.VGH, Beschluß vom 5. 11. 1996 (KirchE 34, 409).

men nicht geltend gemacht worden und auch nicht ersichtlich. Mit dem Berufungsgericht ist davon auszugehen, daß das beklagte Land durch hochschulrechtliche Vorschriften nicht gehindert ist, das verfassungsrechtlich gewährleistete Selbstbestimmungsrecht des Klägers zu berücksichtigen, weil das hessische Hochschulrecht verfassungskonform dahin auszulegen ist, daß hochschulrechtliche Maßnahmen nur getroffen werden dürfen, soweit sie vorrangige kirchliche Rechte nicht verletzen.

2. Der angefochtene Erlaß verletzt das der Kirche verfassungsrechtlich gewährleistete Selbstbestimmungsrecht, das unter den hier gegebenen Umständen auch gegenüber der staatlich zu schützenden Wissenschaftsfreiheit und dem staatlichen Auftrag zur Bildungsförderung Vorrang hat. Art. 140 GG garantiert i. V. m. Art. 137 Abs. 3 S. 1 WRV den Religionsgesellschaften und damit auch der kath. Kirche die Freiheit, ihre Angelegenheiten selbständig innerhalb der Schranken des für alle geltenden Gesetzes zu ordnen und zu verwalten. Die Garantie freier Ordnung und Verwaltung der eigenen Angelegenheiten ist eine notwendige, rechtlich selbständige Gewährleistung, die der Freiheit des religiösen Lebens und Wirkens der Kirchen und Religionsgemeinschaften (Art. 4 Abs. 2 GG) die zur Wahrnehmung dieser Aufgaben unerläßliche Freiheit der Bestimmung über Organisation, Normsetzung und Verwaltung hinzufügt (so die stRspr. des BVerfG, vgl. z. B. Beschluß v. 14. 5. 1986 – 2 BvL 19/84 – BVerfGE 72, 278 ff., [289 m. w. H.] [2]). Auf diese verfassungsrechtliche Gewährleistung kann der Kläger sich auch im vorliegenden Fall berufen.

Die Einrichtung des Studiengangs Kath. Theologie, der auf die Ausbildung zum „Katholischen Volltheologen" abzielt und mit einem theologischen Diplom abschließt, ist – wie auch das Berufungsgericht zutreffend angenommen hat – eine *gemeinsame* Angelegenheit von Staat/Universität und Kirche. Soweit die Beteiligten diesen Vorgang anders, nämlich als allein staatliche oder als allein kirchliche Angelegenheit, bewertet wissen möchten, vermag der Senat ihnen nicht zu folgen. Zwar trifft es zu, daß der den Studiengang begründende Organisationsakt, d. h. seine Errichtung, ausschließlich staatlicher Hoheitsakt ist, an dem neben der betroffenen Universität nur noch das zuständige Ministerium mitwirkt (§ 43 Abs. 2 S. 1 HHG). Ebenso trifft es zu, daß die bekenntnisgebundene Ausbildung von Theologen in diesem Studiengang inhaltlich allein von der Kirche zu verantworten ist, zumal das Neutralitätsprinzip dem Staat insofern jede inhaltliche Einmischung verbietet. Die Zuordnung, wessen Angelegenheit i. S. des Art. 137 Abs. 3 S. 1 WRV geordnet und verwaltet wird, darf jedoch nicht im Wege der Aussonderung einzelner Komponenten oder Teilaspekte der jeweiligen Maßnahme erfolgen. Das widerspräche dem Sinn und Zweck der verfassungsrechtlichen Regelung, einen Vorgang hinsichtlich aller

---

[2] KirchE 24, 119.

seiner nach dem Selbstverständnis der Kirche erheblichen Auswirkungen auf deren Belange zu würdigen. Es trifft allerdings zu, daß bei der Frage, *ob* ein neuer Studiengang errichtet werden soll, insbesondere auch bei dem organisationsrechtlichen Vollzug dieser Maßnahme, die staatlichen Belange im Vordergrund stehen. Demgegenüber sind die Fragen der Besetzung von Stellen und der glaubenskonformen Inhalte der Lehre wie auch die Studien- und Prüfungsordnungen dem kirchlichen Einflußbereich vorbehalten. Jedoch ist nicht zu verkennen, daß auch insoweit jeweils in dem anderen Bereich (des Staates bzw. der Kirche) übergreifende Interessen bestehen können, die letztlich auf den Gesamtvorgang der Errichtung *und* Durchführung eines solchen Studienganges und nicht etwa nur auf Teilaspekte desselben zu beziehen sind. Entgegen der Auffassung des Beklagten und der Beigeladenen darf daher hier nicht der organisationsrechtliche Errichtungsakt als ein „selbständiges Element" des Rechtsverhältnisses bewertet und auf diese Weise – isoliert von anderen wesentlichen Bestandteilen der gesamten Maßnahme – als eine rein staatliche Angelegenheit beurteilt werden. Daß auch insofern übergreifende Interessen bestehen, ergibt sich etwa daraus, daß schon die organisationsrechtliche Maßnahme – hier die Errichtung des Diplomstudienganges – Vorwirkungen darauf haben kann, wie die Kirche die bekenntnisgebundene Ausbildung von Volltheologen in ihrer Gesamtheit – an kirchlichen und staatlichen Hochschulen – ordnet und verwaltet. Es ist nämlich ihr ureigenes legitimes Interesse, Stellen in *bekenntnisgebundenen* Studiengängen mit entsprechend qualifizierten Personen zu besetzen, welche die Lehre der Kirche auf wissenschaftlichem Niveau repräsentieren (dazu im einzelnen unten zu 4), und solche Studiengänge unter Berücksichtigung ihrer personellen Ressourcen in ihrem Wirkungsbereich angemessen zu verteilen.

Ergänzend ist zu bemerken, daß das BVerfG auf der Grundlage des Art. 137 Abs. 3 WRV auch in anderen Angelegenheiten die Probleme, die aufgrund des Nebeneinanders von Kirchenfreiheit und staatlicher Rechtsordnung entstehen, nicht im Wege der Zuordnung einzelner Elemente entweder zum kirchlichen oder zum staatlichen Bereich gelöst, sondern eine Güterabwägung vorgenommen hat, die grundsätzlich durch die Beachtung und Gewichtung aller – insbesondere nach dem Selbstverständnis der Kirchen – erwägungserheblichen Belange gekennzeichnet ist (BVerfGE, aaO, S. 289 m.w.H.).

3. Das Recht der Kirche, ihre Angelegenheiten selbständig zu ordnen und zu verwalten, ist indessen schon nach dem Wortlaut des Art. 137 Abs. 3 S. 1 WRV nicht schrankenlos, sondern nur „innerhalb der Schranken des für alle geltenden Gesetzes" gewährleistet. Gemeint sind damit in erster Linie einfach-gesetzliche Regelungen, die die Kirchen in ihrer Besonderheit als Kirchen nicht härter treffen als den Jedermann (BVerfGE 42, 312, [334])[3] vgl. auch dazu BVerfGE 72,

---

[3] KirchE 15, 320.

Diplomstudiengang Kath. Theologie 277

278 [289 ff.]). Hier sind indessen einschlägige gesetzliche Regelungen, deren Verfassungskonformität als Schrankengesetze ihrerseits am Selbstbestimmungsrecht der Kirchen zu messen wäre, nicht vorhanden. Insbesondere hat das Berufungsgericht keine Vorschriften der Hessischen Landesverfassung oder des Landeshochschulrechts bezeichnet, in denen die verfahrensmäßigen und die inhaltlichen Voraussetzungen für die Einrichtung des Diplomstudienganges Kath. Theologie geregelt wären. Spezielle Regelungen dieser Art sind auch sonst nicht ersichtlich.

Daraus folgt jedoch nicht, daß das in dieser Sache von dem beklagten Land und der beigeladenen Universität geltend gemachte öffentliche Interesse an der Einrichtung des Studienganges rechtlich nicht relevant wäre. Dieses Interesse wird nämlich von der verfassungsrechtlichen Garantie der Wissenschaftsfreiheit erfaßt. Art. 5 Abs. 3 S. 1 GG gewährleistet nicht nur dem Wissenschaftler einen gegen staatliche Eingriffe geschützten Freiraum, sondern ist zugleich eine wertentscheidende Grundsatznorm. Die Wertentscheidung für eine freie Wissenschaft bedeutet nicht nur die Absage an staatliche Eingriffe in diesen Eigenbereich; sie schließt vielmehr das Einstehen des Staates, der sich als Kulturstaat versteht, für die Idee einer freien Wissenschaft und insbesondere seine Mitwirkung an ihrer Verwirklichung ein und verpflichtet ihn, sein Handeln positiv danach einzurichten. Diese leistungsrechtliche Funktion der Freiheitsgarantie bedeutet, daß der Staat die Aufgabe hat, die personellen, finanziellen und – worauf es hier besonders ankommt – auch die organisatorischen Voraussetzungen dafür zu schaffen, daß wissenschaftliche Forschung und Lehre in angemessenem Umfang und mit dem ihrem Charakter entsprechenden Niveau stattfinden und daß sie entsprechend den grundrechtlichen Gewährleistungen frei sind (BVerfG, Urteile v. 29. 5. 1973 – 1 BvR 424/71 und 325/72 – BVerfGE 35, 79, 114). Für Fälle der vorliegenden Art ist von besonderer Bedeutung, daß diese Aufgaben vorsorgend und nicht etwa nur in der Abwehr konkret drohender Eingriffe zu erfüllen sind. Deshalb sind diese – letztlich aus der verfassungrechtlichen Garantie der Wissenschaftsfreiheit herzuleitenden – kulturstaatlichen Aufgaben auch für das Spannungsfeld in dem Verhältnis wissenschaftlicher Belange des öffentlichen Hochschulwesens und des kirchlichen Selbstbestimmungrechts relevant.

Es mag dahinstehen, ob diese verfassungsrechtliche Aufgabenzuweisung schon hinreichend konkret ist, um als „Schranke eines für alle geltenden Gesetzes" im Sinne des Art. 137 Abs. 3 S. 1 WRV gelten zu können. Jedenfalls wird das der Kirche verfassungsrechtlich gewährleistete Selbstbestimmungsrecht auch – und zwar zuvörderst – durch andere verfassungsrechtliche Gewährleistungen begrenzt und findet dort seine verfassungsunmittelbaren Schranken. Probleme in dem zutage tretenden, grundrechtsrelevanten Spannungsverhältnis sind hier gleichermaßen durch eine konkrete Güterabwägung zu lösen, wobei ein möglichst schonender Ausgleich der gegensätzlichen Interessen zu suchen ist (vgl.

BVerfGE 28, 243, [261]; 30, 173 ff., [195]; 73, 40 [97]). Auch hier ist – wie bei der Überprüfung von Schrankengesetzen i. S. des Art. 137 Abs. 3 S. 1 WRV – dem Selbstverständnis der Kirchen ein besonderes Gewicht beizumessen (vgl. BVerfGE 72, 278, [289] m. w. H.).

Die bundesrechtlich eher abstrakte Aufgabenzuweisung an den Staat wird durch mehrere Vorschriften des hessischen Landesrechts inhaltlich konkretisiert. Nach Art. 60 Abs. 1 und 2 Hess.LV genießen die Universitäten und staatlichen Hochschulen den Schutz des Staates und stehen unter seiner Aufsicht; die theol. Fakultäten der Universitäten sind in ihrem Bestand ausdrücklich gewährleistet. Nach § 3 Abs. 1 und 2 HHG dienen die Hochschulen der Verwirklichung des Rechts auf Bildung und der wissenschaftlichen Erkenntnis und ferner je nach ihren besonderen Aufgaben der Pflege und Entwicklung der Wissenschaften und Künste durch Forschung, Lehre und Studium; sie bereiten auf berufliche Tätigkeiten und Aufgaben vor, für die die Anwendung wissenschaftlicher Erkenntnisse und Methoden oder die Fähigkeit zur künstlerischen Gestaltung erforderlich oder nützlich ist. Gemäß § 51 Abs. 1 HHG haben die Hochschulen die ständige Aufgabe, im Zusammenwirken mit den zuständigen staatlichen Stellen Inhalte und Formen des Studiums im Hinblick auf die Entwicklungen in Wissenschaft und Kunst, die Bedürfnisse der beruflichen Praxis und die notwendigen Veränderungen in der Berufswelt zu überprüfen und weiterzuentwickeln. Die Studienreform soll insbesondere gewährleisten, daß die Studieninhalte im Hinblick auf Veränderungen in der Berufswelt den Studenten breite berufliche Entwicklungsmöglichkeiten eröffnen (§ 51 Abs. 2 S. 2 Nr. 1 HHG).

Die den Hochschulen zugewiesene Erfüllung staatlicher Bildungsaufgaben ist damit zwar nicht näher umschrieben, sie ist jedoch jedenfalls so weit hinreichend bestimmbar, daß die hier mit dem kirchlichen Selbstbestimmungsrecht in Konflikt geratenen schützenswerten staatlichen Belange inhaltlich zu erfassen sind. Das Berufungsgericht hat in diesem Zusammenhang zutreffend darauf hingewiesen, daß ein legitimes und in Hessen auch verfassungsrechtlich abgesichertes öffentliches Interesse besteht, die Pflege theol. Wissenschaft im Rahmen der universitas litterarum beizubehalten. Die von den Hochschulen zu vermittelnde qualifizierte Bildung ist nicht nur wegen der historischen Entwicklung universal angelegt, sondern mag auch in ihren aktuellen Bezügen als ein universelles Angebot nur dann erfolgreich sein, wenn Fragen der Orientierung des Menschen auf Glaubensinhalte mit einbezogen werden. Der zur Neutralität verpflichtete Staat hat ein legitimes Interesse daran, etwa mit Hilfe bekenntnisgebundener Studiengänge – deren Inhalte freilich allein in der Verantwortung der Religionsgesellschaften stehen – menschliche Wertorientierung zu fördern.

Ferner ist hier zu berücksichtigen, daß der mit den Bildungsaufgaben verbundene Forschungsauftrag nach überkommenem Verständnis auch die interdisziplinäre Forschung umfaßt. Deshalb ist die vom Beklagten und der Beigeladenen geltend gemachte Notwendigkeit einer Zusammenarbeit etwa zwischen dem philosophischen und dem theologischen Fachbereich ein ebenfalls vom staatlichen Bildungsauftrag umfaßtes legitimes Interesse. Schließlich sind die auch vom Gesetzgeber genannten Aufgaben zur Überprüfung und Weiterentwicklung von Inhalten und Formen des Studiums im Hinblick auf Veränderungen in der Berufswelt zu beachten (vgl. § 51 HHG). Diese Aufgabe würden Staat und Universität nicht hinreichend erfüllen, wenn sie trotz eines beachtlichen Bedarfs an einem theol. Vollstudium untätig blieben. Der staatliche Bildungsauftrag ist vorrangig durch geeignete organisatorische Maßnahmen zu erfüllen, weil sonst die Vermittlung von wesentlichen Bildungsinhalten scheitern müßte. Zu den organisatorischen Grundlagen gehören auch die Bereitstellung und Pflege eines funktionierenden Fachbereichs mit seinem personellen Bestand, einschließlich einer angemessenen Reaktion auf einen gewandelten Studienbedarf.

4. Im Ergebnis sind die Probleme in dem aufgezeigten Spannungsverhältnis zwischen Staat und Kirche durch eine konkrete Güterabwägung dadurch zu lösen, daß die Einrichtung dieses Studienganges, der der Ausbildung von Volltheologen dient, hier nicht ohne Einverständis der Kirche erfolgen darf. Insoweit ist ausschlaggebend, daß die bekenntnisgebundene Theologenausbildung nach dem Selbstverständnis der katholischen Kirche ein zentrales Anliegen dieser Bekenntnisgemeinschaft ist. Diesem Selbstverständnis der Kirche ist besonderes Gewicht beizumessen (vgl. BVerfG, Beschluß v. 14.5.1986, aaO, S. 289).

Mit der Errichtung eines Diplomstudiengangs Kath. Theologie an einer staatlichen Universität sind zwar kirchliche Einrichtungen und deren eigenständige Ordnung und Verwaltung durch die Kirche nicht unmittelbar betroffen, die Maßnahme hat jedoch schwerwiegende Auswirkungen auf die bekenntnisgebundene Vollttheologenausbildung, die an staatlichen und kirchlichen Hochschulen insgesamt stattfindet, und zwar für kirchliche Zwecke. Nach den für das Revisionsgericht bindenden Feststellungen des Berufungsgerichts reichen die der Kirche im Bereich der Theologenausbildung zur Verfügung stehenden Hochschullehrer einschließlich des wissenschaflichen Nachwuchses schon jetzt kaum aus, um den aktuellen und künftigen Lehrbedarf decken zu können, so daß die Einführung des Diplomstudienganges an der staatlichen Universität zu einer weiteren Verknappung der Personalressourcen auch im kirchlichen Lehrbetrieb führen müsse. Dies könne auf die Ausbildungsqualität und damit auf die Ausbildungsinhalte Einfluß haben. Nur wenn genügend qualifizierte Hochschullehrer zur Verfügung stünden, könne ein breitgefächertes Lehrangebot, wie es nach den von der Kirche im Rahmen ihrer religiösen Selbstbestimmung gesetzen Normen notwendig sei, gewährleistet werden. Je geringer die Personalkapazitäten seien, desto größer sei die Gefahr, daß in einzelnen, nach kirchlichem Recht unverzichtbaren Fächern Forschung und Lehre vernachlässigt werden müßten, weil insoweit nicht für alle Einrichtungen genügend geeignete Wissenschaftler zur Verfügung stünden. Das Berufungsgericht hat wegen der Einzelheiten dazu auf die ihm vorgelegten Unterlagen Bezug genommen. Der Niederschrift des Berufungsgerichts über den Termin zur mündlichen Verhandlung am 4. 7. 1994 ist zu entnehmen, daß nach den Angaben des Vertreters der Zentralstelle Bildung der Deutschen Bischofskonferenz der wissenschaftliche Nachwuchs so knapp sei, daß für jeden ausscheidenden Hochschullehrer – Priester oder Laie – jeweils nur eine Person zur Verfügung stehe, obwohl grundsätzlich die Priesterausbildung durch Priester erfolgen solle. Hierzu hat er Zahlen angegeben, die das Ausmaß der personellen Defizite näher kennzeichnen. Im Hinblick auf die Bedeutung der Stadt Berlin als Hauptstadt habe sich die Bischofskonferenz dafür ausgesprochen, daß an der Humboldt-Universität in Berlin ein Fachbereich Kath. Theologie eingerichtet werde. Dazu müsse zunächst geklärt werden, in welcher Weise sich das Lehrangebot an anderer Stelle reduzieren lasse.

Bei diesem Sachverhalt, von dem der Senat in der Revisionsinstanz auszugehen hat (vgl. § 137 Abs. 2 VwGO), fällt die darzulegende Güterabwägung zugunsten des Klägers aus. Es ist nämlich nicht nur der Sache nach einleuchtend, sondern aus den dargelegten Gründen staatlicherseits hinzunehmen, daß die Kirche in einer qualifizierten bekenntnisgebundenen Theologenausbildung ein zentrales Anliegen sieht. Dies von außen her zu bewerten, steht weder dem staatlichen Ministerium, noch der Universität, noch dem Gericht zu. Die genannten Gründe setzen sich nicht zu einem früheren Verhalten der Kirche in Widerspruch und sind auch offensichtlich nicht mißbräuchlich, sondern nachvollziehbar dargelegt. Insbesondere ist durch die Äußerung des Vertreters der Deutschen Bischofskonferenz klargestellt, daß es hier nicht etwa um die Abwehr wissenschaftlicher Konkurrenz für die benachbarte kirchl. Hochschule St. Georgen geht, sondern daß die bundesweite Gesamtplanung im Hinblick auf die Personalressourcen im kirchlichen Lehrbetrieb berührt und nicht unwesentlich beeinträchtigt ist. Wegen dieser ortsübergreifenden Perspektive kommt es hier nicht darauf an, wie der Fachbereich Kath. Theologie derzeit personell ausgestattet ist. Das Berufungsgericht hat hierzu festgestellt, daß die Zahl der dort tätigen Hochschullehrer nicht den kirchlichen Vorstellungen entspricht. Zudem leuchtet es ein, daß die Zustimmung der Kirche (nihil obstat) zu der bisherigen Tätigkeit der Hochschullehrer im Bereich der Lehrerausbildung nach dem Selbstverständnis der Kirche zur Auslegung des Kirchenrechts nicht ohne weiteres für die Ausbildung von Volltheologen in einem dafür neu eingerichteten Diplomstudiengang gilt.

Auch die vom Kläger angenommene und vom Berufungsgericht bestätigte Gefahr, daß ohne genügend geeignete Wissenschaftler Forschung und Lehre in einzelnen unverzichtbaren Fächern vernachlässigt werde, muß von staatlicher Seite als berechtigt hingenommen werden. Der Staat darf auch nicht indirekt durch organisatorische Maßnahmen, die sich in der dargelegten Weise auf innere Angelegenheiten der Kirche erheblich auswirken, diese daran hindern, Forschung und Lehre auf einem angemessenen – nach ihrer Auffassung notwendigen – Niveau zu halten und dafür zu sorgen, daß dieses möglichst überall gleichmäßig eingehalten wird. Wenn die Kirche die Zahl der dafür vorhandenen qualifizierten Wissenschaftler als begrenzt erachtet – wobei sie sich auch von der Sorge um die Einheit ihrer Lehre leiten lassen kann –, darf der Staat die aus der Sicht der Kirche damit verbundenen oder doch zu besorgenden Defizite nicht durch eine Vermehrung der Stätten bekenntnisgebundener Theologenausbildung verschärfen.

Bei alledem ist zugunsten der Kirche ferner zu berücksichtigen, daß ein Absolvent des hier umstrittenen Studiengangs Kath. Theologie ein Diplom erhalten soll, das ihn als Volltheologen i. S. dieser Bekenntnisgemeinschaft ausweist. Zwar ist die Kirche berechtigt, diesem Diplom für ihren Bereich die Anerkennung zu verweigern; solche Einschränkungen haben aber in der Öffentlichkeit erfahrungsgemäß nur begrenzte Wirksamkeit. Es darf durchaus davon ausgegangen werden, daß der diplomierte *„Katholische (Voll-)Theologe"* gemeinhin für kompetent und legitimiert angesehen wird, dieses Bekenntnis in der rechten Weise zu vertreten. Geschieht dies nicht in ihrem Sinne, kann sich die Kirche dagegen nachträglich kaum noch wirksam und nicht ohne Inkaufnahme anderweitiger Nachteile schützen; insbesondere hilft ihr die Nichtanerkennung des Diploms dazu in der Praxis wenig.

Das Berufungsgericht hat zugunsten der Kirche ferner auf Gründe hingewiesen, welche die Stellenausstattung im Fachbereich Kath. Theologie der Beigeladenen sowie die Frage betreffen, wie weit Volltheologen nach den weltkirchlichen Anforderungen grundsätzlich durch Priester ausgebildet werden müßten, was hier nicht gewährleistet sei. Der Senat stellt auf diese Gesichtspunkte nicht ab, da die hierzu erforderlichen konkreten Feststellungen vom Berufungsgericht nicht getroffen worden sind und der Sachverhalt insofern auch in der Revisionsinstanz umstritten geblieben ist. Diese Fragen können hier offenbleiben, weil es auf sie für die Entscheidung letztlich nicht ankommt. Denn die vorstehend dargelegten Gründe reichen aus, um die gebotene Güterabwägung hier zugunsten der Kirche erfolgen zu lassen. Gleichwohl ist darauf hinzuweisen, daß es nicht Aufgabe des Staates ist, eine dem Selbstverständnis der Kirche entsprechende Auslegung der in Rede stehenden kirchlichen Normen von vermeintlich objektiver Warte her mit vermeintlich besseren Argumenten zu widerlegen.

Dieses Abwägungsergebnis wird schließlich auch dadurch getragen, daß das Gewicht der geltend gemachten öffentlichen Belange hinter dem Gewicht der abwägungserheblichen kirchlichen Belange deutlich zurückbleibt. Das Berufungsgericht ist trotz seines anfänglich auf eine „entsprechende einzelfallbezogene Güterabwägung" abzielenden Ansatzes, auf die öffentlichen Belange nicht näher eingegangen und hat auch eine Abwägung insofern nicht vorgenommen. Da weitere Feststellungen hierzu fehlen, geht der Senat zugunsten des Beklagten von der im Tatbestand des berufungsgerichtlichen Urteils zusammengefaßten Begründung des Dekans des damaligen Fachbereichs Religionswissenschaften aus. Dieser hatte geltend gemacht, daß angesichts der geringen Berufsaussichten der Lehramtsanwärter ein starker Rückgang der Studentenzahl im Studienfach Religion zu verzeichnen sei, während andererseits ein starkes Bedürfnis junger Menschen bestehe, Theologie zu studieren. Das Diplom eröffne eine wesentlich größere Bandbreite an Berufsmöglichkeiten auch außerhalb der kath. Kirche. Außerdem werde dadurch die interdisziplinäre Zusammenarbeit gestärkt und die Kirche an einer säkularen Universität in wirksamer und überzeugender Weise vertreten.

Der Senat stellt die Berechtigung der damit verfolgten öffentlichen Anliegen nicht in Frage, vermag jedoch nicht zu erkennen, daß die angeführten Gründe so gewichtig sind, daß sie auch unter Berücksichtigung des Selbstbestimmungsrechts der Kirche durchgreifen. Der starke Rückgang der Studentenzahl im Studienfach Religion ist ohne Zweifel ein berechtigter Anlaß, durch eine Umstrukturierung der Studiengänge den Fortbestand des Fachbereichs zu fördern. Mit diesem Anliegen lassen sich indes keine Schranken überwinden, welche in der dargelegten Weise aus dem besonderen Interesse der Kirche an der Erhaltung der Qualität ihrer theologischen Forschung und Lehre herzuleiten sind. Ein Bedürfnis junger Menschen, Kath. Theologie zu studieren, mag vorhanden sein; ob es für einen solchen Studiengang mit einem rein staatlichen Abschluß, der von der Kirche nicht anerkannt wird, wirklich *„stark"* ist, erscheint zumindest zweifelhaft, zumal da nach dem eigenen Revisionsvorbringen der Beigeladenen dieses Diplom in der Zeit seit Einrichtung des Studienganges erst in wenigen Fällen erworben worden ist. Zu diesem Sachvortrag hat das Berufungsgericht im übrigen keine tatsächlichen Feststellungen getroffen, was auch von den Revisionen nicht oder jedenfalls nicht substantiiert und fristgerecht gerügt worden ist. Das Gleiche gilt für die größere Bandbreite an Berufsmöglichkeiten außerhalb der kath. Kirche durch den umstrittenen Studiengang sowie die Stärkung der interdisziplinären Zusammenarbeit. Auch die Berechtigung dieser Anliegen ist zwar prinzipiell anzuerkennen, es fehlen dazu jedoch konkrete Feststellungen, die ihnen ein auf das Abwägungsergebnis durchschlagendes Gewicht verleihen könnten, inbesondere zur Frage, welchen konkreten Schaden diese öffentlichen Belange nehmen könnten, wenn der umstrittene Studiengang nicht eingerichtet wird. Demgegenüber ist die Verknappung der Personalressourcen im kirchlichen Lehrbetrieb – wie ausgeführt wurde – konkreter dargelegt und damit substantiiert worden. Daß eine solche Verknappung erfahrungsgemäß Auswirkungen auf die Qualität von Forschung und Lehre hat, liegt auf der Hand und bedarf keines besonderen Nachweises. Hinsichtlich ihres auf die Qualität von Forschung und Lehre bezogenen Zentralanliegens droht der Kirche hier letztlich ein wesentlich größerer Schaden als der staatlichen Seite, wenn dort eine Erweiterung des Bildungsangebots durch neue berufsqualifizierende Abschlüsse eines Diplom-Theologen nicht angeboten werden können.

5. Der möglichst schonende Ausgleich kollidierender Rechtsgüter ist nicht nur materiell durch die Gewichtung und Abwägung der widerstreitenden Rechtspositionen oder Belange, sondern auch durch die Gestaltung des Verwaltungsverfahrens vorsorglich anzustreben. Dann aber muß in Fällen der vorliegenden Art das über die Errichtung eines Studienganges im Zusammenwirken mit der Universität entscheidende Ministerium der in ihrem Selbstbestimmungsrecht berührten Kirche die Gründe näher darlegen, die aus staatlicher Sicht das Vorhaben erfordern. Im allgemeinen werden dies die Gründe sein, mit denen die Universität die Zustimmung des Ministers zu der von ihr beabsichtigten Maßnahme beantragt. Sind die das Vorhaben rechtfertigenden öffentlichen Belange hinreichend dargelegt, darf die Kirche ihre Beteiligung an dem bekenntnisgebundenen Studiengang nicht grundlos oder gar mißbräuchlich verweigern; denn das besondere Gewicht ihres Selbstverständnisses verleiht ihr kein absolutes, in ihr Belieben gestelltes Vetorecht. Auch die „ohne erkennbare Gründe" ausgesprochene Ablehnung müßte sich dem Vorwurf aussetzen, in Wahrheit willkürlich zu sein. Soweit allerdings die Gründe der Verweigerung offensichtlich sind, müssen sie nicht ausdrücklich dargelegt und kann insbesondere auf Einzelheiten der Darlegung verzichtet werden. Ebensowenig muß die Kirche begründen, daß und in welcher Weise gewisse Belange nach ihrem Selbstverständnis so und nicht anders zu verstehen und aus ihrer Sicht zu gewichten sind. Schon damit wird sie bei der letztlich entscheidenden Güterabwägung in aller Regel einen besonderen Vorteil haben, der indes aus der besonderen verfassungsrechtlich bekräftigten Bedeutung ihres Selbstverständnisses herzuleiten und von daher sachlich zu rechtfertigen ist.

Im vorliegenden Fall entsprach das Verfahren nicht diesen Anforderungen. Das zuständige Ministerium hat die kirchliche Seite allein wegen der Billigung der Studien- und Prüfungsordnung beteiligt. Die Kirche hat diese Beteiligung nicht wahrgenommen, weil sie sich schon der Errichtung des Studienganges widersetzt hat. Die dafür ausschlaggebenden Gründe sind im Verwaltungsverfahren offenbar auch nicht erfragt worden, weil das Einverständnis der Kirche für entbehrlich gehalten wurde. Der Senat sieht indes keine Veranlassung, den angefochtenen Erlaß schon wegen etwaiger verfahrensrechtlicher Mängel aufzuheben. Da eine solche Entscheidung des Ministeriums keine echte Planungsentscheidung ist, insbesondere nicht der planerischen Gestaltungsfreiheit der Behörde überlassen bleiben muß, konnte hier eine inhaltlich in vollem Umfang rechtsgebundene Entscheidung abschließend getroffen werden. Dazu verhilft, daß die Defizite in der Darlegung im Verwaltungsverfahren später durch entsprechenden hinreichenden Sachvortrag im verwaltungsgerichtlichen Streitverfahren ausgeglichen worden sind.

Freilich kann dies kein Maßstab für künftiges verfahrensmäßig sachgerechtes Verhalten sein; vielmehr dürfte der Weg zu einem möglichst schonenden Ausgleich der kollidierenden grundrechtlichen Positionen schon durch ein darauf abzielendes Verwaltungsverfahren in der bezeichneten Weise auszugestalten sein, in der beide Verfahrensbeteiligte die Gründe für ihre Haltung darlegen.

6. Das Berufungsgericht hat zutreffend erkannt, daß der angefochtene Erlaß auch rechtswidrig ist, soweit darin die von der Beigeladenen vorgelegte Diplomprüfungsordnung genehmigt worden ist und gegen die gleichzeitig angezeigte Studienordnung keine Bedenken erhoben worden sind. Denn diese Ordnungen teilen das Schicksal des Errichtungsaktes. Sie sind ohne wirksame Errichtung des Studiengangs nicht zustimmungsfähig.

58

Zu den Voraussetzungen der rentenrechtlichen Vormerkung von Berücksichtigungszeiten wegen Pflege im Falle einer von einer ev. Diakonie-Sozialstation eingesetzten Pflegerin.

§§ 149 Abs. 5, 249 b, 279 e SGB VI
BSG, Urteil vom 18. Juli 1996 – 4 RA 25/95 –

Streitig ist, ob die beklagte Bundesversicherungsanstalt für Angestellte (BfA) für die Klägerin Berücksichtigungszeiten wegen Pflege vormerken muß. Die Klägerin wurde nach Teilnahme an einem Pflegekurs von 1986 bis Oktober 1994 als Pflegerin von der Diakonie-Sozialstation für die Gemeinde R. eingesetzt. Seit Februar 1991 pflegte sie den Pflegebedürftigen Dr. V. und seit März 1992 außerdem die Pflegebedürftige E. Wöchentlich war sie insgesamt 10 Stunden im Einsatz. Die Diakonie-Sozialstation zahlte ihr je Einsatzstunde DM 12,–. Im August 1992 beantragte die Klägerin bei der Beklagten die Vormerkung von Berücksichtigungszeiten wegen Pflege. Die BfA lehnte dies ab, weil die Pflege nicht im Familien- oder Bekanntenkreis wahrgenommen werde.

Das Sozialgericht hat die Klage abgewiesen. Das Landessozialgericht hat der Berufung der Klägerin stattgegeben und die Beklagte verurteilt, „im Versicherungsverlauf der Klägerin eine Berücksichtigungszeit wegen Pflege ab 1. 8. 1992 vorzumerken".

Die Revision der Beklagten hatte Erfolg.

Berücksichtigungszeiten wegen Pflege   285

Aus den Gründen:

Die zulässige Revision der Beklagten ist begründet. Das Landessozialgericht hat der Berufung der Klägerin gegen das im Ergebnis zutreffende Urteil des Sozialgerichts zu Unrecht stattgegeben. Die Klägerin hat nämlich keinen Anspruch auf Vormerkung von Berücksichtigungszeiten wegen Pflege, weil sie keinen Pflegebedürftigen regelmäßig wöchentlich mindestens zehn Stunden gepflegt hat.

Die revisionsgerichtliche Prüfung des angefochtenen Urteils ergibt, daß die vom Berufungsgericht festgestellten Tatsachen nicht ausreichen, nach dem maßgeblichen Bundesrecht (dazu unter 1.) zu erkennen, ob die Klägerin „nicht erwerbsmäßig" tätig war (dazu unter 2.); sie zwingen jedoch zu der Entscheidung, daß sie keinen Pflegebedürftigen im gesetzlich vorgeschriebenen Mindestumfang gepflegt hat (dazu unter 3.).

Zwar ist dem Landessozialgericht – entgegen dem Sozialgericht – darin beizupflichten, daß die Auffassung der Beklagten im Gesetz keine Stütze findet, nur Pflegepersonen aus dem Familien- oder Bekanntenkreis oder sonstige „Nahestehende" könnten den Tatbestand einer Berücksichtigungszeit wegen Pflege erfüllen. Richtig ist daran, daß die familienhafte Pflege das gesetzgeberische Leitbild gewesen ist (Urteil des Senats v. 27. 6. 1991 – 4 RA 48/90 – EzFamR Art. 3 GG Nr. 1 S. 4); dieses hat jedoch im Tatbestand des Gesetzes nur in dem unten darzustellenden Sinne Ausdruck gefunden. Insbesondere ist – worauf das Landessozialgericht zutreffend hingewiesen hat – im Gesetz nicht nachprüfbar ausgestaltet worden, anhand welcher Tatsachen die von der Beklagten geforderte „Nähebeziehung" festgestellt werden könnte (zum Stand der Diskussion stellvertretend: Kass/Komm-Niesel, § 249b SGB VI Rdnrn. 6, 12, § 279e SGB VI Rdnrn. 7 bis 10; GK-Lilge, Bd. 3b, SGB VI, § 177; GK- von Einem, Bd. 3b, SGB VI, § 57 Anm. 1, 4; Maschmann, SGb 1995, 325ff., 381ff.; ders., NZS 1993, 153ff.; ders., SGb 1993, 453ff.; Petersen, DAngVers. 1994, 260ff.; Krauthausen/Schmidt, DRV 1994, 379f.; Deckert, Nachrichten der LVA Hessen 1993, 55ff.; Winter, RV 1992, 181ff.; Schönberger, Der Kompaß 1991, 653ff.; von Einem, ZfS 1992, 33ff.; Straub, ZfSH/SGb 1992, 237ff.; Lenz/Bertram, Der Kompaß 1994, 601ff.; LVA Oberfranken und Mittelfranken, MittLVA Oberfr. 1993, 12ff.; Pezold, MittLVA Oberfr., 157ff.; Arbeitsanweisungen der LVA Rheinprovinz, LVA Rheinpr. Mitt. 1991, 505ff.; Schultes, MittLVA Oberfr. 1990, 301ff.). Das Gesetz hat sich vielmehr darauf beschränkt festzulegen, daß jemand, der einen Pflegebedürftigen (auf Dauer angelegt – § 279e Abs. 3 SGB VI) regelmäßig wöchentlich mindestens zehn Stunden pflegt, den Tatbestand einer Berücksichtigungszeit wegen Pflege erfüllt, es sei denn, daß er die Pflege als Erwerb oder wie einen Erwerb betreibt. Demgemäß bedarf es keiner näheren Bestimmung dessen, ob die Pflegeperson „ehrenamtlich" tätig wird.

Im Sinne des Rentenversicherungsrechts kann nämlich auch eine (nach der Verkehrsanschauung gegebene) Ausübung eines Ehrenamtes „erwerbsmäßig" erfolgen, insbesondere versicherungspflichtig (oder nur wegen Geringfügigkeit versicherungsfrei) sein (dazu stellvertretend: Urteil des 12. Senats des BSG v. 22.2.1996 – 12 RK 6/95 –; vgl. auch BSG SozR 3-2200 § 1248 Nr. 1; SozR 2200 § 1248 Nr. 36). Es kommt also nicht entscheidend auf die in den maßgeblichen Vorschriften nicht enthaltenen Ausdrücke der „Nähebeziehung" oder des „Ehrenamtes" an.

Gleichwohl kann das angefochtene Urteil keinen Bestand haben:

1. Rechtsgrundlage für den verfahrensrechtlichen Anspruch auf Vormerkung des Tatbestandes einer rentenrechtlichen Zeit (i. S. von § 54 Abs. 1 SGB VI) ist § 149 Abs. 5 SGB VI. Diese Vorschrift verpflichtet, falls – wie hier – ihre Voraussetzungen vorliegen, den zuständigen Rentenversicherungsträger, durch Verwaltungsakt (Vormerkung) richtig und verbindlich festzustellen, ob der Versicherte im fraglichen Zeitraum den Tatbestand einer rentenrechtlichen Zeit erfüllt hat. Die Beklagte hat diesen verfahrensrechtlichen Anspruch der Klägerin auf richtige Vormerkung gerade durch die Ablehnung der begehrten Vormerkung erfüllt; denn die Voraussetzungen des Tatbestandes einer Berücksichtigungszeit wegen Pflege liegen im streitigen Zeitraum nicht vor.

Der maßgebliche Tatbestand einer Berücksichtigungszeit wegen Pflege ergibt sich aus den §§ 249b, 279e SGB VI. Diese Vorschriften wurden mit Wirkung vom 1.4.1995 durch Art. 5 Nrn. 18 und 20, 68 Abs. 2 des Gesetzes zur sozialen Absicherung des Risikos der Pflegebedürftigkeit (Pflegeversicherungsgesetz – PflegeVG) vom 26.5.1994 (BGBl. I S. 1014) eingeführt; sie haben die bisherigen Regelungen in den §§ 57 Abs. 2, 177 SGB VI, die durch Art. 5 Nr. 6 Buchst. b und Nr. 14, 68 Abs. 2 PflegeVG mit Wirkung zum 1.4.1995 aufgehoben worden sind, ohne inhaltliche Änderung abgelöst. Die neuen Vorschriften beanspruchen Geltung gerade für den Zeitraum vom 1.1.1992 bis zum 31.3.1995. Ab 1.4.1995 sind Personen, die nicht erwerbsmäßig pflegen, nach näherer Maßgabe des § 3 S. 1 Nr. 1a SGB VI versicherungspflichtig. Ob in der Zeit von Januar 1992 bis März 1995 ein vormerkbarer Tatbestand einer Berücksichtigungszeit wegen Pflege zurückgelegt worden ist, beurteilt sich daher im Revisionsverfahren nach den §§ 249b, 279e SGB VI. Diese enthalten gegenüber den §§ 57 Abs. 2, 177 SGB VI a. F. keine inhaltliche, also insbesondere keine rückwirkend belastende Änderung (vgl. BT-Drucks. 12/5262, S. 161).

Das Landessozialgericht hat richtig erkannt, daß die begehrte Vormerkung sich höchstens auf die Zeit vom 1.8.1992 bis Oktober 1994 erstrecken könnte. Obwohl die Klägerin den Dr. V. schon seit Februar 1991 gepflegt hat, kann eine Berücksichtigungszeit hierfür frühestens mit Einführung dieser rentenrechtlichen Zeit erworben werden (zur Verfassungsmäßigkeit der §§ 57 Abs. 2, 177 SGB VI bereits Urteil des Senats v. 27.6.1991 – 4 RA 48/90 = EzFamR GG

Art. 3 Nr. 1 = FuR 1991, 355; dazu Beschluß der 3. Kammer des 1. Senats des Bundesverfassungsgerichts – 1 BvR 1359/91 = SozR 3-2200 § 1246 Nr. 30). Jedoch kann auch die von der Klägerin im Jahr 1992 verrichtete Pflege den Tatbestand einer Berücksichtigungszeit erst ab 1. 8.1992 erfüllen.

Gemäß § 249b S. 2 SGB VI (= § 57 Abs. 2 S. 2 SGB VI a. F.) wird die Zeit der Pflegetätigkeit von der Aufnahme der Pflegetätigkeit an als Berücksichtigungszeit „angerechnet", wenn der Antrag bis zum Ablauf von drei Kalendermonaten nach Aufnahme der Pflegetätigkeit gestellt wird. Zwar ist im Vormerkungsverfahren nicht über die „Anrechnung" von Tatbeständen rentenrechtlicher Zeiten zu entscheiden; jedoch muß es nach der im Zeitpunkt der begehrten Vormerkung maßgeblichen Rechtslage möglich sein, daß der als erfüllt behauptete Tatbestand einer rentenrechtlichen Zeit im späteren Leistungsfall angerechnet werden kann. Nach § 249b S. 2 SGB VI beginnt die Anrechnung der Berücksichtigungszeit aber frühestens mit dem Kalendermonat, in dem der Antrag gestellt wird, falls dies – wie im Falle der Klägerin – im vierten oder einem späteren Kalendermonat nach dem Kalendermonat geschieht, in dem die Pflegetätigkeit aufgenommen wurde.

2. Gemäß § 249b S. 1 SGB VI sind in der Zeit vom 1.1.1992 bis zum 31. 3.1995 Berücksichtigungszeiten wegen Pflege solche Zeiten, in denen die Pflegeperson einen Pflegebedürftigen nicht erwerbsmäßig gepflegt hat, falls der Pflegende wegen der Pflege berechtigt war, Beiträge zu zahlen oder die Umwandlung von freiwilligen Beiträgen in Pflichtbeiträge zu beantragen (§ 279e SGB VI früher: § 177 SGB VI a. F.), und nicht zu den in § 56 Abs. 4 SGB VI genannten Personen gehört, die von der Anrechnung einer Kindererziehungszeit ausgeschlossen sind.

a) Aufgrund der tatsächlichen Feststellungen des Berufungsgerichts ist dessen Ansicht nicht zu beanstanden, daß die Klägerin nicht zu den in § 56 Abs. 4 SGB VI genannten ausgeschlossenen Personen gehört, zwei Pflegebedürftige (i. S. von § 177 Abs. 1 Nr. 1 SGB VI a. F. = § 279e Abs. 1 Nr. 1 SGB VI) von August 1992 bis Oktober 1994 betreut und sie i. S. der vorgenannten Vorschriften gepflegt hat.

b) Hingegen reichen die tatsächlichen Feststellungen des Berufungsgerichts nicht aus zu entscheiden, daß sie „nicht erwerbsmäßig" gepflegt hat. Vom (persönlichen und sachlichen) Geltungsbereich der §§ 249b i.V.m. 279e SGB VI werden von vornherein solche Personen nicht erfaßt, welche die Pflege von Pflegebedürftigen nach ihrem objektiven Erscheinungsbild „als Erwerb" oder „wie einen Erwerb" betreiben. Daher sind diejenigen nicht geschützt, die durch Pflege als selbständige Erwerbstätigkeit Arbeitseinkommen erzielen oder Pflege als Hauptpflicht in einem entgeltlichen Beschäftigungsverhältnis verrichten. Die Klägerin hat die Pflege nicht als ein in selbständiger Erwerbstätigkeit „gewerblich" auftretender (Pflege-)Unternehmer geleistet.

c) Bei in entgeltlicher Beschäftigung ausgeübter Pflege ist rechtlich nicht erheblich, ob Rentenversicherungspflicht nach § 1 S. 1 Nr. 1 Regelung 1 SGB VI begründet oder wegen Geringfügigkeit der Beschäftigung nach § 5 Abs. 2 Nr. 1 SGB VI i. V. m. § 8 Abs. 1 und 2 SGB IV versicherungsfrei ist. Denn auch eine geringfügige Beschäftigung, welche u. a. wegen des geringfügigen Arbeitsentgelts die Einbeziehung des Beschäftigten in die Solidargemeinschaft der Rentenversicherten nicht rechtfertigt, wird ihrem objektiven Erscheinungsbild nach als Erwerb im Austausch von Pflegeleistung gegen Entgelt ausgeübt. Keiner Darlegung bedarf, daß es – entgegen der Ansicht des Landessozialgerichts – für die Qualifizierung von Zahlungen des Arbeitgebers als Arbeitsentgelt i. S. von § 14 SGB IV nicht auf deren Höhe ankommt. Denn nach § 14 Abs. 1 SGB IV sind Arbeitsentgelt „alle" Einnahmen aus einer Beschäftigung. Insbesondere ist unerheblich, ob sie „gerecht", am Marktpreis orientiert oder vom Zahlungsempfänger zur Bestreitung seines Lebensunterhalts bestimmt sind. Entscheidend ist nur, ob sie tatsächlich wegen der Beschäftigung zufließen.

Das Berufungsgericht hat angenommen, zwischen der Klägerin und der Diakonie-Sozialstation (bzw. der diese tragenden Ev. Kirchengemeinde) habe kein Beschäftigungsverhältnis i. S. von § 1 S. 1 Nr. 1 SGB VI i. V. m. § 7 SGB IV vorgelegen. Es ist nicht näher darauf einzugehen, daß die von der Revision hiergegen vorgebrachten Sach- und Verfahrensrügen jedenfalls in dem Sinne durchgreifen, daß die tatsächlichen Feststellungen des Landessozialgerichts zur abschließenden Entscheidung darüber nicht ausreichen, ob die Klägerin bei der Ev. Kirchengemeinde (wie von dieser – nach Angaben der Beklagten gemäß dem VDR-Datenbestand – gemeldet) beschäftigt war. Denn auch dann, wenn zu Gunsten der Klägerin unterstellt wird, sie habe durch die Pflege der Frau E. und des Dr. V. keine „nichtselbständige Arbeit" (§ 7 Abs. 1 SGB IV) für die Diakonie-Sozialstation geleistet, liegen die tatbestandlichen Voraussetzungen des § 249 b SGB VI nicht vor.

d) Der vom Berufungsgericht festgestellte Sachverhalt läßt aber auch auf der Grundlage dieser Unterstellung noch nicht die Entscheidung darüber zu, ob die Klägerin „nicht erwerbsmäßig" gepflegt hat. Denn „erwerbsmäßig" handelt auch derjenige, der die Pflege zwar weder selbständig als Unternehmer noch entgeltlich im Dienste eines Dritten, d. h. im Namen und für Rechnung eines anderen als des gepflegten Pflegebedürftigen erbringt, der aber vom Pflegebedürftigen zur Pflege gegen Entgelt angestellt oder wie ein Erwerbstätiger, aber ohne Gewinnerzielungsabsicht, durch die Pflege als Nebentätigkeit („wie zum Erwerb") Einkünfte erzielt, deren Wert denjenigen der Summe seiner durch die Pflege bedingten erforderlichen Aufwendungen übersteigt. Denn auch dann wird durch den Pflegedienst etwas regelmäßig erworben.

aa) Eine in diesem Sinne erwerbsmäßig in einem entgeltlichen Beschäftigungsverhältnis mit dem Pflegebedürftigen ausgeübte Pflege liegt allerdings nicht vor, soweit der „Erwerb" sich allein daraus ergibt, daß der Pflegebedürftige einer ihm nicht kraft Vertrages zur Pflege gegen Entgelt verpflichteten Pflegeperson Beträge bis zur Höhe der ihm von einem Leistungsträger gewährten Geldleistungen wegen Pflegebedürftigkeit zuwendet (vgl. im umstrittenen Zeitraum z. B. § 57 SGB V a. F.). Denn diese Geldleistungen wegen Pflegebedürftigkeit werden dem Berechtigten gerade zu dem Zwecke zuerkannt, daß er damit seine Pflege in für ihn geeigneter Weise selbst sicherstellen kann. Die Berücksichtigungszeiten wegen Pflege sind gerade für diejenigen eingeführt worden, die dem Pflegebedürftigen Pflege nicht aufgrund eines Austauschvertrages in einem Mindestumfang widmen; Geldleistungen wegen Pflegebedürftigkeit sollen den Pflegebedürftigen aber in die Lage versetzen, nicht nur die pflegebedingten Aufwendungen der Pflegeperson auszugleichen, sondern ihr auch eine vertraglich nicht geschuldete finanzielle Anerkennung ihrer Pflegeleistung zukommen zu lassen. Damit wäre unvereinbar, die Tätigkeit einer solchen Pflegeperson als „erwerbsmäßig" zu beurteilen. Der vom Landessozialgericht festgestellte Sachverhalt bietet jedoch keinen Anhalt dafür, die von der Klägerin gepflegten Pflegebedürftigen hätten ihr etwas gezahlt. Vielmehr ist festgestellt, daß ein Dritter zwölf DM je Einsatzstunde bezahlt hat. Somit hat die Diakonie-Sozialstation sich auch nicht darauf beschränkt, der Klägerin eine Pflegegelegenheit zu vermitteln.

bb) Bei dieser Sachlage hätte die Klägerin nur dann „nicht erwerbsmäßig" gepflegt, wenn die Ansicht des Landessozialgericht zuträfe, daß die Zahlungen der Diakonie-Sozialstation in Höhe von zwölf DM pro Stunde eine „Aufwandsentschädigung" waren. Dies wäre nur dann der Fall, wenn die Klägerin von der Station mit der unentgeltlichen Pflege (i. S. von § 662 BGB beauftragt worden wäre und wenn die tatsächlichen und im einzelnen nachweisbaren, ggf. in ihrem Wert entsprechend § 202 SGG i. V. m. § 287 Abs. 2 ZPO tatrichterlich schätzbaren erforderlichen Aufwendungen i. S. von § 670 BGB) (berechnet auf Einsatzstunden) zwölf DM pro Stunde betragen hätten. Die Rügen der Beklagten gegen die Auffassung des Landessozialgerichts, es liege nur eine „Aufwandsentschädigung" vor, greifen u. a. deshalb durch, weil mit „Verlust an Zeit" und „psychische Leistung" Größen in die Beurteilung eingeflossen sind, die nach § 670 BGB kein Aufwand sind, also gerade die Entgeltlichkeit der Leistungsbeziehung kennzeichnen. Hierauf ist nicht weiter einzugehen, weil die Revision der Beklagten auch dann begründet ist, wenn zugunsten der Klägerin nicht nur (wie oben gesagt) unterstellt wird, sie habe Pflege nicht „als Erwerb" betrieben, sondern wenn zu ihren Gunsten auch angenommen wird, sie habe nicht „wie zum Erwerb" gepflegt.

3. Die Klägerin hat nämlich keinen Pflegebedürftigen im erforderlichen Mindestumfang gepflegt: Gemäß § 249b S. 1 SGB VI liegt der Tatbestand einer Berücksichtigungszeit wegen Pflege nur solange vor, wie die Pflegeperson

berechtigt ist, wegen der Pflege Beiträge zu zahlen oder die Umwandlung von freiwilligen Beiträgen in Pflichtbeiträge zu beantragen. § 249 b S. 1 Nr. 1 SGB VI enthält eine tatbestandsergänzende Bezugnahme auf die Vorschrift, in welcher die Beitragszahlung von Pflegepersonen geregelt ist, nämlich auf § 279 e SGB VI n. F. (wie früher § 57 Abs. 2 SGB VI auf § 177 SGB VI).

a) Zutreffend ist das Landessozialgericht davon ausgegangen, daß die Klägerin im streitigen Zeitraum nicht berechtigt war, wegen der Pflege Beiträge zu zahlen. Gemäß § 279 e Abs. 2 S. 1 SGB VI hätte dies u. a. vorausgesetzt, daß sie eine in ihrem zeitlichen Umfang wegen der ausgeübten Pflege eingeschränkte Beschäftigung verrichtet hätte; die Klägerin war aber seit 1977 – ggf. abgesehen von ihrer Pflegetätigkeit – nicht mehr anderweitig entgeltlich beschäftigt.

b) Sie wäre jedoch wegen der Pflege „eines" Pflegebedürftigen (so ausdrücklich § 249 b S. 1 SGB VI = § 57 Abs. 2 S. 1 SGB VI a. F.) zur Umwandlung von freiwilligen Beiträgen in Pflichtbeiträge berechtigt gewesen, wenn „der" Pflegebedürftige (so § 279 e Abs. 1 Nr. 1 SGB VI = § 177 Abs. 1 Nr. 1 SGB VI a. F.), den sie häuslich gepflegt hat, nicht nur in dem im Gesetz genannten Maße hilflos war (wie vom Landessozialgericht festgestellt wurde), sondern wenn sie auch („und") für „die" Pflege regelmäßig wöchentlich mindestens zehn Stunden aufgewendet hätte. Für die Erfüllung des Tatbestandes einer Berücksichtigungszeit wegen Pflege ist notwendig, daß die Pflegeperson einen Pflegebedürftigen regelmäßig wöchentlich mindestens zehn Stunden pflegt. Zutreffend rügt die Beklagte, daß die gegenteilige Auffassung des Berufungsgerichts schon mit dem Wortlaut des Gesetzes, erst recht aber mit dessen Sinn nicht vereinbar ist. Rentenversicherungsrechtlicher Schutz durch Berücksichtigungszeiten soll nämlich nur denjenigen Pflegepersonen zukommen, die einem Pflegebedürftigen nicht nur in geringfügigem Umfang Pflege zuwenden. Insoweit hat das Berufungsgericht auch die Gesetzesmaterialien (BT-Drucks. 11/4124, S. 186) unzutreffend herangezogen. Die zeitliche Untergrenze kennzeichnet nur die Mindestdauer des Aufwandes für die Pflege „eines" Pflegebedürftigen; ein sozialpolitisches Bedürfnis nach der Einführung rentenversicherungsrechtlicher Vergünstigungen für geringfügige Pflegetätigkeiten, die den Pflegebedarf, den „der Pflegebedürftige" hat, nur in untergeordnetem Maße befriedigen, bestand nach den Gesetzesmaterialien nicht. Zutreffend weist daher die Beklagte darauf hin, daß das Landessozialgericht die Berufung aufgrund des von ihm festgestellten Sachverhaltes hätte zurückweisen müssen. Denn die Klägerin hat zwei Pflegebedürftige insgesamt zehn Stunden wöchentlich gepflegt, also keinem von ihnen das Mindestmaß an Pflege zugewandt, welches die Zuerkennung einer Berücksichtigungszeit wegen Pflege rechtfertigen würde.

59

Eine GmbH, die entsprechend ihrer Satzung die ihr gehörenden Wohnungen vorrangig an Personen vermietet, die die Voraussetzungen des § 53 Nr. 1 oder 2 AO 1977 erfüllen, kann gemäß § 5 Abs. 1 Nr. 9 KStG von der Körperschaftsteuer befreit sein. Die Steuerbefreiung wird nicht dadurch ausgeschlossen, daß ein Teil der Wohnungen an nicht oder nicht mehr unterstützungsbedürftige Personen vermietet wird.

Die Steuerbefreiung wegen Verfolgung kirchlicher Zwecke durch Verwaltung von Kirchenvermögen setzt keine gemeinnützige oder mildtätige Verwaltung des Kirchenvermögens voraus.

Eine nicht über den Rahmen einer Vermögensverwaltung hinausgehende Vermietung und Verwaltung eigenen Grundbesitzes wird nicht dadurch Teil eines wirtschaftlichen Geschäftsbetriebes, daß daneben auch der Kirche gehörender Grundbesitz verwaltet wird.

§§ 5 Abs. 1 Nr. 9 KStG, 14, 52, 53, 54, 55, 56, 58 Nr. 4 u. 7a, 59 AO
BFH, Urteil vom 24. Juli 1996 – I R 35/96[1] –

Die Klägerin und Revisionsklägerin ist eine GmbH, die gemäß dem Wohnungsgemeinnützigkeitsgesetz bis Ende 1990 von der Körperschaftsteuer befreit war. Ihre Gesellschafter sind Gliedkörperschaften der ev. Kirche. Nach dem neu gefaßten und u. a. in den Jahren 1991 und 1992 (Streitjahre) geltenden Gesellschaftsvertrag der Klägerin vom 13. 12. 1990 ist es Zweck der Gesellschaft a) Vermögen der ev. Kirche i. S. der Diakonie zu verwalten und b) zum Wohle der Allgemeinheit für notleidende Menschen zu sorgen, die aufgrund besonderer sozialer Probleme Schwierigkeiten bei der Beschaffung von Wohnraum haben. Zu diesem Personenkreis gehören nach dem Gesellschaftsvertrag insbesondere kinderreiche Familien, Behinderte, Strafentlassene, Aus- und Übersiedler, Asylanten, ausländische Arbeitnehmer, Obdachlose, Studenten und ältere Mitbürger. Im besonderen Maße soll die Klägerin Menschen dienen, die die Voraussetzungen des § 53 Nr. 1 oder 2 AO 1977 erfüllen. Den kirchlichen Zwecken soll durch die Verwaltung kirchlichen Vermögens und die Übernahme und Planung kirchlicher Bauaufgaben gedient werden. Die aufgrund besonderer sozialer Probleme unter Wohnraumnot leidenden oder von ihr bedrohten Menschen sollen durch Bau, Beschaffung, Betrieb und Verwaltung von Wohnungen und anderer Heimstätten der Klägerin unterstützt werden. Ihnen soll zudem auch durch Errichtung und Überlassung von Kindergärten, Altenwohnungen, Alten- und Pflegeheimen sowie anderer diakonischer kirchlicher Einrichtungen zur sozialen und bildungsmäßigen Betreuung geholfen werden. Der Gesellschaftsvertrag ent-

---

[1] Amtl. Leitsätze. BFHE 181, 57; BB 1996, 2181.

hält Bestimmungen, nach denen die Klägerin selbstlos i. S. des § 55 AO 1977 tätig ist und ausschließlich und unmittelbar steuerbegünstigte Zwecke i. S. der §§ 51 f. AO 1977 verfolgt. Die von der Klägerin verwalteten Wohnungen gehörten in den Streitjahren der Klägerin selbst oder Gliedkörperschaften der ev. Kirche.

Der Beklagte und Revisionsbeklagte (Finanzamt) vertrat die Auffassung, die Klägerin sei in den Streitjahren nicht mehr von der Körperschaftsteuer befreit, da ein Teil der von ihr verwalteten Wohnungen an Personen vermietet sei, die nicht die Voraussetzungen des § 53 AO 1977 erfüllten. Er setzte am 22.1.1992 Körperschaftsteuervorauszahlungen für die Streitjahre fest. Einspruch und Klage waren erfolglos.

Die Klägerin stützt ihre Revision auf Verletzung des § 5 Abs. 1 Nr. 9 KStG 1991.

Während des Revisionsverfahrens hat das Finanzamt die Klägerin für die Streitjahre zur Körperschaftsteuer veranlagt und die Steuer auf jeweils 0 DM festgesetzt (Bescheide vom 2.1.1995). Die Rechtsbehelfsbelehrung der Bescheide enthält keinen Hinweis gemäß § 68 S. 3 FGO. Nach Ablauf der Frist des § 68 S. 2 FGO hat die Klägerin beantragt, die Bescheide zum Gegenstand des Verfahrens zu machen. Am 24.4.1995 hat das Finanzamt einen Körperschaftsteueränderungsbescheid für 1991 und am 21.6.1995 einen Körperschaftsteueränderungsbescheid für 1992 erlassen. Auch nach diesen Bescheiden beträgt die Steuer jeweils 0 DM. Innerhalb der Frist des § 68 S. 2 FGO hat die Klägerin beantragt, die Bescheide zum Gegenstand des Verfahrens zu machen.

Die Revision der Klägerin führte zur Zurückverweisung der Sache an das Finanzgericht.

Aus den Gründen:

A. Die Revision ist zulässig. *(wird ausgeführt)*

B. Die Revision ist begründet. Sie führte zur Aufhebung des FG-Urteils und Zurückverweisung der Sache an das Finanzgericht (§ 126 Abs. 3 Nr. 2 FGO). Aufgrund der bisherigen tatsächlichen Feststellungen des Finanzgerichts läßt sich nicht entscheiden, ob die Klägerin für die Streitjahre zur Körperschaftsteuer zu veranlagen ist oder gemäß § 5 Abs. 1 Nr. 9 KStG 1991 von der Steuer befreit ist.

1. Nach § 5 Abs. 1 Nr. 9 S. 1 KStG 1991 ist eine Körperschaft von der Körperschaftsteuer befreit, wenn sie nach der Satzung und der tatsächlichen Geschäftsführung ausschließlich und unmittelbar gemeinnützigen, mildtätigen oder kirchlichen Zwecken dient (§§ 51 bis 68 AO 1977). Unterhält sie einen wirtschaftlichen Geschäftsbetrieb (§ 14 AO 1977), der kein Zweckbetrieb i. S. der §§ 65 bis 68 AO 1977 und auch kein selbstbewirtschafteter Forstbetrieb ist,

dann ist die Steuerbefreiung insoweit ausgeschlossen (§ 5 Abs. 1 Nr. 9 S. 2 u. 3 KStG 1991).

Nach § 52 Abs. 1 AO 1977 verfolgt (verfolgen = dienen) eine Körperschaft gemeinnützige Zwecke, wenn ihre Tätigkeit darauf gerichtet ist, die Allgemeinheit auf materiellem, geistigem oder sittlichem Gebiet selbstlos zu fördern. Als Förderung der Allgemeinheit werden u. a. die Förderung der Jugend- und Altenhilfe und des Wohlfahrtswesens anerkannt (§ 52 Abs. 2 Nr. 2 AO 1977). Mildtätige Zwecke werden gemäß § 53 AO 1977 verfolgt, wenn die Tätigkeit der Körperschaft darauf gerichtet ist, körperlich, geistig oder seelisch hilfsbedürftige oder wegen der geringen Höhe ihrer Bezüge und ihres Einkommens und Vermögens (s. § 53 Nr. 2 AO 1977) wirtschaftlich hilfsbedürftige Personen selbstlos zu unterstützen. Kirchliche Zwecke verfolgt eine Körperschaft, wenn ihre Tätigkeit auf die selbstlose Förderung einer Religionsgemeinschaft gerichtet ist, die eine Körperschaft des öffentlichen Rechts ist (§ 54 Abs. 1 AO 1977). Zu den kirchlichen Zwecken gehören u. a. die Verwaltung des Kirchenvermögens und die Errichtung von Kirchen und Gemeindehäusern (§ 54 Abs. 2 AO 1977).

Eine Unterstützung oder Förderung ist nach § 55 AO 1977 selbstlos, wenn die Körperschaft nicht in erster Linie eigenwirtschaftliche Zwecke verfolgt und die besonderen Voraussetzungen des § 55 Nr. 1 bis 4 AO 1977 erfüllt. Die Satzungszwecke und die Art ihrer Verwirklichung müssen so genau bestimmt sein, daß aufgrund der Satzung geprüft werden kann, ob die satzungsmäßigen Voraussetzungen der Steuerbefreiung gegeben sind (§ 60 Abs. 1 AO 1977). Die tatsächliche Geschäftsführung muß auf die ausschließliche und unmittelbare Erfüllung der steuerbegünstigten Zwecke gerichtet sein und den Bestimmungen entsprechen, die die Satzung über die Voraussetzungen für die Steuervergünstigungen enthält (§ 63 Abs. 1 AO 1977).

2. Hinsichtlich dieser Voraussetzungen der Steuerbefreiung ergibt sich aus den bisherigen tatsächlichen Feststellungen des Finanzgerichts:

a) Satzungsmäßig erfüllte die Klägerin in den Streitjahren die Voraussetzungen für die Steuerbefreiung. Nach ihrem Gesellschaftsvertrag (= Satzung) vom 13.12.1990 verfolgte die Klägerin ausschließlich und unmittelbar kirchliche, gemeinnützige und mildtätige Zwecke. Die Satzung bestimmte auch hinreichend konkret, wie die Satzungszwecke verwirklicht werden sollen.

Die Verwaltung von Vermögen der ev. Kirche und die Übernahme kirchlicher Bauaufgaben gehört zu den in § 54 Abs. 2 AO 1977 genannten kirchlichen Zwecke.

Die Unterstützung von Personen, die aufgrund besonderer sozialer Probleme Schwierigkeiten bei der Beschaffung von Wohnraum haben und dadurch notleidend sind, durch Beschaffung und Zurverfügungstellung von Wohnraum und der für die soziale und bildungsmäßige Betreuung dieser Personen erforderlichen Einrichtungen – wie z. B. Kindergärten, Altenwohnungen, Alten- und Pflegeheimen und diakonischen Sozialstationen – fördert die Jugend- und Altenhilfe und das Wohlfahrtswesen i. S. des § 52 Abs. 2 Nr. 2 AO 1977 und ist somit ein gemeinnütziger Zweck. Da die Klägerin nach dem Gesellschaftsvertrag bei der Wohnraumversorgung vorrangig Personen unterstützen soll, die die Voraussetzungen des § 53 Nr. 1 oder 2 AO 1977 erfüllen, verfolgt die Klägerin satzungsgemäß auch mildtätige Zwecke.

Entgegen der Auffassung des Finanzamtes wird die Steuerbefreiung nicht dadurch ausgeschlossen, daß § 3 S. 1 der Satzung die Errichtung und Überlassung von Kindergärten, Altenwohnungen und Alten- oder Pflegeheimen sowie anderer diakonischer kirchlicher Einrichtungen gestattet, die Satzung jedoch hinsichtlich der Überlassung keine ausdrückliche Einschränkung gemäß § 58 Nr. 4 AO 1977 enthält. Nach § 59 AO 1977 muß sich aus der Satzung lediglich ergeben, welchen Zweck die Körperschaft verfolgt, daß dieser Zweck den Anforderungen der §§ 52 bis 55 AO 1977 entspricht und er von der Körperschaft ausschließlich und unmittelbar verfolgt wird. Es ist nicht erforderlich, in der Satzung auch eine etwaige für die Steuerbefreiung unschädliche Betätigung gemäß § 58 Nr. 4 AO 1977 zu regeln (gl. A., z. B. Tipke/Kruse, Abgabenordnung-Finanzgerichtsordnung, 15. Aufl., § 58 AO 1977 Tz. 1; Koch/Scholtz, Abgabenordnung, Kommentar, 4. Aufl., 1993, § 59 Rz. 5/1; Klein/Orlopp, Abgabenordnung, Kommentar, 5. Aufl., 1995, § 58 Anm. 2; s. a. Anwendungserlaß zur Abgabenordnung vom 24. 9. 1987, BStBl. I 1987, 644, 677 [zu § 59]). Gestattet die Satzung – wie im Streitfall – die Überlassung von Räumen an Dritte, so ist dies nur schädlich, wenn sich bereits aus der Satzung ergibt, daß diese Betätigung die Grenzen des § 58 Nr. 4 AO 1977 überschreiten wird. Das ist bei der Klägerin nicht der Fall. Vielmehr läßt sich § 3 S. 1 der Satzung durch Auslegung entnehmen, daß die genannten Altenwohnungen und Einrichtungen – sofern sie nicht unmittelbar unterstützungsbedürftigen Personen überlassen bzw. von der Klägerin selbst betrieben werden sollen – nur Körperschaften der Diakonie zur Förderung der von der Klägerin verfolgten steuerbegünstigten Zwecken überlassen werden sollen.

Die Satzung enthält auch die übrigen für die Steuerbefreiung erforderlichen Bestimmungen, insbesondere hinsichtlich der Unmittelbar- und Selbstlosigkeit.

b) Hinsichtlich der tatsächlichen Geschäftsführung der Klägerin in den Streitjahren hat das Finanzgericht festgestellt, daß die Klägerin
– Wohnungen für Gliedkörperschaften der ev. Kirche verwaltete und vermietete,
– Wohnungen verwaltete und vermietete, deren Eigentümerin die Klägerin selbst war,
– ein Teil der Wohnungen (nach Angabe der Klägerin etwa 16,5 v. H.) an Personen vermietet war, die nicht die Voraussetzungen des § 53 Nr. 1 oder 2 AO 1977 erfüllten.

Steuerbefreiung 295

Es hat die Rechtsauffassung vertreten, diese Verwaltungs- und Vermietungstätigkeiten seien als ein einheitlicher wirtschaftlicher Geschäftsbetrieb i. S. des § 14 AO 1977 zu beurteilen und die Klägerin sei – da auch Wohnungen an nicht nach § 53 AO 1977 unterstützungsbedürftige Personen vermietet gewesen seien – nicht ausschließlich in steuerbegünstigter Weise tätig geworden.

Der erkennende Senat ist anderer Ansicht. Er folgt im wesentlichen der von Jost in Dötsch/Eversberg/Jost/Witt (Die Körperschaftsteuer, § 5 KStG Tz. 154) vertretenen Rechtsauffassung.

aa) Die Tätigkeiten der Klägerin waren kein einheitlicher wirtschaftlicher Geschäftsbetrieb. Nach § 14 S. 1 AO 1977 ist eine selbständige nachhaltige Tätigkeit, durch die Einnahmen oder sonstige wirtschaftliche Vorteile erzielt werden, nur dann ein wirtschaftlicher Geschäftsbetrieb, wenn die Tätigkeit über den Rahmen einer Vermögensverwaltung hinausgeht. Eine Vermögensverwaltung liegt in der Regel vor, wenn der Steuerpflichtige unbewegliches Vermögen durch Vermietung oder Verpachtung nutzt (§ 14 S. 3 AO 1977). Soweit die Klägerin eigenen Grundbesitz vermietete, ging ihre Tätigkeit nach den bisherigen Feststellungen des Finanzgerichts nicht über den Rahmen einer Vermögensverwaltung hinaus. Die Vermietung des eigenen Grundbesitzes war somit kein wirtschaftlicher Geschäftsbetrieb. Sie wurde es auch nicht dadurch, daß die Klägerin fremden – der ev. Kirche gehörenden – Grundbesitz verwaltete und für die Eigentümer vermietete und diese Verwaltungstätigkeit u. U. als wirtschaftlicher Geschäftsbetrieb zu beurteilen ist. Die Verwaltung fremden Grundbesitzes führt nicht dazu, daß auch die Nutzung des eigenen Grundbesitzes durch Vermietung und die mit ihr verbundenen Verwaltungstätigkeiten steuerrechtlich als Teil einer einheitlichen Tätigkeit „Verwaltung und Vermietung von Grundbesitz" zu beurteilen ist. Dies gilt auch dann, wenn die Verwaltung des eigenen und des fremden Grundbesitzes nach den gleichen Grundsätzen – z. B. hinsichtlich der Auswahl der Mieter und der Kalkulation der Mieten – erfolgt. Die Verwaltung fremden Grundbesitzes und dessen Vermietung für die Eigentümer ist eine Dienstleistungstätigkeit für den Grundstückseigentümer, die als sonstige selbständige Arbeit i. S. des § 18 Abs. 1 Nr. 3 EStG oder als gewerbliche Tätigkeit anzusehen ist (s. z. B. Schmidt/Seeger, Einkommensteuergesetz, 15. Aufl. 1996, § 18 Rz. 141, m.w.N.). Sie ist nicht mit der Verwaltung und Vermietung eigenen oder – in Fällen der Untervermietung – fremden Grundbesitzes vergleichbar, die darauf gerichtet ist, selbst den Grundbesitz durch Vermietung zu nutzen.

Eine vermögensverwaltende Tätigkeit verstößt nicht gegen das Ausschließlichkeitsgebot der §§ 5 Abs. 1 Nr. 9 S. 1 KStG, 56 AO 1977 (s. BFH-Urteil v. 23.10.1991 – I R 19/91 – BFHE 165, 484; BStBl. II 1992, 62). Sie schließt die Steuerbefreiung wegen Verfolgung gemeinnütziger, mildtätiger oder kirchlicher Zwecke nicht aus, sofern die Erträge aus der Vermögensverwaltung für die steuerbegünstigten Zwecke verwendet oder – zu höchstens 1/4 – einer freien

Rücklage zugeführt werden (§ 58 Nr. 7 a; s. Tipke/Kruse, aaO, § 14 AO 1977 Tz. 8, § 58 AO 1977 Tz. 8; Koch/Scholtz, aaO, § 58 Rz. 8/4; Jost, aaO, § 5 KStG Tz. 57 d).

bb) Entgegen der Auffassung des Finanzgerichts und des Finanzamtes ist es für die Steuerbefreiung der Klägerin unerheblich, daß einige der von der Klägerin verwalteten Wohnungen an Personen vermietet waren, die nicht oder nicht mehr die Voraussetzungen des § 53 Nr. 1 oder Nr. 2 AO 1977 erfüllten. Soweit es sich dabei um Wohnungen handelte, die der Klägerin gehörten, sind diese Vermietungen für die Steuerbefreiung unschädlich. Vermögensverwaltende Tätigkeiten müssen nicht direkt, sondern nur mittelbar – durch Verwendung ihrer Erträge – den steuerbegünstigten satzungsmäßigen Zwecken dienen. Auch die Satzung schreibt der Klägerin nicht vor, daß die der Klägerin gehörenden Wohnungen ausschließlich an unterstützungsbedürftige Personen vermietet sein müssen. Vielmehr ist die Klägerin nach der Satzung nur gehalten, die von ihr verwalteten Wohnungen vorrangig an die ihr vom Wohnungsamt der Sitzgemeinde benannten Personen zu vermieten, die die Voraussetzungen des § 53 Nr. 1 oder 2 AO 1977 erfüllen. Wenn und solange die Klägerin bei ihrer tatsächlichen Geschäftsführung diese satzungsmäßige Zielsetzung verfolgt, ist ihre Tätigkeit – wie dies § 53 S. 1 AO 1977 für die Steuerbefreiung voraussetzt – auf die Unterstützung dieser Personengruppe *gerichtet* (s. BFH, Urteil v. 13.12.1978 – I R 39/78 – BFHE 127, 330; BStBl. II 1979, 482). Es ist daher für die Steuerbefreiung wegen Verfolgung mildtätiger Zwecke unschädlich, wenn die Klägerin Wohnungen an nicht unterstützungsbedürftige Personen vermietet, weil entweder ein bereits bestehendes Mietverhältnis aufgrund des gesetzlichen Mieterschutzes nicht gekündigt werden kann oder bei anstehenden Neuvermietungen das Wohnungsamt der Sitzgemeinde der Klägerin keine unterstützungsbedürftigen Personen als Mietinteressenten benennt.

Die Vermietung von zum Vermögen der ev. Kirche gehörenden Wohnungen an nicht unterstützungsbedürftige Personen schließt die Steuerbefreiung nicht aus, da § 54 AO 1977 keine gemeinnützige oder mildtätige Verwaltung des Kirchenvermögens verlangt. Erforderlich ist lediglich, daß die verwaltende Körperschaft selbstlos handelt, also mit der Verwaltung nicht in erster Linie eigenwirtschaftliche Zwecke verfolgt. Die Satzung der Klägerin bestimmt zwar, daß die zum Kirchenvermögen gehörenden Wohnungen i. S. der Diakonie verwaltet werden sollen. Dem wird aber bereits dann entsprochen, wenn die Klägerin ihre Verwalterrechte im Einverständnis mit der Kirche dazu nutzt, freiwerdende Wohnungen wenn möglich an unterstützungsbedürftige Personen zu vermieten.

cc) Die Steuerbefreiung wird nicht dadurch ausgeschlossen, daß die Vermietungen von der Klägerin gehörenden Wohnungen an nicht unterstützungsbedürftige Personen zu Verlusten führt, z. B. weil aufgrund der Marktlage oder den für Mieterhöhungen geltenden gesetzlichen Beschränkungen keine die

Kosten deckende Vermietung möglich ist. Da die Wohnungen, sobald sie frei werden, an unterstützungsbedürftige Personen vermietet werden sollen, kann die Klägerin die Wohnungen nicht veräußern, wenn sie weiter längerfristig durch Bereitstellung von preisgünstigem Wohnraum mildtätige Zwecke verfolgen will.

3. Die Sache wird an das Finanzgericht zurückverwiesen, damit geklärt wird, ob die Klägerin in den Streitjahren entsprechend ihrer Satzung bei der Verwaltung des Kirchenvermögens und der Vermietung der ihr gehörenden Wohnungen an unterstützungsbedürftige Personen selbstlos i. S. des § 55 AO 1977 tätig war.

Soweit die Klägerin ihr gehörende Wohnungen an unterstützungsbedürftige Personen vermietete, setzt die Selbstlosigkeit entgegen der Auffassung des Finanzamtes nicht voraus, daß der Mietzins wesentlich unter der Markt- bzw. Kostenmiete liegt. Es reicht vielmehr aus, daß die Klägerin die jeweilige Wohnung zu einem Mietzins vermietet, der nur die tatsächlichen Aufwendungen einschließlich der regulären Absetzung für Abnutzung (AfA) deckt und keinen Gewinnaufschlag enthält. Falls die Klägerin bei der Ermittlung der Kostenmiete für die ihr gehörenden Sozialwohnungen eine Eigenkapitalverzinsung berücksichtigt hat, ist dies unschädlich, wenn sie nachweisen kann, daß die tatsächlichen Aufwendungen einschließlich der regulären AfA höher als die nach den gesetzlichen Vorschriften ermittelte Kostenmiete sind und somit – wie von der Klägerin behauptet – die Vermietung keinen eigenwirtschaftlichen Zwecken dient (§ 55 S. 1 AO 1977).

60

Zur Frage eines Unterlassungsanspruchs gegen den Autor und die Inhaber von Verlagen wegen herabsetzender Tatsachenbehauptungen über die Involvierung eines Rechtsanwalts in Aktivitäten von Scientology.

§§ 823, 1004 BGB, 186 StGB
OLG München, Urteil vom 26. Juli 1996 – 21 U 6350/95 [1] –

Der Kläger, ein Rechtsanwalt in M., macht gegen die Beklagten, eine Autorin und ihre Verlage, einen äußerungsrechtlichen Unterlassungsanspruch sowie einen Anspruch auf Geldentschädigung geltend. Die Einzelheiten des Sachverhalts und der Prozeßgeschichte ergeben sich aus dem Urteil des LG München I vom 13.11.1995 (KirchE 33, 491), das den Unterlassungsanspruch des Klägers für begründet erachtet und eine Geldentschädigung zuerkannt hat.

Die Berufungen der Beklagten blieben erfolglos.

---

[1] Das Urteil ist rechtskräftig.

Aus den Gründen:

Die zulässigen Berufungen haben in der Sache keinen Erfolg. Dem Kläger steht der geltend gemachte Unterlassungsanspruch in entsprechender Anwendung von §§ 1004, 823 Abs. 1, 823 Abs. 2 BGB i. V. m. § 186 StGB sowie ein Anspruch auf Ersatz immateriellen Schadens in Höhe von 30 000,00 DM zu. Der Senat folgt den tragenden Gründen des landgerichtlichen Urteils (§ 543 Abs. 1 ZPO), die durch das jeweilige Berufungsvorbringen nicht entkräftet werden. Ergänzend wird hierzu ausgeführt:
I. Unterlassungsanspruch. Der Kläger kann von der Beklagten zu 1) die Unterlassung des Aufstellens und Verbreitens, von den Beklagten zu 2) und zu 3) die Verbreitung der Gesamtbehauptung verlangen.
1. Die im Buch „Scientology – Ich klage an" in der mit „Die Systematik – Wie sie uns fertigmachen wollten" überschriebenen Graphik in Verbindung mit der im unterlegten Text aufgestellten Behauptung, daß die Beklagte (und ihr Ehemann) beseitigt werden sollte, betrifft äußerungsrechtlich den Kläger. Zutreffend hat das Landgericht bereits darauf hingewiesen, daß der Kläger als „Scientology-Anwalt", der (u. a.) beim Schlachtplan gegen Kritiker mitarbeitet, dargestellt wird. Darüber hinaus wird in der „Systematik – Wie sie uns fertigmachen wollten" der Kläger als „Koordinator?" bezeichnet, wobei das Fragezeichen dadurch relativiert wird, daß nach dem erläuternden Text (Satz 4, vgl. auch Satz 1 „nachweisliche Versuche") nur das in das „Netzwerk" aufgenommen worden ist, was die Beklagte zu 1) auch beweisen kann. Der Kläger wird in der dargestellten „Systematik" links oben an herausgehobener Stelle aufgeführt. Der bei der Interpretation der Äußerung zu beachtende Kontext, in dem diese steht, verstärkt den Eindruck und das Verständnis des unbefangenen Durchschnittslesers, daß der Kläger Betroffener der beanstandeten Äußerung ist. Dem Leser des Buches wird nicht mitgeteilt, daß der Kläger kein Scientologe sei. Kurz vor der Graphik wird in dem Buch der Kläger vielmehr als „eine Schlüsselfigur in diesem Netzwerk scientologischer Angriffe" bezeichnet und es wird behauptet, der Kläger sei „nicht nur Anwalt von Scientologen, sondern er nehme auch an internen Scientology-Veranstaltungen teil" (S. 263 und 265 des H. Taschenbuchs). Der Durchschnittsleser, der hier der interessierte Leser ist, rechnet den so beschriebenen Kläger zu Scientology. Aus der beschriebenen Betätigung des Klägers im Rahmen von Scientology und der hervorgehobenen Stellung, die dem Kläger in der „Systematik" und im Zusammenhang hiermit in dem Buch der Beklagten beigemessen wird, folgt eine unmittelbare Betroffenheit des Klägers durch die aufgestellten und verbreiteten Behauptungen der Beklagten. Aus dem Buch ergibt sich für den Durchschnittsleser, daß der Kläger persönlich an dem behaupteten Vorhaben eines Anschlags auf das Leben der Beklagten zu 1) beteiligt oder in ihn eingeweiht gewesen sei.

2. Für das durchschnittliche Verständnis des Lesers bedeutet „uns beseitigen" schon bei einer Wortinterpretation „umbringen". Der Begriff wurde nicht in einem übertragenen Sinn, etwa als Beseitigung von Kritik und Aufklärung über Scientology, gebraucht, sondern ist unter Berücksichtigung des Empfängerhorizonts wörtlich zu nehmen (vgl. Wenzel, Das Recht der Wort- und Bildberichterstattung, 4. Aufl., Rdnr. 4.89). Dafür sprechen vor allem die vorangestellten Worte „ja sogar", die eine Steigerung gegenüber der Aussage „uns in unserer Arbeit behindern" und gegenüber „mundtot machen" in Satz 1 des Textes unter der Graphik ausdrücken. Sie unterstreichen die Ungeheuerlichkeit des angeblichen Plans oder Vorhabens („sollten und wollten" in Satz 3 des die „Systematik" erläuternden Textes). Dafür spricht weiter das in Satz 3 enthaltene Gegensatzpaar „uns *in unserer Arbeit* behindern" und *„uns* beseitigen". Mit „uns", die man beseitigen sollte und wollte, ist auch nicht „Robin Direkt" gemeint; in Satz 1 des Textes unter der Graphik wird zwischen den natürlichen Personen auf seiten der Beklagten zu 1) und „Robin Direkt" unterschieden.

Für dieses Verständnis der beanstandeten Äußerung bedarf es damit auch nicht eines Rückgriffs auf den zunächst in dem Buch enthaltenen weiteren Zusammenhang mit der konkret dargestellten Geschichte eines Mordkomplotts gegen die Beklagte zu 1) und ihren Ehemann [Seite 16 und 256 ff. in der Ausgabe der Beklagten zu 2) bzw. Seite 16 und 269 ff. im Buch der Beklagten zu 3)]. Aus diesen Textstellen haben sich ohnehin keine weitergehenden Hinweise in Bezug auf den Kläger ergeben.

Für den vorliegenden Rechtsstreit ist damit nicht entscheidungserheblich, daß mit dem zwischen der Scientology-Kirche Deutschland e.V. und den (in beiden Verfahren) Beklagten zu 1) und zu 2) ergangenen Urteil des Landgerichts München I vom 5.7.1995 (9 O 13954/94 = Senat 21 U 4775/95[2]) diese zur Unterlassung in Bezug auf jene konkret dargestellte „Mordgeschichte" verurteilt wurden. Ebensowenig kommt es hier auf die Behauptung an, daß die Beklagte zu 3) Anfang der 28. Kalenderwoche (1995) bundesweit sämtliche Buchhandlungen aufgefordert habe, das Buch mit dem durch Urteil gegen die Beklagten zu 1) und zu 2) untersagten Text zu remittieren, und daß das Buch der Beklagten zu 3) diesen Text nicht mehr enthalte.

3. Auf die Wiederholungsgefahr in Bezug auf die hier streitgegenständliche Äußerung in der nach wie vor im Buch enthaltenen Grafik mit Erläuterungstext haben diese Vorgänge unter Einschluß des nicht zwischen denselben Parteien ergangenen Urteils vom 5.7.1995 ebenfalls keinen Einfluß.

Es genügt die Gefahr, daß die streitige Behauptung für sich allein wiederholt wird (Wenzel, aaO, Rdnr. 12.10).

---

[2] OLG München, Urteil vom 12.7.1996 KirchE 34, 254.

Ohne Erfolg wendet die Beklagte zu 2) ein, sie habe den Vertrieb ihres Buches insgesamt eingestellt. Nicht genügt wird damit den strengen Anforderungen an die Widerlegung der Vermutung, daß ein einmal erhobener rechtswidriger Vorwurf wiederholt wird (vgl. Wenzel, aaO, Rdnr. 12.8 m.w.N.), zumal da auch die Beklagte zu 2) auf ihrem Standpunkt beharrt, die beanstandete Äußerung sei nach Form und Inhalt zulässig (vgl. Wenzel, aaO, Rdnr. 12.14 und 12.15 je m.w.N.).

4. Zutreffend hat das Landgericht dargelegt, daß die beanstandete Äußerung eine Tatsachenbehauptung ist. Die Aussage ist einer Überprüfung auf ihre Richtigkeit mit den Mitteln des Beweises zugänglich (vgl. BGH NJW 1996, 1131 [1133 m.w.N.]). Soweit in dem dritten Satz der Erläuterung eine Schlußfolgerung enthalten ist („ergibt sich"), liegt sie ebenfalls auf der Tatsachenebene; das Bestehen eines wahren Netzwerks wird mit „beweisbaren" Verbindungen unter den verschiedenen Personen und Gruppen begründet. Die Behauptung wird als so zwingend dargestellt, daß für ein subjektives Meinen kein Raum vorhanden ist (vgl. Wenzel, aaO, Rdnr. 4.53 m.w.N.). Aus dem vierten Satz dieses Textes folgt ebenfalls, daß die Autorin selbst von der Beweisbarkeit der Behauptung ausgeht. Die maßgebliche Äußerung, daß Scientology und Scientologen mit dem Netzwerk „uns in unserer Arbeit behindern, ja sogar uns beseitigen sollten und wollten" ist ohnehin eine Behauptung, die auch formal keine Schlußfolgerung darstellt.

Es handelt sich dabei nicht um eine substanzarme Pauschaläußerung i. S. eines Werturteils (vgl. BGH NJW 1996, 1131 [1133]; Senat AfP 1984, 169). Zwar fehlen weitergehende, konkretisierende Informationen, insbesondere wenn die „Mordgeschichte" als Kontext ausscheidet; die im Rahmen der Graphik und des Begleittextes aufgestellte, unter Hinweis auf Netzwerk und Scientology hinreichend konkrete Behauptung „uns beseitigen sollten und wollten" wird dadurch aber nicht zum Werturteil, nicht zu einer subjektiven und pauschalen Bewertung.

5. Da danach die Beklagte zu 1) den Straftatbestand der üblen Nachrede in der Form der Behauptung und Verbreitung und die Beklagten zu 2) und zu 3) den Straftatbestand in der Form der Verbreitung herabwürdigender Tatsachen verwirklicht haben, wäre es gemäß der über § 823 Abs. 2 BGB in das Zivilrecht transformierten Beweisregel des § 186 StGB deren Sache gewesen, die Wahrheit der Behauptung nachzuweisen (BGH NJW 1996, 1131 [1133]). Die Beklagten haben schon nicht vorgetragen, daß der Kläger mit Wissen und Wollen an Planung, Vorbereitung oder Versuch eines Tötungsdelikts beteiligt gewesen sei. Sie bestreiten vielmehr, daß der Kläger überhaupt Adressat der beanstandeten Äußerung sei.

6. Die Beklagten können sich unter den hier gegebenen Umständen gegenüber dem Unterlassungsbegehren des Klägers nicht darauf berufen, sie hätten die

Aufstellung und das Verbreiten der beanstandeten Behauptung zur Wahrnehmung berechtigter Interessen für erforderlich halten dürfen.

Abgesehen von der unterbliebenen Beweisführung der Beklagten zur Wahrheit der verbreiteten und aufgestellten Behauptungen kann eine solche Behauptung jedenfalls in Fällen, in denen es um eine die Öffentlichkeit wesentlich berührende Angelegenheit geht, auf der Grundlage der nach Art. 5 Abs. 1 GG und § 193 StGB vorzunehmenden Güterabwägung demjenigen, der sie aufstellt oder verbreitet, solange nicht untersagt werden, als er sie zur Wahrnehmung berechtigter Interessen für erforderlich halten darf (BGH NJW 1994, 2614; BGH NJW 1996, 1131 [1133 m. w. N.]). Eine Berufung der Beklagten hierauf setzt jedoch voraus, daß sie vor Aufstellung und/oder der Verbreitung der Behauptung hinreichend sorgfältige Recherchen über deren Wahrheitsgehalt angestellt haben. Da das streitgegenständliche Buch nach den Grundsätzen zu behandeln ist, die für Presseveröffentlichungen gelten, sind an die Erfüllung der Recherchierungspflicht sogenannte „pressemäßige Sorgfaltsanforderungen" zu stellen. Allerdings dürfen solche Anforderungen nicht überspannt, insbesondere nicht so bemessen werden, daß die Funktion der Meinungsfreiheit in Gefahr gerät. Dies ist insbesondere dort zu beachten, wo über Angelegenheiten berichtet werden soll, die für die Allgemeinheit von erheblicher Bedeutung sind (vgl. BVerfGE 61, 1 [8]; BVerfGE 85, 1 [15]; BGH NJW 1996, 1131 [1133]).

Im Rahmen der vorzunehmenden Güterabwägung fällt bereits entscheidend ins Gewicht, daß die Beklagten gegenüber dem schwerwiegenden Eingriff in die verfassungsrechtlich geschützte Position des Betroffenen aus Art. 1, 2 Abs. 1 GG durch die Behauptung, der Kläger sei persönlich in ein geplantes Tötungsdelikt verwickelt, nichts zu entsprechenden, sorgfältigen Recherchen vortragen und im Grunde selbst von der Unhaltbarkeit des Vorwurfs ausgehen.

II. Das Landgericht hat dem Kläger einen Anspruch auf immaterielle Entschädigung in Höhe von 30 000,00 DM gegen die Beklagten als Gesamtschuldner zu Recht zugesprochen. *(wird ausgeführt)*

61

Eine Klage auf Abnahme der Kreuze/Kruzifixe in sämtlichen Schulen bzw. Unterrichtsräumen, die ein Schüler zukünftig besuchen wird, ist unzulässig.

VG Augsburg, Gerichtsbescheid vom 30. Juli 1996 – Au 2 K 96.311[1] –

---

[1] Der Gerichtsbescheid ist rechtskräftig. Vgl. zu diesem Fragenkreis auch BVerfG NVwZ 1998, 156; BVerfG BayVBl. 1998, 79; BayVerfGH NJW 1997, 3157; BayVGH NJW 1999, 1045.

Die Klägerin besucht die Klasse 3c der Staatlichen F.-Volksschule in X. und nimmt am Ethikunterricht teil. Mit Schreiben vom 13. 9. 1995 beantragte der Vater der Klägerin beim Schulleiter die Entfernung der Kruzifixe in allen Unterrichtsräumen seiner Tochter. Die Schule hat diesem Antrag nicht entsprochen. Daraufhin haben die Eltern der Klägerin beim Verwaltungsgericht für ihre Tochter beantragt, den Beklagten (Freistaat Bayern) im Wege einer einstweiligen Anordnung zu verpflichten, aus den Schulräumen, in denen die Antragstellerin unterrichtet wird, die Kreuze/Kruzifixe zu entfernen. Diesem Antrag hat das Verwaltungsgericht entsprochen. Es hat den Beklagten verpflichtet, in den jeweiligen Schulräumen die Kreuze/Kruzifixe vorläufig zu entfernen. Diese Anordnung wurde unwirksam, wenn die Antragstellerin nicht bis zum 26. 9. 1996 Hauptsacheklage erhob. Am 30. 11. 1995 teilte die F.-Volksschule den Eltern der Klägerin mit, daß der Beschluß des Verwaltungsgerichts vollzogen worden sei.

Mit Schreiben vom 28. 12. 1995 beantragte der Vater der Klägerin eine Zusicherung des Beklagten dergestalt, daß

in allen Räumen staatlicher Schulen des Freistaates Bayern, in denen die Klägerin jetzt und zukünftig regelmäßig unterrichtet werde, keine Kruzifixe/Kreuze angebracht werden dürfen. Damit seien nicht nur Volksschulen, sondern auch sämtliche anderen weiterführenden Schulen, in denen oft ebenfalls Kruzifixe angebracht seien, gemeint.

In seiner Begründung wies der Vater der Klägerin darauf hin, daß er nicht bei jeder Änderung der schulischen Verhältnisse seiner Tochter erneut den Rechtsweg beschreiten wolle, um sein Anliegen durchzusetzen.

Am 17. 2. 1996 hat der Kläger Hauptsacheklage mit dem gemäß Schreiben vom 28. 12. 1995 erweiterten Antrag erhoben. Die Klage hatte keinen Erfolg.

Aus den Gründen:

Das Gericht kann ohne mündliche Verhandlung durch Gerichtsbescheid entscheiden, da die Sache keine besonderen Schwierigkeiten tatsächlicher oder rechtlicher Art aufweist und der Sachverhalt geklärt ist. Die Beteiligten sind vorher zu dieser Form der Entscheidung gehört worden (§ 84 Abs. 1 VwGO).

Die Klage vom 17. 2. 1996 ist bei sachgerechter Auslegung (§ 88 VwGO) dahingehend zu verstehen, daß der Beklagte verpflichtet wird, aus den Räumen der F.-Volksschule, in denen die Klägerin unterrichtet wird, die Kreuze/Kruzifixe zu entfernen („Hauptsacheklage") *und* auch in allen Unterrichtsräumen, die die Klägerin zukünftig in ihrem Schülerleben noch besuchen wird, auf Kreuze/Kruzifixe zu verzichten.

1. Die Klage auf Abnahme der Kreuze/Kruzifixe in der F.-Volksschule ist unzulässig. Ihr fehlt das allgemeine Rechtsschutzbedürfnis. Die Schule hat bereits am 29. 11. 1995 in sämtlichen Unterrichtsräumen, in denen die Klägerin

Wandkreuz in Schulräumen 303

unterrichtet wird, die Kreuze/Kruzifixe entfernt. Darüber hinaus wurde der Klägerin mit Schreiben des Rektors dieser Schule vom 31. 1. 1996 zugesichert, daß diese Regelung beibehalten werde, solange sie die F.-Volksschule besuche. Damit ist dem Begehren der Klägerin Rechnung getragen worden und ihre „Hauptsacheklage" hat sich erledigt.

Infolgedessen kann die Klägerin allenfalls noch in entsprechender Anwendung des § 113 Abs. 1 S. 4 VwGO durch sog. Fortsetzungsfeststellungsantrag die Feststellung beantragen, daß die Nichtabnahme der Kreuze rechtswidrig gewesen sei. Zugunsten der Klägerin geht das Gericht davon aus, daß ihre „Hauptsacheklage" in Form der Fortsetzungsfeststellungsklage erhoben werden sollte.

Gemäß § 113 Abs. 1 S. 4 VwGO ist für die Zulässigkeit einer Fortsetzungsfeststellungsklage aber Voraussetzung, daß die Klägerin ein berechtigtes Interesse an der Feststellung hat. Hieran fehlt es im vorliegenden Fall. Aus dem Gesichtspunkt der Rehabilitation der Klägerin ergibt sich kein solches Interesse. Dazu müßte die Klägerin durch die vorherige Nichtabnahme des Kreuzes/Kruzifixes durch die Schule diskriminiert worden sein und objektiv in ihrem Persönlichkeitsrecht beeinträchtigt. Dafür gibt es jedoch in den Akten keine Anhaltspunkte.

Ein Feststellungsinteresse der Klägerin gründet sich auch nicht auf eine Wiederholungsgefahr, die hinreichend konkret sein muß. Diese Wiederholungsgefahr an der F.-Volksschule ist durch das Schreiben des Rektors vom 31. 1. 1996 praktisch ausgeschlossen.

Der Antrag auf Abnahme des Kreuzes/Kruzifixes in den Unterrichtsräumen der F.-Volksschule mußte daher, auch umgedeutet in eine Fortsetzungsfeststellungsklage, als unzulässig abgewiesen werden.

2. Die Klage auf Abnahme der Kreuze/Kruzifixe in sämtlichen Schulen bzw. Unterrichtsräumen, die die Klägerin zukünftig besuchen wird, ist ebenfalls unzulässig. Eine solche „Erweiterung" des Schreibens des Rektors vom 31. 1. 1996 auf sämtliche staatlichen Schulen, die die Klägerin künftig besuchen wird, ist nicht möglich. Es ist derzeit nicht abzusehen, welche Schule die Klägerin zukünftig besuchen wird. Ob gegebenenfalls an anderen Schulen die Anbringung von Kreuzen in Unterrichtsräumen, in denen die Klägerin unterrichtet wird, unzulässig ist, hängt von den dann gegebenen konkreten Umständen ab, die derzeit nicht abzusehen sind. Sollte tatsächlich der Klägerin bei einem Schulwechsel dann eine Entfernung der Kreuze verweigert werden, so kann sie sich – dann übrigens durch Leistungsklage – gegen diese Maßnahme wenden, ohne dadurch jetzt einen Rechtsverlust oder nicht wiedergutzumachenden Schaden zu erleiden (vgl. Kopp, VwGO, 10. Aufl., vor § 40, Rdnr. 33 m.w.N.; BayVGH, Beschluß v. 21. 3. 1996, Az. 7 B 91.3124).

Wenn sich die Klägerin gegen die in Art. 7 Abs. 3 BayEUG vorgeschriebene Verfahrensvorschrift der Schlichtung unter Einbeziehung des Schulleiters wendet, steht ihr für ihr Begehren der Feststellung der Nichtigkeit des Art. 7 Abs. 3 BayEUG der Weg zum Bayer. Verfassungsgerichtshof durch eine Popularklage nach Art. 98 Satz 4 BV offen.

62

In der Aufhebungssache u. a. betr. Pastor Dietrich Bonhoeffer wird die Aufhebung des Urteils des SS-Standgerichts in Flossenbürg/Oberpfalz vom 8. April 1945 festgestellt, weil es nicht zur Rechtsanwendung durch unabhängige Richter, sondern der Rache an und der Vernichtung von Gegnern des Nationalsozialismus unmittelbar vor dessen Untergang diente.

Art. 1 BayG Nr. 21 zur Wiedergutmachung nationalsozialistischen Unrechts auf dem Gebiet des Strafrechts; §§ 2, 4, 5 Berl.StrWG; 3a StGB a. F.; 9 StGB n. F.

LG Berlin, Beschluß vom 1. August 1996 – 517 AR 4/96 (2P Aufh. 1/96)[1] –

Pastor Dietrich Bonhoeffer, Admiral Wilhelm Canaris, Generalmajor Hans Oster, Heeresrichter Dr. Karl Sack und Hauptmann Ludwig Gehre wurden in den späten Abendstunden des 8. 4. 1945 durch ein SS-Standgericht im KZ Flossenbürg in Bayern wegen Hoch- und Landesverrates zum Tode verurteilt. Das Urteil wurde in den frühen Morgenstunden des 9. 4. 1945 durch Erhängen vollstreckt. Bonhoeffer, Gehre und Oster sowie der Schwager von Bonhoeffer, Hans v. Dohnanyi, hatten sich nach Beendigung des Polenfeldzuges im Herbst 1939 in einer Widerstandsgruppe um Admiral Canaris zusammengeschlossen, der seit Januar 1935 Leiter des Amtes Ausland-Abwehr, der Zentrale des deutschen militärischen Nachrichtendienstes, war. Dr. Sack, Chefrichter des Heeres, unterhielt regelmäßige Verbindungen zu Canaris. Ihre Tätigkeit zielte auf die Beendigung des Krieges unter gleichzeitiger Beseitigung des nationalsozialistischen Regimes ab. Bonhoeffer wurde als sog. V-Mann eingesetzt und versuchte im Auftrag der Widerstandgruppe, führende Persönlichkeiten der anglikanischen Kirche, insbesondere Bischof Bell-Chichester, für die Vermittlung eines Waffenstillstandes zwischen den Westalliierten und der vorgesehenen neuen deutschen Regierung zu gewinnen. Hierzu bediente sich Bonhoeffer der ökumenischen Bewegung, eines Zusammenschlusses evangelischer Kirchen. Die Verbindungsaufnahme geschah bei Auslandsaufenthalten u. a. über die kirchlichen Kreise Schwedens. Gehre gehörte zum Kreis um Oster und v. Dohnanyi und war an den Vorbereitungen eines Attentatsversuchs auf Hitler

---

[1] NJW 1996, 2742, Nur LS: KuR 1996, 255. Vgl. zu diesem Fragenkreis auch LG Berlin NJ 1997, 437.

beteiligt, den die militärischen Oppositionellen um Henning v. Tresckow im März 1943 unternahmen. Zuvor war Oster bereits im Herbst 1938 an einem geplanten Umsturzversuch durch die militärische Opposition beteiligt gewesen. Im Jahr 1940 informierte er heimlich den niederländischen Militärattaché in Berlin über den bevorstehenden Überfall deutscher Truppen auf die Niederlande. Canaris bemühte sich seit 1939 auf verschiedenen Wegen, auch über Mussolini, Hitler von einem Krieg abzuschrecken, in dem er „das Ende Deutschlands" erblickte. Durch illusionsfreie Berichterstattung suchte er den außenpolitischen Wunschbildern der Staatsführung entgegenzuwirken. Er unterzeichnete eine nachdrückliche Eingabe seines Amtes gegen die Erschießung russischer Kriegsgefangener. Zahlreichen Verfolgten verhalf er zur Flucht ins Ausland oder reklamierte sie für die „Abwehr", er wirkte auch individuellen Mordplänen der Machthaber und deren Kriegsauswertungszielen entgegen. Nach dem Mißlingen des Attentats auf Hitler und des Staatsstreiches vom 20. 7. 1944 sowie nach dem Fund der Verschwörerakten wurde die Widerstandsgruppe zerschlagen. Im September 1944 war im Zuge ausgedehnter Ermittlungen des Reichssicherheitshauptamtes in einem Panzerschrank des Oberkommandos des Heeres in Zossen, südlich von Berlin, umfangreiches schriftliches Material sichergestellt worden, das u. a. Aufzeichnungen Osters hinsichtlich der Staatsstreich-Vorbereitungen aus dem Jahr 1938, eine Studie Osters über die Durchführung des Staatsstreiches sowie die Korrespondenz über die Auslandstätigkeit Bonhoeffers enthielten. Mit den „Zossener Akten" war den Umsturzplänen und den eigentlichen Gründen der Auslandsreisen offenbar geworden, als daß sich dies noch als Spielmaterial der Spionage ausgeben ließ. Bonhoeffer und die übrigen Widerstandskämpfer kamen aufgrund dessen zunächst in Haft. Am 3. 2. 1945 erfolgte der schwerste Luftangriff auf das Berliner Stadtzentrum, bei dem auch das Reichssicherheitshauptamt in der Prinz-Albrecht-Straße schwer getroffen wurde. Deshalb erfolgte am 7. 2. 1945 ein Transport, der die Häftlinge in ein Kellergefängnis am Rande des KZ Buchenwald, nördlich von Weimar, verbrachte. Am 3. 4. erfolgte die Weiterfahrt dieser Gruppe über Regensburg nach Schönberg im Bayerischen Wald, wo sie in einer Schule untergebracht wurden. Am 8. 4. 1945 wurden die Betr. nach Flossenbürg verbracht. Dem war ein erneuter Zufallsfund im Versteck des Außenlagers Zossen am 4. 4. 1945 vorausgegangen, die Tagebücher von Admiral Canaris, die Aufzeichnungen über die Angelegenheiten der Widerstandsgruppe sowie Notizen über Frontreisen zu verschiedenen Kommandeuren, um diese für den Umsturz zu gewinnen, umfaßten und dem Reichssicherheitshauptamt damit die Beweise für den „konspirativen Hintergrund" dieser Gruppe lieferten. Schon am nächsten Tag, dem 5. 4., wurde Hitler davon in Kenntnis gesetzt, während er bei der „Mittagslage" gleichzeitig mit den neuesten Frontnachrichten konfrontiert war. In seinen Augen hatten ihn jene Verräter in diese katastrophale Lage gebracht. Dafür sollte ihnen kurzer Prozeß gemacht werden. Auf Weisung des Leiters des Reichssicherheitshauptamts Kaltenbrunner vom 5. 4. 1945 wurde das SS-Standgerichtsverfahren in Flossenbürg für den 8. 4. 1945 mit Billigung oder auf Befehl Hitlers angeordnet und durchgeführt. Noch am Nachmittag wurde alles dafür in Gang gesetzt, so daß man die Betr. im Schönberger Schulhaus ausfindig machen und rechtzeitig nach Flossenbürg bringen konnte. Sie wurden sodann wegen Hoch- und Landesverrates zum Tode verurteilt. In den Morgenstunden des 9. 4. 1945, zwischen 6 und 7 Uhr, wurde Pastor Bonhoeffer gemeinsam mit Admiral Canaris, Generalmajor Oster, Heeresrichter Dr. Sack und Hauptmann Gehre im Konzentrationslager Flossenbürg hingerichtet. Die Hinrichtungen fanden nacheinander statt und beanspruchten jeweils eine halbe bis eine Stunde. Die fünf Männer mußten völlig nackt eine Art Stiege besteigen; es wurde ihnen ein Strick um den Hals gelegt und sodann die Stiege weggezogen. Der Tod trat unmittelbar darauf ein.

Auf Antrag der Staatsanwaltschaft bei dem LG Berlin wurde festgestellt, daß das Urteil des SS-Standgerichts in Flossenbürg aufgehoben ist.

Aus den Gründen:

II. Der Antrag der Staatsanwaltschaft I bei dem Landgericht Berlin ist zulässig.

1. Er stützt sich auf das Gesetz zur Wiedergutmachung nationalsozialistischen Unrechts auf dem Gebiet des Strafrechts – StrWG – vom 5. 1. 1951(Verordnungsblatt für Berlin I Nr. 2, S. 31). Die Antragsberechtigung der Staatsanwaltschaft I bei dem Landgericht Berlin ergibt sich aus § 4 Abs. 1 S. 1 StrWG. Der Antrag von Mitarbeitern der Evangelischen Hochschule Hannover unter dem Vorsitz des Prodekans des Fachbereichs Sozialwesen, Professor Karl-Heinz Lehmann, auf deren Eingabe der staatsanwaltschaftliche Antrag beruht, soweit es Dietrich Bonhoeffer betrifft, war hingegen unzulässig, da ihnen i. S. des § 361 Abs. 2 StPO i. V. m. § 4 Abs. 1 S. 1 StrWG kein eigenes Antragsrecht zukommt. Der Antrag auf Wiederaufnahme des Verfahrens i. S. der §§ 359 ff. StPO ist von der Staatsanwaltschaft nicht übernommen worden.

2. Der Antrag unterliegt keiner Fristbindung, da die in § 4 Abs. 2 StrWG bestimmte Ausschlußfrist durch Art. IX Abs. 1 des 2. Gesetzes zur Änderung des Bundesentschädigungsgesetzes vom 14. 9. 1965(BGBl. I, S. 1315) aufgehoben wurde.

3. Für die Entscheidung ist gemäß §§ 2 Nr. 2 und 5 Abs. 1 StrWG das Landgericht Berlin zuständig; die von dem SS-Standgericht abgeurteilte Straftat ist im Sinne von § 3 StGB a. F. in Berlin begangen worden. Der den Betroffenen angelastete Tatvorwurf des Landes- und Hochverrates und damit des Kriegsverrates ist in Berlin verübt worden, weil der Erfolg der Tat hier eintreten sollte. Die

Aufhebung eines NS-Urteils 307

Vorschriften des § 3 Abs. 3 StGB in der damals geltenden Fassung und § 9 Abs. 1 StGB n. F. legen übereinstimmend fest, daß eine Tat (auch) dort begangen ist, wo nach der Vorstellung des Täters der (Teil-)Erfolg eintreten sollte.

Ziel der Widerstandsbewegung um Bonhoeffer und Canaris war nach dem Herbst 1939 die Beendigung des Krieges, die Absetzung Hitlers und die Beseitigung des nationalsozialistischen Staates. Die Reichsregierung unter Führung Adolf Hitlers hatte ihren Sitz in Berlin.

III. Eine Entscheidung in der Sache selbst ist der Kammer allerdings verwehrt.

1. Die durch das SS-Standgericht in Flossenbürg gegen Bonhoeffer und die mit ihm am 9. April 1945 hingerichteten Widerstandskämpfer ergangenen Todesurteile sind bereits aufgrund des Bayerischen Gesetzes Nr. 21 zur Wiedergutmachung nationalsozialistischen Unrechts auf dem Gebiet des Strafrechts vom 28.5.1946 (BayGVBl. 1946, S. 21) aufgehoben (so auch der Bayerische Staatsminister der Justiz in seiner Stellungnahme vom 20. Juni 1996; vgl. auch Fikentscher/Koch in NJW 1983, S. 12, 13 für die Verfahren gegen die Mitglieder der Widerstandsgruppe „Weiße Rose"). Die darin enthaltenen Regelungen sind als übernommenes Besatzungsrecht aufgrund von Art. 1 S. 2 und 3 des Überleitungsvertrages vom 26.5.1952 (BGBl. II, S. 405) Recht der Bundesrepublik Deutschland und damit nach wie vor in Kraft.

Art. 9 des Gesetzes Nr. 21 bestimmt u. a.:

„Straferkenntnisse, welche ausschließlich wegen Verstoßes gegen eine der in § 2 bezeichneten Vorschriften ergangen sind, sind durch dieses Gesetz aufgehoben, ohne daß es einer gerichtlichen Entscheidung bedarf. Hierüber erteilt die Staatsanwaltschaft auf Antrag eine Bescheinigung."

Art. 1 und 2 des vorstehenden Gesetzes haben u. a. folgenden Wortlaut:

Art. 1 Ziff. 3:

„Politische Taten, durch die dem Nationalsozialismus oder Militarismus Widerstand geleistet wurde, sind nicht strafbar. Straffrei ist insbesondere: wer für sein Verhalten allein nach nationalsozialistischer Auffassung zu bestrafen war."

Art. 2 Ziff. i):

„Straftaten, die im Sinne des § 1 Ziff. 3 zu bestrafen waren, sind insbesondere Verstöße gegen:
Die anderen auf Grund des Artikel I des Gesetzes Nr. 1 des Kontrollrates (Aufhebung von nationalsozialistischen Gesetzen) ... aufgehobenen gesetzlichen Vorschriften."

Nach Art. 1 Nr. 1 c der Verordnung des Kontrollrates für Deutschland vom 20.9.1945 (VOBl. der Stadt Berlin 1945, S. 102) ist das Gesetz zur Änderung des Strafrechts und Strafverfahrensrechts vom 24.4.1934 wegen seines politischen und diskriminierenden Charakters, auf das sich das deutsche Regime stützte, widerrufen worden (RGBl. I, S. 341).

Durch dieses Reichsgesetz waren die Vorschriften wegen Landes- und Hochverrates, wegen derer Bonhoeffer u. a. am 9. 4. 1945 durch das Standgericht in Flossenbürg zum Tode verurteilt worden sind, neu gefaßt worden. Diese Vorschriften sind durch Art. I des Gesetzes Nr. 11 (VOBl. der Stadt Berlin 1946, S. 34) des Kontrollrates ausdrücklich aufgehoben worden.

2. Für eine Entscheidung durch die Kammer in der Sache selbst ist aufgrund dieser Gesetzeslage kein Raum mehr. Dem steht nicht entgegen, daß bei der für den Bereich Flossenbürg zuständige Staatsanwaltschaft in Weiden bislang kein Antrag auf Erteilung einer Bescheinigung i. S. von Art. 9 des Gesetzes Nr. 21 gestellt und diese insoweit nicht tätig geworden ist.

Das bayerische Gesetz Nr. 21 vom 28. 5. 1946 gewährt per legem Straffreiheit durch Erlaß von Strafen, die bayerische Gerichte durch Urteil erkannt haben, ohne daß es einer gerichtlichen Entscheidung bedarf.

Wirkung entfaltet dieses Straffreiheitsgesetz sowohl in prozessualer wie auch in materiell-rechtlicher Hinsicht. Prozessual wirkt es als Hinderungsgrund für den Fortgang etwaiger noch anhängiger, noch nicht rechtskräftig abgeschlossener Untersuchungen. Entscheidend ist vorliegend jedoch der materiell-rechtliche Aspekt, wonach die Straffreiheit den staatlichen Strafanspruch selbst zum Erlöschen bringt und zwar *unmittelbar* in dem von dem Straffreiheitsgesetz bezeichneten Umfang. Diese Wirkungen treten kraft Gesetzes ein (vgl. RGSt 69, 124 [126] für das Straffreiheitsgesetz vom 7. 8. 1934; BGHSt 3, 134 [136] für das Straffreiheitsgesetz vom 24. 1. 1948). Nichts anderes gilt auch für das bayerische Straffreiheitsgesetz Nr. 21 vom 28. 5. 1946, wie Wortlaut, Sinn und Zweck insbesondere von Art. 9 ergibt. Der Wortlaut dieser Vorschrift ist eindeutig und führt zu einer sinnvollen Anwendung des Gesetzes, so daß für eine Auslegung in einem anderen Sinn kein Raum ist (vgl. BVerfGE 8, 28 [33]).

Diese per Gesetz ausgelöste Sperrwirkung gilt nicht nur für bayerische Gerichte, sondern einheitlich für die gesamte deutsche Gerichtsbarkeit.

Ein bayerisches SS-Standgericht hat die Untersuchung gegen Bonhoeffer und die übrigen Widerstandkämpfer zuerst eröffnet und damit gemäß § 12 Abs. 1 StPO seine ausschließliche Zuständigkeit begründet. Andere Gerichte, insbesondere das Berliner Reichskriegsgericht sind in dieser Sache zu keinem Zeitpunkt tätig geworden. Damit oblag dem Bundesland Bayern die Verfügungsgewalt über den Strafanspruch, unabhängig von der Rechtmäßigkeit des durchgeführten Standgerichtsverfahrens und des gefällten Urteils. Wenn jedoch dem Bundesland Bayern die alleinige Verfügungsgewalt zukommt, Strafen auszusprechen, so muß dies zwingend auch für den Erlaß von Strafen gelten.

Zwar ist der Anwendungsbereich des Gesetzes Nr. 21 insoweit auf Bayern beschränkt, als es nur eine Regelung für die in Bayern ergangenen Gerichtsurteile trifft. Jedoch erschöpft sich die Wirkung der in einem Land angeordneten Straffreiheitserklärung nicht in der Bindung der Gerichte und Strafverfolgungsbehörden des eigenen Landes. Vielmehr greift hier der Grundsatz durch, daß für die Ausübung der Strafgerichtsbarkeit die Bundesrepublik mit ihren Ländern als einheitliches Staatsganzes zu gelten hat und sämtliche im Bundesgebiet tätigen Gerichte, Staatsanwaltschaften und Polizeibehörden insofern als Organ ein und derselben Strafgewalt anzusehen sind. Die in diesem Sinne so getroffenen Maßnahmen eines Landes sind also für alle Gerichte, und damit länderübergreifend verbindlich (BGH aaO).

IV. Die Kammer sieht sich jedoch zu folgenden ergänzenden Hinweisen veranlaßt:

Auch wenn dem Gericht eine Entscheidung in der Sache nicht möglich ist, bestehen keine Zweifel, daß das Urteil des SS-Standgerichts in Flossenbürg vom 8. 4. 1945 nach dem Berliner StrWG aufzuheben gewesen wäre.

Nach § 1 Abs. 1 StrWG sind gerichtliche Entscheidungen auf dem Gebiet des Strafrechts, die in der Zeit vom 30. 1. 1933 bis zum 8. 5. 1945 ergangen sind, aufzuheben, wenn sie nachweislich auf Vorschriften beruhen, die zur Festigung oder Durchsetzung des Nationalsozialismus dienten. Urteile aus dieser Zeit sind auch dann aufzuheben, wenn die Entscheidungen aus politischen, rassischen oder religiösen Gründen ergangen sind. Dies gilt insbesondere, wenn die Entscheidung Zuwiderhandlungen gegen die durch Kontrollratsgesetz Nr. 1 und 11 aufgehobenen Vorschriften betrifft.

Sinn und Zweck dieser Regelung ist es, gerichtliche Entscheidungen aufzuheben, die aufgrund fehlerhafter Rechtsvorschriften oder durch fehlerhafte Rechtsanwendung lediglich zum Zwecke der Unterstützung und Aufrechterhaltung des nationalsozialistischen Regimes erlassen wurden.

1. Bereits die tatbestandlichen Voraussetzungen einer Verurteilung der Widerstandskämpfer wegen Hoch- und Landesverrates gemäß §§ 80 bis 93a StGB a. F. lagen nicht vor.

Weder hatten die Betroffenen es unternommen, die Verfassung des Reiches, die nach der nationalsozialistischen Machtergreifung de facto ohnehin außer Kraft gesetzt war, zu ändern (vgl. § 80 Abs. 2 StGB a.F.), noch hatten sie durch ihr Tätigwerden vorsätzlich das Wohl des Reiches gefährdet (vgl. § 88 Abs. 2 StGB a.F.).

Tatsächliches Bestreben der Widerstandsgruppe um Bonhoeffer und Canaris war die möglichst schnelle Beendigung des Krieges, die Absetzung Hitlers und die Beseitigung des nationalsozialistischen Staates. Ihr Handeln zielte nicht auf eine Gefährdung des Reiches ab sondern – ganz im Gegenteil – darauf, durch das NS-Regime verursachten Schaden vom Land und seiner Bevölkerung abzuwenden. Ihr Motiv war nicht Zerstörung, sondern Vaterlandsliebe und Einsatz für die Sache der Menschlichkeit. Daher sollte den Männern mit der Durchführung eines Standgerichtsverfahrens damals nicht ernsthaft ein Angriff gegen die Sicherheit des Reiches zur Last gelegt werden. Es ging den Machthabern vielmehr darum, sie wegen ihres Widerstandes gegen die Diktatur des Nationalsozialismus auszuschalten und zu vernichten. Zu diesem Zweck bediente sich Hitler der Strafjustiz, der unter dem NS-Regime die Aufgabe zukam, die politische wie die geistige Opposition mit Mitteln des Strafrechts zu bekämpfen und unschädlich zu machen.

2. Darüber hinaus läßt der Zusammenhang aller maßgeblichen Umstände nur den Schluß zu, daß das Verfahren in Flossenbürg nicht zur Rechtsanwendung durch unabhängige Richter, sondern der Rache an und der Vernichtung von Gegnern des Nationalsozialismus unmittelbar vor dessen Untergang diente.

Die militärische Lage des Deutschen Reiches war hoffnungslos. Anfang April 1945 standen die Westalliierten bei Minden, Hannover und Schweinfurt, die sowjetischen Streitkräfte standen an der Oder; im Zeitraum vom 16. 4. bis 2. 5. 1945 wurde Berlin erobert. Die Tage der nationalsozialistischen Herrschaft waren damit gezählt. Die Aussichtslosigkeit dieser Lage war auch Hitler bekannt, der bereits am 19. 3. 1944 mit dem sogenannten Nero-Befehl die Selbstzerstörung aller Industrieanlagen und lebenswichtigen Einrichtungen im Deutschen Reich angeordnet hatte, da „das deutsche Volk sich als zu schwach erwiesen habe und daher den Untergang verdiene".

Die abzuurteilenden, mutmaßlich begangenen Taten lagen über ein Jahr, teilweise bis nahezu sieben Jahren zurück. Die Beteiligung der Betroffenen war vor Monaten entdeckt, ihre Verhaftung spätstens im Herbst 1944 erfolgt. Anlaß der gerichtlichen Tätigkeit war damit nicht der aktuelle Ermittlungsstand, sondern die Anordnung Hitlers, die „Verräter" zu liquidieren.

Das „Gericht" verdiente diesen Namen nicht. Für die Militärangehörigen wäre nach den damaligen Zuständigkeitsregelungen die Wehrmachtsgerichtsbarkeit zur Aburteilung zuständig gewesen. Hitler ließ jedoch zunächst die Wehrmachtsangehörigen, die an den Vorgängen des 20. 7. 1944 beteiligt waren, durch einen „Ehrenrat" aus der Wehrmacht ausstoßen. Sodann beseitigte er durch Sondererlaß die gleichwohl fortbestehende Zuständigkeit der Wehrmachtsgerichtsbarkeit und begründete die des Volksgerichtshofes. Nach dem zweiten Aktenfund in Zossen ordnete er die Durchführung von SS-Standgerichtsverfahren, d. h. eine ausschließlich mit SS-Angehörigen besetzte Richterbank an, obwohl keiner der Betroffenen jemals der SS angehört hatte. Vorsitzender des Standgerichts in Flossenbürg war der SS-Sturmbannführer Dr. Th. Einer der Beisitzer – ob es überhaupt einen zweiten gab, hat nie aufgeklärt werden können – war der Kommandant des Konzentrationslagers Flossenbürg, SS-Obersturmbannführer K., ein Mann also, der verbrecherische Befehle ausführte, nicht aber unabhängig entscheiden konnte oder wollte.

Ein weiterer wesentlicher Verfahrensverstoß bestand darin, daß den Angeklagten kein Verteidiger bestellt worden war (vgl. hierzu und zum Vorstehenden: BGH, Urteil v. 15. 2. 1952 – 1 StR 658/51 –).
Der Zweck des Standgerichtsverfahrens bestand somit nicht darin, die Wahrheit zu erforschen und Recht und Gerechtigkeit walten zu lassen. Zweck des Verfahrens war es vielmehr ausschließlich, die aufgrund ihrer Widerstandstätigkeit unbequem gewordenen Häftlinge unter dem Schein eines gerichtlichen Verfahrens, das de facto unter Mißachtung aller Grundsätze eines rechtsstaatlichen Verfahrens stattgefunden hatte, beseitigen zu können. Dies gilt umso mehr, als zum Zeitpunkt der Hinrichtung eine Niederschlagung des nationalsozialistischen Regimes durch die Alliierten ohnehin unmittelbar bevorstand. Dennoch war Hitler in Kenntnis dieses Umstandes bis zum Schluß bestrebt, sich politisch Andersdenkender zu entledigen. Damit hat allein der Machterhalt und die Rache der führenden Nationalsozialisten wegen der Ereignisse am 20. 7. 1944 den Erlaß der gegen die Betroffenen ergangenen Todesurteile bestimmt.

63

Ein Landesgesetzgeber ist bundesverfassungsrechtlich nicht gehindert, den Weltanschauungsgemeinschaften einen Anspruch auf Zulassung zum Weltanschauungsunterricht an öffentlichen Schulen auch ohne die Einschränkung einer inhaltlichen Unterscheidbarkeit von anderen Weltanschauungsgemeinschaften zu gewähren.

§ 23 Abs.1 Berl. SchulG
BVerwG, Beschluß vom 7. August 1996 – 6 B 19.96[1] –

Der klagende Freidenker-Verband begehrt die Zulassung zur Erteilung von Lebenskundeunterricht an Berliner Schulen. Das beklagte Land hat dies abgelehnt. Die Klage hatte in den Vorinstanzen insofern Erfolg, als das beklagte Land zur Neubescheidung des klägerischen Antrages verpflichtet worden ist. Der Kläger sei eine zur Erteilung von Lebenskundeunterricht befugte Weltanschauungsgemeinschaft; es fehle lediglich die Überprüfung des Lehrplans des Klägers im einzelnen. Das OVG Berlin hat die Revision gegen sein Urteil vom 8. 11. 1995 (KirchE 33, 448) nicht zugelassen. Dagegen richtet sich die Beschwerde des beklagten Landes, die keinen Erfolg hatte.

---

[1] Amtl. Leitsatz. NJW 1997, 1796; DVBl. 1996, 1380; NVwZ 1997, 800. Nur LS: KuR 1996, 256.

Aus den Gründen:

Die zulässige Beschwerde, mit der das beklagte Land die grundsätzliche Bedeutung der Rechtssache geltend macht (vgl. § 132 Abs. 2 Nr. 1 VwGO), ist nicht begründet. Das Berufungsgericht hat den Anspruch des Klägers auf Zulassung zur Erteilung von Lebenskundeunterricht aus nichtrevisiblem Landesrecht, nämlich aus § 23 Abs. 1 des Schulgesetzes für Berlin in der Fassung vom 20. 8. 1980 – SchulG – (GVBl. S. 2103) hergeleitet. Danach ist der Religionsunterricht Sache der Kirchen, Religions- und Weltanschauungsgemeinschaften; er wird von Personen erteilt, die von diesen beauftragt werden.

Die Kirchen, Religions- und Weltanschauungsgemeinschaften übernehmen – so heißt es in dieser gesetzlichen Regelung weiter – die Verantwortung, daß der Religionsunterricht (bzw. der Weltanschauungs- oder Lebenskundeunterricht) gemäß den für den allgemeinen Unterricht geltenden Bestimmungen durchgeführt wird. Die danach wesentlichen Voraussetzungen für die Zulassung zur Erteilung von Lebenskundeunterricht, nämlich daß es sich bei dem Antragsteller um eine Weltanschauungsgemeinschaft handelt, hat das Berufungsgericht bejaht und damit seine Entscheidung „allein schon (auf) die am Wortlaut orientierte Auslegung des § 23 Abs. 1 SchulG" gestützt.

Die Beschwerde möchte demgegenüber grundsätzlich geklärt wissen, ob die Zulassung zum Weltanschauungsunterricht an den staatlichen Berliner Schulen von Bundesverfassungsrechts wegen die Unterscheidbarkeit des Antragstellers von anderen Weltanschauungsgemeinschaften voraussetzt. Die Klärung dieser Rechtsfrage bedarf jedoch nicht der Revisionszulassung, weil sie offensichtlich zu verneinen ist. Dem Landesgesetzgeber steht es offen, den Weltanschauungsgemeinschaften einen Anspruch auf Zulassung zum Weltanschauungsunterricht auch ohne die Einschränkung einer inhaltlichen Unterscheidbarkeit von anderen Weltanschauungsgemeinschaften zu gewähren. Ob er dazu bundesverfassungsrechtlich verpflichtet ist, mag hier dahinstehen; jedenfalls ist er hieran verfassungsrechtlich *nicht gehindert*. Die von der Beschwerde angeführten Gründe der Parität und Wahrung der Neutralität gegenüber allen anderen Religionen und Weltanschauungen zwingen nicht dazu, Weltanschauungsunterricht bestimmten Inhalts nur durch eine einzige Weltanschauungsgemeinschaft zuzulassen. Insbesondere sind weder die Pflicht zu weltanschaulicher Neutralität noch die zur Gleichbehandlung der Religions- und Weltanschauungsgesellschaften dazu geeignet, dem Staat Zulassungsbeschränkungen der hier von dem beklagten Land vorgesehenen Art zu gebieten. Ob und welche Konkurrenz zwischen den Weltanschauungsgemeinschaften im Religionsunterricht zum Tragen kommt, ist nicht Sache des Staates. Verfassungsrechtlich ist er ebensowenig gehalten, eine überproportionale Präsenz einer von mehreren Weltanschauungsgemeinschaften an den öffentlichen Schulen zu verhindern.

§ 23 Abs. 1 SchulG ist daher auch ohne entsprechende Einschränkungen bundesverfassungsrechtlich unbedenklich. Dies ist offensichtlich und bedarf keiner weiteren Klärung in einem Revisionsverfahren.

64

Auch wenn ein gesetzlicher Feiertag (hier: Mariä Himmelfahrt) nicht landesweit, sondern nur in bestimmten Landesteilen eingeführt ist, kommt es für den Lauf von Rechtsmittelfristen allein auf die Rechtslage am Sitz des Gerichts an.

Art. 1 Abs. 1 Nr. 2 BayFTG; § 222 Abs. 2 ZPO
BayVGH, Beschluß vom 9. August 1996 – 23 AA 95.30922[1] –

Aus den Gründen:

Die auf Asylgewährung und Feststellung der Voraussetzungen der §§ 51, 53 AuslG gerichtete, am 16. 8. 1994 eingegangene Klage wurde vom Verwaltungsgericht Ansbach mit der Begründung als unzulässig abgewiesen, daß die Klagefrist bereits mit Ablauf des Montag, 15. 8. 1994, verstrichen sei; dieser Tag sei in Ansbach kein gesetzlicher Feiertag gewesen. Die im Zusammenhang damit von der Klägerseite aufgeworfene Frage, ob Mariä Himmelfahrt in Bayern ein Feiertag im Sinn von § 222 Abs. 2 ZPO ist oder als ein solcher zu behandeln ist, besitzt nicht die geltend gemachte grundsätzliche Bedeutung gemäß § 78 Abs. 3 Nr. 1 AsylVfG. Diese Frage ist bereits geklärt.

Es ist allgemeine Meinung, daß für die Fristberechnung als Feiertage aufgrund von § 222 Abs. 2 ZPO (hier i. V. m. § 74 Abs. 1 AsylVfG, § 57 Abs. 2 VwGO) die gesetzlichen Feiertage nach Landesrecht zu berücksichtigen sind. Dabei kommt es – unabhängig vom Wohnort oder Sitz der Verfahrensbeteiligten – auf die Rechtslage in dem Land an, in dem das Gericht seinen Sitz hat (vgl. zum Ganzen BAG vom 16. 1. 1989 NJW 1989, 1181; VGH Mannheim vom 24. 11. 1986 NJW 1987, 1353; OVG Hamburg vom 9. 2. 1993 NJW 1993, 1941; Meissner, in: Schoch/Schmidt-Aßmann/Pietzner, VwGO, Rdnr. 28 zu § 57). Somit beantwortet sich für Bayern nach dem Feiertagsgesetz, ob bzw. unter welchen Voraussetzungen Mariä Himmelfahrt (15. August) für die Fristberechnung einen Feiertag darstellt (vgl. Art. 1 Abs. 1 Nr. 2 FTG). Daß

---

[1] BayVBl. 1997, 151. Nur LS: KuR, 1997, 134.

dieser Feiertag nicht landesweit, sondern nur in bestimmten Landesteilen eingeführt ist, ändert an der rechtlichen Ausgangslage nichts. Für den Lauf von Rechtsmittelfristen sind insoweit die Verhältnisse an dem Ort maßgeblich, an dem die Frist zu wahren ist (vgl. BAG vom 15.10.1959 NJW 1959, 2279; Feiber, in: Münchener Kommentar zur ZPO, Band 1, 1992, Rdnr. 6 zu § 222; Hartmann, in: Baumbach/Lauterbach/Albers/Hartmann, ZPO, 54. Aufl. 1996, Rdnr. 6 zu § 222). Das ist hier Ansbach als Sitz des Verwaltungsgerichts Ansbach (vgl. § 81 Abs. 1 VwGO). Dort ist Mariä Himmelfahrt nicht gemäß Art. 1 Abs. 3 FTG zum gesetzlichen Feiertag bestimmt.

Die weitere Frage, unter welchen Voraussetzungen einem Rechtsmittelführer, an dessen Wohnort Mariä Himmelfahrt, anders als am Gerichtssitz, ein gesetzlicher Feiertag ist, unter Berufung darauf Wiedereinsetzung in eine versäumte Rechtsmittelfrist (§ 60 VwGO) gewährt werden könnte, ist im vorliegenden Verfahren mangels eines Wiedereinsetzungsgesuchs nicht entscheidungserheblich und ist auch nicht als grundsätzlich bedeutsam aufgeworfen worden. Abgesehen davon wäre sie durch die umfangreiche Rechtsprechung zum Wiedereinsetzungsrecht ebenfalls als geklärt anzusehen (vgl. z. B. Kopp, VwGO, 10. Aufl. 1994, Rdnrn. 12 und 15 zu § 60).

65

1. Zum Feststellungsinteresse eines Fernsehzuschauers, der geltend macht, eine öffentlich-rechtliche Rundfunkanstalt habe ihn als gläubigen Katholiken durch einen Fernsehbeitrag in eigenen Rechten verletzt.

2. Die Religionsfreiheit schützt nicht davor, daß in Nachrichten- oder Magazinsendungen über Ereignisse (hier: Theaterstück von Jean Genet) berichtet wird, denen eine glaubenskritische oder gar -feindliche Tendenz innewohnt.

Art. 4 Abs. 1, 5 Abs. 1 Satz 2, Abs. 2 GG; §§ 4, 10 WDR-Gesetz
OVG Nordrhein-Westfalen, Urteil vom 27. August 1996 – 5 A 3485/94[1] –

In einem vom WDR (Beklagten) im Rahmen des Morgenmagazins „ARD-Extra/Früh-Informations-Programm" ausgestrahlten Fernsehbericht über eine Aufführung des Theaterstücks „Sie" von Jean Genet wurde eine Szene aus dem Stück gezeigt, in der der Papst bei der Verrichtung der Notdurft dargestellt und dieser Vorgang mit religiösen Empfindungen in Verbindung gebracht wurde.

---

[1] Amtl. Leitsätze. NJW 1997, 1176. Nur LS: NVwZ 1997, 592; KuR 1997, 133; AkKR 165 (1996), 599. Das Urteil ist rechtskräftig.

Der Kläger erhob nach Zurückweisung seiner beim Beklagten eingelegten Programmbeschwerden beim Verwaltungsgericht Klage auf Feststellung, daß der Bericht wegen Verstoßes gegen sein Grundrecht auf Religionsfreiheit rechtswidrig gewesen sei. Klage und Berufung blieben erfolglos.

Aus den Gründen:

Die Berufung ist zulässig, aber unbegründet.
Der erkennende Senat hat über die Frage, ob der Verwaltungsrechtsweg gemäß § 40 Abs. 1 VwGO eröffnet ist, nicht mehr zu entscheiden. *(wird ausgeführt).*

Ungeachtet der Frage des Rechtswegs ist die Klage gemäß § 43 VwGO allerdings zulässig; sie ist auf die Feststellung gerichtet, daß der Beklagte durch die in Rede stehende Sendung das Grundrecht des Klägers auf Religionsfreiheit verletzt hat. An dieser Feststellung hat der Kläger ein berechtigtes Interesse. Darunter fällt jedes anzuerkennende schutzwürdige Interesse rechtlicher, wirtschaftlicher oder ideeller Art, das hinreichend gewichtig ist, um die Position des Betroffenen zu verbessern (vgl. BVerwG, Urteil v. 6.2.1986 – 5 C 40.84 –, BVerwGE 74, 1 [4]). Der Kläger hat das schutzwürdige ideelle Interesse an einer gerichtlichen Klärung der Frage, ob er durch den fraglichen Beitrag in seinem religiösen Achtungsanspruch als spezieller Ausprägung der Religionsfreiheit (Art. 4 Abs. 1 GG) verletzt worden ist.

Ein schutzwürdiges ideelles Interesse an der gerichtlichen Feststellung einer Rechtsverletzung ist gegeben, wenn diese Rechtsverletzung möglich ist und – ihr Vorliegen unterstellt – in einer der Rehabilitation zugänglichen Weise fortwirkt. Liegen diese Voraussetzungen bei der Beanstandung eines Fernsehbeitrages vor, entfällt das Feststellungsinteresse nicht aufgrund der Möglichkeit, sich gemäß § 10 WDR-Gesetz mit Eingaben, in denen die Verletzung von Programmgrundsätzen behauptet wird, an den Beklagten zu wenden. Denn die genannte Vorschrift regelt ein – nicht auf den Schutz subjektiv-öffentlicher Rechte abzielendes – rundfunkspezifisches Petitionsrecht, das wegen seines formellen Charakters keinen Anspruch auf Erfüllung des Petitionsanliegens gewährt und bereits deshalb die für die Verletzung subjektiv-öffentlicher Rechte bestehende Garantie gerichtlichen Rechtsschutzes (Art. 19 Abs. 4 GG) unangetastet läßt.

Die Möglichkeit, daß der Kläger durch den in Rede stehenden Fernsehbeitrag in seinem religiösen Achtungsanspruch verletzt worden ist, läßt sich nicht ausschließen. Der Kläger war als gläubiger Katholik mit einem Bericht konfrontiert, in dessen Mittelpunkt – für den Zuschauer mangels entsprechender Ankündigung überraschend – eine Theaterszene stand, in der der Papst – das Oberhaupt der katholischen Kirche – bei der Verrichtung der Notdurft dargestellt und dieser Vorgang mit religiösen Empfindungen in Verbindung gebracht wurde. Es ist nicht von vornherein ausgeschlossen, daß darin eine rechtlich nicht hinnehmbare Verächtlichmachung des katholischen Glaubens zu sehen sein kann. Wendet sich deshalb ein gläubiger Katholik unter Geltendmachung der Verletzung seiner ihm grundrechtlich gewährleisteten Religionsfreiheit gegen einen derartigen Fernsehbeitrag, übt er damit nicht lediglich Fernsehkritik unabhängig von persönlicher Betroffenheit, sondern macht die Verletzung eines ihm zustehenden subjektiv-öffentlichen Rechts geltend.

Die - mögliche - Rechtsverletzung des Klägers wirkt auch in einer der Rehabilitation zugänglichen Weise fort, weil die - nicht auszuschließende - Schmähung des Glaubens des Klägers von einigem Gewicht ist und deshalb nicht allein durch Zeitablauf ausgeräumt ist.

Die Klage ist aber unbegründet. Das Verwaltungsgericht hat zu Recht ausgeführt, daß der Beklagte den Kläger durch die im Klageantrag bezeichnete Sendung nicht in seinem Grundrecht auf Religionsfreiheit nach Art. 4 Abs. 1 GG verletzt hat. Es fehlt an einem Eingriff in den Schutzbereich dieses Grundrechts.

Art. 4 Abs. 1 GG schützt den gläubigen Menschen vor einer Einmischung des Staates in seine Glaubensüberzeugungen, -handlungen und -darstellungen und erlegt dem Staat die Pflicht auf, den Gläubigen bzw. den religiösen Gemeinschaften einen Betätigungsraum zu sichern, in dem sich die Persönlichkeit auf weltanschaulich-religiösem Gebiet entfalten kann (vgl. BVerfG, Beschluß v. 17. 12. 1975[2] – 1 BvR 63/68 –, BVerfGE 41, 29 [49]; Beschluß v. 16. 5. 1995[3] – 1 BvR 1087/91 –, BVerfGE 93, 1 [16]).

Für den Beklagten gelten diese Schutzpflichten trotz seiner öffentlich-rechtlichen Organisationsform nur eingeschränkt. Ihm ist als Träger der durch Art. 5 Abs. 1 S. 2 GG gewährleisteten Rundfunkfreiheit ein eigener grundrechtlich geschützter Freiheitsbereich zugewiesen. Die in diesem Grundrecht enthaltene Programmgestaltungsfreiheit, die sowohl die Auswahl des dargebotenen Stoffes als auch die Entscheidung über die Art und Weise der Darstellung einschließlich der Form der Sendung umfaßt (vgl. BVerfG, Urteil v. 5. 6. 1973 – 1 BvR 536/72 –, BVerfGE 35, 202 [222 f.]), ist schon bei der Abgrenzung der Schutzbereiche im Wege der praktischen Konkordanz im Verhältnis zum Grundrecht der Religionsfreiheit zur Geltung zu bringen. Nach diesem Maßstab sind Glaubensanhänger nicht davor geschützt, daß einzelne Sendungen sich kritisch mit Glaubensinhalten auseinandersetzen, und in Nachrichten- oder Magazinsendungen über Ereignisse berichtet wird, denen eine glaubenskritische oder gar -feindliche Tendenz innewohnt. Nur das Gesamtprogramm muß die religiöse Neutralität wahren. Hinsichtlich jeder einzelnen Sendung gebietet der religiöse

---

[2] KirchE 15, 128.   [3] KirchE 33, 191.

Achtungsanspruch eine wahrheitsgemäße Berichterstattung und in bezug auf die gewählten Darstellungsformen und getroffenen Wertungen die Einhaltung der Straf- oder Ordnungswidrigkeitenbestimmungen und der öffentlichen Ordnung (vgl. Art. 5 Abs. 2 GG und die Programmgrundsätze in § 4 Abs. 2 und 4 WDR-Gesetz).

Diese Grenzen hat der Beklagte mit der in Rede stehenden Sendung nicht überschritten. Bei seinem Beitrag über die genannte Theateraufführung handelte es sich nämlich um eine wahrheitsgemäße sowie der Form und Wertung nach neutrale Berichterstattung.

Die Auswahl dieses Ereignisses als Gegenstand eines Berichts ist bereits deshalb nicht zu beanstanden, weil die Aufführung starke Beachtung bei der Theaterkritik gefunden hat. Ob es – wofür manches spricht – geschmacklos war, die gezeigte Szene für einen Fernsehbericht – noch dazu am frühen Morgen – herauszusuchen, ist rechtlich nicht ausschlaggebend. Jedenfalls durch die Anreicherung des Beitrags mit der durch den Regisseur gegebenen Interpretation ist eine von der Szene abstrahierende Schau auf die Aussage des Stückes insgesamt in den Bericht integriert worden. Auch in der Anmoderation, in der eine feuilletonistische Kurzwürdigung des Autors vorgenommen wurde, kam kein religionskritischer, die nachfolgende Szene etwa besonders herausstellender Akzent zum Ausdruck. Deshalb konnte die Mimik des Moderators, die ohnehin der nachrichtenmäßigen Darbietung des Beitrags angepaßt war, einen derartigen Akzent auch nicht unterstreichen.

66

Zu den Voraussetzungen einer ordnungsgemäßen Beschlußfassung des Kirchenvorstandes gem. § 14 Satz 3 KVVG. Kündigung eines leitenden Mitarbeiters des Krankenhauses einer kath. Kirchengemeinde.

LAG Köln, Urteil vom 28. August 1996 – 11 Sa 64/96[1] –

Die Parteien streiten um die Wirksamkeit von drei Kündigungen. Sie wurden allesamt fristlos und hilfsweise fristgemäß ausgesprochen, und zwar namens der zunächst verklagten Kath. Kirchengemeinde St. M. in X. Die Kath. Kirchengemeinde St. M. in X. war Rechtsträgerin des dortigen St. N.-Hospitals und damit Arbeitgeberin des Klägers, der dort von ihr ab Oktober 1981 als Angestellter beschäftigt wurde, und zwar ab Juli 1986 als Technischer Leiter und ständiger Vertreter des Verwaltungsdirektors.

---

[1] Das Urteil ist rechtskräftig.

Im Laufe des Rechtsstreits wurde das Krankenhaus in die Trägerschaft der nunmehr beklagten GmbH überführt; der Kläger hat daraufhin die Klage im allseitigen Einverständnis entsprechend umgestellt.

Die zunächst verklagte Kirchengemeinde wird vertreten durch ihren Kirchenvorstand. Dieser besteht aus ihrem Vorsitzenden (Pfarrer P.) und 10 gewählten Mitgliedern. Der Kirchenvorstand hat aus seinen Reihen für die Angelegenheiten des Krankenhauses einen Krankenhausausschuß gebildet, dem vier seiner Mitglieder angehören, darunter sein stellv. Vorsitzender als Vorsitzender des Ausschusses.

Die Krankenhausleitung bestand aus dem Ärztlichen Direktor, dem Pflegedirektor und dem Verwaltungsdirektor, dessen ständiger Vertreter der Kläger war. Der Verwaltungsdirektor erteilte dem Kläger unter dem 26. 1. 1994 eine erste und unter dem 9. 2. 1994 eine zweite Abmahnung. Die erste Abmahnung wirft dem Kläger eine „Lohnsteuer-Verkürzung" vor. Die zweite Abmahnung bemängelt, der Kläger habe die Überprüfung zweier Röntgeneinrichtungen nicht rechtzeitig durchführen lassen, weshalb das Staatliche Gewerbeaufsichtsamt gegen den Verwaltungsdirektor ein Verwarnungsgeld wegen einer Ordnungswidrigkeit verhängt habe. Wegen der Abmahnungen fand am 8. 3. 1994 auf Ersuchen des Klägers eine außerordentliche Sitzung des Krankenhausausschusses statt. In ihr wurde u. a. über die Überschreitung des Budgets für 1993 gesprochen und über die Einlassung des Klägers, ihm würden vom Verwaltungsdirektor und der Buchhaltung nicht die monatlichen Ist-Kosten bekanntgegeben; weil dieser Vorwurf nicht der Wahrheit entspreche und hierin ein Vertrauensbruch liege, hätten sich die Ausschußmitglieder darauf verständigt, dem Kläger zu kündigen.

Diese – erste – Kündigung wurde mit Schreiben vom 17. 3. 1994 ohne Beteiligung der im Krankenhaus gebildeten Mitarbeitervertretung (MAV) ausgesprochen. Das Kündigungsschreiben ist unterschrieben vom Vorsitzenden des Krankenhausausschusses (und gleichzeitig stellv. Vorsitzender des Kirchenvorstandes) sowie den Ausschuß- und Kirchenvorstandsmitgliedern K., M. und W. – und zwar mit dem Hinweis *„Für den Kirchenvorstand von St. M."*. Dem Schreiben war allerdings nicht das Amtssiegel der Kirchengemeinde beigedrückt. Hierin sieht der Kläger, der zudem eine Vollmacht des Krankenhausausschusses zum Ausspruch der Kündigung bestreitet, einen zur Unwirksamkeit führenden Formmangel. Zur Begründung beruft er sich auf das Gesetz über die Verwaltung des katholischen Kirchenvermögens vom 24. 7. 1924 (PrGS S. 585; – KVVG), das in Nordrhein-Westfalen als Landesgesetz weitergilt (vgl. die Änderung des Gesetzes mit Gesetz v. 3. 4. 1992, GV. NW. S. 124 f., Art. 9). Für einschlägig hält der Kläger den § 14 S. 2, der lautet:

> *„Die Willenserklärungen des Kirchenvorstandes verpflichten die Gemeinde und die vertretenen Vermögensmassen nur dann, wenn sie der Vorsitzende oder sein Stellvertreter und zwei Mitglieder schriftlich unter Beidrückung des Amtssiegels abgeben."*

Nach Ansicht des Klägers ist diese Vorschrift erweitert worden durch die kirchenrechtliche „Geschäftsanweisung für die Verwaltung des Vermögens in den Kirchengemeinden und Gemeindeverbänden der Erzdiözese Köln" (Geschäftsanweisung, abgedruckt bei Emsbach, Rechte und Pflichten des Kirchenvorstandes, 7. Aufl., 1994). Für einschlägig hält der Kläger Art. 9 S. 1, der lautet:

> *„Willenserklärungen des Kirchenvorstandes müssen vom Vorsitzenden oder seinem Stellvertreter und zwei Mitgliedern schriftlich unter Beidrückung des Amtssiegels abgegeben werden."*

Gegen die 1. Kündigung hat der Kläger die vorliegende Klage erhoben. Nach Rechtshängigkeit fand eine Sitzung des Kirchenvorstandes statt, die in B'berg abgehalten wurde. Laut einer von der Erstbeklagten vorgelegten „Abschrift aus dem Protokollbuch über die Sitzung des Kirchenvorstandes" haben an dieser Sitzung außer dem Vorsitzenden 6 Mitglieder teilgenommen. Die Abschrift enthält den Vermerk:

> *„Der KV. beschließt, die vier Mitglieder des Krankenhaus-Ausschusses (...) in der Personalangelegenheit (...) stellvertretend für den KV. in allen rechtlichen Angelegenheiten rechtsverbindlich zu bevollmächtigen. Ferner genehmigen wir vorsorglich die am 17. 3. 1994 ausgesprochene fristlose oder fristgerechte Kündigung."*

Der Kläger hält diesen Beschluß für nicht ordnungsgemäß zustande gekommen.

In Ausführung dieses Beschlusses soll nach Darstellung der Beklagten am 16. 6. 1994 eine Sitzung des Krankenhausausschusses stattgefunden haben, auf der die 2. Kündigung beschlossen wurde. Unter dem 27. 6. 1994 teilte die Vorsitzende der MAV dem Verwaltungsdirektor mit:

> *„... vorsorglich stimmen wir einer ordentlichen Kündigung von Herrn N. zu, sind aber aufgrund seiner leitenden Stellung im Hause der Auffassung, daß Herr N. nach § 3 Abs. 2 der MAVO nicht wählbar ist und somit keine Anhörungs- und Zustimmungspflicht zur Kündigung besteht. Eine ordnungsgemäße Anhörung zur fristlosen Kündigung wird hiermit bestätigt."*

Darauf wurde am 28. 6. 1994 die 2. Kündigung ausgesprochen. Die Kündigung trägt die gleichen Unterschriften wie die erste, wiederum mit dem Zusatz „*Für den Kirchenvorstand*", diesmal mit beigedrücktem Amtssiegel.

Der Kläger hält auch diese Kündigung für formal unwirksam mit Rücksicht auf die angebliche Fehlerhaftigkeit des „B'berger Beschlusses".

Mit zweitinstanzlichem Schriftsatz vom 13. 3. 1996 hat die Beklagte eine weitere Abschrift aus dem Protokollbuch über die Sitzung des Kirchenvorstandes vorgelegt, wonach am 16. 2. 1995 eine weitere Kirchenvorstandssitzung stattgefunden hat, an der alle Mitglieder teilgenommen haben. Die Abschrift enthält den Vermerk:

„*Der Kirchenvorstand bestätigt noch einmal die in B'berg beschlossene Beauftragung des Krankenhausausschusses und beschließt noch einmal vorsorglich die fristlose, hilfsweise die fristgerechte, Kündigung des Herrn ... zum 30. 9. 1995.*"

Auch bei diesem Beschluß bezweifelt der Kläger das ordnungsgemäße Zustandekommen.

Nach Darstellung der Beklagten soll zur beabsichtigten 3. Kündigung erneut – und zwar unter dem 6. 3. 1995 – die MAV angehört worden sein, die unter dem 9. 3. 1995 zugestimmt habe.

Unter dem gleichen Datum (9. 3. 1995) wurde die 3. Kündigung ausgesprochen. Sie trägt die gleichen Unterschriften wie die vorangegangenen Kündigungen mit dem Vermerk „Für den Kirchenvorstand von St. M." sowie das Amtssiegel. Es soll sich nach Darstellung der Beklagten nicht um eine Erklärung des Krankenhausausschusses, sondern unmittelbar des Kirchenvorstandes handeln, für den die Unterzeichner hätten tätig werden wollen.

Das Arbeitsgericht hat den Weiterbeschäftigungsantrag des Klägers zurückgewiesen und im übrigen der Klage unter Zurückweisung des Auflösungsantrags stattgegeben, da die Kündigungen aus formellen Gründen unwirksam seien.

Mit ihrer Berufung verfolgt die Beklagte ihren Klageabweisungsantrag in vollem Umfang weiter. Die Berufung des Klägers richtet sich gegen die Zurückweisung des Weiterbeschäftigungsantrags. Die Berufung der Beklagten hatte teilweise Erfolg. Die Berufung des Klägers war erfolglos.

Aus den Gründen:

A. Zur Berufung der Beklagten:
Die zulässige Berufung der Beklagten ist teilweise begründet, teilweise nicht:
I. Sie ist unbegründet, soweit sie sich gegen den Ausspruch des Arbeitsgerichts zur ersten Kündigung richtet. Insoweit wurde der Klage zu Recht stattgegeben. Diese Kündigung beendet das Arbeitsverhältnis nicht, weil sie unwirksam ist.

1.) Die Unwirksamkeit beruht jedenfalls auf einem Vertretungsmangel. Der Krankenhausausschuß hatte nicht die Vertretungsmacht, die Kündigung namens der Kirchengemeinde auszusprechen; denn grundsätzlich wird diese durch den Kirchenvorstand vertreten. Zwar kann dieser Ausschüsse bilden; diese können jedoch keine Beschlüsse anstelle des Kirchenvorstandes fassen, sondern dessen Beschlüsse lediglich vorbereiten und ausführen (Art. 4 der Geschäftsanweisung). Dies entspricht auch offensichtlich dem Selbstverständnis des Krankenhausausschusses; denn das als Zeuge vernommene Ausschußmitglied K. hat in seiner Vernehmung bekundet: „*Wir sprechen als Ausschuß nur (k)eine Empfehlung aus. Die Entscheidung trifft der Kirchenvorstand. (...) Der Kirchenvorstand entscheidet mit einfacher Mehrheit.*"

Ob der Kirchenvorstand Bevollmächtigte bestellen und diese mit Vertretungsmacht ausstatten kann mit der Folge, daß diese an seiner Statt entscheiden und er der Notwendigkeit zur Beschlußfassung enthoben ist und ob für solche Delegierung auch Ausschußmitglieder zur Verfügung stehen, kann dahinstehen. Denn jedenfalls kann ein solcher Vorgang der vorliegenden Entscheidung nicht zugrunde gelegt werden. Zwar behauptet die Beklagte, der Kirchenvorstand habe früher den Krankenhausausschuß mit Vertretungsmacht in allen Angelegenheiten des Krankenhauses ausgestattet, doch kann diese Behauptung nicht prozessual verwertet werden: Sie ist unsubstantiiert. Trotz gerichtlicher Auflage war die Beklagte nicht in der Lage mitzuteilen, wann ein entsprechender Beschluß gefaßt worden sein soll und welchen genauen Inhalt er gehabt haben soll. Dieser vom Kläger bestrittene Punkt ist daher einer Aufklärung nicht zugänglich.

Erfolglos beruft sich die Beklagte statt dessen auf eine jahrelange Praxis: Die Konturen dieser Praxis bleiben unklar; insbesondere bleibt offen, mit welcher Rechtfertigung eine solche Praxis auch die Entlassung leitender Angestellter umfaßt; daß ein derartiger Fall schon einmal vorgekommen sei, wird von der Beklagten jedenfalls nicht behauptet. Dem steht zudem die schon zitierte Aussage des Zeugen K. sowie die eigene Einschränkung der Beklagten entgegen, es sei in Einzelfällen vorgekommen, daß der Krankenhausausschuß einzelne Angelegenheiten dem Kirchenvorstand vorgelegt habe, von dem dann ggf. ein Beschluß gefaßt worden sei. Jedenfalls ist es nicht gerechtfertigt, von der Befugnis, etwa medizinisches Gerät anzuschaffen, auf die Befugnis zu schließen, Führungskräfte zu entlassen. Das gilt umso mehr, als eine geplante Änderung der Geschäftsanweisung diese uneingeschränkte Befugnis sogar dem Kirchenvorstand entziehen und der Genehmigung der (erz-)bischöflichen Behörde vorbehalten will.

2.) Das vollmachtlose Handeln ist auch nicht durch nachträgliche Genehmigung wirksam geworden. In Betracht kommt insoweit nur der „B'berger Beschluß" vom 19. 4. 1994. Dieser konnte diese Wirkung aber aus zweierlei Gründen nicht haben:

a) Zum einen käme eine solche Genehmigung nicht mehr rechtzeitig. Sie kann nämlich gem. §§ 180 S. 2, 177 Abs. 2 S. 2 BGB nur bis zum Ablauf von zwei Wochen erfolgen nach Empfang der Aufforderung des Erklärungsgegners, sich über die Genehmigung zu erklären. Diese Aufforderung durch den Kläger liegt schlüssig spätestens in der Klageschrift, in der die fehlende Vollmacht des Krankenhausausschusses gerügt wird und die der Beklagten am 11. 4. 1994 zugestellt worden ist. Demgegenüber wurde der Genehmigungsbeschluß von der Beklagten erst mit Schriftsatz vom 17. 6. 1994 vorgelegt.

b) Zum anderen ist nicht feststellbar, daß für den „B'berger Beschluß" die für einen wirksamen Beschluß erforderlichen Voraussetzungen vorliegen. Es ist nämlich nicht ersichtlich, warum die Kirchenvorstandssitzung in *B'berg* abgehalten werden durfte, insbesondere ob ein Beschluß und welcher diesem Tagungsort zugrunde lag. Gem. Art. 10 der Geschäftsanweisung kann die Sitzung vom Vorsitzenden an einem anderen Ort nämlich nur aus einem wichtigen Grunde anberaumt werden, der in der Einladung angegeben werden muß. Daß diese Voraussetzungen vorliegen, ist nicht feststellbar. Ein damit möglicher Mangel ist jedenfalls nicht durch die widerspruchslose Anwesenheit aller Mitglieder geheilt, weil vier Mitglieder gefehlt haben.

3.) Der Vertretungsmangel kann nicht dadurch umgangen werden, daß die Kündigungserklärung nicht dem Krankenhausausschuß, sondern – mit Rücksicht auf den Hinweis der Unterzeichner „Für den Kirchenvorstand von St. M." – unmittelbar dem Kirchenvorstand zugerechnet wird. Denn unter diesem Aspekt gesehen leidet die Kündigung mit gleichem Ergebnis unter einem Beschlußmangel, weil unstreitig ein Beschluß des Kirchenvorstandes nicht zugrunde liegt.

II. Die Berufung ist auch erfolglos, soweit die 2. Kündigung in Rede steht. Diese Kündigung beendet das Arbeitsverhältnis der Parteien ebenfalls nicht. Sie ist unwirksam, weil sie sozial ungerechtfertigt ist (§ 1 Abs. 1 KSchG). Insbesondere ist die Kündigung nicht durch Gründe im Verhalten des Klägers derart hinreichend bedingt, daß sie als billigenswert und angemessen erschiene (§ 1 Abs. 2 S. 1KSchG).

1.) Die von der Beklagten erhobenen Vorwürfe vermögen die Kündigung nicht zu tragen, weil sie im wesentlichen durch die dem Kläger erteilten Abmahnungen verbraucht sind. Eine Abmahnung beseitigt nämlich zunächst einmal ein evtl. vorhandenes Kündigungsrecht (LAG Berlin, Urteil v. 26. 4. 1962 – 4 Sa 4/62 – DB 1962, 1179; BAG, Urteil v. 10. 11. 1988 – 2 AZR 215/88 – DB 1989, 1427 = NZA 1989, 633). Grund dieser Regel ist: Der Arbeitgeber setzt sich in unzulässiger Weise in Selbstwiderspruch und verstößt damit gegen Treu und Glauben, wenn er den Arbeitnehmer warnt, er werde entlassen, falls sich ein bestimmter Vorfall ereignen sollte, er aber dann dennoch die Entlassung durchführt, ohne daß das Ereignis, das die Kündigung auslösen sollte, eingetreten ist. Dadurch enttäuscht er einen Vertrauenstatbestand, den er selber gesetzt hat.

2.) Daran ändert auch nichts die Tatsache, daß die Beklagte eine Reihe von Verstößen erst nach den Abmahnungen entdeckt haben will, obwohl sie vorher vorgefallen sein sollen: Angekündigt war die Kündigung für einen Wiederholungsfall nach der Abmahnung. Ereignisse davor lösen deshalb entweder kein Kündigungsrecht aus oder sie sind von solcher Qualität, daß sie trotz verstrichener Zeit zu einer Kündigung ohne vorangegangene Abmahnung berechtigen. Von solcher Art sind die behaupteten Kündigungsgründe nicht, soweit sie typische Fälle von Schlechtleistung darstellen (unterlassener Hinweis auf eine anstehende Geräteprüfung, fehlende Anweisungen zur Gefahrenstoff-VO, nicht einsatzfähiges Ersatzkühlaggregat, Fehlen von Protokollen der Arbeitsausschußsitzungen).

(Es folgen Ausführungen zu den von der Beklagten geltend gemachten Kündigungsgründen, die jedoch nach Auffassung der Kammer nicht geeignet sind, die 2. Kündigung zu tragen.)

III. Erfolgreich ist die Berufung der Beklagten hingegen, soweit sie sich gegen die Zurückweisung ihres Auflösungsantrages richtet. Diesem ist vielmehr stattzugeben:

1.) Dies gilt allerdings nicht, soweit die 1. Kündigung betroffen ist, da diese wie gezeigt aus formellen Gründen unwirksam ist (§ 13 Abs. 3 KSchG) – wohl aber im Anschluß an die 2. Kündigung, denn diese ist nicht aus formellen Gründen unwirksam:

a) Die Kündigung leidet nicht unter einem Vertretungsmangel, denn sie kann als Erklärung unmittelbar dem Kirchenvorstand zugerechnet werden – und zwar mit Rücksicht auf den Hinweis der Unterzeichner „Für den Kirchenvorstand von St. M.". Dem Schreiben ist nicht einmal anzusehen, daß es eine Aktion des Krankenhausausschusses darstellen soll, denn auch die schriftlichen Erklärungen des Kirchenvorstandes tragen lediglich die Unterschriften von drei Mitgliedern, wovon eines der Vorsitzende oder sein Stellvertreter sein muß. Diese Voraussetzung ist auch hier erfüllt: Das Schreiben haben vier Mitglieder unterschrieben, von denen eines die stellv. Kirchenvorstandsvorsitzende ist.

b) Im Unterschied zur ersten Kündigung leidet die 2. Kündigung als Aktion des Kirchenvorstandes gesehen auch nicht unter einem Beschlußmangel, ohne daß es auf die Ordnungsgemäßheit des B'berger Beschlusses ankäme: Das Schreiben trägt nämlich die erforderlichen Unterschriften *und* das Amtssiegel. Gem. § 14 S. 3 KVVG wird hierdurch „nach außen die Ordnungsgemäßheit der Beschlußfassung festgestellt." Das heißt nichts anderes, als daß der Rechtsverkehr sich bei Vorliegen der erwähnten Formalien auf einen ordnungsgemäßen Beschluß des Kirchenvorstandes verlassen darf; Unterschriften plus Siegel begründen insoweit den guten Glauben im Rechtsverkehr. Das ist auch anders gar nicht denkbar: Eine Kirchengemeinde wäre ansonsten im Rechtsverkehr handlungsunfähig, weil kein Geschäftspartner mit ihr kontrahieren würde. Jeder Architekt, der den Auftrag zur Reparatur eines Kirchturms erhalten soll, müßte sich – will er verantwortungsvoll handeln – durch eigene Nachforschungen vergewissern, ob dem Auftrag trotz der Unterschriften mit Siegel ein nach den Regeln des Kirchenrechts ordnungsgemäßer Beschluß des Kirchenvorstandes zugrunde liegt – also ob überhaupt ein Beschluß vorliegt, ob dieser auf einer Sitzung gefaßt worden ist, wo die Sitzung stattgefunden hat, ob Beschlußfähigkeit vorlag, wie das Abstimmungsergebnis war, ob bei der Einladung die Regeln eingehalten wurden, ob der Beschluß vorschriftsmäßig protokolliert worden ist und so weiter – ein offenbar untragbares Ergebnis, weil solche Nachforschungen anzustellen keinem Geschäftspartner einer Kirchengemeinde auch nur möglich ist, selbst wenn er wollte. Den Rechtsverkehr von solchen unmöglichen Nachforschungen zu entlasten und damit die Kirchengemeinde überhaupt am Rechtsverkehr teilnehmen zu lassen, ist offensichtlich der Zweck des § 14 S. 3 KVVG, wie auch sein Text zwingend nahelegt: Soll nämlich durch Unterschriften und Siegel die Ordnungsmäßigkeit der Beschlußfassung nur „nach außen" festgestellt werden, so bleibt hiervon die gleiche Frage im Innenverhältnis unberührt, ergreift also auch den Fall, daß im Innenverhältnis keine Ordnungsmäßigkeit vorliegt. Was sollte aber in einem solchen Fall die dennoch angeordnete Feststellung „nach außen", außer den Rechtsverkehr in seinem guten Glauben zu schützen. Man kann auch sagen, daß das Gesetz von einer relativen Ordnungsmäßigkeit ausgeht, je nach dem ob das Außen- oder Innenverhältnis betroffen ist.

c) Eine formale Unwirksamkeit der 2. Kündigung ist auch nicht wegen § 30 Abs. 5 MAVO gegeben:

Das folgt schon aus § 3 Abs. 2 Nr. 4 MAVO, wonach *„sonstige Mitarbeiter in leitender Stellung"* nicht als Mitarbeiter gelten. Diese Voraussetzung erfüllt der Kläger zweifellos, schon weil er ständiger Vertreter des Verwaltungsdirektors war und damit eines der Mitglieder des Dreier-Direktoriums, das die Leitung der Einrichtung repräsentiert. Er war damit nicht nur auf der zweiten Leitungsebene angesiedelt, sondern durch seine Vertretereigenschaft auch auf der ersten. Im übrigen trifft nach § 3 Abs. 2 S. 2 MAVO die Entscheidung über diese Frage der Dienstgeber im Benehmen mit der MAV; beide haben sich vorliegend für eine leitende Stellung entschieden: Laut Schreiben des Generalvikariats vom 21. 6. 1994 wird der Kläger schon seit mindestens Mitte 1993 als leitender Mitarbeiter geführt; die MAV ist offensichtlich der gleichen Meinung, wie nicht nur ihre Stellungnahme vom 27. 6. 1994 zeigt, sondern schon die Tatsache, daß der Kläger bei MAV-Wahlen nicht in das Wählerverzeichnis aufgenommen wurde und nicht als wählbar galt.

Ob der Kläger angesichts dieser von der MAVO offenbar beabsichtigten formalen Betrachtungsweise überhaupt noch mit seinem materiellen Einwand gehört werden kann, er sei zur selbständigen Einstellung oder Entlassung nicht befugt gewesen, kann dahinstehen; denn dieser Einwand betrifft nur die Nr. 3 in § 3 Abs. 2 MAVO, während für den Kläger die Nr. 4 einschlägig ist, die mit ihrer Formulierung („sonstige Mitarbeiter") eine solche Befugnis gerade nicht verlangt.

Im übrigen wäre das Verfahren des § 30 MAVO jedenfalls eingehalten worden: Die MAV hat zugestimmt. Etwaige Formmängel im Vorfeld sind dadurch jedenfalls geheilt.

2.) Die beantragte Auflösung ist jedenfalls nach § 9 Abs. 1 S. 2 KSchG vorzunehmen, da Gründe vorliegen, die eine den Betriebszwecken dienliche weitere Zusammenarbeit zwischen den Parteien nicht erwarten lassen:

a) Die Gründe liegen einmal in dem irreparablen Zerwürfnis der Parteien, das gerade in einem Krankenhausbetrieb auf der Führungsebene untragbar ist. So herrscht kein Einvernehmen zwischen dem Kläger und seinem Vorgesetzten, dessen ständiger Vertreter er sein soll – auch wenn der Kläger die Verantwortung dafür auf der anderen Seite sieht. Diese Unzuträglichkeit hat sich noch dadurch verschärft, daß der Vorgesetzte des Klägers, der Zeuge S. nach dem Wechsel der Trägerschaft zusätzlich als Geschäftsführer der jetzigen Beklagten als gesetzlicher Vertreter den Arbeitgeber repräsentiert.

b) Hinzukommt, daß durch die Prozeßführung auch des Klägers zusätzliche Wunden geschlagen worden sind, deren Heilung nicht zu erwarten steht. *(wird ausgeführt)*

Auch bei Anlegung eines strengen Maßstabes kann unter diesen Voraussetzungen nicht mehr mit einer zweckdienlichen Zusammenarbeit im Krankenhausbetrieb gerechnet werden. Das gilt auch, wenn man die Nachteile berücksichtigt, die für den Kläger mit einer Auflösung verbunden sind: vor allem geringe Vermittlungschancen auf dem Arbeitsmarkt mit Rücksicht auf das vorgerückte Lebensalter, finanzielle Einbußen bei der Altersversorgung.

c) Gem. § 9 Abs. 2 KSchG war als Auflösungstermin der 31. 12. 1994 festzusetzen – der Termin nämlich, zu dem die ordentliche Kündigung vom 28. 6. 1994 das Arbeitsverhältnis beendet hätte, wäre sie sozial gerechtfertigt gewesen.

Als Abfindung hat das Gericht den nach § 10 Abs. 1 KSchG zulässigen Rahmen ausgeschöpft. Maßgebend dafür war die besondere Härte, die die Beendigung des Arbeitsverhältnisses für den Kläger mit sich bringt sowie die Tatsache, daß das Gericht die Verantwortung für das Zerwürfnis der Parteien nicht einseitig beim Kläger sehen kann.

IV. Die Berufung der Beklagten war auch erfolgreich, soweit die 3. Kündigung in Rede steht: Infolge der zuvor greifenden Auflösung kann die Kündigungsschutzklage für eine auf einen späteren Termin abzielende Kündigung nicht erfolgreich sein.

B. Zur Berufung des Klägers:
Die Berufung des Klägers ist erfolglos: Wegen der Auflösung des Arbeitsverhältnisses hat der Kläger keinen Weiterbeschäftigungsanspruch.

67

Überprüfung einer verwaltungsgerichtlichen Entscheidung, durch die eine Kirchengemeinde verpflichtet wird, ein von ihr zum Gottesdienst genutztes Kirchengebäude an den Eigentümer herauszugeben, insbesondere am Maßstab des Art. 146 BV (Kirchengutsgarantie).

Art. 3 Abs. 1, 66, 86 Abs. 1, 107 Abs. 1, 118 Abs. 1, 142 Abs. 3, 145 Abs. 1 BV
BayVerfGH, Entscheidung vom 29. August 1996 – Vf 77-VI-96[1] –
Gegenstand der Verfassungsbeschwerde ist das Urteil des Bayerischen Verwaltungsgerichtshofs vom 25. 10. 1995 (KirchE 33, 376), durch das der Beschwerdeführer (Griechische Kirchengemeinde München und Bayern e.V.) verpflichtet wurde, die St. Salvator-Kirche in München an den Freistaat Bayern herauszugeben.
Die Verfassungsbeschwerde wurde abgewiesen.

Aus den Gründen:
III. Die Verfassungsbeschwerde ist teilweise unzulässig.
1. Auf den aus dem Rechtsstaatsprinzip des Art. 3 Abs. 1 BV abgeleiteten Grundsatz der Verhältnismäßigkeit (VerfGH 22, 34 [38]) kann eine Verfassungsbeschwerde nicht gestützt werden. Verfassungsmäßige Rechte im Sinne des Art. 120 BV sind nur subjektive Rechte. Solche Rechte werden durch Art. 3 Abs. 1 BV nicht gewährleistet (VerfGH 46, 273 [277]; Meder, Die Verfassung des Freistaates Bayern, 4. Aufl. 1992, Rdnr. 13 zu Art. 120 m.w. N.).
2. Aus Art. 66 BV, der die Zuständigkeit des Verfassungsgerichtshofs für die Entscheidung über Verfassungsbeschwerden regelt, können ebenfalls keine verfassungsmäßigen Rechte abgeleitet werden.
IV. Soweit der Beschwerdeführer eine Verletzung in seinen Rechten aus Art. 86 Abs. 1 Satz 2, Art. 107 Abs. 1 und 2, Art. 118 Abs. 1, Art. 142 Abs. 3, Art. 145 Abs. 1 und Art. 146 BV rügt, ist die Verfassungsbeschwerde zulässig, aber unbegründet.
Wird Verfassungsbeschwerde gegen eine gerichtliche Entscheidung eingelegt, so kann diese nur in engen Grenzen überprüft werden. Der Verfassungsgerichtshof ist kein Rechtsmittelgericht. Es ist nicht seine Aufgabe, Entscheidungen der Gerichte allgemein auf die Richtigkeit der tatsächlichen Feststellungen, der Auslegung des Rechts und seine Anwendung auf den konkreten Fall zu kontrollieren. Vielmehr ist im Verfassungsbeschwerdeverfahren nur zu prüfen, ob das Gericht gegen subjektive Rechte verbürgende Normen der Bayerischen Verfassung verstoßen hat. Solche Normen sind verletzt, wenn das Gericht bei der Anwendung von Landesrecht den Wertgehalt einer ein subjektives Recht verbürgenden Norm der Bayerischen Verfassung und ihre in das einfache Recht hineinwirkende Bedeutung – ihre Ausstrahlungswirkung – verkannt hat (std. Rspr.; vgl. VerfGHE 46, 21 [30][2]).

---

[1] Amtlicher Leitsatz. NVwZ 1997, 379; BayVBl. 1997, 238; AkKR 165 (1996), 568. Nur LS: NJW 1997, 1844; KuR 1996, 253. Vgl. auch BVerwG KirchE 34, 189.
[2] KirchE 30, 405.

Die angegriffene Entscheidung beruht in materieller Hinsicht auf Landesrecht. Der Freistaat Bayern als Eigentümer der St. Salvator-Kirche will die vom bayerischen König Ludwig I. verfügte Gebrauchsüberlassung an den Beschwerdeführer rückgängig machen und stützt sich damit auf eine landesrechtliche Anspruchsgrundlage des öffentlichen Rechts.

In verfahrensrechtlicher Hinsicht prüft der Verfassungsgerichtshof gerichtliche Entscheidungen, die in einem bundesrechtlich geregelten Verfahren ergangen sind, daraufhin nach, ob ein Verfahrensgrundrecht der Bayerischen Verfassung verletzt wurde, das – wie hier Art. 86 Abs. 1 Satz 2 BV – mit gleichem Inhalt im Grundgesetz gewährleistet ist (std. Rspr.; vgl. VerfGHE 47, 47 [51]).

1. Die Entscheidung des Verwaltungsgerichtshofs verstößt nicht gegen das Grundrecht auf den gesetzlichen Richter (Art. 86 Abs. 1 Satz 2 BV).

Dieses Grundrecht wird durch ein Gericht nur dann verletzt, wenn einer Partei der gesetzliche Richter durch eine willkürliche, offensichtlich unhaltbare Entscheidung entzogen wird (VerfGH 40, 132/135). Ob ein Verstoß gegen Art. 86 Abs. 1 Satz 2 BV auch darin liegen kann, daß ein Gericht trotz einer bereits rechtskräftigen Entscheidung in derselben Sache erneut befindet, kann offenbleiben. Ein solcher Verstoß käme allenfalls in Betracht, wenn diese Entscheidung willkürlich wäre. Hierfür bestehen jedoch keine Anhaltspunkte.

a) Der Verwaltungsgerichtshof hat ausführlich dargelegt, warum nach seiner Auffassung das Urteil des Bayerischen Obersten Landesgerichts vom 12.12. 1980[3] der im Verwaltungsrechtsweg erhobenen Herausgabeklage nicht entgegensteht. Dabei ist er davon ausgegangen, das Bayerische Oberste Landesgericht habe lediglich abschließend geklärt, daß dem Beschwerdeführer für die Dauer der derzeitigen Zweckbestimmung (Widmung) der Kirche für den griechisch-orthodoxen Gottesdienst ein den Herausgabeanspruch des Freistaats Bayern ausschließendes Recht zum Besitz im Sinne des § 986 BGB zustehe. Das Bayerische Oberste Landesgericht habe die Rechtskraft in der Begründung seines Urteils durch die Formulierung eingeschränkt, der Beschwerdeführer habe ein Recht zum Besitz, „solange jedenfalls die Widmung fortbesteht". Hieraus werde deutlich, daß eine Entwidmung möglich sei. Als Folge könne danach eine Herausgabeklage wieder in Frage kommen.

Nach § 322 Abs. 1 ZPO sind Urteile der Rechtskraft insoweit fähig, als über den durch die Klage erhobenen Anspruch entschieden ist. Zwar stellt ein klageabweisendes Urteil grundsätzlich fest, daß die streitige Rechtsfolge unter keinem denkbaren rechtlichen Gesichtspunkt aus dem streitgegenständlichen Lebenssachverhalt hergeleitet werden kann (BGH NJW 1990, 1795 [1796]; Vollkommer, in: Zöller, ZPO, 19. Aufl. 1995, Rdnr. 41 vor § 322; Thomas/Putzo, ZPO,

---

[3] KirchE 18, 358.

19. Aufl. 1995, Rdnr. 31 zu § 322). Um die objektiven Grenzen der Rechtskraft eines klageabweisenden Urteils zu bestimmen, muß nach allgemeiner Ansicht anhand der Entscheidungsgründe aber auch geprüft werden, ob und gegebenenfalls welche Gesichtspunkte des materiellen Rechts das Gericht ausnahmsweise bewußt außer Betracht gelassen hat (BGH VersR 1978, 59 f.; BGH NJW 1995, 2993 f.; Vollkommer, aaO, Rdnr. 43 vor § 322). Wenn der Verwaltungsgerichtshof aus den Gründen der Entscheidung des Bayerischen Obersten Landesgerichts folgert, daß ein neuer Herausgabeanspruch dann in Betracht komme, wenn die Widmung nicht mehr fortbesteht, ist dies somit verfassungsrechtlich nicht zu beanstanden.

b) Eine Verletzung des Art. 86 Abs. 1 S. 2 BV ergibt sich auch nicht im Zusammenhang mit der Frage, ob die St. Salvator-Kirche als res sacra eine öffentliche Sache darstellt.

Während das Bayerische Oberste Landesgericht in den Gründen seiner Entscheidung vom 12.12.1980 davon ausgeht, daß die Kirche als res sacra eine öffentliche Sache sei, vertritt der Verwaltungsgerichtshof im angegriffenen Urteil die Auffassung, es handle sich nicht um eine res sacra im Sinne einer öffentlichen Sache, da Religionsgemeinschaften mit privatrechtlichem Status – wie der Beschwerdeführer – keine Träger öffentlicher Sachen sein könnten. Diese Frage hat insofern Auswirkungen, als es grundsätzlich eines besonderen öffentlich-rechtlichen Entwidmungsakts bedarf, wenn die Nutzung einer öffentlichen Sache beendet werden soll (Obermayer in Maunz/Obermayer/Berg/Knemeyer, Staats- und Verwaltungsrecht in Bayern, 5. Aufl. 1988, S. 211).

Die Auffassung des Verwaltungsgerichtshofs, daß die Qualifikation der St. Salvator-Kirche als öffentliche Sache durch das Bayerische Oberste Landesgericht für das verwaltungsgerichtliche Verfahren nicht bindend war, ist verfassungsrechtlich nicht zu beanstanden. Diese Bewertung hat das Bundesverwaltungsgericht in seinem Revisionsurteil (BayVBl. 1991, 214 [215][4]) vorgegeben; der Verwaltungsgerichtshof war hieran gemäß § 144 Abs. 6 VwGO gebunden. Es könnte daher schon fraglich sein, ob der Verfassungsgerichtshof, dessen Kontrolle Entscheidungen von Bundesgerichten nicht unterliegen, diesbezüglich überhaupt eine Überprüfung vornehmen darf. Jedenfalls entspricht die Auffassung des Verwaltungsgerichtshofs der allgemeinen Ansicht zu § 322 ZPO. Danach nehmen die Entscheidungsgründe – wie bereits dargelegt –, von Ausnahmen abgesehen, nicht an der Rechtskraftwirkung teil (Vollkommer, aaO, Rdnr. 31 vor § 322 m.w.N.). Die Bewertung des Verwaltungsgerichtshofs ist daher keineswegs unhaltbar.

2. Art. 146 BV wird durch das angegriffene Urteil nicht verletzt.

---

[4] KirchE 28, 294.

Diese Verfassungsnorm bestimmt unter anderem, daß das Eigentum und andere Rechte der Religionsgemeinschaften an ihrem für Kultus-, Unterrichts- und Wohltätigkeitszwecke bestimmten Vermögen gewährleistet werden (ebenso Art. 140 GG i. V. m. Art. 138 Abs. 2 WRV). Art. 146 BV erschöpft sich nicht in der Wiederholung des allgemeinen Eigentumsschutzes des Art. 103 BV. Die in der Weimarer Zeit vertretene Auffassung, daß es sich bei der Schutzklausel für Kirchengut nur um eine qualifizierte und spezielle Eigentumsgarantie handle, ist überholt (v. Campenhausen in Nawiasky/Schweiger/Knöpfle, Die Verfassung des Freistaates Bayern, Rdnr. 2 zu Art. 146). Art. 146 BV kommt darüber hinaus die Bedeutung eines Säkularisationsverbots zu (VerfGHE 37, 184 [200] [5]; Meder, Rdnr. 1 zu Art. 146; v. Campenhausen, BayVBl. 1971, 336).

a) Es erscheint bereits fraglich, ob sich der Beschwerdeführer als privatrechtlicher Verein auf Art. 146 BV berufen kann. Überwiegend wird nämlich die Auffassung vertreten, diese Verfassungsnorm begünstige in erster Linie die kirchlichen Rechtspersonen des öffentlichen Rechts (v. Campenhausen in Nawiasky/ Schweiger/Knöpfle, aaO, Rdnr. 4 zu Art. 146; Voll, Handbuch des Bayerischen Staatskirchenrechts, 1985, S. 162). Sinn des Grundrechts sei der Schutz des Kirchenguts in seiner öffentlichen Funktion gegenüber den Versuchen des Staates, aus dem Öffentlichkeitscharakter jenes Vermögens einen Rechtstitel für einen Zugriff abzuleiten (v. Campenhausen, BayVBl. 1971, 336 [337]). Dem Vermögen der Religionsgemeinschaften des Privatrechts komme eine solche öffentliche Funktion nicht zu. Es sei kein öffentliches Vermögen im Sinn des Grundrechts und werde von ihm daher nicht erfaßt. Für die Religionsgemeinschaften des Privatrechts laufe das Grundrecht leer; es gewähre ihnen zu der allgemeinen Eigentumsgarantie kein zusätzliches Recht (Heckel, Kirchengut und Staatsgewalt, in: Staat und Kirchen in der Bundesrepublik, Staatskirchenrechtliche Aufsätze 1950–1967, 1967, S. 44 [69 f.]).

b) Selbst wenn man davon ausgeht, daß auch private Religionsgemeinschaften vom Schutzbereich des Art. 146 BV erfaßt werden, so ist jedenfalls kein Verstoß gegen dieses Grundrecht erkennbar.

aa) Die dem Beschwerdeführer gewährte Nutzung der St. Salvator-Kirche wäre unter dieser Voraussetzung zwar ein kirchliches Vermögensrecht im Sinne des Art. 146 BV. Ob diese Verfügungsmacht auf öffentlichem oder privatem Recht beruht, wäre unerheblich (v. Campenhausen in Nawiasky/Schweiger/ Knöpfle, aaO, Rdnr. 6 zu Art. 146; Heckel, aaO, S. 68).

bb) Selbst wenn der Schutzbereich des Art. 146 BV durch den Widerruf der Gebrauchsüberlassung berührt sein sollte, würde hierin kein unzulässiger Eingriff liegen.

---

[5] KirchE 22, 293.

Die Kirchengutsgarantie ist nicht schrankenlos, sie steht vielmehr unter dem Vorbehalt der für alle geltenden Gesetze. Ordnung, Verwaltung und Widmung des Kirchenguts sind Teil des kirchlichen Selbstbestimmungsrechts. Die Kirchen sind deshalb hierbei an die in Art. 142 Abs. 3 Satz 2 BV umschriebenen Schranken der für alle geltenden Gesetze gebunden (v. Campenhausen in Nawiasky/Schweiger/Knöpfle, aaO, Rdnr. 8 zu Art. 146; Meder, Rdnr. 2 zu Art. 146).

Der Verwaltungsgerichtshof geht davon aus, daß die Gebrauchsüberlassung der Kirche an den Beschwerdeführer auch ohne ausdrücklichen Vorbehalt widerrufen werden kann. Er stützt sich dabei im Anschluß an die Ausführungen im Revisionsurteil des Bundesverwaltungsgerichts darauf, daß die Widerruflichkeit letztlich Ausfluß des im Jahr 1830 vorbehaltenen und bis heute fortbestehenden Staatseigentums sei. Die bereits unter Nr. IV 1 b dargestellten Gründe könnten daher dagegen sprechen, daß der Verfassungsgerichtshof seinerseits eine Überprüfung dieser Frage vornimmt. Die genannten Bedenken können jedoch auch hier dahingestellt bleiben, da sich die Erwägungen zur Widerruflichkeit jedenfalls im Rahmen der Schranken des Art. 146 BV halten.

Mögliche Beschränkungen des Art. 146 BV müssen ihrerseits im Licht des Schutzzwecks der Kirchengutsgarantie bewertet werden (v. Campenhausen in Nawiasky/Schweiger/Knöpfle, aaO, Rdnr. 9 zu Art. 146). Die Auffassung des Verwaltungsgerichtshofs, daß sich die grundsätzliche Widerruflichkeit mangels ausdrücklichen Widerrufsvorbehalts aus der Funktion des Staatseigentums ableiten lasse, ist sachbezogen und nachvollziehbar unter anderem mit dem Hinweis auf die damals einschlägigen Verfassungsbestimmungen begründet. Die Möglichkeit des Widerrufs aus dem konkreten Anlaß, der dem Ausgangsverfahren zugrunde liegt – nämlich die Gebrauchsüberlassung an die Beigeladene –, wurde erst nach umfassenden Beweiserhebungen und Abwägungen bezüglich der Stellung des Beschwerdeführers und der Metropolie bejaht. Auch die diesbezüglichen Erwägungen verkennen den Wertgehalt des Art. 146 BV nicht. Die Kirchengutsgarantie gebietet keine unterschiedslose Gleichbehandlung sämtlicher Religionsgemeinschaften; Differenzierungen nach der Bedeutung der jeweiligen Glaubensgemeinschaft sind zulässig (VerfGHE 25, 129 [139][6]; VerfGH BayVBl. 1996, 305[7]). In diesem Zusammenhang ist insbesondere maßgeblich, daß die Kirche nunmehr einer Glaubensgemeinschaft überlassen werden soll, die – anders als der Beschwerdeführer als Körperschaft des öffentlichen Rechts anerkannt ist, als solche öffentliche Wirksamkeit entfaltet (BVerfGE 18, 385 [387]) und die Gewähr der Dauer bietet (vgl. Art. 143 Abs. 2 BV). Auf Grund eines umfassenden Vergleichs zwischen dem Beschwerdeführer und der Beigeladenen des Ausgangsverfahrens kommt der Bayerische Verwaltungs-

---

[6] KirchE 13, 74. [7] KirchE 34, 189.

gerichtshof im übrigen zu dem verfassungsrechtlich nicht zu beanstandenden Ergebnis, daß die von König Ludwig I. beabsichtigte Förderung des griechisch-orthodoxen Kultus durch eine Nutzungsüberlassung an die Metropolie wesentlich besser erreicht werden kann.

cc) Eine Verletzung des Art. 146 BV ergibt sich auch nicht daraus, daß der Verwaltungsgerichtshof es unterlassen hätte, weniger einschneidende Maßnahmen als den völligen Nutzungsentzug zu prüfen. Eine gemeinsame Nutzung der Kirche durch den Beschwerdeführer und die Metropolie brauchte angesichts der Spannungen zwischen den Beteiligten nicht ernsthaft in Erwägung gezogen werden. Der Verwaltungsgerichtshof hat den Beschwerdeführer im übrigen auf eine denkbare Ausweichmöglichkeit, nämlich die vom Kloster St. Ottilien angebotene Kapelle, verwiesen.

dd) Der Beschwerdeführer kann sich auch nicht darauf berufen, die Nutzung der Kirche dürfe ihm aus Gründen des Vertrauensschutzes nicht entzogen werden, solange er dort jeden Sonntag die heilige Liturgie feiere. Zweck der Gebrauchsüberlassung ist die Förderung des griechisch-orthodoxen Glaubens im allgemeinen und nicht die Unterstützung speziell des Beschwerdeführers. Nach den verfassungsrechtlich nicht zu beanstandenden Feststellungen des Verwaltungsgerichtshofs ergibt ein Vergleich zwischen dem Beschwerdeführer und der Metropolie hinsichtlich der Bedeutung für den griechisch-orthodoxen Glauben ein eindeutiges Übergewicht zugunsten der Metropolie. Der Beschwerdeführer kann daher keinen Vertrauensschutz hinsichtlich der Kirchennutzung beanspruchen.

3. Gegen das Willkürverbot (Art. 118 Abs. 1 BV) wurde ebenfalls nicht verstoßen.

Willkür könnte bei einer gerichtlichen Entscheidung nur dann festgestellt werden, wenn diese bei Würdigung der die Verfassung beherrschenden Gedanken nicht mehr verständlich wäre und sich der Schluß aufdrängte, sie beruhe auf sachfremden Erwägungen. Die gerichtliche Entscheidung dürfte unter keinem Gesichtspunkt rechtlich vertretbar, sie müßte schlechthin unhaltbar, offensichtlich sachwidrig und eindeutig unangemessen sein (std. Rspr.; vgl. VerfGHE 47, 47 [52]). Dies ist aus den unter Nr. IV 1 und 2 genannten Gründen ersichtlich nicht der Fall.

4. Ebensowenig kommt ein Verstoß gegen das kirchliche Selbstbestimmungsrecht (Art. 142 Abs. 3 BV) in Betracht. Dieses Recht besteht nur innerhalb der Schranken der für alle geltenden Gesetze; insoweit wird auf die obigen Ausführungen Bezug genommen.

Eine Verletzung des Art. 142 Abs. 3 BV ist auch nicht darin zu sehen, daß der Freistaat Bayern im Rahmen von Vergleichsgesprächen angekündigt hat, er werde das verwaltungsgerichtliche Verfahren nicht fortsetzen, wenn sich der Beschwerdeführer der kirchlichen Jurisdiktion der Beigeladenen des Ausgangsverfahrens unterstelle. Hierdurch wurde dem Beschwerdeführer lediglich eine Möglichkeit aufgezeigt, wie die Herausgabe der Kirche vermieden werden könnte. Dem Beschwerdeführer ist es unbenommen, den altkalendarischen Ritus in der ersatzweise angebotenen Kirche zu praktizieren.

5. Art. 145 Abs. 1 BV ist nicht verletzt, da die Gebrauchsüberlassung der Kirche auf Grund eines Subventionsverhältnisses nicht in den Schutzbereich dieser Verfassungsbestimmung fällt. Durch Art. 145 Abs. 1 BV werden lediglich solche staatlichen Leistungen geschützt, die Folgelasten aus früheren vermögensrechtlichen Auseinandersetzungen zwischen Staat und Kirche (insbesondere Säkularisation) darstellen (v. Campenhausen, aaO, Rdnr. 4 zu Art. 145). Dies ist hier nicht der Fall.

6. Art. 107 Abs. 1 und 2 BV gewähren dem Beschwerdeführer kein Recht darauf, daß ihm der Staat für seine Religionsausübung ein Gebäude zur Verfügung stellt. Auch diese Bestimmungen sind daher nicht verletzt.

68

Im Rahmen einer bauleitplanerischen Abwägung sind die Belange einer privatrechtlichen Religionsgemeinschaft zu berücksichtigen. Wegen des hohen Symbolwertes eines Minaretts für den Islam kommt dem Vorhaben einer muslimischen Gemeinde, neben einer bestehenden Moschee ein Minarett zu errichten, ein erhebliches Gewicht zu.

§§ 9 Abs. 1 Nr. 1 BauGB, 16 f. BauNVO
BayVGH, Urteil vom 29. August 1996 – 26 N 95.2983[1] –

Der Antragsteller, die Muslim-Gemeinde B. e. V., ist berechtigt, die der Islamisch-Türkischen Union der Anstalt für Religion gehörenden Grundstücke Flnrn. 362/6 und 362/7 der Gemarkung B. zu nutzen. Das auf der Flnr. 362/6 stehende Gebäude hat der Antragsteller zu einer Moschee umgebaut. Hierfür liegen Baugenehmigungen des Landratsamts vor.

Im Januar 1992 beantragte der Antragsteller die Baugenehmigung für die Errichtung eines 25 m hohen Minaretts, das unmittelbar neben dem bestehenden Gebäude auf dessen Ostseite errichtet werden soll. Die Antragsgegnerin, die Stadt B., verweigerte das Einvernehmen, weil sich das Minarett nicht in die vorhandene Bebauung einfüge und die Gebetsstätte „aufwerte", was angesichts der fehlenden Stellplätze und der Beschwerden aus der Nachbarschaft nicht zu vertreten sei. Das Landratsamt lehnte den Antrag wegen des fehlenden Einverneh-

---

[1] NVwZ 1997, 1016; BayVBl. 1997, 144. Nur LS: KuR 1997, 134; AkKR 165 (1996), 599. Das Urteil ist rechtskräftig.

mens und Verstoßes gegen die abstandsflächenrechtlichen Vorschriften der Bayer. Bauordnung ab. Zu dem Widerspruch des Antragstellers wies die Bezirksregierung die Antragsgegnerin darauf hin, daß das Einvernehmen wohl zu Unrecht verweigert worden sei. Die Antragsgegnerin blieb jedoch bei ihrer ablehnenden Haltung. Der Klage gab das Verwaltungsgericht statt. Gegen das Urteil haben der Freistaat Bayern als Beklagter und die Antragsgegnerin Berufung eingelegt. Das Berufungsverfahren wurde im Hinblick auf das vorliegende Normenkontrollverfahren ausgesetzt.

In dem Normenkontrollverfahren wurde die Nichtigkeit der den Bau des Minaretts verhindernden Festlegungen des Bebauungsplanes festgestellt.

Aus den Gründen:

Der Normenkontrollantrag ist zulässig und – entsprechend dem Hauptantrag, der auf die Feststellung der Nichtigkeit der Festsetzungen zur Gebäudehöhe und zur überbaubaren Grundstücksfläche im Bereich der Grundstücke, auf denen der Antragsteller bauen möchte, zielt – begründet.

Die Antragsbefugnis (§ 47 Abs. 2 S. 1 VwGO) ist gegeben, obwohl der Antragsteller nicht Eigentümer der Grundstücke Flnrn. 362/6 und 362/7 der Gemarkung B. ist. Durch die Rechtsprechung des Bundesverwaltungsgerichts (Beschluß vom 18. 5. 1994 BayVBl. 1994, 696) ist geklärt, daß den Antrag auf Entscheidung über die Gültigkeit eines Bebauungsplans auch ein Bauherr stellen kann, der – wie der Antragsteller – als Nichteigentümer ein im Geltungsbereich des Bebauungsplans gelegenes Grundstück im Einverständnis mit dem Eigentümer aus eigenem Interesse bebauen möchte. Daß der Antragsteller durch den Bebauungsplan i. S. der genannten Vorschrift einen Nachteil erleidet, muß angesichts der Tatsache, daß der Plan seinem vom Verwaltungsgericht festgestellten Anspruch auf Erteilung der Baugenehmigung für das geplante Minarett durch Festsetzungen, die die Bebaubarkeit der Grundstücke Flnrn. 362/6 und 362/7 einschränken, den Boden entziehen soll, nicht näher ausgeführt werden. Es besteht auch kein Zweifel, daß der Antragsteller mit einem Erfolg seines Normenkontrollantrages seine Rechtsstellung verbessern kann (zu dieser das Rechtsschutzbedürfnis berührenden Zulässigkeitsvoraussetzung vgl. etwa BVerwGE 78, 85 = BayVBl. 1988, 89). *(wird ausgeführt)*

Der Hauptantrag des Antragstellers hat Erfolg, weil die Regelungen zur Begrenzung der Gebäudehöhe und der überbaubaren Grundstücksfläche, die der Bebauungsplan für die Grundstücke Flnrn. 362/6 und 362/7 trifft, höherrangigem Recht widersprechen. Nach den Grundsätzen, die die Rechtsprechung zu der Frage der Gesamt- oder Teilnichtigkeit eines Bebauungsplans entwickelt hat (vgl. etwa BVerwG ZfBR 1993, 238), kann die Feststellung der Nichtigkeit auf diese Festsetzungen beschränkt werden.

Zu Unrecht bezweifelt der Antragsteller allerdings die Erforderlichkeit (i. S. von § 1 Abs. 3 BauGB) der Einbeziehung der Grundstücke Flnrn. 362/6 und 362/7 in den Bebauungsplan für die „Südspange". Die Antragsgegnerin war nicht grundsätzlich gehindert, das ihren städtebaulichen Vorstellungen widersprechende Bauvorhaben des Antragstellers zum Anlaß zu nehmen, die gegebene bauplanungsrechtliche Lage, nämlich, daß sich die Zulässigkeit von Vorhaben auf den genannten Grundstücken nach § 34 BauGB beurteilt, durch Aufstellung eines Bebauungsplans zu ändern (zu einer solchen Konstellation BVerwG NJW 1990, 1495 [1496 f.]). Dementsprechend führt nicht schon die angesichts des Ablaufs des Verfahrens nicht zu bestreitende Tatsache, daß es sich bei einem Teil der Festsetzungen für die Grundstücke Flnrn. 362/6 und 362/7 um eine „lex contra Minarett" handelt (wie es der Bevollmächtigte des Antragstellers genannt hat) als solche zu deren Unwirksamkeit. Schließlich gibt es auch keinen Grund, aus dem die Planung nicht an das laufende Bebauungsplanverfahren für die Umgehungsstraße hätte „angehängt" werden dürfen.

Die Begrenzung der „Firsthöhe für das Gebäude auf dem Grundstücken Flnrn. 362/6 und 362/7" auf 12 m in § 3 Abs. 3 des Textteils des Bebauungsplans ist (schon deshalb) unwirksam, weil sie, wenn sie als bauplanungsrechtliche Festsetzung verstanden wird, nicht den Vorgaben der allein als Ermächtigungsgrundlage in Betracht kommenden Vorschriften des § 9 Abs. 1 Nr. 1 BauGB in Verbindung mit den §§ 16 ff. BauNVO entspricht, und weil auch die Voraussetzungen nicht vorliegen, unter denen eine solche Regelung nach Art. 98 BayBO als örtliche Bauvorschrift erlassen werden könnte. Die Frage, ob die Höhenbegrenzung angesichts der für das Vorhaben sprechenden Gründe als das Ergebnis einer ordnungsgemäßen Abwägung angesehen werden könnte (dazu im folgenden in bezug auf die Baugrenzenfestsetzung), stellt sich somit nicht.

Zur Erläuterung der Unwirksamkeit als planungsrechtliche Festsetzung sind lediglich die Hinweise zu wiederholen, die den Beteiligten mit der Ladung zum Augenschein gegeben wurden: Gemäß den §§ 16 ff. BauNVO, die die durch § 9 Abs. 1 Nr. 1 BauGB gegebene Möglichkeit, im Bebauungsplan Festsetzungen zum Maß der baulichen Nutzung zu treffen, in der Weise für die Gemeinde verbindlich ausgestalten, daß eine Regelung, die nicht den Vorgaben der Baunutzungsverordnung entspricht, unwirksam ist, muß eine Festsetzung zum Maß der baulichen Nutzung stets (auch) die Grundflächenzahl oder die Größe der Grundflächen der baulichen Anlagen regeln (§ 16 Abs. 3 Nr. 1 BauNVO). Dieser Vorgabe entspricht der Bebauungsplan nicht, weil er zum Maß der baulichen Nutzung (in dem Sinn, wie dieser Begriff in § 9 Abs. 1 Nr. 1 BauGB und den §§ 16 ff. BauNVO verwendet wird) lediglich die strittige Regelung über die „Firsthöhe" enthält, die als Festsetzung der Höhe baulicher Anlagen gemäß § 16 Abs. 2 Nr. 4 BauNVO verstanden werden kann. Durch den den Beteiligten bereits genannten Beschluß des Bundesverwaltungsgerichts vom 18. 12. 1995

(DVBl. 1996, 675) ist klargestellt, daß die Festsetzungen zur überbaubaren Grundstücksfläche (§ 9 Abs. 1 Nr. 2 BauGB i. V. m. § 23 BauNVO), die der Bebauungsplan für die Grundstücke des Antragstellers trifft, nicht – in einem weiteren Sinn – als Regelungen zum Nutzungsmaß angesehen werden können und deshalb nicht genügen, um den Anforderungen von § 16 Abs. 3 Nr. 1 BauNVO zu entsprechen.

Als bauordungsrechtliche Regelung im Bebauungsplan (vgl. Art. 98 Abs. 3 BayBO und § 9 Abs. 4 BauGB) könnte sich die Begrenzungen der „Firsthöhe" auf Art. 98 Abs. 1 Nr. 1 BayBO oder Art. 98 Abs. 1 Nr. 2 Halbsatz 1 BayBO stützen. Die Ausführungen unter Nrn. 2.3 der Begründung des Bebauungsplans, denen zufolge es der Antragsgegnerin darum ging, das äußere Erscheinungsbild der in der Mitte des 18. Jahrhunderts errichteten, heute an der L.-Straße stehenden Wallfahrtskirche zu Unserer Lieben Frau (Liebfrauenkirche), des bedeutendsten Baudenkmals im Stadtgebiet, zu schützen, und die in dieselbe Richtung gehenden Äußerungen in der Stadtratssitzung vom 1. 8. 1995 legen es nahe, in erster Linie die zuletzt genannte Vorschrift in Betracht zu ziehen, nach der die Gemeinden durch Satzung örtliche Bauvorschriften über besondere Anforderungen an bauliche Anlagen (und Werbeanlagen) erlassen können, soweit das zum Schutz bestimmter Bauten, Straßen, Plätze oder Ortsteile von geschichtlicher, künstlerischer oder städtebaulicher Bedeutung oder zum Schutz von Bau- und Naturdenkmalen erforderlich ist. Es ist anerkannt, daß die Firsthöhe ein Merkmal ist, in bezug auf das besondere Anforderungen i. S. von Art. 98 Abs. 1 Nr. 2 Halbsatz 1 BayBO (und von Art. 98 Abs. 1 Nr. 1 BayBO) gestellt werden können (vgl. etwa Koch/Molodovsky/Rahm, BayBO, Stand August 1995, Anm. 2.2.3 Spiegelstrich 4 und 2.3.3 zu Art. 98). Nicht zweifelhaft ist auch, daß es sich bei der Liebfrauenkirche um ein Bauwerk handelt, das durch besondere Anforderungen an bauliche Anlagen und Werbeanlagen in seiner Umgebung geschützt werden kann. Gleichwohl sind die Voraussetzungen des Art. 98 Abs. 1 Nr. 2 Halbsatz 1 BayBO nicht erfüllt, weil die Begrenzung der Firsthöhe des Gebäudes auf den Grundstücken Flnrn. 362/6 und 362/7 nicht i. S. der Vorschrift erforderlich ist. Der Augenschein hat gezeigt, daß das Erscheinungsbild der Liebfrauenkirche von keiner Stelle aus beeinträchtigt wird, wenn auf diesen Grundstücken ein Gebäude mit einer Höhe, wie sie das geplante Minarett haben soll, errichtet wird.

Die Liebfrauenkirche ist von dem Baugrundstück mehr als 300 m (nach dem von den Vertretern der Antragsgegnerin beim Augenschein übergebenen Stadtplan im Maßstab 1:10.000 rund 330 m) entfernt. Zwar ist eine eingeschränkte Sichtverbindung zwischen beiden Grundstücken in der Weise gegeben, daß das geplante Minarett, dessen Höhe bei dem Augenschein durch eine ausgefahrene Feuerwehrleiter dargestellt wurde, auf Höhe der Liebfrauenkirche von der L.-Straße aus teilweise zwischen der Bebauung und den Bäumen auf der Nordwestseite der Straße wahrgenommen werden kann, wenn man in westlicher Richtung blickt, und daß es dementsprechend im Bereich der Straßenkreuzung, an der das Baugrundstück liegt wohl Stellen gibt, von denen aus der Turm der Liebfrauenkirche zu erkennen ist, wenn man nach Osten schaut. Nach dem Ergebnis des Augenscheins gibt es aber keine Stelle in der Umgebung der Liebfrauenkirche, von der aus diese und das geplante Minarett (oder ein anderes gleichhohes Gebäude) in einer Weise gleichzeitig in das Blickfeld geraten, daß das Erscheinungsbild der Kirche beeinträchtigt würde. Bewegt man sich auf der L.-Straße (oder auf der künftigen Umgehungsstraße) von Südwesten kommend auf B. zu, dann hat man zwar die Liebfrauenkirche als ein das Stadtbild am Ortseingang mitbestimmendes Bauwerk deutlich vor Augen. Das Minarett, das durch die Bebauung auf der Nordwestseite der L.-Straße trotz seiner Höhe vollständig verdeckt wäre, weil das Baugrundstück deutlich tiefer liegt als die Grundstücke an der L.-Straße kommt aber erst in das Blickfeld, wenn man sich auf Höhe der Straße „Lö'" in nordwestlicher Richtung wendet und damit den Kirchenbau aus den Augen verliert. Der einzige der beim Augenschein abgeschrittenen Bereiche, von dem aus das geplante Minarett und die Kirche für längere Zeit gleichzeitig zu sehen wären, ist die zwischen der M.-Straße im Südwesten und der K.-Straße im Nordosten verlaufende „S'promenade". Auch aus dieser Perspektive sind die beiden Bauwerke (zu denen im übrigen je nach dem eingenommenen Standort als drittes der Industrieschornstein auf dem westlich des Baugrundstücks gelegenen Gelände der Firma H.-AG tritt) so deutlich voneinander abgesetzt, daß von einer Beeinträchtigung des Erscheinungsbildes der Liebfrauenkirche durch das geplante Minarett nicht die Rede sein kann. Dabei fällt auch ins Gewicht, daß auch die Liebfrauenkirche infolge der bereits erwähnten Geländestufe höher liegt als das Baugrundstück. Der Augenschein hat gezeigt, daß sich die Spitze des Minaretts nur etwa auf Höhe der Firste der Wohngebäude auf der Nordwestseite der L.-Straße befinden würde, die ihrerseits von dem Turm der Kirche überragt werden.

Die gesetzlichen Voraussetzungen einer Firsthöhenbegrenzung durch örtliche Bauvorschrift sind auch dann nicht erfüllt, wenn man als mögliche Rechtsgrundlage Art. 98 Abs. 1 Nr. 1 BayBO ansieht, wonach durch Satzung besondere Anforderungen an die äußere Gestaltung baulicher Anlagen (und an Werbeanlagen) gestellt werden können, soweit das zur Durchführung bestimmter städtebaulicher Absichten erforderlich ist. Die Erforderlichkeit in diesem Sinne ist nur gegeben, wenn die Regelung aus den bestehenden baulichen Verhältnissen heraus entwickelt worden ist oder wenn ihr ein bestimmtes nachvollziehbares planerisches Konzept zugrundeliegt (vgl. BayVGH BayVBl. 1989, 210). Als ein diesen Vorgaben entsprechender Anknüpfungspunkt für die Regelung kommt wiederum nur die Rücksicht auf das Baudenkmal Liebfrauenkirche in Betracht. Dieser Gesichtspunkt fällt jedoch, wie dargelegt, in den möglichen

Anwendungsbereich von Art. 98 Abs. 1 Nr. 2 Halbsatz 1 BayBO als der insoweit spezielleren Vorschrift. Anhaltspunkte dafür, daß die Antragsgegnerin mit der Begrenzung der Firsthöhe eine andere (allgemeinere) städtebauliche Absicht verfolgt hätte, lassen sich den Akten über die Aufstellung des Bebauungsplans und dessen Begründung nicht entnehmen und haben sich auch nicht bei dem Augenschein ergeben.

Die Baugrenzenfestsetzung für die Grundstücke Flnrn. 362/2 und 362/7, durch die die Antragsgegnerin die überbaubare Fläche auf die bereits bebaute Fläche begrenzt hat, ist nichtig, weil sie auf offensichtlichen Fehlern im Abwägungsvorgang beruht, die auf das Abwägungsergebnis von Einfluß gewesen sind (§ 1 Abs. 6 i. V. m. § 214 Abs. 3 Satz 2 BauGB).

Die Antragsgegnerin hat das Gewicht der Belange, die für das Bauvorhaben sprechen, das mit der restriktiven Regelung der überbaubaren Grundstücksfläche verhindert werden soll, unzutreffend eingeschätzt. Als Folge dieser Fehleinschätzung hat sie den Ausgleich zwischen den Belangen des Antragstellers und den öffentlichen Belangen, die für eine Begrenzung der überbaubaren Fläche auf die bereits bebaute Fläche sprechen, in einer Weise vorgenommen, die nicht in einem angemessenen Verhältnis zu dem objektiven Gewicht der widerstreitenden Belange steht.

Als Religionsgemeinschaft, die nicht den Status einer öffentlich-rechtlichen Körperschaft hat, sondern als eingetragener Verein privatrechtlich organisiert ist, hat der Antragsteller zwar nicht das Recht, seine Erfordernisse für Gottesdienst und Seelsorge (§ 1 Abs. 5 Satz 1 Nr. 6 BauGB) selbst und für die gemeindliche Bauleitplanung verbindlich festzustellen. Es ist jedoch nicht strittig, daß die Belange privatrechtlicher Religionsgemeinschaften – als kulturelle Bedürfnisse der Bevölkerung i. S. von § 1 Abs. 5 S. 1 Nr. 3 BauGB oder als ein in dem nicht abschließenden Katalog des § 1 Abs. 5 S. 1 BauGB nicht ausdrücklich erwähnter Belang – bei der Aufstellung von Bebauungsplänen zu berücksichtigen sind (vgl. Gaentzsch, in: Berliner Kommentar zum BauGB, 2. Auflage, Rdnr. 58 zu § 1, Söfker, in: Ernst/Zinkahn/Bielenberg, BauGB, Stand Mai 1995, Rdnr. 140 zu § 1). Hinzu kommt, daß der Antragsteller seinen Bauwunsch nicht nur – wie jeder Bauherr, der auf fremden Grund bauen möchte – auf Art. 2 Abs. 1 GG (hierzu BVerwG vom 18. 5. 1994, aaO), sondern (auch) auf Art. 4 Abs. (1 und) 2 GG stützen kann. Das Grundrecht der ungestörten Religionsausübung steht – seit langem unbestritten – auch juristischen Personen sowie anderen Vereinigungen zu, deren Zweck die Pflege oder die Förderung eines religiösen oder weltanschaulichen Bekenntnisses oder die Verkündung des Glaubens ihrer Mitglieder ist (Jarass, in: Jarass/Pieroth, Grundgesetz, 3. Auflage, Rdnr. 23 zu Art. 4 m. w. N.). Der Antragsteller, der rund 300 Mitglieder hat, ist eine Vereinigung in diesem Sinn und kann mithin Träger des Grundrechts aus Art. 4 GG sein, soweit dieses die kollektive Religionsausübung schützt. Zur Religionsausübung gehört auch das Recht der Glaubensgemeinschaft, die Gebäude zu errichten, die nach ihrem Selbstverständnis für die individuelle Religionsausübung durch die Mitglieder erforderlich sind (Kokott, in: Sachs, Grundgesetz, Rdnr. 34 zu Art. 4). Aufgrund des religionswissenachaftlichen Gutachtens von Prof. Dr. B. vom 5. 11. 1993, das der Freistaat Bayern als Beklagter in dem Verfahren wegen Erteilung der Baugenehmigung für das Minarett (...) vorgelegt hat, steht zur Überzeugung des Verwaltungsgerichtshofes fest, daß das Minarett als Ergänzung zu der Moschee für eine muslimische Gemeide eine so gewichtige theologische Bedeutung hat, daß das Grundrecht der Religionsausübung berührt ist. In dem Gutachten wird im einzelnen dargelegt, daß das Minarett – obwohl es im Koran nicht erwähnt wird – seit Ende des 7. Jahrhunderts mit der Moschee zu einer „fast unauflöslichen Einhalt" verbunden ist, die – mit zwei in dem hier gegebenen Zusammenhang nicht bedeutsamen regionalen Ausnahmen – bis heute über verschiedene Kulturen hinweg stabil geblieben ist, und daß das Minarett nicht nur allgemein einen mit dem Kirchturm in der christlichen Geschichte vergleichbaren Symbolwert für den Islam, sondern auch einen hohen Stellenwert für die Identität der einzelnen islamischen Gemeinde hat. Die in der staatsrechtlichen Literatur zum Teil geforderte „Konnexität" zwischen der religiösen Überzeugung und dem Handeln, das sich auf die Religionsfreiheit beruft (vgl. von Campenhausen, in: Isensee/Kirchhof, Handbuch des Staatsrechts, § 136 Rdnr. 70), ist damit bei dem Vorhaben des Antragstellers gegeben.

Diese besondere grundrechtliche Fundierung verleiht den Belangen des Antragstellers ein besonderes Gewicht, das dadurch unterstrichen wird, daß ein nicht unerheblicher Anteil der Bevölkerung von B., in dem rund ein Zehntel der etwa 15 000 Einwohner Türken sind, muslimischen Glaubens ist. Was demgegenüber die für die Planung sprechenden Belange anbelangt, so gab es nach den Akten und dem Eindruck, den der Verwaltungsgerichtshof an Ort und Stelle gewonnen hat, im wesentlichen zwei einleuchtende Gründe, für die Bebaubarkeit der Grundstücke FlNrn. 362/6 und 362/7 durch Bebauungsplanfestsetzungen genauere Regelungen zu treffen als sie sich aus § 34 BauGB ergeben: Zum einen die Sicherung der Flächen, die für die Errichtung der erforderlichen Stellplätze benötigt werden; zum anderen – hiermit zusammenhängend – die Festlegung der Einfahrt zu diesen Stellplätzen, die auch durch die neue Straßenführung im Zuge des Baus der Umgehungsstraße erforderlich wurde. Wie die Festsetzungen, die der Bebauungsplan hierzu in nicht zu beanstandender und von dem Antragsteller auch nicht beanstandeter Weise trifft, zeigen, lassen sich beide Fragen sachgerecht regeln, ohne die – nur 4 qm große, als Stellfläche ohnehin nicht in Erwägung gezogene – Teilfläche des Grundstücks zu berühren, auf der das Minarett stehen soll. Damit scheiden die beiden genannten Gesichtspunkte als Rechtfertigung für die festgesetzte Beschränkung der überbaubaren Grundstücksfläche aus. Andere Gründe, die es nach dem Maßstab von § 1

Abs. 6 BauGB plausibel erscheinen lassen würden, die überbaubare Grundstücksfläche trotz triftiger für das Bauvorhaben sprechender Gründe so restriktiv zu regeln, daß nicht weitere 4 qm im Anschluß an die bestehende Bebauung überbaut werden könnten, wurden von der Antragsgegnerin weder in dem Verfahren zur Aufstellung des Bebauungsplans noch in dem gerichtlichen Verfahren geltend gemacht. Auch beim Augenschein hat sich insoweit nichts ergeben. Vielmehr hat sich gezeigt, daß das etwa dreieckige Baugrundstück zwischen der Straße „Im W"" im Nordwesten, der Straße „Lö"" im Nordosten und dem zu dem Betriebsgelände H. führenden Eisenbahngleis im Süden sich in einer Art Insellage befindet, die durch das Ansteigen des Geländes in südöstlicher Richtung und die Tatsache, daß die jenseits der genannten Straßen sowie der M.-Straße anschließende Bebauung sehr unterschiedlich ist (Industriegelände im Westen und Wohngebäude im Norden und Nordosten), betont wird. Dementsprechend ist die zur Moschee umgebaute ehemalige Gastwirtschaft auch in bezug auf die Merkmale, die das Erscheinungsbild eines Gebäudes in städtebaulicher Hinsicht bestimmen (vor allem seine Kubatur und seiner Stellung auf dem Grundstück), nicht in einer Weise in die Bebauung in der Umgebung eingebunden, daß in den festgesetzten Baugrenzen ein Aufgreifen und Fortführen der Gegebenheiten auf den Grundstücken in der Nachbarschaft gesehen werden könnte. Was schließlich die nicht zu bestreitende Tatsache anbelangt, daß ein Minarett in einer Stadt von der Größe B. (und wohl auch in einer größeren Stadt) von der nicht-muslimischen Bevölkerung zunächst als „fremd"" empfunden wird, weil es ein Bauwerk ist, das – wie wohl kein anderes – der islamischen Welt zugeordnet wird, so ist schon fraglich, ob es sich bei diesem – von der Antragsgegnerin nicht (jedenfalls nicht ausdrücklich) in die Erwägungen einbezogenen – Gesichtspunkt um einen Belang handelt, der im Rahmen der bauleitplanerischen Abwägung eine Rolle spielen kann. Jedenfalls aber hätte auch dieser Gesichtspunkt nicht genügend Gewicht, um das Zurückstellen der für das Vorhaben sprechende Belange zu rechtfertigen.

Die dargestellten Mängel im Abwägungsvorgang, sind nach dem Maßstab von § 214 Abs. 3 S. 2 BauGB erheblich. Das genannte religionswissenschaftliche Gutachten lag der Antragsgegnerin, die an dem Verfahren wegen Erteilung der Baugenehmigung für das Minarett als Beigeladene beteiligt ist, vor. Damit hätte sie die Tatsache, daß ihre Planung ein Bauvorhaben berührt, das für die Religionsausübung von Bedeutung ist, im Rahmen der Abwägung angemessen gewichten müssen, obwohl dieser Gesichtspunkt im Bebauungsplanverfahren nicht noch einmal ausdrücklich geltend gemacht worden war. Daß sie dies nicht getan hat, ist ein offensichtlicher Fehler im Sinne von § 214 Abs. 3 S. 2 BauGB. Die Offensichtlichkeit in dem Sinn, wie dieses Tatbestandsmerkmal nach der Rechtsprechung des Bundesverwaltungsgerichts zu verstehen ist (BVerwG BayVBl. 1992, 503, bekräftigt durch Beschluß v. 20. 1. 1995, DVBl. 1995, 518

– insoweit nur Leitsatz), ist gegeben, weil die Antragsgegnerin bei der Abwägung im Stadtrat – nach den Erläuterungen, die der frühere erste Bürgermeister in der mündlichen Verhandlung am 17. 2. 1996 gegeben hat – nicht berücksichtigt hat, daß das Minarett nicht nur zum Ausrufen des Gebetes dient, sondern im Islam eine dem Kirchturm vergleichbare symbolische Bedeutung hat. Die Tatsache, daß die Antragsgegnerin bei der Behandlung der Einwände des Antragstellers in dem Verfahren zur Aufstellung des Bebauungsplans bestrebt war, das Minarett wie ein „normales" Bauvorhaben zu behandeln, bestätigt diese Beurteilung. Der Fehler ist auch auf das Abwägungsergebnis von Einfluß gewesen, weil in Anbetracht der vom Bürgermeister mitgeteilten Überlegungen die konkrete Möglichkeit besteht, daß die Antragsgegnerin bei dem Ausgleich zwischen den widerstreitenden Belangen zu einem anderen Ergebnis gelangt wäre, wenn sie die Bedeutung, die das Vorhaben für den Antragsteller hat, in vollem Umfang erkannt hätte.

69

Liturgisches Glockengeläute (hier: dreimal tägliches Angelusläuten) stellt in herkömmlichem Rahmen regelmäßig keine erhebliche Belästigung, sondern eine sozialadäquate Einrichtung dar (wie BVerwGE 68, 62).

Für die Frage der Zumutbarkeit des Angelusläutens ist in erster Linie auf die Lautstärke und Lästigkeit des Einzelgeräusches und damit auf den Wirkpegel abzustellen, während die Mittelwertbildung an Bedeutung zurücktritt.

§§ 22 BlmschG, 4 BauNVO
BVerwG, Beschluß vom 2. September 1996 – 4 B 152.96[1] –

Die Kläger wenden sich gegen das dreimal tägliche (7.00 Uhr, 12.00 Uhr und 18.00 Uhr) Angelusläuten aus dem von ihrem Wohnhaus nur ca. 10 m entfernten Glockenturm der beigeladenen Kirchengemeinde. Sie haben beantragt, den Beklagten zu verpflichten, die der Beigeladenen für den Glockenturm erteilte Baugenehmigung um eine Auflage des Inhalts zu ergänzen, daß der Beigeladenen das Angelusläuten untersagt wird. Die Vorinstanzen (VG Oldenburg KircheE 32, 1; Nieders. OVG KirchE 34, 173) haben die Klage abgewiesen, weil es sich bei dem Glockenläuten um zumutbare Einwirkungen handle.

Auch die Nichtzulassungsbeschwerde war erfolglos.

---

[1] Amtl. Leitsätze. NVwZ 1997, 390. Nur LS: NJW 1997, 1938; AkKR 165 (1996), 598; KuR 1997, 201.

Aus den Gründen:

Die auf § 132 Abs. 2 Nr. 1 VwGO gestützte Beschwerde der Kläger gegen die Nichtzulassung der Revision ist unbegründet.

Die von den Klägern für grundsätzlich klärungsbedürftig bezeichnete Frage,

„ob die vom Angelusläuten ausgehenden Geräuschimmissionen auch dann noch als sozialadäquate Einwirkung und damit als objektiv zumutbare Belästigung angesehen werden können, wenn die nach der TA-Lärm bzw. nach der VDI-Richtlinie 2058 geltenden Immissionsrichtwerte und sogar die hiernach zulässigen Maximalpegel deutlich überschritten werden",

rechtfertigt nicht die Zulassung der Revision. Die Fragestellung bezieht sich auf einen Sachverhalt, der so vom Berufungsgericht nicht festgestellt wurde; sie wäre deshalb für das erstrebte Revisionsverfahren nicht entscheidungserheblich (vgl. § 137 Abs. 2 VwGO).

Richtig ist zwar, daß der vom Sachverständigen ermittelte Beurteilungspegel (als Mittelungspegel) mit 66,6 dB (A) den nach den Richtlinien für allgemeine Wohngebiete genannten Richtwert von 55 dB (A) deutlich übersteigt. Entscheidend ist aber, daß der gemessene Wirkpegel des Einzelgeräusches mit 80,2 dB (A) den nach den Regelwerken tagsüber als tolerierbar angesehenen Maximalpegel für Einzelgeräusche in Höhe von 85 dB (A) unterschreitet; insoweit mißverstehen die Kläger das Berufungsurteil, wenn sie meinen, dort werde auch die deutliche Überschreitung der für kurzzeitige Geräuschspitzen zulässigen Maximalpegel als zumutbar angesehen. Für die Frage der Zumutbarkeit des nur dreimal täglichen Angelusläutens ist aber in erster Linie auf die Lautstärke und Lästigkeit des Einzelgeräusches und damit auf den Wirkpegel abzustellen, während die Mittelwertbildung hier an Bedeutung zurücktritt (vgl. Urteil v. 19. 1. 1989 – BVerwG 7 C 77.87 – BVerwGE 81, 197 [203f.] – Sportplatz –; Urteil v. 30. 4. 1992[2] – BVerwG 7 C 25.91 – BVerwGE 90, 163 [166] – Kirchturmuhr –). Hält sich somit der Wirkpegel des Einzelgeräusches des Angelusläutens innerhalb des Rahmens, den die Regelwerke ganz allgemein für Einzelgeräusche in einem allgemeinen Wohngebiet als zumutbar ansehen, so führt die Überschreitung des Mittelungspegels, der hier ohnehin nur als „grober Anhalt" (vgl. Urteil v. 19. 1. 1989 aaO) dienen kann, nicht zur Unzumutbarkeit; denn in die „Güterabwägung", die bei der Beurteilung der Erheblichkeit von Lärm durchzuführen ist (vgl. z. B. auch Urteil v. 29. 4. 1988 – BVerwG 7 C 33.87 – BVerwGE 79, 254: Feueralarmsirene), ist auch der Gesichtspunkt einzustellen, daß das liturgische Glockengeläute im herkömmlichen Rahmen regelmäßig keine erhebliche Belästigung, sondern eine zumutbare sozialadäquate Einwirkung darstellt (vgl. Urteil v. 7. 10. 1983 BVerwG 7 C 44.81 – BVerwGE 68, 62).

---

[2] KirchE 30, 211.

Die Frage, von welchem Geräuschpegel an das Glockenläuten gleichwohl als unzumutbare erhebliche Belästigung anzusehen wäre, entzieht sich weitgehend einer abstrakten Beantwortung; jedenfalls bietet der vorliegende Fall keinen Anlaß, diese Frage in einem Revisionsverfahren einer über die bisherige Rechtsprechung hinausgehenden Klärung zuzuführen.

70
Die Aufführung des Theaterstücks „Tod im Rheinland" ist in Nordrhein-Westfalen an Karfreitag verboten.

§ 6 Abs. 1 Nr. 5, Abs. 3 Nr. 1 FTG NW
VG Köln, Urteil vom 5. September 1996 – 20 K 2934/95 [1] –

Die Klägerin betreibt ein Theater. Ausweislich ihres Programmhefts für April/Mai 1995 war für Karfreitag, den 14. 4. 1995, das Stück *Tod im Rheinland – eine bunte Knochenlese* zur Aufführung beabsichtigt. Diese Aufführung wurde als *Trauerprogramm zum Karfreitag* angekündigt.

Mit Schreiben vom 28. 3. 1995 wies die beklagte Stadt die Klägerin auf die Rechtslage des Feiertagsgesetzes Nordrhein-Westfalen hin; an diesem Tage seien alle der Unterhaltung dienenden öffentlichen Veranstaltungen verboten. Unterhaltungsveranstaltungen seien sämtliche Theateraufführungen, Operetten, Musicals, usw.; zulässig seien nur Veranstaltungen religiöser oder weihevoller Art oder sonst ernsten, dem Wesen des Feiertags entsprechenden Charakters.

Darauf entgegnete die Klägerin, daß für die Veranstaltung am Karfreitag 1995 – einem Trauertag – bewußt das Thema *Tod* gewählt worden sei, um Nichtchristen diesen Theaterbesuch zu ermöglichen, wenn Christen in die Kirche gingen. Es handele sich um eine seriöse Gestaltung des Themas; durch die Art der Darbietung würden bestimmte Verhaltensweisen und Vorstellungen hinterfragt. Es gehe um das Sterbenlernen. Das Stück werde in der Karwoche, am Dienstag, dem 11. 4. 1995, mit ausdrücklicher Zustimmung des Pfarrers und des Presbyteriums in der ev. Kirche in X. aufgeführt.

Auf Anweisung der Bezirksregierung untersagte die Beklagte der Klägerin mit Ordnungsverfügung vom 10. 4. 1995 nach Maßgabe des Ordnungsbehör-

---

[1] Die Berufung wurde zurückgewiesen; OVG.NW Urteil vom 14. 5. 1998 – 4 A 5592/96 – unv. Die Nichtzulassungsbeschwerde blieb ohne Erfolg; BVerwG, Beschluß vom 11. 9. 1998 – 1 B 83.98 – unv.
Im Veröffentlichungszeitraum sind noch folgende Entscheidungen zum Sonn- u. Feiertagsschutz bekannt geworden: VGH.BW NVwZ-RR 1997, 223; ThürOVG DÖV 1996, 965.

dengesetzes NW in Verbindung mit dem Feiertagsgesetz NW die Aufführung *Tod im Rheinland* in ihrem Theater am Karfreitag. Für den Fall, daß die Klägerin dieser Verfügung nicht nachkomme, drohte die Beklagte die Anwendung unmittelbaren Zwangs an, weil andere Zwangsmittel vorliegend nicht geeignet seien. Zugleich wurde die sofortige Vollziehung der Untersagungsverfügung angeordnet.

Gegen diesen Bescheid legte die Klägerin am 10. 4. 1995 Widerspruch ein und beantragte bei Gericht die Gewährung vorläufigen Rechtsschutzes.

Mit Beschluß vom 12. 4. 1995 hat das Verwaltungsgericht die aufschiebende Wirkung des Widerspruchs der Klägerin wiederhergestellt. Auf die Beschwerde der Beklagten änderte das Oberverwaltungsgericht diesen Beschluß und lehnte den Antrag der Klägerin ab.

Die Klägerin hat am 3. 5. 1995 Klage erhoben, mit der sie die Feststellung der Rechtswidrigkeit der Ordnungsverfügung der Beklagten vom 10. 4. 1995 begehrt. Sie beabsichtigt, das Stück an jedem kommenden Karfreitag aufzuführen.

Die Klage hatte keinen Erfolg.

Aus den Gründen:

Die Klage ist zulässig, aber unbegründet. Die von der Klägerin erhobene Fortsetzungsfeststellungsklage gemäß § 113 Abs. 1 Satz 4 VwGO – der konkrete Regelungsgehalt der Ordnunsgverfügung der Beklagten vom 10. 4. 1995 hat sich nach Ablauf des Karfreitag 1995 tatsächlich erledigt – ist zulässig. Die Klägerin hat insbesondere ein berechtigtes Interesse an der von ihr begehrten Feststellung der Rechtswidrigkeit der Ordnungsverfügung; dies ergibt sich vorliegend aus dem Gesichtspunkt der Wiederholungsgefahr. Eine solche Wiederholungsgefahr setzt voraus, daß in naher Zukunft ein entsprechendes Rechtsverhältnis unter den Beteiligten wieder im Streit sein wird (vgl. BVerwGE 80, 373 [376] und 77, 206 [211]). Ein solcher in naher Zukunft möglicher Streit ergibt sich vorliegend schon daraus, daß die Klägerin – insoweit wird dies von der Beklagten auch nicht in substantiierter Form in Abrede gestellt – ernsthaft beabsichtigt, das Stück *Tod im Rheinland* jedenfalls schon am Karfreitag 1997 in ihrem Theater zur Aufführung zu bringen. Insoweit weist sie darauf hin, daß sie die Schauspieler zur Aufführung dieses Stückes in ihrem Theater bereits für die gesamte Karwoche 1997 – und damit auch für Karfreitag 1997 verpflichtet habe; auch aus der von der Klägerin vorgelegten Übersichtsplanung, in der für März und April 1997 noch andere Veranstaltungen genannt sind, ergibt sich, daß u. a. am Karfreitag 1997 das Stück *Tod im Rheinland* zur Aufführung ansteht.

Die Kammer hat nach alledem keine begründeten Zweifel an der Ernsthaftigkeit der Planungen der Klägerin und damit an dem Bestehen einer Wiederholungsgefahr; die Beklagte hält an ihrem Rechtsstandpunkt fest, so daß es erneut zu einem Streit der Beteiligten über die Zulässigkeit der Aufführung am Karfreitag kommen kann. Dieser Würdigung steht insgesamt nicht entgegen, daß die Klägerin das Stück *Tod im Rheinland* am Karfreitag 1996 nicht in ihrem Theater aufgeführt hat. Hierzu hat sie – nachvollziehbar – vorgetragen, daß sie dies im Hinblick auf die Anhängigkeit ihrer Klage unterlassen habe.

Die Klage ist indes unbegründet. Die Ordnungsverfügung der Beklagten vom 10. 4. 1995, mit der die Beklagte der Klägerin für Karfreitag 1995 die Aufführung des Stücks *Tod im Rheinland* in ihrem Theater untersagte, war rechtmäßig. Die Beklagte hat in ihrer Verfügung im Ergebnis zu Recht angenommen, daß hinsichtlich der Aufführung des o. g. Stückes am Karfreitag eine Gefahr für die öffentliche Sicherheit i. S. von § 14 OBG NW vorliege; eine Gefahr für die von der öffentlichen Sicherheit geschützte Rechtsordnung liegt nämlich darin, daß die Aufführung des Stückes *Tod im Rheinland* eine andere der Unterhaltung dienende öffentliche Veranstaltung i. S. von § 6 Abs. 1 Nr. 5 FTG NW i. d. F. vom 17. 4. 1991 (GVBl. NW S. 200) und als solche am Karfreitag ganztägig verboten ist (§ 6 Abs 3 Nr. 1 FTG NW). Nach der Rechtsprechung des Oberverwaltungsgerichts für das Land Nordrhein-Westfalen grundsätzlich: NWVBl. 1994, S. 144, der die Kammer folgt, ergibt sich aus der Regelungssystematik des Feiertagsgesetzes, daß von dem in § 6 Abs. 1 Nr. 5 FTG NW verankerten Verbot solche Veranstaltungen auszunehmen sind, die einen ernsten Charakter haben, der dem besonderen Wesen des Feiertags entspricht; derartige Darbietungen sind – auch wenn sie im Einzelfall unterhaltenden Charakter haben – keine der Unterhaltung dienenden öffentlichen Veranstaltungen i. S. von § 6 Abs. 1 Nr. 5 FTG NW (OVG NW, aaO, S. 145). Daß die Veranstaltung, um am Karfreitag zulässig zu sein, religiösen und weihevollen Charakter hat, ist danach nicht erforderlich.

Das Oberverwaltungsgericht (aaO, S. 146) hat – in einer die erkennende Kammer überzeugenden Weise – zum System der Zulässigkeit öffentlicher Veranstaltungen aus der Gesamtsicht des Feiertagsgesetzes ausgeführt:

> *„An Sonn- und (nicht stillen) Feiertagen sind derartige Darbietungen – sofern nicht ein höheres Interesse der Kunst, Wissenschaft oder Volksbildung vorliegt – nur während der Hauptzeit des Gottesdienstes verboten, im übrigen aber zulässig. An den stillen Feiertagen mit Ausnahme des Karfreitags sind sie von 5.00 Uhr bis 18.00 Uhr verboten, es sei denn, es handelt sich um eine Darbietung ernsten Charakters, die dem besonderen Wesen des Feiertages entspricht. Derartige Veranstaltungen unterliegen an den stillen Feiertagen mit Ausnahme des Karfreitags keinen Einschränkungen. Am Karfreitag sind während der Hauptzeit des Gottesdienstes auch Veranstaltungen ernsten Charakters verboten, während der übrigen Zeit aber zulässig."*

Diese Auslegung entspreche der verfassungsrechtlichen Wertung des nach Art. 140 GG als Bestandteil des Grundgesetzes fortgeltenden Art. 139 WRV und verletze weder Art. 5 Abs. 3 GG noch Art. 3 Abs. 1 GG (OVG NW, aaO, S. 146f., und die Beschwerdeentscheidung des BVerwG, NJW 1994, 1975 [1976] zu der vorgenannten Entscheidung des OVG NW). Bei der Aufführung des Stücks *Tod im Rheinland* handelt es sich nicht um eine Veranstaltung ernsten Charakters, die dem besonderen Wesen des hier betroffenen stillen Feiertags „Karfreitag" entspricht.

Nach der zitierten Rechtsprechung des Oberverwaltungsgerichts für das Land Nordrhein-Westfalen ist entscheidendes Kriterium für den ernsten Charakter einer Veranstaltung der Gegenstand der Aufführung sowie die Form der Darstellung (aaO, S. 147), mithin, wie das Stück den Zuschauern präsentiert wird.

Gegenstand der Aufführung des Stücks *Tod im Rheinland* ist – jedenfalls im weiteren Sinne – der Tod; durch die in Form eines Dialogs zwischen dem Alters- und Ehrenpräsidenten des Heimatvereins *Rhenania e. V.* Fritz Litzmann und dem Referenten Dr. Martin Stankowski dargebotenen Texte findet eine Auseinandersetzung mit diesem Thema *Tod* sowie geschichtlichen und heutigen Begräbnisriten, unter besonderer Berücksichtigung der Situation im Rheinland, statt. Ein Bezug zum Karfreitag, der in besonderer Weise der inneren Einkehr, des Gedenkens an den Tod Jesu und der Trauer gewidmet ist, kann daher durch den Gegenstand der Aufführung hergestellt werden; mit der Intention des Karfreitags ist es vereinbar, sich – über den christlichen Ansatz hinaus – mit Leiden, Tod, deren gesellschaftlicher Akzeptanz und Begräbnisformen auseinanderzusetzen.

Die Präsentation dieses Stücks mit vielfältigen heiteren und lustigen Elementen entspricht aber nicht mehr dem besonderen ernsten und stillen Wesen des Feiertags *Karfreitag*. Die Darbietung ist bereits durch die Ankündigung des Stückes im Programmheft gekennzeichnet: Neben einem Totenschädel mit roter Pappnase wird darauf hingewiesen, daß sich die Darsteller an dem tabuisierten Thema Tod vergreifen, und zwar an einem Tag – Karfreitag – an dem das Publikum das Thema mit der angemessenen Würde aufnehmen sollte. Schon daraus wird – jedenfalls ansatzweise – deutlich, daß es zwar um eine Beschäftigung mit dem Thema *Tod* gehen soll, dies aber in der Form des *Sich-Vergreifens*, also in einer der herkömmlichen und allgemeinen Anschauung entgegenstehenden Weise geschieht. Dem entspricht auch die eigene Einschätzung der Klägerin in der Presse (vgl. OVG. NW, Beschwerdeentscheidung vom 13.4.1995 – 4 B 1101/95 –).

Darüber hinaus belegt insbesondere eine Lektüre des von der Klägerin vorgelegten Textbuches, – Verlag Kiepenheuer & Witsch 1995 –, daß das Stück *Tod im Rheinland* in Form eines herkömmlichen Kabaretts aufgeführt wird, in dem die Stilmittel von Übertreibung und Satire für eine ironisch-aggressive Auseinandersetzung mit dem Thema genutzt werden. Zwar soll das zuhörende und auch zuschauende Publikum mit den Texten und der Darstellung an das Thema herangeführt und eine Nachdenklichkeit bewirkt werden; andererseits ist aber ohne weiteres während des gesamten Stückes Erheiterung und Belustigung beabsichtigt.

Dies zeigen bereits die einleitenden Worte des Alterspräsidenten Litzmann, der unter Hinweis auf eine dem Heimatverein zugeflossene Erbschaft eines ehemaligen Vereinsmitglieds darauf hinweist, daß man von dessen Geld „diesen schönen Bunten Abend bestreiten" könne (Textbuch S. 14).

Historisch werden die Vorteile der Französischen Revolution für das Rheinland beschrieben:

„Wir allerdings machen keine Revolution, wir führen auch keine Kriege, wir lassen uns besetzen! Denn davon haben wir immer etwas gehabt: vom Franzosen z. B. die liberté, also die freie Liebe, die Frikadellchen, die Fisimatentchen ..." (Textbuch S. 21)

Zur Tradition des Leichenschmauses wird von einer Revolution der Rheinländer berichtet:

„Sie haben gesagt, was schmeißen die Römer ihre ganzen Grabbeigaben immer runter in die Erde, durch diese Speiseröhre quasi, was soll das ganze schöne Kölsch sinnlos in der Erde versickern!? Statt dessen haben sie es dann selbst getrunken und dabei auf den Gräbern gefeiert. So entstand die Tradition des Leichenschmauses, und die sollte man doch heute nicht ändern! Erst recht nicht an Karfreitag, dem wichtigsten Todestag!" (Textbuch S. 33)

Zu der Reliquienverehrung wird aufgeführt, daß es leider früher noch nicht die wissenschaftlichen Möglichkeiten gegeben habe wie heute:

„Heute ist die Wissenschaft ja viel weiter, jetzt hat man gerade das vietnamesische Langschwein gezüchtet, das hat 18 statt 12 Rippen, also 6 Knochen auf jeder Seite mehr. Das hätte natürlich mehr hergemacht. Aber das gab es ja damals noch nicht. Ich weiß auch nicht, ob das nicht merkwürdig geklungen hätte, und ob so viele Pilger über Jahrhunderte nach Köln gekommen wären, zum Hl. Langschwein!" (Textbuch S. 65)

Von erheblicher Bedeutung für die Präsentation und Wirkung des Stücks ist nach Auffassung der Kammer die Auseinandersetzung mit den Begräbnisriten. In diesem Zusammenhang berichtet der Alterspräsident über einen Workshop, bei dem *„man sich frühzeitig an den Sarg gewöhnen"* könne; *„man kann ihn selbst bemalen, oder man kann auch eine Musikanlage einbauen und ihn im Wohnzimmer als Musiktruhe nutzen."* (Textbuch S. 79) Im weiteren legt sich Herr Litzmann selbst in einen ausgestellten Sarg, bittet um ein zweites Kopfkissen und fragt, ob er auf die Innenseite des Deckels noch ein Foto vom Verein hineinkleben könne (Textbuch S. 95 f.). Darüber hinaus wird der Dialog der beiden Hauptdarsteller zu allgemeinen, gerade für ein Kabarett typischen Ausführungen politischen und tagespolitischen Inhalts – mit entsprechenden heiteren Elementen – genutzt:

- zum 1. FC Köln im Zusammenhang mit der Erörterung des Fegefeuers *(Textbuch S. 56 f.)*;
- zu den Verhältnissen in der ehemaligen DDR im Zusammenhang mit der Beschaffung von Särgen und dem Vorhandensein ausreichender Rohstoffe *(Textbuch S. 82 und 84)*;
- zum Sozialismus und zur SPD *(insbesondere Willy Brandt)* im Zusammenhang mit der gemeinsamen Verbrennung von Leichen und den Witwen der Verstorbenen im Hinduismus *(Textbuch S. 85 f.)*;
- zu Politikern *(Lambsdorff, Lübke, Heuss, Carstens)* im Zusammenhang mit Heldenverehrung und Vergessen *(Textbuch S. 92 f.)*;
- zum Thema Organverpflanzung, den GRÜNEN und Tempolimit im Zusammenhang mit der Seelenwanderung *(Textbuch S. 99 ff.)*.

Der insgesamt prägende heitere Charakter der Darbietung wird zudem in den Schlußworten des Alterspräsidenten Litzmann sowie in der folgenden Regieanweisung deutlich:

„Und so wollen wir wie in jeder Vereinssitzung schließen mit dem Tagesordnungspunkt 14: die Begrüßung der Verstorbenen: Laßt uns am Ende den Hennes und auch all die vielen anderen alten Kameraden dort oben grüßen mit den Worten: Bestimmt habt ihr jetzt Spaß da oben, könnt herrlich mit den Engeln toben, vielleicht macht auch Maria mit, mit einem Tanzmariechenschritt!
Allgemeine Fröhlichkeit, da an dieser Stelle das langersehnte Faß Kölsch hereingetragen wird. Trotz anhaltenden Läutens seitens des Alterspräsidenten Litzmann kann die Sitzung nicht mehr in ordnungsgemäßem Zustand geschlossen werden. Bombenstimmung!"

Dieser Würdigung des fehlenden ernsten Charakters der Darbietung kann die Klägerin nicht mit Erfolg entgegenhalten, daß jeweils die der Erheiterung dienenden Passagen ein Stilmittel darstellten, um auf das eigentliche Thema *Tod* aufmerksam zu machen und zum Nachdenken jenseits der eigenen Betroffenheit anzuregen. Die Ausführungen des Stückes sind in ihrer Gesamtheit zu betrachten, aus der sich ergibt, daß vorliegend eine allgemeine Unterhaltungsveranstaltung – wenn auch zu einem ernsten Thema – stattfindet, in der die genannte Absicht im tatsächlichen Ablauf in den Hintergrund tritt und der Zuschauer/ -hörer sich an dem jeweiligen Gag auch in der Sprache und dem jeweiligen Sinnzusammenhang erheitert und auch erheitern soll (z. B. *„Abschied nehmen ist schwer, gerade wenn man im Herbst des Lebens steht – wie zum Beispiel die FDP!"* – *Textbuch S. 13)*. Insgesamt prägt die Darbietung mit ihren Stilmitteln der Überspitzung und Satire sowie dem Versuch der Enttabuisierung durch Erheiterung die eigentliche Gestaltung des Themas in einer Art, daß der ernste Charakter der Thematik zumindest zunächst dahinter zurücktritt. Dem besonderen Wesen des stillen Feiertags *Karfreitag,* an dem die – stille – Besinnung auf den Tod Jesu und die Trauer um die eigene Vergänglichkeit im Vordergrund steht, wird dies nicht mehr gerecht. Dabei geht es nicht darum, am Karfreitag dem

Einzelnen das Lachen zu verbieten, sondern nach der Intention des Feiertagsgesetzes – und nur um dessen Anwendung in Nordrhein-Westfalen geht es – den Karfreitag von öffentlichen Veranstaltungen frei zu halten, die überwiegend keinen ernsten Charakter mehr haben und im wesentlichen zur allgemeinen Entspannung und Erholung beitragen (vgl. BayObLG, GewArch 1983, 174 [175]).

Ebensowenig kommt es darauf an, ob aktuell ein wesentlicher Teil der Öffentlichkeit oder möglicherweise – wie die Klägerin behauptet – sogar die Mehrheit der Bevölkerung den Karfreitag in dieser stillen und ernsten Form begehen will. Die Entscheidung des Gesetzgebers, die erkennbar in geschichtlicher Tradition gefestigtes religiöses und ethisches Empfinden schützen will, stellt eindeutig nicht darauf ab, ob dieses Empfinden allgemein oder aktuell stets und an jedem Ort von der Mehrheit der Bevölkerung getragen wird; das ist auch unter verfassungsrechtlichen Aspekten nicht zu beanstanden.

Dementsprechend kommt es auch nicht darauf an, daß die Aufführung des Stückes in der Karwoche 1995 – allerdings nicht am Karfreitag(!) – in einer ev. Kirche stattfand und auch im übrigen für eine Aufführung im Theater der Klägerin am Karfreitag keine dies mißbilligenden Äußerungen von Repräsentanten der ev. und kath. Kirche vorliegen. Daraus ergibt sich noch in keiner Weise, daß der Schutzzweck der gesetzlichen Bestimmung offenkundig und insgesamt obsolet geworden wäre. Wird dann das behördliche Ermessen – rechtsfehlerfrei – so ausgeübt, daß zur Durchsetzung der gesetzlichen Regelung des Feiertagsschutzes zum Schutze des Karfreitags eingeschritten wird, kann das gerichtlich nicht beanstandet werden.

71

Nach der Neufassung des § 8 PostG ist die Postbank AG nicht verpflichtet, für Scientology ein Girokonto einzurichten und zu führen.

Art. 2 Abs. 1, 12 GG; §§ 138, 226, 242, 627, 671, 675 BGB,
26 Abs. 2, 35 GWB, 9 AGBG
LG Stuttgart, Urteil vom 6. September 1996 – 27 O 343/96[1] –

Der Verfügungskläger (Scientology Mission U. e. V.) unterhielt bei der Niederlassung der Verfügungsbeklagten (Postbank) in S. seit 1993 vier Girokonten. Mit Schreiben vom 27.6.1996 teilte die Verfügungsbeklagte dem Verfügungskläger mit, daß gemäß Ziffer 18 (1) ihrer Allgemeinen Geschäftsbedingungen die Postbank-Girokonten mit Ablauf des 31.7.1996 geschlossen würden.

---

[1] NJW 1996, 3347. Nur LS: NVwZ 1997, 208; KuR 1997, 62. Das Urteil ist rechtskräftig.

Der Verfügungskläger übermittelte mit Schreiben vom 4.7.1996 an verschiedene Banken in U. einen Antrag auf Eröffnung eines ausschließlich auf Guthabenbasis zu führenden Girokontos. 13 Banken lehnten in der Folgezeit schriftlich die Aufnahme einer Geschäftsbeziehung mit dem Verfügungskläger ab. Der Verfügungskläger hat weiterhin handschriftliche Aktennotizen über Telefonate mit weiteren vier Banken vorgelegt, aus welchen hervorgeht, daß auch dort die Einrichtung eines Girokontos abgelehnt wird.

Auf Antrag des Verfügungsklägers hat das Landgericht Stuttgart mit dem angefochtenen Beschluß im Wege der Einstweiligen Verfügung der Verfügungsbeklagten geboten, die vom Verfügungskläger bei der Verfügungsbeklagten eingerichteten näher bezeichneten Girokonten bis zu einer gerichtlichen Entscheidung in der Hauptsache weiterzuführen.

Gegen diesen Beschluß hat die Verfügungsbeklagte Widerspruch eingelegt, der erfolgreich war. Die Kammer hebt die erlassene Einstweilige Verfügung auf und weist den hierauf gerichteten Antrag gem. §§ 936, 925 ZPO zurück.

Aus den Gründen:

Der Erlaß einer Einstweiligen Verfügung ist nicht gerechtfertigt. Ein Verfügungsanspruch ist nicht gegeben.

I. Die Verfügungsbeklagte hat die Girokonten des Verfügungsklägers wirksam mit Schreiben vom 27.6.1996 unter Hinweis auf Ziff. 18 (1) der Allgemeinen Geschäftsbedingungen (AGB) der Postbank gekündigt:

Zwischen den Parteien bestand seit 1993 ein Giroverhältnis, welchem die AGB-Postbank zugrundelagen.

Das Giroverhältnis ist ein Geschäftsbesorgungsvertrag i. S. von § 675 BGB, bei dem sich das Kreditinstitut gegen Entgelt verpflichtet, Überweisungen auf andere Girokonten bei der kontoführenden oder einer anderen Bank auszuführen oder dem Girokonto überwiesene Beträge gutzuschreiben. Der zeitlich nicht begrenzte Girovertrag hat im Hinblick auf Überweisungsaufträge dienstvertraglichen Charakter, im Hinblick auf Überweisungseingänge werkvertraglichen Charakter. Er hat Dienste höherer Art zum Gegenstand, die aufgrund besonderen Vertrauens übertragen zu werden pflegen.

Daraus folgt die Möglichkeit der jederzeitigen Kündigung nach §§ 675, 671, 627 BGB ohne Einhaltung einer Frist und ohne, daß ein wichtiger Grund vorliegen oder die Fortführung des Verhältnisses unzumutbar sein müßte (BGH WM 1991, 317). Lediglich die Kündigung zur Unzeit macht den Beauftragten nach § 671 Abs. 2 BGB schadensersatzpflichtig.

In Anlehnung an diese gesetzlichen Bestimmungen eröffnet Ziff. 18 (1) der dem Giroverhältnis zugrundeliegenden AGB-Postbank der Verfügungsbeklagten die Möglichkeit der Kündigung unter Einhaltung einer die Belange des

Kunden berücksichtigenden, angemessenen Kündigungsfrist, welche bei laufenden Konten mindestens einen Monat beträgt.

Diese Klausel ist im Hinblick auf § 9 AGBG nicht zu beanstanden. Nach § 9 AGBG sind Bestimmungen in Allgemeinen Geschäftsbedingungen (AGB) nur dann unwirksam, wenn sie einen Vertragspartner entgegen den Geboten von Treu und Glauben in unangemessener Weise benachteiligen. Das ist nach der gesetzlichen Vorschrift insbesondere dann der Fall, wenn die Vertragsbestimmungen mit der gesetzlichen Regelung, von der abgewichen wird, nicht zu vereinbaren sind. Ziff. 18 (1) der AGB-Postbank weicht jedoch durch Einführung einer mindestens einmonatigen Kündigungsfrist *zugunsten* des Kunden von der gesetzlichen Regelung in §§ 675, 671, 627 BGB ab, welche eine Kündigungsfrist nicht vorsehen. Die Belange des Kunden sind damit angemessen berücksichtigt. Ziff. 18 (1) der AGB-Postbank ist daher wirksam.

Die Kündigungen der Verfügungsbeklagten vom 27. 6. 1996 entsprechen den gesetzlichen und vertraglichen Voraussetzungen. Insbesondere hat die Verfügungsbeklagte mit der dem Verfügungskläger ausweislich des Eingangsstempels am 28. 6. 1996 zugegangenen Ankündigung der Kontoschließung zum 31. 7. 1996 die einmonatige Kündigungsfrist eingehalten.

Damit hatte der Verfügungskläger ausreichend Zeit, für die Besorgung des Geschäfts anderweit Sorge zu treffen und sich auf die neuen Umstände einzustellen (§ 671 Abs. 2 BGB). Eine Kündigung zur Unzeit liegt nicht vor.

II. Die Kündigungen sind auch nicht wegen Verstoßes gegen § 226 BGB unwirksam. Nach dieser Vorschrift ist die Ausübung eines Rechtes unzulässig, wenn sie *nur* den Zweck haben kann, einem anderen Schaden zuzufügen. Die gebotene objektive Betrachtung der Umstände des vorliegenden Falles ergibt jedoch nicht, daß vernünftigerweise jeder andere Zweck für die Kündigung als die Benachteiligung des Verfügungsklägers, wie beispielsweise der von der Verfügungsbeklagten angeführte drohende eigene wirtschaftliche Schaden, ausgeschlossen ist. Die Kündigungen verstoßen daher nicht gegen das Schikaneverbot.

III. Die Kündigungen sind auch nicht deshalb unwirksam, weil die Beklagte aufgrund einer Kündigungssperre an der Beendigung der Geschäftsverbindung gehindert gewesen wäre.

1. Eine solche Kündigungssperre könnte sich auch für den vorliegenden Fall aus einem die Vertragsfreiheit einschränkenden Kontrahierungszwang ergeben.

Die aus Art. 2 Abs. 1 GG abgeleitete Vertragsfreiheit (BverfGE 12, 347) als Grundlage der geltenden Privatrechtsordnung und wichtigstem Ausfluß der Privatautonomie umfaßt neben der inhaltlichen Gestaltungsfreiheit eines Vertragsverhältnisses vor allem auch die Abschluß- und Endigungsfreiheit. Während die Abschlußfreiheit einem jeden die Möglichkeit garantiert, über den Abschluß eines Vertrages und die Auswahl seines Vertragspartners frei zu entscheiden, gewährt die Endigungsfreiheit dem an einem Vertragsverhältnis Beteiligten das Recht, dieses Verhältnis durch Konsens mit dem Kontrahenten oder bei Dauerschuldverhältnissen durch einseitige Kündigung wieder zu beenden. Diese Endigungsfreiheit der Verfügungsbeklagten steht hier in Frage.

Kontrahierungszwang ist die aufgrund einer Norm der Rechtsordnung einem Rechtsobjekt ohne seine Willensbildung im Interesse des Begünstigten auferlegte Verpflichtung, mit diesem einen Vertrag bestimmten Inhalts abzuschließen bzw. einen bereits abgeschlossenen Vertrag fortzusetzen. Für bereits geschlossene Verträge führt der Kontrahierungszwang also zu einer Fortsetzungspflicht und damit auch zu einer Kündigungssperre (vgl. Staudinger/Bork, Kommentar zum BGB, 1996, Vorbem. zu §§ 145 ff., Rdnr. 15, 32 m.w. N.).

Die Einschränkung der grundgesetzlich gewährleisteten allgemeinen Handlungsfreiheit in Gestalt der Vertragsfreiheit durch einen Kontrahierungszwang bedarf im Hinblick auf Art. 2 Abs. 1 GG einer Verankerung in der Rechtsordnung. Erforderlich ist daher eine Rechtsgrundlage als Bestandteil der verfassungsmäßigen Ordnung i. S. des Art. 2 Abs. 1 GG, aus welcher sich als Rechtsfolge ein Kontrahierungszwang ergeben kann.

2. Ein sog. „unmittelbarer Kontrahierungszwang" oder jedenfalls eine gesetzliche Ermächtigung hierzu ergibt sich teilweise für die unterschiedlichsten Lebensbereiche aus bundes- und landesrechtlichen spezialgesetzlichen Anordnungen (vgl. Übersicht in Staudinger/Bork, Kommentar zum BGB, 1996, Vorbem. zu §§ 145 ff., Rdnr. 17).

Eine die Verfügungsbeklagte unmittelbar verpflichtende Rechtsnorm für den vorliegenden Fall ist jedoch nicht ersichtlich.

Nach der bis Ende 1994 geltenden Fassung des § 8 PostG hatte „jedermann Anspruch auf die Benutzung der Einrichtungen des Postwesens, wenn die für die Inanspruchnahmen der einzelnen Dienste in den Benutzungsverordnungen festgelegten Bedingungen erfüllt" waren. Dies galt nach § 1 Nr. 3 PostG auch für den Postgiro- und Postsparkassendienst.

Diese Regelung, der ein Kontrahierungszwang entnommen werden konnte, wurde anläßlich der Umwandlung der Unternehmen der Deutschen Bundespost in die Rechtsform der Aktiengesellschaft durch Gesetz vom 14. 9. 1994 (PostUmwG, BGBl. I, S. 2325, 2339) dahingehend geändert, daß „jedermann zur Inanspruchnahme der Einrichtungen des Postwesens berechtigt" ist, „wenn die für die einzelnen Dienste festgelegten Bedingungen erfüllt sind und es sich bei den Diensten um solche Dienstleistungen des Postwesens handelt, die auf der Grundlage ausschließlicher Rechte oder als Pflichtleistungen erbracht werden."

Die hier in Frage stehende Gewährung einer Giroverbindung fällt nicht unter die den Postdiensten ausschließlich vorbehaltenen Leistungen. Vielmehr wurden in der Neufassung des PostG den Postdiensten in §§ 2 ff. PostG bestimmte Leistungen wie das Errichten oder Betreiben von Einrichtungen zur entgeltlichen Beförderung von schriftlichen Mitteilungen oder sonstigen Nachrichten von Person zu Person (§ 2 PostG) oder die Befugnis zur Ausgabe von Postwertzeichen (§ 3 PostG) ausschließlich vorbehalten. In diesen Bereichen wird man daher auch der Neufassung des PostG weiterhin einen Kontrahierungszwang entnehmen müssen.

Der Gesetzgeber hat jedoch für den Geschäftsbereich der Verfügungsbeklagten keinen ausschließlichen Vorbehalt oder eine Pflichtaufgabe geschaffen. Aus § 8 PostG n. F. folgt daher insoweit auch kein unmittelbarer Kontrahierungszwang.

Es besteht auch kein Anlaß, die in privatrechtlicher Form organisierte Verfügungsbeklagte auf dem Gebiet des Giroverkehrs *entgegen der eindeutigen Regelung des Gesetzgebers* in der Neufassung des Postgesetzes mit einem Kontrahierungszwang zu belegen, weil Anteilseigner überwiegend oder ausschließlich der Bund ist oder sich die Beklagte auf dem Gebiet der Daseinsvorsorge betätigt. Dies wäre gesetzwidrig. Darüber hinaus hat der Verfügungskläger nicht glaubhaft gemacht, daß alleiniger Anteilseigner der Verfügungsbeklagten der Bund ist. Die hierzu im Termin zur mündlichen Verhandlung vorgelegten Nachweise stammen aus den Jahren 1992 und 1994, als die Verfügungsbeklagte in der privatrechtlichen Rechtsform noch gar nicht existierte und belegen daher nicht eine gegenwärtige vollständige Anteilseignerschaft des Bundes. Auch dem Auszug aus dem Jahrbuch der Bundesrepublik Deutschland, 11. Ausgabe 1996, läßt sich lediglich entnehmen, daß die Verfügungsbeklagte in den Geschäftsbereich des Bundesministers für Post und Telekommunikation fällt.

3. In Rechtsprechung und Literatur ist darüber hinaus anerkannt, daß sich im Einzelfall auch ohne *spezial*gesetzliche Regelung ein sog. „mittelbarer" Kontrahierungszwang ergeben kann.

a) Streitig sind jedoch Erforderlichkeit und Art der Rechtsgrundlage. Während das Reichsgericht einen mittelbaren Kontrahierungszwang für Monopolbetriebe auf § 826 BGB bei vorsätzlicher, sittenwidriger Schädigung stützte (RGZ 133, 388) bilden andere als Rechtsgrundlage eine Gesamtanalogie aus den spezialgesetzlichen, einen unmittelbaren Kontrahierungszwang statuierenden Bestimmungen oder verweisen auf das Sozialstaatsprinzip sowie auf § 26 Abs. 2 GWB (vgl. wegen der Einzelheiten Münchener Kommentar-Kramer, Vor § 145, Rdnr. 13f., BGH NJW 1990, 761 [762f.]). Der Bundesgerichtshof hat die Frage nach der erforderlichen Rechtsgrundlage bislang offengelassen (BGH aaO).

Indes bedarf die Frage nach den erforderlichen Rechtsgrundlagen auch im vorliegenden Fall keiner Entscheidung. Denn jedenfalls liegen die nach Ansicht des erkennenden Gerichts für die Begründung eines mittelbaren Kontrahierungszwanges erforderlichen Voraussetzungen im hier zu entscheidenden Fall nicht vor.

b) Bei der Beurteilung der Frage, ob es ausnahmsweise geechtfertigt ist, die Abschlußfreiheit einzuschränken, sind alle Umstände des Einzelfalls unter Berücksichtigung der Bedeutung der beiderseits betroffenen Grundrechte sowie der tragenden Wertentscheidungen des Grundgesetzes zu untersuchen. Nach Ansicht des Gerichts sind hierbei drei Grundfragen maßgeblich.

aa) Ein Kontrahierungszwang kann das Grundrecht der Vertragsfreiheit nur in Fällen einschränken, bei denen der Kunde auf die Leistung angewiesen ist, also ein Verzicht unzumutbar ist. Dabei kann vorliegend sowohl die Frage offenbleiben, ob ein solcher Bedarf nur bei lebensnotwendigen, oder jedenfalls bei lebenswichtigen Gütern oder schon bei jeder Bedarfsdeckung im Rahmen einer normalen Lebensführung eines Durchschnittsmenschen besteht (vgl. BGH NJW 1990, 761 [763 m. w. N.]), als auch die Frage, ob ein Girokonto in heutiger Zeit einem dieser Bereiche zuzuordnen ist.

Zwar neigt die Kammer dahin, in der heutigen hochtechnisierten und von automatisiert ablaufenden Vorgängen gekennzeichneten Zeit im Zugang zum bargeldlosen Zahlungsverkehr ein Grundbedürfnis nicht nur des Verbrauchers, sondern eines jeden an Wirtschaftsvorgängen Beteiligten zu sehen (so auch AG Essen, WM 1994, 333 f.). Diese Frage kann jedoch angesichts der fehlenden weiteren, nach Ansicht der Kammer für die Annahme eines Kontrahierungszwanges unabdingbaren Voraussetzungen unentschieden bleiben.

bb) Entscheidend ist die Grundfrage, ob für den Kunden eine zumutbare, gleichwertige Alternative besteht, die Leistung anderweitig zu erhalten, oder ob er vom bargeldlosen Giroverkehr ansonsten ausgeschlossen bleibt.

Für die Beurteilung dieser Frage ist nicht darauf abzustellen, ob der in Anspruch genommene Anbieter auf dem Bankenmarkt eine Monopolstellung inne hat oder auf diesem Markt über eine allen anderen Bankinstituten überlegene Marktmacht verfügt. Vielmehr ist es als ausreichend anzusehen, wenn rein tatsächlich aufgrund des einheitlichen Marktverhaltens aller anderen Anbieter dem Kunden ein Ablehnungskartell gegenübersteht und dieser somit bei Aufgabe des bestehenden Girokontos keinen Zugang zum bargeldlosen Geldverkehr mehr hätte. Der vorliegende Fall, bei dem es um das *Fortbestehen* eines vorhandenen Girokontos und um die Endigungsfreiheit geht, ist daher nicht vergleichbar mit der von der Verfügungsbeklagten angeführten Konstellation, wonach es der Kunde in der Hand habe, den zuletzt beliebig wegen eines *Neuabschlusses* in Anspruch genommenen zum „Monopolisten" zu machen.

Im vorliegenden Verfahren steht jedoch nicht fest, daß der Verfügungskläger keine zumutbare Ausweichmöglichkeit hat.

Streitgegenständlich sind vier Girokonten des Verfügungsklägers. Solange wenigstens eine Girokontoverbindung besteht, ist dem Verfügungskläger der Zugang zum bargeldlosen Zahlungsverkehr nicht abgeschnitten. Die Einstweilige Verfügung hat daher jedenfalls in Hinblick auf drei der Girokonten keinen Bestand.

Aber auch darüber hinaus ist nicht dargelegt und glaubhaft gemacht, daß der Verfügungskläger im Falle der Kündigung auch des vierten Girokontos bei der Verfügungsbeklagten anderweitig eine Gelegenheit zur Einrichtung eines Girokontos *nicht* hat.

Der Verfügungskläger hat Schreiben von 13 Kreditinstituten im Raum U. vorgelegt, welche eine Geschäftsbeziehung mit dem Verfügungskläger ablehnten. Darüber hinaus wurden Aktennotizen vorgelegt, wonach vier weitere Institute die Errichtung eines Girokontos für den Verfügungskläger abgelehnt hätten. Der Verfügungskläger hat im Termin zur mündlichen Verhandlung zum Beweis dafür, daß sämtliche Kreditinstitute in U. und im Raum S. die Aufnahme einer Geschäftsbeziehung abgelehnt hätten, die Vereinspräsidentin des Verfügungsklägers (für die Kreditinstitute in U.) sowie eines Herrn N. (für die Kreditinstitute im Raum S.) als präsente Zeugen angeboten.

Damit ist jedoch die Behauptung des Verfügungsklägers, es bestehe nach Beendigung der Geschäftsbeziehung mit der Verfügungsbeklagten keine anderweitige zumutbare Möglichkeit, am bargeldlosen Zahlungsverkehr teilnehmen zu können, nicht ausreichend dargelegt, weswegen das Gericht auf die Vernehmung der Zeugen verzichten konnte.

Nach Ansicht der Kammer ist nicht auszuschließen, daß eine Giroverbindung bei einem anderen Kreditinstitut als der Verfügungsbeklagten für den Verfügungskläger eingerichtet werden kann.

Die vom Verfügungskläger vorgetragene Ablehnung durch 17 Banken in U. betrifft nur einen geringen Teil der für die Einrichtung einer Giroverbindung in Frage kommenden Institute. Es kann daraus nicht zwingend geschlossen werden, daß alle übrigen Banken die Einrichtung eines Girokontos ebenfalls ablehnen würden.

Aus dem allgemein zugänglichen Branchenfernsprechbuch der Telekom „Gelbe Seiten" für die Bereiche H., Sch., U., N. und B. Nr. 90/101, Ausgabe 96/97, ergeben sich für den genannten Bereich in und um U. mehr als 400 verschiedene, als potentielle Geschäftspartner für den Verfügungskläger in Frage kommende, selbständige Bankinstitute, Filialen nicht mitgerechnet. Dabei ist es nach Ansicht der Kammer erforderlich, auch Kreditinstitute außerhalb des Stadtbereiches U. in die Betrachtung miteinzubeziehen.

Angesichts der Tatsache, daß ein Kontrahierungszwang als Eingriff in die grundgesetzlich geschützte Vertragsfreiheit lediglich die Ausnahme darstellt, ist dem Verfügungskläger zumutbar, auch außerhalb der Stadt seines Sitzes eine Giroverbindung zu begründen. Auch bislang sind die Kontoverbindungen des Verfügungsklägers aus U. in S. geführt worden. Der Verfügungskläger konnte seine Überweisungsaufträge per Post übermitteln oder bei der Filiale der Verfügungsbeklagten in U. abgeben. Auch bei einer anderweitigen Kontoverbindung außerhalb U. wird der Verfügungskläger nicht unzumutbar belastet oder unangemessen benachteiligt. Überweisungsaufträge können weiterhin per Post dem kontoführenden Institut übermittelt werden. Einzahlungen auf das Girokonto oder Auszahlungen vom Girokonto sind außerdem über jede verfügbare Bank möglich. Die Belastung mit banküblichen Gebühren ist dabei hinzunehmen.

Darüberhinaus bieten auch auf dem Sektor des Zahlungsverkehrs die neuen technischen Kommunikationsmöglichkeiten („Datenautobahn") erleichterten Service, die den unmittelbar räumlichen Kontakt zum Kreditinstitut überflüssig machen oder auf ein Minimum reduzieren. So wird in den meisten Fällen der Giroverkehr von zu Hause aus über BTX-Anschluß oder Computer als sog. „home banking" durchzuführen sein. Persönliche Kontakte können telefonisch hergestellt werden.

Bezieht man daher neben dem U. auch den S'er Raum sowie den von U. nicht weiter entfernten A. oder gar M'er Raum mit ein, so steigt die Zahl der sich auf dem Markt anbietenden und für den Verfügungskläger als Geschäftspartner in Frage kommenden Kreditinstitute um ein Vielfaches.

Insbesondere bieten sich dem Verfügungskläger noch als anderweitige Ausweichmöglichkeit die Sparkassen und Landesgirokassen. Sparkassen unterscheiden sich von Banken dadurch, daß ihre Tätigkeit primär gemeinnützig und nicht auf Gewinnerzielung gerichtet ist. In der Regel sind sie öffentlich-rechtlich organisiert, also kommunale Sparkassen. Allgemein wird daraus ein Kontrahierungszwang zumindest für Spareinlagen gefolgert. Je nach landesgesetzlicher Ausgestaltung besteht jedoch auch teilweise Kontrahierungszwang für die Einrichtung von Girokonten bei Sparkassen (vgl. § 8 SparKVO.NW, hierzu: Staudinger/Bork, Kommentar zum BGB, Vorbem. zu §§ 145 ff., Rdnr. 17 a. E.). Insoweit ist dem Verfügungskläger – auch im Hinblick auf die geschilderten technischen Möglichkeiten, die auch räumliche Distanz zu überbrücken vermögen – zumutbar, diese Institute in Anspruch zu nehmen.

Über eine Absprache aller Kreditinstitute dahingehend, dem Verfügungskläger oder der Scientology-Organisation die Unterhaltung eines Girokonto zu verweigern, ist dem Gericht nichts bekannt. Die diesbezügliche Presseberichterstattung betrifft lediglich einzelne Institute. Darüberhinaus ist auch zweifelhaft, ob sich ausländische, insbesondere US-amerikanische Banken aus dem Stammland der Scientology-Organisation, im Inland an einer solchen Absprache beteiligen würden. Immerhin stünden diese Institute dann der Begründung einer Geschäftsbeziehung aufgeschlossen gegenüber und könnte der Verfügungskläger dort ein Girokonto einrichten.

Das Gericht gelangt daher zum Schluß, daß angesichts der 17 namentlich bezeichneten, ablehnenden Banken in U. von einer fehlenden, zumutbaren

Handlungsalternative für den Verfügungskläger nicht ausgegangen werden kann.

cc) Dritte Voraussetzung für die Annahme eines mittelbaren Kontrahierungszwanges ist das Fehlen einer sachlichen Begründung für die Ablehnung und damit das Vorliegen einer Willkürentscheidung der Verfügungsbeklagten.

Die Verfügungsbeklagte hat zur Begründung der Kontoauflösung erwerbswirtschaftliche Erwägungen vorgetragen. Sie hat dargelegt, daß infolge der negativ geprägten öffentlichen Diskussion um die Organisation, welcher der Verfügunsgkläger angehört, durch andere Kunden Entscheidungen zu Lasten der Verfügungsbeklagten getroffen werden könnten, sofern der Verfügungskläger durch Bekanntgabe seiner Kontoverbindungen weiter in Zusammenhang mit der Verfügungsbeklagten gebracht würde.

Tatsächlich ist ein solches Marktverhalten mit für die Verfügungsbeklagte nachteiligen Folgen denkbar und nachvollziehbar. Eine sachliche Begründung für die Kündigung ist daher vorgetragen und rechtfertigt nicht, die Verfügungsbeklagte durch Eingriff in deren Vertragsfreiheit zur Fortsetzung der Giroverbindungen des Verfügungsklägers mittels Kontrahierungszwanges zu verpflichten.

4. Schließlich kann auch aus den §§ 35, 26 Abs. 2 des Gesetzes gegen Wettbewerbsbeschränkungen (GWB) ein die Verfügungsbeklagte bindender, mittelbarer Kontrahierungszwang nicht hergeleitet werden.

Nach § 26 Abs. 2 Satz 1 GWB dürfen marktbeherrschende Unternehmen, von § 1 GWB freigestellte Unternehmensvereinigungen – darunter Kreditinstitute nach § 102 GWB – sowie preisbindende Unternehmen ein anderes Unternehmen in einem Geschäftsverkehr, der gleichartigen Unternehmen üblicherweise zugänglich ist, weder unmittelbar noch mittelbar unbillig behindern oder gegenüber gleichartigen Unternehmen ohne sachlich gerechtfertigten Grund unmittelbar oder mittelbar unterschiedlich behandeln. Dies gilt nach Satz 2 der Vorschrift auch, wenn von dem Unternehmen kleine oder mittlere Unternehmen als Anbieter oder Nachfrager einer bestimmten Art von Waren oder gewerblichen Leistungen in der Weise abhängig sind, daß ausreichende zumutbare Möglichkeiten, auf andere Unternehmen auszuweichen, nicht bestehen. Als Rechtsfolge ergibt sich aus § 35 GWB ein Schadensersatzanspruch des diskriminierten Unternehmens. Kann die Diskriminierung und Behinderung nicht anders als durch Abschluß eines Vertrages beseitigt werden, so folgt hieraus mittelbar ein Kontrahierungszwang (vgl. Staudinger/Bork, Kommentar zum BGB, 1996, Vorbem. zu §§ 145 ff., Rdnr. 18 f.).

Die Verfügungsbeklagte ist kein marktbeherrschendes Unternehmen im Sinne von § 26 Abs. 2 Satz 1 GWB. Die dem § 22 Abs. 1 bis 3 GWB zu entnehmenden Voraussetzungen zur Feststellung einer Marktbeherrschung, nämlich Fehlen eines Wettbewerbers, Fehlen eines wesentlichen Wettbewerbs, Innehaben einer im Verhältnis zu Wettbewerbern überragenden Marktstellung oder das Bestehen eines Marktanteils von mindestens einem Drittel bei jährlichen Umsatzerlösen von mehr als 250 000 000,- DM in einem Geschäftsjahr liegen bei der Verfügungsbeklagten offensichtlich nicht vor. Soweit der Verfügungskläger auf § 102 GWB abstellt, unterliegen die darin genannten Kreditinstitute der Regelung des § 26 Abs. 2 S. 1 GWB nur dann, wenn sie mit anderen eine Unternehmensvereinigung als Kartell eingehen. Dem Verbot unterliegt nur die Vereinigung als solche, nicht das einzelne Kartellmitglied (Immenga/ Mestmäcker/Markert, GWB Kommentar zum Kartellgesetz, 2. Aufl. 1992, § 26 Rdnr. 82). Schließlich ist die Verfügungsbeklagte auch kein preisbindendes Unternehmen.

Soweit § 26 Abs. 2 S. 2 GWB auf eine Abhängigkeit von Unternehmen in der Weise abstellt, daß ausreichende und zumutbare Möglichkeiten, auf andere Unternehmen auszuweichen, nicht bestehen, ist auf die obigen Ausführungen zu verweisen, wonach das Gericht von einer fehlenden Handlungsalternative für den Verfügungskläger bei der vorgetragenen Sachlage nicht ausgehen kann.

Auch § 26 Abs. 2 GWB führt daher im vorliegenden Fall zu keinem Kontrahierungszwang.

IV. Angesichts dieser Sach- und Rechtslage kann das Vorliegen eines Verfügungsgrundes dahingestellt bleiben.

72

Eine religiöse oder religiös motivierte Verfolgung ist nur dann politische Verfolgung i. S. des Art. 16a GG, wenn die Religionsausübung Eingriffen und Beeinträchtigungen ausgesetzt ist, die nach Schwere und Intensität die Menschenwürde verletzen.

Hess.VGH, Urteil vom 16. September 1996 – 13 UE 3531/95[1] –

Die Kläger, ein Ehepaar und ihre minderjährige Tochter, sind vietnamesische Staatsangehörige katholischen Glaubens. Zur Begründung seines Asylantrages gab der Kläger im Rahmen seiner Anhörung vor dem Bundesamt für die Anerkennung ausländischer Flüchtlinge u. a. an, er habe Vietnam verlassen, weil er in Freiheit leben wolle. Er könne als Katholik seine Religion in Vietnam nicht frei ausüben. Für die Teilnahme an Gottesdiensten in der Nachbargemeinde habe er die Genehmigung der dortigen Behörden benötigt. An christlichen Hochfesten wie Weihnachten oder Ostern habe regelmäßig eine Überwachung der Messen durch die Polizei stattgefunden.

Das Bundesamt hat die Asylanträge der Kläger abgelehnt. Das Verwaltungsgericht hat die Klage abgewiesen. Die Berufung blieb erfolglos.

---

[1] Vgl. zu diesem Fragenkreis auch Hess.VGH NVwZ-RR 1999, 340.

Aus den Gründen:

Die Berufung bleibt erfolglos. Das Verwaltungsgericht hat die Klage zu Recht abgewiesen. Die Kläger haben nämlich weder einen Anspruch darauf, als politisch Verfolgte im Sinne des asylrechtlichen Gewährleistung des Art. 16a Abs. 1 GG (i.d.F. des Änderungsgesetzes vom 28.7.1993, BGBl. I, S. 1002) anerkannt zu werden noch darf den Klägern ausländerrechtlicher Abschiebungsschutz für politisch Verfolgte nach § 51 Abs. 1 AuslG gewährt werden. Auch die Voraussetzungen für die Gewährung von Abschiebungsschutz nach § 53 AuslG liegen nicht vor.

A. Die Kläger haben keinen Anspruch darauf, als politisch Verfolgte nach Art. 16a Abs. 1 GG anerkannt zu werden.

I. Eine politische Verfolgung im vorgenannten Sinne ist nur dann anzunehmen, wenn sie dem einzelnen in Anknüpfung an seine politische Überzeugung, seine religiöse Grundentscheidung, seine Volkszugehörigkeit oder an anderen für ihn unverfügbaren Merkmalen, die sein Anderssein prägen, gezielt Rechtsverletzungen zufügt, die ihn ihrer Intensität nach aus der übergreifenden Friedensordnung der staatlichen Einheit ausgrenzen (BVerfG, Beschlüsse v. 10.7.1989 – 2 BvR 502/86 u.a. – BVerfGE 80, 315 [334f.] und v. 11.5.1993 – 2 BvR 1989/92 u.a. – InfAuslR 1993, 310 [312]). Der eingetretenen Verfolgung steht die unmittelbar drohende Gefahr der Verfolgung gleich (BVerfG, Beschluß v. 23.1.1991 – 2 BvR 902/85 u.a. – BVerfGE 83, 216 [230]). Als verletzte oder bedrohte Rechtsgüter kommen vornehmlich Leib und Leben, aber auch die persönliche Freiheit in Betracht. Eingriffe in sonstige Rechtsgüter lösen einen Asylanspruch nur dann aus, wenn die vorliegende Beeinträchtigung nach ihrer Intensität und Schwere zugleich die Menschenwürde verletzt und über das hinausgeht, was die Bewohner des Herkunftsstaates allgemein hinzunehmen haben (BVerfG, Beschluß v. 2.7.1980 – 1 BvR 147/80 u.a. – BVerfGE 54, 341 [357]). Ob eine Verfolgung wegen eines asylrechtlich geschützten persönlichen Merkmals stattfindet und sich somit als politische Verfolgung i.S. des Asylgrundrechts darstellt, ist anhand ihres inhaltlichen Charakters nach der erkennbaren Gerichtetheit der beeinträchtigenden Maßnahme selbst zu beurteilen, nicht nach den subjektiven Gründen oder Motiven des Verfolgenden (BVerfG Beschluß v. 10.7.1989, aaO, 335). *(wird ausgeführt)*

II. Der Senat vermag unter Berücksichtigung der vorstehend dargelegten Rechtsgrundsätze nicht davon auszugehen, daß den Klägern die Rückkehr in ihr Heimatland wegen der Gefahr einer ihnen dort drohenden politischen Verfolgung unzumutbar ist. *(wird ausgeführt)*

Die Kläger können auch nicht etwa deshalb als vorverfolgt angesehen werden, weil sie – bezogen auf den Zeitpunkt ihrer Ausreise – einer religiösen oder religiös motivierten Verfolgung wegen ihres kath. Glaubens durch den vietnamesischen Staat ausgesetzt gewesen wären.

Eine religiöse oder religiös motivierte Verfolgung ist nur dann politische Verfolgung im Sinne des Art. 16a GG, wenn die Religionsausübung Eingriffen und Beeinträchtigungen ausgesetzt ist, die nach Schwere und Intensität die Menschenwürde verletzen. Die Eingriffe müssen ein solches Gewicht haben, daß sie den elementaren Bereich verletzen, den der Mensch als „religiöses Existenzminimum" zu seinem Leben- und Bestehenkönnen als sittliche Person benötigt (vgl. grundlegend BVerfG, Beschluß vom 1. 7. 1987 – 2 BvR 478, 962/86 – BVerfGE 76, 142).

Die Kläger waren wegen ihres kath. Glaubens bis zum Zeitpunkt ihrer Ausreise aus Vietnam keinen Beeinträchtigungen ausgesetzt, die nach Schwere und Intensität ihre Menschenwürde verletzt hätten. Die Kläger hatten keinerlei Verfolgungsmaßnahmen des vietnamesischen Staates wegen ihrer religiösen Überzeugung erlitten. Sie wurden vom vietnamesischen Staat auch nicht daran gehindert, sich zu ihrem Glauben zu bekennen. Insbesondere konnten die Kläger Messen ihrer Kirche besuchen.

Es kann auch nicht davon ausgegangen werden, daß kath. Christen in Vietnam – bezogen auf den Zeitpunkt der Ausreise der Kläger aus ihrem Heimatland – regelmäßig religiös motivierter Verfolgung ausgesetzt waren und die Verschonung der Kläger von ausgrenzenden Rechtsbeeinträchtigungen eher zufälligen Charakter hatte.

Allerdings ist davon auszugehen, daß es gegen kath. Christen in Vietnam nach der Wiedervereinigung des Landes, die 1976 erfolgt ist, zu Verfolgungsmaßnahmen des vietnamesischen Staates gekommen ist. Betroffen von diesen Verfolgungsmaßnahmen waren vor allem Priester und Laienprediger. Sie wurden zu Hunderten ohne Gerichtsverfahren in Umerziehungslager geschickt (vgl. amnesty international, Vietnam, Erneuerung, Rechtsordnung und Menschenrechte in den achtziger Jahren). Diese Maßnahmen standen im Zusammenhang mit dem Versuch des vietnamesischen Regimes, im Süden des Landes die marxistische Ideologie durchzusetzen (vgl. Prof. Dr. Lulei, Stellungnahme vom 14. 8. 1995 gegenüber dem VG Gelsenkirchen). Vietnamesische Staatsbürger, die sich offen zu ihrem Christentum bekannten, mußten im beruflichen Sektor mit Nachteilen rechnen (vgl. Auswärtiges Amt, Auskunft vom 29. 10. 1986 an das Bundesamt für die Anerkennung ausländischer Flüchtlinge und Prof. Dr. Lulei, Stellungnahme vom 14. 8. 1995, aaO). Mit diesen Unterdrückungsmaßnahmen gingen Bemühungen des vietnamesischen Regimes einher, die großen Religionsgemeinschaften des Landes – die Katholiken stellen in Vietnam die zweitgrößte Religionsgemeinschaft (vgl. Auswärtiges Amt, Auskunft vom 7. 3. 1995 an das VG Ansbach) – unter staatliche Kontrolle zu bekommen. Zu diesem Zweck erließ der Ministerrat im November 1977 die Resolution Nr. 297, mit der die Rechte, Messen abzuhalten, die Religionserziehung sowie die Abhaltung von religiösen Versammlungen beschränkt wurden. Die Resolution gab dem Staat darüber hinaus das Recht, staatliche Organisationen zu gründen, die in Zukunft die religiösen Gruppen vertreten und die Wahl zur Ernennung von Priestern, Mönchen und höheren Würdenträgern der Kirche treffen sollten. Außerdem erhielten die Regionalverwaltungen das Recht, Kircheneigentum zu konfiszieren (vgl. zum vorstehenden amnesty international, Auskunft vom 21. 8. 1995 gegenüber dem VG Gelsenkirchen).

Seit Einführung der „Doi-Moi-Politik" (Erneuerungspolitik) im Jahre 1986 nach dem 6. Parteitag der Kommunistischen Partei Vietnams hat sich jedoch das Verhältnis zwischen Staat und kath. Kirche grundlegend und stetig verbessert, liberalisiert und weitgehend entspannt (vgl. Haubold, Politische Dissidenten, Katholiken und Buddhisten in Vietnam, Frankfurter Allgemeine Zeitung vom 28. 6. 1993; Auswärtiges Amt, Auskunft vom 24. 4. 1995 an das VG Gelsenkirchen; Dr. Will, Stellungnahme vom 24. 5. 1995 gegenüber dem VG Gelsenkirchen, Prof. Dr. Lulei, Stellungnahme vom 14. 8. 1995 aaO). Der Einfluß der großen Religionsgemeinschaften – und zu diesen zählt auch die kath. Kirche – wuchs in Vietnam deutlich an und wurde vom Staat toleriert (vgl. Dr. Lulei, ebenda). Diese Tendenz verstärkte sich mit dem Zusammenbruch des Kommunismus und der vorsichtigen Annäherung Vietnams an den Westen weiter. Die letzten staatlichen Umerziehungslager wurden aufgelöst. Der Ministerratsbeschluß Nr. 297 aus dem Jahre 1977 wurde im Mai 1991 aufgehoben. Die seit 1992 geltende vietnamesische Verfassung garantiert in Art. 70 allen Vietnamesen das Recht auf Religionsfreiheit und verpflichtet den Staat zu Schutz und Respektierung der Religionsgemeinschaften. Zwar kam es zwischen der vietnamesischen Regierung und dem Vatikan zu einem langjährigen Streit über die Besetzung von Bischofsämtern. Auch in diesem Streit gab aber schließlich die vietnamesische Regierung nach (vgl. amnesty international, Auskunft vom 21. 8. 1995, aaO). Bereits seit Jahren wird darüber berichtet, daß die kath. Kirchen in Vietnam zu den Sonntagsgottesdiensten überfüllt sind (vgl. Haubold, Politische Dissidenten, Katholiken und Buddhisten in Vietnam, aaO). Bei dieser Sachlage kann nicht ernsthaft davon die Rede sein, daß kath. Christen in Vietnam – bezogen auf den Zeitpunkt der Ausreise der Kläger aus Vietnam (1992/1993) – als Gruppe einer Verfolgung durch den vietnamesischen Staat aus politischen Gründen ausgesetzt gewesen wären ...

V. Den Klägern kann Verfolgungsschutz nach Art. 16a Abs. 1 GG weiterhin auch nicht im Hinblick auf ihre Zugehörigkeit zur kath. Kirche und ihre religiöse Überzeugung gewährt werden. Auch gegenwärtig und auf absehbare Zeit droht den Klägern bei einer Rückkehr nach Vietnam nicht mit beachtlicher Wahrscheinlichkeit politische Verfolgung wegen ihres christlichen Glaubens. Unter Berücksichtigung der dem Senat vorliegenden Erkenntnisquellen ist davon auszugehen, daß Angehörige der kath. Kirche in Vietnam ihren Glauben in aller Öffentlichkeit und ohne Diskriminierung praktizieren können (vgl. beispielsweise Prof. Dr. Lulei, Stellungnahme vom 14. 8.1995, aaO). Das Auswärtige Amt geht ebenfalls davon aus, daß kath. Christen in Vietnam nicht wegen ihres Glaubens oder ihrer religiösen Überzeugung verfolgt oder diskriminiert werden (vgl. beispielsweise Auswärtiges Amt, Auskunft vom 7. 3.1995, aaO). Auch die Gefangenenhilfsorganisation amnesty international spricht davon, daß die Religionsausübung in Vietnam heute „einigermaßen frei möglich sei" (vgl. amnesty international, Stellungnahme vom 21. 8. 1995, aaO). Soweit amnesty international noch über Verhaftungen kath. Geistlicher berichtet, betreffen diese Maßnahmen ausschließlich eine kath. Splittergruppierung, der die Kläger nicht angehören. Auch das Positionspapier der internationalen Gesellschaft für Menschenrechte vom 8. 9.1995 weist keine Fälle auf, in denen kath. Christen in Vietnam wegen der Praktizierung ihres Glaubens von den dortigen Behörden inhaftiert worden wären. Unter diesen Umständen liegen keine Anhaltspunkte dafür vor, daß kath. Christen in Vietnam gegenwärtig oder auf absehbare Zeit mit beachtlicher Wahrscheinlichkeit mit politischer Verfolgung wegen ihres Glaubens und der Ausübung ihrer religiösen Überzeugung zu rechnen haben.

73

Das Grundrecht auf Gewissensfreiheit gewährt keinen sachlichen oder persönlichen Billigkeitsgrund, der zur Herabsetzung der Einkommensteuer führt. Aus einer etwaigen Verletzung des Art. 25 GG kann kein Anspruch auf Herabsetzung der Einkommensteuer hergeleitet werden.

Art. 4, 25, 100 GG; §§ 2, 19 EStG, 163 AO
FG Düsseldorf, Urteil vom 25. September 1996 – 16 K 6309/92 AO[1] –

Der Kläger ist ev. Pfarrer. Als „Militärsteuerverweigerer" aus Gewissensgründen begehrt er die Herabsetzung der Einkommensteuer 1989 und 1990 gemäß § 163 AO aus Billigkeitsgründen. Er begründet dies damit, daß die Entrichtung von Steuern seine Gewissensfreiheit des Art. 4 Abs. 1 GG verletze. Solange der Staat ihm keine gewissensneutrale Alternative biete, sei er insoweit nicht steuerpflichtig, als die Steuerzahlung ihn in seinem Grundrecht der Gewissensfreiheit verletze. Es verletze sein Gewissen und bedeute für ihn eine erhebliche Härte und Unbilligkeit, für das Militär, das in seinen Augen ein Verbrechen sei, finanziell beizutragen.

Aus diesem Grunde beantragte er bei seiner Einkommensteuererklärung 1989 die Herabsetzung der Steuerschuld gemäß § 163 AO – hilfsweise Erlaß

---

[1] Amtl. Leitsätze. EFG 1997, 354. Das Urteil ist rechtskräftig.

gemäß § 227 AO – um 100 % sowie hilfsweise um 10 % und bei seiner Einkommensteuererklärung 1990 die Herabsetzung bzw. hilfsweise den Erlaß der Steuerschuld um 10 %. Das Finanzamt ließ den Antrag auf Steuererlaß im Einkommensteuerbescheid für 1989 vom 18. 2. 1991 unberücksichtigt, im Einkommensteuerbescheid 1990 vom 27. 3. 1992 lehnte es ihn unter Hinweis auf das Urteil des Finanzgerichts Münster – III K 5170/91 L – ab. Den gegen die Ablehnung der Billigkeitsmaßnahmen vom Kläger eingelegten Einspruch wertete das Finanzamt als Beschwerde und legte sie der Oberfinanzdirektion zur Entscheidung vor. Die Oberfinanzdirektion wies die Beschwerde als unbegründet zurück.

Die Klage hatte keinen Erfolg.

Aus den Gründen:

Die Klage ist unbegründet. Die Entscheidung des Finanzamts, mit der die vollständige oder teilweise Herabsetzung der Einkommensteuer 1989 und 1990 aus Billigkeitsgründen abgelehnt wurde, ist rechtlich nicht zu beanstanden.

Nach § 163 S. 1 AO können Steuern niedriger festgesetzt werden, wenn die Erhebung der Steuer nach Lage des einzelnen Falles unbillig wäre.

Die Unbilligkeit einer Steuerfestsetzung kann sich aus sachlichen oder aus persönlichen Gründen ergeben. Sachlich unbillig ist die Festsetzung einer Steuer dann, wenn sie zwar äußerlich dem Gesetz entspricht, aber den Wertungen des Gesetzgebers im konkreten Fall derart zuwider läuft, daß die Erhebung der Steuer als unbillig erscheint. D. h., sachliche Gründe sind gegeben, wenn nach dem erklärten oder mutmaßlichen Willen des Gesetzgebers angenommen werden kann, daß er die im Billigkeitswege zu entscheidende Frage – hätte er sie geregelt – i. S. der beabsichtigten Billigkeitsmaßnahme entschieden hätte (vgl. BVerfG, Beschluß v. 5. 4. 1978 – 1 BvR 117/73 – BStBl. II 1978, 441, 445; BFH, Urteil v. 24. 9. 1987 – V R 76/78 – BStBl. II 1988, 561, 562; BFH, Urteil v. 20. 2. 1991 – II R 63/88 – BStBl. II 1991, 541, 542; BFH, Urteil v. 26. 5. 1994 – IV R 51/93 – BStBl. II 1994, 833, 834 sowie Tipke/Kruse, AO, § 163 Anm. 3 mit § 227 Anm. 19 jeweils m. w. N.). In keinem Fall darf die Billigkeitsmaßnahme die in der Norm zum Ausdruck gekommene Wertung generell durchbrechen (BVerfG vom 5. 4. 1978, aaO).

Persönliche Billigkeitsgründe sind bei Erlaßbedürftigkeit und Erlaßwürdigkeit gegeben. Erlaßbedürftigkeit besteht dann, wenn die Besteuerung zu einer Gefährdung der wirtschaftlichen Existenz führt, wenn der lebensnotwendige Unterhalt oder die Fortsetzung der Erwerbstätigkeit gefährdet sind (vgl. Tipke/Kruse, aaO, § 227 Anm. 41 ff. m. w. N.). Erlaßwürdigkeit ist gegeben, wenn der Steuerpflichtige die mangelnde Leistungsfähigkeit nicht selbst herbeigeführt oder durch sein Verhalten nicht in eindeutiger Weise gegen die Interes-

Verweigerung der Steuerzahlung 363

sen der Allgemeinheit verstoßen hat (vgl. BFH Urteil vom 29.4.1981 – IV R 23/78 – BStBl. II 1981, 726, 728; Tipke/Kruse, aaO, § 227 Anm. 49).

Da es sich hierbei um eine Ermessensentscheidung der Verwaltung handelt („können"), ist die gerichtliche Überprüfung gemäß § 102 FGO – darauf beschränkt, ob bei der ablehnenden Entscheidung und der Beschwerdeentscheidung der Oberfinanzdirektion die gesetzlichen Grenzen des Ermessens nicht beachtet oder Ermessen fehlerhaft ausgeübt worden ist (vgl. dazu BFH, Urteil v. 29.9.1987 – VII R 54/84 – BStBl. II 1988, 176, 177; Urteil v. 24.11.1987 – VII R 138/84 – BStBl. II 1989, 364, 365 sowie Gräber/von Groll, FGO, § 102 Anm. 1, 2 und Tipke/Kruse, FGO, § 102 Rdnr. 1, 2 jeweils m.w.N.).

Vorab findet jedoch zunächst eine uneingeschränkte gerichtliche Überprüfung auf der ersten Stufe dahingehend statt, ob die tatbestandlichen Voraussetzungen für eine Ermessensentscheidung – sachliche oder persönliche Billigkeitsgründe – vorliegen. Sind diese Voraussetzungen erfüllt, beschränkt sich dann auf einer zweiten Stufe die Nachprüfung durch das Gericht im Rahmen des § 102 FGO darauf, ob die gesetzlichen Grenzen des Ermessens überschritten sind oder ob von dem Ermessen in einer dem Zweck der Ermächtigung nicht entsprechenden Weise Gebrauch gemacht worden ist.

Im Streitfall wurde die Ablehnung der erstrebten Billigkeitsmaßnahme durch das Finanzamt bzw. die Oberfinanzdirektion zu Recht darauf gestützt, daß bereits die tatbestandlichen Voraussetzungen einer Billigkeitsmaßnahme nicht gegeben sind, weil in der Person des Klägers weder sachliche noch persönliche Billigkeitsgründe gegeben sind, die zu einer vollen oder teilweisen Herabsetzung der Einkommensteuer führen. Die Steuerfestsetzung durch das Finanzamt, die zugleich die Ablehnung der abweichenden Steuerfestsetzung auf 0 enthält, beruht auf der Verwirklichung des gesetzlichen Steuertatbestandes der Einkünfteerzielung aus nichtselbständiger Arbeit (§§ 2 Abs.1 Nr. 4, 19 EStG).

Der vom Kläger erlebte Gewissenskonflikt stellt insbesondere keinen sachlichen Billigkeitsgrund dar.

Entgegen seiner Auffassung bietet Art. 4 Abs. 1 GG keinen schrankenlosen Schutz der Gewissensbetätigung. Zwar ist die Gewissensfreiheit für unverletzlich erklärt. Sie unterliegt keinem einschränkenden Gesetzesvorbehalt. Als höchstpersönliches Individualrecht knüpft sie unmittelbar an die Menschenwürde des Art. 1 Abs. 1 GG an. Gleichwohl ist diese Freiheit nicht schrankenlos. Ein schrankenloses Grundrecht ist praktisch unmöglich und theoretisch widersinnig. Denn in einer extrem arbeitsteiligen Massengesellschaft und auf Interdependenz angelegten Gemeinschaftsordnung kann niemand, der Sozialkontakt anstrebt, eine Insel sein. Allenfalls in einer weltfernen robinsonesken Idylle kann es ein absolut schrankenfreies Grundrecht geben (so Bethge, Handbuch des Staatsrechts VI, S. 435, 445f.). Die Gewissensfreiheit, sofern sie Auswirkungen nach außen äußert, ist in die staatliche Rechtsordnung eingebettet, von der sie gewährleistet wird. Der fehlende Vorbehalt für den einfachen Gesetzgeber in Art. 4 Abs. 1 GG bedeutet, daß weder durch die allgemeine Rechtsordnung noch durch unbestimmte Güterabwägungen das Grundrecht relativiert werden kann. Wie das Bundesverfassungsgericht wiederholt ausgeführt hat, wird Art. 4 Abs. 1 GG jedoch mit Rücksicht auf die von der Verfassung zu schützende gesamte Wertordnung begrenzt durch andere mit Verfassungsrang ausgestattete Rechtswerte und Gemeinschaftsinteressen, sowie durch kollidierende Rechte Dritter (BVerfG, Beschluß v. 13. 6. 1983 – 1 BvR 1239/82 – NJW 1984, 912 m.w.N.). Damit werden auch Grundrechte ohne Gesetzesvorbehalt in einzelnen Beziehungen durch die Verfassung selbst begrenzt.

Die Grenze besteht einmal in der staatsbürgerlichen Grundpflicht Steuern zu zahlen. Die Steuerzahlung ist für den Staat existentiell. Als Rechts- und Sozialstaat kann die Bundesrepublik nur dann funktionieren, wenn die steuerlich leistungsfähigen Bürger Steuern zahlen. Die Steuerpflicht ist eine Grundpflicht, die im Grundgesetz von den Art. 105 ff. stillschweigend vorausgesetzt wird (siehe dazu Tipke, Die Steuerrechtsordnung, Band I, S. 3–5). Die andere Grenze bildet das Haushaltsrecht.

Bethge (aaO, S. 459) führt dazu aus: *„Die voraussetzungslose (!) Steuerzahlungspflicht trifft auch den Gewissensexponenten. Wer jegliche, auch die für verfassungsmäßig erklärte Verteidigungspolitik und deren Finanzierung ablehnt, darf zwar die (freiwillige) Steuerzahlung verweigern. Als lästige Alternative muß er sich aber die zwangsweise erfolgende Steuerbeitreibung gefallen lassen."* Wem dies immer noch aus Gewissensgründen widerstrebt, *„dem bleibt als Ausweg immerhin die durch Art. 2 Abs. 1 GG offengehaltene Auswanderungsfreiheit".*

Das Grundrecht der Gewissensfreiheit kann in diesem Zusammenhang gegebenenfalls nur dazu führen, daß im Konfliktsfall auf die Anwendung der für die Verletzung von Rechtsgehorsamspflichten angedrohten Sanktionen verzichtet wird (Bethge, aaO, S. 452). Im Streitfall würde das bedeuten, daß bei pazifistisch motivierter Steuerverweigerung zwar nicht auf die Beitreibung der Steuern, jedoch auf die Sanktionierung einer Steuerhinterziehung verzichtet werden kann.

Die andere Grenze bildet das Haushaltsrecht.

Der Steuerpflichtige, der im Rahmen allgemeiner Steuergesetze zur Zahlung herangezogen wird, hat keine Entscheidungsbefugnis über und keinen Einfluß auf die Art der Verwendung seiner Steuern. Über diese wird vielmehr von den gesetzgebenden Körperschaften im Rahmen ihrer haushaltsrechtlichen Befugnisse entschieden (Art. 110 GG) (anderer Ansicht vor allem Tiedemann in zahlreichen Veröffentlichungen; vgl. statt aller: Das Recht der Steuerverweigerung aus Gewissensgründen, Hildesheim 1991).

Wie Kirchhof (Die Garantie der Kunstfreiheit im Steuerstaat des Grundgesetzes, NJW 1985, 225, 230) ausführt, *„soll das Steueraufkommen dem Inhaber* *der Ertragshoheit eine Blankettbefähigung zu beliebigem finanzwirtschaftlichem Handeln vermitteln. Der Entscheidungsvorbehalt des Parlaments über den Staatshaushalt soll dem Parlament eine jeweils für jede Periode erneute Prüfung und Abstimmung von Finanzbedarf und Finanzaufkommen ermöglichen. Haushaltsgesetze und Haushaltsplan sind die Grundlage für die staatliche Finanzplanung, Instrument für eine parlamentarische Bestimmung staatlicher Handlungsziele, Voraussetzung für eine umfassende Finanzkontrolle, Berechnungsgrundlage für den Finanzausgleich zwischen Bund, Ländern und Gemeinden, organisationsrechtliche Stütze der finanzstaatlichen Gleichheit aller Bürger und Instrument zur Kompensation allgemeiner Lasten durch allgemeindienliche Ausgaben".*

Entgegen der Auffassung des Klägers spielt es hierbei keine Rolle, daß er anders als im Verfahren des Finanzgerichts Düsseldorf – 14 K 823/85 AO – keine Umwidmung der Steuer, sondern ihre Nichtfestsetzung beantragt hat, wodurch es nach seiner Auffassung gar nicht erst dazu komme, daß die Steuerbeträge für den Haushalt zur Verfügung stehen. Diese Auffassung verkennt, daß die Einkommensteuerschuld nicht erst mit ihrer Festsetzung durch die Finanzbehörde entsteht, sondern gem. § 38 AO i. V. m. §§ 2 Abs. 1, 19, 38 EStG bereits im Zeitpunkt der Lohnzahlung.

Die vom Senat vorgenommene Beurteilung entspricht der bisherigen finanzgerichtlichen und höchstrichterlichen Rechtsprechung (vgl. z. B.: FG Köln, Urteil v. 15. 11. 1984 – V K 223/84 – NJW 1985, 3040; Hess. FG, Urteil v. 15. 11. 1990 – 2 K 1576/89 – EFG 1991, 642; FG Baden-Württemberg, Urteil v. 19. 6. 1985 – VII 600/82 – EFG 1985, 455; FG Baden-Württemberg, Urteil v. 8. 5. 1985 – VII K 569/83 – BB 1985, 1245, FG Baden-Württemberg, Urteil v. 31. 7. 1986 – IV K 334/84 –; FG Baden-Württemberg, Urteil v. 14. 3. 1990 – VII K 42/89 –; FG Düsseldorf, Urteil v. 14. 3. 1990 – 14 K 823/95 –; BFH-Urteil v. 6. 12. 1991 – III R 81/89 – BStBl. II 1992, 303, 304[2]; BVerfG, Beschluß v. 18. 4. 1984 – I BvR 43/81 –; BVerfG, Beschluß vom 9. 10. 1986 – I BvR 1013/86 – StRK AO 1977 § 3 R 2; BVerfG Beschluß v. 26. 2. 1991 – I BvR 752/87 – HFR 1991, 722; BVerfG, Beschluß v. 26. 8. 1992 – 2 BvR 478/92 – NJW 1993, 455, 456; BVerfG, Beschluß v. 29. 10. 1993 – 2 BvR 1702/92 –; Tipke/Kruse, aaO, § 227 Anm. 37).

Auch die Oberfinanzdirektion hat in ihrer Beschwerdeentscheidung vom 30. 9. 1992 zu Recht darauf hingewiesen, daß die Gewissensfreiheit nicht uneingeschränkt gilt, sondern nur in den Grenzen ausgeübt werden kann, die durch die verfassungsmäßige Ordnung gezogen sind. Bestandteil dieser verfassungsmäßigen Ordnung, die die Gewissensfreiheit im Einzelfall begrenzen kann, ist insbesondere das Recht der Volksvertretung, zu entscheiden, in welchem

---

[2] KirchE 29, 429.

Umfang Haushaltsmittel für die einzelnen öffentlichen Zwecke verlangt und eingesetzt werden sollen. Diese dem gesetzlichen System der Steuererhebung und der Steuertatbestände innewohnende Wertung des Gesetzgebers und die Verteilung der Verantwortlichkeiten schließt eine Korrektur durch einen sachlichen Billigkeitsgrund aus.

Ebenso hatte der 14. Senat des Gerichts bereits in seinem Urteil vom 14. 3. 1990 (14 K 823/85 AO) ausführlich den Umfang der Gewissensfreiheit dargelegt, zu seinen Schranken Stellung genommen und dabei festgestellt, daß es für den Kläger keine rechtliche Möglichkeit gibt, gegenüber dem Budgetrecht des Parlaments sein Grundrecht auf Gewissensfreiheit durchzusetzen und daß ihm nur das Mittel politischer Überzeugungsarbeit bleibt.

Entgegen der Auffassung des Klägers kann mit Hilfe des § 163 AO nicht sein ganz persönlicher individueller Gewissenskonflikt gelöst werden. Denn die nicht verfassungswidrige Beeinträchtigung der Gewissensfreiheit stellt auch keinen persönlichen Billigkeitsgrund dar, da die Unbilligkeit des Einzelfalles nur an der wirtschaftlichen Leistungsfähigkeit gemessen wird.

Unabhängig von der psychischen Befindlichkeit des Individuums gibt es im Rahmen eines funktionierenden Gemeinwesens keine schrankenlose Individualität. Insbesondere das von Tiedemann geforderte „subjektive Recht auf Verweigerung öffentlicher Abgaben aus Gewissensgründen" gibt es nicht. Der dadurch möglicherweise individuell auftretende ethische Dissens (Tiedemann, aaO, S. 15) ist nicht Gegenstand der Rechtsfindung, sondern kann allenfalls durch politische Initiativen durchgesetzt werden.

Zu diesem Ergebnis gelangt auch das im Auftrag der Ev. Kirche im Rheinland erstellte Gutachten der Forschungsstätte der Ev. Studiengemeinschaft. Aus theologisch-ethischer Sicht wird dort der pazifistische Steuerboykott als Zeichensetzung „*symbolischer Akt und Maßnahme zivilen Ungehorsams*" empfohlen; aus rechtswissenschaftlicher Sicht biete das geltende Verfassungsrecht keine Möglichkeit, die Steuerverweigerung durchzusetzen. Hilfe für das bedrängte Gewissen des Einzelnen müsse im theologischen Bereich geleistet werden (vgl. Bock/Diefenbacher/Reuter, Pazifistische Steuerverweigerung und allgemeine Steuerpflicht, Heidelberg 1992, S. 86 ff., 156 ff., 219 Nr. 20). Entscheidend ist, daß der Kläger keine Massentötungsmittel finanziert, sondern Steuern zahlt.

Die von dem Kläger gem. Art. 100 Abs. 2 GG angeregte Vorlage an das Bundesverfassungsgericht kommt nicht in Betracht. Dabei kann die Frage, ob die Bundesrepublik und/oder die Bundeswehr an der atomaren NATO-Strategie festhalte, die ihrerseits auf dem Bereithalten von Atomwaffen beruhe (so der Kläger) dahinstehen. Denn auch wenn völkerrechtswidriges Verhalten in irgendeiner Hinsicht unterstellt würde, folgt daraus im Sinne des Art. 25 S. 2 GG kein unmittelbares Recht des Klägers auf Verweigerung oder Herabsetzung seiner Einkommensteuer.

Völkerrechtssubjekte, d. h. Träger von Rechten und Pflichten, sind neben Staaten zwar auch Individuen, aber nur dann, wenn sie selbst unmittelbar Adressat von Völkerrechtsnormen sind; wenn es sich um Regelungen handelt, die unmittelbar für Einzelpersonen getroffen worden sind und die ihrem Inhalt nach rechts- und pflichtbegründenden Charakter für Einzelpersonen haben wollen und haben können (vgl. Maunz/Dürig, Kommentar zum GG, Art. 25, S. 12). Dazu gehören beispielsweise Doppelbesteuerungsabkommen, Handels- und Konsularverträge, die allgemeinen Menschenrechte, das völkerrechtliche Fremdenrecht [Ausländerrecht] (vgl. Rojahn, in: von Münch, Kommentar zum GG, Rdnr. 23 ff. zu Art. 25). Der Ausspruch der Völkerrechtswidrigkeit von Atomwaffen kann jedoch nach Natur und Inhalt nur für Staaten bindend sein. Inhalt ist das Verbot, im zwischenstaatlichen Bereich, etwa bei kriegerischen Auseinandersetzungen, derartige Waffensysteme zu benutzen. Adressat einer solchen Verpflichtung kann niemals eine Privatperson sein. Zwar können im Einzelfall auch bestimmte Völkerrechtssätze auf den Bürger sog. Rechtsreflexe ausstrahlen (siehe Maunz/Dürig, aaO). Aber unterstellt, es gäbe vorliegend einen derartigen Reflex, könnte dieser niemals über Verfassungsrecht stehen und auch nicht Verfassungsrang haben. Denn es gibt keine positiven Rechtssätze des innerdeutschen Rechtes, die höherrangig wären als Verfassungsgesetze (siehe dazu Maunz/Dürig, aaO, S. 14). Als einfacher völkerrechtlicher Rechtsreflex gingen ihm wie oben bereits ausgeführt, die Wertordnung des Grundgesetzes, das Budgetrecht des Parlamentes und die allgemeine Verpflichtung zur Steuerzahlung vor.

74

Ein Ehemann, der keiner kirchensteuererhebungsberechtigten Religionsgemeinschaft angehört, ist durch einen Kirchensteuerbescheid, der gegen seine kirchenangehörige Ehefrau ergangen ist, nicht beschwert.

BFH, Beschluß vom 27. September 1996 – I B 22/96[1] –

Aus den Gründen:

Die Beschwerde ist als unzulässig zu verwerfen.
Nach § 115 Abs. 3 Satz 3 FGO muß in der Beschwerdeschrift die grundsätzliche Bedeutung der Rechtssache dargelegt oder die Entscheidung des Bundesfinanzhofs, von der das Urteil abweicht, oder der Verfahrensmangel bezeich-

---

[1] BFH/NV 1997, 311.

net werden. Danach muß der Kläger und Beschwerdeführer, der seine Nichtzulassungsbeschwerde auf grundsätzliche Bedeutung gemäß § 115 Abs. 2 Nr. 1 FGO stützt, entsprechend ständiger Rechtsprechung des Bundesfinanzhofs im einzelnen u. a. darlegen, daß die von ihm bezeichnete Rechtsfrage klärungsbedürftig ist (vgl. z. B. Gräber/Ruban, Finanzgerichtsordnung, 3. Aufl., § 115 Rdnr. 61, m. w. N.). Die floskelhafte Formulierung, die streitige Rechtsfrage sei von allgemeinem kirchensteuerlichen Interesse, genügt diesen Anforderungen nicht. Besondere Ausführungen hierzu hätte es insbesondere deswegen bedurft, weil eine Rechtsfrage, die vom Bundesfinanzhof bereits entschieden wurde, grundsätzlich nicht mehr als klärungsbedürftig gilt. So hat der Senat z. B. in seinem Urteil vom 29. 6. 1994 – I R 131/93 – (BFH/NV 1995, 439) entschieden, daß der keiner kirchensteuererhebungsberechtigten Religionsgemeinschaft angehörende Kläger nicht durch Kirchensteuerbescheide beschwert sei, die gegenüber seinem kirchenangehörigen Ehegatten ergangen seien. Außerdem hat er im Beschluß vom 6. 4. 1994 – I B 192/93 – (BFH/NV 1995, 272[2]) für einen vergleichbaren Fall entschieden, daß in einem an beide Ehegatten gerichteten Einkommensteuerbescheid die Kirchensteuerfestsetzung sich nur gegen den kirchenangehörigen Ehegatten richten könne. Der Kläger hätte unter Berücksichtigung der genannten Entscheidungen daher insbesondere dartun müssen, warum gleichwohl der Streitfall noch klärungsbedürftige Rechtsfragen aufwirft. Richtet sich der hier angefochtene Bescheid aufgrund der bezeichneten BFH-Entscheidungen ausschließlich gegen die Ehefrau des Klägers, so kann auch sein Grundrecht auf Glaubensfreiheit mangels Vorliegens eines Hoheitsaktes (vgl. Art. 1 Abs. 3 GG) nicht verletzt sein.

75

Wird über ein Kollektiv (hier: Scientology) ein Unwerturteil gesprochen, so kann sich das Mitglied des Kollektivs hiergegen im eigenen Namen nur zur Wehr setzen, wenn die Äußerung mit einem Kriterium verbunden ist, das eindeutig allen Kollektivangehörigen zuzuordnen ist.

Art. 1, 4 Abs. 1, 6 Abs. 2 GG
BayVGH, Beschluß vom 27. September 1996 – 7 CE 96.2861 –

Die Antragstellerinnen zu 3) und 4) sind die Töchter der Antragsteller zu 1) und 2) und besuchen ein staatliches Gymnasium. Die Antragsteller bezeichnen sich als Scientologen und verstehen ihre Zügehörigkeit zur Scientology-Organisation als Mitgliedschaft in einer religiös-weltanschaulichen Vereinigung.

---

[2] KirchE 32, 136.

In der vom Bayer. Staatsministerium für Unterricht, Kultus, Wissenschaft und Kunst herausgegebenen Zeitschrift „Schulreport" Ausgabe April 1996 erschien auf den Seiten 8 bis 10 ein Artikel mit dem Titel „Alles Clear? Informationen über Scientology", der sich kritisch mit der Scientology-Organisation auseinandersetzt. Die Zeitschrift wurde in einer Auflage von 90 000 Stück gedruckt und bis auf eine Restauflage von 2 200 Stück zwischenzeitlich an bayerische Schulen ausgeliefert. Der Artikel über Scientology wurde an den Schulen im Freistaat Bayern auch als Unterrichtsmaterial verwendet.

Die Antragsteller beantragten beim Verwaltungsgericht den Erlaß einer einstweiligen Anordnung gegen den Antragsgegner mit dem Ziel, 1) diesem zu untersagen, das Magazin „Schulreport" Ausgabe April 1996 zu verbreiten oder verbreiten zu lassen, wenn dieses Magazin auf den Seiten 8 bis 10 den mit „Alles Clear? Informationen über Scientology" überschriebenen Artikel enthält und 2) den Antragsgegner zu verpflichten, die Empfänger bereits verteilter Exemplare anzuweisen, daß der Artikel nicht mehr als Unterrichtsmaterial verwendet werden und Dritten nicht zugänglich gemacht werden darf. Hilfsweise beantragten die Antragsteller, das im Hauptantrag begehrte Verbot für den Fall auszusprechen, daß das Magazin zehn einzeln aufgeführte verbale Aussagen und zwei Comic-Zeichnungen enthält. In einem weiteren Hilfsantrag beschränkten die Antragsteller ihren Haupt- bzw. ersten Hilfsantrag auf das von den Antragstellerinnen zu 3) und 4) besuchte Gymnasium.

Das Verwaltungsgericht wies den Antrag ab, da die Antragsteller nicht glaubhaft gemacht hätten, daß ihnen der behauptete Unterlassungsanspruch zusteht. Keine der beanstandeten Äußerungen und keines der beiden Bilder betreffe die Antragsteller persönlich. Die Textpassagen und die Bilder bezögen sich auch nicht auf alle Anhänger der Scientology-Organisation.

Mit der Beschwerde verfolgen die Antragsteller das Ziel ihres Antrages weiter. Die Antragsteller machen geltend, sie würden durch den angegriffenen Zeitschriftenartikel in ihrer Menschenwürde betroffen. Einige Aussagen könnten sich schon aufgrund ihres Inhaltes nicht auf die Organisation selbst, sondern nur auf deren Mitglieder beziehen. Die angeführten Textpassagen hätten das Ziel, die Mitglieder der Scientology-Kirche so negativ wie möglich darzustellen. Zudem seien sie und in ihrem Elternrecht und die Antragstellerinnen zu 3) und 4) in ihrem Grundrecht auf Glaubensfreiheit betroffen.

Die Beschwerde blieb erfolglos.

Aus den Gründen:

Die Beschwerde ist nicht begründet, da das Verwaltungsgericht zu Recht den Antrag mit der Begründung abgewiesen hat, daß die Antragsteller nicht befugt sind, den behaupteten Anspruch geltend zu machen.

1. Bei ehrverletzenden Äußerungen über eine Gemeinschaft kann dieser ein Unterlassungsanspruch zustehen. Hiervon zu unterscheiden ist die Rechtsposition eines Angehörigen dieser Gemeinschaft, der die Unterlassung bestimmter Äußerungen nicht namens der Gemeinschaft begehrt, sondern geltend macht, in eigenen individuellen Rechten verletzt zu sein. Je größer das Kollektiv ist, auf das sich eine herabsetzende Äußerung bezieht, desto schwächer kann die persönliche Betroffenheit des einzelnen Mitglieds sein, weil es bei negativen Äußerungen über große Kollektive meist nicht um das individuelle Fehlverhalten oder individuelle Merkmale der Mitglieder, sondern um den aus der Sicht des sich Äußernden bestehenden Unwert des Kollektivs und seiner sozialen Funktion sowie der damit verbundenen Verhaltensaufforderungen an die Mitglieder geht. Auf der imaginären Skala, an deren einem Ende die individuelle Kränkung einer namentlich genannten oder identifizierbaren Einzelperson steht, findet sich am anderen Ende die abwertende Äußerung über menschliche Eigenschaften schlechthin oder die Kritik an sozialen Einrichtungen oder Erscheinungen, die nicht mehr geeignet sind, auf die persönliche Ehre des einzelnen durchzuschlagen (vgl. BVerfG NJW 1995, 3303 [3306]). Derjenige, der sich negativ über ein Kollektiv äußern will, ist aber grundsätzlich auch für vermeidbare Auswirkungen des Gesagten auf das Ansehen einer Person verantwortlich, die zwar selbst nicht Angriffsziel der Kritik sein sollte, aber doch in deren Stoßrichtung gerät (vgl. BGH NJW 1982, 1805). Die Absicht des Herausgebers der Zeitschrift „Schulreport", über die Organisation Scientology aufklären und vor ihr warnen zu wollen, schließt demnach nicht von vorneherein eine individuelle Betroffenheit der Antragsteller aus. Diese können das Unterlassen bestimmter Äußerungen aber nur verlangen, wenn durch diese – zumindest auch – unmittelbar in ihre höchstpersönliche Rechtsposition eingegriffen wird (vgl. BGH NJW 1980, 1790; BVerwG DÖV 1984, 940 zur Anfechtung eines Vereinsverbotes). Eine nur mittelbare Beeinträchtigung reicht nicht aus. Der strafrechtliche Ehren- und der zivilrechtliche Persönlichkeitsschutz sind im Bezug auf Personen, die durch eine auf einen anderen abzielende Äußerung mit beleidigt sein können, eingegrenzt, um das Anspruchssystem des Persönlichkeitsschutzes nicht zu sprengen (BGH NJW 1980, 1790). Nichts anderes kann für den Persönlichkeitsschutz im öffentlichen Recht gelten. Wird über ein Kollektiv ein Unwerturteil gesprochen, so kann sich das Mitglied des Kollektivs hiergegen in eigenem Namen nur zur Wehr setzen, wenn die Äußerung mit einem Kriterium verbunden ist, das eindeutig allen Kollektivangehörigen zuzuordnen ist (vgl. BayObLG NJW 1990, 1724; BayVGH NVwZ 1994, 787[1]; BayVBl. 1995, 564).

---

[1] KirchE 32, 107.

2. Hieraus folgt für die von den Antragstellern mit den Hilfsanträgen beanstandeten Äußerungen:

a) „Mit einer kruden Mischung aus Science-fiction, Psychoanalyse und Manipulationspraktiken totalitärer Staaten werden Scientology-Anhänger abhängig gemacht und systematisch finanziell und in ihrer Arbeitskraft ausgebeutet".

Diese Aussage enthält lediglich die Beschreibung des Inhalts der Lehre der Scientology-Organisation und der Methoden der Verbreitung dieser Lehre. Anhänger der Organisation werden darin in einer Art Opferrolle dargestellt. Eine Aussage, die ein Negativurteil über das individuelle Verhalten aller Anhänger der Organisation enthält, ist in der beanstandeten Textpassage nicht enthalten.

b) „Bei Scientology werde eine auf Täuschung und Manipulation beruhende Technik der Bewußtseinskontrolle durchgeführt".

Diese Aussage ist so in dem hier gegenständlichen Artikel nicht enthalten. Die Antragsteller fassen sinngemäß den Inhalt mehrerer Textpassagen zusammen. Diese beziehen sich aber offenkundig auf die Scientology-Organisation und nicht auf individualisierbare Anhänger derselben.

c) „Die Verwendung von über tausend gruppenspezifischen englischen Grundbegriffen und einigen tausend gruppenspezifischen Nebenbegriffen erfolge mit dem Ziel, die Kontrolle über das Denken zu bekommen".

Hierzu gilt das vorstehend unter II. 2. a) und b) Gesagte.

d) „Das Gefühlsspektrum der Mitglieder werde unter anderem mittels Schuld (die Anhänger werden darauf konditioniert, immer nur bei sich selbst die Schuld zu suchen) und Angst (einerseits vor dem „Feind", andererseits vor dem Austritt) manipuliert".

Im hier gegenständlichen Artikel heißt es richtig „einer Person" statt „der Mitglieder". Aus dieser tatsächlich verwendeten Formulierung ergibt sich noch deutlicher, daß sie eine Beschreibung der Verhaltensweise der Organisation enthält und keine Aussage über das Verhalten aller Mitglieder.

e) „Es werde bei Scientology eine Welt mit vielen Wahrheiten geschaffen, und dem einzelnen werde dadurch fast unmöglich gemacht, zu einer objektiven Einschätzung zu gelangen".

Der gerügte Artikel enthält bei dem zitierten Satz nicht die Worte „bei Scientology", bezieht sich aber ersichtlich lediglich auf die Lehre der Organisation.

f) „Um Bewußtseinskontrolle zu erlangen, breche Scientology die Persönlichkeit des Menschen auf. Als Techniken der Phase dieses Aufbrechens würden in den formellen Indoktrinationssitzungen vor allem Monotonie, Rhythmus und Wiederholung verwendet".

Bei diesen Aussagen handelt es sich nicht um eine wörtliche Wiedergabe von Passagen des beanstandeten Artikels, sondern um eine Zusammenfassung des

Inhalts eines umfangreicheren Textes. Dieser befaßt sich wiederum nur mit den Praktiken der Scientology-Organisation und betrifft deshalb die Antragsteller nicht unmittelbar in ihren Rechten.

g) „Bei Scientology würden die guten Dinge von früher herabgesetzt und die Sünden und Mißerfolge, Kränkungen und Schuldgefühle aufgeblasen".
Hierzu wird auf die vorstehenden Ausführungen verwiesen.

h) „Scientology stelle alle Kontakte zur alten Welt in Frage und Begabungen, Interessen, Freunde, Familie müßten aufgegeben werden".
Auch diese Aussage betrifft unmittelbar lediglich die Organisation.

i) Die Antragsteller rügen weiter folgende Textpassage:
„Erkennen eines SC-Mitglieds
In manchen Fällen verändert sich das Verhalten einer Person in Folge der Bewußtseinskontrolle über einen Zeitraum von mehreren Monaten, typischerweise jedoch binnen weniger Tage oder Wochen. Interessanterweise entwickeln sich die Mitglieder auf eine Standardpersönlichkeit hin (gleichartige Persönlichkeitsstruktur der Sektenmitglieder). Als Folgen der Sektenzugehörigkeit werden in körperlicher Hinsicht eine Veränderung des Gewichts (Fettleibigkeit/Magersucht), Kräfteverfall, veränderter Bartwuchs, Erschöpfungssyndrom und psychosomatische Krankheiten genannt. Psychische Auswirkungen zeigen sich unter anderem in der Verengung und Schwächung des Denkprozesses (Wegfall von Sprachdifferenzierungen, Metaphern oder Ironie, statt dessen Verwendung sekteninterner Klischees), in der Veränderung der Gefühlswelt, in starken Gefühlsschwankungen und uncharakteristischem antisozialen Verhalten. Zudem kann das Auftreten von Halluzinationen beobachtet werden, da tägliches exzessives Auditing geistig und körperlich süchtig nach dieser Psychotechnik machen kann. Dies hat oftmals schädliche Nebenwirkungen zur Folge, wie Verminderung der kognitiven Fähigkeiten, z. B. Konzentrations- und Entscheidungsschwäche. Radikaler Persönlichkeitswandel ist das verräterischste Anzeichen, daß eine totalitäre Gruppe am Werk ist".

Auch diese Ausführungen können von den Antragstellern nicht mit Erfolg angegriffen werden. Ungeachtet der Überschrift, die erwarten läßt, daß nun zuverlässige und wissenschaftlich fundierte Hinweise für das Erkennen von Scientology-Mitgliedern folgen, enthält der Text Abschwächungen, Unverbindlichkeiten und allgemein gehaltene Formulierungen, die bei Aussagen über sogenannte totalitäre Neureligionen regelmäßig Verwendung finden. Wie sich aus der Wortwahl „in manchen Fällen", „Fettleibigkeit/Magersucht", „werden genannt", „zudem kann das Auftreten ... beobachtet werden", „dies hat oftmals", „daß eine totalitäre Gruppe am Werk ist" ergibt, ist die Textpassage nicht geeignet, das Erscheinungsbild und das Verhalten jedes Organisations-Anhängers oder gar der Antragsteller auch nur annähernd konkret zu umschreiben. Die Passage enthält vielmehr Ausführungen über – aus der Sicht der Verfasserin –

mögliche Folgen der Mitgliedschaft bei Scientology und betrifft so unmittelbar nur diese Organisation.

j) „Bei Scientology handelt es sich um ein totalitäres System, dem Nährboden für weitere Machtentfaltungen zu entziehen sei".
Auch hier liegt lediglich eine Aussage über Scientology vor.

k) Die auf Seiten 9 und 10 abgebildeten Comic-Zeichnungen stellen einen Zusammenhang zwischen Scientology und der Praktik der „Gehirnwäsche" dar. Auch hierin ist ein Angriff auf individualisierbare Anhänger der Organisation nicht zu erkennen.

3. Da somit die Antragsteller mangels unmittelbarer Betroffenheit nicht verlangen können, daß der Antragsgegner die im einzelnen beanstandeten Textpassagen oder Abbildungen verbreitet, verbreiten läßt, im Unterricht verwenden läßt oder Dritten zugänglich macht, können sie auch nicht begehren, daß bezüglich des gesamten Artikels entsprechende gerichtliche Anordnungen ergehen. Denn dieser befaßt sich auch in den nicht speziell gerügten Abschnitten ausschließlich mit der Scientology-Organisation.

4. Ohne Erfolg bleibt der Antrag auch insoweit, als er weiter hilfsweise auf das Gymnasium beschränkt wird, das die Antragstellerinnen zu 3) und 4) besuchen. Es kann hier völlig dahinstehen, ob es sich bei Scientology um eine Religion handelt und (falls ja) der beanstandete Artikel einen unzulässigen Angriff auf die Religionsfreiheit dieser Organisation darstellt. Denn ebensowenig, wie die Antragsteller durch den beanstandeten Artikel unmittelbar in ihrer Ehre und Menschenwürde betroffen sind, sind sie es in ihrem Grundrecht auf Religionsfreiheit bzw. in ihrem Elternrecht. Sie können auch insoweit lediglich eine Betroffenheit in eigenen Rechten geltend machen und nicht verlangen, daß der Staat ihrer Ansicht nach unzulässige Handlungen mit religiösem Bezug allgemein oder zumindest allgemein an Schulen unterläßt (vgl. BayVGH BayVBl. 1996, 26[2] zu Kreuzen in Schulen).

Daß die Antragstellerinnen zu 3) und 4) selbst im Unterricht mit dem beanstandeten Artikel konfrontiert worden wären, wird von ihnen nicht vorgetragen. Ebenso wird nicht vorgetragen oder gar glaubhaft gemacht, daß eine derartige unmittelbare Konfrontation in naher Zukunft zu erwarten ist.

76

Eine Spende an eine Kirchengemeinde mit der Zweckbestimmung, damit ein Kunstwerk zur Erinnerung an eine Heilige zu schaffen, ist als Spende zur Förderung der Kultur mit dem erhöhten Spendenabzugssatz berücksichtigungsfähig.

---

[2] KirchE 33, 343.

Spendenabzug

§ 10 b Abs. 1 Satz 1 EStG
FG Köln, Urteil vom 8. Oktober 1996 – 7 K 4270/94[1] –

Die Beteiligten streiten ausschließlich über die Frage, ob die Kläger für einige der von ihnen im Streitjahr geleisteten Spenden die Voraussetzungen für den erhöhten Spendenabzug gemäß § 10 b Abs. 1 S. 2 EStG erfüllen. In ihrer Steuererklärung haben die Kläger u. a. eine Bescheinigung der kath. Kirchengemeinde St. A. über eine Geldspende für den St. Adelheidis-Brunnen beigebracht. In einer Ergänzungsbescheinigung wird ausdrücklich bescheinigt, daß der ausgewiesene Geldbetrag auf ein Sparbuch (Ausstattungsfonds) eingezahlt worden sei.

Bei der Veranlagung stellte der Beklagte sich auf den Standpunkt, daß die Voraussetzungen für einen erhöhten Spendenabzug (bis 10 % des Gesamtbetrags der Einkünfte) nicht gegeben seien und berücksichtigte die geltend gemachten Spenden mit 5 % des Gesamtbetrags der Einkünfte.

Gegen den Bescheid vom 7. 6. 1993 legten die Kläger Einspruch ein. Im Rahmen des Einspruchs legten sie eine weitere Ergänzungsbescheinigung der katholischen Kirchengemeinde St. A. mit folgendem Text vor:

„In Ergänzung der Spendenbescheinigung für den Brunnenbau wird bestätigt, daß die Kirchengemeinde durch die Errichtung des St. Adelheidis-Brunnens ausschließlich den kulturellen Zweck verfolgt und verwirklicht, die Erinnerung an das segensreiche Wirken der Hl. Adelheid hier in dieser Gegend wachzuhalten und in ständiger Erinnerung zu bringen".

Der Beklagte wies den Einspruch als unbegründet zurück. Die dagegen gerichtete Klage hatte Erfolg.

Aus den Gründen:

Die Klage ist in vollem Umfang begründet. Die Herabsetzung der Einkommensteuer basiert auf der Berücksichtigung eines weiteren Teilbetrags aus der Spende der Kläger.

Im Gegensatz zur Auffassung des Beklagten, der die Spende nur bis zur Höhe von insgesamt 5 % des Gesamtbetrags der Einkünfte steuerlich berücksichtigt hat, haben die Kläger einen Anspruch auf Berücksichtigung im Umfang von weiteren 5 % des Gesamtbetrags der Einkünfte. Dieser Anspruch ergibt sich aus § 10 b Abs. 1 S. 2 EStG. Nach dieser Vorschrift erhöht sich die allgemein geltende Grenze für die Abzugsfähigkeit von Spenden von 5 % auf maximal 10 %, wenn die Spenden für z. B. kulturelle Zwecke gewährt werden, die als besonders förderungswürdig anerkannt sind. Als derartige kulturelle Zwecke gelten nach

---

[1] Amtl. Leitsatz. EFG 1997, 474. Nur LS: KuR 1997, 201; AkKR 165 (1996), 600. Über die Revision des Finanzamts (X R 34/97 BFH) war bei Redaktionsschluß (8. 6. 2000) noch nicht entschieden. Vgl. zu diesem Fragenkreis auch FG Bremen EFG 1998, 1576.

Spendenabzug

§ 48 Abs. 2 EStDV i.V.m. Tz. 4 der Anlage 7 zu Abschnitt 111 Abs. 1 der Einkommensteuerrichtlinien (EStR) die ausschließliche und unmittelbare Förderung der Kunst. Nach Tz. 4 Buchst. a umfaßt die Förderung der Kunst u. a. den Bereich der darstellenden und bildenden Kunst.

Weitere Voraussetzung für die Berücksichtigung derartiger Spenden ist gemäß § 48 Abs. 3 Nr. 1 EStDV, daß der Empfänger der Zuwendungen eine juristische Person des öffentlichen Rechts ist und das dieser bestätigt, daß der zugewendete Betrag zu einem der in Abs. 1 bezeichneten Zwecke verwendet wird.

Die Voraussetzungen für den erhöhten Spendenabzug gemäß § 10b EStG sind im Streitfall erfüllt.

Unstreitig liegt eine Zuwendung an eine juristische Person des öffentlichen Rechts vor. Empfänger ist die katholische Kirchengemeinde St. A. Kirchengemeinden innerhalb der röm.-kath. Kirche sind nach allgemeiner Auffassung öffentlich-rechtliche Körperschaften (vgl. Fischer, in: Hübschmann/Hepp/ Spitaler, AO/FGO, § 54 AO, Tz. 18 m.w. N.).

Unstreitig diente die Spende auch der Förderung der bildenden Kunst. Die Spende wurde auf ein Sonderkonto eingezahlt. Dieses Sonderkonto diente ausschließlich der Finanzierung des St. Adelheidis-Brunnens, der von einem anerkannten Künstler geschaffen wurde.

Es besteht zwischen den Beteiligten auch kein Streit, daß die von der Kirchengemeinde ausgestellten Spendenbescheinigungen, zumindest in ihrer Zusammenfassung den Erfordernissen des § 48 Abs. 3 Nr. 1 EStDV entsprechen. Dabei geht der Senat in Übereinstimmung mit der wohl herrschenden Meinung (vgl. FG Baden-Württemberg, Urteil v. 29. 11. 1991 – 9 K 278/91 – EFG 1992, 258 m. N. zur Literatur; Hinweise zu Abschnitt 111 EStR) davon aus, daß die Spendenbescheinigung nur den Zweck einer Beweiserleichterung hat und hinsichtlich der Verwendung der Spende nicht bindend ist.

Letztlich diente die Spende auch – wie in Tz. 4 der Anlage 7 zu Abschnitt 111 der EStR gefordert – ausschließlich und unmittelbar der Förderung der Kunst. Die Spende floß unmittelbar auf das Sonderkonto der Spendenempfängerin, welches ausschließlich zur Finanzierung des geplanten Brunnenbaus eingerichtet worden war und aus dem heraus später die Finanzierung erfolgte. Ein anderer Zweck war mit der Spende weder von Seiten der Spenderin noch von Seiten der Empfängerin angestrebt.

Es liegt nicht etwa deshalb eine Mischveranlassung durch kulturelle und kirchliche Zwecke vor, weil die Empfängerin der Spende eine Kirchengemeinde ist.

In diesem Sinne wird allerdings allgemein eine ca. 30 Jahre alte Entscheidung des Bundesfinanzhofs verstanden, wonach Spenden an kirchliche Organisationen zunächst immer und unmittelbar kirchlichen Zwecken dienen, auch wenn sie im Einzelfall zur Förderung der Wissenschaft oder sonstiger begünstigter Zwecke eingesetzt werden (vgl. BFH-Urteil v. 18. 11. 1966 – VI R 167/66 –

BStBl. III 1967, 365 [2]). Auch wenn diese BFH-Entscheidung ausweislich des bei der Vorentscheidung abgedruckten Lebenssachverhaltes zu privatrechtlich organisierten Körperschaften ergangen ist (vgl. Darstellung bei FG München, Urteil v. 26. 1. 1965 – I 326/64 – EFG 1965, 377), wird die Entscheidung ganz allgemein als auch für öffentlich-rechtliche Körperschaften einschlägig erachtet (vgl. z. B. Clausen, in: Hermann/Heuer/Raupach, EStG/KStG, § 10 b, EStG, Tz. 102; Stäuber, in: Blümich, EStG/KStG, § 10 b EStG, Tz. 39; BMF, BStBl. I 1994, 139; anderer Ansicht: FG Baden-Württemberg, Außensenate Stuttgart, Urteil v. 29. 11. 1991 – 9 K 278/91 – EFG 1992, 258).

Die Entscheidung des Bundesfinanzhofs wird aber heute ganz allgemein abgelehnt (vgl. Schmidt/Heinicke, EStG § 10 b, Tz. 61 und 25; Clausen, in: Hermann/Heuer/Raupach, aaO; Stäuber, in: Blümich, aaO; FG Baden-Württemberg, aaO; FG Nürnberg, Urteil v. 11. 7. 1994 – VI 221/93 – EFG 1994, 1090[3]). Auch die Finanzverwaltung, die vordergründig vorgibt, dem Bundesfinanzhof zu folgen, hat sich von der zitierten Entscheidung entfernt, indem sie Spenden an kirchliche öffentlich-rechtliche Körperschaften dann mit dem erhöhten Abzugssatz gemäß § 10 b Abs. 1 S. 2 EStG berücksichtigt, wenn sie mildtätigen oder denkmalpflegerischen Zwecken dienen (BMF in BStBl. I 1994, 139).

Nach Überzeugung des erkennenden Senats steht hinter der zitierten BFH-Entscheidung nicht nur die Überlegung, daß mit der eindeutigen Zuordnung aller Spenden an Kirchen zu kirchlichen Zwecken ein vereinfachtes Nachweisverfahren geschafft würde, sondern auch die Übrlegung, daß ansonsten die Finanzverwaltung und ihr folgend die Finanzjustiz über die Abgrenzung von primär-künstlerischen und primär-kirchlichen Zwecken entscheiden müßte.

Wie die jüngsten Erfahrungen der Justiz und der Gesellschaft mit Entscheidungen zu kirchlich/religiösen Fragen beweisen (vgl. BVerfG, Beschluß v. 16. 5. 1995 – 1 BvR 1087/91 – NJW 1995, 2477[4] – Kruzifixbeschluß –), sind justizielle Entscheidungen im Schnittbereich von säkularer Gesellschaft und Kirche in erheblichem Umfang problembehaftet. Unter diesem Aspekt erscheint die zitierte BFH-Entscheidung konfliktvermeidend und damit dem generellen Ziel der Justiz, Rechtsfrieden herzustellen, dienend. Auch kann nicht verkannt werden, daß die BFH-Entscheidung klare und eindeutige Abgrenzungen vorgibt, an denen sich jeder Bürger orientieren kann. Sie bietet daher auch Rechtssicherheit.

Andererseits führt der gedankliche Ansatz des Bundesfinanzhofes zu Ergebnissen, von denen nicht angenommen werden kann, daß sie im Bereich des gesetzgeberischen Willens lagen. So ergibt sich aus den Gesetzesmaterialien eindeutig, daß Spenden im Bereich der Denkmalpflege mit dem erhöhten Abzugssatz privilegiert werden sollten. Wenn man mit den Bundesfinanzhof Spenden zur Erhaltung kirchlicher Denkmäler aus dieser Privilegierung ausgrenzte,

---

[2] KirchE 8, 239.   [3] KirchE 32, 265.   [4] KirchE 33, 191.

würde ein überragend wichtiger Teil der deutschen Baudenkmäler aus dem Privilegierungsbereich entnommen. Auch wenn Kirchengebäude zuerst dazu dienen, in ihnen Gottesdienste abzuhalten und sonstiges kirchliches Leben zu entfalten, so bleiben sie doch herausragende Baudenkmäler und damit oft Gegenstände kollektiver Identifikation. Es kann nach Überzeugung des erkennenden Senats nicht richtig sein, daß eine Spende zur Erhaltung des Aachener oder des Kölner Doms in geringerem Umfang steuerliche Förderung auslöst als eine Spende zur Erhaltung profaner Denkmäler.

Dieselbe Überlegung gilt grundsätzlich auch hinsichtlich sonstiger Denkmäler. Es kann im Ergebnis kein Unterschied sein, ob eine Spende zur Errichtung eines Denkmals an die Stadt oder eine Kirchengemeinde fließt. Kunst ist primär Kunst, auch wenn sie von einer Kirchengemeinde finanziert wird.

Nach Überzeugung des Senats ist auch bei einem Denkmal, das die Erinnerung an eine konkrete historische Persönlichkeit wachhalten soll, der Kontext, in dem diese Person steht oder stand, für die Zuordnung der Spende nicht von Bedeutung. So wird eine Spende zur Errichtung eines Max-Planck-Denkmals nicht zu einer Spende zur Förderung der Wissenschaft und eine Spende zur Errichtung eines St. Adelheidis-Brunnens nicht zu einer Spende zur Förderung der Religion.

Zusammenfassend kommt der Senat zu dem Ergebnis, daß die angestellten Überlegungen zur Gleichbehandlung gleichartiger Spenden, die am extremsten wohl im Bereich des Denkmalschutzes zutage treten, zur Aufgabe der Überlagerungstheorie des Bundesfinanzhofes zwingen, auch wenn diese den Vorzug klarer, einfacher und praktikabler Abgrenzung hatte.

Der Senat muß im vorliegenden Streitfall nicht entscheiden, wo die Grenze zwischen ausschließlicher und unmittelbarer Förderung der Kunst und einer kumulativen Förderung von Kunst und Kirche verläuft. Der Senat neigt allerdings zu der Ansicht, daß das liturgische Gerät und alle diejenigen Dinge, die zur Durchführung des Gottesdienstes gehören, stets kirchlichen Zwecken dienen, selbst wenn sie der größte Künstler geschaffen hat. Um bei dem hier betroffenen Künstler und seinen im Nahbereich befindlichen sakralen Kunstwerken zu bleiben, bedeutete dies, daß der Sarkophag für N. in der St. B.-Kirche in K. in den Bereich der ausschließlichen Kunstförderung fiele, der Altar in der St. B.-Kirche in den Bereich der primär kirchlichen Zwecke.

Im Streitfall dominiert bei dem Brunnendenkmal der künstlerische Gehalt. Dahinter tritt der kirchliche Bezug zurück. Es wird an die Heilige als eine Person der Kulturgeschichte mit durchaus profanem Kontext erinnert. Anders als das bereits zitierte Kruzifix werden die Heiligen heute ganz überwiegend als Personen der Kulturgeschichte empfunden und von der Allgemeinheit vereinnahmt, wie exemplarisch das Kölner Stadtwappen beweist, in welchem die Heiligen Drei Könige und die Heilige Ursula vereinnahmt wurden.

77

Ein Ausschluß vom elterlichen Sorgerecht wegen Zugehörigkeit zu Scientology ist nur begründet, wenn konkrete Anhaltspunkte für eine entsprechende Beeinflussung der Kinder feststellbar sind.

§§ 1672, 167 BGB

OLG Frankfurt a. M., Beschluß vom 14. Oktober 1996 – 3 UF 62/96[1] –

Die Parteien leben seit September 1994 getrennt. Aus der 1975 geschlossenen Ehe sind die Kinder J., geb. 1977, C., geb. 1980, und W., geb. 1987, hervorgegangen. C. und W. leben bei der Mutter; die bereits volljährige J. bewohnt eine eigene Wohnung, nachdem sie bei der Mutter ausgezogen ist.

Die Parteien streiten über das Sorgerecht für die Dauer des Getrenntlebens für die Kinder C. und W.

Das Amtsgericht hat eine Umgangsregelung getroffen, nach der ein 14tägiger Besuchkontakt zwischen W. und dem Vater stattfinden soll. Diese Regelung ist seit April 1996, als es zu einer körperlichen Auseinandersetzung zwischen den Eltern in Gegenwart von W. gekommen war, nicht mehr durchgeführt worden.

Das Amtsgericht – Familiengericht – hat durch den angefochtenen Beschluß den Antrag des Vaters auf Übertragung des alleinigen Sorgerechts für C. und W. zurückgewiesen. Gegen den Beschluß hat der Antragsteller Beschwerde eingelegt. Er beantragt weiterhin die Übertragung des Sorgerechts für die Dauer des Getrenntlebens. Die Antragsgegnerin beantragt die Zurückweisung der Beschwerde.

Wesentlicher Streitpunkt der Parteien ist die Behauptung des Vaters, die Mutter sei Mitglied von Scientology, und hierdurch sei das Kindeswohl gefährdet. Der Senat hat bezüglich der Scientologen-Organisation Informationen vom Bundesjustizministerium, vom Hessischen Justizministerium, der Evangelischen Landeskirche und der Vorsitzenden des Vereins VITEM e. V. (Verein für die Interessen terrorisierter Mitmenschen) eingeholt. Ferner liegen Stellungnahmen der Schulen der Kinder sowie des zuständigen Jugendamtes vor. Die Eltern sowie die drei Kinder wurden persönlich angehört.

Das Rechtsmittel blieb erfolglos.

Aus den Gründen:

Die Beschwerde ist gemäß § 621 e Abs. 1 u. 3 ZPO zulässig, sie ist jedoch unbegründet.

---

[1] FamRZ 1997, 573.

Personensorge 379

Ein Regelungsbedürfnis für eine Entscheidung gemäß § 1672 BGB über das Sorgerecht während des Getrenntlebens der Parteien ist grundsätzlich zu bejahen, da über das Sorgerecht für die beiden noch minderjährigen Kinder zwischen den Parteien erheblicher Streit besteht. Eine gemeinsame Ausübung des Sorgerechts, wie es die gesetzliche Regelung vorsieht, solange keine abweichende Entscheidung getroffen wurde, findet nicht statt, da die Antragsgegnerin den Antragsteller von einer Beteiligung am Sorgerecht ausschließt und dieses faktisch allein ausübt.

Dennoch kann der Antragsteller mit seiner Beschwerde keinen Erfolg haben, da die Übertragung des Sorgerechts auf ihn dem Kindeswohl nicht entspräche (§§ 1672, 1671 Abs. 2 BGB).

Allerdings bestehen Zweifel an der Geeignetheit der Mutter, das Sorgerecht zum Wohl der Kinder auszuüben. Nach der Überzeugung des Senats ist die Mutter – trotz ihrer entgegenstehenden Behauptungen – der Organisation der Scientologen zumindest nahestehend. Dies ergibt sich aus der engen Beziehung der Antragsgegnerin zu dem führenden Scientologen H. M. und ihrer Tätigkeit als Geschäftsführerin des M. Verlags. Dieser Verlag wird als Mitglied des WISE (World Institut of Scientology Enterprises) geführt. Es muß davon ausgegangen werden, daß in einem scientologisch dominierten Verlag hohe Positionen ausschließlich mit Scientologen besetzt werden. Ferner hat die Schilderung der volljährigen Tochter J. deutlich gezeigt, daß nach der Trennung der Parteien die Antragsgegnerin ihre Kontakte zu befreundeten Scientologen intensiviert hat und daß sich ihr Bekanntenkreis in der Weise verändert hat, daß er sich überwiegend aus Scientologen zusammensetzt.

Es ist das Ziel der Scientologen-Organisation, einen neuen Menschen scientologischer Prägung und eine neue, ausschließlich nach scientologischen Richtlinien funktionierende Welt zu schaffen („Die Scientology-Organisation", hg. im Auftrag des Bundesministeriums für Familie, Senioren, Frauen und Jugend vom Bundesverwaltungsamt, T. III, S. 15). Dabei kennt die Lehre keine Kindheit, vielmehr werden alle scientologischen Techniken und Dienstleistungen auch für Kinder angewandt, um so früh wie möglich das Denken und Handeln zu beeinflussen (s. o., VI 4, S. 26). Die Umsetzung dieser Lehren kann eine Gefährdung des Kindeswohls darstellen, da eine freie Entfaltung der kindlichen Persönlichkeit, orientiert an dem gesellschaftlichen Wert- und Normsystem, verhindert wird und die Kinder in eine Außenseiterposition geraten können.

Um eine derartige Gefährdung des Kindeswohls feststellen zu können, müssen jedoch konkrete Erkenntnisse vorliegen, daß die Kinder i. S. der Scientologen-Organisation beeinflußt werden. Die Feststellung der Zugehörigkeit der Mutter zu der Organisation der Scientologen reicht allein nicht aus, um den Schluß zu ziehen, daß sie aus diesem Grund bereits zur Versorgung und Erziehung der Kinder ungeeignet ist.

(OLG Frankfurt/M., FamRZ 1994, 920[2]; ebenso OLG Düsseldorf, FamRZ 1995, 1511 = FuR 1996, 151[3] [beide betr. „Zeugen Jehovas"]; OLG Hamburg, FamRZ 1985, 1284[4] [„Bhagwan"]).

Konkrete Anhaltspunkte für eine Anwendung scientologischer Techniken auf die Kinder oder eine gezielte Beeinflussung und Ausübung von Druck liegen nicht vor. Die Stellungnahmen der Schulen sowie die Anhörungen der beiden minderjährigen Kinder haben ergeben, daß diese in ihrem sozialen Umfeld integriert sind und keine Verhaltensauffälligkeiten zeigen. Die Mutter hält Kontakt zu den Schulen und den Lehrern. Die Kinder besuchen öffentliche Schulen, W. noch zusätzlich den Hort, so daß eine mögliche häusliche Indoktrinierung durch Kontakte mit einem offenen, nicht-scientologischen Umfeld ausgeglichen werden kann. W. nimmt am katholischen Religionsunterricht teil und hat offensichtlich die innere Freiheit, sich mit religiösen Fragen auseinanderzusetzen. Auch der Schulwechsel von C. und die Teilnahme an einem Berufsgrundbildungsjahr läßt weder einen scientologischen Einfluß erkennen noch eine Vernachlässigung der schulischen Förderung seitens der Mutter.

Die Anhörung der beiden minderjährigen Kinder sowie der volljährigen Schwester J., die der Antragsgegnerin und den Scientologen kritisch gegenübersteht, hat keine konkreten Anhaltspunkte dafür erbracht, daß C. und W. an scientologischen Kursen teilgenommen haben oder mit scientologischen Techniken (Auditing, Clearing) in Berührung gekommen sind.

Bedenken gegen die Eignung der Mutter zur Ausübung des Sorgerechts ergeben sich jedoch aus ihrer fehlenden Bereitschaft, einen Kontakt der Kinder zum Vater zu fördern. Die Entscheidung über die Durchführung von Besuchskontakten mit dem Antragsteller völlig dem Willen der Kinder zu überlassen, entspricht nicht einer Ausübung des Sorgerechts i. S. des Kindeswohls. Es gehört zur Aufgabe des sorgeberechtigten Elternteils, den Kontakt der Kinder zum anderen Elternteil nach Kräften zu fördern und eigene Beziehungskonflikte herauszuhalten. Es liegt im wohlverstandenen Interesse der Kinder, die Bindungen zum Vater aufrechtzuerhalten.

Der Eindruck der beauftragten Richterin anläßlich der Kindesanhörung entspricht der in der Stellungnahme des Jugendamtes v. 4. 9. 1996 vertretenen Auffassung, daß es W. auf Grund der gegen den Vater gerichteten Stimmung in der Familie nicht möglich ist, positive Gefühle für diesen zuzulassen. Die Fixierung des Vaters auf das Thema „Scientology" sowie die häufige Thematisierung dieses Problems in zurückliegenden Kontakten mit den Kindern erschweren andererseits die Durchführung des Umgangsrechts ebenso wie die im April 1996 von W. beobachtete körperliche Auseinandersetzung zwischen den Eltern, bei der W. sich nur mit der Mutter solidarisieren konnte.

---

[2] KirchE 31, 517.   [3] KirchE 33, 32.   [4] KirchE 23, 154.

Die mangelnde Umgangstoleranz der Mutter allein kann jedoch auch unter Abwägung aller Gesichtspunkte nicht dazu führen, daß die Antragsgegnerin insgesamt als ungeeignet zur Ausübung des Sorgerechts erscheint und das Sorgerecht auf den Antragsteller zu übertragen wäre. Der Mutter muß jedoch bewußt sein, daß die Frage, inwieweit sie in der Lage ist, die Pflege der Beziehung zwischen Kindern und Vater zu fördern, für die Entscheidung über das endgültige Sorgerecht bei Scheidung von erheblicher Bedeutung sein wird (OLG Celle, FamRZ 1994, 924).

Gegen eine Übertragung des Sorgerechts auf den Vater spricht letztlich der klar geäußerte Kindeswille von C. und W., die bei der Mutter bleiben wollen.

(wird ausgeführt)

78

Unterlassungs- und Folgenbeseitigungsbegehren eines Mitglieds der Scientology-Organisation wegen einer schriftlichen Äußerung der Landesregierung auf eine Landtagsanfrage zur Problematik staatlicher Kunstförderung bei Auftritten offen bekennender scientologischer Künstler.

Zur Qualität einer derartigen amtlichen Äußerung als mittelbarer faktischer Eingriff in Grundrechte.

Art. 1 Abs. 1, 2 Abs. 1, 3 Abs. 3, 4 Abs. 1, 5 Abs. 3 GG
VGH Baden-Württemberg, Urteil vom 15. Oktober 1996 – 10 S 176/96[1] –

Der Kläger, ein amerikanischer Staatsangehöriger und Mitglied von Scientology, wendet sich gegen Regierungsäußerungen des beklagten Landes Baden-Württemberg gegenüber dem Landtag.

Der Beklagte beabsichtigte, sich anläßlich der Leichtathletik-Weltmeisterschaft im August 1993 in einem eigenen Rahmenprogramm der Öffentlichkeit zu präsentieren. Die von dem Beklagten beauftragte Agentur nahm mit dem Kläger, einem Pianisten, Vertragsverhandlungen über ein Konzert auf. Sie brach diese Verhandlungen jedoch ab, als die Mitgliedschaft des Klägers in der Scientology-Organisation bekannt wurde. Mit Schreiben vom 21.5.1993 teilte sie dem Kläger eine Stellungnahme des Staatsministeriums des Beklagten mit, in der es unter anderem heißt:

„Die Regierung von Baden-Württemberg respektiert den religiösen Glauben von Herrn C. bzw. von jedem anderen. Herr C. kann natürlich, wo immer er will, Konzerte geben. Die Regierung wird Herrn C. für ein Konzert nicht engagieren. Die Regierung ist überzeugt,

---

[1] Amtl. Leitsätze. NJW 1997, 754. Nur LS: NVwZ 1997, 507; AkKR 165 (1996), 599. Das Urteil ist rechtskräftig. Die Nichtzulassungsbeschwerde des Klägers wurde zurückgewiesen; BVerwG, Beschluß vom 15.5.1997 – 3 B 19.97 – unv.

daß Scientology keine religiöse Gemeinschaft, sondern eine Sekte ist, die hauptsächlich kommerzielle Interessen hat."

Unter dem 8. 6. 1993 beantragten Abgeordnete des Landtags einen Beschluß, mit dem die Regierung ersucht werden sollte, „zu berichten,

1. *wie sie die generelle Problematik beurteilt, daß durch Auftritte von Künstlern, Ausstellungen o. ä. von bekennenden Scientologen in staatlichen Einrichtungen oder bei Veranstaltungen, die Landeszuschüsse erhalten, die sogenannte Scientology-Church zwangsläufig indirekt unterstützt wird;*
2. *wie sie gewährleisten will, daß solche Honorar- oder Gagenzahlungen, die ja auch durch Landeszuschüsse finanziert werden, nicht teilweise an Scientology weitergeleitet werden und damit die Politik der staatlichen Bekämpfung dieser Organisation konterkariert wird;*
3. *welches Vorgehen sie den jeweiligen Veranstaltern in einem solchen Falle empfiehlt."*

In der Begründung heißt es:

„Beim diesjährigen Internationalen Zeltmusikfestival in F. wird am 22. Juni 1993 C. mit seiner Band auftreten. Das Land bezuschußt diese Veranstaltung. Da C. sich regelmäßig in der Öffentlichkeit zu Scientology bekennt, dafür wirbt und Scientology nachweislich finanziell unterstützt, fördert das Land damit indirekt eine Organisation, gegen die man ansonsten vorzugehen versucht, um deren weitere Expansion zu verhindern."

Mit Schreiben vom 9. 7. 1993 nahm das Ministerium für Kultus und Sport im Einvernehmen mit dem Ministerium für Familie, Frauen, Weiterbildung und Kunst zum Antrag Stellung (LT.-Drs. 11/2051). Hierin heißt es:

„Die finanzielle Förderung von kulturellen Veranstaltungen bzw. Künstlern ist in Baden-Württemberg u. a. an dem sich aus dem grundgesetzlich normierten Gebot der Kunstfreiheit abgeleiteten Prinzip der Liberalität ausgerichtet. Nach diesem Prinzip wird auf die Kunstinhalte kein Einfluß ausgeübt. Die Verantwortung für die Kunstinhalte liegt ausschließlich bei den Künstlern und Kunstvermittlern.

Das Prinzip der Liberalität stößt aber dann an die Grenze des Hinnehmbaren, wenn letztlich mit Mitteln des Landes geförderte Künstler ihren Auftritt nachweislich in der Absicht absolvieren, für die Interessen von Gruppierungen, Vereinigungen oder Ideen zu werben, die von der Landesregierung für bekämpfenswert erachtet werden.

Dem Ministerium für Familie, Frauen, Weiterbildung und Kunst war bisher die Verbundenheit von C. zu Scientology nicht bekannt. Zukünftig muß eine staatliche Förderung von Veranstaltungen in Frage gestellt werden, an der aktiv und offen bekennende Scientologen und Mitglieder ähnlicher Gruppierungen auftreten. Die Landesregierung hat daher im Rahmen einer Programmplanung des Baden-Württemberg-Clubs anläßlich der Leichtatlethik-Weltmeisterschaft im August 1993 von einer ursprünglich von der beauftragten Agentur ins Auge gefaßten Mitwirkung von C. abgesehen."

Mit Schreiben vom 14. 6. 1993 teilte das Staatsministerium des Beklagten dem Kläger mit, daß er

„jederzeit an jedem Ort in Baden-Württemberg ein Konzert geben oder sonstwie auftreten könne ... das Land als Veranstalter jedoch aufgrund der bekannten Haltung der Landesregierung zur Scientology-Sekte keinen Vertrag ... abschließen" werde.

Am 15.12.1993 hat der Kläger beim Verwaltungsgericht Stuttgart Klage erhoben. Er hat beantragt,

1. den Beklagten zu verpflichten, die Äußerung, wonach eine staatliche Förderung von Veranstaltungen in Frage gestellt sei, wenn der Kläger als bekennender Scientologe dort auftrete, oder ähnliche Äußerungen in bezug auf den Kläger zu unterlassen,
2. den Beklagten zu verpflichten, seine Äußerung, wonach eine staatliche Förderung von Veranstaltungen in Frage gestellt sei, wenn der Kläger als bekennender Scientologe dort auftrete, zu widerrufen und dazu den Beklagten zu verpflichten, allen Empfängern der Erstmitteilung sowie durch eine Pressemitteilung zu verlautbaren, daß die staatliche Förderung von Musikveranstaltungen unter Beteiligung speziell des Klägers nicht in Frage gestellt sei;
hilfsweise, das beklagte Land zu verpflichten, das stattgebende Unterlassungsurteil zu veröffentlichen;
hilfsweise, zu den Ziffern 1 und 2:
1. festzustellen, daß die Äußerung des beklagten Landes, daß eine staatliche Förderung von Veranstaltungen in Frage gestellt sei, wenn der Kläger als bekennender Scientologe dort auftrete, rechtswidrig und damit rechtsunwirksam sei,
2. das beklagte Land zu verpflichten, das stattgebende Feststellungsurteil zu veröffentlichen.

Zur Begründung hat der Kläger vorgetragen: Die streitige Äußerung des Beklagten betreffe ihrem Sinnzusammenhang nach ihn persönlich. Sie diskriminiere ihn, verletze sein Persönlichkeitsrecht aus Art. 2 Abs. 1 i. V. m. Art. 1 Abs. 1 GG und seine Grundrechte aus Art. 3 Abs. 3, Art. 4, Art. 5 Abs. 3 GG sowie seine entsprechenden Freiheitsrechte aus der Europäischen Menschenrechtskonvention und dem Internationalen Pakt über bürgerliche und politische Rechte.

Das Verwaltungsgericht hat das Verfahren eingestellt, soweit der Kläger seinen Antrag auf Feststellung der Rechtswidrigkeit des Abbruchs der Vertragsverhandlungen zurückgenommen hatte, und die Klage im übrigen abgewiesen. Gegen dieses Urteil hat der Kläger Berufung eingelegt.

Der Kläger beantragt, das Urteil des Verwaltungsgerichts Stuttgart vom 8. Dezember 1995 zu ändern und

1. den Beklagten zu verurteilen, Äußerungen, wonach eine staatliche Förderung von Veranstaltungen in Frage gestellt sei, wenn der Kläger als bekennender Scientologe dort auftrete, oder sinngemäße Äußerungen in bezug auf den Kläger zu unterlassen,
2. den Beklagten zu verurteilen,
a) seine Äußerung zu widerrufen, wonach eine staatliche Förderung von Veranstaltungen in Frage gestellt sei, wenn der Kläger als bekennender Scientologe dort auftrete und
b) allen Empfängern der Erstmitteilung sowie durch Pressemitteilung zu verlautbaren, daß die staatliche Förderung von Musikveranstaltungen unter Beteiligung speziell des Klägers nicht wegen seiner Eigenschaft als bekennender Scientologe in Frage gestellt sei, hilfsweise:
gegenüber den Empfängern der Erstmitteilung öffentlich, z. B. in Form einer Pressemitteilung, zu verlautbaren: „Die staatliche Förderung von Veranstaltungen, in denen der

Jazzpianist C. auftritt, ist nicht dadurch in Frage gestellt, weil Herr C. aktiv und offen bekennender Scientologe ist."
höchsthilfsweise:
den Beklagten zu verurteilen, das stattgebende Unterlassungsurteil nach Ziffer 1 zu veröffentlichen,
3. hilfsweise zu Ziffer 1 und 2:
festzustellen, daß die Äußerung des Beklagten, eine staatliche Förderung von Veranstaltungen sei in Frage gestellt, wenn der Kläger als bekennender Scientologe dort auftrete, ihn in seinen Rechten verletze, und den Beklagten zu verurteilen, das stattgebende Urteil zu veröffentlichen.

Die Berufung war erfolglos.

Aus den Gründen:

Die zulässige Berufung ist nicht begründet. Das Verwaltungsgericht hat die Klage mit allen Anträgen im Ergebnis zu Recht abgewiesen.

I. Die Klage ist mit den in der mündlichen Berufungsverhandlung gestellten Anträgen zu 1 und 2 zulässig. Für Klagen wegen (angeblicher) grundrechtsverletzender Äußerungen eines Hoheitsträgers ist nach ständiger Rechtsprechung der Rechtsweg zu den Verwaltungsgerichten gegeben (z. B. BVerwG, Urteil v. 23. 5. 1989, BVerwGE 82, 76 f. = DVBl. 1989, 997[2]; Beschluß des erkennenden Senats vom 11. 3. 1996 – 10 S 3490/95 – NJW 1996, 2116[3]). Das gilt auch, wenn der Hoheitsträger sich wie im vorliegenden Fall gegenüber dem Parlament im Rahmen der Beantwortung einer Anfrage geäußert hat (BVerwG, aaO). Statthafte Klageart für die vom Kläger verfolgten Unterlassungs-, Widerrufs- und Richtigstellungsansprüche ist die allgemeine Leistungsklage (BVerwG, aaO). Der Kläger ist ferner klagebefugt, da er geltend macht, durch die streitige Äußerung in eigenen grundrechtlichen Rechtspositionen verletzt zu sein, und da weder eine derartige Rechtsverletzung noch daraus folgende Unterlassungs- und Beseitigungsansprüche offensichtlich und eindeutig nach jeder Betrachtungsweise ausgeschlossen erscheinen (§ 42 Abs. 2 VwGO analog, vgl. Kopp, VwGO, 10. Aufl., § 42 Rdnr. 38). Soweit der Kläger von dem Beklagten die Unterlassung künftiger Äußerungen verlangt, liegt schließlich auch ein auf die Inanspruchnahme vorbeugenden Rechtsschutzes gerichtetes Rechtsschutzbedürfnis vor. Dem Kläger kann nicht zugemutet werden, zunächst die Wiederholung der umstrittenen Äußerung abzuwarten und erst dann dagegen gerichtlich vorzugehen (vgl. BVerwG, aaO).

II. Die Klageanträge zu 1) und 2) sind jedoch nicht begründet. Dem Kläger stehen die von ihm verfolgten Unterlassungs-, Widerrufs- und Richtigstellungsansprüche nicht zu.

---

[2] KirchE 27, 145.   [3] KirchE 34, 90.

Als Rechtsgrundlage für Unterlassungs- und Folgenbeseitigungsansprüche kommen die Grundrechte in Betracht. Sie schützen den Einzelnen vor rechtswidrigen Beeinträchtigungen jeder Art, auch solchen durch schlichtes hoheitliches Handeln. Infolge dessen kann der Einzelne, wenn ihm eine derartige Rechtsverletzung droht, gestützt auf das jeweils berührte Grundrecht Unterlassung und, wenn sie erfolgt ist, Folgenbeseitigung verlangen (BVerwG, aaO, S. 77 f.). Im vorliegenden Fall vermag der Senat allerdings eine – den geltend gemachten Unterlassungs- und Folgenbeseitigungsanspruch begründende – gegenwärtige oder drohende Verletzung von Grund- und Menschenrechten des Klägers durch amtliche Äußerungen, wie sie im Antwortschreiben des Beklagten vom 9. 7. 1993 an den Landtag enthalten sind, nicht festzustellen. Auf die zwischen den Beteiligten umstrittene Frage, ob die Folgen der Äußerung durch Widerruf oder in anderer Weise zu beseitigen wären, kommt es daher nicht an.

1. Rechtspositionen des Klägers aus Art. 4 Abs. 1, 140 GG i. V. m. 136 WRV, § 9 EMRK und Art. 18 des Internationalen Paktes über bürgerliche und politische Rechte (vom 19. 12. 1966, BGBl. 1973, II S. 1534) sind nicht verletzt. Die streitige Äußerung stellt weder einen gezielten Eingriff in die subjektiv-rechtlich geschützte Religions- und Weltanschauungsfreiheit des Klägers dar, noch kann in ihr eine sonstige relevante Beeinträchtigung dieser Rechte gesehen werden. Ihr fehlt zunächst die Zielgerichtetheit, die bei nicht regelnden, sondern lediglich tatsächlichen Maßnahmen ein tragendes Kriterium für die Annahme eines Grundrechtseingriffs darstellt. Es handelt sich nicht – wie dies bei amtlichen Warnungen der Fall ist – um einen Akt staatlicher Informationstätigkeit, der in Gestaltungsabsicht auf den Schutzbereich des Art. 4 GG einwirkt, indem er darauf abzielt, die Öffentlichkeit auf Distanz zu einer Religions- oder Weltanschauungsgemeinschaft zu bringen (BVerwG, aaO, S. 79; Urteil v. 27. 3. 1992, BVerwGE 90, 112 [119 ff.][4]). Vielmehr fehlt hier dieses Element der Finalität, weil die streitige Äußerung der Landesregierung sich darauf beschränkt, in Beantwortung der Kleinen Anfrage des Landtags die Überlegungen der Landesregierung zum zukünftigen Verfahren der Bezuschussung kultureller Veranstaltungen, bei denen offen bekennende Mitglieder von Scientology und anderen Gruppierungen auftreten sollen, mitzuteilen. Eben dieser mögliche Konflikt zwischen der staatlichen Förderung von kulturellen Veranstaltungen und Künstlern einerseits und der seit geraumer Zeit definierten und allgemein bekannten Politik des Beklagten gegenüber Scientology und ähnlichen Gruppierungen andererseits war Gegenstand der Kleinen Anfrage des Landtags gewesen. Mit der Formulierung *„zukünftig muß eine staatliche Förderung von Veranstaltungen in Frage gestellt werden, an der aktiv und offen bekennende Scientologen und Mitglieder ähnlicher Gruppierungen auftreten"* wird der Stand der Überlegungen des

---

[4] KirchE 30, 151.

Beklagten zu einer Lösung des angesprochenen Konflikts umrissen. Die Antwort erschöpft sich in einer ergebnisoffenen Absichtserklärung gegenüber dem zur Kontrolle der Regierung berufenen Parlament (vgl. Art. 27 Abs. 2 LV); sie wirkt dagegen nicht selbst in Gestaltungsabsicht auf den grundrechtlichen Schutzbereich des Art. 4 GG ein, da ihr auch bei objektiver Betrachtungsweise jedes appellative Element gegenüber der Öffentlichkeit fehlt. Daran kann die Tatsache nichts ändern, daß die Tätigkeit des Landtags sich in der Öffentlichkeit abspielt und die Antworten der Landesregierung auf derartige Anfragen in den Drucksachen des Landtags amtlich bekanntgegeben werden.

Der Versuch einer Beeinflussung der Öffentlichkeit im Sinne einer Distanzierung von Scientology und ähnlichen Gruppierungen mit religiösem oder weltanschaulichem Anspruch kann auch nicht darin gesehen werden, daß in der Beantwortung der Anfrage eine indirekte staatliche Förderung von Scientology durch die Bezuschussung bestimmter kultureller Veranstaltungen sinngemäß als problematisch dargestellt wird. Diese Aussage liefert die Begründung für die beabsichtigte Überprüfung der Bezuschussungspraxis, kann aber nicht als Versuch der Landesregierung gewertet werden, im Rahmen der Beantwortung der Kleinen Anfrage das Verhalten der Öffentlichkeit gegenüber Scientology in ihrem Sinne zu beeinflussen. In diesem Zusammenhang verkennt die Berufung den Sinngehalt der streitigen Äußerung, wie er sich aus ihrem Wortlaut und ihrem Kontext ohne weiteres erschließt. Sie besagt nicht etwa, daß eine Förderung von Veranstaltungen, auf denen bekennende scientologische Künstler auftreten, versagt werden wird. Die Wendung *„in Frage stellen"* bedeutet vielmehr lediglich, daß der Entscheidung über zukünftige Förderungsanträge in den angesprochenen Fällen eine nähere Prüfung vorausgehen soll. Inhalt und Maßstab dieser Prüfung ergeben sich aus dem vorangehenden Absatz des ministeriellen Schreibens vom 9.7.1993. Hierin heißt es: *„Das Prinzip der Liberalität stößt aber dann an die Grenze des Hinnehmbaren, wenn letztlich mit Mitteln des Landes geförderte Künstler ihren Auftritt nachweislich in der Absicht absolvieren, für die Interessen von Gruppierungen, Vereinigungen oder Ideen zu werben, die von der Landesregierung für bekämpfenswert erachtet werden."* Dieser Zusammenhang macht deutlich, daß ein mögliches Kriterium der Förderungsentscheidungen nicht etwa die Mitwirkung als solche von Künstlern, die den genannten Organisationen angehören, sein soll, sondern der Nachweis einer Absicht, für die betreffende Gruppierung bzw. ihre Ideen im Rahmen der geförderten Veranstaltung zu werben. Diese Aussage umschreibt gegenüber dem Landtag mögliche Kriterien des Einsatzes staatlicher Mittel zur Förderung von Kunst und Kultur und der – mittelbaren – Teilhabe scientologischer Künstler, die nicht selbst Subventionsempfänger sind. Objektive Zielrichtung der Äußerung gegenüber dem Landtag ist somit nicht eine Beeinflussung der Öffentlichkeit, als deren *„Kehrseite"* Nachteile für die sich auf Art. 4 GG berufenden Gruppierungen entstehen könnten, sondern allein die Unterrichtung des Parlaments über die Handlungsoptionen der Landesregierung. Anders als in den vom Kläger angeführten Fallgruppen der amtlichen Warnung vor religiösen oder weltanschaulichen Gruppen (BVerwG, Urteil v. 23. 5. 1989, aaO) und der staatlichen Förderung von Vereinen, die die Öffentlichkeit über das Wirken solcher Gruppen aufklären (BVerwG, Urteil v. 27. 3. 1992, aaO), kann vorliegend keine Rede davon sein, die streitige Äußerung sei bei der gebotenen objektiven, die Gesamtumstände einbeziehenden Betrachtung auf die Beeinträchtigung des durch Art. 4 GG geschützten Lebensbereichs gerichtet.

Die gegenteilige Auffassung des Klägers scheint auf einer unzureichenden Trennung zwischen dem Inhalt der streitigen Äußerung und der darin angekündigten Prüfungspraxis selbst zu beruhen. Die von dem Kläger aufgeworfene Frage, ob eine beantragte Subvention verweigert werden darf, wenn mit einer Werbung für Scientology während der zu fördernden kulturellen Veranstaltung zu rechnen ist, spielt für die rechtliche Beurteilung der hier streitigen Äußerung keine Rolle; sie läßt insbesondere keine Rückschlüsse auf deren Eingriffsqualität zu.

Auch eine sonstige – d. h. nicht gezielte – relevante Beeinträchtigung des Klägers in seiner Religions- bzw. Weltanschauungsfreiheit vermag der Senat nicht festzustellen. Die vom Kläger angeführten Nachteile, nämlich ein – möglicherweise auch auf anderen Ursachen beruhender – deutlicher Rückgang von Angeboten für Konzertauftritte im Landesgebiet, berühren ihn nicht schwerwiegend und nachhaltig in seiner Freiheit, seine religiöse bzw. weltanschauliche Überzeugung zu bilden, zu haben, zu bekennen und zu verbreiten oder sein gesamtes Verhalten an den Lehren dieser Überzeugung auszurichten (zum Schutzbereich der individuellen Glaubensfreiheit vgl. z. B. Jarass/Pieroth, GG, 3. Aufl., Art. 4 Rdnr. 6 ff.), sondern haben allenfalls einen Bezug zu seinen wirtschaftlichen Interessen (vgl. hierzu unten Ziff. 5). Insbesondere kann, zumal angesichts des von der Berufung herausgestellten internationalen Erfolgs und Renommees des Klägers, keine Rede davon sein, daß ein Rückgang von Konzertangeboten aus Baden-Württemberg ihn einem grundrechtlich erheblichen Druck aussetzen könnte, sich von seinem Bekenntnis zu distanzieren. Daß seine Möglichkeiten, für sein Bekenntnis öffentlich zu werben, beschnitten würden, hat der Kläger selbst nicht geltend gemacht; vielmehr hat er erklärt, er habe nie die Absicht gehabt, bei seinen Konzertauftritten zu missionieren. Ob die Verbundenheit des Klägers mit Scientology Ausdruck einer religiösen oder weltanschaulichen Überzeugung ist, kann nach alldem offenbleiben (verneinend zur Qualität von Scientology als Weltanschauungsgemeinschaft: BAG, Beschluß v. 22. 3. 1995, NJW 1996, 143 [5]).

---

[5] KirchE 33, 92.

Kann somit in der streitigen Äußerung des Beklagten kein Eingriff in den Schutzbereich des Art. 4 GG und der entsprechenden Gewährleistungen in Art. 9 EMRK und Art. 18 des Internationalen Paktes über bürgerliche und politische Rechte gesehen werden, so stellt sich die Frage einer dem Gesetzesvorbehalt entsprechenden Eingriffsermächtigung nicht. Der Senat merkt hierzu jedoch an, daß dem Beklagten eine derartige Rechtsgrundlage durchaus zur Verfügung steht. Sie folgt kraft Verfassungsrechts aus der Aufgabenstellung der Landesregierung zur Beobachtung, Vorsorge und Lenkung in besonderen gesellschaftlichen Teilbereichen und aus ihrer Befugnis und Verpflichtung, diese Tätigkeit gegenüber dem Parlament darzustellen bzw. zu vertreten (VGH Baden-Württemberg, Urteil v. 22. 6. 1992 – 1 S 182/91[6] –; entsprechend zur Eingriffsermächtigung der Bundesregierung: BVerfG, Kammerbeschluß v. 15. 8. 1989, NJW 1989, 3269f.[7]; BVerwG, Urteil v. 23. 5. 1989, aaO, S. 80f.). Der Landtag überwacht nach dem bereits erwähnten Art. 27 Abs. 2 LV die Ausübung der vollziehenden Gewalt nach Maßgabe der Landesverfassung. Ein Instrument dieser Kontrollfunktion ist das in § 61 der Geschäftsordnung des Landtags von Baden-Württemberg (i. d. F. v. 1. 6. 1989, GBl. S. 250) näher geregelte Institut der Kleinen Anfrage. Sie soll dem Landtag, seinen Fraktionen und Parlamentariergruppen die Kontrolle der Regierung erleichtern und die Beschaffung von Informationen für die eigene parlamentarische Tätigkeit ermöglichen. Die Pflicht der Landesregierung zur erschöpfenden Beantwortung solcher Anfragen trägt mithin dazu bei, die Funktionsfähigkeit des parlamentarischen Systems zu gewährleisten (so zu Anfragen des Bundestages: BVerfG, Kammerbeschluß v. 15. 3. 1996, NJW 1996, 2085). Es versteht sich von selbst, daß die Landesregierung auch bei der Erfüllung ihrer Informationspflicht gegenüber dem Landtag allgemeinen verfassungsrechtlichen Schranken wie dem Grundsatz der Verhältnismäßigkeit (Erforderlichkeit, Geeignetheit und Angemessenheit) sowie dem Willkürverbot unterliegt, soweit sie mit ihren Äußerungen in Grundrechte eingreift (vgl. BVerfG, Kammerbeschluß v. 27. 10. 1988, aaO, m. w. N.; BVerwG, Urteil v. 23. 5. 1989, aaO, S. 80f.). Diesen Anforderungen würde die streitige Äußerung auch dann gerecht, wenn mit ihr ein mittelbarer faktischer Eingriff in Grundrechte des Klägers verbunden wäre. Für den Senat steht außer Zweifel, daß die Kleine Anfrage sich im Rahmen der verfassungsrechtlichen Kontrollkompetenz des Landtags bewegt und daß auch ihre Beantwortung durch die Landesregierung weder kompetenzrechtliche noch materiell-rechtliche Fragen aufwirft. Sie beschränkt sich auf die Mitteilung des erfragten Sachverhalts, gibt keine unrichtigen Tatsachen wieder und ist frei von unsachlichen bzw. sachfremden Wertungen. Die in ihr zum Ausdruck gebrachte

---

[6] KirchE 30, 270.   [7] KirchE 27, 211.

Einschätzung, eine indirekte staatliche Förderung von Scientology sei problematisch und bedürfe daher einer näheren Prüfung, ist weder willkürlich noch im weiteren Sinne unverhältnismäßig.

Die Argumentation des Klägers zu Art. 140 GG i. V. m. Art. 136 Abs. 3 WRV verkennt, daß der von ihm geltend gemachte Unterlassungs- und Folgenbeseitigungsanspruch eine Verletzung seiner Rechte durch die streitige amtliche Äußerung voraussetzt und nicht von der rechtlichen Beurteilung der von dem Beklagten ins Auge gefaßten Prüfkriterien für die Subventionsvergabe abhängt. Im übrigen spricht nichts dafür, daß die Prüfung der Subventionsanträge von Festivalveranstaltern mit einer Verpflichtung der bei solchen Veranstaltungen auftretenden Künstler verbunden würde, ihre religiöse oder weltanschauliche Überzeugung zu offenbaren, zumal die streitige Äußerung sich ausdrücklich nur auf „*aktiv und offen bekennende Scientologen und Mitglieder ähnlicher Gruppierungen*" bezieht.

2. Die Berufung des Klägers auf Art. 3 Abs. 3 S. 1 GG und Art. 26 des Internationalen Paktes über bürgerliche und politische Rechte verhilft der Unterlassungs- und Folgenbeseitigungsklage ebenfalls nicht zum Erfolg. Der Schutzbereich dieser Bestimmungen ist nur dann berührt, wenn es um eine Ungleichbehandlung geht, für die es auf bestimmte Eigenschaften des Grundrechtsinhabers wie seine religiöse Überzeugung ankommt (vgl. Jarass/Pieroth, aaO, Art. 3, Rdnr. 68). Das ist hier nicht der Fall. Die umstrittene amtliche Äußerung stellt als solche keine Ungleichbehandlung des Klägers aufgrund seines Glaubens oder seiner religiösen Anschauungen dar; sie erschöpft sich, wie oben ausgeführt, in der Ankündigung einer bestimmten Verfahrensweise bei der zukünftigen Bezuschussung von Veranstaltungen Dritter, ist aber mit dieser Verfahrensweise selbst nicht identisch. Daher bedarf im vorliegenden Rechtsstreit keiner Klärung, ob der Kläger, der nicht selbst als Zuschußempfänger in Betracht kommt, sich auf die besondere Gleichheitsregelung des Art. 3 Abs. 3 S. 1 GG und Art. 26 des Internationalen Paktes über bürgerliche und politische Rechte berufen könnte, wenn der Subventionsantrag eines Veranstalters aus den hier erörterten Gründen tatsächlich abgelehnt würde. Im übrigen verkennt der Kläger, daß eine etwaige Subventionsversagung, wie sie in der Antwort der Landesregierung erwogen wird, wohl nicht an den Glauben oder die religiösen Anschauungen i. S. von Art. 3 Abs. 3 GG anknüpfen würde, sondern an bestimmte äußere Verhaltensweisen bzw. Methoden, die Scientology jenseits des Schutzbereichs von Art. 4 GG praktizieren dürfte (vgl. unten Ziff. 4).

3. Entgegen dem Vorbringen des Klägers stellt die streitige Äußerung des Beklagten keinen Eingriff in seine Kunstfreiheit dar (Art. 5 Abs. 3 S. 1 GG). Die Antwort der Landesregierung nimmt keinerlei Einfluß auf Kunstinhalte und behindern den Kläger auch sonst nicht – unmittelbar – im Werk- oder Wirkbereich seiner künstlerischen Tätigkeit als Musiker (vgl. Jarass/Pieroth, aaO,

Art. 5 Rdnrn. 67 bis 71). Die Ankündigung der besonderen Prüfkriterien bei der Bezuschussung von Veranstaltungen, auf denen der Kläger oder andere offen bekennende Scientologen auftreten sollen, kann allerdings die mittelbare Wirkung haben, daß Veranstalter von Festivals, die zum Kreis möglicher Subventionsempfänger zählen, von einem Engagement des Klägers absehen, um ihre Aussichten auf Bezuschussung nicht zu gefährden. In diesem Fall könnte das Interesse des Klägers an der wirtschaftlichen Verwertung seiner künstlerischen Tätigkeit beeinträchtigt werden. Dieses Interesse wird allerdings durch Art. 5 Abs. 3 GG nicht geschützt (BVerfGE 31, 227 [239]; 49, 382 [392][8]; 71, 162 [176]). Etwas anderes dürfte allenfalls dann gelten, wenn der Staat auf diesem Weg Einfluß auf Kunstinhalte nimmt oder eine freie künstlerische Betätigung praktisch unmöglich macht (vgl. BVerfGE 31, 227 [240]; Jarass/Pieroth, aaO, Art. 5 Rdnr. 68 m. w. N.). Von beidem kann hier keine Rede sein. Daß es dem Beklagten um Inhalte der musikalischen Tätigkeit des Klägers geht, ist oben schon verneint worden und vom Kläger auch nicht behauptet worden. Auch liegt auf der Hand, daß der Kläger, der ein international bekannter und erfolgreicher Musiker ist, für eine künstlerische Betätigung im Landesgebiet nicht auf staatlich subventionierte Veranstaltungen angewiesen ist. Etwas Gegenteiliges hat der Kläger weder substantiiert dargetan noch glaubhaft gemacht. Schließlich hat auch der Kläger nicht geltend gemacht, daß die Kunstfreiheit ihm angesichts des objektiven Förderungsauftrags an den Staat (BVerfGE 81, 108 [116]) einen Anspruch auf mittelbare Förderung durch Bezuschussung kultureller Veranstaltungen Dritter vermittelt (vgl. auch Jarass/Pieroth, aaO, Rdnr. 71).

4. Die vom Kläger beanstandete Äußerung des Beklagten verletzt ihn nicht in seinem durch Art. 2 Abs. 1 i. V. m. Art. 1 Abs. 1 GG geschützten Persönlichkeitsrecht und insbesondere in seiner persönlichen Ehre (vgl. BVerfGE 54, 208 [217]; 75, 369 [380]; BVerwG, Urteil v. 23. 5. 1989, aaO, S. 78). Die persönliche Ehre umfaßt das Ansehen der Person in den Augen anderer („äußere Ehre") bzw. einen diesem Ansehen entsprechenden sozialen Geltungsanspruch. Dieser Geltungsanspruch wird nicht vom einzelnen Inhaber selbst definiert, sondern bemißt sich nach einem in gewissem Umfang verselbständigten sozialen Abbild, das dem Betroffenen aufgrund seines tatsächlichen Auftretens ungeachtet seiner eigenen Vorstellung zugerechnet wird. Eine Ehrverletzung kann deshalb um so weniger festgestellt werden, je mehr die beanstandete Äußerung ein Bild des Betroffenen zeichnet, das sein tatsächliches Auftreten zutreffend wiedergibt. Entsprechendes gilt dann, wenn es sich nicht um Tatsachenbehauptungen, sondern um Werturteile handelt und diese auf einem im wesentlichen zutreffenden oder zumindest sachgerecht und vertretbar gewürdigten Tatsachenkern beruhen (BVerfG, Kammerbeschluß v. 15. 8. 1989, aaO, S. 3269).

---

[8] KirchE 17, 95.

Nach diesen Grundsätzen stellt die umstrittene Äußerung des Beklagten keine Ehrverletzung zu Lasten des Klägers dar. Sie enthält in bezug auf ihn selbst weder irgendwelche unrichtigen tatsächlichen Behauptungen, noch kann ihr ein den sozialen Geltungsanspruch des Klägers verletzendes negatives Werturteil entnommen werden. Da er sich offen zu einer Organisation bekennt, die durch ihr tatsächliches Auftreten außerhalb des Schutzbereichs des Art. 4 GG zum Gegenstand öffentlicher Kritik und berechtigter behördlicher Beobachtung geworden ist, muß er die gegenüber dem Landtag erfolgte Kundgabe von Zweifeln an der Tunlichkeit indirekter staatlicher Förderung hinnehmen. Diese Zweifel beruhen ihrerseits auf einem sachgerecht und vertretbar gewürdigten Tatsachenkern. Der Beklagte hat hierzu im einzelnen unwidersprochen und unwiderlegt Tatsachen vorgetragen, die den Schluß zulassen, daß bestimmte Methoden von Scientology die Menschenwürde und die individuelle Freiheit der von ihr angeworbenen Personen gefährden und daß ihre Anschauungen wegen ihrer zum Teil menschenverachtenden und totalitären Tendenzen im Widerspruch zu den freiheitlichen und demokratischen Werten westlicher Demokratien stehen. Diese Einschätzung ist auch in der höchstrichterlichen Rechtsprechung bestätigt worden. In seinem von den Beteiligten angesprochenen Beschluß v. 22. 3. 1995 (aaO, S. 146 ff.; vgl. ferner OVG Nordrhein-Westfalen, Beschluß v. 31. 5. 1996 – 5 B 993/95 –[9]) hat das Bundesarbeitsgericht nach Auswertung zahlreicher allgemein zugänglicher Erkenntnisquellen, vor allem Veröffentlichungen von Scientology, festgestellt, daß die religiösen oder weltanschaulichen Lehren dieser Gruppierung nur als Vorwand dienen für die Verfolgung wirtschaftlicher Ziele, daß Scientology menschenverachtende Anschauungen vertritt und Methoden einsetzt, die mit der Menschenwürde und dem Menschenbild des Grundgesetzes nicht vereinbar sind. Unter diesen Umständen bedarf es keiner Erörterung der wenig substantiierten Einwände, die der Kläger gegen das von der Beklagten vorgelegte, im Auftrag der schleswig-holsteinischen Landesregierung erstattete Gutachten von Prof. Dr. Rolf Abel (April 1996) vorgebracht hat.

5. Schließlich wird auch die mit Art. 2 Abs. 1 GG gewährleistete allgemeine Handlungsfreiheit des Klägers, der sich als Ausländer nicht unmittelbar auf Art. 12 GG berufen kann, durch die streitige Äußerung des Beklagten nicht verletzt. Sollten Veranstalter von Festivals, wie der Kläger befürchtet, die bloße Ankündigung der in Rede stehenden Prüfungspraxis zum Anlaß nehmen, von einem Engagement des Klägers wegen des Risikos der Versagung staatlicher Zuschüsse abzusehen, so wäre in einer solchen mittelbaren Wirkung kein staatlicher Eingriff in das dem Kläger gewährleistete Recht zu sehen, im Bundesgebiet einer (ansonsten zulässigen) beruflichen bzw. unternehmerischen Tätigkeit

---

[9] KirchE 34, 192.

nachzugehen (vgl. Jarass/Pieroth, aaO, Art. 12 Rdnr. 9 m. N. zur Rspr.). Eine derartige faktische Fernwirkung auf die berufliche Tätigkeit stünde mit der Erfüllung der verfassungsrechtlichen Informationspflicht der Landesregierung gegenüber dem Parlament nicht in einem derart engen Zusammenhang, daß die Äußerung des Beklagten bei objektiver Betrachtung als auch auf diese Wirkung gerichtet erscheinen würde (zu diesem Kriterium vgl. BVerwG, Urteil v. 27. 3. 1992, aaO, S. 121). Auch würde die angesprochene Fernwirkung sich nicht als – voraussehbare und in Kauf genommene – schwerwiegende oder nachhaltige Beeinträchtigung der allgemeinen Handlungsfreiheit darstellen, zumal der Kläger für seine Konzerttätigkeit im Landesgebiet nicht auf vom Beklagten subventionierte Veranstalter angewiesen ist (vgl. BVerwG, Urteil v. 18. 10. 1990, BVerwGE 87, 37, 43 f.). Vielmehr steht es ihm völlig frei, wenn er im Landesgebiet auftreten will, entweder selbst als Veranstalter seiner Konzerte tätig zu werden oder mit den in seiner Sparte tätigen Agenturen, die nicht subventionsberechtigt sind, zusammenzuarbeiten. Wenn er, wie sein Prozeßbevollmächtigter in der Berufungsverhandlung angegeben hat, von diesen marktüblichen Möglichkeiten keinen Gebrauch macht, so ist dies seine freie unternehmerische Entscheidung, doch läßt sich hieraus eine Eingriffsqualität der streitigen amtlichen Äußerungen nicht herleiten. Bei dieser Sachlage erscheint die möglicherweise mittelbar betroffene Aktivität des Klägers – sein Auftreten bei staatlich subventionierten Konzerten – nicht als wesentlich für die Verwirklichung des Grundrechts der allgemeinen Handlungsfreiheit. Im übrigen stünde, wollte man dies anders sehen, dem Beklagten auch hier eine aus seinem Recht und seiner Pflicht zur Vorsorge und zur Information des Parlaments folgende verfassungsrechtliche Rechtfertigung für einen Grundrechtseingriff zur Seite (vgl. oben Ziff. 1).

Da Rechte des Klägers nicht verletzt sind, können auch die zu 2 gestellten Hilfsanträge keinen Erfolg haben.

III. Der sowohl für den Fall der Unzulässigkeit als auch für den Fall der Unbegründetheit der Leistungsanträge zu 1 und 2 gestellte Feststellungs- und Leistungsantrag zu 3 ist jedenfalls nicht begründet, da die umstrittene Äußerung des Beklagten, wie oben unter II ausgeführt, Rechte des Klägers nicht verletzt.

79

Die Berücksichtigung der Kirchensteuer beim Altersübergangsgeld ist verfassungsrechtlich auch bei Arbeitslosen zulässig, die nicht Mitglieder einer kirchensteuerberechtigten Religionsgemeinschaft sind. Dieser Abzug muß jedoch unterbleiben, wenn eine deutliche Mehrheit der Arbeitnehmer der betreffenden Kirche nicht angehört.

§§ 111 Abs. 2, 249c Abs. 10 Nr. 2 AFG
BSG, Urteil vom 17. Oktober 1996 – 7 RAr 66/93[1] –

Streitig ist, ob bei der Bemessung des Altersübergangsgeldes (Alüg) hinsichtlich der Abzüge, die bei Arbeitnehmern gewöhnlich anfallen, steuer- und beitragsberechtigte Besonderheiten im Beitragsgebiet zu berücksichtigen sind. Der Kläger, der keiner kirchensteuererhebenden Religionsgemeinschaft angehört, war bis März 1992 in B. beschäftigt. Die beklagte Bundesanstalt für Arbeit bewilligte ihm ab 1. 4. 1992 Alüg. Der Kläger begehrt höheres Alüg, und zwar u. a. unter Auslassung eines Kirchensteuerabzuges.
Das Sozialgericht hat die Beklagte verurteilt, bei der Festsetzung des Alüg u. a. keinen Kirchensteuerabzug zu berücksichtigen. Das Landessozialgericht hat die Klage abgewiesen. Die Revision des Klägers blieb erfolglos.

Aus den Gründen:

Die Revision des Klägers ist nicht begründet. Ihm steht ab 1. 4. 1992 kein höheres Alüg zu als ihm von der Beklagten gewährt worden ist. Zutreffend hat das Landessozialgericht entschieden, daß bei der Ermittlung des für die Leistungsbemessung maßgeblichen Netto-Arbeitsentgelts nicht auf beitrags- und steuerrechtliche Besonderheiten im Beitrittsgebiet abgestellt werden darf. Insbesondere kann der Kläger nicht verlangen, daß ein Abzug an Kirchensteuer unterbleibt.

Die Höhe des Alüg, dessen Anspruchsgrundlagen im vorliegenden Fall offenbleiben können, ergibt sich aus § 249e Abs. 3 AFG in der hier anzuwendenden Fassung des Gesetzes vom 21. 6. 1991 (BGBl. I, S. 1306). Nach dessen Eingangssatz sind auf das Alüg die Vorschriften über das Arbeitslosengeld (Alg) mit weiteren Maßgaben entsprechend anzuwenden; u. a. bestimmt Nr. 2 dieser Vorschrift, daß die Höhe des Anspruchs 65 v. H. des um die gesetzlichen Abzüge, die bei Arbeitnehmern gewöhnlich anfallen, verminderten Arbeitsentgelts i. S. des § 112 AFG beträgt. Aufgrund der vorgenannten Generalverweisung (BSGE 73, 195 [198] = SozR 3-4100 § 249e Nr. 3) sind die §§ 111 bis 113 AFG – abgesehen von der Nettolohnersatzquote und damit abweichend von § 111 Abs. 1 AFG – auch für die Bemessung des Alüg anzuwenden (einschließlich der sie ergänzenden Überleitungsvorschriften). Danach bestimmt sich die Höhe des Alüg unter Berücksichtigung des Bemessungsentgelts (§ 112 AFG) und der Lohnsteuerklasse (§ 113 AFG) nach der jeweiligen LeistungsVO, die das BMA aufgrund der gesetzlichen Ermächtigung in § 111 Abs. 2 AFG für das Kalenderjahr, in das der Leistungsbezug fällt, erstellt hat. *(wird ausgeführt)*

---
[1] Nur LS: KuR 1997, 64.

Schließlich beanstandet der Kläger zu Unrecht, daß als gesetzliche Abzüge, die bei Arbeitnehmern gewöhnlich anfallen, vom Verordnungsgeber auch die hier vornehmlich streitige Kirchensteuer zu berücksichtigen ist. Maßgebend ist insoweit der im Vorjahr in den Ländern geltende niedrigste Kirchensteuer-Hebesatz (§ 111 Abs. 2 S. 2 Nr. 2 AFG). Dabei sind die im Beitrittsgebiet geltenden Kirchensteuer-Hebesätze erst später, nämlich erstmals bei der AFG-LeistungsVO für das dritte Kalenderjahr nach Einführung der Kirchensteuern in diesem Gebiet, also noch nicht 1992, zu berücksichtigen (§ 249c Abs. 10 Nr. 2 AFG). Aus dieser Regelung ergibt sich zugleich, daß der Gesetzgeber die Kirchensteuer zu den bei Arbeitnehmern gewöhnlich anfallenden Abzügen zählt, und zwar ohne Rücksicht darauf, daß sie sich dieser Belastung durch Kirchenaustritt entledigen können.

Auch zum Kirchensteuerabzug hat der 11. Senat des BSG bereits entschieden, daß der Gesetzgeber von Verfassungs wegen nicht gehalten war, Besonderheiten im Beitrittsgebiet, insbesondere dem dort geringeren Anteil von Kirchenmitgliedern unter den Arbeitnehmern, Rechnung zu tragen. Dies gilt nicht nur für die Bemessung des Alg, sondern auch für diejenige des Alüg, obwohl die Zugangsvoraussetzungen für das Alüg auf Beschäftigung und Wohnsitz im Beitrittsgebiet abstellen. Auch insoweit hat es keiner besonderen Leistungssätze für das Beitrittsgebiet bedurft. Der 11. Senat hat zutreffend darauf hingewiesen, daß die mit der Herstellung der Einheit Deutschlands gebotene zügige Bewältigung der Umstellung auf eine neue staatliche und soziale Ordnung nicht nur neue Leistungen wie das Alüg erforderlich gemacht hat, sondern es zu ihrer Umsetzung auch geeigneter Regelungen bedurft hat, die der Verwaltung eine alsbaldige Aufgabenerfüllung ermöglicht haben. Daß der Gesetzgeber dabei für das Alüg an das Bemessungssystem des Alg angeknüpft hat, ist sachgerecht. Deshalb durfte der Gesetzgeber den geringen Anteil von Kirchenmitgliedern an der Erwerbsbevölkerung im Beitrittsgebiet vernachlässigen, zumal sich der – fiktive – Kirchensteuerabzug bei der Aufstellung der Leistungssätze und damit bei der Höhe der Leistung wirtschaftlich nur unerheblich auswirkt (BSG, SozR 3-4100 § 249e Nr. 5, vgl. auch BSG, KirchE 32, 327).

Der Gesetzgeber war aber auch nicht aus Verfassungsgründen gehalten, bei der Regelung des § 111 Abs. 2 AFG selbst und damit bei den bundeseinheitlich zu bildenden Leistungssätzen für das Alg von einem Kirchensteuerabzug überhaupt abzusehen. Das BVerfG hat in seinem Beschluß vom 23. 3. 1994 (BVerfGE 90, 226 = SozR 3-4100 § 111 Nr. 6[2]) entschieden, daß es mit dem Grundgesetz vereinbar ist, auch bei Arbeitslosen, die keiner Kirche angehören, bei der Berechnung des maßgebenden Nettoentgelts einen Kirchensteuer-Hebe-

---

[2] KirchE 32, 103.

satz zu berücksichtigen. Dadurch sei weder Art. 3 noch Art. 4 oder Art. 14 GG verletzt. Im Zusammenhang mit Art. 14 Abs. 1 GG ist ausgeführt worden, der Gesetzgeber sei von Verfassungs wegen nicht gehindert, bei der Berechnung des Nettolohns auch Abgaben zu berücksichtigen, die an die individuelle Entscheidung des Arbeitnehmers anknüpften, einer Kirche anzugehören, solange er sich in den Grenzen zulässiger Typisierung halte. Dies sei der Fall, wenn er aufgrund statistischer Erkenntnisse davon ausgehen könne, daß die überwiegende Mehrheit der Arbeitnehmer die Abgabe zu zahlen habe und deren Abzug nicht stark ins Gewicht falle. Diese Voraussetzungen hätten zu dem im Ausgangsfall maßgeblichen Zeitpunkt – 1983 – vorgelegen.

Allerdings hat das BVerfG darauf hingewiesen, daß es mit § 111 Abs. 2 AFG und seiner Zielsetzung nicht vereinbar wäre, die Kirchensteuer auch dann noch als „gewöhnlich" anfallenden gesetzlichen Abzug in Ansatz zu bringen, wenn die Zugehörigkeit zu einer steuererhebenden Kirche nicht mehr als für Arbeitnehmer typisch angesehen werden könne. Zu einer Überprüfung durch den Gesetzgeber dürfe Anlaß bestehen, weil ein großer Teil der Arbeitnehmer im Beitrittsgebiet keiner Kirche angehöre, die Kirchensteuer erhebe; dies könne dazu geführt haben, daß im gesamten Bundesgebiet nicht mehr eine deutliche Mehrheit der Arbeitnehmer kirchensteuerpflichtig sei.

Es kann dahinstehen, ob dann, wenn bereits vor 1992 offen zutage gelegen hätte, daß keine deutliche Mehrheit von Arbeitnehmern einer steuererhebenden Kirche angehört, § 111 Abs. 2 Nr. 2 AFG wegen veränderter Verhältnisse verfassungswidrig geworden wäre, auch wenn der Gesetzgeber damals aufgrund des Hinweises des BVerfG noch keine Prüfung hätte durchführen können oder von einer solchen abgesehen hätte. Denn jedenfalls bisher – und damit für das streitige Jahr 1992 – ist dies nicht feststellbar. Ungeachtet der Prüfungspflicht des Gesetzgebers liegt jedenfalls auch jetzt nicht offen zutage, daß eine deutliche Mehrheit von Arbeitnehmern den steuererhebenden Kirchen nicht mehr angehört. Weder nach den Ermittlungen des 11. Senats noch denjenigen des erkennenden Senats im anhängigen Verfahren besteht eine Evidenz, die zu der Annahme zwingt, daß § 111 Abs. 2 Nr. 2 AFG vor 1995 und damit in dem hier relevanten Jahr 1992 verfassungswidrig geworden sein könnte.

Der 11. Senat hat für die Jahre 1991 bis 1994 bereits entschieden, daß die Berücksichtigung eines Kirchensteuer-Hebesatzes nicht zu beanstanden sei (für das Jahr 1991: Urteil v. 26. 7. 1994 – 11 RAr 103/93 –; für das Jahr 1992: BSG, SozR 3-4100 § 249e Nr. 5; für die Jahre 1991 bis 1993: Urteil vom 26. 10. 1994 – 11 RAr 87/93 –; für das Jahr 1994: Urteil v. 27. 6. 1996 – 11 RAr 1/96 –). Auch die vom erkennenden Senat durchgeführte Sachaufklärung erlaubt keine abweichende Wertung.

Von allen eingeholten, den Beteiligten zugänglich gemachten Auskünften sind lediglich die Angaben des Bundesarbeitsministeriums im Schreiben vom

28. 6. 1996 für die hier streitige Frage relevant, obwohl sich auch aus diesen Angaben Schlußfolgerungen im Sinne der Revision nicht ziehen lassen. Diese Angaben basieren bezüglich der alten Bundesländer auf den Ergebnissen der Volkszählung 1987 und bezüglich des Beitrittsgebiets auf einem Abgleich der Daten der Kirchen mit den Daten der Einwohnermeldeämter über die Religionszugehörigkeit. Die so erhaltenen Daten sind jährlich fortgeschrieben worden. Danach gehörten am 31. 12. 1994 68,8 v. H. der deutschen Bevölkerung der ev. oder kath. Kirche an, also den beiden größten Religionsgemeinschaften, die zur Erhebung der Kirchensteuer berechtigt sind. Nicht ausgeschlossen wurde, daß der Anteil der Arbeitnehmer, die keiner Kirche angehören, etwas höher ist als der entsprechende Anteil an der Bevölkerung. 1987 betrug der Unterschied 2,3 Prozentpunkte in den alten Bundesländern. Der Senat kann offenlassen, ob diese Daten zwingend darauf schließen lassen, daß Ende 1994 – und damit wohl auch in den Jahren 1992/93 – der Anteil der kirchensteuerpflichtigen Arbeitnehmer an der Gesamtzahl der Arbeitnehmer im Bundesgebiet etwa knapp zwei Drittel betragen hat und damit noch eine „deutliche" Mehrheit i. S. des BVerfG darstellen könnte. Auch wenn Zweifel an der Aussagekraft dieser Daten geltend gemacht werden könnten, würde dadurch eine Verfassungswidrigkeit des § 111 Abs. 2 S. 2 Nr. 2 AFG nicht offen zutage liegen. Bloße Zweifel am Fortbestehen bestimmter Zahlenverhältnisse rechtfertigen noch nicht den Vorwurf der Verfassungswidrigkeit. Auch wenn der Anteil der Kirchen angehörigen unter den Arbeitnehmern geringer sein dürfte als zwei Drittel, besteht derzeit jedenfalls keine Evidenz dafür, daß die genannte Vorschrift mit dem vom Gesetzgeber gewählten Ansatz zur Typisierung nicht mehr vereinbar ist.

80

Liegt der Indienreise einer Pastorin kein unmittelbarer beruflicher Zweck oder kein konkreter Auftrag des Arbeitgebers zugrunde und erstreckt sich die Reise auch auf den Besuch und die Besichtigung touristisch interessanter Orte, so sind die Aufwendungen nicht nahezu ausschließlich beruflich bedingt und können daher nicht als Werbungskosten steuerlich geltend gemacht werden.

§§ 9 Abs. 1 Satz 1, 12 Nr. 1, 19 Abs. 1 EStG
BFH, Urteil vom 21. Oktober 1996 – VI R 39/96[1] –

Die Klägerin und Revisionsbeklagte ist Pastorin einer ev. Kirchengemeinde. Vom 15. 2. bis 8. 3. unternahm sie eine Reise nach Indien, die von der Frauenbeauftragten des Missionswerks geleitet wurde und an der noch drei Ehefrauen

---
[1] BFH/NV 1997, 469.

zukünftiger Missionare teilnahmen. Die Reise diente dazu, die Frauenarbeit der ev. Partnerkirche in Indien kennenzulernen und Verständnis für dortige Kleinprojekte zu gewinnen, die von den hiesigen Gemeinden gefördert werden könnten. Außerdem sollten sich die Ehefrauen der zukünftigen Missionare auf das Leben in Indien vorbereiten. Die Klägerin sollte dabei seelsorgerische Aufgaben wahrnehmen. Das Landeskirchenamt genehmigte die Reise als Auslandsdienstreise und bewilligte der Klägerin einen Reisekostenzuschuß von 800,– DM. Es verfügte, daß die Klägerin sich ein Drittel der Reisetage auf den Erholungsurlaub anrechnen lassen mußte.

Die Reise führte in das Gebiet von Madras, Tranquebar und Thanjavur in Südostindien. Die Klägerin war entweder in kirchlichen Instituten oder bei Familien untergebracht. Sie lernte verschiedene soziale Einrichtungen kennen, besuchte den „Women's Desk" der ev. Kirche von Indien sowie eine theologische Fakultät und nahm am alltäglichen Leben in den Familien teil. Außerdem wurden Sehenswürdigkeiten wie Tempelanlagen und Museen besichtigt.

Der Beklagte und Revisionskläger (Finanzamt) erkannte die von der Klägerin geltend gemachten Aufwendungen nicht als Werbungskosten bei deren Einkünften aus nichtselbständiger Arbeit an.

Das Finanzgericht gab der Klage statt. Die Revision des Finanzamtes hatte Erfolg.

Aus den Gründen:

Die Revision des Finanzamts ist begründet. Sie führt zur Aufhebung der Vorentscheidung und Abweisung der Klage. Das Finanzgericht hat zu Unrecht eine nahezu ausschließlich berufliche Veranlassung der Indienreise der Klägerin bejaht und die Aufwendungen für diese Reise als Werbungskosten (§ 9 Abs. 1 S. 1 EStG) bei den Einkünften der Klägerin aus nichtselbständiger Arbeit (§ 19 Abs. 1 EStG) berücksichtigt. Entgegen der Auffassung des Finanzgerichts haben bei der Indienreise der Klägerin Gesichtspunkte, die der Lebensführung i. S. des § 12 Nr. 1 EStG zuzurechnen sind, eine nicht untergeordnete Rolle gespielt.

1. Nach der ständigen Rechtsprechung des Bundesfinanzhofs führen Auslandsreisen nur dann zu Betriebsausgaben oder Werbungskosten, wenn die Reisen ausschließlich oder zumindest weitaus überwiegend im betrieblichen oder beruflichen Interesse unternommen werden, wenn also die Verfolgung privater Interessen, wie z. B. Erholung, Bildung und Erweiterung des allgemeinen Gesichtskreises, nach dem Anlaß der Reise, dem vorgesehenen Programm und der tatsächlichen Durchführung nahezu ausgeschlossen ist (vgl. Beschluß des Großen Senats des BFH v. 27. 11. 1978 – GrS 8/77 – BFHE 126, 533, BStBl. II 1979, 213; BFH-Urteil v. 18. 10. 1990 – IV R 72/89 – BFHE 162, 316, BStBl. II 1991, 92). Anderenfalls sind die gesamten Reisekosten nicht

abziehbar, soweit sich nicht ein durch den Beruf veranlaßter Teil nach objektiven Maßstäben sicher und leicht abgrenzen läßt (BFH-Urteile v. 14. 7. 1988 – IV R 57/87 – BFHE 154, 312, BStBl. II 1989, 19; in BFHE 162, 316, BStBl. II 1991, 92, 93).

Für die Beurteilung der Frage, ob für eine Reise in nicht unerheblichem Umfang Gründe der privaten Lebensführung eine Rolle gespielt haben, hat der Bundesfinanzhof in erster Linie auf ihren Zweck abgestellt (BFH-Beschluß in BFHE 126, 533, BStBl. II 1979, 213; BFH-Urteil in BFHE 162, 316, BStBl. II 1991, 92). Reisen sind in der Regel nur dann ausschließlich der beruflichen oder betrieblichen Sphäre zuzuordnen, wenn ihnen offensichtlich ein unmittelbarer beruflicher oder betrieblicher Anlaß zugrunde liegt. Das ist bei Auslandsgruppenreisen regelmäßig nicht der Fall. Der Anlaß für solche Reisen besteht vielmehr im Interesse an allgemeiner Information und allgemeiner beruflicher Fortbildung. Zudem kommt Auslandsgruppenreisen meistens auch ein gewisser Erlebniswert zu (vgl. BFH-Urteil v. 22. 1. 1993 – VI R 64/91 – BFHE 170, 528, BStBl. II 1993, 612).

In Anwendung dieser Grundsätze hat der Senat eine dreiwöchige Studienreise von Juristen nach Japan trotz straffer Reiseorganistion und des Besuchs von Gerichten und anderer Institutionen sowie von Vorträgen und der Durchführung beruflicher Diskussionen nicht als nahezu ausschließlich beruflich veranlaßt gewertet; der Besuch eines fernöstlichen Landes und der Kontakt mit japanischen Kollegen bedeute selbst nach heutigen Maßstäben eine Erweiterung des individuellen Gesichtskreises und damit eine nachhaltige persönliche Bereicherung. Die Anerkennung einer nahezu ausschließlich beruflichen Veranlassung hätte unter diesen Umständen vorausgesetzt, daß die Reise gerade durch die besonderen Belange des Berufes und der speziellen Tätigkeit veranlaßt gewesen sei. Die Tatsache, daß die Reise von deutschen Justizbehörden unterstützt und gefördert worden sei, lasse einen Schluß auf besondere dienstliche Belange der Reise nicht zu (BFH-Urteil in BFHE 170, 528, BStBl. II 1993, 612, 613). Die Aufwendungen eines Hochschul-Geographen für eine Gruppenreise ins Ausland hätten nach der Rechtsprechung des Senats nur dann als Werbungskosten anerkannt werden können, wenn dieser einen engen Bezug der Reise zu seiner beruflichen Tätigkeit nachgewiesen hätte, insbesondere dadurch, daß er bezüglich der geographischen Verhältnisse des besuchten Landes einen Forschungsauftrag gehabt oder anschließend eine Semestervorlesung an der Hochschule durchgeführt oder hierüber ein wissenschaftliches Buch verfaßt hätte (Urteil v. 27. 3. 1991 – VI R 51/88, BFHE 164, 75, BStBl. II 1991, 575). Die Aufwendungen eines Dozenten im Fach katholische Theologie für eine Gruppenreise nach Israel bzw. zu religionsgeschichtlich bedeutsamen Zielen hat der Senat nicht als nahezu ausschließlich beruflich veranlaßt gewertet, weil die Reise zu einer Vielzahl touristisch attraktiver Stätten geführt hat, deren Besuch für jeden anderen Reisenden auch interessant gewesen wäre. Das allgemeine berufliche Interesse, durch Kenntnis des geschichtlichen Hintergrundes die Lehrtätigkeit besser ausüben zu können, reiche nicht aus, um den Aufwendungen den Charakter von Werbungskosten zu geben (Urteil v. 12. 10. 1990 – VI R 179/87 – BFH/NV 1991, 371, 372). Die Reise einer Lehrerin, die an der Grundschule auch türkische Kinder unterrichtet, durch die Türkei mit Aufenthalten in touristisch interessanten Städten ist der privaten Lebensführung i. S. des § 12 Nr. 1 EStG zugeordnet worden. Es ist als entscheidend beurteilt worden, daß das Interesse der Klägerin nicht über den Bereich der allgemeinen beruflichen Bildung hinausgegangen sei, der eine nahezu ausschließlich berufliche Veranlassung nicht zu begründen vermöge (Urteil v. 24. 4. 1992 – VI R 9/89 – BFH/NV 1992, 730, 731).

2. Unter Berücksichtigung der aus den angeführten Urteilen ersichtlichen Merkmale und Maßstäbe hat das Finanzgericht im Streitfall zu Unrecht eine nahezu ausschließlich berufliche Veranlassung der Indienreise der Klägerin bejaht. Vielmehr haben bei dieser Reise Gesichtspunkte, die der allgemeinen Lebensführung i. S. des § 12 Nr. 1 EStG zuzurechnen sind, eine nicht untergeordnete Rolle gespielt. Der Reise der Klägerin, die Pastorin in einer Kirchengemeinde ist, hat kein unmittelbarer beruflicher Zweck oder konkreter Auftrag ihres Arbeitgebers zugrunde gelegen. Dementsprechend wurde auch ein Drittel der Reisetage auf den Erholungsurlaub der Klägerin angerechnet. Die Reise hat sich – wie das Finanzgericht festgestellt hat und sich aus der eigenen Reisebeschreibung der Klägerin ergibt – auf mehrere touristisch interessante Orte mit Besichtigungen von Sehenswürdigkeiten erstreckt. Auch diejenigen Tätigkeiten oder Besichtigungen während der Reise, die einen kirchlichen Bezug aufweisen, betreffen nur die allgemeine berufliche Bildung der Klägerin und nicht die Erledigung einer speziellen Aufgabe. Die Verwertung der Reiseerlebnisse in einem Gemeindebrief, im Konfirmandenunterricht oder einem Vortrag im Gemeindehaus ist keine spezielle berufliche Aufgabe in diesem Sinne. Allgemeine berufliche Interessen reichen nach den dargestellten Grundsätzen aber nicht aus, um die Kosten einer Auslandsreise als Werbungskosten anzuerkennen (vgl. auch BFH-Urteil v. 21. 8. 1995 – VI R 47/95 – BFHE 179, 37, BStBl. II 1996, 10, 11).

Soweit das Finanzgericht bei seiner rechtlichen Würdigung der festgestellten Tatsachen zu einem gegenteiligen Ergebnis gelangt ist, hat es sich dabei insbesondere auf den von der Klägerin in der mündlichen Verhandlung vermittelten Eindruck berufen. Es hat außerdem ausgeführt, die Klägerin habe dargelegt, sie habe die Reise nicht angetreten, um beliebte Ziele des Tourismus aufzusuchen, sondern es sei ihr im wesentlichen darum gegangen, das Leben der christlichen Minderheit in Indien kennenzulernen und diese Erkenntnisse dann in ihre Gemeindearbeit in Deutschland einzubringen. Die Klägerin habe glaubhaft versichert, daß sie einen Erholungsurlaub nicht nach Indien unternehmen würde.

Entgegen der Auffassung des Finanzgerichts kommt es auf diese subjektiven Vorstellungen der Klägerin für die Entscheidung des Streitfalles nicht an. Lassen die festgestellten objektiven Tatsachen unter Berücksichtigung der dafür von der Rechtsprechung aufgestellten Merkmale und Maßstäbe nicht die rechtliche Würdigung zu, daß die Auslandsreise nahezu ausschließlich beruflich veranlaßt ist, dann vermögen die subjektiven Motive des Steuerpflichtigen für die Durchführung der Reise an dieser Beurteilung nichts zu ändern.

81

Bedeutung für die Sorgerechtsentscheidung erhält die Frage nach der Religionszugehörigkeit eines Elternteils nur dann, wenn sich aus der von der Religionsgemeinschaft praktizierten Lebensweise erhebliche Bedrohungen für das Kindeswohl ergeben.

Art. 4 GG, §§ 1971 Abs. 2, 1672 BGB
OLG Celle, Beschluß vom 22. Oktober 1996 – 17 UF 177/95 –

Die Parteien streiten um das Sorgerecht ihres Sohnes A. Das Amtsgericht hat die elterliche Sorge für den Sohn auf die Mutter, die Antragsgegnerin, übertragen. Dagegen richtet sich die Beschwerde des Vaters (Antragsteller), der das Kindeswohl durch die Zugehörigkeit der Mutter zu den Zeugen Jehovas gefährdet sieht. Die Beschwerde blieb ohne Erfolg.

Aus den Gründen:

Maßgebend für die Entscheidung, welchem Elternteil das Sorgerecht zuzusprechen ist, ist gemäß §§ 1672, 1671 Abs. 2 BGB das Wohl des Kindes. Die Rechte der Eltern sind grundsätzlich nachrangig. Entscheidend sind allein die Belange des Kindes; also ist darauf abzustellen, wie die bestmögliche Entwicklung des Kindes gewährleistet werden kann. Dabei sind die Persönlichkeit und die erzieherische Eignung der Eltern, ihre Bereitschaft, Verantwortung für das Kind zu tragen, und die Möglichkeiten der Unterbringung und Betreuung zu berücksichtigen. Stets ist im Einzelfall zu entscheiden, welcher Elternteil als stabile Bezugsperson das größtmögliche Maß an Geborgenheit gewährleisten kann. Denn wesentlicher Faktor bei der Entwicklung eines Kindes ist die Kontinuität der Umgebung und der Betreuung.

Die zu diesen Fragen ausführliche und abgewogene Entscheidung der Familienrichterin, wonach A. bei der Mutter am besten aufgehoben ist, wird durch das Vorbringen der Beschwerde nicht in Frage gestellt, noch ergibt sich aus dem seitherigen Zeitablauf Veranlassung zu einer anderen Beurteilung. Der Vater selbst hat bei seiner Anhörung nicht (mehr) in Frage gestellt, daß A. bei der Mutter gut aufgehoben ist, zu ihr eine innige Bindung hat und seine Unterbringung, Betreuung und Versorgung nicht zu beanstanden sind. Sein ersichtlich ausschließliches Argument, die Sorgerechtsentscheidung zu seinen Gunsten herbeiführen zu wollen, besteht darin, daß die Mutter der Glaubensgemeinschaft der Zeugen Jehovas angehört und daß A. durch deren Einfluß und repressiven Erziehungsstil Belastungen und Verboten ausgesetzt werde, die (in Zukunft) gegen sein Wohl wirken, ihn isolieren und zum Außenseiter machen.

Diese allgemeinen, nur auf die Zugehörigkeit der Mutter zu den Zeugen Jehovas gestützten Erwägungen sind jedoch nach einhelliger Rechtsprechung nicht nur mit dem Grundrecht der Glaubens- und Bekenntnisfreiheit des Art. 4 GG unvereinbar, die es nicht gestattet, einem Elternteil wegen seiner Glaubenszugehörigkeit die Eignung zur elterlichen Sorge abzusprechen, sondern ohne Darlegung von Tatsachen, die eine konkrete Gefährdung des Kindeswohls darstellen, ungeeignet für eine anderweitige Entscheidungsfindung. Das gilt auch für die wiederholte Bezugnahme des Vaters auf einen von ihm zu den Akten gereichten Bericht eines Dipl.-Psych. X. über „Kinder in sog. religiösen Bewegungen – entwicklungspsychologische Aspekte". Das Fazit der Abhandlung, wonach u. a. die dauernde Mitgliedschaft von Eltern in einer Sekte gravierende (gemeint wohl: negative) Auswirkungen auf die Persönlichkeitsentwicklung des betroffenen Kindes hat, kann schon nicht ohne die Vorbemerkungen der Abhandlung betrachtet werden, in denen es u. a. heißt, daß „die folgenden Skizzen als Hypothesen zu bewerten seien ... und der vorläufige Charakter der hier vorgestellten Thesen zu betonen" sei. Gegen eine mögliche zukünftige Gefährdung/Schädigung A's, wie sie vom Vater durch den Sekteneinfluß befürchtet wird, sprechen im übrigen die Ausführungen des Autors, daß „der Ehepartner, der der Sekte nicht angehört und sich der Sekte gegenüber neutral bis wohlwollend verhält, ohne ihr beizutreten, aus der Sicht des Kindes die besten Chancen hat, als Korrektiv für die Sekteneinflüsse aufzutreten und weiterhin zumindest in reduzierter Form kindliche Erfahrungsmöglichkeiten zu erhalten und Außenkontakte zu ermöglichen". Genau in dieser Situation befindet sich der Vater, der aufgrund des seit langem praktizierten umfangreichen Umgangs mit seinem Sohn an jedem zweiten Wochenende von Freitag bis Sonntag sowie zusätzlich an einem (Mittwoch-)Nachmittag nach/vor dem Besuchswochenende dem Kind das vermitteln könnte, was ihm vermeintlich fehlt und die Möglichkeit hat, eine konkrete Gefährdung des Kindeswohls zu erkennen und dem nachzugehen. Bedeutung für die Sorgerechtsentscheidung erhält die Frage nach der Religionszugehörigkeit eines Elternteils damit nur dann, wenn sich aus der von der Religionsgemeinschaft praktizierten Lebensweise erhebliche Bedrohungen für das Kindeswohl ergeben, beispielsweise Erziehung zur Lebensuntüchtigkeit, Entfremdung von der Umwelt, Unterbindung der Außenkontakte.

Dafür besteht im gegenwärtigen Zeitpunkt nicht der geringste Anhalt. A. machte bei seiner Anhörung durch den Senat einen fröhlichen, unbeschwerten Eindruck, wirkte zufrieden und war aufgeschlossen, jedoch nicht zurückhaltend(er), wie der Vater erklärt hatte. Er berichtete unbefangen über die häuslichen Verhältnisse bei seiner Mutter und seinem Vater, zu dem er gern geht und ihn auch weiterhin so oft besuchen will. Es zeigte sich, wie es auch im Jugendamtsbericht und in den Akten wiederholt zum Ausdruck kommt, daß er zu beiden Elternteilen eine tiefe emotionale Bindung hat, sich aber letztlich bei der Mutter wohl und geborgen fühlt. A. hat Freunde und Spielkameraden in Schule und Nachbarschaft.

Die Mutter fördert – wie die Anhörung weiter ergeben hat – das Kind nach besten Kräften vorschulisch und jetzt schulisch, ferner durch eine Ergotherapie zur Aufarbeitung von Entwicklungsdefiziten, deren Vorhandensein der Vater ihr grundlos anlasten will. Auch seine Vorwürfe, durch übermäßige missionarische Tätigkeit vernachlässige sie das Kind, haben sich als gegenstandslos herausgestellt, ebenso, daß sie das Kind vom Umgang mit anderen Kindern ausschließe und u. a. keinen Sport oder Kinderfeiern erlaube. Dafür, daß der geplante Schwimmunterricht für A. bisher nicht erfolgt ist, hat sie verständliche Gründe genannt, denen gegenüber die Vorwürfe des Vaters, „offensichtlich handele es sich dabei um eine Auswirkung der Einflüsse der Zeugen Jehovas auf die Kindesmutter, in Verwirklichung der Tendenz, jegliche Außenkontakte A's weitestgehend einzuschränken", haltlos sind. Sportliche Aktivitäten, insbesondere Fußball, auf welche der Vater ersichtlich besonderen Wert zu legen scheint, müssen im übrigen nicht immer zum Kindeswohl gereichen. Die Mutter befürwortet, wie sie vor dem Senat wiederholt hat, *weiterhin* den großzügigen Umgang des Vaters mit dem Kind und läßt dem Vater auch freie Hand für Unternehmungen und Feiern mit dem Kind, die bei ihr aus Glaubensgründen nicht stattfinden (z. B. kein Geburtstag, kein Weihnachten und kein Tannenbaum). Dazu hat A. bei seiner Anhörung allerdings gesagt, daß er dies nicht unbedingt vermisse und zu anderen Gelegenheiten Geschenke erhalte. Mit der Förderung des Umgangs korrespondiert auch die Erklärung der Mutter, dem Kind nicht ihre Weltanschauung aufzudrängen und damit die Entscheidung über seine Religionszugehörigkeit zu treffen, sondern es unbeeinflußt davon zu erziehen und ihm andere Erfahrungen zu vermitteln. Zwar nimm A. mit seiner Mutter an den Versammlungen der Zeugen Jehovas teil, die dreimal wöchentlich (Mittwoch, Freitag und Sonntag) erfolgen, wodurch eine Beeinflussung der Entwicklung des Kindes nicht zu verhindern sein dürfte; allein schon daraus kann aber keine Gefährdung des Kindeswohls festgestellt werden. Zudem erfolgt A's Teilnahme unregelmäßig, weil er jeden zweiten Mittwoch und Sonntag (Wochenende) seinen Vater besucht. Schließlich ist auch seine Großmutter, zu der gute Besuchskontakte bestehen, nicht Mitglied der Zeugen Jehovas, so daß A. auch dort eine andere Anschauung erleben kann.

Nach alldem spricht alles dafür, der Mutter die elterliche Sorge zu belassen, wie schon vom Amtsgericht entschieden. Ihre Geeignetheit zur Betreuung und Erziehung A.'s steht nicht in Frage. Der seit der amtsgerichtlichen Entscheidung vergangene Zeitraum von jetzt 1 $^{1}/_{4}$ Jahren hat die vom Amtsgericht an die Mutter gestellten Erwartungen bestätigt und gibt zu keiner anderen Beurteilung Anlaß. Die Mutter zeigt sich weiterhin tolerant gegenüber dem Kind und großzügig im Umgang mit dem Vater, was die bereitwilligen Besuche des Kindes fördert und seine innige Beziehung zum Vater stärkt. Zur Erhaltung dieses guten, vertrauten und spannungsfreien Verhältnisses sollte sich der Vater mit seinem Mißtrauen und seiner ablehnenden Haltung hinsichtlich der Glaubensgemeinschaft der Zeugen Jehovas gegenüber dem Kind zurückhalten, um es nicht in Loyalitätskonflikte zu bringen. Die soziale Entwicklung A.'s verläuft durch die Betreuung und Erziehung durch die Mutter (weiter) positiv, seine begonnene Schulzeit situations- und anlagebedingt.

82

Zur Frage, unter welchen Voraussetzungen eine Kirchengemeinde, die einen Kindergarten betreibt, die Entscheidung über die Befreiung von Elternbeiträgen auf die zuschußgewährende Zivilgemeinde übertragen kann.

Art. 140 GG, 137 Abs. 3 WRV; §§ 73, 79 VwGO, 4, 57 VwVfG
VG Braunschweig, Urteil vom 22. Oktober 1996 – 5 A 5141/96[1] –

Die Kläger wenden sich dagegen, daß die Beklagte es abgelehnt hat, sie von der Zahlung von Elternbeiträgen für den Kindergartenbesuch ihrer Söhne zu befreien.

Die im Jahre 1990 geborenen Söhne Christoph und Maximilian der Kläger besuchen seit August 1994 den kath. Kindergarten St. Hedwig in S. Träger des Kindergartens ist die kath. Kirchengemeinde St. Michael. Die Kläger haben außerdem zwei weitere, in den Jahren 1986 und 1988 geborene Kinder. Die Erhebung von Elternbeiträgen für den Besuch von Kindertagesstätten ist im Zuständigkeitsbereich der Beklagten (Zivilgemeinde) wie folgt geregelt: Die

---

[1] NVwZ-RR 1998, 43.

Beklagte gewährt den Trägern von Kindertagesstätten Zuschüsse zum Betrieb der Einrichtungen in Höhe eines Teils des entstehenden Defizites nur unter der Voraussetzung, daß u. a. die Befreiung vom Elternbeitrag zentral von ihrem Jugendamt festgestellt wird und daß stadteinheitliche Elternbeiträge, die vom Rat vorgegeben sind, erhoben werden. In mündlichen Absprachen wurde vereinbart, inwieweit die Beklagte bei der Beitragsfestsetzung und Befreiung von den Elternbeiträgen für den jeweiligen Träger der Tageseinrichtung tätig wird. Schriftliche Verträge sind für die Zukunft vorgesehen, liegen zur Zeit aber noch nicht vor. Zum Verfahren der Befreiung von den Elternbeiträgen heißt es im Beschluß des Rates der Beklagten vom 9. 12. 1992:

> *„Bei Überschreiten der Einkommensgrenze nach § 79 BSHG wird nur dann der volle Elternbeitrag erhoben, wenn die Überschreitung mindestens den Elternbeitrag ausmacht. Unter der Höhe des Elternbeitrages liegende Einkommensgrenzüberschreitungen sind nur in dieser Höhe als Elternbeitrag mit folgender Maßgabe zu erheben:*
> *– bei Überschreitungen unter 10,00 DM wird auf eine Einziehung verzichtet,*
> *– bei Überschreitungen von 10,00 DM und mehr bis zur Höhe des jeweiligen Elternbeitrages werden jeweils auf volle DM-Beträge abgerundete Elternbeitragsanteile eingezogen."*

Nach dem Ratsbeschluß vom 3. 5. 1995 bleibt dieses Befreiungsverfahren bestehen; weiter heißt es in dem Beschluß, das Verfahren sei „die Sozialstaffel nach § 20 KiTaG" (Kindertagesstättengesetz). Die Kirchengemeinde St. Michael erhebt die Elternbeiträge aufgrund einer Kindergartenordnung, in deren Ziffer 7 es u. a. heißt, wer aus wirtschaftlichen Gründen nicht in der Lage sei, den vollen Elternbeitrag zu zahlen, könne „beim örtlichen Jugendamt oder Sozialamt (bei der Kindergartenleitung) einen Antrag auf Übernahme stellen."

Mit Schreiben vom 29. 6. 1995 beantragten die Kläger bei der Beklagten, von der Zahlung des Elternbeitrages in Höhe von 260,00 DM pro Monat im Zeitraum August 1995 bis Juli 1996 für ihre Söhne Christoph und Maximilian befreit zu werden. Mit dem angefochtenen Bescheid stellte die Beklagte fest, das zu berücksichtigende Einkommen der Kläger nach § 76 BSHG überschreite die Einkommensgrenze nach § 79 BSHG, deshalb sei eine Befreiung nicht vorzunehmen. Außerdem heißt es in dem Schreiben, die Nachricht ergehe namens und in Vollmacht der Kindertagesstätte.

Hiergegen legten die Kläger Widerspruch ein. Zur Begründung machten sie im wesentlichen geltend, die Beklagte hätte bei der Einkommensberechnung von höheren Unterkunftskosten ausgehen, wegen der Schichtarbeit der Kläger einen höheren Freibetrag nach § 76 Abs. 2 a Nr. 2 BSHG annehmen und außerdem anstelle einer Pauschale von 10,00 DM die Kfz-Steuern und die Kfz-Haftpflichtversicherung in voller Höhe anrechnen müssen. Die nach Zurückweisung des Widerspruchs durch die Beklagte erhobene Klage führte zur Aufhebung des angefochtenen Bescheids.

kirchl. Kindergarten 405

Aus den Gründen:
Die Klage ist zulässig (I.) und begründet (II.).
I. Der Rechtsweg zu den Verwaltungsgerichten ist nach § 40 Abs. 1 VwGO eröffnet. Die Erhebung der Elternbeiträge und die Befreiung von diesen Beiträgen sind öffentlich-rechtlich geregelt.
Die Kirchengemeinde ist eine Körperschaft des öffentlichen Rechts und darf ihre Angelegenheiten als solche selbst öffentlich-rechtlich regeln (vgl. Art. 140 GG i. V. m. Art. 137 Abs. 3, Abs. 5 WRV). Ob sie die Besuchsentgelte und die Befreiung hiervon privatrechtlich oder öffentlich-rechtlich (vgl. § 90 Abs. 1 S. 1 Nr. 3, Abs. 3 SGB VIII i. V. m. § 22 Abs. 2 SGB VIII) geregelt hat, bestimmt sich nach ihrem objektiv erkennbaren Erklärungswillen. Dabei sprechen für ihren Willen zu einer öff.-rechtl. Regelung die im öffentlichen Recht üblichen Begriffe „Elternbeiträge" und „Kindergartenordnung", welche die Kirchengemeinde im Zusammenhang mit dem Besuch ihres Kindergartens und der Entgeltregelung verwendet. Im übrigen hat sich die Kirchengemeinde dadurch, daß in der Kindergartenordnung von der „Beitragsfestsetzung" die Rede ist (Ziff. 7 Abs. 4), von der dem Zivilrecht typischen Vertragsfreiheit gelöst. Schließlich zeigt die Regelung in Ziff. 7 Abs. 5 Kindergartenordnung, wonach bei fehlender wirtschaftlicher Leistungsfähigkeit ein „Antrag auf Übernahme" der Elternbeiträge gestellt werden kann, daß die Beitragsermäßigung nicht der vertraglichen Vereinbarung unterliegt, sondern hoheitlicher Entscheidungsgewalt unterstellt werden soll. Die Regelung über die Beitragsbefreiung steht darüber hinaus mit der Nutzungsregelung und der Beitragsfestsetzung in einem so engen sachlichen Zusammenhang, daß sie – unabhängig davon, wie die Beteiligung der Beklagten in dem Befreiungsverfahren rechtlich zu werten ist – jedenfalls an deren öff.-rechtl. Charakter teilnimmt.
Auch die weiteren Zulässigkeitsvoraussetzungen sind erfüllt. Bei der den Befreiungsantrag der Kläger ablehnenden Entscheidung der Beklagten vom 14. 8. 1995 handelt es sich – entgegen der Auffassung der Beklagten – ebenso wie bei dem auf den Widerspruch der Kläger antwortenden Schreiben vom 25. 3. 1996 um Verwaltungsakte im Sinne der §§ 42 VwGO und 35 VwVfG, die unmittelbar auf die Feststellung gerichtet waren, ob eine Beitragsbefreiung zu erfolgen hat. Das deshalb vor Erhebung der Klage gemäß § 68 VwGO durchzuführende Widerspruchsverfahren hat stattgefunden. Ob die Beklagte für die mit dem Schreiben vom 25. 3. 1996 erfolgte Entscheidung über den Widerspruch der Kläger zuständig war, ist für die Zulässigkeit der Klage unerheblich (vgl. BVerwG, Urteil vom 3. 1. 1964, DVBl. 1964, 357, 358).
II. Die Klage ist auch begründet.
Die Verwaltungsakte der Beklagten vom 14. 8. 1995 und vom 25. 3. 1996 sind rechtswidrig und verletzen die Kläger in ihren Rechten. Für den Erlaß der angegriffenen Verfügungen ist die Beklagte nicht zuständig gewesen.

Betreibt eine Kirchengemeinde unter Inanspruchnahme ihres verfassungsmäßigen Rechtes zur Regelung ihrer Angelegenheiten einen Kindergarten, so gehört zu ihren inneren Angelegenheiten, für die sie originär zuständig ist, auch die Beitragsfestsetzung einschließlich der Entscheidung über die Befreiung von den Elternbeiträgen (vgl. Art. 140 GG i. V. m. Art. 137 Abs. 3 S. 1 WRV sowie die §§ 90 Abs. 1 Nr. 3, Abs. 3, 22 Abs. 1 SGB VIII).

Zwar ist grundsätzlich rechtlich möglich, daß eine Körperschaft des öffentlichen Rechts eine Entscheidungszuständigkeit auf eine andere Körperschaft überträgt, indem etwa ein Mandat – d. h. die Befugnis zur Entscheidung in *fremdem* Namen – erteilt wird oder eine Delegation – die Übertragung der Befugnis zur Entscheidung im *eigenen* Namen der anderen Behörde – erfolgt (vgl. dazu Stelkens/Bonk/Sachs, Kommentar zum VwVfG, 3. Aufl., § 4 Rdnr. 30 ff., § 44 Rdnr. 93). Eine solche Übertragung der Entscheidungsbefugnisse auf die Beklagte ist hier jedoch nicht wirksam erfolgt.

Durch die erfolgten Absprachen zwischen der Beklagten und den Kindergartenträgern zur Beitragserhebung hat sich die Kirchengemeinde ihrer Entscheidungszuständigkeit schon deswegen nicht wirksam begeben, weil sie daran – soweit ersichtlich – nicht durch ihren ordnungsgemäßen Vertreter – den Kirchenvorstand – beteiligt gewesen ist.

Auch ein wirksamer Vertrag, der die Beklagte zur Entscheidung ermächtigen würde, ist nicht abgeschlossen worden. Ein von der (ordnungsgemäß vertretenen) Kirchengemeinde und der Beklagten unterzeichnetes Schriftstück liegt jedenfalls nicht vor, so daß die für einen wirksamen öff.-rechtl. Vertrag erforderliche Schriftform nicht eingehalten ist (vgl. die §§ 57 VwVfG, 126 BGB).

Schließlich hat die Kirchengemeinde die Entscheidungsbefugnis auch nicht durch ihre Kindergartenordnung (Ziff. 7 Abs. 5) wirksam auf die Beklagte übertragen. Bei der Kindergartenordnung handelt es sich nicht um eine wirksame Satzung, wie sie für die Erhebung von Kindergartenbeiträgen erforderlich ist. Aus Gründen der Rechtsklarheit und Rechtssicherheit ist eine Gebührensatzung nur dann gültig, wenn sie ausdrücklich als „Satzung" bezeichnet ist (VGH Baden-Württemberg, Beschluß vom 30.11.1988, NVwZ-RR 1989, 267 [269]). Nur so kann verhindert werden, daß Unsicherheiten darüber aufkommen, ob die für den Erlaß von Satzungen geltenden besonderen Verfahrenserfordernisse im Einzelfall eingreifen und damit die Beschlüsse der Körperschaftsorgane nach außen verbindlich sind. Eine als „Satzung" bezeichnete Rechtsvorschrift der Kirchengemeinde liegt hingegen nicht vor.

Hinzu kommt, daß der in Ziff. 7 Abs. 5 Kindergartenordnung erfolgte Hinweis nicht eindeutig bestimmt, in welcher Art und Weise – im Wege der Mandatserteilung oder der Delegation – die Beklagte für die Kirchengemeinde bei der Entscheidung über den Antrag auf Befreiung von Elternbeiträgen tätig wird und wer damit die für die Entscheidung zuständige Stelle ist. Der beitragspflichtige Bürger ist aufgrund der unklaren Regelung in der Kindergartenordnung nicht in der Lage zu beurteilen, ob in seinem Fall bei der Entscheidung über einen Befreiungsantrag die Kompetenz rechtmäßig ausgeübt wurde. Zur Unklarheit trägt weiter bei, daß nach dem Wortlaut der Ziff. 7 Abs. 5 der Kindergartenordnung der Antrag auf Übernahme der Elternbeiträge auch bei der Kindergartenleitung gestellt werden kann.

Weil demnach die Entscheidungszuständigkeit jedenfalls nicht wirksam von der Kirchengemeinde übertragen worden ist, kann die Kammer die Frage offen lassen, ob für eine solche Übertragung eine gesetzliche Grundlage erforderlich ist und dafür das Recht der Kirchengemeinde zur Regelung der inneren Angelegenheiten bzw. die ihr zukommende Anstaltsgewalt genügt.

Auch der Gesetzgeber hat durch § 90 Abs. 3 S. 1 SGB VIII nicht etwa die Zuständigkeit zur Entscheidung über die Beitragsermäßigung bei kirchlicher Trägerschaft den Verwaltungsbehörden eingeräumt.

Der Verwaltungsakt vom 25.3.1996 *(Anm.: Widerspruchsentscheidung)* ist ebenfalls rechtswidrig. Für die Entscheidung über den Widerspruch der Kläger gegen die Verfügung vom 14.8.1995 war nicht die Beklagte zuständig (vgl. § 79 Abs. 2 S. 2 VwGO). In Selbstverwaltungsangelegenheiten der Kirchengemeinde – wie hier – erläßt nämlich die Selbstverwaltungsbehörde, also die nach der einschlägigen Kirchenverfassung zuständige kirchliche Stelle, den Widerspruchsbescheid (vgl. § 73 Abs. 1 Nr. 3 VwGO). Daß insoweit der Beklagten wirksam ein Mandat erteilt bzw. die Entscheidungsbefugnis wirksam delegiert worden ist, ist nicht ersichtlich. Jedenfalls fehlt es an einer wirksamen, die Entscheidungsbefugnis insoweit auf die Beklagte übertragenden Willensbekundung einer ordnungsgemäß vertretenen kirchlichen Stelle. Die Kammer läßt daher offen, ob angesichts der Regelung des § 73 Abs. 1 Nr. 3 VwGO die Befugnis zur Entscheidung von Widersprüchen allein aufgrund der Selbstverwaltungskompetenz der kirchlichen Körperschaften ohne ausdrückliche gesetzliche Ermächtigung übertragen werden kann.

Nach allem kommt es für die Entscheidung dieses Verfahrens nicht darauf an, ob die Einkommensberechnungen der Beklagten zutreffend gewesen und die angegriffenen Verwaltungsakte damit inhaltlich rechtmäßig sind.

83

Die Erhebung der Kirchensteuer als Zuschlag zur Einkommensteuer schließt Billigkeitsmaßnahmen nicht aus.

§ 4 Abs. 1 Nr. 1 NW.KiStG
BFH, Beschluß vom 4. November 1996 – I B 53/96 [1] –

Aus den Gründen:

Der Senat läßt offen, ob die Beschwerdebegründung die ausreichende Darlegung eines Revisionszulassungsgrundes enthält. Sie ist jedenfalls unbegründet und war deshalb zurückzuweisen.

Die Beschwerde ist ausschließlich auf die grundsätzliche Bedeutung der Rechtssache gestützt. Die Rechtssache hat jedoch keine grundsätzliche Bedeutung.

Es entspricht der ständigen Rechtsprechung des erkennenden Senats, daß § 4 Abs. 1 Nr. 1 NW.KiStG dem Beklagten und Beschwerdegegner freistellt, die röm.-kath. Kirchensteuer nach Maßgabe des Einkommens als Zuschlag zur Einkommensteuer zu erheben (vgl. Urteil des BFH v. 7.12.1994 I R 24/93 – BFHE 176, 382, BStBl. II 1995, 507 [2]). Der Beklagte hat von dieser Möglichkeit in der Verordnung Nr. 136 ordnungsgemäßen Gebrauch gemacht. Die Erhebung der Kirchensteuer als Zuschlag zur Einkommensteuer schließt Billigkeitsmaßnahmen des Beklagten nicht aus. Deshalb stehen die Erlaßrichtlinien des Beklagten der Anwendung der Verordnung Nr. 136 nicht entgegen.

Es ist entscheidungsunerheblich, ob der Kläger und Beschwerdeführer vor der Veräußerung seiner Beteiligung an einer inländischen Kapitalgesellschaft aus der Kirche austrat. Entscheidend ist allein, daß die Einkommensteuer 1986 im Streitfall an den Wegzug des Klägers ins Ausland anknüpfte und daß der Kläger im Zeitpunkt seines Wegzuges noch nicht aus der röm.-kath. Kirche ausgetreten war.

Es ist ebenso entscheidungsunerheblich, daß der Kläger als im Inland allenfalls beschränkt Steuerpflichtiger die Kirchensteuer 1986 im Zeitpunkt ihrer Zahlung nicht mehr von seinem inländischen Einkommen absetzen konnte. Es ist nach dem Steuerrecht des Staates zu beurteilen, in dem der Kläger im Zeitpunkt der Zahlung ansässig war, ob seine Leistungsfähigkeit gemindert wurde und ob dies bei der Besteuerung zu berücksichtigen ist. Der Kläger kann sich bezüglich der Erhebung der Kirchensteuer 1986 nicht darauf berufen, daß seine Leistungsfähigkeit zu einem späteren Zeitpunkt gemindert wurde.

---

[1] BFH/NV 1997, 264.
[2] Vgl. BFH KirchE 32, 446 Anm. 1.

84

Das Bistum ist für eine Klage gegen die Einrichtung eines Diplomstudienganges Katholische Theologie an einer staatlichen Universität nicht aktiv legitimiert.

Hess.VGH, Beschluß vom 5. November 1996 – 6 UE 1884/94[1] –

Mit gemeinsamer Klage haben sich der Bischof von Limburg und das Bistum Limburg gegen die Einrichtung eines Diplomstudienganges Kath. Theologie an der Universität Frankfurt a. M. durch das beklagte Land Hessen gewandt. Die Klage wurde erstinstanzlich abgewiesen (VG Wiesbaden KirchE 28, 143) und von beiden Klägern mit der Berufung angegriffen. Die Berufung des Bischofs von Limburg hatte Erfolg (Hess.VGH KirchE 32, 245); die Revision des beklagten Landes wurde zurückgewiesen (BVerwG KirchE 34, 273). Daraufhin haben das Bistum Limburg und das beklagte Land die Hauptsache des zweitinstanzlich noch anhängigen Klageverfahrens für erledigt erklärt.

Der Hess.VGH stellt das Verfahren ein und spricht klarstellend aus, daß die Entscheidung des VG Wiesbaden KirchE 28, 143 insoweit wirkungslos ist, als darin die Klage des Bistums Limburg abgewiesen worden war. Im übrigen trifft der Verwaltungsgerichtshof eine Kostenentscheidung zu Lasten des Bistums.

Aus den Gründen:

Über die Kosten ist gemäß § 161 Abs. 2 VwGO nach billigem Ermessen zu entscheiden, wobei der bisherige Sach- und Streitstand zu berücksichtigen ist. In Anwendung dieser Grundsätze müssen die Kosten des Verfahrens dem Kläger auferlegt werden, da er voraussichtlich unterlegen wäre. Denn der Kläger war nicht befugt, das beanspruchte kirchliche Beteiligungsrecht nach materiellem Recht in eigener Person geltend zu machen. Die Errichtung, Förderung und Approbation kath.-theol. Ausbildungseinrichtungen werden nach dem Selbstverständnis der katholischen Kirche in Erfüllung des apostolischen Auftrags des Heiligen Stuhls gesehen, so daß im Bereich der Priesterausbildung bzw. der Errichtung kirchlicher Universitäten und Fakultäten nach neuem kanonischen Hochschulrecht der Apostolische Stuhl, der Diözesanbischof oder die Bischofskonferenz, nicht aber die Diözese zuständig ist. Mangels Aktivlegitimation konnte daher nach dem bisherigen Sachstand die Klage der Diözese ebenso wie die von ihr gegen das klageabweisende Urteil des Verwaltungsgerichts eingelegte Berufung keinen Erfolg haben.

---

[1] NVwZ 1997, 198; AkKR 165 (1996), 591. Nur LS: NJW 1997, 1523; KuR 1997, 135.

85

1. **Für die Inhaltskontrolle kirchlicher Arbeitsvertragsrichtlinien sind die für Tarifverträge geltenden Maßstäbe heranzuziehen, soweit Tarifvertragsregelungen ganz oder mit im wesentlichen gleichen Regelungen übernommen werden (Abgrenzung zu BAG Urteil vom 17.4.1996 – 10 AZR 558/95 – KirchE 34, 146).**

2. **Die Regelung über die Rückzahlung der Kosten der Weiterbildung zum Fachkrankenpfleger in § 10a AVR-Caritas ist wirksam (Ergänzung zu BAG Urteil vom 6.9.1995 – 5 AZR 174/94 – AP Nr. 22 zu § 611 BGB Ausbildungsbeihilfe).**

Art. 12 GG; §§ 10a AVR-Caritas, SR 2a Nr. 7 BAT, 3 Abs. 1, 4 Abs. 1 TVG
BAG, Urteil vom 6. November 1996 – 5 AZR 334/95[1] –

Die Parteien streiten über die teilweise Erstattung der Kosten der Weiterbildung des Klägers zum Operations-Fachpfleger nach Maßgabe des § 10a der Arbeitsvertragsrichtlinien des Deutschen Caritasverbandes (AVR-Caritas).

Der Kläger war vom 1.7.1989 bis zum 30.6.1993 bei der Beklagten als Operations-Pfleger beschäftigt. Kraft Arbeitsvertrags galten für das Arbeitsverhältnis die „Richtlinien für Arbeitsverträge in den Einrichtungen des Deutschen Caritasverbandes (AVR)" in ihrer jeweils geltenden Fassung". Die AVR-Caritas und deren Änderungen treten mit der Veröffentlichung in der „Caritas-Korrespondenz" zu dem jeweils genannten Zeitpunkt in Kraft.

Der Kläger bewarb sich im Rahmen des Personalbedarfs der Beklagten und auf deren Veranlassung um eine Weiterbildung zum Fachpfleger für den Operationsdienst bei der „Ausbildungsstätte für die Weiterbildung im Operationsdienst", die von der Beklagten und weiteren neun Krankenhäusern getragen wird. Mit dieser Ausbildungsstätte schloß der Kläger unter dem 18./20.9.1989 einen „Weiterbildungsvertrag". Der Weiterbildungsvertrag enthält keine Regelung über die Kosten der Weiterbildung oder deren Rückzahlung. Der Lehrgang umfaßte 891 Unterrichtsstunden, davon 541 Stunden theoretischer Unterricht und 350 Stunden praktische Einweisung.

Die Arbeitsrechtliche Kommission des Deutschen Caritas-Verbandes beschloß am 29.8.1989 rückwirkend ab 1.8.1989 Änderungen der AVR-Caritas. U.a. wurde ein neuer § 10a eingefügt. Er lautet:

„§ 10a Fort- und Weiterbildung
(1) Wird ein Mitarbeiter im Pflegedienst, der unter die Anlage 2a zu den AVR fällt, auf Veranlassung und im Rahmen des Personalbedarfs des Dienstgebers fort- oder weitergebil-

---

[1] Amtl. Leitsätze. MDR 1997, 657; NZA 1997, 778; ZMV 1997, 190. Nur LS: BB 52 (1997), 948; KuR 1997, 201.

*det, werden, sofern keine Ansprüche gegen andere Kostenträger bestehen, vom Dienstgeber
a) dem Mitarbeiter, soweit er freigestellt werden muß, für die notwendige Fort- oder
Weiterbildungszeit die bisherigen Dienstbezüge (Abschnitt II der Anlage 1 zu den AVR)
fortgezahlt und
b) die Kosten der Fort- oder Weiterbildung getragen.*

*(2) Der Mitarbeiter ist verpflichtet, dem Dienstgeber die Aufwendungen für eine Fort-
oder Weiterbildung im Sinne des Absatzes 1 nach Maßgabe des nachfolgenden Unter-
absatzes 2 zu ersetzen, wenn das Dienstverhältnis auf Wunsch des Mitarbeiters oder aus
einem von ihm zu vertretenden Grunde endet. Satz 1 gilt nicht, wenn die Mitarbeiterin
a) wegen Schwangerschaft oder
b) wegen Niederkunft in den letzten drei Monaten gekündigt oder einen Auflösungs-
vertrag geschlossen hat.*

*Zurückzuzahlen sind, wenn das Dienstverhältnis endet
a) im ersten Jahr nach Abschluß der Fort- oder Weiterbildung, die vollen Aufwendungen,
b) im zweiten Jahr nach Abschluß der Fort- oder Weiterbildung, zwei Drittel der Aufwendungen,
c) im dritten Jahr nach Abschluß der Fort- oder Weiterbildung, ein Drittel der Aufwendungen.*

*In besonders gelagerten Fällen kann von der Rückzahlungsregelung zugunsten des Mit-
arbeiters abgewichen werden."*

Zugleich wurden die Vergütungsgruppen geändert, u. a. im Hinblick auf die Eingruppierung von Krankenschwestern und -pflegern mit erfolgreich abgeschlossener Weiterbildung für den Operationsdienst (VergGr. Kr 5 a Nr. 2 a), Bewährungsaufstieg nach VergGr. Kr 6 Nr. 1, Leitungsaufgaben im Operationsdienst (VergGr. Kr 7 Nr. 3, Kr 8 Nr. 2, Kr 9 Nr. 2) sowie hierauf aufbauender Bewährungsaufstieg (Kr 10 Nr. 1).

Der Kläger nahm mit Erfolg an dem Weiterbildungslehrgang zum Operationspfleger teil; er wurde auch dementsprechend eingesetzt. Bereits ab August 1991 und damit kurz vor Abschluß des Lehrgangs (30. 9.1991), wurde er in die VergGr. Kr 6 AVR-Caritas höhergruppiert.

Im April 1993 kündigte der Kläger sein Arbeitsverhältnis mit der Beklagten fristgemäß zum 1. 7.1993. Mit Schreiben vom 13. 5.1993 forderte die Beklagte den Kläger auf, zwei Drittel der Lehrgangskosten zurückzuzahlen.

Die Beklagte hat den Erstattungsbetrag mit einer noch offenen Gehaltsforderung des Klägers verrechnet, woraufhin der Kläger die ihm nicht ausgezahlten Bezüge eingeklagt hat. Der Kläger ist der Auffassung, zur Rückzahlung nicht verpflichtet zu sein. Er habe mit der Beklagten keine Rückzahlungsvereinbarung getroffen und auf § 10a AVR-Caritas dürfe sich die Beklagte nicht berufen.

Das Arbeitsgericht hat der Klage stattgegeben, das Landesarbeitsgericht hat sie abgewiesen. Die Revision, mit der der Kläger die Zurückweisung der Berufung der Beklagten gegen das erstinstanzliche Urteil erreichen will, hatte keinen Erfolg.

Aus den Gründen:

Die Revision des Klägers ist nicht begründet. Das Landesarbeitsgericht hat richtig entschieden. Die Klage ist unbegründet. Der Kläger hat nach § 10 a Abs. 2 Unterabs. 2 Buchst. b AVR-Caritas (mit dem seit dem 1. 8. 1989 geltenden Inhalt – künftig § 10 a AVR-Caritas) zwei Drittel der erstattungsfähigen Kosten seiner Weiterbildung zum Operations-Fachpfleger zurückzuzahlen.

I. Die Klage ist unbegründet, weil die Ansprüche des Klägers auf Arbeitsentgelt (§ 611 BGB) für die Zeit ab Mai 1993 in Höhe der Klageforderung von insgesamt 4 109,89 DM erloschen sind. Insoweit hat die Beklagte ihre Rückzahlungsforderung unter Einhaltung der Pfändungsfreigrenzen gegen restliche Forderungen des Klägers auf Arbeitsentgelt wirksam aufgerechnet (§§ 387, 388, 389, 394 S. 1 BGB, §§ 850 f. ZPO). Dies hat das Landesarbeitsgericht richtig erkannt.

1. Rechtsgrundlage für den Anspruch der Beklagten auf Rückzahlung der anteiligen Kosten der Weiterbildung ist § 10 a AVR-Caritas mit dem seit dem 1. 8. 1989 geltenden Inhalt. Diese Bestimmung ist aufgrund der Vereinbarung der Parteien im Arbeitsvertrag anzuwenden.

a) Die Bestimmungen der AVR-Caritas entfalten für das einzelne Arbeitsverhältnis unmittelbar keine normative Wirkung, sondern sind nur kraft arbeitsvertraglicher Vereinbarung anzuwenden (std. Rspr., statt vieler: BAG Urteile v. 14. 6. 1995 – 4 AZR 250/94 – AP Nr. 7 zu § 12 AVR Caritasverband; v. 26. 7. 1995[2] – 4 AZR 318/94 – AP Nr. 8 zu § 12 AVR Caritasverband, jeweils unter II 1 a der Gründe, m. w. N.). Dabei kann dahingestellt bleiben, ob den AVR-Caritas mit Rücksicht auf Art. 140 GG, 137 Abs. 3 WRV „normativer Charakter" zukommt (vgl. Jurina, Das Dienst- und Arbeitsrecht im Bereich der Kirchen in der Bundesrepublik Deutschland, 1979, S. 68; vgl. auch Mayer-Maly, Anm. zu AP Nr. 1 zu § 7 AVR Caritasverband). Denn auch dann bedarf es des Abschlusses eines Arbeitsvertrags, durch den die Anwendung der AVR-Caritas auf das Arbeitsverhältnis vereinbart wird.

b) Eine solche arbeitsvertragliche Vereinbarung liegt hier vor. Nach § 2 des Arbeitsvertrags gelten für das Arbeitsverhältnis „die Richtlinien für Arbeitsverträge in den Einrichtungen des Deutschen Caritasverbandes (AVR) in ihrer jeweils geltenden Fassung". Wegen dieser dynamischen Verweisung steht die Tatsache, daß es den neuen § 10 a AVR-Caritas noch nicht gegeben hat, als die Parteien den Arbeitsvertrag abgeschlossen haben (23. 5. 1989), der arbeitsvertraglichen Geltung dieser Bestimmung nicht entgegen.

c) Voraussetzung für die Geltung des § 10 a AVR-Caritas ist ferner, daß diese Norm in den Caritas-Richtlinien bekanntgegeben worden ist. Hiervon ist auch

---

[2] KirchE 33, 263.

das Landesarbeitsgericht ausgegangen, indem es ausgeführt hat, die bekanntgegebenen Veränderungen hätten das Arbeitsverhältnis der Parteien automatisch gestaltet. Über die Veröffentlichung des § 10a AVR-Caritas (Beschluß vom 29.8.1989) haben die Parteien in den Vorinstanzen nicht gestritten. Soweit der Kläger erstmals in der Revision geltend macht, das Landesarbeitsgericht habe die Veröffentlichung des § 10a AVR-Caritas nicht festgestellt, handelt es sich um eine Verfahrensrüge. Ihr bleibt der Erfolg versagt. Der Kläger macht nicht geltend, daß die Veröffentlichung nicht erfolgt sei. Tatsächlich ist diese Änderung in einem Sonderheft der Caritas-Korrespondenz Anfang Oktober 1989 veröffentlicht worden.

d) Der Umstand, daß § 10a AVR-Caritas sowie die damit zusammenhängenden Änderungen der Vergütungsregelungen in der ab 1.8.1989 geltenden Fassung erst ein paar Tage nach Beginn der vorliegenden Weiterbildungsmaßnahme (1.10.1989), nämlich Anfang Oktober 1989 veröffentlicht worden und rückwirkend in Kraft gesetzt worden sind, steht der Anwendung dieser Bestimmungen auf das Arbeitsverhältnis der Parteien hinsichtlich der in Rede stehenden Weiterbildungsmaßnahme nicht entgegen.

Es liegt kein Fall der Rückwirkung vor. Eine Rückwirkung setzt voraus, daß eine vom Betroffenen nicht beeinflußbare Regelung nachträglich in eine von ihm erworbene und für ihn schützenswerte Rechtsposition eingreift. Für den Kläger hätte eine solche Rechtsposition vorliegend nur darin bestehen können, daß seine Weiterbildung zum geprüften Operationspfleger auf Kosten der Beklagten und ohne Rückzahlungsverpflichtung im Fall vorzeitigen Ausscheidens erfolgen sollte. Eine solche Rechtsposition hatte der Kläger jedoch weder einzelvertraglich noch nach den Regelungen in den AVR-Caritas erworben, als er mit seiner Weiterbildung begann. Einzelvertraglich hatten die Parteien nichts vereinbart. In den AVR-Caritas war hierüber ebenfalls nichts geregelt. Vielmehr sind die Kostentragung und -erstattung für Fälle der Weiterbildung u.a. zum geprüften Operationspfleger erstmals im neuen § 10a AVR-Caritas aufgrund des Beschlusses vom 29.8.1989 für die Zeit ab 1.8.989 geregelt worden.

e) Die Beklagte handelt auch nicht treuwidrig (§ 242 BGB), wenn sie sich vorliegend auf die Rückzahlungsregelung des § 10a AVR-Caritas stützt. Zum einen hat der Kläger nicht behauptet, er habe bei Abschluß des Weiterbildungsvertrages oder bei Beginn der Weiterbildungsmaßnahme darauf vertraut, jederzeit fristgemäß bei der Beklagten auf eigenen Wunsch ausscheiden zu dürfen, ohne (im Umfang des § 10a AVR-Caritas) zur Rückzahlung der Fortbildungskosten verpflichtet zu sein. Überdies wäre ein etwaiges Vertrauen des Klägers, vor Ablauf von drei Jahren nach Beendigung der Weiterbildungsmaßnahme ohne jede Kostenerstattung auf eigenen Wunsch bei der Beklagten ausscheiden zu können, auch erschüttert. Der stellvertretende Geschäftsführer H. der Beklagten hatte den Kläger nämlich schon vor Beginn der Weiterbildung auf den Beschluß der Arbeitsrechtlichen Kommission zu § 10 a AVR-Caritas hingewiesen. Als der Kläger später ordentlich kündigte, hat er gegenüber dem Zeugen H. nochmals bestätigt, von H. auf die Rückzahlungsklausel des § 10 a AVR-Caritas hingewiesen worden zu sein.

2. Auch inhaltlich ist die Rückzahlungsklausel in § 10 a Abs. 2 AVR-Caritas wirksam. Sie verstößt trotz der Bindungswirkung nicht gegen zwingendes Recht, insbesondere nicht gegen das Grundrecht der Berufsfreiheit (Art. 12 Abs. 1 GG). Nach dieser Rückzahlungsklausel sind – von hier nicht vorliegenden Sonderfällen abgesehen – die Aufwendungen i. S. d. § 10 a Abs. 1 AVR-Caritas bei einer Kündigung im ersten Jahr nach Beendigung der Fort- oder Weiterbildung voll zurückzuzahlen, im zweiten Jahr zu zwei Dritteln und im dritten Jahr zu einem Drittel.

a) Für die Inhaltskontrolle kirchlicher Arbeitsvertragsrichtlinien im Hinblick auf die Wahrung der Berufsfreiheit (Art. 12 Abs. 1 GG) sind die für Tarifverträge anzuwendenden Maßstäbe heranzuziehen, zumindest soweit in die Arbeitsvertragsrichtlinien die entsprechenden Tarifvertragsregelungen des öffentlichen Dienstes für gleichgelagerte Sachbereiche ganz oder mit im wesentlichen gleichen Inhalten „übernommen" werden, die dann kraft arbeitsvertraglicher Vereinbarung für das einzelne Arbeitsverhältnis gelten (vgl. LAG Berlin, Urteil v. 3. 5. 1984 – 7 Sa 8/84 – AP Nr. 19 zu Art. 140 GG).

aa) Bei tarifvertraglichen Regelungen ist es nicht Sache der Gerichte zu prüfen, ob jeweils die gerechteste oder zweckmäßigste Regelung gefunden wurde. Tarifverträge sind allein daraufhin zu untersuchen, ob sie gegen die Verfassung, gegen anderes höherrangiges zwingendes Recht oder gegen die guten Sitten verstoßen (BAG Urteil v. 6. 9. 1995 – 5 AZR 174/94 – AP Nr. 22 zu § 611 BGB Ausbildungsbeihilfe, unter III 1 der Gründe, m. w. N.). Dabei sind keine anderen Prüfungsmaßstäbe heranzuziehen, wenn die Tarifnormen nicht kraft Tarifbindung, sondern kraft arbeitsvertraglicher Vereinbarung anzuwenden sind (BAG, Urteil v. 6. 9. 1995 – 5 AZR 174/94 – AP Nr. 22 zu § 611 BGB Ausbildungsbeihilfe, mit Anm. von Hoyningen-Huene). Auch bei einer nur einzelvertraglichen Bezugnahme auf tarifvertragliche Regelungen bedarf es einer einzelvertraglichen Billigkeitskontrolle (§§ 315 oder 317 BGB) der in Bezug genommenen Tarifregelungen nicht, soweit es sich um Gesamt- oder Globalbezugnahmen auf den ganzen Tarifvertrag oder auf einzelne, inhaltlich und sachlich zusammenhängende Regelungskomplexe handelt. Auch in solchen Fällen ist von der grundsätzlichen Richtigkeitsgewähr der einbezogenen Tarifvertragsnormen auszugehen (vgl. Preis, Grundfragen der Vertragsgestaltung im Arbeitsrecht, S. 398).

bb) Bei den Arbeitsvertragsrichtlinien der kath. Kirche und denen der ev. Kirche handelt es sich zwar nicht um Tarifverträge. Die unterschiedlichen Methoden, nach denen Arbeitsvertragsrichtlinien einerseits und Tarifverträge andererseits entstehen, haben jedoch nicht zur Folge, daß für Arbeitsvertragsrichtlinien, mit denen Tarifregelungen übernommen werden, andere Maßstäbe zu gelten haben.

Die sog. materielle Richtigkeitsgewähr der Tarifverträge beruht darauf, daß Tarifverträge von gleichberechtigten Partnern des Arbeitslebens, denen notfalls auch das Mittel des Arbeitskampfs zur Verfügung steht, ausgehandelt werden und daß derartige Tarifverträge eine Institutsgarantie gem. Art. 9 Abs. 3 GG genießen. Derart ausgehandelte Tarifverträge haben die Vermutung für sich, daß sie den Interessen beider Seiten gerecht werden und keiner Seite ein unzumutbares Übergewicht vermittelt wird.

Arbeitsvertragsrichtlinien entstehen dagegen auf dem „Dritten Weg". Es handelt sich bei ihnen nicht um Tarifverträge, sondern um eigenständige Regelungen. Das Mittel des Arbeitskampfes steht keiner Seite zur Verfügung. Für die Caritas beschließt die auf Kirchenverfassungsrecht gegründete Arbeitsrechtliche Kommission Arbeitsvertragsrichtlinien als eigene Regelungswerke. Die Arbeitsrechtliche Kommission ist von der Kirchenleitung unabhängig und paritätisch mit gewählten Repräsentanten der Arbeitnehmer und der Arbeitgeber besetzt. Die Beschlüsse bedürfen der Mehrheit von drei Viertel der Mitglieder der Arbeitsrechtlichen Kommission. Die Kommissionsmitglieder unterliegen keinen Weisungen und haben eine gleichermaßen unabhängige Stellung wie die Angehörigen der Mitarbeitvertretungen der Kirchen. Die Arbeitsrechtliche Kommission hat grundsätzlich die volle Beschlußkompetenz; zu beachten sind aber für Ausnahmefälle die Richtlinien der Deutschen Bischofskonferenz (s. im einzelnen: RGRK-Gehring, Anh. III zu § 630 BGB Rz. 145 ff.). Ähnlich verhält es sich im Bereich der Evangelischen Kirche Deutschlands und vieler Evangelischer Gliedkirchen sowie der Diakonie. Dort kann jedoch gegen Beschlüsse der jeweiligen Arbeitsrechtlichen Kommission Einspruch eingelegt werden, über den dann die jeweils übergeordnete, ebenso paritätisch besetzte Arbeitsrechtliche Schiedskommission unter neutralem Vorsitz endgültig entscheidet.

Diese Unterschiede gegenüber der Entstehung von Tarifverträgen haben nicht zur Folge, daß die Arbeitsvertragsrichtlinien, soweit sie einschlägige tarifvertragliche Regelungen insgesamt übernehmen, einer grundsätzlich anderen Inhaltskontrolle zu unterziehen wären, als sie bei Tarifverträgen vorzunehmen ist. Dies folgt aus zwei Erwägungen. Die materielle Richtigkeitsgewähr tarifvertraglicher Regelungen beruht nicht primär darauf, daß den Tarifvertragsparteien das Mittel des Arbeitskampfs zur Verfügung steht, sondern darauf, daß sie als gleichgewichtig durchsetzungsfähig angesehen werden. Die zuletzt genannte Voraussetzung ist aber innerhalb der Arbeitsrechtlichen Kommissionen bei den Kirchen gleichermaßen gegeben. Deren paritätische Besetzung und die Weisungsunabhängigkeit ihrer Mitglieder gewährleistet, daß keine der beiden Seiten das Übergewicht erreichen kann. Zusätzlich ergibt sich die mittelbare Richtigkeitsgewähr für Regelungen der Arbeitsrechtlichen Kommission mittelbar, soweit sie tarifvertragliche Regelungen einschlägig übernimmt.

Der Gesetzgeber respektiert Arbeitsvertragsrichtlinien der Kirchen immer häufiger im selben Umfang wie Tarifverträge, soweit er tarifdispositives Recht setzt, indem er insoweit eine Abänderbarkeit der gesetzlichen Regelung im selben Maß zuläßt wie durch Tarifverträge, z. B. in § 6 Abs. 3 BeschFG, § 21a Abs. 3 ArbSchG, § 7 Abs. 4 ArbZG. Diese Gleichstellung von Tarifverträgen und Arbeitsvertragsrichtlinien der Kirchen wird in der Begründung zu § 7 Abs. 4 ArbZG (vormals § 4 Abs. 3 RegE) ausdrücklich als „klarstellend" bezeichnet (BT-Drucks. 11/360, S. 19) und insoweit vom Gesetzgeber als gegeben vorausgesetzt. Auch daraus folgt, daß für die Inhaltskontrolle kirchlicher Arbeitsvertragsrichtlinien grundsätzlich die für Tarifverträge geltenden Maßstäbe heranzuziehen sind.

Daß Arbeitsvertragsrichtlinien für einen Arbeitsvertrag nur Gültigkeit erlangen, soweit ihre Geltung im Arbeitsvertrag vereinbart ist, führt zu keiner anderen Beurteilung. Wie bei der Übernahme von Tarifverträgen ist lediglich zu prüfen, ob die übernommene tarifliche Regelung nicht gegen die Verfassung, gegen anderes höherrangiges zwingendes Recht oder gegen die guten Sitten verstößt. Insbesondere hat in solchen Fällen keine Billigkeitskontrolle nach § 317 BGB stattzufinden. Ob eine solche Billigkeitskontrolle in den Fällen angemessen ist, in denen es nicht um die Übernahme tarifvertraglicher Regelungen geht oder diese nur ihrer Struktur nach, nicht aber ihren materiellen Werten nach „übernommen" werden (vgl. insoweit: BAG Urteil v. 17. 4. 1996 – 10 AZR 558/95 – AP Nr. 24 zu § 611 BGB Kirchendienst = NZA 1997, 55), kann hier dahinstehen. Denn eine solche Fallkonstellalation liegt hier nicht vor.

b) Mit Beschluß vom 29. 8. 1989 hat die Arbeitsrechtliche Kommission des Deutschen Caritas-Verbandes die tariflichen Regelungen des BAT hinsichtlich der Fort- und Weiterbildung von Krankenschwestern und -pflegern zu entsprechenden geprüften Fachkräften im Operationsdienst usw. im BAT und in den Angestellten-Tarifverträgen der Berufsgenossenschaften (BG-AT) und der Knappschaft (Kn-AT) übernommen, nämlich in § 10a AVR-Caritas und in die für die AVR-Caritas neuen Fallgruppen für Krankenpflegepersonal mit entsprechender fachlicher Fort- und Weiterbildung und entsprechendem Einsatz nebst – über den BAT hinausgehend – Regelungen über den Bewährungsaufstieg. Der Regelung in Nr. 7 SR 2 BAT über die Kosten der Fort- und Weiterbildung entspricht der in § 10a AVR-Caritas; zusätzlich ist dort noch die Möglichkeit aufgenommen worden, daß in besonders gelagerten Fällen auf die Kostenerstattung verzichtet werden kann.

Die derart übernommenen tarifvertraglichen Bestimmungen verstoßen mit den Inhalten, die ihnen nach der Rechtsprechung des Senats zukommt, nicht gegen höherrangiges zwingendes Recht, obwohl sie zu Lasten der Arbeitnehmer von der Rechtsprechung des Senats zu einzelvertraglichen Klauseln über die Rückzahlung von Fort- und Weiterbildungskosten abweichen (BAG Urteile v. 6.9.1995 – 5 AZR 174/94 – AP Nr. 22 zu § 611 BGB Ausbildungsbeihilfe, mit Anm. von Hoyningen-Huene sowie – 5 AZR 172/94 –, – 5 AZR 618/94 – und – 5 AZR 744/94 –, alle n. v.). Insbesondere liegt kein Verstoß gegen den Grundsatz der Berufsfreiheit (Art. 12 Abs. 1 GG) vor. Wegen der Einzelheiten wird auf die vorgenannten Entscheidungen verwiesen. Dementsprechend sind auch die hier in Rede stehenden Regelungen in § 10a AVR-Caritas wirksam.

3. Die inhaltlichen Voraussetzungen des § 10a Abs. 1 AVR-Caritas liegen dem Grunde nach vor. Auch dies hat das Landesarbeitsgericht richtig erkannt.

a) Nach § 10a Abs. 1 AVR-Caritas muß die Weiterbildung des Arbeitnehmers auf Veranlassung des Arbeitgebers im Rahmen seines Personalbedarfs auf Kosten des Arbeitgebers duchgeführt worden sein (vgl. zu Nr. 7 SR 2a BAT: BAG, Urteil v. 14.6.1995 – 5 AZR 960/93 – AP Nr. 21 zu § 611 BGB Ausbildungsbeihilfe). Diese Voraussetzungen liegen vor. Der Kläger ist, wie das Landesarbeitsgericht festgestellt hat, auf Veranlassung der Beklagten im Rahmen ihres Personalbedarfs auf ihre Kosten zum Operations-Fachpfleger weitergebildet worden.

b) Die Weiterbildung des Klägers zum Operations-Fachpfleger war auch vergütungsrelevant (vgl. zu Nr. 7 SR 2a KnAT bzw. BAT: Urteil v. 6.9.1995 – 5 AZR 174/94 – AP Nr. 22 zu § 611 BGB Ausbildungsbeihilfe, mit Anm. von Hoyningen-Huene). Sie ist im Operationsdienst Voraussetzung für die Eingruppierung in die VergGr. Kr 5a Fallgr. 2a, ebenso bei entsprechender Bewährung in höhere Vergütungsgruppen (Kr 6 Fallgr. 1) bzw. mit Leitungsaufgaben (Kr 6 Fallgr. 7d). Die Einlassung des Klägers, die Weiterbildung habe ihm persönlich keine vergütungsrelevanten Vorteile gebracht, ist unrichtig. Es genügt, daß die Weiterbildung den beruflichen Aufstieg nach Maßgabe der Gesamtregelung der AVR-Caritas ermöglicht. Tatsächlich erreichte der Kläger durch die Weiterbildung noch bei der Beklagten den Aufstieg, nämlich die Höhergruppierung in die VergGr. Kr 6 Fallgr. 1.

4. Nach § 10 a Abs. 2 Unterabs. 2 Buchst. b AVR-Caritas hat der Kläger zwei Drittel der erstattungsfähigen Fortbildungskosten an die Beklagte zurückzuzahlen. Er hat sein Arbeitsverhältnis mit der Beklagten auf seinen Wunsch „zum 1.7.1993" und damit im zweiten Jahr nach Beendigung der Weiterbildungsmaßnahme aufgelöst. Die Weiterbildung dauerte bis Ende September 1991. Besondere Umstände i. S. des § 10a Abs. 2 Unterabs. 3 AVR-Caritas, unter denen die Beklagte von der Erstattung hätte absehen können, hat der Kläger nicht behauptet.

86

Der BAT-KF (kirchliche Fassung) ist kein Tarifvertrag im Sinne der Protokollnotiz Nr. 2 Buchstabe b zu § 1 Zuwendung-TV.
Der Angestellte, der vor dem 31. März des Folgejahres auf eigenen Wunsch aus dem Arbeitsverhältnis ausscheidet, muß daher die ihm auf Grund des Zuwendungs-TV gewährte Zuwendung zurückzahlen, wenn er zu einem Arbeigeber wechselt, der den BAT-KF anwendet.

BAG, Urteil vom 6. November 1996 – 10 AZR 287/96[1] –

Die Parteien streiten über die Verpflichtung des Beklagten, eine gewährte tarifliche Zuwendung zurückzuzahlen.

Der Beklagte war seit dem 1.9.1993 bei der Klägerin, der Stadt N., als Sozialarbeiter beschäftigt. Auf das Arbeitsverhältnis fanden kraft einzelvertraglicher Vereinbarung der BAT und die diesen ergänzenden Tarifverträge Anwendung.

Im November 1993 zahlte die Klägerin an den Beklagten nach dem Tarifvertrag über eine Zuwendung für Angestellte vom 12.10.1973 (im folgenden: Zuwendungs-TV) eine Zuwendung in Höhe von 1 836,67 DM brutto.

Der Zuwendungs-TV hat – soweit vorliegend von Interesse – folgenden Wortlaut:

„§ 1
Anspruchsvoraussetzungen

(1) Der Angestellte erhält in jedem Kalenderjahr eine Zuwendung, wenn er
1. am 1. Dezember im Arbeitsverhältnis steht ...
und
2. seit dem 1. Oktober ununterbrochen als Angestellter ... im öffentlichen Dienst gestanden hat
...
und
3. nicht in der Zeit bis einschließlich 31. März des folgenden Kalenderjahres aus seinem Verschulden oder auf eigenen Wunsch ausscheidet.
...
(4) In den Fällen des Absatzes 1 Nr. 3 ... wird die Zuwendung auch gezahlt, wenn
1. der Angestellte im unmittelbaren Anschluß an sein Arbeitsverhältnis von demselben Arbeitgeber oder von einem anderen Arbeitgeber des öffentlichen Dienstes in ein Rechtsverhältnis der in Absatz 1 Nr. 2 genannten Art übernommen wird,
...
(5) Hat der Angestellte in den Fällen des Absatzes 1 Nr. 3 ... die Zuwendung erhalten, so hat er sie in voller Höhe zurückzuzahlen, wenn nicht eine der Voraussetzungen des Absatzes 4 vorliegt."

---

[1] Amtl. Leitsätze. AuR 45 (1997), 123; BB 1997, 739; DB 1997, 1038; KuR 1997, 267; RiA 1997, 220. Nur LS: ZMV 1997, 90; ZTR 1997, 123; AkKR 165 (1996), 602.

Protokollnotizen:

„...

*2. Öffentlicher Dienst im Sinne des ... Absatzes 4 Nr. 1 ist eine Beschäftigung
a) beim Bund, bei einem Land, bei einer Gemeinde oder bei einem Gemeindeverband
oder bei einem sonstigen Mitglied eines Arbeitgeberverbandes, der der Vereinigung der
kommunalen Arbeitgeberverbände angehört,
b) bei einer Körperschaft, Stiftung oder Anstalt des öffentlichen Rechts, die den BAT oder
einen Tarifvertrag wesentlich gleichen Inhalts anwendet.*
..."

Am 3.1.1994 kündigte der Beklagte das Arbeitsverhältnis mit der Klägerin fristgerecht zum 31.1.1994. Er ist seit dem 1.1.1994 als Sozialarbeiter bei der Ev. Kirchengemeinde K. beschäftigt. Für dieses Arbeitsverhältnis gelten kraft einzelvertraglicher Vereinbarung die Ordnung über die Anwendung des Bundes-Angestelltentarifvertrages (BAT-Anwendungsordnung – BAT-AO) vom 26.6.1986 in der jeweils geltenden Fassung und die sonstigen für die Angestellten im Bereich der Ev. Kirche im Rheinland beschlossenen arbeitsrechtlichen Bestimmungen, wie sie auf Grund des Kirchengesetzes über das Verfahren zur Regelung der Arbeitsverhältnisse der Mitarbeiter im kirchlichen Dienst (Arbeitsrechtsregelungsgesetz – ARRG) vom 19.1.1979 und seinen Änderungen geregelt sind.

§ 1 der BAT-Anwendungsordnung lautet:

*„Anwendung des BAT
(1) Im Bereich der Evangelischen Kirche im Rheinland, der Evangelischen Kirche von Westfalen und der Lippischen Landeskirche sowie ihrer Diakonischen Werke ist für die Arbeitsverhältnisse der Mitarbeiter, die in einer der Rentenversicherung der Angestellten unterliegenden Beschäftigung tätig sind (Angestellte), der Bundes-Angestelltentarifvertrag vom 23. Februar 1961 in der für die Angestellten der Mitglieder der Arbeitgeberverbände, die der Vereinigung der kommunalen Arbeitgeberverbände angehören, im Lande NordrheinWestfalen geltenden Fassung, die sich aus dem Bundes-Angestelltentarifvertrag von 1961 und den dazu ergangenen Änderungen bis zu den Änderungen durch den 67. Tarifvertrag zur Änderung des Bundes-Angestelltentarif vom 4. November 1992 ergibt, anzuwenden, soweit nicht durch das kirchliche Recht oder auf Grund der Satzung eines Diakonischen Werkes etwas anderes bestimmt ist.*
..."

Die Klägerin vertritt die Auffassung, der Beklagte sei wegen seines Ausscheidens auf eigenen Wunsch zum 31.1.1994 gemäß § 1 Abs. 5 Zuwendungs-TV zur Rückzahlung der Zuwendung verpflichtet. Hierauf hat sie Klage erhoben.

Das Arbeitsgericht hat der Klage stattgegeben, das Landesarbeitsgericht hat sie abgewiesen. Mit der vom Landesarbeitsgericht zugelassenen Revision verfolgt die Klägerin ihren Klageantrag weiter. Die Revision hatte Erfolg.

Aus den Gründen:

Die Revision der Klägerin ist begründet. Der Beklagte ist nach § 1 Abs. 5 Zuwendungs-TV verpflichtet, die im November 1993 erhaltene Zuwendung an die Klägerin zurückzuzahlen. Er kann sich nicht mit Erfolg auf einen der Ausnahmefälle des § 1 Abs. 4 Zuwendungs-TV berufen, in denen die Rückzahlungspflicht entfällt.

I. Das Landesarbeitsgericht hat einen Anspruch der Klägerin auf Rückzahlung der dem Beklagten für 1993 gewährten Sonderzuwendung verneint. Der Beklagte sei zwar vor dem 31. 3. 1994 aus seinem Arbeitsverhältnis bei der Klägerin auf eigenen Wunsch ausgeschieden. Ihm stehe jedoch gleichwohl ein Anspruch auf die Zuwendung zu, weil er in unmittelbarem Anschluß von der Ev. Kirchengemeinde K. – einer Körperschaft des öffentlichen Rechts, die den BAT anwende – übernommen worden sei. Zur Anwendung des BAT im Sinne des Zuwendungs-TV sei ausreichend, daß die tariflichen Bestimmungen des BAT als Vertragsrecht auf die Arbeitsverhältnisse Anwendung fänden. Es sei unerheblich, daß dem BAT-KF der Tarifvertragscharakter fehle. Der BAT-KF sei seinem materiellen Regelungsgehalt nach mit dem BAT wesensgleich. Es könne keinen Unterschied machen, ob in den Arbeitsverträgen der BAT unmittelbar vereinbart werde, oder ob ein Regelwerk vereinbart werde, das seinerseits die Anwendung des BAT anordne.

II. Diesen Ausführungen des Landesarbeitsgerichts kann der Senat nicht folgen.

1. Der Anspruch der Klägerin auf Rückzahlung der Zuwendung für das Kalenderjahr 1993 ist begründet, da der Beklagte wegen seiner Eigenkündigung zum 31. 1. 1994 auf eigenen Wunsch aus dem Arbeitsverhältnis mit der Klägerin ausgeschieden ist.

Gemäß § 1 Abs. 5 i. V. m. § 1 Abs. 1 Nr. 3 Zuwendungs-TV hat der Angestellte eine nach § 1 Abs. 1 Zuwendungs-TV erhaltene Zuwendung an den Arbeitgeber zurückzuzahlen, wenn er bis einschließlich 31. März des auf die Auszahlung folgenden Kalenderjahres auf eigenen Wunsch aus dem Arbeitsverhältnis ausscheidet. Die nicht vom Arbeitgeber veranlaßte Eigenkündigung des Arbeitnehmers stellt ein Ausscheiden auf eigenen Wunsch im Sinne dieser Tarifnorm dar (vgl. BAG, Urteil v. 11. 1. 1995 – 10 AZR 180/94 – n. v.).

2. Der Beklagte kann sich nicht auf die Ausnahmeregelung des § 1 Abs. 4 Nr. 1 Zuwendungs-TV berufen.

a) Nach dieser Tarifbestimmung besteht eine Verpflichtung des Angestellten zur Rückzahlung der Zuwendung u. a. dann nicht, wenn er im unmittelbaren Anschluß an sein Arbeitsverhältnis von einem anderen Arbeitgeber des öffentlichen Dienstes als Angestellter übernommen wird.

b) Sinn der Ausnahmeregelung des § 1 Abs. 4 Nr. 1 Zuwendungs-TV ist es, einem Angestellten, der innerhalb des als Einheit gesehenen öffentlichen Dienstes seinen Arbeitgeber wechselt, die Zuwendung zu belassen. Unbeschadet der rechtlichen Selbständigkeit der einzelnen Körperschaften, Stiftungen und Anstalten des öffentlichen Rechts soll der Angestellte keinen finanziellen Nachteil erleiden, wenn er innerhalb des öffentlichen Dienstes den Arbeitgeber wechselt. Das in § 1 Abs. 1 Nr. 3 Zuwendungs-TV vorausgesetzte Maß an Betriebstreue wird gleichsam auf den öffentlichen Dienst als Ganzes bezogen (BAG, Urteil v. 6.12.1990 – 6 AZR 268/89 – BAGE 66, 323 [2] = AP Nr. 2 zu § 1 TVG Bezugnahme auf Tarifvertrag, m.w.N.).

c) Was die Tarifvertragsparteien unter „Arbeitgeber des öffentlichen Dienstes" i. S. dieser tariflichen Regelung verstehen, haben sie in Ziff. 2 der Protokollnotizen zu § 1 zum Zuwendungs-TV abschließend geregelt.

Danach muß nach Nr. 2 Buchstabe b der Protokollnotizen u. a. eine Beschäftigung bei einer Körperschaft des öffentlichen Rechts vorliegen, die den BAT oder einen Tarifvertrag wesentlich gleichen Inhalts anwendet.

Diese tatbestandlichen Voraussetzungen sind vorliegend nicht erfüllt.

aa) Die Ev. Kirchengemeinde ist eine Körperschaft öffentlichen Rechts. Aus der tariflichen Bestimmung der Protokollnotiz Nr. 2 Buchstabe b zu § 1 Zuwendungs-TV ergeben sich ebenso wie aus der inhaltsgleichen tariflichen Bestimmung des § 20 Abs. 2 Buchstabe c BAT keine Anhaltspunkte dafür, daß öffentlich-rechtliche Religionsgemeinschaften und die ihrer Aufsicht unterliegenden Einrichtungen, auch wenn sie die Eigenschaft einer Körperschaft des öffentlichen Rechts besitzen, vom Anwendungsbereich der tariflichen Bestimmungen ausgeschlossen sein sollen (vgl. BAG Urteil vom 5.8.1992 – 10 AZR 248/90 – AP Nr. 4 zu §§ 22, 23 BAT Zuwendungs-TV, m.w.N.).

bb) Entgegen der Auffassung des Landesarbeitsgerichts wendet die Ev. Kirchengemeinde jedoch nicht auf Grund vertraglicher Vereinbarungen mit ihren Mitarbeitern den BAT an.

Für das Arbeitsverhältnis zwischen dem Beklagten und der Evangelischen Kirchengemeinde gilt kraft einzelvertraglicher Vereinbarung die BAT-Anwendungsordnung (BAT-AO) vom 26.7.1986. Nach § 1 BAT-AO ist auf das Arbeitsverhältnis demnach der BAT anzuwenden, soweit nicht durch kirchliches Recht oder auf Grund der Satzung eines Diakonischen Werkes etwas anderes bestimmt ist.

§ 2 BAT-AO regelt dann im einzelnen, mit welchen Änderungen der BAT im kirchlichen Bereich Anwendung findet und bestimmt, daß dieser für den kirchlichen Bereich „angepaßte BAT" als „Bundes-Angestelltentarifvertrag in kirchlicher Fassung – BAT-KF" bezeichnet wird.

Die Anwendung dieses BAT-KF stellt keine „Anwendung des BAT" i. S. der Protokollnotiz Nr. 2 Buchstabe b zu § 1 Zuwendungs-TV dar.

Es erscheint schon fraglich, ob der BAT-KF auf Grund der Vielzahl der in § 2 BAT-AO aufgeführten Änderungen seinem materiellen Regelungsgehalt nach

---

[2] KirchE 28, 365.

mit dem BAT wesensgleich ist, wie das Landesarbeitsgericht meint. Der Senat brauchte diese Frage aber nicht zu entscheiden.

Wie sich aus der BAT-AO ergibt, will sich die Evangelische Kirche bei der Ausgestaltung der arbeitsrechtlichen Beziehungen mit ihren Mitarbeitern nicht dem BAT in der jeweils von den Tarifvertragsparteien ausgehandelten Fassung unterwerfen. Vielmehr stellt § 1 BAT-AO ausdrücklich klar, daß der BAT nur anzuwenden ist, *„soweit nicht durch das kirchliche Recht oder auf Grund der Satzung eines Diakonischen Werks etwas anderes bestimmt ist"*.

Dadurch und auf Grund der Tatsache, daß durch § 2 BAT-AO ein für den kirchlichen Bereich *„angepaßter"* BAT-KF geschaffen wird, ist klargestellt, daß die Evangelische Kirche die Arbeitsverhältnisse ihrer Arbeitnehmer grundsätzlich durch autonomes Kirchenrecht regeln will. Der BAT-KF ist ein auf Grund dieses kirchlichen Rechts geschaffenes Regelungswerk, das auf den Bestimmungen und der Systematik des BAT aufbaut. Damit wendet die Evangelische Kirche letztlich auf die Arbeitsverhältnisse ihrer Mitarbeiter Kirchenrecht an, nicht aber den BAT.

Dies unterscheidet sich von dem vom Senat mit Urteil vom 5. 8. 1992 (– 10 AZR 248/90 – AP Nr. 4 zu §§ 22, 23 BAT Zuwendungs-TV) entschiedenen Fall. Dort hatte der katholische Bischof für die kirchlichen Mitarbeiter seiner Diözese einen Beschluß der Kommission zur Ordnung des diözesanen Dienst- und Arbeitsvertragsrechts (Bistums-KODA) in Kraft gesetzt, in dem es u. a. hieß:

„1. Für die Arbeitsverhältnisse der Mitarbeiter ... gilt der BAT Bund/Land ...
2. Alle künftigen Änderungen oder Ergänzungen der in Ziffer 1 genannten Regelungen werden rechtswirksam, soweit vom Bischof keine eigenen Regelungen gemäß der Bistums-KODA-Ordnung in Kraft gesetzt werden."

Damit sollten sich in diesem Fall die Arbeitsverhältnisse der kirchlichen Mitarbeiter – solange der Bischof keine eigenen Regelungen in Kraft setzt – ausschließlich nach dem BAT in der jeweiligen Fassung richten und nicht nach einem kraft Kirchenrechts geschaffenen, auf dem BAT lediglich aufbauenden Regelwerk. Daß dies eine Anwendung des BAT im i. S. der Protokollnotiz Nr. 2 Buchstabe b zu § 1 Zuwendungs-TV darstellt, hat der Senat in der zitierten Entscheidung im einzelnen begründet.

Damit ist die Anwendung des BAT-KF durch die Evangelische Kirchengemeinde keine Anwendung des BAT im Sinne der Protokollnotiz Nr. 2 Buchstabe b zu § 1 Zuwendungs-TV.

cc) Der Bundes-Angestelltentarifvertrag in kirchlicher Fassung (BAT-KF) ist auch kein Tarifvertrag, der einen wesentlichen gleichen Inhalt wie der BAT hat und somit nach der Protokollnotiz Nr. 2 Buchstabe b zu § 1 Zuwendungs-TV dem BAT gleichgestellt wird.

Als kirchliche Arbeitsvertragsregelung stellt der BAT-KF keinen Tarifvertrag im Sinne des § 1 TVG dar. Zwar wird im kirchlichen Rechtsbereich der BAT-KF für die Evangelische Kirche üblicherweise als Tarifvertrag bezeichnet und werden seine Bestimmungen praktisch so angewendet, wie der BAT im öffentlichen Dienst von Bund, Ländern und Gemeinden. Dennoch kommt dem BAT-KF die Rechtsqualität eines Tarifvertrages im arbeitsrechtlichen Sinne nicht zu. Tarifverträge im Rechtssinne sind nur solche Vereinbarungen, die nach Maßgabe des Tarifvertragsgesetzes zustande gekommen sind und dem vorgegebenen allgemeinen arbeitsrechtlichen Begriff des Tarifvertrages entsprechen. Es muß sich demgemäß um Vereinbarungen handeln, die in Vollzug der durch Art. 9 Abs. 3 GG den Gewerkschaften und Arbeitgebern bzw. Arbeitgeberverbänden eingeräumten Rechtssetzungsautonomie nach den Grundsätzen des im Tarifvertragsgesetz näher geregelten staatlichen Tarifrechts auf Grund entsprechender Verhandlungen freier und voneinander unabhängiger Tarifvertragsparteien mit Normencharakter zustande gekommen sind (std. Rspr. des BAG; BAG, Beschluß v. 5. 1. 1989 – 4 AZN 629/88 – BAGE 60, 345 = AP Nr. 37 zu § 72 a ArbGG 1979 Grundsatz, m. w. N.; BAG, Urteil v. 17. 4. 1996[3] – 10 AZR 558/95 –).

Das trifft für den BAT-KF nicht zu. Er beruht vielmehr auf kirchenrechtlichen Bestimmungen und innerkirchlichen Vereinbarungen, die ohne Vereinbarung mit einer Gewerkschaft oder einem Zusammenschluß von Gewerkschaften als „Tarifvertragspartei" i. S. des § 2 TVG zustande gekommen sind. Deshalb stellen Arbeitsvertrags- oder Anstellungsordnungen und Arbeitsvertragsrichtlinien der Kirchen keine Tarifverträge dar (vgl. BAG, Urteil v. 17. 4. 1996, aaO; Richardi, Arbeitsrecht in der Kirche, 2. Aufl., § 14 Rz. 3).

dd) Es bestehen auch keine Anhaltspunkte dafür, daß die Tarifvertragsparteien des Zuwendungs-TV auch kirchenrechtliche Regelungen als „Tarifvertrag wesentlich gleichen Inhalts" i. S. der Nr. 2 Buchstabe b der Protokollnotizen zu § 1 Zuwendungs-TV verstanden haben.

Nach der Protokollnotiz muß ein „Tarifvertrag" angewendet werden.

Eine ausweitende analoge Anwendung scheitert sowohl an diesem ausdrücklichen Wortlaut als auch an der Tatsache, daß davon auszugehen ist, daß den Tarifvertragspartnern des öffentlichen Dienstes die Problematik der arbeitsrechtlichen Beziehungen von Arbeitnehmern des kirchlichen Dienstes bekannt ist und daß sie dann, wenn sie auch diese Arbeitnehmer durch § 1 Abs. 4 Nr. 1 Zuwendungs-TV hätten erfassen wollen, das eindeutig klargestellt hätten. Dies gilt um so mehr, als der Wechsel von Angestellten von einem öffentlichen zu einem kirchlichen Arbeitgeber häufig erfolgt, da beide Arbeitgeber eine Vielzahl von gleichartigen Einrichtungen unterhalten und deshalb Bedarf für Arbeitnehmer mit der gleichen Qualifikation haben.

---

[3] KirchE 34, 146.

ee) Schließlich läßt sich auch entgegen der Ansicht des Beklagten aus dem Rundschreiben des Bundesministers des Innern vom 14.2.1989 (D III 2-220 217/15-GMBl. 1989 S. 146 ff.) zu § 20 Abs. 2 Buchstabe c BAT kein entgegengesetzter Wille der Tarifvertragsparteien herleiten.

Zwar werden in dem Rundschreiben für den Bereich des Bundes keine Bedenken dagegen erhoben, die Voraussetzungen einer Beschäftigung bei einer Körperschaft, Anstalt oder Stiftung des öffentlichen Rechts, die den BAT oder einen Tarifvertrag wesentlich gleichen Inhalts anwendet, auch dann als gegeben anzusehen, wenn eine Beschäftigung bei der Ev. Kirche im Rheinland, zu der die Ev. Kirchengemeinde K. gehört, erfolgt.

Die Klägerin ist an diese Bewertung des Bundesministers des Innern nicht gebunden. Der Runderlaß des Bundesministers des Innern gilt nur für die seinem Geschäftsbereich unterstehenden Einrichtungen. Die klagende Stadt zählt jedoch nicht zu diesen Einrichtungen.

87

Der Umstand, daß ein Elternteil zu den Zeugen Jehovas tendiert, reicht nicht aus, ihm das Personensorgerecht zu versagen.

§§ 1671 Abs. 2, 1672 BGB
OLG Oldenburg, Beschluß vom 7. November 1996 – 11 UF 131/96[1] –

Die Parteien streiten um das Sorgerecht für ihre Kinder Dennis und Denise während der Dauer des Getrenntlebens. Das Amtsgericht hat der Antragstellerin die elterliche Sorge übertragen. Hiergegen hat der Antragsgegner Beschwerde mit der Begründung eingelegt, das Kindeswohl sei dadurch gefährdet, daß die Antragsgegnerin zu den Zeugen Jehovas tendiere.

Die Beschwerde hatte keinen Erfolg.

Aus den Gründen:

Der vom Antragsgegner zur Begründung seiner Beschwerde geltend gemachte Umstand, daß die Antragstellerin – nach ihren Angaben bei der Anhörung durch das Amtsgericht am 14.8.1996 – zu den Zeugen Jehovas tendiert, reicht nicht aus, um ihr das Sorgerecht nicht zu übertragen. Sogar die *Mitgliedschaft* eines Elternteils bei den Zeugen Jehovas besagt allein nichts über die Erziehungsfähigkeit (Beschluß des Senats vom 23.11.1995 – 11 UF 141/95 –;

---

[1] NJW 1997, 2962. Nur LS: KuR 1997, 268.

OLG Saarbrücken FamRZ 1996, 561 [2]; OLG Düsseldorf FamRZ 1995, 1511; OLG Stuttgart FamRZ 1995,1290). Abzustellen ist auf die konkreten Auswirkungen auf die Erziehung des Kindes. Nur wenn bei Anwendung der auch sonst maßgeblichen Kriterien (Förderprinzip, emotionale Bindung, Kontinuität, Kindeswille) dem Kindeswohl abträgliche Folgen einer bestimmten Erziehungsweise festzustellen oder konkret zu befürchten sind, ist die Erziehungsfähigkeit betroffen und kann sich der betreffende Elternteil nicht darauf berufen, daß seine Erziehungsmethoden von seiner religiösen oder sonstigen persönlichen Einstellung geprägt sind. Nachteilige Auswirkungen für die Kinder der Parteien lassen sich jedoch nicht feststellen. Daß die Antragstellerin die Kinder zweimal in der Woche zu Zusammenkünften der Zeugen Jehovas mitnimmt und Denise religiöses Interesse zeigt, läßt noch keine dem Kindeswohl abträglichen Folgen konkret befürchten. Im Gegenteil spricht für eine ordnungsmäßige Wahrnehmung der Belange der Kinder durch die Antragstellerin, daß sie auf die Mitarbeiterin des Jugendamtes gut zufrieden und gepflegt wirkten und den Kontakt und das Gespräch mit der Mutter suchten. Auch auf den Amtsrichter haben die Kinder einen sehr gepflegten Eindruck gemacht und waren sehr zutraulich und interessiert. Die Antragstellerin, die nicht berufstätig ist, kann sich auch ganztägig um die Kinder kümmern, von denen insbesondere der erst zweijährige Dennis der Fürsorge gerade seiner Mutter bedarf.

Soweit der Antragsgegner bemängelt, daß er keine Gelegenheit erhalten habe, sein Umgangsrecht auszuüben, ergibt sein Vortrag nicht, was er unternommen hat, dieses wahrzunehmen. *(wird ausgeführt)*

88

Die kirchliche Stiftungen betreffenden Art. 30 und 40 Abs. 4 des bay. Stiftungsgesetzes i. d. F. vom 7. März 1996 sind nicht verfassungswidrig.

BayVerfGH, Entscheidung vom 15. November 1996 – Vf. 15-VIII 94 [1] –

Die Popularklage richtet sich gegen Bestimmungen des Stiftungsgesetzes. Maßgebend sind im vorliegenden Fall zwei verschiedene Fassungen des Stiftungsgesetzes vom 26.11.1954 (GVBl. S. 301, BayRS 282-1-1-K), nämlich die Fassung, die das Stiftungsgesetz durch das Änderungsgesetz vom 27.12.1991 (GVBl. S. 496) – StG a. F. – erhalten hat, sowie die Fassung des Stiftungsgeset-

---

[2] KirchE 33, 479.

[1] Nur LS: KuR 1997, 62.

zes nach der Änderung durch das Gesetz vom 23.12.1995 (GVBl. S. 851) – StG n. F.

Das bayerische Stiftungsgesetz wurde auf der letztgenannten Fassung mit neuer Artikelfolge am 7.3.1996 (GVBl. S. 126) neu bekanntgemacht. Die hier angegriffenen Bestimmungen des Stiftungsgesetzes entsprechen den neuen Art. 30 und 40 Abs. 4 StG.

Im einzelnen ist Gegenstand der Popularklage (1.) die Frage, ob es verfassungswidrig ist, daß Stiftungen, die überwiegend religiösen Zwecken dienen, gemäß Art. 36 S. 1 Halbs. 2 StG a. F. und gemäß Art. 46 Abs. 4 StG n. F. – sofern sie satzungsgemäß bis zum 1.1.1996 von einer Behörde des Staates, einer Gemeinde oder eines Gemeindeverbands zu verwalten sind – keine kirchlichen Stiftungen sind. Gegenstand ist (2.) die Frage, ob es verfassungswidrig ist, daß der Gesetzgeber in Art. 36 StG n. F. Ergänzungen zugunsten kirchlicher Stiftungen unterlassen hat.

Die betreffenden Vorschriften haben folgenden Wortlaut:

Art. 36 StG a. F.
Kirchliche Stiftungen im Sinn dieses Gesetzes sind die überwiegend religiösen Zwecken der katholischen, der evangelisch-lutherischen und der evangelisch-reformierten Kirche gewidmeten Stiftungen, sofern sie nicht satzungsgemäß von einer Behörde des Staates, einer Gemeinde oder eines Gemeindeverbands zu verwalten sind. Kirchliche Stiftungen sind insbesondere die ortskirchlichen Stiftungen und die Pfründestiftungen.

Art. 36 StG n. F.
(1) Kirchliche Stiftungen im Sinn dieses Gesetzes sind Stiftungen, die ausschließlich oder überwiegend kirchlichen Zwecken der katholischen, der evangelisch-lutherischen oder der evangelisch-reformierten Kirche gewidmet sind und
1. von einer Kirche errichtet sind oder
2. nach dem Willen des Stifters organisatorisch mit einer Kirche verbunden oder ihrer Aufsicht unterstellt sein sollen.
Kirchliche Stiftungen sind insbesondere die ortskirchlichen Stiftungen und die Pfründestiftungen.
(2) Eine Stiftung wird nicht schon dadurch zu einer kirchlichen, daß ein kirchlicher Amtsträger als Stiftungsorgan bestellt ist oder daß satzungsgemäß nur Angehörige einer bestimmten Konfession von der Stiftung begünstigt werden.

Art. 46 Abs. 4 StG n. F. lautet:

(4) Ausschließlich oder überwiegend kirchlichen oder religiösen Zwecken der katholischen, der evangelisch-lutherischen oder der evangelisch-reformierten Kirche gewidmete Stiftungen, welche bis zum 1. Januar 1996 satzungsgemäß von einer Behörde des Staates, einer Gemeinde oder eines Gemeindeverbandes zu verwalten sind, gelten weiterhin nicht als kirchliche Stiftungen.

2. Der Antragsteller hatte bereits in einem früheren Popularklageverfahren u. a. die Feststellung der Verfassungswidrigkeit des Art. 36 S. 1 Halbs. 1 und 2 des Stiftungsgesetzes vom 26.11.1954 (BayBS. II S. 661) i. d. F. nach der Ände-

rung durch Gesetz vom 10. 8.1982 (GVBl. S. 682) beantragt. Der Bayerische Verfassungsgerichtshof hat mit Entscheidung vom 28.12.1984[2] (VerfGHE 37, 184) die Anträge abgewiesen.

Mit seiner erneuten Popularklage wendet sich der Antragsteller sowohl gegen Art. 36 S. 1 Halbs. 2 StG a. F. als auch gegen Art. 36 und Art. 46 Abs. 4 StG n. F. Er rügt die Unvereinbarkeit mit dem Grundrecht der jeweils betroffenen Stiftung aus Art. 107 Abs. 1 und 2 BV sowie dem Grundrecht der zuständigen Kirche aus Art. 107 Abs. 1 und 2 BV und deren Regelungsbefugnis nach Art. 142 Abs. 3 Satz 2 BV. Die Popularklage hatte keinen Erfolg.

Aus den Gründen:

Die Popularklage ist unzulässig.

1. a) Im Popularklageverfahren hat der Verfassungsgerichtshof den Rechtszustand im Zeitpunkt seiner Entscheidung zugrunde zu legen. Außer Kraft getretene Rechtsvorschriften werden nur dann verfassungsgerichtlich überprüft, wenn ein objektives Interesse an der Feststellung besteht, ob sie mit der Bayerischen Verfassung vereinbar waren (std. Rspr.; vgl. VerfGHE 42, 174 [181]; 46, 137 [139]). Ein solches Feststellungsinteresse ist gegeben, wenn nicht auszuschließen ist, daß von der Rechtsvorschrift noch Grundrechtsverletzungen ausgehen können, die sich auf dem Weg über eine Popularklage beseitigen ließen (VerfGHE 46, 137 [139]; Knöpfle, in: Nawiasky/Schweiger/Knöpfle, Die Verfassung des Freistaates Bayern, Rdnr. 45 zu Art. 98 m. w. N.).

b) Art. 36 S. 1 Halbs. 2 StG a. F. ist durch das Änderungsgesetz vom 23.12.1995 (GVBl. S. 851) mit Wirkung vom 1.1.1996 neu gefaßt worden. Dadurch ist die vom Antragsteller angegriffene Regelung entfallen, derzufolge Stiftungen, die ausschließlich oder überwiegend religiösen Zwecken der katholischen, der evangelisch-lutherischen oder der evangelisch-reformierten Kirche gewidmet sind, keine kirchlichen Stiftungen im Sinne des Stiftungsgesetzes sind, wenn sie satzungsgemäß von einer Behörde des Staates, einer Gemeinde oder eines Gemeindeverbands zu verwalten sind. Die Verfassungsmäßigkeit dieser Regelung hatte der Verfassungsgerichtshof bereits in seiner Entscheidung vom 28.12.1984 (VerfGHE 37, 184 ff.) bejaht. Unter der Geltung des Art. 36 StG a. F. wurden die betroffenen Stiftungen nicht als kirchliche Stiftungen behandelt. Insoweit handelt es sich um abgeschlossene Tatbestände, die einer nachträglichen Änderung nicht zugänglich sind. Bei dieser Sach- und Rechtslage besteht kein objektives Interesse an der verfassungsgerichtlichen Kontrolle einer inzwischen durch eine andere Regelung überholten Bestimmung.

---

[2] KirchE 22, 293.

2. Der Antrag auf Feststellung der Verfassungswidrigkeit des Art. 46 Abs. 4 StG n. F. ist unzulässig, weil die Voraussetzungen für die Wiederholung eines Normenkontrollverfahrens nicht vorliegen.

a) Hat der Verfassungsgerichtshof die Verfassungsmäßigkeit einer Rechtsvorschrift bejaht, so ist die Rechtslage damit geklärt und es muß grundsätzlich dabei sein Bewenden haben. Er läßt daher in ständiger Rechtsprechung die Wiederholung eines Normenkontrollbegehrens nur dann zu, wenn seit der früheren Entscheidung ein grundlegender Wandel der Lebensverhältnisse oder der allgemeinen Rechtsauffassung eingetreten ist oder wenn neue rechtliche Gesichtspunkte geltend gemacht werden (std. Rspr.; vgl. VerfGHE 44, 61 [75]; VerfGH BayVBl. 1994, 494); dabei können allerdings neben der Sache liegende oder sonst nicht beachtenswerte Ausführungen die Zulässigkeit eines neuen Antrags nicht begründen (vgl. VerfGHE 28, 14 [19]). Unter dem Gesichtspunkt der Wiederholung kann eine Popularklage auch dann unzulässig sein, wenn sie sich gegen eine Rechtsvorschrift richtet, die der Verfassungsgerichtshof zwar formal noch nicht überprüft hat, die aber inhaltlich mit einer früheren, vom Verfassungsgerichtshof überprüften Rechtsvorschrift im wesentlichen übereinstimmt (vgl. VerfGHE 33, 168 [171]; 36, 56 [63]; 46, 201 [203]).

b) Art. 46 Abs. 4 StG n. F. ist; zwar formal noch nicht Gegenstand einer Popularklage gewesen. Inhaltlich stimmt er aber mit dem vom Verfassungsgerichtshof bereits überprüften Art. 36 S. 1 Halbs. 2 StG a. F. überein. Die Verfassungsmäßigkeit dieser Vorschrift hatte der Verfassungsgerichtshof in seiner Entscheidung vom 28.12.1984 bejaht. Nach der Gesetzesbegründung zu Art. 46 Abs. 4 StG n. F. ist es der Zweck dieser Bestimmung, zum Ausschluß einer Rückwirkung der neuen Fassung des Art. 36 Abs. 1 die Regelung des Art. 36 a. F. für die davon betroffenen Stiftungen fortgelten zu lassen (vgl. Begründung zum Gesetzentwurf zur Änderung des Stiftungsgesetzes LT-Drs. 13/2616 S. 9). Es besteht deshalb zwischen beiden Vorschriften ein innerer Sachzusammenhang, der die Identität des Streitgegenstands herstellt. Dabei ist es ohne Belang, daß Art. 36 Satz 1 StG a. F. nur auf die „religiösen Zwecke" einer Stiftung abstellte, während Art. 46 Abs. 4 StG n. F. die „kirchlichen oder religiösen Zwecke" anführt. Denn nach der Entscheidung des Verfassungsgerichtshofs war auch in Art. 36 Satz 1 StG a. F. der Begriff der überwiegend religiösen Zwecke nicht auf den Kultusbereich eingeengt, sondern im Sinne überwiegend kirchlicher Zwecke zu verstehen (VerfGHE 37, 184 [197][3]).

Die Regelung des Art. 46 Abs. 4 StG n. F. weicht auch nicht dadurch von Art. 36 Satz 1 StG a. F. ab, daß darin eine Festlegung gesehen werden könnte, welche Stiftungen von einer Behörde des Staates, einer Gemeinde oder eines

---

[3] KirchE 22, 293.

Gemeindeverbands zu verwalten sind. Denn Art. 46 Abs. 4 StG n. F. stellt nicht darauf ab, daß die entsprechende Stiftung bis zum 1.1.1996 von einer staatlichen oder kommunalen Behörde verwaltet wurde, sondern daß sie von einer solchen Behörde zu verwalten war. Ob dies dem Stifterwillen entspricht, wie es Art. 36 Satz 1 Halbs. 2 StG a. F. voraussetzte, unterliegt weiterhin der vom Verfassungsgerichtshof bereits in dem früheren Popularklageverfahren hervorgehobenen Entscheidung im Feststellungsverfahren nach Art. 46 Abs. 2 StG a. F.

c) Daß seit der Entscheidung vom 28.12.1984 im Hinblick auf die betroffenen Stiftungen ein grundlegender Wandel der Lebensverhältnisse oder der allgemeinen Rechtsauffassung eingetreten sei, ist vom Antragsteller nicht geltend gemacht worden und nicht ersichtlich.

Der Antragsteller hat keine neuen rechtlichen Gesichtspunkte vorgebracht, die in der Entscheidung vom 28.12.1984 nicht gewürdigt worden wären. Sein Vorbringen läuft im Kern auf eine auch in der Literatur vertretene (vgl. z. B. Renck, DÖV 1990, 1047ff.) kritische Auseinandersetzung mit dieser Entscheidung hinaus. Das gilt vor allem für die Behauptung, der Verfassungsgerichtshof habe das staatliche Neutralitätsgebot verkannt. Ein derartiger Sachvortrag bildet keinen hinreichenden Anlaß für eine erneute verfassungsgerichtliche Prüfung der angefochtenen Vorschrift.

Wenn ein Popularklageverfahren durch einen zulässigen Antrag in Gang gesetzt ist, so wird die Verfassungsmäßigkeit der angefochtenen Vorschrift anhand aller Normen der Verfassung geprüft, selbst wenn deren Verletzung nicht ausdrücklich gerügt worden ist (vgl. VerfGHE 43, 107 [120]; 46, 14 [18]; 48, 137 [141]; Meder, Die Verfassung des Freistaates Bayern, 4. Aufl. 1992, Rdnr. 15 zu Art. 98 m. w. N.). Das Gebot der weltanschaulichen Neutralität des Staates ist in der Rechtsprechung des Verfassungsgerichtshofs schon lange anerkannt (vgl. VerfGHE 20, 125[129][4]; 20, 191 [197][5]). Auch wenn es in der Entscheidung vom 28.12.1984 – abgesehen von einer kurzen Erwähnung im Rahmen der Darstellung des Vorbringens der damaligen Antragsteller – nicht ausdrücklich erörtert wurde, so ist dennoch davon auszugehen, daß die angefochtene Norm bereits damals unter allen in Betracht zu ziehenden verfassungsrechtlichen Gesichtspunkten geprüft worden ist (vgl. VerfGHE 27, 93 [99]; VerfGH BayVBl. 1994, 494 [495]) jeweils m.w.N.). Der Verfassungsgerichtshof hat mit der Entscheidung vom 28.12.1984 abschließend festgestellt, daß Art. 36 S. 1 StG nicht gegen die Bayerische Verfassung und damit auch nicht gegen das staatliche Neutralitätsgebot verstößt (VerfGHE 37, 184 [195]).

---

[4] KirchE 9, 173. [5] KirchE 9, 273.

3. Auch die Anträge auf Ergänzung des Art. 36 StG n. F. sind unzulässig. Der Gesetzgeber ist zu der vom Antragsteller für regelungsbedürftig gehaltenen Frage der Definition kirchlicher Stiftungen durch die Gesetzesänderung von 1995 erneut tätig geworden. Der Antragsteller hält jedoch die vom Gesetzgeber beschlossene Regelung – wie sich aus den sonstigen Anträgen im Rahmen dieses Popularklageverfahrens ergibt – für fehlerhaft und verlangt letztlich, diese Regelung durch eine nach seiner Vorstellung richtigere zu ersetzen.

Es muß nicht näher erörtert werden, ob es überhaupt ein zulässiges Ziel einer Popularklage sein könnte, mit der Rüge eines konkreten Unterlassens des Gesetzgebers eine bestimmte Fassung des Gesetzestextes zu verlangen. Denn jedenfalls ist eine Popularklage gegen ein normatives Unterlassen unzulässig, wenn sich aus den als verletzt bezeichneten Grundrechtsnormen von vornherein kein Handlungsauftrag zum Erlaß der vom Antragsteller geforderten Regelungen herleiten läßt (vgl. VerfGHE 44, 156 [160]; 46, 298 [300]).

Die vom Antragsteller sinngemäß als verletzt gerügten Art. 107 Abs. 1 und 2 BV sowie das Selbstbestimmungsrecht der Kirchen in Art. 142 Abs. 3 S. 2 BV enthalten keinen ausdrücklichen, klar erkennbaren Auftrag zum Erlaß der vom Antragsteller geforderten gesetzlichen Regelungen. Fehlt es an einem solchen unmittelbar aus der Verfassung hergeleiteten Auftrag an den Gesetzgeber, so steht es grundsätzlich in seinem Ermessen, ob und in welchem Umfang er im Einzelfall tätig werden will. Die Verfassung gibt nur in Einzelfällen den Auftrag, für ein bestimmtes Sachgebiet eine Regelung zu treffen (zu entsprechenden-Handlungsaufträgen durch die Verfassung s. VerfGHE 18, 43 [47]). Grundsätzlich enthält sie dagegen nur Schranken für den Gesetzgeber und stellt es ihm frei, ob und in welchem Umfang er innerhalb dieser Schranken tätig werden will. Ob und mit welchem Inhalt ein Gesetz zu erlassen ist, hängt von den verschiedensten Erwägungen, insbesondere politischer, wirtschaftlicher und sozialer Art ab, die sich der verfassungsgerichtlichen Kontrolle im allgemeinen entziehen. Sieht demnach der Gesetzgeber davon ab, eine bestimmte Regelung zu treffen, so ist eine solche Unterlassung in aller Regel kein Verstoß gegen die Verfassung (vgl. VerfGHE 31, 1 [11] m. w. N.). Es kann deshalb auch dahingestellt bleiben, ob der Antragsteller im Rahmen einer Popularklage überhaupt geltend machen kann, daß die von ihm angefochtene Vorschrift gegen das in Art. 142 Abs. 3 BV verankerte Selbstbestimmungsrecht der Kirchen verstößt (vgl. VerfGHE 29, 191 [200][6]; 37, 184 [195] jeweils m. w. N.).

---

[6] KirchE 15, 365.

89

Aus Gewissensgründen kann die Zahlung von Steuern nicht verweigert werden.

Art. 4 Abs. 1 u. 3 GG; §§ 163, 227 AO 1977
ThürFG, Urteil vom 21. November 1996 – I 103/96[1] –

Ein Gemeindepfarrer wandte sich gegen seinen Einkommensteuerbescheid mit der Begründung, ein hoher Prozentsatz der von ihm entrichteten Steuern werde für Rüstungsausgaben verwendet. Dies könne er mit seinem Gewissen nicht vereinbaren. Die Klage blieb erfolglos.

Aus den Gründen:

Die Klage ist unbegründet. Der angefochtene Einkommensteuerbescheid in Gestalt der Einspruchsentscheidung ist rechtmäßig. Der Beklagte hat die Steuerschuld zutreffend nach dem Einkommensteuergesetz festgesetzt. – Fehler bei der Steuerberechnung sind nicht erkennbar. Der Beklagte hat eine abweichende Festsetzung der Steuern aus Billigkeitsgründen gem. § 163 AO zu Recht abgelehnt. Nach dieser Vorschrift können Steuern niedriger festgesetzt werden, wenn deren Erhebung nach Lage des einzelnen Falles unbillig wäre. § 163 AO regelt damit den Billigkeitserlaß im Festsetzungsverfahren. Die Erlaßentscheidung, die (äußerlich) mit der Steuerfestsetzung (§§ 155 ff. AO) verbunden werden kann (§ 163 Abs. 1 S. 3 AO), ist eine Ermessensentscheidung der Finanzverwaltung (§ 5 AO), die gemäß § 102 FGO grundsätzlich nur eingeschränkter gerichtlicher Nachprüfung unterliegt (Beschluß des Gemeinsamen Senats der Obersten Gerichtshöfe des Bundes v. 19. 10. 1971, GmS OGB 3/70, BFHE 105, 101, BStBl. II 1972, 603). Das Gericht kann ausnahmsweise eine Verpflichtung zum Erlaß aussprechen (§ 101 S. 1 FGO), wenn der Ermessensspielraum im konkreten Fall derart eingeengt ist, daß nur eine Entscheidung als ermessensgerecht in Betracht kommt (vgl. zur Ermessensreduzierung auf Null: BFHE 168, 500, BStBl. II 1993, 3; Graber, Finanzgerichtsordnung, § 101 Tz. 3 und § 102 Tz. 3; Hübschmann/Hepp/Spitaler, Abgabenordnung, § 227 AO Tz. 391 jeweils m. w. N.). Das ist hier nicht der Fall. Die tatbestandlichen Voraussetzungen des § 163 AO sind dieselben wie bei einem Billigkeitserlaß im Erhebungsverfahren gem. § 227 AO (vgl. Tipke/Kruse, Abgabenordnung, § 163 AO Tz. 1 und 3; Hübschmann/Hepp/Spitaler, aaO, Tz. 12 und 20 ff.). Sachlich unbillig ist die Erhebung einer Steuer, wenn sie im Einzelfall nach dem Zweck des zugrundeliegenden Gesetzes nicht (mehr) zu rechtfertigen ist und dessen Wertungen zuwiderläuft (vgl. Urteil des BFH v. 21. 10. 1987 – X R 29/81 – BFH/NV 1988,

---

[1] ThürVBl. 1997, 44. Das Urteil ist rechtskräftig.

546, 547; außerdem BFH – BFHE 168, 500, BStBl. II 1993, 3; Hübschmann/Hepp/Spitaler, aaO, Tz. 126 ff. und 250 ff.; Tipke/Kruse, aaO, § 227 AO Tz. 19 ff. jeweils m. w. N.). Bei der sachlichen Billigkeitsprüfung müssen, vor allem im Einblick auf das Prinzip der Gewalteinteilung (Art. 20 Abs. 3 GG), grundsätzlich solche Erwägungen unbeachtet bleiben, die der gesetzliche Tatbestand typischerweise mit sich bringt (BFH-Urteil v. 21.10.1987 – X R 29/81 – in BFH/NV 1988, 546; Hübschmann/Hepp/Spitaler, aaO, Tz. 31 f. und 141; Tipke/Kruse, aaO, Tz. 14 f., jeweils m. w. N.). Aus dem gleichen Grund darf eine Billigkeitsmaßnahme unter keinen Umständen, selbst nicht unter verfassungsrechtlichen Gesichtspunkten (vgl. Art. 100 GG und Hübschmann/Hepp/ Spitaler, aaO, Tz. 285 m. w. N.), dazu führen, die generelle Geltungsanordnung des den Steueranspruch begründenden Gesetzes zu unterlaufen (Hübschmann/Hepp/Spitaler, aaO, Tz. 128; Tipke/Kruse, aaO, Tz. 19 b; BFH Urteil v. 26.10.1994 – X R 104/92 – BFHE 176, 3; BStBl. II 1995, 297). Hierauf zielt aber das Begehren der Kläger im Ergebnis. Sie erfüllen den Tatbestand des Gesetzes, hier § 19 EStG, und müssen daher Steuern entrichten. Sachlich unbillig ist die Steuererhebung nicht. § 163 AO ist keine Rechtsgrundlage dafür, die einer Rechtsnorm zugrunde liegenden Zwecke generell durch abweichende Steuerfestsetzungen zu beseitigen oder zu korrigieren (vgl. Tipke/Kruse, § 227 AO Tz. 19 b). Dies betrifft insbesondere die sog. sachliche Unbilligkeit. Diese rechtfertigt Billigkeitsmaßnahmen nur, wenn das Ergebnis der Gesetzesanwendung mit dem vom Gesetz verfolgten Sinn und Zweck im Einzelfall nicht mehr vereinbar ist (ständige Rechtsprechung des BFH, vgl. z. B. BFH-Urteil v. 20.2.1991 – II R 63/88 – BFHE 164, 114; BStBl. II 1991, 541, m. w. N.). Ein dem Gesetzeszweck entsprechender Gesetzesvollzug rechtfertigt keine Billigkeitsmaßnahme (BFH-Beschluß v. 9.6.1993 – I B 12/93 – BFH/NV 1993, 726). In atypischen Einzelfällen ist ein Billigkeitserlaß denkbar (vgl. Tipke/ Kruse, § 227 Tz. 37 m. w. N. aus der Rspr. des BVerfG). Ein solcher Fall liegt aber nicht vor.

Der Bundesfinanzhof hat bereits mit Urteil vom 6.12.1991 – III R 81/89 – (BStBl. II 1992, 303) entschieden, daß die Zahlung von Steuern nicht aus Gewissensgründen abgelehnt werden kann. Der Senat schließt sich diesem Ergebnis an. Steuerfestsetzungen beruhen nach diesem Urteil auf der Anwendung der von den gesetzgebenden Körperschaften erlassenen Gesetze. An diese Gesetze ist die vollziehende Gewalt gebunden (Art. 20 Abs. 3 GG). Aus dem in Art. 20 Abs. 3 GG enthaltenen Grundsatz der Gesetzmäßigkeit der Verwaltung folgt, daß die Finanzämter verpflichtet sind, die nach dem Gesetz entstandenen Steueransprüche geltend zu machen (Beschluß des BVerfG v. 12.2.1969 – I BvR 687/62 – BVerfGE 25, 216, 228). Jede Ausnahme von diesem Grundsatz bedarf einer besonderen gesetzlichen Ermächtigung (BVerfG Beschluß v. 16.3.1971 – I BvR 52, 665, 667, 754/66 – BVerfGE 30, 292, 332).

Die Frage, für welche Zwecke die Steuern verwendet werden, ist nicht Gegenstand des Steuerfestsetzungsverfahrens. Über die Verwendung des Steueraufkommens wird von den gesetzgebenden Körperschaften im Rahmen ihrer haushaltsrechtlichen Befugnisse entschieden (vgl. Art. 110 GG). Eine unmittelbare Mitwirkung der Steuerpflichtigen an der Entscheidung über die Art der Steuerverwendung ist weder in der Verfassung noch in anderen Gesetzen vorgesehen. Im Rahmen des Steuerfestsetzungsverfahrens kann deshalb von einem Steuerpflichtigen auch nicht geltend gemacht werden, daß die Verwendung des Steueraufkommens in verfassungswidriger Weise in seine Rechte eingreife (vgl. BVerfG-Beschluß v. 18.4.1984 – I BvL 43/81 – BVerfGE 67, 26, zu der Frage, ob der einzelne, der eine bestimmte Verwendung öffentlicher Gelder für verfassungswidrig hält, auf die Mittelverwendung Einfluß nehmen kann). Insbesondere ist es ihm verwehrt, unter Berufung auf sein Gewissen Steuerzahlungen mit der Begründung zu verweigern, die Steuern würden teilweise zur Finanzierung der militärischen Rüstung verwendet. Die Freiheit des Gewissens (Art. 4 Abs. 1 GG) kann nur in den Grenzen ausgeübt werden, die durch die verfassungsmäßige Ordnung gezogen werden (vgl. hierzu Herzog in: Maunz/Dürig/Herzog, Grundgesetz, Kommentar, Art. 4 Tz. 148f.). Zu den Bestandteilen der verfassungsmäßigen Ordnung, die die Gewissensfreiheit im Einzelfall begrenzen können, gehört insbesondere das Recht der Volksvertretung, zu entscheiden, in welchem Umfang Haushaltmittel für die einzelnen öffentlichen Zwecke verlangt und eingesetzt werden sollen (vgl. BVerfG-Beschluß v. 26.5.1970 – I BvR 83, 244 und 345/69 – BVerfGE 28, 243). Würde man das Grundrecht auf Gewissensfreiheit dahin verstehen, daß hiermit auch das Recht verbunden wäre, Steuern wegen ihrer Verwendung zu Verteidigungs- (oder anderen) Zwecken nicht zahlen zu müssen, so wäre damit die Funktionsfähigkeit der gesetzgebenden Körperschaften in Frage gestellt (vgl. BVerfG Beschluß v. 9.10.1986. – I BvR 1013/86 – Steuerrechtsprechung in Karteiform. Reichsabgabeordnung, § 3, Rechtsspruch 2; Die Information für Steuer und Wirtschaft 1986, 575). Der erkennende Senat kommt auch angesicht des von den Klägern angeführten Beschlusses des Bundesverfassungsgerichtes vom 18.5.1995 – I BvR 1087/91 – sog. Kruzifixentscheidung) zu keinem anderen Ergebnis. Das Bundesverfassungsgericht führt hierin ausdrücklich aus, daß das Grundrecht der Glaubensfreiheit zwar vorbehaltlos gewährleistet werde. Dies bedeutet jedoch nicht, daß es keinerlei Einschränkungen zugänglich wäre. Diese müßten sich aus der Verfassung selbst ergeben (BVerfG aaO). Die Vorschriften der Art 105 ff. GG verbieten es, sich der allgemeinen Steuerpflicht unter Berufung auf Gewissensgründe auch nur teilweise zu entziehen. Der von den Klägern herangezogene Grundsatz der praktischen Konkordanz (hierzu v. Münch/Kunig, Kommentar zum Grundgesetz, Vorb. Art. 1–19 Anm. 47, der auch schon bei Erlaß des Urteils des Bundesfinanzhofs v. 6.12.1991 – III R 81/89 – aaO) galt, besagt lediglich, daß

Grundrechte einen möglichst schonenden Ausgleich erfahren sollen, d. h. daß möglichst beiden Verfassungswerten Geltung verschafft werden soll. Daraus ergibt sich jedoch nicht, daß die Zahlung von Steuern ganz oder zum Teil unter Hinweis auf Gewissenskonflikte verweigert werden kann. Die erforderliche Güterabwägung führt zum Ergebnis, daß die ethisch verständlichen Einwände der Kläger zurückzutreten haben. Die Verwendung der Steuern liegt im Ermessen des – demokratisch legitimierten – Parlaments. Der einzelne hat sich mit der Steuerverwendung abzufinden, auch wenn diese nicht seinen Überzeugungen entspricht. Der Steuerpflichtige soll bei der Entscheidung über die Erhebung von Steuern und deren Verwendung gerade nicht im Einzelfall mitwirken können (vgl. auch Urteil des Hess. FG v. 15.11.1990 – 2 K 1576/89 – EFG 1991, 642). Das Grundrecht auf Kriegsdienstverweigerung nach Art. 4 Abs. 3 GG berechtigt den Steuerpflichtigen nicht, einen Teil der Steuerschuld nicht zu erfüllen, verletzte Gewissensfreiheit führt nicht zur Unbilligkeit der im öffentlichen Interesse stehenden gleichmäßigen Steuereinziehung (Tipke/Kruse, § 227 AO Tz. 37).

Billigkeitsmaßnahmen aus persönlichen Gründen setzen eine Erlaßbedürftigkeit und Erlaßwürdigkeit voraus (Tipke/Kruse, § 227 AO Tz. 42). Anhaltspunkte für eine Erlaßbedürftigkeit etwa gegen Bedrohung der wirtschaftlichen Existenz sind weder vorgetragen noch erkennbar. Eine abweichende Steuerfestsetzung kommt nach alledem nicht in Betracht.

90

Zur Frage des Eigentums an einem Schulgrundstück, das im 17. Jahrhundert gestiftet worden ist und ursprünglich zum protestantischen Schulfonds gehört hat.

§§ 891, 894 BGB
BGH, Urteil vom 22. November 1996 – V ZR 116/95[1] –

Die Parteien streiten um das Eigentum an dem ursprünglich zum protestantischen Schulfonds gehörenden Schulhausgrundstück in O., das seit etwa 1954/55 als Kindergarten genutzt wurde und jetzt unter anderem der Feuerwehr zur Verfügung steht.

Die Beklagte war 1988 als Eigentümerin des bis dahin buchungsfreien Grundstücks in das Grundbuch eingetragen worden, für die Klägerin, die ebenfalls ihre Eintragung als Eigentümerin erstrebt hatte, im Beschwerdeverfahren auf Anweisung des Oberlandesgerichts Zweibrücken ein Amtswiderspruch.

---

[1] NJW-RR 1997, 398. Nur LS: NJW 1997, 2596; AkKR 165 (1996), 601.

Die Errichtung des Schulfonds soll auf eine Stiftung des Grafen L. zu L. und R. aus dem Jahre 1614 zurückgehen. Der genaue Wortlaut der Stiftungsurkunde ist nicht bekannt; in der wohl frühesten historischen Aufzeichnung über diese Stiftung, vermutlich aus dem 18. Jahrhundert, heißt es unter anderem:

„Uff Andreae tag anno 1614 hat der hoch- und wolgeborene Graf (...) die gnädige Vorsehung gethan, daß der gemeindt und jungen kindern, zum besten zue der armen kind ehrlichen education ein schul ufgerichtet und mit einem taglichen schulmeister bestellet würde. Zue solchem Gott wolgefälligen werck haben Ihre Gnaden gnädig verordenet daß kirchengütlein so uf 8 morgen und 1 viertel. So dann die gemeindt vor sich jährlichs vier malter korn und 4 fl an geldt. (...)".

Im Grundsteuerkataster mit der „Deklaration des Grundbesitzstandes" vom 10. 5.1841 ist für den Grundbesitz unter „Vortrag der Erwerbstitel und sonstigen Grundverhältnisse" eingetragen: „Seit unvordenklichen Zeiten Eigentum der Schule und die Unterhaltung obliegt der Gesamtgemeinde".

Die Klägerin ist Rechtsnachfolgerin der protestantischen Kultusgemeinde O. Diese wiederum wurde 1862 durch königliche Entschließung eingerichtet. Zuvor gehörte sie zur Pfarrkirche C.

Auf Ersuchen der protestantischen Kultusgemeinde O. und der politischen Gemeinde O. beurkundete ein Notar am 2. 7.1924 eine Vereinbarung, in der unter anderem ausgeführt wird:

„Das protestantische Schulgut O. gestiftet auf Andreastag (30. November) 1614 durch den Grafen L, zu L.-R., Herrn zu W., S. und F. zu dessen Gebiet O. – jedoch nicht auch C.-H. – gehörte, ward, soweit bekannt bis zu gegen die Mitte des 19. Jahrhunderts von der protestantischen Kirchenverwaltung bzw. dem Presbyterium verwaltet, wohl stets im Einvernehmen mit der politischen Gemeindeverwaltung, die in rein evangelischen Landgemeinden kaum voneinander unterschieden ward. Bis in's 4. Jahrzehnt des 19. Jahrhunderts hatten die beiden protestantischen Gemeinden O. und C. auch gemeinsam eine protestantische Schule für alle Kinder der Pfarrei, zu welcher die zwei vorgenannten Orte gehören."...

Nach weiterer Beschreibung der damaligen Verhältnisse und Aufzählung des Grundbesitzes heißt es dann:

„Durch die neue Schulgesetzgebung erhält nun die Lehrerschaft, die in die Staatsbeamtenschaft übernommen wurde, ihren Gehalt aus der Staatskasse und Bezüge aus Schulgütern sind dadurch ausgeschaltet worden.
Der Gemeinderat O. hat nun, veranlaßt durch das protestantische Pfarramt C. und das Presbyterium O. am 14. Dezember 1922 beschlossen, daß ab 1. Januar 1923 das protestantische Schulgut O. wie solches oben beschrieben – ausgenommen jedoch das Schulhaus Pl. Nr. 83 a und 83 b auf den Güterstock der protestantischen Cultusgemeinde O. überschrieben wird. Pl. Nr. 83 a und b verbleibt der politischen Gemeinde O. als protestantischer Schulfonds oder protestantisches Schulgut O.
Die Beteiligten erkennen nunmehr die Eigentumsverhältnisse der obigen Grundstücke so wie solche vorstehend geschildert als richtig an und bewilligen und beantragen, daß die

obigen Grundstücke – ausgenommen Pl. Nr. 83 a und 83 b – im Grundsteuerkataster vom Güterstock des protestantischen Schulfonds O. bzw. der protestantischen Schule O. auf den Güterstock der protestantischen Kultusgemeinde O. überschrieben werden und ersuchen den Notar diese Überschreibung zu veranlassen."

Die Klägerin hat geltend gemacht, sie sei Eigentümerin auch des nach diesem Vertrag nicht auf den Güterstock ihrer Rechtsvorgängerin umgeschriebenen Schulgrundstücks. Es handle sich um Ortskirchenvermögen gemäß Art. 5 der Bayerischen Kirchengemeindeordnung vom 24. 4. 1912. Sie hat beantragt, die Beklagte zur Abgabe der Einwilligungserklärung dahin zu verurteilen, daß sie als Eigentümerin des Schulgrundstücks eingetragen werde.

Das Landgericht hat die Klage abgewiesen, das Oberlandesgericht hat die Beklagte antragsgemäß verurteilt. Die Revision, mit der die Beklagte die Wiederherstellung des landgerichtlichen Urteils erstrebte, hatte Erfolg. Der Senat erkennt unter Aufhebung des zweitinstanzlichen Urteils auf Zurückweisung der Berufung gegen die Entscheidung erster Instanz.

Aus den Gründen:

I. Das Berufungsgericht hält die Klage gemäß § 894 BGB für begründet. Die Beklagte könne ihr Eigentum nicht aus der Urkunde vom 2. 7. 1924 herleiten, die lediglich eine Nutzungs- und Verwaltungsregelung hinsichtlich des Schulgutes beinhalte und entscheidend für die Eigentümerstellung der Klägerin spreche. Zwar werde der streitgegenständliche Grundbesitz von der Übertragung auf den Güterstock der protestantischen Kultusgemeinde ausdrücklich ausgenommen. Die Urkunde lasse jedoch darauf schließen, daß die daran Beteiligten von fortbestehendem Eigentum der Rechtsvorgängerin der Klägerin an diesem Grundstück ausgegangen seien. Für Eigentum der Klägerin spreche zudem die Bezeichnung der für Schulzwecke gestifteten 8 1/2 Morgen Land in dem Bericht aus dem 18. Jahrhundert als *„Kirchengütlein"*. Diese Bezeichnung stelle klar, daß der Grundbesitz und damit auch die Schule kirchliches Eigentum sein solle. Weiter spreche für Eigentum der Kirche die Eintragung im Grundsteuerkataster vom 10. 5. 1841, wonach diese Grundstücke seit unvordenklichen Zeiten zum Eigentum der Schule gehören sollten. Diese Eintragung lege die Annahme nahe, daß der Schulfonds, bei dem es sich in der Regel nicht um eine juristische Person des öffentlichen Rechts gehandelt habe, der sie tragenden Kirchengemeinde, hier also der Rechtsvorgängerin der Klägerin, gehört habe. Für deren Eigentum und gegen das der Beklagten spreche zudem die dazu eingetragene „Dienstbarkeit", nach welcher *„der Hofraum ... zur allgemeinen Passage offen bleiben müsse"*. Diese Beurteilung stehe auch im Einklang mit der geschichtlichen Entwicklung des Schulwesens und der Eigentumsverhältnisse an den Schülgütern im Bereich der Pfalz.

II. Die Revision hat Erfolg.

1. Der Klägerin stünde der geltend gemachte Grundbuchberichtigungsanspruch nach § 894 BGB nur zu, wenn sie einen Erwerbsvorgang dartun und beweisen könnte, nach welchem sie Eigentümerin des Grundstücks geworden und das Grundbuch deshalb unrichtig ist. Sie muß dabei die zu Gunsten der Beklagten sprechende Vermutung des § 891 BGB widerlegen. Denn der für sie eingetragene Widerspruch gegen das Recht der Beklagten entkräftet die Vermutung des § 891 BGB nicht (vgl. Senatsurt. v. 30.11.1966, V ZR 199/63, LM BGB § 891 Nr. 3).
Dies ist der Klägerin nicht gelungen.

2. a) Das Berufungsgericht stellt fest, daß der streitgegenständliche Grundbesitz in der Vereinbarung von 1924 zwischen der Rechtsvorgängerin der Klägerin und der Beklagten von der Übertragung auf den Güterstock der protestantischen Kultusgemeinde ausdrücklich ausgenommen worden sei. Dies entspricht dem eigenen Vortrag der Klägerin, die nicht geltend macht, daß der Kirchengemeinde unbeschadet der früheren Rechtslage auch das Eigentum am Schulhausgrundstück durch diesen Vertrag habe zugeteilt werden sollen.

Das Berufungsgericht ist bei dieser Erwägung von fortbestehendem Eigentum der Rechtsvorgängerin der Klägerin an allen zum „Schulfonds" gehörenden Grundstücken ausgegangen. Es sieht den Erwerb dieser Grundstücke in einer Stiftung des Grafen L. zu L.-R. von 1614, wie diese in einem Bericht (wohl) aus dem 18. Jahrhundert dargestellt ist. Durch das Wort *„Kirchengütlein"* in dem Bericht hält das Berufungsgericht für „klargestellt", daß der Grundbesitz und die Schule kirchliches Eigentum hätten werden sollen.

Mit dieser Begründung ist die Vermutung des § 891 BGB jedoch nicht zu widerlegen. Denn das Berufungsgericht hat nicht festgestellt, welche (kirchliche) Rechtspersönlichkeit 1614 Eigentümer geworden ist oder habe werden sollen. Zu Recht rügt die Revision insoweit schon, das Berufungsgericht habe nicht in seine Überlegungen einbezogen, daß die Kirchengemeinde O., die Rechtsvorgängerin der Klägerin, unstreitig bei der angeblichen Errichtung der Stiftung des *„Kirchengütleins"* 1614 noch nicht existent war, sondern erst 1863 gegründet wurde. Der Erwägung, mit der das Berufungsgericht aus diesem Geschehnis Eigentum der Klägerin zu entnehmen sucht, fehlt danach die tatsächliche Grundlage.

Vergeblich versucht die Revisionserwiderung darzutun, daß jedenfalls irgendein kirchlicher Rechtsvorgänger 1614 vorhanden gewesen sein müsse, dem der Stifter das *„Kirchengütlein"* zugewandt habe. Ihrer Überlegung, es könnte dies die Gemeinschaft der Gemeindemitglieder gewesen sein, steht bereits entgegen, daß 1614 die Kirchengemeinde O. in die Kirchengemeinde C. „eingepfarrt" gewesen sein soll; der Ort C. jedoch gehörte nicht zum Besitz der Stifterfamilie, so daß fernliegend erscheint, daß der Stifter dieser Gemeinde oder deren Mitgliedern eine Zuwendung habe machen wollen. Jedenfalls reichen derartige denkbaren Möglichkeiten – wie z. B. auch eine Stiftung an die „Landeskirche" – nicht aus, die Vermutung des § 891 BGB zu widerlegen; dazu wäre nicht nur die Darlegung des Erwerbsgrundes, sondern zudem der Nachweis einer lückenlosen Erwerbskette der Rechtsnachfolger erforderlich.

Damit ist der vom Berufungsgericht angenommene Erwerbsgrund nicht geeignet, Eigentum der Klägerin darzutun, ohne daß es noch auf die weiteren Rügen der Revision insbesondere auch dazu ankäme, ob sich zuverlässige Rückschlüsse auf einen Stifterwillen aus einer erst mehr als 100 Jahre später erfolgten Aufzeichnung überhaupt ziehen ließen. Das Urteil kann mit der gegebenen Begründung keinen Bestand haben.

3. Es erweist sich auch nicht aus anderen Gründen als richtig:

3. a) Soweit die Klägerin in den Tatsacheninstanzen aus der geschichtlichen Entwicklung des Schulwesens in der Pfalz und den Mitteilungen im Zentralregister der evangelischen Kirche der Pfalz schließen will, daß Schulgüter in der Pfalz in der Regel im Eigentum der jeweiligen Kirchengemeinde standen, übersieht sie ebenso wie das Berufungsgericht bei seinen darauf fußenden Erwägungen, daß es sich weder um eine pfälzische Stiftung handelte noch das Gebiet der Gemeinde O. zur Pfalz gehörte, sondern zu einer Linie derer von L. Ihre erstmals in der Revisionserwiderung vorgetragene Ansicht, daß Kurpfälzisches Recht von der Grafschaft L. übernommen worden sei, belegt sie nicht. Daß Schulgüter nach einer Bekanntmachung der Bezirksregierung der Pfalz von 1960 „in der Regel" Kirchenvermögen gewesen seien, ist für die hier zur Entscheidung anstehende Frage, ob die Rechtsvorgängerin der Klägerin Eigentümerin gerade des hier streitgegenständlichen Schulgrundstückes gewesen ist, nicht einmal von indizieller Bedeutung. Gleiches gilt für die 1841 erfolgte Eintragung im Grundsteuerkataster, die vor der Gründung der Rechtsvorgängerin der Klägerin erfolgte.

b) Für die Annahme der Klägerin, ihre Rechtsvorgängerin sei zumindest wegen unvordenklicher Verjährung durch Ersitzung Eigentümerin der Grundstücke geworden, fehlt es an Tatsachenvortrag. Zwar kannte das Gemeine Recht das Institut der unvordenklichen Verjährung. Wurde ein Recht so lange ausgeübt, daß der Anfang dieser Ausübung über das Menschengedenken hinaus zurücklag, so wurde angenommen, daß es rechtsgültig erworben worden sei. Die Unvordenklichkeit der Rechtsausübung ersetzte den sonst erforderlichen Nachweis des Rechtserwerbs. Voraussetzung war, daß niemand, weder aus eigener Wahrnehmung noch aus der Erzählung von Vorfahren, über den Anfang des Rechtszustandes Auskunft zu geben vermochte (vgl. Arndts, Lehrbuch der Pandekten, 1886, 152 ff.; Seuffert, Praktisches Pandektenrecht, 1852, Bd. 1, 157 ff.). Das Gemeine Recht ist jedoch mit der Einführung des Code civil 1804 in den linksrheinischen Gebieten, also lange bevor die Rechtsvorgängerin der Klägerin eigene Rechtspersönlichkeit erlangte, außer Kraft getreten.

c) Aus denselben Gründen läßt sich auch ein Eigentumserwerb der Klägerin durch Ersitzung nicht feststellen. Diese war zwar nach dem ab 1804 in den linksrheinischen Gebieten geltenden Code civil (Art. 2262, 2265 ff.) möglich. Abgesehen davon jedoch, daß für eine Ersitzung durch die Rechtsvorgängerin der Klägerin allenfalls die Zeit ab 1863 in Betracht gekommen wäre, wurde unstreitig der Grundbesitz dem „Schulfonds" zugerechnet, mindestens von der Gemeinde mitverwaltet und von dieser die Steuern bezahlt. Danach fehlt es an den tatsächlichen Voraussetzungen.

4. a) Lassen sich aber zuverlässige Anhaltspunkte für Eigentum der Klägerin oder ihrer Rechtsvorgängerin an dem Schulhausgrundstück für die Zeit vor der Vereinbarung zwischen der Kirchengemeinde und der Beklagten vom 2. 7. 1924 nicht feststellen, bleibt auch die Rüge der Revisionserwiderung ohne Substanz, daß dieser Urkunde „ersichtlich die Auffassung zugrunde" liege, die Grundstücke hätten schon immer im Eigentum der Kirchengemeinde gestanden. Eine solche Auffassung vermag Eigentum nicht zu begründen. Soweit die Revisionserwiderung in diesem Zusammenhang mangelnde Aufklärung durch das Berufungsgericht rügt, handelt es sich nicht um Vortrag der Klägerin, sondern um Hinweise in einem Gutachten, wie möglicherweise weitere Erkenntnisse gewonnen werden könnten. Es wäre Sache der Klägerin, nicht des Gerichts, gewesen, den Hinweisen nachzugehen und bei Erfolg der Suche entsprechend vorzutragen.

b) Soweit die Revisionserwiderung nunmehr darauf abheben will, der Stiftungszweck, nämlich der Schulbetrieb, sei durch die Schließung der Schule endgültig entfallen, verkennt sie selbst nicht, daß damit die Klägerin jedenfalls nicht automatisch Eigentümerin des Schulgrundstücks geworden wäre.

c) Soweit sie zugunsten der Klägerin etwas daraus gewinnen möchte, nach dem Stifterwillen und dem Sinne des Vergleiches von 1924 müsse dieses Grundstück bei Wegfall seiner Zweckbestimmung auch der Klägerin zufallen, handelt es sich um neues Vorbringen; es wäre auch nicht geeignet, den geltend gemachten Anspruch aus § 894 BGB zu begründen. Dieser setzt Eigentum der Klägerin, nicht einen eventuellen Anspruch auf Übereignung, voraus.

91

Eine verbundene Organisation i. S. des § 20 b des Gesetzes über Parteien und andere politische Vereinigungen (DDR-PartG) i. d. F. vom 31. 5. 1990 kann auch eine Religionsgemeinschaft mit eigener Rechtspersönlichkeit sein.

OVG Berlin, Urteil vom 22. November 1996 – 3 B 8/94[1] –

Die Klägerin – seit Januar 1996 als Islamische Religionsgemeinschaft e. V. im Vereinsregister eingetragen – wurde am 21. 2. 1990 als Islamische Religionsgemeinschaft in der DDR (IRG) gegründet. In dem Protokoll über die konstituierende Sitzung hieß es, es habe in Berlin eine Versammlung von in der DDR lebenden Bürgern islamischen Glaubens stattgefunden, die ein (vorläufiges) Statut der IRG angenommen und einen Vorstand gewählt habe; der Vorstand werde gebeten, bei der Regierung der DDR die staatliche Anerkennung und die damit verbundene Rechtsfähigkeit zu beantragen. Die bei-gefügte Liste der Vorstandsmitglieder führte neben dem Vorsitzenden *Y., Dr. H.* als stellvertretenden Vorsitzenden sowie S., N., H. und B. auf. Das vorläufige Statut bezeichnete es als Ziel der IRG, allein in der DDR lebenden Bürgern islamischen Glaubens die Möglichkeit der Religionsausübung in der Gemeinschaft zu geben, die islamische Kultur in der DDR bekannt zu machen und mit anderen Glaubensgemeinschaften in den Gedankenaustausch zu treten, um die Idee des Friedens und des gedeihlichen Zusammenlebens der Menschen zu fördern (§ 1). § 2 enthielt Regelungen über die Mitgliedschaft und die Finanzierung (Spenden der Mitglieder und Sympathisanten der islamischen Kultur in der DDR und im Ausland). Höchstes Organ war nach § 3 die Mitgliederversammlung, die mindestens einmal in 4 Jahren zusammengerufen werden und einen Vorstand wählen sollte, der aus 5 Mitgliedern bestehen und den Vorsitzenden bestimmen sollte. Sitz der Gemeinschaft war Berlin (§ 4). Durch Urkunde des Ministerrats der DDR – Amt für Kirchenfragen – vom 1. 3. 1990 wurde die IRG staatlich anerkannt und zugleich ausgesprochen, daß mit der staatlichen Anerkennung die Religionsgemeinschaft rechtsfähig sei.

Am 28. 5. 1990 beschloß das Präsidium des Parteivorstandes der Beigeladenen zu 2 (PDS) der IRG auf deren Antrag hin eine Spende in Höhe von 75 Mio. Mark zukommen zu lassen. Unter dem 31. 5. 1990 wurde vom Parteivorstand der PDS, vertreten durch die Herren *L.* und *R.,* ein Verrechnungsscheck in Höhe dieses Betrages auf ein Konto der PDS bei der Staatsbank der DDR zugunsten der IRG oder Überbringer ausgestellt und Y. übergeben. Dieser legte den Scheck am 6. 6. 1990 bei der Bank vor, woraufhin der Betrag noch am gleichen Tag dem dort für die IRG geführten Konto das *Y.* als deren Vorsitzender Anfang Mai 1990 eingerichtet hatte und über das er allein verfügungsberechtigt war, gutgeschrieben wurde. Das Konto wies zum 7. 6. 1990 ein Guthaben von

---

[1] Die Nichtzulassungsbeschwerde der Klägerin blieb erfolglos, die der Beklagten führte zur Zulassung der Revision (BVerwG, Beschluß vom 7. 11. 1997 – 7 B 176.97 – unv.). Das BVerwG hat der Revision stattgegeben. Die hingegen erhobene Verfassungsbeschwerde wurde nicht zur Entscheidung angenommen (Beschluß v. 21. 4. 1999 – 1 BvR 496/99).

75.000.499,28 M auf. Der damalige Vorsitzende *Y.*, ein gebürtiger Palästinenser, der seit 1978 in der DDR lebte und dort im Internationalen Handelszentrum in Berlin eine Außenhandelsfirma betrieb, hatte im Mai/Juni 1990 von der PDS außerdem Zahlungen in Höhe von 52 Mio. M und 1,8 Mio. M für den Betrieb dreier ehemaliger SED-Erholungsheime erhalten, die ihm vom OEB-Fundament zur Nutzung überlassen worden waren, sowie einen Verrechnungsscheck der PDS vom 31. 5. 1990 über den Betrag von 9 486 783 M, der als Kaufpreis für Reisen von PDS-Funktionären gedacht war, die von der am 20. 2. 1990 unter Beteiligung von *Y.* gegründeten T-GmbH organisiert werden sollten.

Die Beigeladene zu 1 (Bundesrepublik Deutschland, vertreten durch die Unabhängige Kommission zur Überprüfung des Vermögens der Parteien und Massenorganisationen der DDR – UKPV) wurde im November 1990 von der PDS über die verschiedenen Zahlungen an *Y.* unterrichtet. Dabei legte die PDS auch ihr Schreiben vom 6. 11. 1990 an *Y.* vor, in dem dieser gebeten wurde, die PDS über die mit der Spende zur Verwendung für eine Islamische Religionsgemeinschaft auf seinen Namen vorgesehene Zweckbestimmung sowie die daraus von ihm abgeleitete Anwendung zu informieren. Aufgrund dessen gingen die Beigeladene zu 1 und die Beklagte (die Bundesanstalt für vereinigungsbedingte Sonderaufgaben – BvS) zunächst davon aus, daß Empfänger des Betrages von 75 Mio. M nach dem Willen der PDS allein *Y.*, nicht aber die IRG gewesen sei. Die Beklagte stellte deshalb unter Hinweis auf entsprechende Schreiben der Beigeladenen zu 1 vom 17. 4. und 13. 5. 1991 mit an *Y.* gerichtetem Bescheid vom 12. 8. 1991 i. d. F. des Widerspruchsbescheides vom 30. 10. 1991 u. a. fest, daß der sich in der Verfügungsmacht von Y. befindliche Spendenbetrag in Höhe von umgerechnet 37,5 Mio DM nebst 11 % Zinsen ab dem 1. 7. 1991 der treuhänderischen Verwaltung unterliege. Faktisch waren die Konten des *Y.* einschließlich des für die Klägerin geführten Kontos bei der Bank auf Veranlassung der Beklagten bereits im April 1991 gesperrt worden.

Nachdem *Y.* bereits mit Schreiben vom 26. 4. 1991 der Beklagten mitgeteilt hatte, daß die Spende von umgerechnet 37,5 Mio. DM nicht ihm persönlich, sondern der IRG gewährt worden sei, und der Parteivorstand der PDS mit Schreiben vom 30. 7. 1991 bestätigt hatte, daß die Spende der IRG für den Bau eines islamischen Kulturzentrums ausgereicht worden sei, bemühte sich die Klägerin bei der Beklagten um die Freigabe der Zinserträge aus dem Spendenbetrag und die Aufhebung der Kontensperrung. Seit der außerordentlichen Mitgliederversammlung vom 28. 9. 1991 gehörten dem Vorstand der Klägerin neben dem Vorsitzenden *Y., Dr. H.* und *Sch.* (zugleich Vizepräsident der im Westteil Berlins ansässigen Islamischen Föderation in Berlin) als stellvertretende Vorsitzenden sowie *A.* und *H.* (zugleich Vorsitzende der ebenfalls im Westteil Berlins ansässigen Islamischen Gemeinschaft deutschsprachiger Muslime) an. Im November 1991 wurde *Y.*, nachdem im Rahmen eines Ermittlungsverfahrens der Staatsanwaltschaft gegen ihn auch die seit August 1990 von ihm für die IRG gemieteten Räume durchsucht worden waren, von den Aufgaben des Vorsitzenden der Klägerin (vorläufig) entbunden; zum amtierenden Vorsitzenden wurde der bisherige stellvertretende Vorsitzende *Sch.* bestimmt, der auch derzeit die Klägerin als erster Ratsvorsitzender vertritt.

Mit Rücksicht auf diese Entwicklung stellte die Beklagte mit dem angefochtenen Bescheid nunmehr auch gegenüber der Klägerin fest, daß der Betrag von 37,5 Mio. DM nebst Zinsen als Vermögen der PDS der treuhänderischen Verwaltung unterliege und gem. § 20b Abs. 1 DDR-PartG Verfügungen über diesen Betrag nur mit ihrer Beklagten Zustimmung wirksam seien. Sie bezog sich dabei auf die entsprechende Feststellung der Beigeladenen zu 1 im Schreiben vom 17. 4. 1991 und führte weiter aus, da nicht nur *Y.*, sondern auch die Klägerin jeweils durch einen mit Kontovollmacht ausgestatteten Vertreter auf dieses Geld Zugriff hätten, sei die Anordnung der treuhänderischen Verwaltung nicht nur – wie bereits geschehen – an Y., sondern auch an die Klägerin zu richten. Der Spendenbetrag gehöre zum Vermögen der PDS, das seit dem 1. 6. 1990 unter treuhänderischer Verwaltung stehe. Da der Betrag erst nach diesem Stichtag dem für die Klägerin geführten Konto gutgeschrieben worden sei, hätte die die Vermögensveränderung gem. § 20b Abs. 1 DDR-PartG der Zustimmung der UKPV bedurft. Diese Zustimmung sei nicht erteilt worden und könne auch nicht erteilt werden, da eine von der PDS aus dem Sondervermögen geleistete Zahlung an Dritte nicht mit den Bestimmungen des Einigungsvertrages vereinbar sei, die die Verwendung des Parteivermögens abschließend regeln. Die Vermögensveränderung sei daher mangels Zustimmung unwirksam. Den Widerspruch der Klägerin, mit dem diese geltend machte, die Vermögensveränderung sei gem. § 76 I DDR-ZGB bereits mit der Übergabe des Schecks am 31. 5. 1990 eingetreten, so daß sie durch die ab 1. 6. 1990 geltende treuhänderische Verwaltung des Vermögens der PDS nicht berührt werde, wies die Beklagte mit Bescheid vom 13. 4. 1992 zurück.

Hiergegen hat die Klägerin Klage erhoben. Sie erstrebt die Aufhebung des angefochtenen Bescheides und die Verurteilung der Beklagten zur Herausgabe des unter treuhänderische Verwaltung gestellten Betrages nebst Zinsen.

Das Verwaltungsgericht hat der Klage stattgegeben. In der Berufungsinstanz hatte die Beklagte nur mit ihrem Angriff gegen das Herausgabeverlangen der Klägerin Erfolg.

Aus den Gründen:

Die Berufung ist nur teilweise, nämlich hinsichtlich der Verurteilung der Beklagten zur Auszahlung des streitigen Spendenbetrages nebst Zinsen, begründet; im übrigen ist sie unbegründet.

A. Das Verwaltungsgericht hat der Klage gegen den angefochtenen Bescheid mit Recht stattgegeben, weil es für die durch den Bescheid gegenüber der Klägerin getroffene Feststellung, daß der streitige Betrag von 37,5 Mio. DM nebst Zinsen der treuhänderischen Verwaltung nach § 20 b Abs. 2 DDR-PartG unterliege, an einer gesetzlichen Grundlage fehlt.

Nach § 20 b Abs. 2 des Gesetzes über Parteien und andere politische Vereinigungen – Parteiengesetz – vom 21.2.1990 (GBl. DDR I, S. 66) – DDR-PartG – i. d. F. des Gesetzes zur Änderung des Parteiengesetzes vom 31.5.1990 (GBl. DDR I, S. 275), der nach Art. 9 Abs. 2 i. V. mit Anl. II Kap. II Sachgeb. A Abschn. III Nr. 1 Einigungsvertrag vom 31.8.1990 (BGBl. II, S. 889) mit den dort genannten Maßgaben weitergilt, wird zur Sicherung von Vermögenswerten von Parteien oder ihnen verbundenen Organisationen, juristischen Personen und Massenorganisationen das Vermögen der Parteien und der ihnen verbundenen Organisationen, juristischen Personen und Massenorganisationen, das am 7.10.1989 bestanden hat oder seither an die Stelle dieses Vermögens getreten ist, unter treuhänderische Verwaltung gestellt. Daß es sich bei dem streitigen Spendenbetrag um Vermögen der SED/PDS handelte, das am 7.10.1989 bestanden hat, d. h. um sog. Parteialtvermögen, ist unstreitig. Die in dem angefochtenen Bescheid gegenüber der Klägerin getroffene Feststellung, daß der ihrem Konto gutgeschriebene Betrag der treuhänderischen Verwaltung unterliege, wäre allerdings nur dann rechtmäßig, wenn entweder die Klägerin eine mit der SED/PDS verbundene juristische Person wäre und ihr (Alt-)Vermögen als solches von § 20 b Abs. 2 DDR-PartG erfaßt wäre (I) oder aber der Betrag bei Inkrafttreten der Vorschrift am 1.6.1990 noch zum Vermögen der SED/PDS gehörte und deshalb die Klägerin auch als Dritte durch Maßnahmen der Treuhandverwaltung auf hoheitlichem Wege von der weiteren Einwirkung auf diesen Betrag hätte ausgeschlossen werden dürfen (II). Beides ist indes, wie das Verwaltungsgericht im Ergebnis zutreffend festgestellt hat, nicht der Fall.

I. 1. Entgegen der Ansicht der Klägerin ist die Frage ihrer Verbundenheit mit der SED/PDS vorliegend sehr wohl zu prüfen, obwohl die Beklagte den Bescheid zunächst nur darauf gestützt hat, daß der Spendenbetrag als „Vermögen der SED/PDS" der treuhänderischen Verwaltung unterliege. Denn ob die gesetzlichen Voraussetzungen für die treuhänderische Verwaltung vorliegen, haben die Verwaltungsgerichte unter sämtlichen in Betracht kommenden Gesichtspunkten von Amts wegen zu prüfen, also auch unter dem Gesichtspunkt der eigenen Verbundenheit der Klägerin mit der SED/PDS. Etwas anderes würde allenfalls dann gelten, wenn der Bescheid durch den neuen, von der Beklagten erst im Klageverfahren geltend gemachten Gesichtspunkt in seinem Wesen oder Ausspruch verändert würde oder die Klägerin dadurch in ihrer Rechtsverteidigung beeinträchtigt würde (vgl. Kopp, VwGO, 10. Aufl. [1994], § 113 Rdnr. 34). Beides ist hier nicht der Fall. Der Regelungsgehalt des Bescheides – die Feststellung der treuhänderischen Verwaltung des Spendenbetrages – ist unverändert geblieben. Wenn die Klägerin meint, die Beklagte hätte im Falle der Verbundenheit den Ausspruch des Bescheides ändern und ihr, der Klägerin, gesamtes Vermögen unter treuhänderische Verwaltung stellen müssen, verkennt sie, daß die treuhänderische Verwaltung nach § 20b DDR-PartG sich – jedenfalls im Falle der Teilbarkeit von Alt- und Neuvermögen – nur auf das Altvermögen erstreckt und die Beschränkung auf den Spendenbetrag daher auch im Falle der Verbundenheit der Klägerin der Rechtslage entspräche. Ferner hatte die Klägerin zur Rechtsverteidigung hinsichtlich des neuen Gesichtspunktes im Klageverfahren ausreichend Gelegenheit (vgl. hierzu jetzt auch die Neufassung des § 45 Abs. 2 VwVfG durch Art. 1 Nr. 3 und Art. 7 des Gesetzes zur Beschleunigung von Genehmigungsverfahren – Genehmigungsverfahrensbeschleunigungsgesetz – GenBeschlG – v. 12. 9. 1996, BGBl. I, S. 1354, wonach u. a. die fehlende Begründung nunmehr bis zum Abschluß eines verwaltungsgerichtlichen Verfahrens nachgeholt werden kann).

2. Die Klägerin ist jedoch keine mit der SED/PDS verbundene juristische Person i. S. des § 20b DDR-PartG.

a) Allerdings steht der Umstand, daß die Klägerin in Gestalt der IRG erst nach dem in der Vorschrift genannten Stichtag 7. 10. 1989 gegründet worden ist, der Annahme einer Verbundenheit grundsätzlich nicht entgegen. Denn § 20b DDR-PartG setzt nicht voraus, daß die verbundene Organisation, juristische Person oder Massenorganisation schon zum Stichtag 7. 10. 1989 bestand. Nach der Rechtsprechung des BVerwG (BVerwGE 92, 196 [200] = VIZ 1993, 247), der der Senat gefolgt ist (Urteil v. 8. 2. 1995 – OVG 3 B 2/94), ist der Zeitpunkt der Gründung für die Anwendbarkeit dieser Vorschrift ohne Belang, d. h. auch das Vermögen von erst nach dem 7. 10. 1989 neugegründeten Organisationen oder juristischen Personen unterliegt der treuhänderischen Verwaltung, wenn die Voraussetzungen der Vorschrift im übrigen erfüllt sind. Dies gilt nicht nur, wie das Verwaltungsgericht meint, für Wirtschaftsbetriebe in Form von Kapitalgesellschaften, sondern auch für sonstige Organisationen oder Vereinigungen mit eigener Rechtspersönlichkeit wie etwa die Klägerin. Denn nach dem Willen des Gesetzgebers sollte § 20 b DDR-PartG das am 7. 10. 1989 vorhandene Parteivermögen in weiterem Sinne erfassen und sichern sowie verhindern, daß dieses etwa durch Übertragung auf neugegründete verbundene Organisationen oder juristische Personen der treuhänderischen Verwaltung und damit letztlich den ursprünglich Berechtigten bzw. den neuen Bundesländern entzogen wird. Mit Blick auf diesen Sicherungszweck spielt es keine Rolle, ob es sich bei der neugegründeten Organisation oder juristischen Person um einen Wirtschaftsbetrieb oder etwa eine gemeinnützige, wissenschaftliche oder religiöse Vereinigung handelt, da belastetes Parteivermögen auch durch Übertragung auf die letztgenannten Institutionen seiner gesetzlich vorgesehenen Verwendung entzogen werden konnte. Einer vom Verwaltungsgericht möglicherweise befürchteten übermäßigen Ausweitung der von der treuhänderischen Verwaltung erfaßten Institutionen kann durch erhöhte Anforderungen an das Vorliegen einer Verbundenheit bei derartigen, nicht auf Gewinnerzielung ausgerichteten Vereinigungen begegnet werden. Eine Beschränkung des § 20 b DDR-PartG auf neugegründete Kapitalgesellschaften ist dagegen weder nach dem Wortlaut noch nach dem Sinn und Zweck des Gesetzes gerechtfertigt.

b) Demnach kommt es für die Frage der Verbundenheit der Klägerin nicht darauf an, ob es sich um eine Scheingründung zu ausschließlich wirtschaftlichen Zwecken handelt, sondern es ist die Verbundenheit nach den hierfür allgemein geltenden Kriterien zu prüfen. Danach ist eine wirtschaftliche Betrachtungsweise und nicht eine formaljuristische zugrunde zu legen. Nach den von der Rechtsprechung im Falle von Kapitalgesellschaften entwickelten Kriterien kommt es dabei in erster Linie auf die wirtschaftliche Zuordnung der Vermögenswerte an, erst in zweiter Linie kommt daneben auch einer personellen Verflechtung zwischen der Partei und der juristischen Person oder sonstigen Umständen der Gründung oder des Erwerbs, der Verwaltung oder Nutzung des Parteivermögens Bedeutung für die Verbundenheit zu (BVerwGE 92, 196 [199]). Würde man mit der Beklagten auch im Falle der Klägerin allein auf die Herkunft ihres Vermögens abstellen, müßte man folgerichtig die Verbundenheit ohne weiteres bejahen, da das wesentliche Vermögen der Klägerin, wie diese selbst einräumt, in dem Spendenbetrag der SED/PDS bestand. Diese Auffassung wird allerdings dem Sinn und Zweck des Begriffs der Verbundenheit im Falle von sonstigen Vereinigungen und Organisationen nicht gerecht. Anders als bei Kapitalgesellschaften, bei denen kraft Gesetzes jedenfalls ein Stammkapital für die Gründung erforderlich ist, kann eine sonstige, ideelle Zwecke verfolgende Vereinigung auch ohne finanzielle Mittel gegründet werden und etwa allein auf der Grundlage von ehrenamtlicher Tätigkeit und Sachspenden existieren. Der Umstand, daß einer solchen Vereinigung von einer (Alt-)Partei eine nennenswerte Spende gewährt wird, führt daher für sich allein betrachtet noch nicht zu der Annahme, daß sich ihre Existenz allein auf Vermögen dieser Partei gründet. Andernfalls wären durch die Entgegennahme einer größeren Spende auch schon bestehende, finanzschwache, aber unstreitig unabhängige Vereinigungen als mit der Partei verbundene juristische Personen anzusehen, was mit dem Wortsinn und dem vom Gesetzgeber mit diesem Begriff verfolgten Zweck kaum vereinbar wäre. Es müssen daher zusätzliche Umstände hinzutreten, die einzeln oder in ihrer Gesamtheit für eine Verbundenheit der Vereinigung mit der spendenden Partei sprechen, seien es besondere personelle Verflechtungen oder sonstige Umstände der Gründung, Empfangnahme und Verwendung der Spende, die auf einen – auch mittelbaren – Nutzen für die Partei oder ihre Funktionäre oder jedenfalls ein eigenes Interesse an der Verwendung der Mittel hindeuten. Maßgeblich sind dafür hier die Umstände im Jahr 1990, in dem die Klägerin in Gestalt der IRG gegründet worden ist und die Parteigelder in Empfang genommen hat. Der späteren Entwicklung der Klägerin kommt nur insoweit Bedeutung zu, als daraus Rückschlüsse auf ihren Charakter im Jahre 1990 gezogen werden können.

c) Die vorliegend festgestellten Umstände reichen nach Überzeugung des Senats weder einzeln noch in ihrer Gesamtheit aus, um eine Verbundenheit der Klägerin mit der SED/PDS zu bejahen.

Die von der Beklagten hervorgehobene personelle Verflechtung bezieht sich auf die Person des damaligen Vorsitzenden Y., der – wie die erheblichen finanziellen Zuwendungen der Partei an ihn im Mai/Juni 1990 zeigen – offenbar gute Beziehungen zu einflußreichen Parteifunktionären hatte und von diesen als Vertrauensmann angesehen wurde, der aber andererseits nicht selbst als Funktionär in die Partei eingebunden und – damals noch – ausländischer Staatsbürger war, der als solcher – wie der jetzige Vorsitzende der Klägerin bestätigt hat – auch Verbindungen zu diplomatischen Kreisen islamischer Glaubensrichtung in der DDR hatte. Die übrigen Gründungsmitglieder mögen zwar Familienangehörige oder Freunde des Y. gewesen sein, standen aber, soweit ersichtlich, nicht in irgendwelchen näheren Beziehungen zur SED/PDS. Der Gesichtspunkt der personellen Verflechtung gibt daher auch wegen der schillernden Persönlich-keit des Y. nichts Entscheidendes zugunsten einer Verbundenheit mit der SED/PDS her.

Dies gilt auch für die Gründungsumstände der Klägerin. Zwar ist der Beklagten zuzugeben, daß die Art und Weise der Gründung und staatlichen Anerkennung im Februar/März 1990 fragwürdig ist. Es spricht viel dafür, daß hinter der IRG nicht mehr als die 5 Gründungs-/Vorstandsmitglieder gestanden haben, die ihrerseits zum Familien- bzw. Bekanntenkreis des Y. gehörten. Eine religiöse Betätigung der Mitglieder oder der Beitritt weiterer Mitglieder in dem maßgeblichen Jahr nach der Gründung ist weder vorgetragen noch sonst ersichtlich. Auch die staatliche Anerkennung vom 1.3.1990 beruhte ausweislich der vom Bundesarchiv beigezogenen Unterlagen nicht etwa auf einer Prüfung des Bestehens einer religiösen Vereinigung, sondern diente in erster Linie dem Ziel, einen institutionellen Rahmen zur Aufnahme angeblich erwarteter Spenden aus dem arabischen Raum für den Bau eines islamischen Kulturzentrums zu ermöglichen. Auch wenn diese Umstände Zweifel an dem damaligen Charakter der IRG als Religionsgemeinschaft begründen, bieten sie keine ausreichenden Anhaltspunkte für eine Verbundenheit mit der SED/PDS. Insbesondere läßt sich diese nicht aus der zügigen staatlichen Anerkennung der IRG herleiten, da gerade in der damaligen Umbruchszeit von der DDR-Regierung in gleicher Weise andere Religionsgemeinschaften erstmals anerkannt wurden (vgl. hierzu die Unterlagen des Bundesarchivs), denen eine Nähe zur PDS nicht nachgesagt werden kann.

Auch die beabsichtigte Verwendung der Spende gibt für eine Verbundenheit nichts her. Tatsache ist, daß sich die Klägerin, vertreten durch ihren damaligen Vorsitzenden, wie aus den Akten der Senatsverwaltung für Kulturelle Angelegenheiten ersichtlich, 1990 und 1991 bei staatlichen Stellen um Unterstützung bei der Suche nach einem geeigneten Grundstück für das geplante islamische Kulturzentrum bemüht hat und jedenfalls für dieses offenbar im Vordergrund stehende Anliegen tatsächlich tätig geworden ist. Angesichts dieser Umstände kann nicht davon ausgegangen werden, daß dieses Anliegen nicht ernsthaft verfolgt oder nur vorgeschoben worden wäre und das Geld in Wahrheit nur abrufbereit für die SED/PDS gehalten werden sollte. In dem beabsichtigten Bau eines islamischen Kulturzentrums seinerseits kann ein Indiz für eine Verbundenheit nicht gesehen werden, da nichts dafür ersichtlich ist, daß dieses Vorhaben in irgendeiner Weise mit den Interessen der SED/PDS oder ihrer Funktionäre oder mit bisher von der Partei wahrgenommenen Aufgaben verknüpft wäre.

Schließlich ist zwar die Art und Weise der Empfangnahme des Spendenbetrages am letzten Tag vor Inkrafttreten der §§ 20 a und b DDR-PartG und ohne jedes schriftliche Begleitschreiben durchaus fragwürdig und mag zur Prüfung der Sittenwidrigkeit bzw. des Verstoßes gegen die Grundsätze der sozialistischen Moral und zu Zweifeln an der Seriosität des damaligen Vorsitzenden der Klägerin Anlaß geben. Als maßgeblicher Anhaltspunkt für eine Verbundenheit mit der SED/PDS genügt es jedoch angesichts der Gesamtumstände des Falles nicht. Allein die Tatsache, daß eine ungewöhnlich hohe Summe an eine im übrigen vermögenslose, neugegründete und daher unbekannte Vereinigung verschenkt wird, führt – wie oben dargelegt – mangels sonstiger tragfähiger Indizien noch nicht zur Annahme der Verbundenheit.

II. Der angefochtene Bescheid ist auch nicht deshalb rechtmäßig, weil der Spendenbetrag bei Inkrafttreten des § 20b DDR-PartG noch zum Vermögen der SED/PDS gehörte (1.); denn auch in diesem Fall sind hoheitliche Maßnahmen der Treuhandverwaltung gegenüber Dritten, die nicht zum Adressatenkreis des § 20b DDR-PartG gehören, nicht zulässig (2.).

1. Entgegen der Ansicht der Klägerin gehörte der Spendenbetrag zum Zeitpunkt des Inkrafttretens des § 20b DDR-PartG am 1.6.1990 allerdings noch zum Vermögen der SED/PDS. Die Übergabe des Schecks am 31.5.1990 an Y. hatte nicht zur Folge, daß der auf dem Konto der Partei bei der Deutschen Staatsbank befindliche Betrag bereits zu diesem Zeitpunkt aus dem Parteivermögen ausschied. Die Frage, ob dieser Betrag in Gestalt der Forderung gegen die Deutsche Staatsbank am 1.6.1990 noch zum Vermögen der SED/PDS gehörte, ist ausschließlich nach dem damals geltenden Recht der DDR zu beurteilen. Dieses trifft in § 76 ZGB für die Zahlung durch Scheck folgende Regelungen: Nach Abs. 1 der Vorschrift gilt die Übergabe des Schecks als Zeitpunkt der Zahlung; nach Abs. 2 tritt die Erfüllung mit der Gutschrift auf dem Konto des Gläu-

bigers ein. Abs. 1 bestimmt also den Zeitpunkt der Zahlung, während Abs. 2 den Eintritt der Erfüllung festlegt, durch den der Schuldner von seiner Verbindlichkeit befreit wird und der Gläubiger die uneingeschränkte Verfügungsbefugnis über das Geld erlangt hat (vgl. Komm. zum ZGB der DDR v. 19. 6. 1978, hrsg. v. Ministerium der Justiz, 2. Aufl. [1985], S. 111). Daraus folgt ohne weiteres, daß der Scheckbetrag erst mit Eintritt der Erfüllung nach Abs. 2 aus dem Vermögen des Schuldners ausscheidet und in das Vermögen des Gläubigers gelangt. Demgegenüber kann sich die Klägerin nicht mit Erfolg darauf berufen, daß nach dem Recht der DDR das Eigentum an der Kaufsache bereits im Zeitpunkt der Zahlung mit Übergabe der Schecks übergehe und folglich die Übergabe der Schecks unmittelbar zur Vermögensveränderung führe. Zwar trifft es zu, daß aufgrund von § 139 Abs. 3 ZGB mit Übergabe der Ware und Zahlung des Kaufpreises das Eigentum an der Ware bereits zum Zeitpunkt der Zahlung, also mit Übergabe des Schecks, auf den Käufer übergeht; diese Rechtsfolge beschränkt sich aber auf den Eigentumsübergang an der Kaufsache. Hinsichtlich der Gegenleistung, der Zahlungsverpflichtung, verbleibt es dagegen bei der allgemeinen Regelung des § 76 Abs. 2 ZGB, wonach die Erfüllung und damit der Übergang der Verfügungsbefugnis über den Geldbetrag erst mit der Gutschrift auf dem Konto des Gläubigers eintritt (vgl. NJ 1976, 625).

Entgegen der Ansicht der Klägerin hat diese die Verfügungsmacht über den auf dem Konto der SED/PDS befindlichen Betrag auch nicht durch eine etwa in der Übergabe des Schecks liegende Abtretung der Forderung der SED/PDS gegen die Bank erlangt. Denn auch nach dem Recht der DDR erwirbt derjenige, der den Scheck vom Aussteller entgegennimmt, damit keinen unmittelbaren Zahlungsanspruch gegen das Kreditinstitut. Der Scheck ist vielmehr lediglich eine Zahlungsanweisung des Ausstellers an das Kreditinstitut, das aufgrund des Kontovertrages dem Aussteller (Kontoinhaber) gegenüber zur Einlösung des Schecks verpflichtet ist (vgl. Göhring/Posch, Lehrb. ZivilR 1981, Teil II, S. 101).

Schließlich geht auch das Argument der Klägerin fehl, der Vermögensbegriff des § 20b DDR-PartG sei bilanzmäßig zu verstehen und bilanzmäßig habe sich das Vermögen der SED/PDS schon durch die Hingabe des Schecks vermindert, da damit jedenfalls scheckrechtlich ein Anspruch in Höhe des Scheckbetrages gegen die Partei entstanden sei. Unabhängig davon, ob ein solcher Anspruch tatsächlich wirksam entstanden ist, wäre eine derartige Auslegung des § 20b DDR-PartG mit dem Sinn und Zweck der Vorschrift nicht vereinbar. Es trifft zwar zu, daß zum Altvermögen der Parteien am Stichtag 7. 10. 1989 nicht nur die aktiven Vermögenswerte, sondern auch die damals bestehenden Verbindlichkeiten zählen. Daraus kann aber für die hier entscheidende andere Frage, ob ein bestimmter Vermögenswert des am Stichtag vorhandenen Altvermögens vor dem Inkrafttreten des § 20b DDR-PartG aus dem Parteivermögen ausgeschieden ist oder nicht, nichts hergeleitet werden. Dies hängt vielmehr nicht vom

Zeitpunkt der Begründung der schuldrechtlichen Verpflichtung auf Übertragung des Vermögensgegenstandes ab, sondern allein vom Zeitpunkt der Erfüllung der Verpflichtung, d. h. hier dem Übergang der Verfügungsmacht über den Geldbetrag auf die Klägerin, der erst am 6.6.1990 stattfand. Denn es war ja gerade Zweck des Gesetzes, das vorhandene Altvermögen möglichst umfassend zu sichern und u. a auch Abflüsse aufgrund nach dem Stichtag 7.10.1989 neu eingegangener Verbindlichkeiten mit sofortiger Wirkung zu verhindern.

2. Auch wenn danach der streitige Betrag in Gestalt der Forderung gegen die Deutsche Staatsbank bei Eintritt der gesetzlichen Treuhandverwaltung am 1.6.1990 noch zum Vermögen der SED/PDS gehörte und damit der treuhänderischen Verwaltung nach § 20b Abs. 2 DDR-PartG, d.h. der alleinigen Verfügungs- und Verwaltungsbefugnis des Vorsitzenden der UKPV bzw. ab 3.10.1990 der Beklagten unterlag, ist diese nicht berechtigt, ihre treuhänderischen Rechte gegenüber der Klägerin als Dritter mit hoheitlichen Mitteln durchzusetzen. Die Berliner Verwaltungsgerichte haben in ständiger Rechtsprechung grundsätzlich nur ein hoheitliches Vorgehen der Beklagten gegenüber dem in § 20b Abs. 2 DDR-PartG genannten Adressatenkreis für zulässig gehalten und Verwaltungsakte gegenüber natürlichen oder nicht verbundenen juristischen Personen, die sich im Besitz von Parteialtvermögen befanden, als rechtswidrig angesehen (vgl. u. a. OVG Berlin, Beschluß v. 23.2.1993 – OVG 7 S 197/92 – und die in dem angefochtenen Urteil zitierten Entscheidungen des VG). Dem hat sich auch der erkennende Senat angeschlossen und die Beklagte insoweit auf die zivilrechtliche Geltendmachung der Ansprüche verwiesen (Beschluß v. 7.2.1994 – OVG 3 S 24/93). Ausnahmsweise sind nach dieser Rechtsprechung bisher nur hoheitliche Maßnahmen gegen den Geschäftsführer als Organ einer verbundenen GmbH bezüglich der Verwaltungsbefugnisse über das Gesellschaftsvermögen für zulässig gehalten worden (Senat, Beschluß v. 8.2.1995 – OVG 3 S 46/93), sowie Maßnahmen gegen Dritte, wenn diese Dritten Vermögenswerte von Parteien oder verbundenen Organisationen treuhänderisch für diese halten und wirtschaftlicher Eigentümer deshalb in Wahrheit die Partei oder verbundene Organisation ist, wie etwa bei treuhänderisch für eine Partei gehaltenen Geschäftsanteilen (Senat, Beschluß v. 29.4.1994 – OVG 3 S 2/93). Diese Ausnahmevoraussetzungen liegen im Fall der Klägerin nicht vor.

Der Senat hält auch mit Rücksicht auf die von der Beklagten angeführten Gegenargumente an dieser Auffassung fest. Die herangezogenen anderslautenden Entscheidungen des OVG des Landes Sachsen-Anhalt (Beschluß v. 11.5.1992 – OVG 3 M 46/91), des Sächsischen OVG (Beschluß v. 17.5.1993 – 1 S 65/92) und des VG Schwerin (Beschluß v. 5.8.1993 – 2 B 28/92), aus denen die Beklagte und die Beigeladene zu 1 ausgehend von einem vermögensbezogenen Verständnis der treuhänderischen Verwaltung nach dem DDR-PartG die Zulässigkeit hoheitlichen Vorgehens gegenüber Dritten herleiten, überzeugen den Senat nicht. Sie betreffen Fälle, in denen die Beklagte Bescheide gegenüber Grundstücksverwaltungsgesellschaften erlassen hatte, die – selbst nicht verbunden – mit der SED/PDS im Mai 1990 längerfristige Verwalterverträge über zum Parteivermögen gehörende Grundstücke abgeschlossen hatten. Die genannten Gerichte haben in diesen Fällen das hoheitliche Vorgehen der Beklagten, das u. a. auf Unterlassung weiterer Verwaltertätigkeit für diese Grundstücke gerichtet war, gebilligt, obwohl die zivilrechtlichen Verträge möglicherweise entgegenstünden; es widerspreche dem Sicherungszweck des § 20b DDR-PartG, wenn die Verwirklichung der treuhänderischen Verwaltung durch langfristige Verwalterverträge unterlaufen werden könne. Diese Argumentation vermengt in unzulässiger Weise die Frage, welche materiell-rechtlichen Auswirkungen die gesetzliche Treuhandverwaltung auf das im Besitz Dritter befindliche Parteialtvermögen hat, mit der Frage, in welcher Form – nämlich hoheitlich oder nicht – etwaige Ansprüche gegenüber diesen Dritten durchgesetzt werden können. Grundlage für die Zulässigkeit hoheitlichen Vorgehens ist allein das gesetzlich angeordnete öffentlich-rechtliche Treuhandverhältnis zwischen der Beklagten einerseits und dem in § 20 b DDR-PartG genannten Adressatenkreis andererseits, das hoheitlich ausgestaltet ist und deshalb auch hoheitliche Maßnahmen gegenüber den genannten Adressaten legitimiert. Dritten gegenüber fehlt es dagegen grundsätzlich an einem derartigen auf Über- und Unterordnung beruhenden Sonderrechtsverhältnis. Diesen gegenüber hat die kraft Gesetzes eintretende treuhänderische Verwaltung „nur" privatrechtliche Auswirkungen, indem z. B. den Adressaten des § 20b DDR-PartG ab Inkrafttreten der Regelung am 1.6.1990 nach Abs. 2 die Verfügungsbefugnis hinsichtlich des Parteialtvermögens entzogen und nach Abs. 1 ein absolutes Veräußerungsverbot hinsichtlich des Alt- und Neuvermögens angeordnet wird. Andernfalls hätte der Gesetzgeber für das Parteialtvermögen nicht die Form einer Treuhandverwaltung wählen, sondern eine Beschlagnahme oder ähnliches aussprechen müssen. Gerade die vom Gesetz vorgesehenen einschneidenden zivilrechtlichen Auswirkungen der Treuhandverwaltung zeigen, daß der Gesetzgeber nicht von einem hoheitlichen Verfolgungsrecht bei Weggabe von Gegenständen des Parteialtvermögens an Dritte ausgegangen ist. Entgegen der Ansicht der Beigeladenen zu 1 kann auch aus § 20a Abs. 4 DDR-PartG, der ein umfangreiches strafprozessuales Instrumentarium auch gegenüber Dritten einräumt, nichts für die Zulässigkeit hoheitlichen Vorgehens gegen Dritte im Rahmen des § 20b DDR-PartG hergeleitet werden. Vielmehr deutet gerade die Regelung in § 20a Abs. 4 DDR-PartG darauf hin, daß der Gesetzgeber die Problematik der Weitergabe von Parteivermögen an Dritte erkannt hat und gleichwohl durch § 20b DDR-PartG – abweichend von § 20a Abs. 4 DDR-PartG – nur hoheitliche Befugnisse gegenüber den Parteien und ihnen verbundenen Organisationen, juristischen Personen oder Massenorganisationen, nicht aber gegenüber Dritten einräumen

Spende aus SED/PDS-Vermögen 451

wollte. Diese Auslegung führt auch nicht dazu, daß der Sicherungszweck des § 20 b DDR-PartG leerläuft. Denn die Kombination von Entziehung der Verfügungsbefugnis und Veräußerungsverbot stellt durchaus eine geeignete Sicherung des Parteialtvermögens dar, wie sie in ähnlicher Weise z. B. auch im Konkursverfahren gesetzlich vorgesehen ist (vgl. §§ 6 und 7 KO).

B. Obwohl der angefochtene Bescheid danach rechtswidrig ist, kann die Klägerin von der Beklagten entgegen der Auffassung des Verwaltungsgerichts nicht die Auszahlung des streitigen Betrages von 37,5 Mio. DM nebst Zinsen im Wege der Folgenbeseitigung verlangen. Denn dieser Betrag steht nach der materiellen Rechtslage, zu deren Prüfung auch unter zivilrechtlichen Gesichtspunkten der Senat gem. § 17 Abs. 2 S. 1 GVG befugt ist, der Beklagten als treuhänderische Verwalterin des Parteialtvermögens der SED/PDS und nicht der Klägerin zu. Ob dies dazu führt, daß bereits die Anspruchsvoraussetzungen eines Folgenbeseitigungsanspruchs zu verneinen sind, weil es an einem durch den Vollzug des rechtswidrigen Verwaltungsakts geschaffenen materiell rechtswidrigen Zustand fehlt (vgl. BVerwGE 94, 104; 82, 76 [95]), oder ob auf den Einwand der unzulässigen Rechtsausübung abzustellen ist, der den Anspruch auf Folgenbeseitigung ausschließt, wenn der Zustand, dessen Beseitigung begehrt wird, nach materiellem Recht sogleich wiederhergestellt werden müßte (zur Anwendbarkeit auf den Folgenbeseitigungsanspruch allgemein BVerwGE 80, 178), kann dabei dahinstehen. Denn jedenfalls kann die Klägerin im Ergebnis mit ihrem Anspruch nicht durchdringen, weil ihr nach materiellem Recht unter keinem denkbaren Gesichtspunkt ein Anspruch auf den streitigen Betrag aus dem Parteialtvermögen oder ein Recht zum Behaltendürfen desselben zusteht. Vielmehr könnte die Beklagte den Betrag im Falle seiner Auszahlung sogleich von der Klägerin zurückverlangen, weil diese ihn erlangt hat, ohne darauf einen Anspruch zu haben (§§ 69 Abs. 1, 356 Abs. 1 S. 1 ZGB).

Ein Anspruch der Klägerin ergibt sich insbesondere nicht aus dem der Spende zugrundeliegenden Schenkungsvertrag zwischen ihr und der SED/PDS. Dabei kann dahinstehen, ob man als Gegenstand der Schenkung den auf dem Konto der SED/PDS befindlichen Geldbetrag oder den Scheck selbst, d. h. die in ihm verbriefte Forderung, ansieht. Denn in beiden Fällen kann die Klägerin aus der Schenkung keinen Anspruch auf den streitigen Betrag des Parteialtvermögens herleiten.

Geht man davon aus, daß Schenkungsgegenstand der Geldbetrag als solcher war, so ist diese Schenkung wegen fehlender Zustimmung nach § 20 b Abs. 1 DDR-PartG i.V. m. § 68 Abs. 1 Nr. 4 ZGB nichtig. Nach dem hier anzuwendenden Recht der DDR (vgl. Art. 232 § 1 EGBGB) ist die Schenkung nach § 282 ZGB – ebenso wie das Darlehen nach § 244 ZGB – als Realvertrag ausgestaltet. Sie kommt erst mit der tatsächlichen Zuwendung des Schenkungsgegenstandes und der Annahme der Zuwendung des Schenkungsgegenstandes und der Annahme der Zuwendung, also mit dem Vollzug der Schenkung, zustande (Komm. zum ZGB, aaO, S. 333; Göhring/Posch, aaO, Teil II, S. 163). Die Schenkung eines Geldbetrages ist danach ebenso wie beim Darlehen erst mit dem Eintritt der Erfüllungswirkung vollzogen, die im Falle der Zahlung durch Scheck nicht bereits mit der Übergabe des Schecks, sondern gem. § 76 Abs. 2 ZGB erst nach dessen Einlösung mit der Gutschrift des Betrages auf dem Konto des Beschenkten eintritt (vgl. ausdrücklich zum Darlehensvertrag Göhring/Posch, aaO, Teil II, S. 117). Daraus folgt für den vorliegenden Fall, daß die Schenkung nicht mit der Übergabe der Schecks vor dem Inkrafttreten des § 20 b DDR-PartG vollzogen worden ist, sondern erst mit der Gutschrift am 6. 6. 1990. Zu diesem Zeitpunkt war aber die SED/PDS nach § 20 b Abs. 2 DDR-PartG nicht mehr befugt, über den unstreitig zum Altvermögen gehörenden Betrag zu verfügen; darüber hinaus war jegliche Vermögensveränderung durch sie auch hinsichtlich des Neuvermögens nach § 20 b Abs. 1 DDR-PartG zustimmungspflichtig. Dies gilt auch für diejenigen Vermögensveränderungen, die aufgrund zuvor erteilter Anweisung der SED/PDS – hier durch Ausstellung eines Schecks – von Dritten – hier der Bank – ausgeführt wurden, da insoweit das Handeln der angewiesenen Bank der SED/PDS zuzurechnen ist. Die Schenkung konnte deshalb ohne Zustimmung nach § 20 b Abs. 1 DDR-PartG nach dem 1. 6. 1990 nicht mehr wirksam vollzogen werden und war nach § 68 Abs. 1 Nr. 4 ZGB nichtig. Dies entspricht auch der zu dieser Frage ergangenen einhelligen Rechtsprechung der Zivilgerichte (zur Schenkung mittels Schecks: KG, VIZ 1995, 611; zum Darlehen mittels Schecks: OLG Naumburg, Urteil v. 14. 10. 1994 – 6 U 106/94, bestätigt durch BGH, VIZ 1996, 85). Auf die weitere Frage, ob die Schenkung auch noch gegen ein in Rechtsvorschriften enthaltenes Verbot (§ 68 Abs. 1 Nr. 1, ZGB i. V. m. § 20 b Abs. 2 DDR-PartG oder §§ 18 Abs. 1 und Abs. 4, 19 Abs. 1 ZGB) oder gegen die Grundsätze der sozialistischen Moral (§ 68 Abs. 1 Nr. 2 ZGB) verstieß, braucht daher nicht mehr eingegangen zu werden.

Soweit die Klägerin meint, Gegenstand der Schenkung sei nicht der Geldbetrag, sondern der Scheck selbst bzw. die in ihm verbriefte Forderung gewesen und deshalb liege in der Übergabe des Schecks schon der Vollzug der Schenkung, der von dem späteren Inkrafttreten des § 20b DDR-PartG nicht mehr berührt werde, ist schon zweifelhaft, ob der erkennbare Wille der Vertragspartner überhaupt eine solche Auslegung zuläßt. Jedenfalls wäre aber auch bei dieser Auslegung die Rechtslage hinsichtlich des streitigen Betrages aus dem Parteialtvermögen nicht anders zu beurteilen. Daß in der Übergabe des Schecks auch nach dem Recht der DDR nicht die Abtretung der Forderung gegen die bezogene Bank lag, ist bereits oben unter A. II. 1. ausgeführt worden. Es könnte sich bei dem Schenkungsgegenstand daher nur um die in dem Scheck verbriefte Forderung gegen den Scheckaussteller handeln, im Falle der Nichtauszahlung des Schecks in Höhe der Schecksumme zu haften. Die Schenkung dieses Schuldversprechens wäre aber schon deshalb unwirksam, weil es in Wahrheit ein Schenkungsversprechen darstellt, aus dem nach § 282 Abs. 3 ZGB keine Ansprüche hergeleitet werden können (vgl. zu der mit Fällen nach dem BGB, in denen das Schenkungsversprechen nicht notariell beurkundet wurde, vergleichbaren Rechtslage im einzelnen BGHZ 64, 340 [341 f.]). Im übrigen würde sich, selbst wenn man zugunsten der Klägerin eine wirksame Schenkung des Schecks bzw. der in ihm verbrieften Forderung unterstellt, daraus allenfalls ein schuldrechtlicher Anspruch gegen die PDS auf Erfüllung der Scheckverpflichtung ergeben, der nicht aus dem Altvermögen und damit aus der von der Beklagten treuhänderisch verwalteten Vermögensmasse, sondern allenfalls aus dem Neuvermögen zu befriedigen wäre. Denn für nach dem 7.10.1989 eingegangene Verbindlichkeiten, sog. Neuverbindlichkeiten, haftet das Altvermögen grundsätzlich nicht (OVG Berlin, DVBl. 1992, 280 [284]). Ob etwas anderes ausnahmsweise für unumgängliche Erhaltungsaufwendungen oder vergleichbare Verbindlichkeiten zur Sicherung des Altvermögens gilt, kann hier dahinstehen, da es sich um eine solche Verbindlichkeit bei der schenkweisen Hingabe eines Schecks ersichtlich nicht handelt. Aus den gleichen Gründen kann die Klägerin auch aus dem scheckrechtlichen Schuldversprechen der SED/PDS als solchem keinen Anspruch auf Zahlung aus dem Parteialtvermögen herleiten.

92

Nimmt die Ehefrau eines ev. Pfarrers aus dessen beruflichem Aufgabenfeld Funktionen wahr, die sonst regelmäßig ehrenamtlich von Dritten übernommen werden, liegt insoweit ein Ehegatten-Unterarbeitsverhältnis nicht vor.

§ 9 Abs. 1 Satz 1 EStG
BFH, Urteil vom 22. November 1996 – VI R 20/94[1] –

Der Kläger und Revisionskläger, ein ev. Pfarrer, war ab Mitte 1987 in W. nichtselbständig tätig. Aufgrund eines 1980 schriftlich abgeschlossenen Ehegatten-Arbeitsvertrages sollte die Ehefrau gegen ein monatliches Bruttogehalt von 250 DM den Kläger im Bereich der Jugend-, Alten- und Gemeindearbeit, bei Besuchen und Telefondienst unterstützen. Im Streitjahr 1988 wurden monatlich 250 DM auf das Sparkonto der Ehefrau des Klägers überwiesen und die pauschal ermittelte Lohnsteuer beim Beklagten und Revisionsbeklagten (Finanzamt) angemeldet.

---

[1] BFHE 181, 486; HFR 1997, 228.

Das Finanzamt lehnte es im Rahmen der Einkommensteuerveranlagung ab, bei den Einkünften des Klägers aus nichtselbständiger Arbeit die als Werbungskosten in Höhe von 3 000 DM geltend gemachten Aufwendungen zu berücksichtigen. Die hiergegen erhobene Klage hatte keinen Erfolg. Mit der Revision rügt der Kläger sinngemäß die Verletzung von § 9 Abs. 1 S. 1 EStG und beantragt, unter Aufhebung der Vorentscheidungen die Einkommensteuer herabzusetzen. Die Revision war erfolglos.

Aus den Gründen:

Die Revision ist nicht begründet. Das Finanzgericht hat im Ergebnis zutreffend entschieden, daß die monatlichen Zahlungen des Klägers an seine Ehefrau keine Werbungskosten im Zusammenhang mit seinen Einkünften aus nichtselbständiger Arbeit darstellen.

1. Es entspricht gefestigter höchstrichterlicher Rechtsprechung, daß Arbeitsvergütungen für betrieblich veranlaßte Leistungen, die ein Selbständiger an nahe Angehörige, insbesondere seinen Ehegatten, zahlt, gemäß § 4 Abs. 4 EStG als Betriebsausgaben abgezogen werden können, wenn die Aufwendungen auf klaren und eindeutigen Vereinbarungen beruhen, die nach Inhalt und Durchführung dem zwischen Fremden Üblichen entsprechen. Dabei eignen sich gelegentliche und geringfügige Hilfeleistungen im häuslichen Bereich, die üblicherweise auf familienrechtlicher Grundlage erbracht werden, nicht als Inhalt eines mit einem Dritten zu begründenden Arbeitsverhältnisses; hierüber mit Angehörigen geschlossene Verträge können deshalb steuerlich keine Anerkennung beanspruchen (BFH, Urteile v. 9. 12. 1993 – IV R 14/92 – BFHE 173, 140, BStBl. II 1994, 298; v. 25. 1. 1989 – X R 168/87 – BFHE 156, 134, BStBl. II 1989, 453; v. 17. 3. 1988 – IV R 188/85 – BFHE 153, 177, BStBl. II 1988, 632 und v. 27. 10. 1978 – VI R 166, 173, 174/76 – BFHE 126, 285, BStBl. II 1979, 80).

Der Senat braucht nicht abschließend zu entscheiden, unter welchen Voraussetzungen gemäß § 9 Abs. 1 S. 1 EStG ein entsprechender Werbungskostenabzug in Betracht kommt, wenn ein Arbeitnehmer Arbeitsleistungen, die auch im Zusammenhang mit seinem Dienstverhältnis anfallen, durch nahe Angehörige erbringen läßt und vergütet. Jedenfalls kommt ein Werbungskostenabzug für solche Vergütungen nicht in Betracht, die unter sonst gleichen Umständen vom Arbeitnehmer mit fremden Dritten nicht vereinbart würden und insofern als unüblich anzusehen sind. Letzteres ist der Fall, wenn das Tätigkeitsgebiet, das zum Gegenstand eines Ehegatten-Unterarbeitsverhältnisses gemacht wird, regelmäßig von ehrenamtlichen Kräften unentgeltlich betreut wird. Dem steht nicht entgegen, daß der Kläger neben anderen Aufgaben auch für die hier zu beurteilende selbst entgeltlich tätig wird und daß sein Arbeitgeber ggf. – wenn dies zur Entlastung des Klägers oder sonst zu einer aus Sicht des Arbeitgebers hinreichenden Aufgabenerfüllung erforderlich sein sollte – weitere Personen anstellen könnte. Denn ein Arbeitnehmer pflegt, wie das Finanzgericht zutreffend ausgeführt hat, für Aufgaben, zu deren Erledigung er angesichts anderer beruflicher Verpflichtungen nicht in der Lage ist und deren Bewältigung in erster Linie Sache seines Arbeitgebers ist, fremde Arbeitskräfte nicht einzustellen und von seinem Gehalt zu entlohnen.

2. In Anwendung dieser Grundsätze war im Streitfall ein Ehegatten-Arbeitsverhältnis nicht anzuerkennen. Der Telefondienst und Tätigkeiten im Zusammenhang mit Besuch im Pfarrhaus, der den Kläger aus dessen beruflichen Gründen aufsucht, gehören zu den gelegentlichen und geringfügigen Hilfeleistungen im häuslichen Bereich, die sich nicht als Inhalt eines steuerlich beachtlichen Ehegatten-Arbeitsverhältnisses eignen. Die Jugend-, Alten- und Gemeindearbeit wird, was zwischen den Beteiligten unstreitig ist, ehrenamtlich unentgeltlich geleistet, sofern sie nicht – wie beim Kläger selbst – im Rahmen eines Arbeitsverhältnisses mit einer kirchlichen Stelle erfolgt. Für den Kläger bestand keine Veranlassung, über die seinem Arbeitgeber geschuldeten Tätigkeiten hinaus auf seine Kosten für Dienstleistungen Dritter zu sorgen, die sonst ehrenamtlich erbracht werden, sofern nicht sein Arbeitgeber oder eine andere kirchliche Stelle ihre entgeltliche Erledigung für erforderlich halten.

93

Zum Antrag eines Berufsschullehrers gem. § 123 VwGO auf Entfernung von Kreuzen aus Schulräumen, in denen er unterrichtet.

Art. 4 Abs. 1 GG, 131 Abs. 2 BV, 1 Abs. 1, 7 Abs. 3 EUG
BayVGH, Beschluß vom 26. November 1996 – 3 CE 96.1926[1] –

Der Antragsteller ist seit 1979 Berufsschullehrer im Dienst des Antragsgegners (Freistaat Bayern). Er ist seit 1967 ohne religiöses Bekenntnis. Mit Schreiben vom 13. 9. 1995 wandte er sich gegen die Anbringung von Kruzifixen in den für ihn bereitgestellten Schulräumen.

Der Antrag wurde abgelehnt. Hiergegen legte der Antragsteller Widerspruch ein. Am 20. 3. 1996 hat er Klage erhoben mit dem Antrag festzustellen, daß er nicht in Klassenräumen unterrichten müsse, in denen ein Kreuz angebracht sei.

---

[1] BayVBl. 1997, 116; NVwZ 1998, 92; AkKR 165 (1996), 588. Nur LS: KuR 1997, 133. Vgl. zu diesem Fragenkreis auch BVerfG NVwZ 1998,156; BVerfG BayVBl. 1998, 79; BayVerfGH NJW 1997, 3157; BayVGH NJW 1999, 1045.

Gleichzeitig beantragte er gemäß § 123 VwGO festzustellen, daß er bis zur Entscheidung nur in Räumen unterrichten müsse, in denen kein Kreuz hänge. Das Verwaltungsgericht hat den Antrag abgelehnt. Mit der Beschwerde verfolgte der Antragsteller sein Begehren weiter.
Die Beschwerde hatte keinen Erfolg.

Aus den Gründen:

Der Antragsteller hat seinen Antrag auf Gewährung vorläufigen Rechtsschutzes allein gegen den Freistaat Bayern gerichtet. Soweit der Antragsteller an die kommunale Technikerschule abgeordnet ist und in deren Räumen Unterricht erteilt, untersteht er der Organisationsgewalt des Dienstherrn, zu dem er abgeordnet ist, also der des Landkreises. Die Ausstattung einzelner Klassenzimmer mit einem Kreuz liegt in dessen Verantwortungsbereich. Da der Landkreis nicht Verfahrensbeteiligter ist, geht der Antrag des Antragstellers gemäß § 123 VwGO hinsichtlich dieser Räume ins Leere. Der Antragsgegner hat nur für die Ausgestaltung der Unterrichtsräume der Staatlichen Berufsschule einzustehen.

Der Antragsteller hat seinen Antrag vom 19. 3. 1986 nicht den geänderten Verhältnissen des neuen Schuljahrs angepaßt. Erkennbar zielt das Begehren des Antragstellers jedoch sinngemäß darauf ab, ihm einen Unterricht in Räumen, die nicht mit einem Kreuz ausgestattet sind, zu ermöglichen, wobei die „oder"-Formulierung seines Antrags erkennen läßt, daß er die Art und Weise, wie sein Einsatz in Unterrichtsräumen ohne Kreuz organisiert wird, letztlich in das Ermessen des Antragsgegners stellt. Gemäß § 122 Abs. 1 i. V. m. § 88 VwGO ist der Antrag deshalb dahingehend auszulegen, den Antragsgegner gemäß § 123 VwGO bis zu einer Entscheidung im Hauptsacheverfahren zu verpflichten, den Antragsteller nur in Klassenräumen einzusetzen, in denen kein Kreuz und kein Kruzifix angebracht ist.

Der Antrag bleibt ohne Erfolg.

Nach seinem eigenen Vortrag wurde dem Antragsteller vorgeschlagen, die ihn störenden Kreuze selbst abzuhängen, wobei dies stillschweigend geduldet würde. Damit fehlt dem Antragsbegehren bereits das erforderliche Rechtsschutzbedürfnis. Der Antragsteller hat nach Lage der Dinge anscheinend selbst die Möglichkeit, das Kreuz in dem jeweiligen von ihm benutzten Unterrichtsraum abzuhängen, und sich dadurch dem von ihm empfundenen Zwang, „unter dem Kreuz" zu lehren, zu entziehen. Unter diesen Umständen bedarf er im Verfahren des vorläufigen Rechtsschutzes gerichtlicher Hilfe zur Durchsetzung seines Anliegens nicht. Denn es erscheint vorliegend zumutbar, daß der Antragsteller selbst aktiv werden muß, wenn er das jeweilige Kreuz entfernt haben will. Nimmt er die negative Religionsfreiheit – für Dritte sichtbar – derart in

Anspruch, ist er zwar gezwungen, hierdurch seine persönliche Einstellung in Ansätzen zu offenbaren. Solches läßt sich jedoch im Zuge der Konfliktlösung nie ganz vermeiden und ist deshalb hinzunehmen. Die Situation wäre nicht wesentlich anders, wenn sein Dienstherr auf seinen Antrag hin das Kreuz aus dem Unterrichtsraum entfernen lassen würde.

Selbst wenn dem Antragsteller das erforderliche Rechtsschutzinteresse zur Seite stünde, hätte er vorliegend keinen Anordnungsanspruch glaubhaft gemacht.

Die Verpflichtung des Antragstellers, in Räumen der Staatlichen Berufsschule, die mit Kreuzen oder Kruzifixen ausgestattet sind, Unterricht zu halten, ist rechtlich als Organisationsakt des Dienstherrn zu qualifizieren. Nach der ständigen Rechtsprechung des Senats zu Organisationsverfügungen (wie z. B. zu Umsetzungen oder zu der Anordnung der Folgepflicht bei Behördenverlegungen) muß der Beamte solche Entscheidungen seines Dienstherrn dann, wenn die Aussichten des Hauptsacheverfahrens offen sind, regelmäßig vorläufig hinnehmen (vgl. Beschluß v. 6. 9. 1996, Az. 3 CE 96.503; v. 9. 5. 1996, Az. 3 CE 96.506; v. 2. 6. 1995, Az. 3 CE 95.171/3 CS 95.172). Unzumutbar wäre ein solches Ansinnen für den Beamten grundsätzlich nur dann, wenn sich schon bei summarischer Prüfung die offensichtliche Rechtswidrigkeit der angegriffenen Maßnahme ergäbe. Davon kann vorliegend nicht ausgegangen werden. Vielmehr sind die Erfolgsaussichten des Antragstellers im Hauptsacheverfahren allenfalls als offen einzuschätzen.

Nach dem Beschluß des Bundesverfassungsgerichts vom 16. 5. 1995[2] (1 BvR 1087/91, NJW 1995, 2477) verstößt die Anbringung eines Kreuzes oder Kruzifixes in den Unterrichtsräumen einer staatlichen Pflichtschule, die keine Bekenntnisschule ist, gegen Art. 4 Abs. 1 GG. Das Bundesverfassungsgericht hat dabei maßgeblich darauf abgestellt, daß für den Nichtchristen oder Atheisten das Kreuz „gerade wegen der Bedeutung, die ihm das Christentum beilegt und die es in der Geschichte gehabt hat, zum sinnbildlichen Ausdruck bestimmter Glaubensüberzeugungen und zum Symbol ihrer missionarischen Ausbreitung" wird.

Die vorliegende Fallgestaltung unterscheidet sich in mehrfacher Hinsicht von der vom Bundesverfassungsgericht entschiedenen. Es geht nicht um die Anbringung von Kreuzen in Volksschulen und auch nicht um deren Einwirkung auf Schüler, „die aufgrund ihrer Jugend in ihren Anschauungen noch nicht gefestigt sind, Kritikvermögen und Ausbildung eigener Standpunkte erst erlernen sollen und daher einer mentalen Beeinflussung besonders leicht zugänglich sind" (aaO, S. 2479). Vielmehr beruft sich im vorliegenden Fall ein Lehrer auf Art. 4 Abs. 1 GG.

---

[2] KirchE 33, 191.

Nach der Entscheidung des Bundesverfassungsgerichts hat der bayerische Gesetzgeber im Rahmen seiner Zuständigkeit für das Schulrecht sein Verständnis von der Bedeutung von Kreuzen, die in Schulräumen von Volksschulen angebracht sind, in Art. 7 Abs. 3 EUG klargestellt. Diese Gesetzesänderung hatte ausweislich der Begründung zum Gesetzentwurf (LT-Drucks. 13/2947) insbesondere den Zweck, die bisherigen Regelungen gerade in Ansehung der o. g. Entscheidung des Bundesverfassungsgerichts auf eine neue, verfassungsrechtlich tragfähige Grundlage zu stellen.

Diese Regelung ist, obwohl der Antragsteller an einer Berufsschule unterrichtet, auch für den vorliegenden Fall von Bedeutung. Art. 7 Abs. 3 EUG schließt im Hinblick auf die in Art. 131 Abs. 2 BV und in Art. 1 Abs. 1 Satz 3 EUG festgelegten obersten Bildungsziele (Ehrfurcht vor Gott, Achtung vor religiöser Überzeugung), die für alle in Art. 6 EUG genannten Schularten, also auch für Berufsschulen, gelten, nicht aus, daß auch dort Kreuze in den Klassenzimmern – gestützt auf die Organisationsgewalt des Dienstherrn – angebracht werden können. Werden solche Unterrichtsräume mit Kreuzen ausgestattet, so ist – da innerhalb desselben Gesetzes dieselbe Bedeutung eines Begriffs zugrundezulegen ist – davon auszugehen, daß auch in diesem Fall die Anbringung der Kreuze in erster Linie Ausdruck der „geschichtlichen und kulturellen Prägung Bayerns" (Art. 7 Abs. 3 S. 1 EUG) ist (vgl. Begründung des Gesetzentwurfs, LT-Drucks. 13/2947, zu § 1 Nr. 1 Buchst. a, S. 1).

Ob der bayerische Gesetzgeber die Bedeutung des Kreuzes im Klassenraum so definieren durfte oder ob dies durch die Bindungswirkung der Entscheidung des Bundesverfassungsgerichts ausgeschlossen war, bedarf sorgfältiger Prüfung in einem Hauptsacheverfahren und kann nicht im Rahmen der in einem Eilverfahren gebotenen summarischen Prüfung entschieden werden. Die verfassungsrechtliche Tragfähigkeit der Neuregelung in Art. 7 Abs. 3 EUG wird beispielsweise bejaht von Heckel, Das Kreuz im öffentlichen Raum, DVBl. 1996, 453 [481], Fn 140 sowie im Gutachten von Badura v. 4. 9. 1995 (insoweit zitiert in der LT-Drucks. 13/2947 unter Nr. 3 b), dagegen verneint von Detterbeck, Gelten Entscheidungen des Bundesverfassungsgerichts auch in Bayern?, NJW 1996, 426 [432] (zur Problematik s. auch Lamprecht, Verführung zum Rechts-Ungehorsam, NJW 1996, 971 [973] sowie Renck, Positive und negative Bekenntnisfreiheit und Glaubens- oder Rechtsstaat, ZRP 1996, 205 f.). Auch in Ansehung der unterschiedlichen Beurteilung in der Literatur liegt es nahe, die Neuregelung jedenfalls nicht als offenkundig rechtswidrig anzusehen und somit bei der Abwägung der im Widerstreit stehenden Interessen im Rahmen der summarischen Prüfung im Verfahren des vorläufigen Rechtsschutzes die Wirksamkeit des Art. 7 Abs. 3 EUG zu unterstellen.

Hinzu kommt, daß im Verfahren des vorläufigen Rechtsschutzes auch die rechtliche Klärung des Spannungsverhältnisses zwischen der negativen Bekenntnisfreiheit des Antragstellers einerseits und der sich aus dem Dienst- und Treueverhältnis des Beamten gegenüber seinem Dienstherrn ergebenden besonderen Dienstpflichten andererseits offenbleiben muß.

Vor diesem Hintergrund kann die Verpflichtung des Antragstellers, in mit einem Kreuz oder Kruzifix ausgestatteten Räumen der Staatlichen Berufsschule Unterricht zu halten, jedenfalls nicht wegen offenkundiger Rechtswidrigkeit als schon vorläufig unzumutbar angesehen werden.

Für die Interessenabwägung ist auch maßgebend, daß der Antragsteller als Beamter die der Anbringung von Kreuzen in Schulräumen vom bayerischen Gesetzgeber in Art. 7 Abs. 3 EUG gegebene Bedeutung zumindest zu berücksichtigen und zur Kenntnis zu nehmen hat. Außerdem hatte der Antragsteller bis zu dem Beschluß des Bundesverfassungsgerichts vom 16. 5. 1995 schon viele Jahre „unter dem Kreuz" gelehrt und das bis dahin nicht als unzumutbar empfunden. Zu einer Neubewertung war er erst gelangt, als er vor dem Hintergrund dieser Entscheidung Schulräume mit Kreuz als „nicht verfassungsgemäß" erkannt hatte. Von daher sollte es dem Antragsteller wegen der in Reaktion auf die Entscheidung des Bundesverfassungsgerichts erfolgten Neuregelung dieser Materie durch Art. 7 Abs. 3 EUG möglich sein, jedenfalls vorläufig mit dem Kreuz im Klassenraum wiederum „seinen Frieden" zu machen.

Unter den gegebenen Umständen ist es ihm jedenfalls zuzumuten, bis zur Entscheidung im Hauptsacheverfahren weiterhin in Klassenräumen zu unterrichten, in denen ein Kreuz angebracht ist.

94

Die allgemeinen Ordnungsbehörden sind berechtigt, die Aufführung eines Theaterstücks zu untersagen, mit dem das religiöse Bekenntnis anderer in einer Weise beschimpft wird, die geeignet ist, den öffentlichen Frieden zu stören.

Eine derartige Beschimpfung ist auch unter Berücksichtigung der Kunstfreiheit gegeben, wenn Glaubensvorstellungen, die anderen heilig sind, in besonders schwerwiegender Weise verächtlich gemacht und in den Schmutz gezogen werden (hier: „Das Maria-Syndrom").

Art. 5 Abs. 3 Satz 1 GG; §§ 166 StGB, 9 Abs. 1 POG. RhPf
OVG Rheinland-Pfalz, Urteil vom 2. Dezember 1996 – 11 A 11503/96[1] –

---

[1] Amtl. Leitsätze. NJW 1997, 1174. Nur LS: NVwZ 1997, 593; KuR 1997, 200; AkKR 165 (1996), 600. Das Urteil ist rechtskräftig. Die Nichtzulassungsbeschwerde des Klägers wurde zurückgewiesen; BVerwG, Beschluß v. 11. 12. 1997 – 1 B 60.97 – NJW 1999, 304.

Der Kläger beabsichtigte, am 28., 29. 5. und 1. 6. 1994 in seinen Räumen das Rock-Comical „Das Maria-Syndrom" des Beigeladenen aufzuführen. In der Zeitung wurde die Handlung wie folgt zusammengefaßt:

„Im ersten Akt ärgert sich John über ermüdende Tischgespräche, über Rosa Blümchen Kacheln und seine Kusine Ann-Marie, die ausgerechnet in dem Moment, in dem er kommt und seinen Saft auf den Klobrillenrand verspritzt, unbedingt die Toilette aufsuchen muß.

Allein die Vorstellung, daß sich Ann-Maries keusch-klerikaler Novizinnen-Arsch in seinen noch warmen Liebessaft setzen könnte, vermag seine miese Laune letztlich noch etwas aufzuheitern.

Neun Monate später (im zweiten Akt) ist der Psychoanalytiker Henry Boys höchst erstaunt: Nicht nur, daß die hochschwangere Frau, die ihm gegenübersitzt, gerade vor 6 Monaten ihr Gelübde abgelegt hat, sie behauptet auch jetzt noch steif und fest, niemals einen Mann geküßt, geschweige denn sexuell mit einem Mann verkehrt zu haben. Boys glaubt, daß die sexualfeindlich erzogene Frau vergewaltigt wurde, dieses Erlebnis aber ihrem Selbstbild so völlig widersprach, daß ihr Ich die ganze Situation einfach negieren müßte, um weiterhin stabil existieren zu können.

Boys tauft die vermeintlich vorliegende Psychopathologie nach einem bekannten historischen Vorbild. Die verzweifelte Ann-Marie deutet die Diagnose „Maria-Syndrom" jedoch völlig falsch. In irrsinniger Ekstase wirft sie sich auf den Boden und betet sieben Mal das Pater noster.

Dann setzen die Wehen ein.

Dreißig Jahre später (im dritten Akt) steht der als Messias verehrte, große Gelehrte Me-ti (er wurde von seiner Mutter in dem Bewußtsein erzogen, daß er von Gott dazu bestimmt sei, die Menschheit von ihren Leiden zu erlösen) zunächst vor epistemologischen Barrieren und dann später – auf der Flucht vor seinen bigotten Anhängern – vor einem gigantischen, mit Widerhaken bestückten Dildo, welcher Cousin John gehört, der es mittlerweile zum stolzen Besitzer von „Samantha's Sex-Shop" gebracht hat.

Nach einigem Hin und Her klärt sich die Mär von Me-ti's unbefleckter Empfängnis sehr profan auf, was zur Folge hat, daß John reich und Ann-Marie wahnsinnig wird. Me-ti, auf den anschließend niemand mehr hören möchte, zieht sich in den Himalaja zurück, wo er sein Leben und seine Stellung zur Welt neu überdenken möchte, was ihm allerdings nicht so recht gelingen mag, denn bittere Spottgesänge quälen ihn auch dort. Mitten in einem fürchterlichen, selbstzerfleischenden Wahnsinnsanfall erscheint ihm Gott – in Gestalt einer geheimnisvoll illuminierten Toilettenbrille. Und endlich weiß Me-ti Rat, wie es ihm noch gelingen könnte, seine Mission zu erfüllen.

Im Epilog erfahren wir, a) daß Me-ti aus der Emigration zurückgekehrt ist und eine Sanitärfirma gegründet hat, b) daß er bei seinen Angestellten außerordentlich beliebt ist, c) daß er sich auf frisch installierten Damentoiletten einschließt, um dort religiöse Rituale unbekannter Herkunft zu pflegen, d) daß er dabei das Gleichnis vom Sämann zitiert und sich sein Lächeln mild in einem Meer von Rosa Blümchen Kacheln widerspiegelt."

Mit Ordnungsverfügung vom 27. 5. 1994 untersagte die beklagte Stadt die öffentliche Aufführung des Rock-Comicals „Das Maria-Syndrom", da die Gefahr bestehe, daß mit dessen Darbietung eine tatbestandsmäßige Handlung i. S. des § 166 Abs. 1 u. 2 StGB begangen werde. Die Beklagte ordnete gleichzeitig die sofortige Vollziehung der Verfügung an. Den Antrag auf Gewährung vorläufigen Rechtsschutzes lehnte das Verwaltungsgericht ab; die dagegen eingelegte Beschwerde blieb erfolglos.

Mit der Klage begehrt der Kläger die Feststellung der Rechtswidrigkeit der Ordnungsverfügung der Beklagten.

Das Verwaltungsgericht hat die Klage abgewiesen. Die Berufung war erfolglos.

Aus den Gründen:

Die Berufung des Klägers ist unbegründet. Das Verwaltungsgericht hat seine Klage zu Recht abgewiesen. Die Klage, mit der die Feststellung der Rechtswidrigkeit der Ordnungsverfügung der Beklagten begehrt wird, ist als Fortsetzungsfeststellungsklage entsprechend § 113 Abs. 1 S. 4 VwGO im Hinblick auf die Wiederholungsgefahr bei beabsichtigter erneuter Theateraufführung zulässig. Die Klage ist jedoch unbegründet.

Die Ordnungsverfügung der Beklagten, mit der dem Kläger die öffentliche Aufführung des Rock-Comicals *„Das Maria-Syndrom"* im Frühjahr 1994 untersagt wurde, war rechtmäßig. Die Beklagte war nach § 9 Abs. 1 S. 1 POG. RhPf zum Aufführungsverbot berechtigt, um eine Gefahr für die öffentliche Sicherheit durch eine drohende strafbare Handlung nach § 166 Abs. 1 StGB abzuwehren. Danach wird mit Freiheitsstrafe bis zu drei Jahren oder mit Geldstrafe bestraft, wer öffentlich den Inhalt des religiösen Bekenntnisses anderer in einer Weise beschimpft, die geeignet ist, den öffentlichen Frieden zu stören. Die tatbestandlichen Voraussetzungen wären mit der Aufführung des *„Maria-Syndroms"* erfüllt worden. Auch wenn man davon ausgeht, daß das vom Beigeladenen verfaßte Rock-Comical Kunst darstellt, können sich hier weder dieser noch der Kläger mit Erfolg auf die nach Art. 5 Abs. 3 Satz 1 GG gewährte Kunstfreiheit berufen. Zwar gelten für die Kunstfreiheit weder die Schranken des Art. 5 Abs. 2 GG hinsichtlich der Meinungs-, Informations- und Pressefreiheit (Art. 5 Abs. 1), noch die des Art. 2 Abs. 1 Halbsatz 2 GG. Jedoch wird auch die Kunstfreiheit nicht schrankenlos gewährt (grundlegend: BVerfG, Beschluß v. 24. 2. 1971, BVerfGE 30, 173 [193] „Mephisto"; ebenso Beschluß v. 17. 7. 1984, BVerfGE 67, 213 [228] „Anachronistischer Zug"; vgl. auch OVG Rheinland-Pfalz, Beschluß v. 1. 9. 1989, NJW 1990, 2016). Für die Frage, in welchem Umfang diesem Grundrecht Grenzen zu setzen sind, ist die verfassungsmäßige Ordnung unter Berücksichtigung der Einheit des grundgesetzlichen Wertesystems maßgebend (BVerfG, Beschluß v. 24. 2. 1971, aaO). Dabei ist der „Kernbestand der für das soziale Zusammenleben ethisch unverzichtbaren Kriminalstrafnormen" (Scholz in Maunz/Dürig, Komm. z. GG, Art. 5 Abs. 3 Rdnr. 64) zu beachten. Zu ihnen gehört § 166 StGB (Würtenberger, NJW 1982, 610), der im Hinblick auf die in Art. 4 Abs. 1 und 2 GG gewährleistete Glaubens-, Gewissens- und Bekenntnisfreiheit den öffentlichen Frieden in seiner religiösen und weltanschaulichen Ausprägung des Toleranzgedankens schützt (vgl. OLG Karlsruhe, Urteil v. 17.10.1985, NStZ 1986, 363, 364[2]; Dreher/Tröndle, StGB, 47. Aufl. 1995, § 166 Rdnr. 1; Schönke/Schröder, StGB, vor §§ 166 ff. Rdnr. 2). Wird demnach durch ein Kunstwerk der Tatbestand des § 166 StGB erfüllt, so ist auch unter Berücksichtigung der grundgesetzlich gewährleisteten Kunstfreiheit ein ordnungsbehördliches Einschreiten nicht ausgeschlossen. Allerdings hat bei der Frage, ob mit dem Kunstwerk ein religiöses Bekenntnis in der Weise „beschimpft" wird, die geeignet ist, den „öffentlichen Frieden" zu stören, eine sorgfältige Abwägung unter Würdigung aller Umstände des Einzelfalles stattzufinden, um zu einem Ausgleich zwischen der Kunstfreiheit einerseits und den Belangen des § 166 StGB andererseits zu kommen (Schönke/Schröder aaO, § 166 Rdnr. 10). Diese Prüfung ergibt, daß im vorliegenden Fall die tatbestandlichen Voraussetzungen der Strafvorschrift des § 166 Abs. 1 StGB erfüllt sind:

1. Zunächst ist festzustellen, daß das „Maria-Syndrom" den Inhalt des christlichen, insbesondere des katholischen Bekenntnisses, nämlich Grundlehren und Glaubensregeln angreift, indem Jungfrauengeburt, Maria, Jesus und Gott angesprochen sind, und – wie unten (Ziffer 2.) ausgeführt wird – auch „beschimpft" werden. Der Einwand des Beigeladenen, mit der Ex-Novizin Ann-Marie sei nicht die biblische Maria und mit Me-ti sei nicht Jesus gemeint, ist angesichts des Inhalts des Stücks und der damit verbundenen Zielsetzung des Beigeladenen nicht nachvollziehbar. Der Beigeladene hat immer wieder dargelegt, daß er mit seinem Rock-Comical Kritik an der (christlichen) Religion üben wollte. So soll nach seinem Vorbringen das Stück ein Plädoyer für Toleranz darstellen und jeden religiösen Dogmatismus bekämpfen; Grundthema sei die Unmündigkeit, in die „Religion gleich welcher Art" den Menschen stürze. Zur Darstellung benutzt der Beigeladene eine an die Vorstellung von der Jungfrauengeburt angelehnte Geschichte, in deren Mittelpunkt die Novizin Ann-Marie und der für einen Auserwählten Gottes gehaltene Me-ti stehen. Die (gewollte) Parallelität zwischen dem biblischen Inhalt und dem Inhalt des Theaterstücks wird nicht nur anhand der verwendeten Namen und Begriffe (z. B. *„Maria-Syndrom")* deutlich, sondern im zweiten Akt des Stückes vom Psychoanalytiker Boys selbst wie folgt angesprochen:

> *„In der Geschichte gab es – wenn ich mich nicht irre – nur einen einzigen, auch nur annähernd ähnlich strukturierten Fall. Vor knapp zweitausend Jahren. Da stand nämlich die heilige Jungfrau Maria höchstpersönlich vor einer ähnlich prekären Situation. Ihr gelang es damals, wie Sie wissen, ihren sowohl reichlich naiven Freund Josef davon zu*

---

[2] KirchE 23, 225.

überzeugen, daß ihre Schwangerschaft göttlichen Ursprungs sei. Ich möchte also – wenn Sie es mir erlauben – bezüglich Ihres Leidens von einer Art „Maria-Syndrom" sprechen."

Später ruft Ann-Marie:

„Sie haben mir die Augen geöffnet! Oh gnädiger Gott! Du Gütiger! Ist es wahr, daß Du mich zu Deiner Magd erwähltest? Bin ich, Sünderin, dazu bestimmt, den Heiland, den Erlöser zu gebären?"

Weiter berichtet der Erzähler über Me-ti:

„Seine Mutter hatte ihn in dem Bewußtsein erzogen, daß er von Gott dazu bestimmt sei, die Menschheit von ihren Leiden zu erlösen."

Das Stück selbst beginnt bereits mit dem religiösen Bezug, indem der Erzähler darauf hinweist, es handele von den Mechanismen, die Jesus zur Gottheit erniedrigten und

„damit das Fundament legten für eine der größten Verbrecherorganisationen der Menschheitsgeschichte".

Die gewollte kritische Darstellung christlicher, insbesondere katholischer Glaubensvorstellungen kommt schließlich im Titelbild der Zeitung N. vom Mai 1994, das das Werbeplakat für das Rock-Comical darstellt, zum Ausdruck, auf dem Ann-Marie als Nonne und im Hintergrund ein Kreuz abgebildet sind.

2. Mit dem *„Maria-Syndrom"* wird das Bekenntnis anderer im Sinne des § 166 Abs. 1 StGB beschimpft.

Der Schutz der Kunstfreiheit gebietet eine restriktive Auslegung des Begriffs „Beschimpfen" (vgl. OLG Karlsruhe, aaO). Mit der Strafvorschrift des § 166 Abs. 1 StGB kann nicht jegliche Kritik, auch nicht in Form der Satire oder Krikatur, deren Wesensmerkmal Übertreibungen sind, verboten werden. Angesichts des hohen Rangs, den das Grundgesetz der Kunstfreiheit eingeräumt hat, sind nur besonders rohe Äußerungen der Mißachtung als Beschimpfung zu werten. Dabei ist entscheidend, welchen Eindruck das Werk nach seinem objektiven Sinngehalt auf einen künstlerisch aufgeschlossenen oder zumindest um Verständnis bemühten Menschen macht (vgl. OLG Köln, Urteil v. 11. 11. 1981, NJW 1982, 657, 658[3]; OLG Karlsruhe, aaO; Schönke/Schröder, aaO, § 166 Rdnr. 10). Das *„Maria-Syndrom"* stellt sich nach den Gesamtumständen als bloße Verächtlichmachung christlicher Glaubensvorstellungen dar, mit denen das, was von vielen Gläubigen als heilig verehrt wird, im wahrsten Sinne des Wortes in den Schmutz gezogen wird. Diese Wertung beruht nicht nur auf einzelnen Textpassagen, sondern berücksichtigt den Inhalt des Rock-Comicals,

---

[3] KirchE 19, 133.

seine Sprache und Ausdrucksweise sowie die Art und Weise der Aufführung. Nach diesem Gesamteindruck stehen Worte und Darstellung des Sexual- und Fäkalbereichs im Vordergrund, die möglicherweise vom Autor beabsichtigte kritische Ansätze völlig überlagern. Die Geschichte selbst ist – wie es der Erzähler gleich zu Beginn formuliert *„obszön und geschmacklos"*, ohne daß eine Distanz zu den nachfolgenden gravierenden Obszönitäten und Geschmacklosigkeiten geschaffen wird.

Im 1. Akt der Handlung wird die Jungfrauengeburt in eindeutiger Weise in Verbindung mit einem auf der Toilette onanierenden Mann gebracht. *(Anm.: Es folgen Textstellenbelege)*

Die die christlichen Glaubensvorstellungen diffamierende Handlung mit entsprechender sprachlicher Ausdrucksweise wird zudem unterstützt durch Songs wie *„Between the legs"* (denn – wie der Erzähler vorträgt – trägt der Mensch „seine Wahrheit – wie wir wissen – nicht im Kopf, sondern zwischen den Beinen –") sowie *„Holyloo, Holylooja",* in dem es heißt, „No! He's not a holy man! – He's a toilet seats' son."

In diesem Sinne sollte auch die Darstellung durch die Angehörigen der Gruppe X. erfolgen. Das Titelbild der N. vom Mai 1994 zeigt neben Ann-Marie ein Kreuz, Me-ti und eine Toilette. Auch andere Fotos zeigen als wesentlichen Teil der Szene eine Toilette. Mehr noch als bei schriftlichen Abhandlungen wird gerade durch die lebendige Darstellung der Geschichte mit einer Dauer von immerhin eineinhalb bis zwei Stunden unterstützt durch entsprechende Songs die Verächtlichmachung besonders deutlich, außergewöhnlich prägend und verletzend. Von daher ist das *„Maria-Syndrom"* nicht mit der vom Beigeladenen insbesondere in der mündlichen Verhandlung des Senats dargestellten Kirchenkritik vergleichbar.

Die Beschimpfung durch Aufführung des Theaterstückes wäre auch öffentlich erfolgt, da die Veranstaltung für jedermann zugänglich gewesen wäre und zudem selbst in dem allgemein verbreiteten Veranstaltungskalender Mai–Juni 1994 des „Kultur- und Kommunikationszentrums TUFA" neben Jazz- sowie sonstigen Musik- und Theaterveranstaltungen angekündigt war. Die beschimpfenden Äußerungen müssen nicht an die Kreise gerichtet sein, in denen sie zu einer Störung des öffentlichen Friedens führen können. Es genügt, wenn zu befürchten ist, daß sie dort bekannt werden (Schönke/Schröder, aaO, § 166 Rdn 12).

3. Die Beschimpfung in der oben dargestellten Weise war auch geeignet, den öffentlichen Frieden zu stören. Es bestanden berechtigte Gründe für die Befürchtung, daß das Vertrauen der Betroffenen in die Respektierung ihrer religiösen Überzeugung beeinträchtigt werden und darüber hinaus die Beschimpfung bei Dritten die Bereitschaft zu Intoleranz gegenüber den Anhängern des beschimpften Bekenntnisses fördern konnte (vgl. OLG Celle, Urteil v. 8.10.

1985, NJW 1986, 1275, 1276[4]; OLG Karlsruhe, aaO). Wie groß die Betroffenheit bereits bei Vorankündigung des Inhalts des „Maria-Syndroms" war, ergibt sich aus den in den Verwaltungsakten enthaltenen Schreiben von Bürgern an die Beklagte sowie aus den in einer Zeitung abgedruckten Leserbriefen. Das Bistum T. hatte sogar mit Schreiben vom 25. 5. 1994 um ein polizeiliches Einschreiten gebeten. Nach der Ordnungsverfügung gab es zahlreiche Zuschriften, in denen die Betroffenheit über ein derartiges Stück deutlich um Ausdruck kommt. Der Beigeladene selbst hat in der mündlichen Verhandlung angegeben, er habe bereits Morddrohungen erhalten. Schließlich ist das Stück auch nach Auffassung des Senats geeignet, Intoleranz gegenüber gläubigen Christen hervorzurufen, da wesentliche Glaubensvorstellungen in der oben beschriebenen außergewöhnlich verächtlichen Weise behandelt werden. Allein die Herabwürdigung und Schmähung des christlichen Glaubens stehen im Vordergrund, nicht aber die Auseinandersetzung in der Sache. Zum inneren Frieden gehört aber die Toleranz in Glaubens- und Weltanschauungsfragen, ohne die eine freiheitlich-pluralistische Gesellschaft nicht existieren kann. Jeder soll seinem Glauben nachgehen können *("jeder soll nach seiner Façon selig werden können")*, ohne befürchten zu müssen, deshalb diffamiert und ins Abseits gestellt zu werden (Schönke/Schröder, aaO, vor §§ 166ff. Rdnr. 2). Daher ist auch unter besonderer Berücksichtigung der Kunstfreiheit das „Maria-Syndrom" als friedensstörende Beschimpfung zu werten, bei der Fairneß und Anstand in der religiösen Auseinandersetzung nicht mehr gewahrt sind.

Der Gefahr der Friedensstörung steht nicht entgegen, daß das „Maria-Syndrom" bereits vor der Aufführung jedenfalls durch Presseberichterstattung teilweise bekannt war. Die Aufführung selbst begründete mit lebendiger und zudem musikalischer Darstellung der Verächtlichmachung darüber hinaus noch eine besonders intensive Gefahr einer Friedensstörung. Dabei kommt es nicht darauf an, ob nur Personen die Aufführung besucht hätten, die sich nicht selbst in ihren Glaubensvorstellungen betroffen gefühlt hätten. Allein daß ein solches Stück beanstandungslos öffentlich dargeboten werden könnte, dadurch weiter bekannt geworden wäre und die Kenntnis sich nicht auf die Besucher beschränkt hätte – etwa durch Veröffentlichung durch Theaterkritiken und Berichten der Besucher –, genügt, um den öffentlichen Frieden als gefährdet anzusehen. Von einer geschlossenen Versammlung kann nicht die Rede sein.

Unerheblich ist auch, daß gerade durch die Untersagung der Aufführung das „Maria-Syndrom" eine besondere Bekanntheit erlangt hat. Diese Bekanntheit erfolgte in Zusammenhang mit dem Eingreifen der Beklagten, das deutlich machte, daß eine derartig grobe Diffamierung gerade nicht mehr hingenommen wird.

---

[4] KirchE 23, 208.

Die Ordnungsverfügung ist im übrigen ermessensfehlerfrei erfolgt. Es ist eine Frage des Einzelfalles, ob unter besonderer Berücksichtigung der Freiheit der Kunst tatsächlich eine friedensstörende Beschimpfung zu bejahen ist. Vorliegend handelt es sich um ein längeres Theaterstück mit wörtlicher und lebendiger bildlicher Schmähkritik, so daß damit kritische Texte, Karikaturen oder einzelne Äußerungen (etwa bei Diskussionsrunden) und Beiträge (etwa in der vom Beigeladenen angesprochenen Fernsehsendung „Scheibenwischer"), die bisher nicht untersagt wurden, nicht zu vergleichen sind. Sollten möglicherweise auch andere Veröffentlichungen oder Veranstaltungen unzulässige Schmähkritik oder Verunglimpfungen enthalten – worüber hier nicht zu entscheiden ist –, könnte sich der Kläger auf ein unterlassenes Verbot nicht berufen, da dieses im Ermessen der Ordnungsbehörden liegt und darüber hinaus der Gleichbehandlungsgrundsatz keine Gleichheit im Unrecht gewährleistet.

95

Ein aus seiner Religionsgemeinschaft nach Staatskirchenrecht ausgetretener Jude kann seine Mitgliedschaft durch einen nach dem Austritt erfolgten Bekenntnisakt (hier: Trauung nach jüdischem Ritus) wiederbegründen.

Solange das Kirchensteueramt von der Wiederbegründung der Mitgliedschaft keine Kenntnis erlangt und der Steuerpflichtige keine oder falsche Angaben über seine Mitgliedschaft macht, kommt eine Verwirkung von Kultussteueransprüchen nicht in Betracht.

Art. 1 Abs. 2 Nr. 1, 2 Abs. 1 u. 2 BayKiStG
FG München, Urteil vom 10. Dezember 1996 – 13 K 3508/96[1] –

Der in Rumänien geborene Kläger ist kurz nach seiner Geburt nach mosaischem Ritus (1 Mose 17, 9–14, 23–27) beschnitten worden. Er hat im Dezember 1995 zur Niederschrift des zuständigen Standesbeamten seinen Austritt aus der jüdischen Religionsgemeinschaft erklärt.

Er kam 1972 nach Deutschland und lebte dort nahezu ohne Unterbrechung.

In 1977 heiratete er die von einer jüdischen Mutter abstammende Klägerin nach jüdischem Ritus in Haifa und zog mit ihr nach München. Am Gemeindeleben der „Israelitischen Kultusgemeinde" nahmen die Eheleute nicht teil. Sie meldeten aber ihre Tochter seit 1984 zum jüdischen Kindergarten an und ließen sie am jüdischen Religionsunterricht teilnehmen.

---

[1] Amtl. Leitsätze. EFG 1997, 1042. Die Nichtzulassungsbeschwerde wurde als unzulässig verworfen; BFH, Beschluß vom 4. 8. 1997 – I B 15/97 – unv. Vgl. zu diesem Fragenkreis auch FG Köln EFG 1997, 1130 u.1998, 230.

In ihren Einkommensteuer-Erklärungen ab 1979 gaben die Kläger unter der Religionszugehörigkeit jeweils gar nichts oder „ohne Bekenntnis" an.

Anfang November 1994 fragte die Israelitische Kultusgemeinde beim Kirchensteueramt des Landesverbandes der Israelitischen Kultusgemeinden in Bayern an, ob der Kläger kirchensteuerlich erfaßt sei, was nicht der Fall war. Das Kirchensteueramt wandte sich daraufhin an das zuständige Finanzamt, welches im Dezember 1991 die Besteuerungsgrundlagen für die Streitjahre 1989–1993 mitteilte.

Der gegen den Kirchensteuer-Sammelbescheid 1989–1993 vom Dezember 1994 eingelegte Einspruch blieb ebenso wie die Klage erfolglos.

Aus den Gründen:

Die Klage ist nicht begründet (...)

Der Kläger war zumindest seit 1977 (dem Jahr seines Zuzugs in München) Angehöriger der Israelitischen Glaubensgemeinschaft in Bayern und damit in den Streitjahren kirchensteuerpflichtig.

In seinem Urteil vom 10. 4. 1989 – XIII 314/87 Ki – (EFG 1989, 593[2]) hat der Senat ausgeführt, daß die – hier unstreitig gegebene – Abstammung von einer jüdischen Mutter und die ebenfalls unstreitige Wohnsitznahme in Bayern als Merkmale zur Begründung der Mitgliedschaft ausreichen, wenn als zusätzliches Merkmal ein Akt des Bekenntnisses zum jüdischen Glauben, z. B. die Beschneidung, gegeben ist; sie liegt im Streitfall vor. Der Senat verweist zur Vermeidung von Wiederholungen auf diese Entscheidung, deren Grundsätze durch das BFH-Urteil vom 6. 10. 1993 I R 28/93 – (BFHE 172, 570, BStBl. II 1994, 253[3]) bestätigt worden sind.

Als zusätzlichen Bekenntnisakt wertet der Senat die Trauung der Kläger nach jüdischem Ritus in Israel, denn auch diese Zeremonie erschöpft sich nicht in ihrer juristischen Bedeutung. Offenbleiben kann, ob die Teilnahme der Tochter am jüdischen Religionsunterricht als Bekenntnis ihrer Eltern zu dieser Religion gewertet werden darf.

Offenbleiben kann auch, ob noch die Statuten der Israelitischen Kultusgemeinde vom 9. 9. 1951 oder schon die Satzung der Israelitischen Kultusgemeinde in ihrer ab 9. 10. 1977 geltenden Fassung auf den Streitfall anzuwenden sind. Die Statuten enthalten die Voraussetzung des „Bekennens zum jüdischen Glauben" (hierzu der Senat in EFG 1989, 593), die Satzung nicht mehr. Im Streitfall ist dieses zusätzliche Merkmal, wie ausgeführt, erfüllt.

Rein vorsorglich sei angemerkt, daß auch die Klägerin Mitglied der Israelitischen Religionsgemeinschaft in Bayern geworden ist. Als Bekenntnisakt ist auch bei ihr die Trauung nach jüdischem Ritus zu werten.

---

[2] KirchE 27, 83.   [3] KirchE 31, 420.

Die Steueransprüche 1989–1993 sind auch nicht verwirkt. Gem. BFH-Urteil vom 14. 9. 1978 – IV R 89/94 – (BFHE 126, 130, BStBl. II 1979, 121) gilt das Rechtsinstitut der Verwirkung als Ausfluß der die gesamte Rechtsordnung beherrschenden Grundsätze von Treu und Glauben auch im Steuerrecht. Als Anwendungsfall des Verbots widersprüchlichen Tuns (venire contra factum proprium) greift Verwirkung ein, wenn ein Anspruchsberechtigter durch sein Verhalten beim Verpflichteten einen Vertrauenstatbestand dergestalt geschaffen hat, daß nach Ablauf einer gewissen Zeit die Geltendmachung des Anspruchs als illoyale Rechtsausübung empfunden werden muß. Es handelt sich dann um einen Rechtsmißbrauch. Der Tatbestand der Verwirkung enthält hiernach ein Zeitmoment (längere Untätigkeit des Anspruchsberechtigten) und ein Umstandsmoment (bestimmtes Verhalten des Anspruchsberechtigten und hierdurch ausgelöster Vertrauenstatbestand beim Verpflichteten).

Im Streitfall sind beide Momente nicht erfüllt: Das Kirchensteueramt erfuhr glaubhaft erst 1994 von der Existenz und der Kirchensteuerpflicht des Klägers. Denn infolge der objektiv falschen, wenn auch subjektiv nicht vorwerfbaren Eintragungen der Kläger in ihren Einkommensteuererklärungen wurde das Finanzamt nicht in die Lage versetzt, seiner Verpflichtung nach § 17 Abs. 1 der Ausführungsverordnung zum KiStG nachzukommen, dem Kirchensteueramt die Besteuerungsgrundlagen zeitgerecht mitzuteilen. Nach Erhalt der einschlägigen Informationen hat das Kirchensteueramt jedenfalls unverzüglich gehandelt.

Auch die Querelen der Kläger mit der Israelitischen Kultusgemeinde können dem Kirchensteueramt nicht angelastet werden und zu einer Verwirkung der nicht verjährten Steueransprüche führen. Es mag sein, daß die Kläger das Verhalten verschiedener Organe der Israelitischen Kultusgemeinde zu Recht als Ausgrenzung empfinden. Ein etwaiges Fehlverhalten darf aber nicht dem Kirchensteueramt zugerechnet werden. Denn die organisatorische Trennung der Israelitischen Kultusgemeinde vom Kirchensteueramt ist nicht nur der jüdischen Glaubensgemeinschaft eigentümlich, sondern gilt auch für die christlichen Volkskirchen. Auch dort ist die Festsetzung und Erhebung der Kirchensteuer nicht Sache der örtlichen ev. oder kath. Gemeinden, sondern der jeweils zuständigen ev. oder kath. Kirchensteuerämter.

96

Den strafrechtlichen Schutz des § 167 StGB (Störung der Religionsausübung) kann nicht ohne weiteres beanspruchen, wer eine politische Demonstration in der Form der religiösen Andacht durchführt, so daß die gemeinsame Andacht zur Verehrung und Anbetung Gottes in den Hintergrund tritt.

OLG Celle, Beschluß vom 11. Dezember 1996 – 2 ARs 54/96[1].

Die Staatsanwaltschaft führt ein Ermittlungsverfahren u. a. wegen Beschimpfung von Bekenntnissen (§ 166 Abs. 1 StGB) und Störung der Religionsausübung (§ 167 Abs. 1 Nr. 1 StGB). Rechtsanwalt A. hat sich als Verteidiger gemeldet und Akteneinsicht beantragt. Die Staatsanwaltschaft hat dies unter Hinweis auf § 138 a StPO abgelehnt und stellt den Antrag auf Ausschließung des Rechtsanwalts A. als Verteidiger.

Dem Verfahren liegt nach dem Stand der aktenkundigen Ermittlungen folgender Sachverhalt zugrunde:

In der Woche vom 17.–23. 6. 1996 fand in H., Haus Nr. 13, einem Treffpunkt rechtsgerichteter Kreise, unter der Leitung des Rechtsanwalts A. eine Tagungswoche statt, die von dem „H'er Arbeitskreis gegen H. Nr. 13" zum Anlaß genommen wurde, an allen Abenden dieser Woche in H. Demonstrationsveranstaltungen durchzuführen. Der Arbeitskreis hatte die behördliche Erlaubnis erhalten, sich dem Hause Nr. 13 bis auf 50 m zu nähern, und von dieser Befugnis Gebrauch gemacht.

Am Sonnabend, dem 22. 6. 1996, fand auf dem Dorfplatz von H. in Sichtweite des Hauses Nr. 13 innerhalb eines eingezäunten Bereichs eine „Ökumenische Andacht", auch als Mahnwache bezeichnet, statt. Es war beabsichtigt, nach der Andacht zu dem Hause Nr. 13 zu ziehen, sich ihm bis auf die erlaubte Entfernung von 50 m zu nähern und dann umzukehren und die Versammlung aufzulösen. An der Außenseite der Einzäunung des Dorfplatzes hatten Teilnehmer ein Transparent mit der Aufschrift „H. fordern: schließt endlich H. 13" aufgehängt. Die Andacht wurde von dem „Ökumenischen Arbeitskreis für Gerechtigkeit, Frieden und Bewahrung der Schöpfung" ausgerichtet und begann mit dem Spiel eines Posaunenchores und Liedern, gefolgt von einer Lesung und einer Ansprache, und schloß mit einem Gebet und einem Lied. Die Ansprache hielt Diakon X.; sie begann mit folgenden Worten:

„Wir kommen an den Abenden dieser Woche hier zusammen, um Stellung zu beziehen gegen Aktivitäten im Haus Nr. 13. Wir (...) sagen „Nein" zu der ideologischen Schulung, die in diesem Zentrum stattfindet."

Es wurden sodann christliche Lehren und Ziele heidnischer und rechtsgerichteter Weltanschauungen und Aktivitäten gegenübergestellt und schließlich dazu aufgerufen, den Einfluß und die Tätigkeit des Schulungszentrums Haus Nr. 13 zu unterbinden.

Während dieser Andacht näherte sich Rechtsanwalt A. mit einigen Begleitern dem Ort der Veranstaltung. Als diese bereits auf dem Rückweg waren, rief

---

[1] Amtl. Leitsatz. NJW 1997, 1167; AkKR 165 (1996), 592. Nur LS: KuR 1997, 134.

eine Teilnehmerin der Andacht ihnen nach: „*Verpißt euch endlich!*". Daraufhin kehrten sie um, traten an den Zaun heran und verwickelten Teilnehmer der Veranstaltung in Diskussionen, an denen sich Rechtsanwalt A. lautstark beteiligte. Während dieser Streitgespräche näherten sich vom Haus Nr. 13 her zwei junge Leute, von denen einer eine offensichtliche Karikatur des Gekreuzigten trug und dazu lauthals in psalmodierender Weise „Halleluja, Halleluja" sang und mit diesen Rufen zunächst die Einzäunung, und dann die Andachtsteilnehmer innerhalb des Zaunes umrundete. Zwei dunkelhäutige Missionare, die als Gäste der H'er Mission hinzukamen, wurden aus dem Personenkreis aus dem Hause Nr. 13 mit Rufen wie „Bimbo, Bimbo" und ihre Hautfarbe verhöhnenden Lauten empfangen.

Daß dieser Auftritt des Kruzifixträgers oder die Beschimpfungen der Missionare von Rechtsanwalt A. zuvor oder vor Ort initiiert wurden, er daran teilnahm oder er dabei sonst eine verantwortliche Rolle spielte, ergeben die Zeugenaussagen nicht. Nach einer Weile forderte Rechtsanwalt A. die Teilnehmer seiner Tagung auf, mit ihm in das Heim zurückzukehren. Die meisten folgten ihm, während einige die Diskussionen mit Teilnehmern der Andacht (Mahnwache) fortsetzten. Von dem geplanten Zug zum Hause Nr. 13 sahen die Teilnehmer der Andacht nunmehr ab.

Dem Antrag der Staatsanwaltschaft auf Ausschließung des Rechtsanwalts A. als Verteidiger wurde nicht entsprochen.

Aus den Gründen:

Der Antrag ist zwar noch zulässig (zu den Erfordernissen vgl. Kleinknecht/ Meyer-Goßner, StPO 42. Aufl., § 138c Rdnr. 9), jedoch nicht begründet.

Der Sachverhalt, wie er sich aus der Ermittlungsakte ergibt, begründet keinen dringenden oder hinreichenden Verdacht der Beteiligung des Rechtsanwalts A. an einer Straftat, namentlich nicht im Sinne der §§ 130, 166 und 167 StGB.

Ob das Verhalten gegenüber den Missionaren und der Auftritt des Kruzifixträgers strafwürdig nach den §§ 130 und 166 StGB war, bedarf im hiesigen Ausschließungsverfahren keiner Prüfung durch den Senat; denn das Ermittlungsergebnis enthält keine genügenden Hinweise darauf, daß Rechtsanwalt A. eine Beteiligung in irgendeiner strafrechtlich relevanten Form an diesen Vorfällen durch positives Tun oder (auf Grund einer Garantenstellung) durch Unterlassen nachzuweisen wäre. Angaben von Teilnehmern der Andacht hierzu beruhen ersichtlich auf Vermutungen oder sind in Bezug auf die Person zu unbestimmt.

Rechtsanwalt A. könnte sich hingegen strafbar gemacht haben, wenn er „den Gottesdienst oder eine gottesdienstliche Handlung ... absichtlich und in grober Weise" gestört hätte (§ 167 Abs. 1 Nr. 1 StGB). Doch auch das kann dem vorliegenden Ermittlungsergebnis (entgegen der in sich schlüssigen Antragsbegründung) nicht entnommen werden.

Ob die Veranstaltung vom 22. 6. 1996 angesichts ihrer Zielrichtung der Bekämpfung neonazistischer Aktivitäten in H., ihres geplanten Ablaufs mit anschließendem Demonstrationszug zum Hause Nr. 13, ihres äußeren Rahmens mit der Bezeichnung als Mahnwache und dem in Sichtweite des Hauses Nr. 13 aufgehängten Protestplakat sowie ihrer inneren Ausgestaltung (Wortlaut der Ansprache) noch im gesetzlichen Sinne „Gottesdienst oder gottesdienstliche Handlung" war, wie es § 167 Abs. 1 StGB für den Schutz des öffentlichen Friedens voraussetzt, könnte schon zweifelhaft sein. Gottesdienst ist – so die Definition in Literatur und Rechtsprechung seit jeher (LK-Dippel, StGB 10. Aufl., § 167 Rdnr. 5; RG Rspr. 7, 373) – eine Veranstaltung, bei der sich Mitglieder einer Religionsgemeinschaft versammeln, um sich durch gemeinsame Andacht, Verehrung und Anbetung Gottes nach den Vorschriften, Gebräuchen und Formen ihrer Vereinigung religiös zu erbauen. Die oben dargestellten Besonderheiten dieser Veranstaltung geben zu der Frage Anlaß, inwieweit der durch Andacht, Verehrung und Anbetung Gottes begründete gottesdienstliche Charakter hier hinter der Demonstration der Mahnwache mit politischem Zweck zurücktrat. Doch kann dies unentschieden bleiben, weil sich Rechtsanwalt A. jedenfalls eine absichtlich herbeigeführte grobe Störung der Andacht nicht nachweisen läßt.

Eine Störung kann zwar bereits darin bestehen, daß Teilnehmer eines Gottesdienstes durch lautes Reden – hier waren es lautstarke Diskussionen – von ihrer Andacht abgelenkt werden. Doch kann diese sicherlich eingetretene Störung angesichts der konkreten Umstände des Vorfalls nicht als grob und absichtlich herbeigeführt angesehen werden. Zu bedenken ist dabei, daß die Diskussion durch einen deplacierten Zuruf aus dem Kreise der Andachtsteilnehmer an die bereits weggehende Gruppe aus dem Hause H. Nr. 13 ausgelöst wurde, daß es für eine Diskussion zweier Seiten bedarf und sich solche auf Seiten der Andachtsteilnehmer sogleich fanden, anstatt daß man Rechtsanwalt A. und seine Begleiter durch Nichtbeachtung als alleinige Störer kennzeichnete. Zur Beurteilung, ob eine grobe Störung vorliegt, kann das eigene Verhalten des vom Strafzweck geschützten Personenkreises nicht völlig außer acht gelassen werden. Die gesellschaftspolitische Auseinandersetzung, wie sie der „Arbeitskreis gegen H. Nr. 13" offenbar betreibt, fordert zu Zusammenstößen wie den vom 22. 6. 1996 heraus und kann für eine Zusammenkunft den staatlichen Schutz gegen Störungen der Religionsausübung nicht gleichermaßen für sich in Anspruch nehmen wie eine Andacht, die allein der Verehrung und Anbetung Gottes gilt. Hier muß sich auch der Begriff der groben Störung relativieren. Die Bereitschaft zur Auseinandersetzung mit einem politischen Gegner wurde eben darin sichtbar, daß Teilnehmer der Andacht zu Diskussionen mit Rechtsanwalt A. und seinen

Begleitern augenscheinlich sofort bereit waren. Daß dies auch von Außenstehenden so gesehen wurde, beweisen die Äußerungen der Polizeibeamten vor Ort wie etwa die Antwort eines Beamten: „Muß das denn sein!", als er von dem geplanten Protestzug zum Haus Nr. 13 erfuhr, und die Rede eines anderen Beamten: „Gestern haben Sie provoziert, heute provozieren die", als man ihnen Untätigkeit vorwarf. Wer das Recht zur politischen Demonstration für sich in Anspruch nimmt und ausübt und dazu die Form einer christlichen Andacht wählt, muß sich gefallen lassen, (im Rahmen geltenden Rechts) in gegendemonstrative Aktionen verwickelt zu werden. Ihn davor zu bewahren, entspricht nicht dem Schutzzweck des § 167 StGB.

97

Auch Sakralgegenständen kann ungeachtet ihrer Herstellung nach individuellen Entwürfen und eines künstlerischen Ranges der Charakter umsatzsteuerbegünstigter Originalerzeugnisse der Bildhauerkunst im zolltariflichen Sinne fehlen.

§ 12 Abs. 2 Nr. 1 Satz 1 UStG 1980
BFH, Beschluß vom 12. Dezember 1996 – VII S 22/96[1] –

Die Antragstellerin, eine selbständige Goldschmiedemeisterin, fertigte in den Jahren 1985 bis 1988 für den liturgischen Gebrauch bestimmte Sakralgegenstände (Tabernakel, Lesepult, Oster- und Altarleuchter) für eine Ordensgemeinschaft. Der Beschwerdegegner (Finanzamt) besteuerte die Lieferungen unter Anwendung des allgemeinen Umsatzsteuersatzes. Die von der Antragstellerin erhobene Klage, mit der die Anwendung des ermäßigten Umsatzsteuersatzes für „Originalerzeugnisse der Bildhauerkunst" begehrt wurde, hatte keinen Erfolg. Das Finanzgericht bezog sich in seinem Urteil vom 7. 3. 1996 – 14 K 1556/92 – (UVR 1996, 306; EFG 1996, 946 [nur LS]) auf einen Katalog, aus dem sich ergebe, daß Sakralgegenstände ähnlicher Art im Handel vertrieben würden („Handelsware").

Die Antragstellerin hat gegen diese Entscheidung Revision eingelegt. Zur Begründung ihres Rechtsmittels führt sie aus, das Finanzgericht, das noch im Verfahren der Aussetzung der Vollziehung der angefochtenen Bescheide eine ihr – der Antragstellerin – günstige Rechtsauffassung vertreten habe (hinsichtlich Tabernakel und Lesepult), sei überraschend aufgrund des in der mündlichen Verhandlung erörterten Katalogs zu einer anderen Beurteilung gelangt. Diese

---

[1] BFH/NV 1997, 319.

Bewertung sei unrichtig, sie lasse die optische Unähnlichkeit des Tabernakels und des Lesepults mit den Katalogwaren sowie den sehr viel höheren Preis jener beiden Gegenstände unberücksichtigt, was bei rechtzeitiger Vorlage des Katalogs näher hätte dargelegt werden können.

Gestützt auf diese Erwägungen beantragt die Antragstellerin, die Vollziehung des angefochtenen Steuerbescheides für die Dauer des Revisionsverfahrens auszusetzen. Der Antrag blieb erfoglos.

Aus den Gründen:

In der Sache kann der Antrag keinen Erfolg haben. Die Aussetzungsvoraussetzung ernstlicher Zweifel an der Rechtmäßigkeit des angefochtenen Verwaltungsakts (§ 69 Abs. 3 S. 1, 2. Halbsatz, Abs. 2 S. 2 FGO) ist nicht gegeben. Ob ernstliche Zweifel vorliegen, ist bei einem in der Revisionsinstanz anhängigen Rechtsstreit nach revisionsrechtlichen Grundsätzen zu beurteilen. Dabei ist maßgebend, ob unter Beachtung der eingeschränkten Prüfungsmöglichkeiten des Revisionsgerichts ernstlich mit der Aufhebung oder Änderung des angefochtenen Verwaltungsakts zu rechnen ist. Bei vermutlichem Durcherkennen, wie es hier in Betracht kommt, sind die Erfolgsaussichten des Revisionsverfahrens zu prüfen (zu allem Gräber/Koch, FGO, 3. Aufl. 1993, § 69 Anm. 87, m. w. N.). Diese bestehen indes nicht. Die Revision der Antragstellerin ist zwar zulässig gemäß § 116 Abs. 2 FGO, sie wird jedoch voraussichtlich als unbegründet zurückzuweisen sein (§ 126 Abs. 2 FGO).

Eine (ausdrückliche) Verfahrensrüge – hier etwa nach § 119 Nr. 3 FGO im Hinblick auf die „überraschende" Heranziehung des Katalogs in der mündlichen Verhandlung – hat die Antragstellerin nach Ansicht des Senats mit der Revision nicht erhoben. *(wird ausgeführt)*

Mit ihrer Sachrüge – näher begründet nur im Hinblick auf die zur Umsatzbesteuerung der Lieferung des Tabernakels und des Lesepults ergangene Vorentscheidung – wird die Antragstellerin voraussichtlich nicht durchdringen.

Umsatzsteuerermäßigt sind – unter anderem – Lieferungen von „Originalerzeugnissen der Bildhauerkunst" im zolltariflichen Sinne (§ 12 Abs. 2 Nr. 1 Satz 1 UStG 1980, Anlage Nr. 47, Nr. 99.03 des Gemeinsamen Zolltarifs GZT – bis 1987 bzw. Anlage Nr. 53 Buchst. c, Position 9703 GZT ab 1988). Für die Auslegung kommt es insoweit allein auf die zolltariflichen Vorschriften und Begriffe an (Senat, Urteil v. 20. 2. 1990 – VII R 172/84 – BFHE 160, 342, BStBl. II 1990, 760). Maßgebend ist hier insbesondere Vorschrift 3 zu Kapitel 99/Anm. 3 zu Kapitel 97 GZT (Ausschluß von Bildhauerarbeiten mit dem Charakter einer Handelsware, z. B. handwerkliche Erzeugnisse). Aufgrund dieser Vorschrift hat der Senat z. B. entschieden (Urteile v. 20. 2. 1990 – VII R 126/89 – BFHE 160, 93, 95, BStBl. II 1990, 763, und v. 28. 4. 1992 – VII R

92/91 – BFH/NV 1992, 851), daß von einem Goldschmied individuell gefertigte Schmuckteile nicht als Originalerzeugnisse der Bildhauerkunst im zolltariflichen Sinne anzusehen sind.

Sakralgegenstände können ebenfalls den Charakter von „Handelswaren" haben (zutreffend FG München, Urteil v. 22. 3. 1996 – 14 K 1299/93 – EFG 1996, 945). Hiervon gehen auch die zolltariflichen Erläuterungen (zu Position 7114 – Harmonisiertes System – Rz. 07.0) aus, die Kultgeräte aus Edelmetall zu dem betreffenden Stoff-Kapitel rechnen. Ob solche Geräte oder ob umgekehrt Originalerzeugnisse der Bildhauerkunst – Nichthandelswaren – vorliegen (bejaht etwa für bestimmte dreidimensionale Schöpfungen – darunter Ambo – eines akademischen Bildhauers von FG München, aaO), ist weitgehend eine Frage der tatsächlichen Würdigung, die, falls verfahrensrechtlich einwandfrei zustande gekommen und denkgesetzlich möglich, für das Revisionsgericht gemäß § 118 Abs. 2 FGO bindend ist.

Das Finanzgericht (UVR 1996, 308) hat, ausgehend von einem richtigen Verständnis der maßgebenden Rechtsvorschriften, unter Berücksichtigung der von ihm angeführten einschlägigen Rechtsprechung des EuGH und unter Heranziehung von Fotografien sowie eines (Handels-)Katalogs über Sakralgegenstände erkannt, daß die von der Antragstellerin hergestellten Gegenstände, weil mit ähnlichen, handwerklich gefertigten Erzeugnissen in zumindest potentiellem Wettbewerb stehend, ungeachtet ihrer Herstellung nach individuellen Entwürfen und eines künstlerischen Ranges, nicht als „Originalerzeugnisse ..." im zolltariflichen Sinne zu werten sind. Diese Würdigung läßt einen Rechtsfehler nicht erkennen. Die vom Finanzgericht in dem bei ihm anhängig gewesenen summarischen Aussetzungsverfahren ohne eingehende Begründung vertretene gegenteilige Auffassung steht der im Hauptverfahren gewonnenen Beurteilung nicht entgegen. Entgegen dem Revisionsvorbringen hat das Finanzgericht die „optische Gestaltung" – Besonderheiten der Ausschmückung von Tabernakel und Lesepult – nicht außer acht gelassen. Es hat vielmehr ausdrücklich die „äußere Erscheinung" der Gegenstände berücksichtigt, zu der als tarifierungserhebliches Merkmal zwangsläufig auch der optische Eindruck gehört. Der Preis der Erzeugnisse ist, wie bereits vom EuGH (Urteil v. 18. 9. 1990 – C-228/89 – EuGHE 1990, I-3401, 3408) entschieden, kein Einreihungskriterium. Auch auf hohem Preisniveau ist im übrigen ein Wettbewerb möglich. Der Senat könnte aus diesen Gründen im Revisionsverfahren nicht zu einer anderen Beurteilung als das Finanzgericht gelangen.

Fragen der Auslegung von Gemeinschaftsrecht werden sich im Hauptverfahren nicht stellen. Die Auslegung der maßgebenden Tarifvorschriften, wie geschehen, ist offenkundig, die Einholung einer Vorabentscheidung des EuGH mithin nicht veranlaßt (vgl. dessen Urteil v. 6. 10. 1982 – Rs 283/81 – EuGHE 1982, 3415, 3430).

98

Die Erhebung von Kirchgeld in glaubensverschiedener Ehe auf der Grundlage hamburgischen Kirchensteuerrechts ist verfassungskonform, auch wenn der nicht der steuererhebenden Kirche angehörende Ehegatte Mitglied einer Religionsgemeinschaft ist, die zwar Körperschaft des öffentlichen Rechts ist, aber von dem Recht zur Kirchensteuererhebung keinen Gebrauch macht.

Art. 140 GG, 137 Abs. 6 WRV; § 1 Hamb.KiStG
BFH, Beschluß vom 16. Dezember 1996 – I B 43/96 [1] –

Die Nichtzulassungsbeschwerde, mit der sich die Beschwerdeführerin gegen das Urteil des FG Hamburg vom 7. 2. 1996 – KirchE 34, 35, – wendet, hatte keinen Erfolg.

Aus den Gründen:

Die Beschwerde ist unbegründet. Sie war deshalb zurückzuweisen. Die von der Klägerin und Beschwerdeführerin in ihrer Beschwerdebegründung angeschnittenen Rechtsfragen haben keine grundsätzliche Bedeutung.

1. Soweit die Klägerin die grundsätzliche Bedeutung der Rechtssache auf die Rechtsfrage stützt, wie das Merkmal der „steuerberechtigten" Religionsgemeinschaft in § 5 Abs. 1 Satz 1 der Kirchensteuerordnung des Verbandes der röm.-kath. Kirchengemeinden in der Freien und Hansestadt Hamburg (Bistum Osnabrück) vom 16. 12. 1985 – KiStO – (BStBl. I 1986, 450) auszulegen sei, ist ein allgemeines Interesse an einer Entscheidung über diese Rechtsfrage durch den Bundesfinanzhof nicht zu erkennen. Sie kann sich nur in Verfahren stellen, die in den Zuständigkeitsbereich der Finanzämter der Freien und Hansestadt Hamburg fallen. Insoweit ist durch § 14 Abs. 1 des Kirchensteuergesetzes vom 15. 10. 1973 – Hmb.KiStG – (GVBl. 73, 431) der Rechtsweg zum FG Hamburg eröffnet. Dieses wacht zugleich über die einheitliche Rechtsanwendung des Gesetzes in seinem Geltungsbereich.

Darüber hinaus hat das Finanzgericht das in der KiStO verwendete Tatbestandsmerkmal der Steuerberechtigung aus § 1 Hmb.KiStG unter Berücksichtigung dessen amtlicher Überschrift und systematischer Stellung abgeleitet. Es hat dem § 1 Hmb.KiStG eine Legaldefinition des Begriffes entnommen, die für alle nachfolgenden und nachgeordneten Normen verbindlich sind. Unter die nachgeordneten Normen fallen auch die Vorschriften der KiStO. Danach erstreckt sich die Steuerberechtigung nicht auf die Christengemeinschaft, der

---

[1] BFH/NV 1997, 529.

der Ehemann der Klägerin angehört. Gegenüber dieser an sich naheliegenden und überzeugenden Argumentation verharrt die Klägerin in ihrer Beschwerdebegründung nur auf ihrer abweichenden Meinung, ohne sich im einzelnen mit den Entscheidungsgründen der Vorentscheidung auseinanderzusetzen. Aus einem solchen Vorbringen ergibt sich nicht die Notwendigkeit einer Entscheidung durch den BFH. Der Hinweis auf die Behandlung in anderen Bundesländern ist schon deshalb kein die Zulassung der Revision rechtfertigender Grund, weil in anderen Bundesländern gerade im Bezug auf die Steuerberechtigung anderes Kirchensteuerrecht gilt.

2. Soweit die Klägerin die grundsätzliche Bedeutung der Rechtssache auf die Rechtsfrage stützt, ob ihre Heranziehung zu einem Kirchgeld in glaubensverschiedener Ehe wegen der unterschiedlichen Behandlung in den Bundesländern gegen Art. 3 GG verstößt, ist die Nichtzulassungsbeschwerde offensichtlich unbegründet. Ein Klärungsbedarf ist nicht zu erkennen. Nach Art. 140 GG i. V. m. Art. 137 Abs. 6 WRV steht die Gesetzgebungskompetenz für die Kirchensteuern ausschließlich den Ländern zu (BFH-Urteil v. 28. 2. 1969 – VI R 163/67 – BFHE 95, 310, BStBl. II 1969, 419 [2]). Die grundgesetzliche Regelung der Gesetzgebungskompetenz der Länder indiziert die verfassungsrechtliche Zulässigkeit unterschiedlicher Gesetzesregelungen. Anderenfalls müßte die Gesetzgebungskompetenz aus den in Art. 72 Abs. 2 GG genannten Gründen immer beim Bund liegen. Dies hält der erkennende Senat für eindeutig.

3. Soweit die Klägerin die grundsätzliche Bedeutung der Rechtssache auf die Rechtsfrage stützt, ob § 5 Abs. 1 Sätze 2 bis 4 KiStO i. V. m. der Tabelle in § 3 Abs. 2 des Kirchensteuerbeschlusses vom 16. 12. 1985 (BStBl. I 1986, 452) gegen Grundrechte der Klägerin verstoße, indem die Bemessungsgrundlage für das Kirchgeld sich nach dem gemeinsamen zu versteuernden Einkommen bestimmt, fehlt es ebenfalls an der Klärungsbedürftigkeit der Rechtsfrage. Diese ist geklärt. Der Senat verweist auf sein Urteil vom 15. 3. 1995 – I R 85/94 – (BFHE 177, 303, BStBl. II 1995, 547 [3]), das zwar zu § 6 Abs. 1 Satz 1 Nr. 1 NW.KiStG ergangen ist. Es liegt jedoch auf der Hand, daß es für die Anwendung des § 5 Abs. 1 Sätze 2 bis 4 KiStO entsprechend gelten muß. Danach ist der Halbteilungsgrundsatz auch bezogen auf die Erhebung von röm.-kath. Kirchgeld verfassungsrechtlich unbedenklich. Der Beschluß des Bundesverfassungsgerichts vom 14. 12. 1965 – 1 BvR 606/60 – (BVerfGE 19, 268, BStBl. I 1966, 196 [4]) ist durch die spätere Rechtsprechung des BVerfG überholt.

---

[2] KirchE 10, 335. [3] KirchE 33, 80. [4] KirchE 7, 352.

99

**1. Postulantinnen und Novizinnen eines kontemplativen Orden sind in der Krankenversicherung nicht versicherungs- und in der Arbeitslosenversicherung nicht beitragspflichtig.
2. In der Rentenversicherung sind sie versicherungspflichtig. Dies ist nicht verfassungswidrig.**

Art. 4 Abs. 1, 2, 20 Abs. 1, 28 Abs. 1 Satz 1, 140 GG, 137 Abs. 3 WRV
BSG, Urteil vom 17. Dezember 1996 – 12 RK 2/96[1] –

Die Beteiligten streiten darum, ob Postulantinnen und Novizinnen eines Ordens versicherungs- und beitragspflichtig sind.

Der Kläger betreibt als eingetragener Verein ein Kloster der unbeschuhten Karmelitinnen. Sie widmen sich dem Gebet und dem Gottesdienst. Ihre Arbeiten beschränken sich auf das Kloster. Sie entfalten keine nach außen wirkende gewerbliche, caritative oder sonstige Tätigkeit. Vom Orden erhalten sie freien Unterhalt. Das Kloster wird durch Spenden finanziert. Neben den Ordensschwestern leben im Kloster Postulantinnen und Novizinnen.

Die beklagte Krankenkasse stellte mit dem angefochtenen Bescheid in der Gestalt des Widerspruchsbescheides fest, die dem Kläger angehörenden Postulantinnen und Novizinnen unterlägen während ihrer Ausbildungszeit der Versicherungspflicht zur Kranken- und Rentenversicherung sowie der Beitragspflicht zur Arbeitslosenversicherung. Dieses gelte für die in der Anlage zum Bescheid namentlich aufgeführten Postulantinnen und Novizinnen ab 1989. Postulantinnen und Novizinnen befänden sich in einer versicherungs- und beitragspflichtigen Berufsausbildung.

Die Klage des Klägers hat das Sozialgericht abgewiesen. Die Berufung des Klägers ist vom Landessozialgericht zurückgewiesen worden. Die Revision war teilweise erfolgreich.

Aus den Gründen:

Die Revision des Klägers ist teilweise begründet. Entgegen den Entscheidungen der Vorinstanzen ist der angefochtene Bescheid in der Gestalt des Widerspruchsbescheides rechtswidrig, soweit die Versicherungspflicht in der Krankenversicherung und die Beitragspflicht in der Arbeitslosenversicherung festgestellt worden ist. In diesen Versicherungszweigen besteht keine Versicherungs- und Beitragspflicht. Demgegenüber ist, wie die Vorinstanzen im Ergebnis zutreffend

---

[1] Amtl. Leitsätze. BSGE 79, 307. Nur LS: KuR 1998, 64.

entschieden haben, der Bescheid in der Gestalt des Widerspruchsbescheides hinsichtlich der Rentenversicherung rechtmäßig. In diesem Zweig ist Versicherungspflicht gegeben.

1. Der angefochtene Bescheid in der Gestalt des Widerspruchsbescheides stellt die Versicherungspflicht in der Krankenversicherung und der Rentenversicherung sowie die Beitragspflicht in der Arbeitslosenversicherung für Zeiten des Postulats und des Noviziats ab 1989 fest. Das Postulat ist eine erste Vorbereitungszeit zur Einführung in das Ordensleben, das Noviziat eine Zeit der Vorbereitung auf die erste Profeß durch Teilnahme am Ordensleben. Versicherungs- und Beitragspflicht für Zeiten nach der ersten Profeß ist in Bescheid und Widerspruchsbescheid nicht festgestellt und daher nicht Gegenstand des Rechtsstreits.

2. In der Krankenversicherung gibt es bis heute keinen eigenen Versicherungspflicht-Tatbestand für Mitglieder geistlicher Genossenschaften (vgl. die Kataloge der Versicherungspflichten in § 165 Abs. 1 RVO bis Ende 1988 und in § 5 Abs. 1 SGB V seit 1989). Ob sie als entgeltlich oder zu ihrer Berufsausbildung Beschäftigte versicherungspflichtig sein konnten, war unklar. Trotz dieser unsicheren Grundlage besteht jedoch ein Versicherungsfreiheits-Tatbestand.

a) Nach § 172 Nr. 4 in der ursprünglichen Fassung der RVO vom 19.7.1911 (RGBl. 509) waren versicherungsfrei Mitglieder geistlicher Genossenschaften und ähnliche Personen, wenn sie sich aus religiösen oder sittlichen Beweggründen mit Krankenpflege, Unterricht oder anderen gemeinnützigen Tätigkeiten beschäftigten und als Entgelt nicht mehr als den freien Unterhalt bezogen. Diese Regelung wurde während der Kommissionsberatungen, damals als § 185 Nr. 4, in den Entwurf der RVO eingefügt. Der entsprechende Antrag sollte dem Umstand Rechnung tragen, daß bei der Krankenversicherung die Beschäftigung nur gegen freien Unterhalt nicht ohne weiteres, wie bei der Invalidenversicherung, versicherungsfrei war (Reichstag, 12. Legislatur-Periode, II. Session 1909/1911, Drucks. Nr. 946, 2. Teil, S. 25/26). Nach einigen Änderungen fand die in § 172 Nr. 4 RVO a. F. enthaltene Regelung Eingang in § 172 Abs. 1 Nr. 6 RVO i. d. F. des Art. 1 der Ersten Verordnung zur Vereinfachung des Leistungs- und Beitragsrechts in der Sozialversicherung (Erste VereinfVO) vom 17.3.1945 (RGBl. I S. 41), der bis Ende 1988 galt. Danach waren versicherungsfrei Mitglieder geistlicher Genossenschaften, Diakonissen, Schwestern vom Deutschen Roten Kreuz, Schulschwestern und ähnliche Personen, wenn sie sich aus überwiegend religiösen oder sittlichen Beweggründen mit Krankenpflege, Unterricht oder anderen gemeinnützigen Tätigkeiten beschäftigten und nicht mehr als freien Unterhalt oder einen geringen Entgelt bezogen, der nur zur Beschaffung der unmittelbaren Lebensbedürfnisse an Wohnung, Verpflegung, Kleidung und dergleichen ausreiche. Diese Regelung wurde vom 1.1.1989 an weitgehend in § 6 Abs. 1 Nr. 7 SGB V übernommen. Jedoch werden als versicherungsfrei statt früher „Mitglieder geistlicher Genossenschaften, Diakonissen, Schwestern vom Deutschen Roten Kreuz, Schulschwestern und ähnlichen Personen" jetzt nur noch „satzungsmäßige Mitglieder geistlicher Genossenschaften, Diakonissen und ähnliche Personen" bezeichnet. Zur Begründung hierfür heißt es im Gesetzentwurf (BT-Drucks. 11/2237, S. 160 zu § 6): In Nr. 7 werde die Versicherungsfreiheit der Mitglieder geistlicher Genossenschaften davon abhängig gemacht, daß sie „satzungmäßige" Mitglieder seien. Dadurch solle erreicht werden, daß z. B. Postulanten und Novizen nicht versicherungsfrei seien und für sie Versicherungsschutz gewährleistet sei.

b) Das Fehlen eines ausdrücklichen Versicherungspflicht-Tatbestandes bei Vorhandensein des Versicherungsfreiheits-Tatbestandes hat schon unter der Geltung des § 172 Abs. 1 Nr. 6 RVO Zweifel über die Versicherungspflicht der Mitglieder geistlicher Genossenschaften ausgelöst. Sollte der Versicherungsfreiheits-Tatbestand nicht gegenstandslos sein, mußte es Sachverhalte geben, bei denen solche Mitglieder versicherungspflichtig waren. Auf dieser Grundlage ging eine erste mögliche Ansicht dahin, daß Versicherungspflicht nur bestand, wenn unabhängig von der Mitgliedschaft ein nach § 165 Abs. 1 Nrn. 1, 2, Abs. 2 RVO versicherungspflichtiges Beschäftigungs- oder Berufsausbildungsverhältnis vorhanden war, wobei dann das Beschäftigungsverhältnis unter den Voraussetzungen des § 172 Abs. 1 Nr. 6 RVO versicherungsfrei sein konnte. Bei dieser Ansicht schied Versicherungspflicht aus, wenn – wie hier – neben der Mitgliedschaft keine Beschäftigung ausgeübt wurde. Eine zweite Ansicht bezog § 172 Abs. 1 Nr. 6 RVO nicht nur auf versicherungspflichtige Beschäftigungsverhältnisse der genannten Art, sondern entnahm der Vorschrift selbst einen weiteren Versicherungspflicht-Tatbestand: Die Mitglieder waren grundsätzlich auch versicherungspflichtig, wenn sie sich – als Mitglieder – mit gemeinnützigen Tätigkeiten beschäftigten oder hierfür ausgebildet wurden, was innerhalb der Gemeinschaft oder aufgrund von Gestellungsverträgen außerhalb erfolgen konnte. Sie waren jedoch wiederum versicherungsfrei, wenn sie nur freien Unterhalt und ein geringes Entgelt bezogen. Diese Ansicht würde in der Sache für die Krankenversicherung weitgehend der Rechtslage entsprechen, die von 1957 bis 1972 in der Rentenversicherung bestand (unten 4 b), dort jedoch als Versicherungspflicht-Tatbestand geregelt war. Mitglieder kontemplativer Orden waren auch nach dieser Ansicht nicht versicherungspflichtig, weil sie sich nicht mit gemeinnützigen Tätigkeiten beschäftigten und hierfür auch nicht ausgebildet wurden.

c) Eine dritte Ansicht sah in der Mitgliedschaft selbst ein versicherungspflichtiges Beschäftigungs- oder Ausbildungsverhältnis und wollte auf dieser Grundlage § 172 Abs.1 Nr. 6 RVO anwenden. Ihr ist nicht zu folgen. Das zeigen die unverständlichen Ergebnisse, zu denen sie bei Mitgliedern mit gemeinnützigen Tätigkeiten einerseits und bei Mitgliedern kontemplativer Orden andererseits führte. Während die gemeinnützig tätigen Mitglieder, die den Beschäftigten am ehesten vergleichbar sind, unter den Voraussetzungen des § 172 Abs. 1 Nr. 6 RVO versicherungsfrei sein konnten, traf dieses auf Mitglieder kontemplativer Orden, die den Beschäftigten ferner stehen, von vornherein nicht zu, weil sie nicht gemeinnützig tätig waren. Ferner hat der Gesetzgeber in der Rentenversicherung für Mitglieder geistlicher Genossenschaften im Jahre 1957 einen eigenen Versicherungspflicht-Tatbestand geschaffen, weil sie keine versicherungspflichtigen Arbeitnehmer seien (unten 4b). Seit dem Inkrafttreten des § 7 Abs. 1 SGB IV am 1.7.1977 ist zwar klargestellt, daß Beschäftigung die nichtselbständige Arbeit „insbesondere in einem Arbeitsverhältnis" ist, sie also auch vorliegen kann, wenn ein Arbeitsverhältnis nicht besteht. Der Gesetzgeber hat die Einführung des SGB IV aber nicht zum Anlaß genommen, die damals (seit 1973) geltende rentenversicherungsrechtliche Sonderregelung für Mitglieder (unten 4b) als entbehrlich zu streichen. Vielmehr hat er sie sogar bei der Neukodifizierung der Rentenversicherung für die Zeit ab 1992 beibehalten (unten 4a). Demnach geht er für die Rentenversicherung weiterhin davon aus, daß Mitglieder nicht allein aufgrund ihrer Mitgliedschaft in versicherungspflichtigen Beschäftigungs- oder Berufsausbildungsverhältnissen stehen. Daß für die Krankenversicherung das Gegenteil gelten sollte, ist nicht erkennbar und war mit § 172 Abs. 1 Nr. 6 RVO unvereinbar. Auch das Bundessozialgericht hat in der Vergangenheit Versicherungspflicht in der Krankenversicherung und der Rentenversicherung sowie Beitragspflicht in der Arbeitslosenversicherung nur aufgrund von Beschäftigungs- oder Ausbildungsverhältnissen neben der Mitgliedschaft oder aufgrund rentenversicherungsrechtlicher Sonderregelungen über die Versicherungspflicht von Mitgliedern angenommen (BSGE 13, 76 = SozR Nr. 1 zu § 56 AVAVG[2]; BSGE 16, 289 = SozR Nr. 30 zu § 165 RVO[3]; BSGE 21, 247 = SozR Nr. 3 zu § 2 AVG; BSGE 25, 24 = SozR Nr. 6 zu Art. 2 § 3 ArVNG[4]; BSGE 28, 208 = SozR Nr. 7 zu MitgliederkreisVO vom 26.10. 1938 Allg; BSGE 53, 198 = SozR 2200 § 1232 Nr. 12; BSGE 53, 278 = SozR 2200 § 1232 Nr. 13[5]). In der Mitgliedschaft allein hat es demgegenüber ein versicherungspflichtiges Arbeitsverhältnis nicht gesehen (BSGE 21, 247, 251 = SozR Nr. 3 zu § 2 AVG; BSGE 25, 24, 26 = SozR Nr. 6 zu Art. 2 § 3 ArVNG). Hiernach waren Mitglieder eines kontemplativen Ordens bis Ende 1988 nicht krankenversicherungspflichtig. Das galt sowohl für die Zeit von der ersten Profeß an als auch für die Postulanten und die Novizen.

d) An dieser Rechtslage hat sich mit dem Inkrafttreten des SGB V am 1.1. 1989 nichts geändert. Der einzig hier bedeutsame Unterschied zum früheren

---

[2] KirchE 5, 222.
[3] KirchE 6, 54.
[4] KirchE 8, 76.
[5] KirchE 20, 43.

Recht besteht darin, daß der nunmehr in § 6 Abs. 1 Nr. 7 SGB V enthaltene Versicherungsfreiheits-Tatbestand auf satzungsmäßige Mitglieder (ab der ersten Profeß) beschränkt wurde und damit Postulanten und Novizen versicherungspflichtig bleiben. Das kann aber nur für Postulanten und Novizen solcher geistlichen Genossenschaften gelten, bei denen auch für die satzungsmäßigen Mitglieder grundsätzlich Versicherungspflicht besteht. Dieses trifft, weil das SGB V insofern gegenüber der RVO keine Änderung gebracht hat, allenfalls auf solche Mitglieder zu, die entweder neben der Mitgliedschaft in einem besonderen Beschäftigungs- oder Berufsausbildungsverhältnis stehen (oben b erste Ansicht) oder die sich als Mitglieder mit einer gemeinnützigen Tätigkeit beschäftigen (oben b zweite Ansicht). Eine Versicherungspflicht aller Postulanten und Novizen ist aus der Neuregelung des § 6 Abs. 1 Nr. 7 SGB V nicht zu entnehmen. Sie bedürfte, zumal die Versicherungspflicht das Selbstverwaltungsrecht der Kirchen berührt, einer hinreichend klaren Rechtsgrundlage und kann entgegen der Ansicht der Beklagten im Wege weitreichender Analogien nicht begründet werden. Ein Einvernehmen zwischen Krankenkassen und Vertretern von Ordensgemeinschaften über Versicherungspflicht kann den Mangel einer ausreichenden krankenversicherungsrechtlichen Grundlage nicht ersetzen. Der Sicherungsbedarf ist allerdings unverkennbar, wie sich daraus ergibt, daß Postulantinnen, Novizinnen und sogar Ordensschwestern aus dem Kloster des Klägers freiwillige Mitglieder der Beklagten sind. Die Berechtigung zu einer solchen freiwilligen Versicherung besteht jedoch seit 1989 nur unter den Voraussetzungen des § 9 SGB V.

3. In der Arbeitslosenversicherung sind die Postulantinnen und Novizinnen des vorliegenden Verfahrens nicht beitragspflichtig. Dieses sind nach § 168 Abs. 1 S. 1 AFG Personen, die als Arbeiter oder Angestellte gegen Entgelt oder zu ihrer Berufsausbildung beschäftigt sind (Arbeitnehmer). Beitragsfrei sind jedoch Arbeitnehmer in einer Beschäftigung, in der sie die in § 6 Abs. 1 Nr. 7 SGB V genannten Voraussetzungen für die Krankenversicherungsfreiheit erfüllen (§ 169 AFG). Beitragspflicht und Beitragsfreiheit in der Arbeitslosenversicherung folgen demnach der Versicherungspflicht und der Versicherungsfreiheit in der Krankenversicherung.

4. In der Rentenversicherung besteht für die Postulantinnen und Novizinnen im Kloster des Klägers Versicherungspflicht.

a) Dieses gilt zunächst, für die Zeit seit Inkrafttreten des Rentenreformgesetzes 1992 (RRG 1992) vom 18.12.1989 (BGBl. I, 2261) am 1.1.1992. Nach § 1 S. 1 Nr. 4 SGB VI sind versicherungspflichtig u. a. Mitglieder geistlicher Genossenschaften während ihres Dienstes für die Gemeinschaft und während ihrer außerschulischen Ausbildung. Versicherungsfrei sind nach § 5 Abs. 1 S. 1 Nr. 3 SGB VI lediglich satzungsmäßige Mitglieder geistlicher Genossenschaften, wenn ihnen nach Maßgabe dieser Vorschrift Anwartschaft auf Versorgung gewährleistet und die Erfüllung der Gewährleistung gesichert ist.

Im Kloster des Klägers werden Postulat und Noviziat im Rahmen von katholischem Kirchenrecht und Ordensregeln durchgeführt. Die Postulantinnen und Novizinnen sind Mitglieder des Ordens i. S. des § 1 S. 1 Nr. 4 SGB VI, jedoch noch keine satzungsmäßigen Mitglieder i. S. des § 5 Abs. 1 S. 1 Nr. 3 SGB VI. Insofern ist der Gesetzgeber, als er im Jahre 1989 das RRG 1992 verabschiedete, erkennbar von der gleichen Unterscheidung zwischen Mitgliedern und satzungsmäßigen Mitgliedern ausgegangen, die er kurz zuvor bei der Einführung des § 6 Abs. 1 Nr. 7 SGB V vorgenommen hatte (oben 2a). Dieses wird durch die Begründung zu § 5 Abs. 1 S. 1 Nr. 3 SGB VI bestätigt, nach der diese Regelung zur Versicherungsfreiheit auf satzungsmäßige Mitglieder abstellt, so daß Novizen und Postulanten nicht erfaßt würden, d. h. weiterhin versicherungspflichtig seien (BT-Drucks. 11/4124, S. 151).

Mitglieder geistlicher Genossenschaften stehen auch dann in einem Dienst für die Gemeinschaft i. S. des § 1 S. 1 Nr. 4 SGB VI, wenn es sich um einen kontemplativen Orden handelt. Entsprechend befinden sich Postulantinnen und Novizinnen eines solchen Ordens in einer außerschulischen Ausbildung (für ein Leben im Orden) i. S. dieser Vorschrift. Der vom Kläger vermißten Sachaufklärung zum Vorliegen einer Berufsausbildung bedarf es nicht. Der Gesetzgeber hat, wie die Rechtsentwicklung zeigt (unten b, c), alle Mitglieder geistlicher Genossenschaften allein aufgrund einer Mitgliedschaft in die Versicherungspflicht einbezogen. Es ist auch kein Unterschied im Sicherungsbedarf für Postulantinnen und Novizinnen kontemplativer und anderer Orden zu erkennen. Der Ansicht der Revision, Versicherungspflicht bestehe nur, wenn ein Dienst an der Allgemeinheit auf materiellem, geistigem oder sittlichem Gebiet erbracht werde, folgt der Senat nicht. Eine solche Einschränkung findet im Gesetz und seiner Begründung (BT-Drucks. 11/4124, S. 149) keine Stütze. Für sie spricht auch nicht, daß nach § 1 S. 4 SGB VI ursprünglicher Fassung (jetzt § 1 S. 5 SGB VI) die in § 1 S. 1 Nr. 4 SGB VI genannten Personen als Beschäftigte i. S. des Rechts der Rentenversicherung gelten. Diese Fiktion hat nicht den Sinn, die Versicherungspflicht auf Dienste zu beschränken, die nach außen wirken. Sie soll vielmehr die weiteren Regelungen über die Versicherung dieses Personenkreises im Rahmen der Beschäftigungsversicherung erleichtern und vereinfachen (z. B. in § 5 Abs. 1, § 162 Nr. 4, § 168 Abs. 1 Nr. 4 SGB VI) sowie dazu beitragen, daß Renten wegen Berufs- oder Erwerbsunfähigkeit erworben werden können (§§ 43, 44 SGB VI).

b) Versicherungspflicht in der Rentenversicherung bestand auch in der Zeit vor 1992. Dieses ergibt die Gesetzesentwicklung.

Die Rentenversicherungsgesetze enthielten ursprünglich keine besonderen Regelungen zur Versicherungspflicht von Mitgliedern geistlicher Genossenschaften. Erstmals wurde für diesen Personenkreis im Jahre 1945 bei der Neufassung des § 1 AVG durch Art. 6 der 1. VereinfVO ein neuer Absatz 5 eingefügt. Danach waren (in der Angestelltenversicherung) u. a. Mitglieder geistlicher Genossenschaften grundsätzlich auch dann versicherungspflichtig, wenn sie nach § 172 Abs. 1 Nr. 6 RVO krankenversicherungsfrei waren. Zur Begründung der Versicherungspflicht in der Rentenversicherung wurde demnach an den Versicherungsfreiheits-Tatbestand des § 172 Abs. 1 Nr. 6 RVO (oben 2 a) angeknüpft. Wie weit die Versicherungspflicht in der Rentenversicherung auf dieser Grundlage reichte, kann offenbleiben, weil später selbständige Regelungen getroffen wurden.

Bei der Rentenreform 1957 wurde die Versicherungspflicht von Mitgliedern geistlicher Genossenschaften erstmals eigenständig geregelt. Nach § 2 Abs. 1 Nr. 7 AVG i. d. F. des Art. 1 AnVNG vom 23. 2. 1957 (BGBl. I, 88) und § 1227 Abs. 1 Nr. 5 RVO i. d. F. des Art. 1 ArVNG vom 23. 2. 1957 (BGBl. I, 45) waren versicherungspflichtig Mitglieder geistlicher Genossenschaften, Diakonissen, Schwestern vom Deutschen Roten Kreuz und Angehörige ähnlicher Gemeinschaften, die sich aus überwiegend religiösen oder sittlichen Beweggründen mit Krankenpflege, Unterricht oder anderen gemeinnützigen Tätigkeiten beschäftigten, nur a) während der Zeit ihrer Ausbildung zu einer solchen Tätigkeit, b) wenn sie persönlich nach der Ausbildung neben dem freien Unterhalt Barbezüge von mehr als 75 DM monatlich erhielten. In der Begründung dazu hieß es (zu BT-Drucks. II/3080, S. 3): Obwohl für diesen Personenkreis der Arbeitnehmerbegriff nicht anzuwenden sei, solle er unter bestimmten Voraussetzungen der Versicherungspflicht unterliegen. Die gesetzliche Regelung ging demnach davon aus, daß Mitglieder geistlicher Genossenschaften nicht schon als Arbeitnehmer der Versicherungspflicht nach § 2 Abs. 1 Nr. 1 AVG (§ 1227 Abs. 1 Nr. 1 RVO) unterlagen, sondern es zur Begründung ihrer Versicherungspflicht einer Sonderregelung bedurfte. Diese wurde nach Maßgabe des § 2 Abs. 1 Nr. 7 AVG (§ 1227 Abs. 1 Nr. 5 RVO) jedoch nur für solche Mitglieder getroffen, die sich mit Krankenpflege, Unterricht oder anderen gemeinnützigen Tätigkeiten beschäftigten und entweder hierfür ausgebildet wurden oder nach der Ausbildung neben freiem Unterhalt mehr als nur geringe Barbezüge erhielten.

Im Rentenreformgesetz vom 16. 10. 1972 (RRG 1972, BGBl. I, 1965) wurden die Vorschriften über die Versicherungspflicht von Mitgliedern geistlicher Genossenschaften mit Wirkung vom 1. 1. 1973 neu gefaßt. Nunmehr waren nach dem Wortlaut des § 2 Abs. 1 Nr. 7 AVG i. d. F. des Art. 1 § 2 Nr. 2 Buchst. a RRG 1972 (§ 1227 Abs. 1 Nr. 5 i. d. F. des Art. 1 § 1 Nr. 2 Buchst. a RRG 1972) versicherungspflichtig: Satzungsmäßige Mitglieder geistlicher Genossenschaften ... und Angehörige ähnlicher Gemeinschaften während der Zeit ihrer Ausbildung, die nicht Schul-, Fachschul- oder Hochschulausbildung ist, oder während ihrer Tätigkeit für die Gemeinschaft, wenn sie persönlich neben dem freien Unterhalt Barbezüge von mehr als einem Achtel der für Monatsbezüge geltenden Beitragsbemessungsgrenze monatlich erhalten. Durch die Neufassung sollte nach der Begründung hierzu (zu BT-Drucks. VI/3767, S. 13) sichergestellt werden, daß die Mitglieder geistlicher Genossenschaften nicht nur – wie bisher – während einer gemeinnützigen Tätigkeit für ihre Gemeinschaft oder der Ausbildung für eine solche Tätigkeit versicherungspflichtig sind. Vielmehr sollten in Zukunft alle Mitglieder einer solchen Gemeinschaft grundsätzlich während der Zeit ihrer Ausbildung oder von einer bestimmten Barbezugsgrenze an während der Tätigkeit für die Gemeinschaft der Versicherungspflicht unterliegen.

c) Aufgrund dieser Regelung, die in ihrem hier maßgeblichen Teil unverändert bis Ende 1991 galt (§ 2 Abs. 1 Nr. 7 AVG und zuletzt § 1227 Abs. 1 S. 1 Nr. 5 RVO), waren die Postulantinnen und Novizinnen des vorliegenden Verfahrens auch in den Jahren 1989 bis 1991 versicherungspflichtig, soweit sie im Kloster des Klägers lebten. Eine Befreiung nach § 8 Abs. 3 AVG (§ 1231 Abs. 3 RVO) oder nach § 231 Abs. 2 S. 1 Nr. 2, S. 2 SGB VI kam mangels Gewährleistung einer Versorgung nicht in Betracht.

Die Versicherungspflicht scheitert nicht daran, daß § 2 Abs. 1 Nr. 7 AVG (§ 1227 Abs. 1 S. 1 Nr. 5 RVO) von satzungsmäßigen Mitgliedern sprach. Unter den satzungsmäßigen Mitgliedern sind hier anders als in den später eingeführten § 6 Abs. 1 Nr. 7 SGB V und § 5 Abs. 1 S. 1 Nr. 3 SGB VI nicht nur Mitglieder von der ersten Profeß an zu verstehen, sondern auch Personen, die sich in kirchenrechtlich vorgesehenen oder vom Orden nach seinen Regeln durchgeführten Vorbereitungs- und Bewährungszeiten (Postulat und Noviziat) befanden. Die 1972 neugefaßten Vorschriften sahen die Versicherungspflicht sowohl für Zeiten einer nichtschulischen Ausbildung als auch für Zeiten einer Tätigkeit für die Gemeinschaft vor. Insofern entsprachen sie den früheren, 1957 eingeführten und den späteren, ab 1992 geltenden Vorschriften. Als Zeiten einer nichtschulischen Ausbildung, die einer Tätigkeit oder einem Dienst für die Gemeinschaft gegenübergestellt werden, kommen, wenn sowohl die Ausbildung als auch die Tätigkeit (der Dienst) versicherungspflichtig sein sollen, im wesentlichen Zeiten des Postulats und des Noviziats in Betracht. Gerade sie würden aber von der Versicherungspflicht ausgeschlossen, wenn diese erst mit der ersten Profeß beginnen sollte. Das widerspräche auch der genannten Begründung des Gesetzes, die nur für eine Ausdehnung der Versicherungspflicht gegenüber der Regelung von 1957 spricht, die Absicht einer Einschränkung hingegen nicht erkennen läßt.

Es ist auch kein Grund dafür zu erkennen, daß von 1957 bis 1972 Mitglieder, von 1973 bis 1991 nur satzungsmäßige Mitglieder (i. S. der späteren § 6 Abs. 1 Nr. 7 SGB V und § 5 Abs. 1 S. 1 Nr. 3 SGB VI) und ab 1992 wieder alle Mitglieder versicherungspflichtig sein sollten. Diese Zusammenhänge wurden von der Ansicht nicht berücksichtigt, die allein wegen des Wortes „satzungsmäßige" eine Versicherungspflicht nach § 2 Abs. 1 Nr. 7 AVG (§ 1227 Abs. 1 Nr. 5, später § 1227 Abs. 1 S. 1 Nr. 5 RVO) für Postulanten und Novizen verneinte. Soweit die Versicherungsträger diese Ansicht vertraten, gelangten sie allerdings im Ergebnis ebenfalls zu Versicherungspflicht, indem sie eine Ausbildungsversicherung nach § 2 Abs. 1 Nr. 1 AVG (§ 1227 Abs. 1 S. 1 Nr. 1 RVO) annahmen.

Die Versicherungspflicht bestand auch nach der seit 1973 geltenden Regelung bei kontemplativen Orden. Entsprechend der genannten Begründung wollte der Gesetzgeber von dem früheren Erfordernis einer gemeinnützigen Tätigkeit absehen und alle Mitglieder geistlicher Genossenschaften während der Zeit ihrer Ausbildung oder (von einer Barbezugsgrenze an) während der Tätigkeit für die Gemeinschaft erfassen. Für eine Einschränkung dahin, daß nur nach außen gerichtete Tätigkeiten oder solche mit einem Arbeitserfolg, also wirtschaftlicher Art, und Ausbildungen hierzu gemeint waren, besteht kein Anhalt. Da Zeiten der Ausbildung auch ohne Entgelt der Versicherungspflicht unterlagen, ist unerheblich, ob Mitglieder des Ordens von der ersten Profeß an versicherungsfrei waren, weil sie keine oder nur geringe Barbezüge erhielten.

d) In der Rentenversicherung waren also die Postulantinnen und Novizinnen nach dem 1989 bis 1991 und nach dem seit 1992 geltenden Recht gleichermaßen versicherungspflichtig. Insofern bedeutet es keine sachliche Änderung, daß AVG und RVO zuletzt von satzungsmäßigen Mitgliedern und von einer Tätigkeit für die Gemeinschaft sprachen, während im SGB VI von Mitgliedern und vom Dienst für die Gemeinschaft die Rede ist. Aus der Begründung zu § 1 S. 1 Nr. 4 SGB VI (BT-Drucks. 11/4124, S. 149) vermag der Senat nichts anderes zu entnehmen. Eine Erweiterung der Versicherungspflicht in der Sache brachte das SGB VI dadurch, daß nunmehr auch diejenigen Mitglieder versicherungspflichtig wurden, die nur freien Unterhalt und keine oder nur geringe Barbezüge erhielten.

5. Der Senat konnte sich nicht davon überzeugen, daß die Versicherungspflicht der Postulantinnen und Novizinnen in der Rentenversicherung verfassungswidrig ist.

Der Kläger ist Träger des Grundrechts der kollektiven Religionsfreiheit nach Art. 4 Abs. 1, 2 GG. Er kann sich auch auf das Recht aus Art. 140 GG i. V. m. Art. 137 Abs. 3 S. 1 WRV berufen, wonach jede Religionsgesellschaft ihre Angelegenheiten selbständig innerhalb der Schranken des für alle geltenden Gesetzes ordnet und verwaltet. Insofern billigt der Senat dem Kläger die gleichen Rechte zu wie der katholischen Kirche, der sich der Orden zurechnet. Dafür ist unerheblich, daß das Kloster des Klägers nach seinem Vorbringen kirchenrechtlich nicht einer deutschen, sondern einer ausländischen Diözese zugeordnet ist und Teile des Ordens einer besonderen Richtung zuneigen.

Die Vorsorge für Zeiten einer geminderten Fähigkeit ihrer Mitglieder zur Ausübung einer Tätigkeit und für deren Alter gehört zwar zu den eigenen Angelegenheiten der Religionsgesellschaften, ist jedoch keine rein innerkirchliche Angelegenheit, für welche der verfassungsrechtliche Schutz durch die Religionsfreiheit und das Selbstbestimmungsrecht der Kirchen uneingeschränkt gelten. Vielmehr sind auch Belange des Staates berührt. Das gilt selbst dann, wenn Ordensmitglieder wie im Kloster des Klägers weltabgewandt leben und sich im Vertrauen auf Gott gesichert sehen. Der Staat hat für etwaige Vorsorgelücken einzustehen. Zwar bedürfen diejenigen Postulanten und Novizen, die später die Profeß ablegen, dauerhaft in der geistlichen Genossenschaft bleiben und dort versorgt sind, keines Rentenanspruchs; andererseits geht ihnen ein erworbener Rentenanspruch nicht verloren. Ein Sicherungsbedarf für Zeiten des Postulats und des Noviziats besteht aber bei denjenigen, die zwar ebenfalls die Profeß ablegen und der Genossenschaft unbegrenzt angehören, aber auch als satzungsmäßige Mitglieder nicht versicherungsfrei sind, weil ihnen keine Versorgung durch die Genossenschaft gewährleistet ist. Der Sicherung bedürfen ferner diejenigen, welche die Genossenschaft verlassen. Geschieht dieses nach der Profeß, so sind sie für Zeiten des Postulats, des Noviziats und nach der Profeß nur gesichert, wenn ihnen vor dem Ausscheiden eine Versorgung gewährleistet war, sie diese durch das Ausscheiden verloren haben und die Nachversicherung auch Zeiten des Postulats und des Noviziats umfaßt (vgl. dazu § 8 Abs. 2 SGB VI; früher § 9 Abs. 5 AVG und § 1232 Abs. 5 RVO). Verlassen Postulanten und Novizen die Genossenschaft vor der Profeß, sind sie ohne die Versicherungspflicht ungesichert. Werden sie dann wie auch diejenigen, welche die Genossenschaft nach der Profeß unversorgt und ohne Nachversicherung verlassen, berufstätig und tritt anschließend verminderte Erwerbsfähigkeit auf, so ist ohne die Versicherungspflicht die Erfüllung der Wartezeit (§ 50 Abs. 1 S. 1 SGB VI) und der Anwartschaft (§ 43 Abs. 1 Nr. 2, § 44 Abs. 1 Nr. 2 SGB VI) für Renten wegen Berufs- oder Erwerbsunfähigkeit gefährdet. Ferner fehlt die Zeit des Postulats und des Noviziats als Beitragszeit für eine Rente wegen Alters. Für Zeiten des Postulats und des Noviziats liegt ein Ausscheiden aus Kloster und Ordensgemeinschaft nicht fern, weil es sich um Probe- und Bewährungszeiten vor einer längeren Bindung durch die erste Profeß handelt. Auch mehrere der beigeladenen Postulantinnen und Novizinnen des vorliegenden Verfahrens leben nicht mehr im Kloster des Klägers oder einem anderen Kloster des Ordens. Unter Berücksichtigung der hiernach auftretenden Sicherungslücken durfte sich der staatliche Gesetzgeber in Ausprägung des Sozialstaatsprinzips (Art. 20 Abs. 1, Art. 28 Abs. 1 S. 1 GG), das wie die Religionsfreiheit und das Selbstverwaltungsrecht der Kirchen Verfassungsrang hat, dafür entscheiden, Mitglieder geistlicher Genossenschaften wie andere Personen mit vergleichbarem Sicherungsbedarf in die Rentenversicherungspflicht einzubeziehen. Die entsprechenden Vorschriften sind „für alle geltende Gesetze" i. S. des Art. 137 Abs. 3 S. 1 WRV.

Diese Verfassungsnorm gewährleistet mit Rücksicht auf das erforderliche friedliche Zusammenleben von Staat und Kirche sowohl das selbständige Ordnen und Verwalten der eigenen Angelegenheiten durch die Kirchen als auch den staatlichen Schutz anderer für das Gemeinwesen bedeutsamer Rechtsgüter; der Wechselwirkung von Kirchenfreiheit und Schrankenzweck ist durch Güterabwägung Rechnung zu tragen (vgl. BVerfGE 70, 138, [167] [6]; 72, 278, [289] [7]). Dem wird die gesetzliche Regelung in der Rentenversicherung gerecht. Sowohl nach dem bis Ende 1991 als auch nach dem ab 1992 geltenden Recht ist für solche Mitglieder, die (ab der ersten Profeß) der geistlichen Genossenschaft für lange Zeit oder dauernd angehören, bei Gewährleistung einer Versorgung eine Ausnahme von der Versicherungspflicht vorgesehen (vgl. die Befreiung auf Antrag nach § 8 Abs. 3 AVG, § 1231 Abs. 3 RVO und die Versicherungsfreiheit kraft Gesetzes nach § 5 Abs. 1 S. 1 Nr. 3 SGB VI). Dadurch sollte dem Grundsatz des Selbstbestimmungs- und Selbstverwaltungsrechts der Religionsgesellschaften Rechnung getragen werden (Begründung zum Entwurf des § 5 Abs. 1 S. 1 Nr. 3 SGB VI in BT-Drucks. 11/4124, S. 151). Für die Zeit des Postulats und des Noviziats besteht eine solche Gewährleistung noch nicht. Die bestehende Versicherungspflicht während des Postulats und des Noviziats erstreckt sich in der Regel nur auf einen Zeitraum von zusammen drei Jahren; daß dieser Zeitraum im Kloster des Klägers nach seinem Vorbringen vor dem Sozialgericht teilweise erheblich überschritten wird, ist ohne Rücksicht darauf, ob das kirchenrechtlich zulässig ist, hier nicht von Bedeutung. Die verlangten Beiträge sind niedrig (vgl. früher § 112 Abs. 3 Buchst. c AVG, § 1385 Abs. 3 Buchst. c RVO; heute § 162 Nr. 4 SGB VI). Soweit bei der Güterabwägung das Selbstverständnis der verfaßten Kirche zu berücksichtigen ist, entnimmt der Senat die hiermit bestehende Vereinbarkeit der staatlichen Regelung zur Versicherungspflicht daraus, daß sich die Ordensgemeinschaften in der Praxis den staatlichen Vorstellungen fügen und die Postulanten und Novizen versichern (Sailer, Die Stellung der Ordensangehörigen im staatlichen Sozialversicherungs- und Vermögensrecht, 1996, S. 186). Das Bundessozialgericht hat früher die Rentenversicherungspflicht des Predigers einer Freien evangelischen Gemeinde für vereinbar mit Art. 140 GG i. V. m. Art. 137 Abs. 3 WRV gehalten (BSGE 16, 289 = SozR Nr. 30 zu § 165 RVO).

Die beigeladenen Postulantinnen und Novizinnen werden in ihrem Grundrecht auf individuelle Religionsfreiheit (Art. 4 Abs. 1, 2 GG) nicht verletzt. Aus den zur kollektiven Religionsfreiheit angeführten Gründen müssen auch sie

---

[6] KirchE 23, 80.   [7] KirchE 24, 119.

jedenfalls vor einer dauerhaften Abwendung von der Welt durch eine längere oder ewige Bindung an den Orden die Versicherungspflicht hinnehmen. Ihrer Ansicht, mit dem abgeschiedenen Leben im Kloster sei die Zugehörigkeit zu einem weltlichen Versicherungssystem nicht vereinbar, widerspricht im übrigen ihre freiwillige Mitgliedschaft in der gesetzlichen Krankenversicherung. Das Bestehen der Versicherungspflicht behindert die Postulantinnen und Novizinnen nicht in der Religionsausübung, weil es von ihnen weder ein Handeln gegen die Ordensregeln noch ein Unterlassen religiösen Verhaltens verlangt (anders im Sozialrecht, wenn eine Arbeit am Sabbat zur Vermeidung einer Sperrzeit gefordert wird, vgl. BSGE 51, 70 = SozR 4100 § 119 Nr. 13[8]).Die Beitragserhebung zur Rentenversicherung ist nicht Gegenstand des vorliegenden Rechtsstreits. Soweit die Beitragspflicht aus der Versicherungspflicht während der Ausbildung folgt und nur Sachbezüge gewährt werden, hat die Beiträge für die Zeit ab 1992 allein die Genossenschaft zu tragen und zu zahlen (§ 162 Nr. 4, § 168 Abs. 1 Nr. 4, § 173 SGB VI). Auch in den Jahren 1989 bis 1991 hatte zunächst die Genossenschaft den gesamten Beitrag an die Einzugsstelle zu entrichten (§ 126 Abs. 1 S. 1, 2 AVG, § 1404 Abs. 1 S. 1, 2 RVO, jeweils i. V. m. § 28e Abs. 1 SGB IV). Allerdings traf die Beitragslast je zur Hälfte die Versicherten und die Genossenschaft (§ 112 Abs. 4 S. 1 Buchst. c AVG, § 1385 Abs. 4 S. 1 Buchst. c RVO). Ob diese deswegen nach der Zahlung des gesamten Beitrags die Versicherten-Hälfte von den Postulantinnen und Novizinnen verlangen konnte und verlangt hat, ist eine innere Angelegenheit des Ordens, dessen Kloster hier von Spenden lebt. Eine entsprechende Anwendung der Vorschrift über den Abzug des Versicherten-Anteils vom Entgelt (§ 28g SGB IV) war in § 126 Abs. 1 S. 1 AVG (§ 1404 Abs. 1 S. 1 RVO) nicht vorgesehen. Ein solcher Abzug kam auch deshalb nicht in Betracht, weil die Postulantinnen und Novizinnen nur freien Unterhalt bekamen. Jedenfalls bestand keine gesetzliche Verpflichtung der Genossenschaft, die Postulantinnen und Novizinnen auf die Erstattung ihrer Beitragshälfte in Anspruch zu nehmen.

100

Es begründet nicht die Besorgnis der Befangenheit, wenn ein Richter im Rahmen eines Sorgerechtsverfahrens auf die objektive Problematik der Zugehörigkeit eines Elternteils zu den Zeugen Jehovas hinweist.

---

[8] KirchE 18, 347.

§ 42 ZPO
OLG Bamberg, Beschluß vom 18. Dezember 1996 – SA-F 26/96[1] –

Aus den Gründen:
Das Ablehnungsgesuch ist nicht gerechtfertigt. Die Ablehnung eines Richters wegen Besorgnis der Befangenheit kommt dann in Betracht, wenn ein gegenständlich vernünftiger Grund vorhanden ist, der der ablehnenden Partei von ihrem Standpunkt aus Anlaß zu der Befürchtung geben kann, der Richter werde nicht unparteiisch und sachlich entscheiden. Dabei muß es sich um einen objektiven Grund handeln, der vom Standpunkt des Ablehnenden bei vernünftiger Betrachtung die Befürchtung erwecken kann, der Richter stehe der Sache nicht unvoreingenommen und damit nicht unparteiisch gegenüber; rein subjektive, unvernünftige Vorstellungen und Gedankengänge des Gesuchstellers scheiden aus (BayObLG, DRiZ 1977, 244). Soweit es um rechtliche Hinweise des Gerichts oder um die Äußerung von Rechtsmeinungen geht, ist dem Richter – auch im Verfahren nach dem FGG – ein weiter Spielraum eingeräumt. Dies soll gewährleisten, daß der Richter die Sache umfassend, auch unter Abklopfen der jeweiligen Schwachpunkte, mit den Parteien erörtern kann, ohne sich dem Vorwurf der Parteilichkeit auszusetzen. Äußerungen im Rahmen rechtlicher Bewertung können deshalb in der Regel eine Richterablehnung nur dann begründen, wenn Umstände dafür sprechen, daß die Fehlerhaftigkeit einer Ansicht auf einer unsachlichen Einstellung des Richters gegenüber einer Partei beruht (Zöller/Vollkommer, ZPO, 20. Aufl., § 42 Rz. 28). Diesen Anforderungen entspricht das Verhalten der Richterin in der Sitzung v. 7. 3. 1996 schon nach den Behauptungen der Antragstellerin nicht, so daß es auf die Frage der – fehlenden – Glaubhaftmachung gar nicht mehr ankommt. Der angebliche Hinweis auf die objektive Problematik der Zugehörigkeit eines Elternteils zur Glaubensgemeinschaft der Zeugen Jehovas im Rahmen einer Sorgerechtsentscheidung wäre nämlich durchaus sachgerecht und damit nicht einmal fehlerhaft gewesen. Gerade die von der Antragstellerin vorgelegten Entscheidungen machen deutlich, daß die jeweilige Mitgliedschaft eines Elternteils bei den Zeugen Jehovas als zum Teil wesentliches Problem bei der Zuteilung der elterlichen Sorge angesehen worden ist; denn dieser Punkt wird in jeder Entscheidung, zum Teil ausführlich, erörtert und damit als problematischer Gesichtspunkt herausgestellt. Mit der angeblichen Bezugnahme auf diesen erörterungsbedürftigen Umstand ist deshalb die abgelehnte Richterin im Vorfeld ihrer Entscheidung lediglich der einhelligen Auffassung in der Rechtsprechung gefolgt. Daß dies nicht zur Ablehnung führen kann, liegt auf der Hand.

---

[1] FamRZ 1998, 172.

101

Ein bundesverfassungsgerichtlicher Anspruch auf Genehmigung eines Privatgymnasiums, das ab Klasse 5 beginnt, besteht nicht, wenn der Landesgesetzgeber eine ausnahmslos sechsjährige Grundschulpflicht in verfassungskonformer Weise vorgesehen hat und der Betrieb eines solchen grundständigen Gymnasiums der Gesamtkonzeption des öffentlichen Schulwesens des Landes widerspricht.

Art. 7 Abs. 4 u. 5 GG; §§ 62 1. BbgSRG, 120 f. BbgSchulG
BVerwG, Urteil vom 18. Dezember 1996 – 6 C 6.95 [1] –

Streitig ist die Frage, ob ein Land ein privates Gymnasium auch dann als Ersatzschule – bei Vorliegen der Voraussetzungen im übrigen – ab der Klasse 5 zu genehmigen hat, wenn das öffentliche Schulwesen des Landes weiterführende Schulen erst ab der Klasse 7 vorsieht.

Mit dem angefochtenen Bescheid erteilte das beklagte Ministerium dem klagenden Erzbistum eine vorläufige Genehmigung zur Errichtung eines kath. Gymnasiums in F. u. a. unter der „Auflage bzw. Bedingung", das Gymnasium dürfe nur ab Klasse 7 geführt werden. Der Kläger war mit den Einschränkungen nicht einverstanden. Er hat Klage zum Verwaltungsgericht erhoben und beantragt, den Beklagten unter Aufhebung des angefochtenen Bescheides zu verpflichten, dem Kläger die Genehmigung zur Errichtung des kath. Gymnasiums in F. entsprechend seinem Antrag, beginnend mit der 5. Klasse, zu erteilen.

Das Verwaltungsgericht hat der Klage stattgegeben und den Beklagten zur Erteilung der Genehmigung zur Errichtung des kath. Gymnasiums in F. ab Klassenstufe 5 verpflichtet. Die vom Verwaltungsgericht zugelassene Sprungrevision der Beklagten führte zur Aufhebung des erstinstanzlichen Urteils und zur Zurückverweisung der Sache an das Oberverwaltungsgericht.

Aus den Gründen:

Die zulässige Revision ist begründet. Das Revisionsgericht kann allerdings noch nicht endgültig entscheiden, ob das beklagte Ministerium verpflichtet ist, das geplante Gymnasium ab Klasse 5 zu genehmigen. Vielmehr ist die Sache nach § 144 Abs. 5 S. 1 VwGO an das Brandenburgische Oberverwaltungsgericht zu verweisen, da die Frage der Genehmigung des beantragten Gymnasiums letztlich von Auslegungsfragen des Landesrechts und möglicherweise auch von weiteren Tatsachenfeststellungen abhängt, die infolge einer gesetzlichen Neu-

---

[1] Amtl. Leitsatz. BVerwGE 104, 1; RdJB 1998, 110. Nur LS: DÖV 1998, 169.

regelung von einem Verwaltungsgericht des Landes bisher noch nicht geprüft worden sind (§ 173 VwGO, § 565 Abs. 4 und Abs. 3 Nr. 1 ZPO).
(wird ausgeführt)
2. Die Sprungrevision ist begründet. Das erstinstanzliche Urteil ist aufzuheben, da es sich einerseits auf landesrechtliche Rechtsgrundlagen stützt, die so nicht mehr bestehen, und es andererseits Bundesrecht verletzt, soweit es auch darauf gestützt ist. Hieraus ergibt sich indes noch nicht, ob die beantragte Genehmigung zur Errichtung des privaten Gymnasiums in F. mit den Klassen 5 und 6 zu erteilen ist. Diese Frage läßt sich aus Sicht des Bundesrechts nicht abschließend beantworten. Ob das beantragte kath. Gymnasium mit den Klassen 5 und 6 zu genehmigen ist, kann am Ende nur eine ergänzende Heranziehung des zwischenzeitlich geänderten Landesrechts ergeben, was auch eine daran ausgerichtete Sachverhaltsaufklärung erfordert. Deshalb wird die Sache nach § 144 Abs. 5 Satz 1 VwGO an das zuständige Oberverwaltungsgericht des Landes verwiesen.

2.1 Zu entscheiden ist allein noch über die Frage, ob das klagende Erzbistum einen Anspruch auf Genehmigung des beantragten Privatgymnasiums bereits ab der Klasse 5, und nicht erst, wie derzeit aufgrund einschränkender Genehmigung praktiziert, ab der Klasse 7 hat. Die weiteren ursprünglich umstrittenen Fragen, ob die Stundentafel nach den Vorgaben des beklagten Ministeriums zu gestalten sei und ob zu der Erteilung der Unterrichtsgenehmigungen für Lehrer die Kopien der erreichten Abschlüsse einzureichen seien (s. Bescheid des Beklagten vom 3.7.1991) haben sich teils erstinstanzlich, teils in der Revisionsinstanz erledigt.

2.2 Mit der zulässigen Verpflichtungsklage (§ 42 Abs. 1 VwGO) begehrt der Kläger die Genehmigung zur Errichtung eines Gymnasiums in F. beginnend ab der Klasse 5. Nach Auffassung des erstinstanzlichen Gerichts sollte sich ein entsprechender Anspruch des Klägers schon allein nach der landesrechtlichen Anspruchsgrundlage des § 62 des Ersten Schulreformgesetzes für das Land Brandenburg vom 28.5.1991 (1. SRG – GVBl. 1991, S. 116) ergeben; darin wiederum ist wegen der Genehmigung von Privatschulen auf § 4 Abs. 2 S. 1 des Privatschulgesetzes des Landes Berlin (PrivSchulG) verwiesen worden. Die Herleitung einer entsprechenden Anspruchsgrundlage aus dem Landesrecht begegnet als solche keinen bundesrechtlichen Bedenken. Art. 7 Abs. 4 GG steht einem eigenständigen landesrechtlichen Anspruch auf Errichtung und Genehmigung von Ersatzschulen unter Voraussetzungen, die nicht strenger sind, als im Bundesverfassungsrecht vorgesehen, nicht entgegen.

Jedoch ist die vom Verwaltungsgericht als maßgeblich angesehene Anspruchsgrundlage vom Landesgesetzgeber inzwischen aufgehoben worden. Das Gesetz über die Schulen im Land Brandenburg (Brandenburgisches Schulgesetz – BbgSchulG – GVBl. 1996 I S. 102) datiert vom 12.4.1996. Nunmehr bestimmen die seit dem 1. 8. 1996 geltenden (§ 149 BbgSchulG) §§ 120 ff. Bbg-SchulG den Begriff der Ersatzschule in eigenständiger Weise, werden dort auch im übrigen die näheren Voraussetzungen der Genehmigung zur Errichtung einer Ersatzschule festgelegt. Dies ist für die Entscheidung in der Revisionsinstanz insoweit zu berücksichtigen, als damit nicht nur die landesrechtliche Anspruchsgrundlage, sondern gleichzeitig auch die Rechtsgrundlage für die Auffassung des Verwaltungsgerichts entfallen ist, das (bisherige) Landesrecht lasse eine von einer strengeren Auslegung des Bundesverfassungsrechts abweichende Erleichterung für die Genehmigungserteilung zu. Denn für die Entscheidung über den mit der Verpflichtungsklage verfolgten Anspruch auf Erteilung der Genehmigung ist allein die Rechtslage im Zeitpunkt der letzten Verhandlung in der Revisionsinstanz maßgeblich (vgl. BVerwGE 52, 1 [3] BVerwG, Urteil vom 27. 2. 1992 – BVerwG 4 C 43.87 –, DVBl. 1992, 727). Andererseits läßt sich der geltend gemachte Anspruch des Klägers nicht ohne weiteres, d. h. nicht ohne nähere Konkretisierung des neuen Landesrechts und nicht ohne weitere Tatsachenfeststellungen, auf Bundesverfassungsrecht stützen.

Bei dieser Sach- und Rechtslage ist es nach § 173 VwGO, § 565 Abs. 4 ZPO dem Ermessen des Revisionsgerichts überlassen, entweder – trotz § 562 ZPO – irrevisibles Recht anzuwenden oder aber die Sache zurückzuverweisen. Der Senat übt dieses Ermessen dahin gehend aus, daß er die Sache zur anderweitigen Verhandlung und Entscheidung an das Oberverwaltungsgericht zurückverweist. Denn die Auslegung von neuem Landesrecht ist insbesondere bei den hier in Rede stehenden grundlegenden Normen aus dem Bereich des Schulrechts, das in die ausschließliche Gesetzgebungszuständigkeit der Länder fällt (Art. 30, 70 ff. GG, vgl. BVerfGE 6, 309 [354] [2]; BVerfGE 53, 185 [196]), an erster Stelle Aufgabe der dafür berufenen Gerichte des Landes. Ein besonderer Beschleunigungsbedarf, der eine Entscheidung durch das Revisionsgericht nahelegen würde, ist nicht ersichtlich. Insoweit ist auf die Entscheidungen im Verfahren des vorläufigen Rechtsschutzes zu verweisen, die entscheidend darauf abgestellt haben, daß dem Kläger inzwischen an einem Nachbarort (für die Klassen 1 bis 4) und am Orte des derzeit ab Klasse 7 geführten Gymnasiums in F. (für die Klassen 5 und 6) eine sechsklasige private Grundschule genehmigt worden ist. An dieser Schule sind mehrere fünfte Klassen eingerichtet, die als erste Fremdsprache Englisch anbieten; auch Latein wäre dort als erste Fremdsprache genehmigungsfähig, wie der Beklagte erklärt hat und dem Kläger bekannt ist. Dies bedeutet, daß der Kläger sein pädagogisches Konzept in weitem Umfang bereits jetzt verwirklichen kann.

2.3 Unabhängig von der dem Oberverwaltungsgericht vorbehaltenen Bestimmung des näheren Inhalts der neuen landesrechtlichen Anspruchsvoraus-

---

[2] KirchE 4, 46.

setzungen obliegt es dem Senat festzustellen, ob das erstinstanzliche Urteil, soweit es sich *auch* auf die Auslegung von Bundesverfassungsrecht gestützt hat, Bundesrecht verletzt. Prüfungsmaßstäbe sind hier allein Art. 7 Abs. 4 und Abs. 5 GG. Sie dürften auch für die Auslegung des § 121 Abs. 1 BbgSchulG verbindlich sein. Dies scheint vor allem der Landesverfassungsgeber so gesehen zu haben, der in Art. 30 Abs. 6 BbgLVerf die Privatschulfreiheit nach Maßgabe des Art. 7 Abs. 4 GG gewährleistet hat. Soweit deshalb das erstinstanzliche Urteil den Gehalt der bundesverfassungsrechtlichen Regelung verkannt haben sollte, kann dies dann auch für die noch vorzunehmende Anwendung und Auslegung des neuen Landesrechts durch das Oberverwaltungsgericht von Bedeutung sein. Dies gilt auf jeden Fall für die Bestimmung der Grenzen, die das Bundesverfassungsrecht einer etwaigen landesrechtlichen Einschränkung der Privatschulfreiheit setzt. Das Landesrecht kann – wie dargelegt – den freien Trägern von Ersatzschulen allenfalls mehr, nicht aber weniger Rechte gewähren, als dies Art. 7 Abs. 4 GG vorsieht.

Entgegen der Auffassung des Beklagten sieht der Senat allerdings keine Bedenken, wenn das Landesrecht für die in Rede stehenden Jahrgangsstufen in einem weitergehenden Umfange Ersatzschulen für genehmigungsfähig erklärt, als dies Art. 7 Abs. 4 GG mindestens gewährleistet. Der Beklagte meint im Anschluß an ein Gutachten von Avenarius, eine einfachgesetzliche Erweiterung des bundesverfassungsrechtlichen Ersatzschulbegriffs bedeute eine im Grundgesetz nicht vorgesehene Einschränkung des Rechts auf genehmigungsfreie Gründung von Privatschulen, die keine Ersatzschule sind. Dem ist entgegenzuhalten, daß es hier um die Klassen 5 und 6 geht, in denen noch Schulpflicht besteht, und eine genehmigungsfreie Privatschule, die keine Ersatzschule ist, nie eine Schule sein kann, mit deren Besuch der Schulpflicht genügt werden kann (vgl. § 36 Abs. 3 S. 2 BbgSchulG). Eine genehmigungsfreie Ergänzungsschule wäre in diesem Bereich nicht existenzfähig; sie dürfte von schulpflichtigen Kindern nicht besucht werden. Erweitert also der Landesgesetzgeber für den Bereich, in dem Schulpflicht besteht, den Kreis der möglichen Ersatzschulen, so stellt er damit zwar weitere Vorhaben unter die förmliche Genehmigungspflicht; das bedeutet aber für die potentiellen Träger derartiger Schulen keine Einschränkung, sondern vielmehr eine Erweiterung der Privatschulfreiheit. Dies gilt insbesondere auch im Hinblick auf die staatliche Pflicht, das private Ersatzschulwesen zu schützen (s. BVerfGE 75, 40 LS 1; 90, 128 [142]).

2.4 Die Frage, ob das von dem Kläger geplante grundständige Gymnasium als Ersatzschule im Sinne des Art. 7 Abs. 4 Satz 2 GG zu gelten hat, auch wenn für das öffentliche Schulwesen des Landes weiterführende Schulen, die schon mit der Klasse 5 beginnen, nicht vorgesehen sind, läßt sich nicht ausschließlich nach Bundesverfassungsrecht beantworten. Denn auch das Landesrecht beeinflußt die Beantwortung der Frage, welche Schule Ersatzschule ist; dies geschieht in der Weise, daß es „bestimmt, welche öffentlichen Schulen es gibt, denen eine Privatschule entsprechen kann" (BVerfGE 90, 128, 139). Hiervon ausgehend ist die Frage aus bundesrechtlicher Sicht sodann nach folgenden Grundsätzen der Verfassungsauslegung zu beantworten: Welche Schulformen nach dem Grundgesetz als weiterführende Ersatzschulen genehmigungsfähig sind, kann von der durch das jeweilige Landesrecht ausgestalteten Schulstruktur abhängen. Insoweit ist zwar keine strenge Akzessorietät zu fordern, insbesondere nicht im Bereich der weiterführenden Schulen. Eine Schule in freier Trägerschaft kann aber schon im Sinne des Wortes nur dann „Ersatzschule" sein, wenn sie in der Lage ist, diese zu „ersetzen". Ein Mindestmaß an Verträglichkeit mit vorhandenen Schulstrukturen einschließlich der damit verfolgten pädagogischen Ziele ist insbesondere dann zu beachten, wenn der vom Grundgesetz in Art. 7 Abs. 5 GG mit besonderem staatlichen Vorrang ausgestattete Grundschulbereich mitbetroffen ist. Sieht ein Bundesland ausnahmslos eine sechsklassige Grundschule und eine entsprechend lange währende Grundschulpflicht vor und genügt diese schulorganisatorische Regelung in ihrer Gesamtheit den verfassungsrechtlichen Anforderungen, die in der Regel eine schulische Vielfalt anstreben, zumindest aber einen differenzierten Unterricht voraussetzen, so haben sich freie Schulträger mit den von ihnen geplanten Privatschulen darauf einzustellen. Daraus folgt allerdings nicht ohne weiteres, daß grundständige Gymnasien, die in den landesrechtlich festgelegten Grundschulbereich hineinragen, von vornherein als unzulässige Schulformabweichungen ausgeschlossen wären. Allerdings müssen sie sich in die Gesamtkonzeption des Landesgesetzgebers einpassen. Das ist der Fall, wenn die spezifischen pädagogischen Ziele, die mit der landesrechtlichen Ausgestaltung als „Gesamtzweck" verfolgt werden, in der vorgesehenen Privatschule erfüllt werden können, ohne zugleich diejenigen der öffentlichen Schulen zu beeinträchtigen. Andernfalls sind sie nicht genehmigungsfähig. Dies ergibt sich aus folgenden Überlegungen:

(1) Nach dem Grundgesetz ist als weiterführende Ersatzschule zu genehmigen diejenige Privatschule, die nach dem mit ihrer Errichtung verfolgten Gesamtzweck als Ersatz für eine in dem Land vorhandene oder grundsätzlich vorgesehene öffentliche Schule dienen soll (vgl. BVerfGE 27, 195 [201 f.]; 75, 40 [76]; 90, 128 [139]). Von dieser Begriffsbestimmung der Ersatzschule, die das Bundesverfassungsgericht in ständiger Rechtsprechung unter Anknüpfung an die Tradition der Weimarer Reichsverfassung vertritt, ist zutreffend auch das Erstgericht ausgegangen.

Das Verwaltungsgericht hat jedoch das Verhältnis von Art. 7 Abs. 4 zu Art. 7 Abs. 5 GG unzutreffend gedeutet. Es hat den Regelungsgehalt des Art. 7 Abs. 5 GG für Fälle verkannt, in denen ein Gymnasium mit den Klassen 5 und 6 errichtet werden soll, obwohl der Landesgesetzgeber den Grundschulbereich und damit möglicherweise auch die Grundschulpflicht ausnahmslos, sieht man einmal vom Sonderfall spezieller Schulversuche ab, auf die Klassen 1 bis 6 erstreckt hat.

Zunächst einmal ist – auch im Hinblick auf die gegenteilige Auffassung des Klägers – klarzustellen, daß sich für derartige Fälle der Einfluß des Art. 7 Abs. 5 GG nicht bereits mit dem Argument ausschließen läßt, die Klassen 5 und 6 würden von Art. 7 Abs. 5 GG nicht erfaßt. Dem steht die Rechtsprechung des Bundesverfassungsgerichts entgegen. So hat es in seiner Entscheidung zur Freien Schule Kreuzberg für die Berliner Grundschulen, die nach § 28 des Schulgesetzes von Berlin auch die Klassen 5 und 6 umfassen, ausdrücklich entschieden, der „im Schulgesetz geregelte Sachverhalt" entziehe sich nicht „dem Geltungsbereich des Art. 7 Abs. 5 GG" (BVerfGE 88, 40 [46]). Das Grundgesetz grenzt den Grundschulbereich allerdings nicht nach Jahrgangsstufen ab. Um einen Übergriff in den Zuständigkeitsbereich der Länder zu vermeiden, beschränkt es sich auf die besondere Gewährleistung der Grundschule, enthält sich aber ansonsten weitergehender Festlegungen. Das betrifft nicht nur die Frage, ob die Grundschule immer und auf jeden Fall „eine für alle gemeinsame Schule" sein müsse (vgl. hierzu BVerfGE 88, 40 [49]); erst recht läßt sich dem Grundgesetz nichts über „Beginn und Dauer der Pflicht zum Besuch der für alle gemeinsamen Schule" entnehmen (BVerfGE 34, 165, 187). Art. 7 Abs. 5 GG will die für alle gemeinsame Grundschule als eine Angelegenheit der Länder nur ermöglichen, diese Schule hingegen nicht in bestimmter Weise vorformen oder gar ausprägen.

Entgegen der Auffassung des Oberbundesanwalts läßt sich der Einfluß des Art. 7 Abs. 5 GG hier nicht etwa mit dem Argument ausblenden, es stehe nur die Genehmigung eines mit der Klasse 5 beginnenden Gymnasiums in Rede, nicht aber eine mit der Klasse 1 beginnende Grundschule. In der Tat richtet sich die Genehmigung privater Gymnasien, *wenn* sie sich als Ersatzschule darstellen, *weil* sie sich in die Gesamtkonzeption des öffentlichen Schulsystems einpassen, ausschließlich nach Art. 7 Abs. 4 GG. Etwas anderes muß aber gelten, wenn sie mit ihren ersten Klassen in den Zeitraum der Grundschulpflicht hineinreichen sollten. Wollte man auch hier allein Art. 7 Abs. 4 GG für maßgeblich halten, wäre der Umfang der verfassungsrechtlichen Gewährleistung des Art. 7 Abs. 5 GG der Entscheidung des Landesgesetzgebers preisgegeben, der sie bis zur Bedeutungslosigkeit einschränken könnte. Im Gewährleistungsbereich des Art. 7 Abs. 5 GG gilt aber die Privatschulfreiheit unter anderen – und was die Akzessorietät betrifft – engeren Voraussetzungen als denen des Art. 7 Abs. 4 GG. Entgegen der Meinung des Verwaltungsgerichts dürfen die mit Art. 7 Abs. 5 GG geschützten positiven Zwecke gemeinsamen miteinander und voneinander Lernens nicht mit dem Sonderungsverbot des Art. 7 Abs. 4 S. 3 GG gleichgesetzt werden.

Anders als das Verwaltungsgericht meint, stellt es auch kein entscheidendes Indiz für den Ersatzcharakter einer Privatschule dar, wenn andere Bundesländer die vom Kläger beantragte Privatschule als öffentliche Regelschule vorsehen. Der

Föderalismus (Art. 20 Abs. 1, 28 Abs. 1 GG) hat zur Folge, daß unterschiedliche Schulstrukturen in den verschiedenen Ländern grundsätzlich – im Rahmen des verfassungsrechtlich Zulässigen – zu respektieren sind.

Zu eng ist auch die Auffassung des Erstgerichts, es komme für die Ersatzschuleigenschaft allein oder zumindest doch ausschlaggebend auf die angestrebten Bildungsabschlüsse und die auf dem Weg dahin verfolgten pädagogischen Zielsetzungen des freien Schulträgers an, so daß aus diesem Grunde allein Art. 7 Abs. 4 GG maßgeblich sei. Denn bei der Beurteilung, ob es sich um eine Privatschule mit anzuerkennendem *Ersatz*charakter handelt, geht es darum, ob die vom Landesgesetzgeber in Übereinstimmung mit dem Grundgesetz vorgegebene pädagogische Gesamtkonzeption verwirklicht ist. Ob eine Privatschule hinsichtlich des mit ihrer Errichtung verfolgten Gesamtzwecks einer im Lande, wenn nicht vorhandenen, so doch grundsätzlich vorgesehenen öffentlichen Schule entspricht, kann also nicht ohne jede Rücksicht auf die grundlegende pädagogische Gesamtkonzeption entschieden werden, die hinter der Struktur des öffentlichen Schulwesens im Lande steht. Umgekehrt ginge es aber auch nicht an, für ein als grundständig geplantes Gymnasium die Privatschulfreiheit des Art. 7 Abs. 4 GG unter Zuhilfenahme des Art. 7 Abs. 5 GG gänzlich zurückzudrängen, etwa mit dem Hinweis darauf, daß im öffentlichen Schulwesen allein schon mit Blick auf den Grundschulbereich die äußeren Strukturen wesentlich andere seien. Vielmehr sind die in den beiden Vorschriften des Grundgesetzes niedergelegten und jeweils spezifisch geschützten privaten und staatlichen Interessen nach dem Prinzip des schonendsten Ausgleichs einander so zuzuordnen, daß sie beide in größtmöglichem Umfang verwirklicht werden können. Das bedeutet aber, daß nicht auf die äußere Form, sondern auf die besonderen pädagogischen *Inhalte* abzustellen ist, die im Rahmen der jeweiligen Gesamtzwecke in unterschiedlichen Strukturen verfolgt werden. Sie sind zunächst je für sich selbst zu bestimmen. Sodann ist zu fragen, ob im Rahmen des Vorhabens die grundlegenden pädagogischen Ziele, die speziell mit der sechsjährigen Grundschule (und gegebenenfalls der Grundschulpflicht) verfolgt werden, auch im Rahmen der Gesamtkonzeption der Privatschule zu erfüllen sind. Auch wenn dies anzunehmen ist, stellt sich dann weiterhin noch die Frage, ob umgekehrt etwa durch das private Vorhaben die Verwirklichung der besonderen pädagogischen Ziele, die der Gesamtkonzeption der öffentlichen Schulen innewohnt, beeinträchtigt werden können.

(2) Allerdings vermag eine landesrechtliche Schulkonzeption der Privatschulfreiheit nur Grenzen zu setzen, wenn sie nicht ihrerseits gegen Bundesverfassungsrecht verstößt. Letzteres dürfte für das Grundschulkonzept des Landes Brandenburg noch gewährleistet sein.

Mit der verfassungsgerichtlichen Rechtsprechung ist davon auszugehen, daß dem Staat die Aufgabe obliegt, im Rahmen seiner finanziellen und organisatorischen Möglichkeiten ein Schulsystem bereitzustellen, das den verschiedenen Begabungsrichtungen Raum zur Entfaltung läßt, sich aber von jeder „Bewirtschaftung des Begabungspotentials" freihält (BVerfGE 34, 165 [183 f.]). Kinder dürfen nicht zeitlich unbeschränkt zum Besuch einer für alle gemeinsamen Grundschule verpflichtet werden. Die Aufgabe des Staates als Erziehungsträger verwehrt es ihm insbesondere, die Kinder übermäßig lange in einer Schule mit *undifferenziertem* Unterricht festzuhalten (BVerfGE 34, 165, 187). Zu bedenken ist aber auch, daß Schule nicht nur eine Anstalt zur Erschließung und Förderung von Begabungen ist, sie soll auch zur Persönlichkeitsentwicklung des Kindes und zu seiner Eingliederung in die Gesellschaft beitragen. Der Staat verhält sich daher nicht verfassungswidrig, wenn er dazu neben der individuellen Begabung auch andere Bildungsfaktoren einsetzt (BVerfGE 34, 165 [188]). Die Bestimmung dieser Faktoren, ihre Abstimmung aufeinander und die schulorganisatorische Durchführung gehören zum Gestaltungsbereich des Staates. Verfassungsrechtlich bedenklich wäre eine solche schulorganisatorische Maßnahme nur, wenn sie für die Entwicklung des Kindes – gesehen nicht nur in der Beschränkung auf das Leistungsvermögen, sondern im Blick auf die ganze Persönlichkeit und ihr Verhältnis zur Gemeinschaft – offensichtlich nachteilig sein würde. Bis zu dieser Schwelle muß dem Landesgesetzgeber bzw. der Schulverwaltung für die Beurteilung didaktischer Maßnahmen und ihrer Auswirkungen im pädagogischen Bereich ein weiter Ermessensspielraum zugebilligt werden (zum Ganzen insbesondere BVerfGE 34, 165, 188 f.). Soweit ersichtlich, wird diese Schwelle derzeit nicht überschritten:

Das öffentliche Schulwesen ist in Brandenburg durch eine Schulstufenstruktur geprägt, die sich hinsichtlich der Dauer der Primarstufe von dem in der Mehrzahl der anderen Länder vorgesehenen unterscheidet (immerhin sieht aber auch das Hamburger Abkommen der Ministerpräsidenten der alten 11 Länder vom 28. 10. 1964 in § 11 Abs. 2 u. a. ein siebenklassiges Gymnasium vor – Slg. der KMK-Beschlüsse Nr. 101). Schulstufen sind in Brandenburg die Primarstufe, die Sekundarstufe I und die Sekundarstufe II (jetzt § 16 Abs. 1 BbgSchulG). Die Primarstufe besteht aus der Grundschule mit den Klassen 1 bis 6 (§ 16 Abs. 1 S. 2, § 19 Abs. 2 S. 1 BbgSchulG). Die 10jährige Vollzeitschulpflicht, der sowohl in der öffentlichen wie auch in der privaten Schule genügt werden kann (§ 36 Abs. 3 S. 2 BbgSchulG), ist durch den Besuch der Grundschule und einer weiterführenden allgemeinbildenden Schule zu erfüllen (§ 36 Abs. 3 S. 1 BbgSchulG). Der Senat überläßt es dem Oberverwaltungsgericht, die Frage zu beantworten, ob daraus zwingend folgt, daß Schüler der Jahrgangsstufe 5 und 6 der Schulpflicht zwar auch in einer privaten Ersatzschule nachkommen können, daß diese aber eine Grundschule sein muß. Jedenfalls lassen sich der Entstehungsgeschichte des alten § 6 Abs. 2 1. SRG Hinweise entnehmen, die in diese Richtung deuten könnten. So ist aus dem ursprünglichen Gesetzentwurf, der insoweit den Wortlaut hatte: „Die Grundschule umfaßt grundsätzlich die Klassen 1 bis 6" (vgl. Drucks. 1/94), das Wort „grundsätzlich" gestrichen worden. Auch wurden als Gründe für die sechsklassige Grundschule u. a. angeführt, daß eine zu frühe Einteilung der Kinder nach zu erwartenden Bildungsbiographien und nach dem Bildungsniveau der Eltern vermieden werden solle, und die Entscheidung für die Sekundarstufenausbildung in ein Alter gelegt werden solle, das den Kindern größere Mitspracherechte sichere (vgl. Plenarprotokoll des Landtags Brandenburg vom 21.2.1991, Plenarprotokoll 1/11, 1. Wahlperiode, S. 593f., sowie Sitzung vom 24.4.1991, Plenarprotokoll 1/14, 1. Wahlperiode, S. 1131).

Die Gefahr, daß durch eine sechsjährige Grundschulpflicht die Kinder übermäßig lange in einer Schule mit *undifferenziertem* Unterricht festgehalten werden könnten, ist in den Landtagsdebatten gesehen und ihr ist auch entgegengewirkt worden: So ist seitens der damals amtierenden Ministerin die Notwendigkeit betont worden, die fehlende Differenzierung nach Schulformen in den Klassen 5 und 6 durch Ausnutzung der Möglichkeiten einer Binnendifferenzierung unter dem gemeinsamen Dach der Schulform „Grundschule" zu kompensieren. Es ist davon die Rede gewesen, daß Kinder „unterschiedlich gefördert werden", und es ist auch auf „die Möglichkeiten der ungleichzeitigen Beschäftigung" hingewiesen worden. In einer noch aufgrund der §§ 6 und 75 Abs. 2 Buchst. e) 1. SRG ergangenen Ausbildungsordnung der Grundschule im Land Brandenburg (AO-GS) vom 21.6.1991 (GVBl. S. 324) ist auf diese Möglichkeiten der Binnendifferenzierung im Rahmen des § 7 Abs. 3 und 4 AO-GS wie folgt eingegangen worden: Der Unterricht ist nach § 7 Abs. 3 AO-GS durch Maßnahmen der inneren Differenzierung so zu gestalten, daß er die Leistungsfähigkeit, das Lerntempo, die Belastbarkeit und die Interessen der Schülerinnen und Schüler berücksichtigt, damit sie das Ziel der Grundschule erreichen können. Um dies verwirklichen zu können, ist wiederum in § 7 Abs. 4 AO-GS ein Förderunterricht vorgesehen: Dieser wird in kleinen Lerngruppen erteilt, die für einen begrenzten Zeitraum gebildet werden (§ 7 Abs. 4 S. 1 AO-GS). Der Förderunterricht soll grundsätzlich *allen* Schülerinnen und Schülern zugute kommen (§ 7 Abs. 4 S. 2 AO-GS), d.h. nicht nur den leistungsschwächeren. Auch die leistungsstärkeren Kinder sollen hier gefördert, d.h. also gefordert werden. Dies alles dürfte zur Annahme einer Verfassungsmäßigkeit letztlich ausreichen. Von einem übermäßig langen Festhalten der Kinder in einer Schule mit undifferenziertem Unterricht kann hier noch nicht die Rede sein. Jedenfalls solange die genannten Möglichkeiten der Binnendifferenzierung angeboten werden und auch dafür Sorge getragen wird, daß sie tatsächlich ausgenutzt werden, dürfte die Schwelle zum verfassungsrechtlich offensichtlich nicht mehr Vertretbaren nicht überschritten sein (zu weiteren Möglichkeiten der Binnendifferenzierung s. auch BVerfGE 34, 165 [188]).

2.5 Nach allem wird das Oberverwaltungsgericht nach Zurückverweisung der Rechtssache wie folgt vorzugehen haben: Es wird zunächst die noch offene Frage zu klären haben, ob das neue brandenburgische Schulrecht besondere Ansprüche auf Privatschulgenehmigung gewährt (s. oben 2.2). Sollte dies der Fall sein, käme es auf die hier angestellten verfassungsrechtlichen Erwägungen nicht weiter an. Anderenfalls wird es seine weitere Prüfung daran auszurichten haben, ob das geplante Vorhaben die spezifischen pädagogischen Ziele, die mit der landesrechtlichen Ausgestaltung der öffentlichen Grundschulen verfolgt werden, erfüllen kann, ohne zugleich diejenigen der öffentlichen Schulen zu beeinträchtigen.

Hierzu wird es in einem ersten Schritt die landesrechtliche Schulstruktur genauer darauf untersuchen müssen, ob die dafür maßgeblichen Regelungen eine sechsjährige Grundschulpflicht vorsehen. Sodann müßte geprüft werden, welche spezifischen pädagogischen Ziele damit verfolgt werden, insbesondere auch, ob diese Ziele nur so oder auch anders erreicht werden können. Soweit es etwa das Anliegen betrifft, daß eine zu frühe Einteilung der Kinder nach zu erwartenden Bildungsbiographien und nach dem Bildungsniveau der Eltern vermieden werden solle, und die Entscheidung für die Sekundarstufenausbildung in ein Alter gelegt werden solle, das den Kindern größere Mitspracherechte sichere, wird das Oberverwaltungsgericht bewerten müssen, ob dieses Anliegen die landesrechtliche Schulkonzeption so zentral bestimmt, daß es nicht ausreicht, wenn die öffentliche Schule nur denen, die sich ihrer Entscheidung für den weiteren Bildungsgang noch nicht sicher sind, ein entsprechendes Angebot bereitstellt. Diejenigen Eltern, die sich – gemeinsam mit ihrem Kind – ihrer Sache sicher glauben, und deren Kind deshalb schon ab der Klasse 5 ein grundständiges Gymnasium besuchen soll, bedürften wohl eines solchen Angebotes nicht. Hier käme es mehr darauf an, daß eine Entscheidung für ein grundständiges Gymnasium auch problemlos wieder revidiert werden kann, wenn sie sich als verfrüht getroffen herausstellen sollte. In diesem Rahmen wäre andererseits aber auch die in § 19 Abs. 1 BbgSchulG beschriebene Aufgabe der Grundschule zu beachten, Schülerinnen und Schüler mit unterschiedlichen Lernvoraussetzungen und Lernfähigkeiten in einem gemeinsamen Bildungsgang so zu fördern, daß sich Grundlagen für selbständiges Denken, Lernen und Arbeiten entwickeln sowie Erfahrungen im gestaltenden menschlichen Miteinander vermittelt werden. Möglicherweise kommen nach Landesrecht aber auch noch weitere Zielsetzungen in Betracht, die sich das Oberverwaltungsgericht gegebenenfalls vom Beklagten wird erläutern lassen müssen.

Sodann wird sich auf einer zweiten Stufe die Frage stellen, ob die spezifischen pädagogischen Ziele als Gesamtzweck der sechsjährigen Grundschule (und gegebenenfalls der Grundschulpflicht) auch in den Klassen 5 und 6 eines privaten Gymnasiums erfüllt werden können und sollen und ob die Erfüllung dieser

Grundsätze – ggf. durch Auflagen an den Privatschulträger – auch auf Dauer gesichert werden kann. Wenn das vorgesehene grundständige Gymnasium etwa – pädagogisch-organisatorisch und pädagogisch-inhaltlich – in besonderer Weise darauf angelegt wäre, das Verständnis seiner Schülerinnen und Schüler für die jeweils anderen gesellschaftlichen Gruppen zu fördern und eine einseitige Zusammensetzung der Schülerschaft wie auch der Lehrerschaft zu vermeiden, so mag darin zumindest teilweise ein Äquivalent zur öffentlichen Grundschule in diesen Jahrgangsstufen zu sehen sein, das insoweit als in die Gesamtkonzeption der für alle gemeinsamen öffentlichen Grundschule hineinpassend anzusehen wäre.

Auf einer dritten Stufe wird schließlich zu prüfen sein, ob auch sichergestellt werden kann, daß das geplante Vorhaben durch seine Existenz nicht die Erfüllung der spezifischen pädagogischen Ziele, die mit der landesrechtlichen Ausgestaltung der öffentlichen Grundschulen verfolgt werden, an diesen öffentlichen Schulen beeinträchtigt. Probleme können sich ergeben, weil gerade die Schüler, die eine solche Privatschule besuchen, in der als für alle gemeinsam gedachten öffentlichen Grundschule fehlen. Diese könnte dann in der Erfüllung ihres teils verfassungsrechtlich gestützten und teils einfachgesetzlich ausgestalteten Auftrages behindert werden, Schule für die Kinder aller Schichten zu sein, die miteinander und voneinander leben und lernen. Schulen haben einen begrenzten regionalen Einzugsbereich. In einem dünn besiedelten Flächenland kann die Gründung einer Privatschule im Überschneidungsbereich zur Grundschule zu Abstrichen bei der für wünschenswert gehaltenen Zusammensetzung der Schülerschaft einer für alle gemeinsamen Grundschule führen. Diese Abstriche können nicht nur darin bestehen, daß möglicherweise nicht mehr sämtliche sozialen Schichten in der Schülerschaft vertreten sind, sondern, wenn denn dies für das öffentliche Schulwesen ein wesentlicher Bestandteil des Gesamtkonzeptes ist, auch darin, daß es den Grundschulklassen 5 und 6 je nach den örtlichen Verhältnissen an einer hinreichenden Zahl leistungsstarker Schülerinnen und Schülern mangelt. Etwaige Beeinträchtigungen des öffentlichen Schulwesens könnten sich noch durch andere Privatschulvorhaben, die sich auf Art. 3 Abs. 1 GG stützen, verstärken.

Nicht ohne Bedeutung wird auch sein, ob und inwieweit gewährleistet ist, daß der reibungslose Wechsel von Schülerinnen und Schülern der Klassen 5 und 6 des grundständigen Gymnasiums auch zurück auf die öffentliche Grundschule gewährleistet ist. Auch dies kann für den Ersatzcharakter einer privaten Schule ein wesentliches Indiz sein (vgl. BVerfGE 27, 195, 205).

102

Ein Personalberatervertrag, der die Suche nach Führungskräften zum Gegenstand hat, kann angefochten werden, wenn sich herausstellt, daß der Berater Scientology-Mitglied ist.

§ 119 Abs. 2 BGB
LG Darmstadt, Urteil vom 18. Dezember 1996 – 2 O 114/96[1] –

Die Parteien schlossen unter dem 23. 12. 1994 einen Vertrag, nach dem sich der Beklagte verpflichtete, für die Klägerin einen Projektleiter für schlüsselfertiges Bauen zu suchen. In der Folgezeit erstellte der Beklagte, teilweise in Zusammenarbeit mit der Klägerin, verschiedene „Profile" (Firmenprofil, Arbeitsplatzprofil, Stellenprofil, Anforderungsprofil und Projektprofil) und konzipierte dann gemeinsam mit der Werbefirma eine Stellenanzeige, die in mehreren Zeitungen erschien. Die Klägerin zahlte an den Beklagten einen Honorarabschlag in Höhe von 10 000,– DM und an die Werbefirma die reinen Insertionskosten. Am 21. 2. 1995 ging bei der Klägerin ein anonymes Schreiben ein, in dem auf Verbindungen des Beklagten zur Scientology-Sekte hingewiesen wurde. Nachdem der Beklagte auf Nachfrage der Klägerin seine Zugehörigkeit zu dieser Sekte bestätigt hatte, kündigte die Klägerin den Beratungsvertrag und focht ihn gleichzeitig aus allen rechtlichen Gründen an. Auch die Werbefirma steht – wie die Klägerin später durch Einsichtnahme in eine sogenannte WISE-Liste erfuhr – der Scientology-Sekte nahe.

Die Klägerin meint, der Beklagte habe sie arglistig getäuscht, indem er ihr seine Zugehörigkeit zur Scientology-Sekte verschwiegen habe. Da eines der Ziele der Scientology-Sekte die Unterwanderung der Wirtschaft sei und der Beklagte die Ziele dieser Bewegung verfolge, sei es für die Klägerin unzumutbar, mit Hilfe des Beklagten als Personalberater eine Führungsposition in ihrem Unternehmen zu besetzen. Es sei zudem rufschädigend für die Klägerin, wenn bekannt würde, daß sie mit Mitgliedern der Scientology-Sekte zusammenarbeite.

Mit der Klage verlangt die Klägerin die Rückzahlung des geleisteten Honoraranteils und die Erstattung der Insertionskosten. Widerklagend begehrt der Beklagte die Zahlung des Resthonorars abzüglich ersparter Aufwendungen.

Nur die Klage hatte teilweise Erfolg.

Aus den Gründen:

Die Klage ist teilweise begründet. Der Anspruch der Klägerin auf Rückzahlung der 10 000,– DM, die die Klägerin als Honorarabschlag bereits an den

---

[1] NJW 1999, 365. Das Urteil ist rechtskräftig.

Beklagten gezahlt hat, ergibt sich aus § 812 Abs. 1 BGB. Die Klägerin hat den zwischen den Parteien am 23.12.1994 abgeschlossenen Beratervertrag wirksam angefochten.

Das Anfechtungsrecht der Klägerin ergibt sich aus § 119 Abs. 2 BGB. Die Klägerin war bei Vertragsschluß im Irrtum über eine Eigenschaft der Person des Beklagten, die im Verkehr als wesentlich angesehen wird, weil sie nicht wußte, daß der Beklagte der Scientology-Sekte angehört.

Bei der Prüfung, welche Eigenschaften verkehrswesentlich sind, ist nach Sinn und Zweck des § 119 Abs. 2 BGB von dem konkreten Rechtsgeschäft auszugehen (vgl. Palandt-Heinrichs, § 119 Rdnr. 25); es ist also zu prüfen, ob die Eigenschaft für das konkrete Geschäft von Bedeutung ist (vgl. Soergel-Hefermehl, § 119 Rdnr. 38). Dies ist im vorliegenden Fall zu bejahen. Der Beklagte war als Unternehmens- und Personalberater für die Klägerin tätig. Wie sich aus den vorgelegten Unterlagen zur „Vereinbarten Vorgehensweise" ergibt, erhielt der Beklagte zahlreiche Informationen über die Firma der Klägerin. Insbesondere in der ersten Phase der Vertragsausführung teilte die Klägerin dem Beklagten Firmeninterna mit, indem sie ihm auf der Grundlage der vom Beklagten entworfenen Fragebögen zu den verschiedenen Profilen Informationen gab. Fragen nach der Zielsetzung und den Zukunftsplänen der Firma, nach Führungsstil und Betriebsklima ließen für den Beklagten tiefgehende Einblicke in die Firma der Klägerin zu. Damit der Beklagte seine konkrete Aufgabe, nämlich die Suche nach einem geeigneten leitenden Mitarbeiter erfüllen konnte, brachte die Klägerin ihm Vertrauen durch Offenlegung von Firmeninterna entgegen.

Bei dieser Sachlage sind persönliche Eigenschaften des Beklagten eher als verkehrswesentlich anzusehen als in Fällen, in denen es um einen reinen Warenaustausch geht. Die Art der vereinbarten Tätigkeit mit der geschilderten Notwendigkeit, Vertrauen zu gewähren und in Anspruch zu nehmen, läßt die Sektenzugehörigkeit des Beklagten im vorliegenden Fall als verkehrswesentlich erscheinen: Hätte die Klägerin gewußt, daß der Beklagte der Scientology-Sekte angehört, hätte sie ihm den Beratungsauftrag nicht erteilt, da sie nicht wollte, daß ein Mitglied dieser Sekte Einblick in ihre Firmeninterna nahm. Zudem befürchtete die Klägerin eine Schädigung ihres guten Rufes in ihrer Branche, wenn bekannt werden würde, daß sie mit Hilfe eines Mitglieds der Scientology-Sekte nach Führungskräften suchte.

Allein die Tatsache, daß der Beklagte der Scientology-Sekte angehört, ist somit im vorliegenden Fall als verkehrswesentliche Eigenschaft anzusehen, so daß die Klägerin zur Anfechtung berechtigt war. Auf die zwischen den Parteien streitige Frage, ob der Beklagte es tatsächlich versucht hat oder versucht hätte, einer der Scientology-Sekte nahestehenden Person eine Anstellung bei der Klägerin zu verschaffen, kommt es daher nicht an.

Ein Anfechtungsrecht aus § 123 BGB steht der Klägerin dagegen nicht zu. Der Beklagte hat die Klägerin nicht arglistig getäuscht. Für eine Täuschung durch positives Tun sind konkrete Anhaltspunkte nicht ersichtlich. Eine arglistige Täuschung durch Unterlassen könnte nur angenommen werden, wenn der Beklagte eine Rechtspflicht zur Aufklärung der Klägerin über seine Zugehörigkeit zur Scientology-Sekte gehabt hätte. Eine solche Aufklärungspflicht des Beklagten ist zu verneinen. Nach Treu und Glauben sowie nach der Verkehrsanschauung kann nicht erwartet werden, daß ein Mitglied der Scientology-Sekte seine Sektenzugehörigkeit ungefragt offenbart. Grundsätzlich ist es nämlich Sache jeder Partei, ihre eigenen Interessen selbst wahrzunehmen. Ungefragt muß ein möglicher Geschäftspartner Dinge, die die Entschließung des anderen Teils in einer bestimmten Richtung beeinflussen könnten, grundsätzlich nicht offenbaren (vgl. Palandt-Heinrichs, § 123 Rdnr. 5). Eine Frage nach der Sektenzugehörigkeit hat die Klägerin dem Beklagten unstreitig nicht gestellt. Ein Anfechtungsrecht aus § 123 BGB scheidet damit aus.

Zusammenfassend ist somit festzustellen, daß der Beklagte der Klägerin die Rückzahlung des Honorarabschlags aus §§ 119 Abs. 2, 142, 812 Abs. 1 BGB schuldet.

Ein Anspruch der Klägerin auf Rückzahlung der Insertionskosten, die die Klägerin an die Firma N.-Werbung gezahlt hat, besteht nicht. Ein Anspruch aus § 812 BGB gegenüber dem Beklagten scheidet aus, da der Beklagte um die Insertionskosten nicht bereichert ist.

Ein Schadensersatzanspruch aus culpa in contrahendo steht der Klägerin gegen den Beklagten nicht zu. Zwar kann ein solcher Anspruch einem Anfechtenden dann zustehen, wenn der Vertragspartner ihn schuldhaft in die Irre geführt hat (vgl. hierzu: Münchner Kommentar-Kramer, § 122 Rdnr. 6), jedoch kann im vorliegenden Fall von einem schuldhaften Verhalten des Beklagten der Klägerin gegenüber nicht ausgegangen werden. Wie oben dargelegt, hatte der Beklagte nicht die Rechtspflicht, die Klägerin über seine Sektenzugehörigkeit zu informieren. Durch das Unterlassen dieser Information hat er somit auch keine schuldhafte Pflichtverletzung begangen. Das Anfechtungsrecht der Klägerin beruht, wie dargelegt, auf einem vom Verschulden des Beklagten unabhängigen Eigenschaftsirrtum der Klägerin.

103

Für Klagen gegen Bescheide der Finanzämter in Kircheneinkommensteuersachen ist in Baden-Württemberg der Finanzrechtsweg eröffnet.

Bei Kirchenaustritt im Laufe des Kalenderjahres kommt es für die Bemessung der Kirchensteuer nicht darauf an, ob eine Dividende an das Kirchenmitglied vor oder nach dem Kirchenaustritt ausgeschüttet worden ist.

§§ 7 Abs. 1 Satz 4, 14 Abs. 1, 21 Abs. 1 Satz 1 BW.KiStG
FG Baden-Württemberg, Urteil vom 19. Dezember 1996 – 10 K 265/96[1] –

Die Kläger sind Eheleute. Sie wurden zur Einkommensteuer 1990 antragsgemäß zusammen veranlagt und bis 1989 zur ev. Kirchensteuer mit 8 v. H. der festzusetzenden Einkommensteuer als Gesamtschuldner herangezogen.
Am 27. 9. 1990 trat der Ehemann aus der ev. Kirche aus, die Ehefrau gehörte weiterhin der Ev. Landeskirche an. Im Dezember 1990 schüttete die GmbH, deren alleiniger Gesellschafter und Geschäftsführer der Kläger ist, an ihn eine hohe Dividende aus, nachdem die GmbH in den Jahren davor keine Gewinnausschüttung beschlossen hatte. Der Antrag des Klägers, die erst nach seinem Kirchenaustritt gezahlte Dividende bei der Berechnung der Kirchensteuer unberücksichtigt zu lassen, blieb erfolglos, jedoch hat der Ev. Oberkirchenrat dem Kläger einen Teil der Kirchensteuer erlassen.
Die Klage hatte keinen Erfolg.

Aus den Gründen:

Die vorliegende Klage ist eine öffentlich-rechtliche Streitigkeit, für die durch ein Landesgesetz der Finanzrechtsweg eröffnet ist (§ 33 Abs. 1 Nr. 4 FGO).
In § 14 Abs. 1 des Gesetzes über die Erhebung von Steuern durch öff.- rechtl. Religionsgemeinschaften in Baden-Württemberg (i. d. F. vom 15. 6. 1978, GBl. S. 370) ist allerdings bestimmt, daß gegen die in Kirchensteuersachen ergehenden Bescheide der Verwaltungsrechtsweg gegeben ist. Auch im Schrifttum wird unter Hinweis auf § 14 KiStG die Meinung vertreten, daß Baden-Württemberg zu den Bundesländern gehöre, die die Kirchensteuersachen dem Verwaltungsrechtsweg und nicht dem Finanzrechtsweg zugewiesen hätten, und zwar auch insoweit, als es um die Kirchensteuerfestsetzung im finanzbehördlichen Veranlagungsverfahren geht (Giloy/König, Kirchensteuerrecht und Kirchensteuerpraxis in den Bundesländern, 2. Aufl. 1988, S. 144, 145) und nicht darüber gestritten wird, ob die Einkommensteuer als Bemessungsgrundlage oder Steuermaßstab für die Kirchensteuer richtig festgesetzt worden ist (vgl. § 14 Abs. 2 KiStG).
Das Finanzgericht hält indes – in Übereinstimmung mit der Kirchensteuerpraxis in Baden-Württemberg – den Finanzrechtsweg für eröffnet. Bei der Interpretation des Gesetzes ist zu berücksichtigen, daß § 14 KiStG im Zweiten Abschnitt des Gesetzes steht, der die Verwaltung der Kirchensteuern durch die

---

[1] EFG 1997, 1132. Die Revision des Klägers (I R 33/97 BFH) wurde zurückgewiesen. Vgl. zu diesem Fragenkreis auch BayVGH NJW 1999, 1045.

Religionsgemeinschaften regelt. In § 14 KiStG wird also stillschweigend vorausgesetzt, daß die Bescheide oder Verwaltungsakte, die dem Widerspruch gem. den Vorschriften des Achten Abschnitts der Verwaltungsgerichtsordnung und anschließend der verwaltungsgerichtlichen Anfechtungs- oder Verpflichtungsklage unterliegen, von Kirchenbehörden (oder von Kommunalbehörden) und nicht von Landesfinanzbehörden erlassen worden sind. Wenn jedoch die Verwaltung der Kirchensteuern auf die Landesfinanzbehörden übertragen worden ist, gelten die Bestimmungen des Vierten Abschnitts des Gesetzes und auch § 21 Abs. 1 S. 1 KiStG, wonach auf das Verfahren die für die Einkommensteuer geltenden Vorschriften Anwendung finden, auch die Vorschriften der Abgabenordnung (AO) über das Vorverfahren und die der FGO. Die ev. Kirchensteuer ist in Baden-Württemberg gem. § 17 Abs. 1 S. 2 KiStG auf die Landesfinanzbehörden übertragen. § 21 Abs. 1 S. 1 KiStG enthält mit der Verweisung auf die Verfahrensvorschriften der AO und der FGO zugleich die Eröffnung des Finanzrechtswegs für Verwaltungsstreitsachen auf dem Gebiet der Kirchensteuern, soweit diese von den Landesfinanzbehörden verwaltet werden. Auch § 3 des baden-württembergischen Gesetzes zur Ausführung der FGO (AGFGO) geht davon aus, daß der Finanzrechtsweg in kirchenrechtlichen Abgabenangelegenheiten, soweit die Kirchensteuern von den Landesfinanzbehörden im Auftrag der Religionsgemeinschaften festgesetzt und erhoben werden, eröffnet ist.

Da die Kläger die Klage zum Finanzgericht nach der Bekanntgabe der Einspruchsentscheidung form- und fristgemäß erhoben haben, ist die vorliegende Klage zulässig.

Sie ist jedoch nicht begründet. Die Festsetzung der ev. Kirchensteuer durch den Beklagten verletzt die Kläger nicht in ihren Rechten.

Bis zum Austritt des Ehemanns aus der ev. Kirche am 27. 9. 1990 lebten die Kläger in konfessionsgleicher, danach in glaubensverschiedener Ehe. Der Austritt des Ehemanns wurde mit der Unterzeichnung der Niederschrift der gegenüber dem Standesbeamten abgegebenen Austrittserklärung wirksam (§ 26 Abs. 2 KiStG). Die Kirchensteuerpflicht des Ehemanns endete mit dem Beginn des Oktobers 1990 (§ 4 KiStG). Für die Monate Januar bis September 1990 war die evangelische Kirchensteuer der Kläger in einem Betrag festzusetzen (§ 19 Abs. 2 S. 1 KiStG). In den Monaten Oktober bis Dezember 1990 war nur die Ehefrau kirchensteuerpflichtig (§ 19 Abs. 4 KiStG). Daß der Kirchenaustritt des Ehemanns am 27. 9. 1990 dessen Kirchensteuerpflicht nicht sogleich, sondern erst mit dem Ablauf des 30. 9. 1990 beendete, ist geltendes Recht und verfassungsrechtlich unbedenklich (vgl. BVerfG, Beschluß v. 8. 2. 1977 – 1 BvR 329/71 u. a. – BVerfGE 44, 37 [40][2]).

---

[2] KirchE 16, 47.

Nach Art. 140 GG i. V. m. Art. 137 Abs. 6 WRV sind die Religionsgemeinschaften (die dort noch Religionsgesellschaften genannt werden), sofern sie Körperschaften des öffentlichen Rechts sind, berechtigt, aufgrund der bürgerlichen Steuerlisten nach Maßgabe der landesrechtlichen Bestimmungen Steuern zu erheben. Bürgerliche Steuerlisten werden nicht mehr geführt. Nach allgemeiner Ansicht ist Art. 137 Abs. 6 WRV heutzutage dahingehend zu verstehen, daß er die Religionsgemeinschaften, wenn sie den Status von öffentlich-rechtlichen Körperschaften haben, berechtigt, Steuern von den Angehörigen als Zuschlag zur Einkommensteuer zu erheben und die Landesfinanzbehörden mit der Verwaltung der Steuern nach Maßgabe der landesgesetzlichen Bestimmungen zu beauftragen. Die Landesfinanzbehörden können von den Religionsgemeinschaften also nicht verpflichtet werden, im Rahmen der Verwaltung der Kirchensteuern vom Einkommensteuerrecht erheblich abweichende (und dann auch streitanfällige) Besteuerungsgrundlagen zu ermitteln. Die Kirchensteuer soll auf der Grundlage von Daten festgesetzt und erhoben werden, die die Landesfinanzbehörden ohnehin ermitteln müssen.

Deswegen bestimmt denn auch § 7 Abs. 1 S. 1 und 2 KiStG, daß die Kirchensteuern wie die Einkommensteuer für das Kalenderjahr erhoben werden und daß die Bemessungsgrundlagen des Kalenderjahres maßgebend sind. Wie die Einkommensteuer eine auf die persönliche Leistungsfähigkeit hin angelegte Steuer ist, sind auch die Kirchensteuern als Zuschlagsteuern zur Einkommensteuer auf die persönliche Leistungsfähigkeit der Kirchenmitglieder hin angelegte Steuern. Besteht die Kirchensteuerpflicht abweichend von der (unbeschränkten) Einkommensteuerpflicht nicht während des ganzen Kalenderjahres, so wird als Kirchensteuer für die Kalendermonate, in denen sie gegeben ist, je 1/12 des Betrages festgesetzt und erhoben, der sich bei ganzjähriger Kirchensteuerpflicht als Jahressteuerschuld ergäbe (§ 7 Abs. 1 S. 4 KiStG).

Die Kirchensteuer ist eine Jahressteuer, bei der die Leistungsfähigkeit nach dem Einkommen eines Kalenderjahres gemessen wird. Das Einkommen und somit die Leistungsfähigkeit kann von Kalenderjahr zu Kalenderjahr schwanken. Für die auf ein Kalenderjahr bezogene Leistungsfähigkeit kommt es aber nicht darauf an, ob das Einkommen monatlich gleichmäßig oder nur in einem einzigen Monat, etwa im Januar oder im Dezember eines Kalenderjahres erwirtschaftet worden ist. Ist der Steuerpflichtige an einer Kapitalgesellschaft beteiligt, die während des Kalenderjahres eine Dividende ausschüttet, ist es für die Ermittlung des Einkommens und für die Bemessung der Leistungsfähigkeit unerheblich, ob die Ausschüttung im ersten oder letzten Quartal des Kalenderjahres erfolgt.

Auch für die Bemessung der Kirchensteuer bei Kirchenaustritt (und Fortbestehen der unbeschränkten Einkommensteuerpflicht) kommt es gem. § 7 Abs. 1 S. 4 KiStG nicht darauf an, ob die Dividende an das Kirchenmitglied im

Kalenderjahr des Kirchenaustritts vor oder nach dem Kirchenaustritt ausgeschüttet worden ist. Auch bei einem Arbeitnehmer, der während des Jahres aus der Kirche austritt (ohne alsdann in eine andere steuererhebende Kirche einzutreten) und im laufenden Kalenderjahr nach seinem Kirchenaustritt eine Tantieme oder Gratifikation bezieht, löst der Bezug der Sonderzahlung gem. § 7 Abs. 1 S. 4 KiStG (oder den entsprechenden landesrechtlichen Vorschriften in den anderen Bundesländern) eine Erhöhung der Kirchensteuer aus (VG Braunschweig, Urteil v. 11. 4. 1979 – I A 103/77 – DStR 1981, 50). Ohne Erfolg berufen sich die Kläger auf die einen bremischen Kirchensteuerfall des Veranlagungszeitraums 1968 betreffende Entscheidung des Bundesfinanzhofs (Urteil v. 24. 10. 1975 – VI R 123/72 – BStBl. II 1976, 101[3]). Zwar hat der Bundesfinanzhof entschieden, bei der Ermittlung der Einkommensteuer als Bemessungsgrundlage für die Kirchensteuer dürfe, wenn die Kirchensteuerpflicht vor dem Ende des Veranlagungszeitraums erlischt, nur das während der Zeit des Bestehens der Kirchensteuerpflicht bezogene Einkommen zugrunde gelegt werden. Die als Bemessungsgrundlage in Betracht kommende Einkommensteuer müsse auf dieser Grundlage eigens für Kirchensteuerzwecke als Jahreseinkommensteuer ermittelt und notfalls geschätzt werden. Aber das bremische Kirchensteuerrecht enthielt im Veranlagungszeitraum 1968 noch keine dem § 7 Abs. 1 S. 4 KiStG entsprechende Vorschrift. Inzwischen hat der bremische Landesgesetzgeber nachgezogen und das Zwölftelungsprinzip bei unterjähriger Kirchensteuerpflicht auch für das Land Bremen (in § 6 Abs. 6 des brem. KiStG) normiert (vgl. FG Bremen, Urteil v. 30. 4. 1987, EFG 1987, 423[4]). Somit beruht auch im Bundesland Bremen das kirchensteuerliche Zwölftelungsprinzip auf einer gesetzlichen und verfassungsgemäßen Grundlage.

Die Kläger sind der Ansicht, das Zwölftelungsprinzip diene der Pauschalierung und Vereinfachung der Kirchensteuerfestsetzung bei Erlöschen der Kirchensteuerpflicht während eines Veranlagungszeitraums. Für eine Pauschalierung oder Vereinfachung gebe es jedoch keinen Anlaß, wenn es leicht durchführbar sei, einzelne Bezüge im Veranlagungszeitraum nach dem Kirchenaustritt aus der Bemessungsgrundlage auszuklammern. Das Zwölftelungsprinzip dient gewiß auch der Pauschalierung und Vereinfachung der Kirchensteuerfestsetzung. Aber der Zweck erschöpft sich nicht darin. Der Zweck der Verknüpfung der Kirchensteuer mit der Einkommensteuer beruht auf dem Gedanken, daß die Kirchenmitglieder zu der Arbeit der Kirche, der sie angehören, einen nach ihrer Leistungsfähigkeit bemessenen Beitrag zu entrichten haben. Die Leistungsfähigkeit kann von Jahr zu Jahr schwanken, sie ist aber, weil sie nach dem Jahreseinkommen bemessen wird, während eines Kalenderjahres konstant, auch wenn

---

[3] KirchE 15, 74.   [4] KirchE 25, 138.

die Einnahmen nicht kontinuierlich erzielt werden. Der Bauunternehmer, dessen Betrieb in den Wintermonaten keine Umsätze macht, der (buchführende) Landwirt, der bis zur Ernte nur Aufwendungen zu tragen hat, und der Wertpapierbesitzer, der auf den nächsten jährlichen Zins- oder Ausschüttungstermin wartet, sie alle haben bei einem gleichen Jahreseinkommen die gleiche steuerliche Leistungsfähigkeit. Wenn ein Wertpapierbesitzer aus der Kirche austritt und die Kirchensteuer nur für die Kalendermonate der Zugehörigkeit zur Kirche zu erheben ist, wird die Steuergerechtigkeit (Art. 3 Abs. 1 GG) mit dem Zwölftelungsprinzip besser gewahrt, als wenn auf den Zufall des Zuflußzeitpunktes der Zins- und Dividendeneinnahmen vor oder nach dem Wirksamwerden des Kirchenaustritts abgestellt würde. Dem Zufall könnte überdies leicht nachgeholfen werden, wenn der beherrschende Gesellschafter einer Kapitalgesellschaft den Gewinnverwendungs- und Ausschüttungsbeschluß solange hinausschiebt, bis sein Kirchenaustritt wirksam geworden ist, wenn die Gesellschafterversammlung oder der beherrschende Gesellschafter auf diese Weise erreichen will, daß sich die Dividende auf die Kirchensteuer nicht mehr auswirkt. Es ist nicht zu erkennen und wohl auch kaum anzunehmen, daß der Landesgesetzgeber solche Gestaltungsmöglichkeiten offenhalten wollte.

Im Schrifttum wird vereinzelt die Ansicht vertreten, das Zwölftelungsprinzip laufe, wenn es die nach dem Kirchenaustritt während des Kalenderjahres erzielten Einnahmen mitberücksichtigte, auf eine verdeckte und somit nach Art. 4 Abs. 1 GG verfassungsrechtlich bedenkliche Nachbesteuerung ehemaliger Kirchenmitglieder hinaus (Koops, BB 1980, 883). Das trifft nicht zu. Wer im Laufe eines Veranlagungszeitraums aus der Kirche austritt, wird nur für die Kalendermonate seiner Kirchenmitgliedschaft zur Kirchensteuer herangezogen. Dies wird durch das Zwölftelungsprinzip gewährleistet. Daß das Kirchensteuerrecht auf die steuerliche Leistungsfähigkeit, d. h. auf die Jahreseinkommensteuer und indirekt auf das zu versteuernde Jahreseinkommen bezogen ist, entspricht der Natur der Sache. Das Zwölftelungsprinzip des Kirchensteuerrechts Baden Württemberg ist verfassungsgemäß (FG Baden-Württemberg, Urteil v. 9. 12. 1988, EFG 1989, 368 [5] und die dort verzeichnete Judikatur der Finanz- und Verwaltungsgerichte, denen sich der erkennende Senat im Ergebnis anschließt). Auch eine verfassungskonforme restriktive Interpretation des § 7 Abs. 1 S. 4 KiStG, wonach einmalige Einnahmen nach Kirchenaustritt aus der Bemessungsgrundlage der Kirchensteuer eliminiert werden und auf die restliche Jahreseinkommensteuer das Zwölftelungsprinzip angewendet wird („verfeinerte Zwölftelungsmethode", Koops, BB 1980, 883, 884), kommt nicht in Betracht. In der Literatur wird erwogen, ob nicht wenigstens außerordentliche Einkünfte (§ 34

---

[5] KirchE 26, 390.

EStG) die im Veranlagungszeitraum nach dem Wirksamwerden des Kirchenaustritts anfallen, ausgeklammert werden sollten (vgl. Giloy/König, aaO, S. 73), u. U. im Wege eines Billigkeitserlasses. Außerordentliche Einkünfte (§ 34 EStG) haben die Kläger im Streitjahr 1990 nicht bezogen, die zusammengefaßte Ausschüttung von in mehreren Wirtschaftsjahren erzielten Gewinnen einer Kapitalgesellschaft führt nicht zu außerordentlichen Einkünften. Überdies hat der Evangelische Oberkirchenrat den Klägern einen Billigkeitserlaß gewährt. Das Finanzgericht hat nicht nachzuprüfen, ob dieser Billigkeitserlaß etwa nicht weit genug gegangen ist. Entscheidungen der Kirchenbehörden über die Stundung, den Erlaß oder die Erstattung von Kirchensteuern (§ 21 Abs. 2 S. 2 KiStG) unterliegen in Baden-Württemberg der Jurisdiktion der Verwaltungsgerichtsbarkeit und nicht der Finanzgerichtsbarkeit (§ 14 Abs. 1 KiStG; § 13 der Steuerordnung der Ev. Landeskirche in Baden vom 28. 10. 1971, KGVBl. S. 173). Deshalb enthält sich der Senat einer Äußerung zu der Frage, ob der vom Ev. Oberkirchenrat gewährte Billigkeitserlaß aus Rechtsgründen hätte noch weitergehen sollen, zumal er nicht mit Widerspruch und verwaltungsgerichtlicher Klage angefochten worden ist, vielmehr Bestandskraft erlangt hat.

104

Eine grob fahrlässige Fotoverwechslung, durch die das Bild eines unbescholtenen kath. Priesters in einem Zeitungsartikel über sexuelle Verfehlungen kath. Priester gegenüber Minderjährigen bundesweit veröffentlicht wird, löst wegen Verletzung des Persönlichkeitsrechts einen Anspruch des Betroffenen auf eine Geldentschädigung aus, bei deren Bemessung die Genugtuung des Opfers und die Prävention im Vordergrund stehen.

Art. 1 Abs. 1, 2 Abs. 1, 5 Abs. 1 GG; §§ 823 BGB, 22, 23 KUG
OLG Koblenz, Urteil vom 20. Dezember 1996 – 10 U 1667/95[1] –

Die Parteien streiten über eine Fotoveröffentlichung mit einem Bild des Klägers in einer von der Beklagten herausgegebenen, bundesweit vertriebenen Sonntagszeitung. Das Bild bringt den Kläger, einen kath. Pfarrer, zu Unrecht in Zusammenhang mit einem gleichzeitig veröffentlichten Pressebericht über sexuelle Verfehlungen kath. Priester gegenüber Minderjährigen. Die Einzelheiten des Sachverhalts ergeben sich aus dem Urteil des LG Trier KirchE 33, 434. Das Landgericht hat der Klage stattgegeben. Die Berufung der Beklagten führte nur zur Herabsetzung der an den Kläger zu zahlenden Geldentschädigung.

---

[1] NJW 1997, 1375. Das Urteil ist rechtskräftig.

Aus den Gründen:

Die Berufung der Beklagten hat nur insoweit Erfolg, als sie sich gegen die Höhe der vom Landgericht zuerkannten Geldentschädigungen wenden, denn dem Kläger kann ein Zahlungsanspruch lediglich in Höhe von 20 000,- DM zuerkannt werden. Im übrigen ist das Rechtsmittel dagegen unbegründet.

I. Das Landgericht hat mit Recht angenommen, daß die Beklagten durch die unberechtigte Veröffentlichung eines etwa 10 × 23 cm großen Fotos des Klägers in der Zeitschrift B. in dem zweiseitigen Artikel dessen Recht am eigenen Bild und damit das allgemeine Persönlichkeitsrecht des Klägers infolge eines groben Verschuldens schwerwiegend verletzt haben (§§ 823 Abs. 1, 840 BGB; Art. 1 Abs. 1 i. V. m. Art. 2 Abs. 1 GG; § 22 KUG), und daß diese schwerwiegende Rechtsverletzung zum Nachteil des Klägers nicht in anderer Weise als durch eine Geldentschädigung ausgeglichen werden kann.

Die dagegen gerichteten Berufungsangriffe bleiben ohne Erfolg.

Das Landgericht ist bei der Annahme einer schwerwiegenden Persönlichkeitsverletzung, die die Zahlung einer Geldentschädigung erfordert, von der höchstrichterlichen Rechtsprechung ausgegangen; dabei hat es die für die rechtliche Bewertung maßgebenden Tatsachen richtig und vollständig gewürdigt. Der Senat nimmt daher zur Vermeidung von Wiederholungen Bezug auf die in jeder Hinsicht zutreffenden Erwägungen zum Grund des Anspruchs in dem angefochtenen Urteil. Soweit durch die Berufung und durch die nach Verkündung des angefochtenen Urteils veröffentlichte weitere höchstrichterliche Rechtsprechung (vgl. u. a. BGH, NJW 1996, 985f.) veranlaßt, ist noch ergänzend auszuführen:

a) Das hier betroffene Recht am eigenen Bild ist eine unter Sonderschutz (§ 22 KUG) gestellte besondere Erscheinungsform des allgemeinen Persönlichkeitsrechts. Aus dem Wesen dieses Rechts folgt, daß die Verfügung über das eigene Bild nur dem Abgebildeten als Rechtsträger selbst zusteht; nur er selbst soll darüber befinden dürfen, ob, wann und wie er sich gegenüber Dritten oder der Öffentlichkeit im Bild darstellen will (ständige Rechtsprechung, vgl. u. a. BGH NJW 1996, 985 [986] mit Nachw.).

Die ohne Einwilligung des Klägers erfolgte Veröffentlichung seines Fotos in dem Zeitungsartikel ist weder durch § 23 KUG gerechtfertigt – der als katholischer Priester tätige Kläger ist keine Person der Zeitgeschichte – noch durch das Grundrecht der Pressefreiheit (Art. 5 Abs. 1 GG). Nicht entscheidend ist, ob die Beklagten – entsprechend ihrer Absicht und entsprechend des Inhalts des Zeitungsartikels – ein Foto des Pfarrers hätten veröffentlichen dürfen. Aus einer möglicherweise berechtigten Veröffentlichung eines Bildes des Pfarrers, dem ebenso wie den auf drei kleineren Fotos abgebildeten übrigen Priestern, sexuelle Verfehlungen gegenüber Minderjährigen zur Last gelegt worden sind, folgt kein

Recht, das Bild des Klägers als einer völlig unbeteiligten und unbescholtenen Person in diesem textlichen Zusammenhang zu veröffentlichen.

b) Zwar löst nicht jede Verletzung des Persönlichkeitsrechtes – und damit auch nicht jede Verletzung des Rechts am eigenen Bild – einen Anspruch des Betroffenen auf Geldentschädigung gegen den Verletzer aus. Ein solcher Anspruch kommt vielmehr nur dann in Betracht, wenn es sich um einen schwerwiegenden Eingriff handelt und die Beeinträchtigung nicht in anderer Weise befriedigend aufgefangen werden kann. Ob eine schwerwiegende Verletzung des Persönlichkeitsrechts vorliegt, die die Zahlung einer Geldentschädigung erfordert, hängt insbesondere von der Bedeutung und Tragweite des Eingriffs, ferner von Anlaß und Beweggrund des Handelnden sowie von dem Grad seines Verschuldens ab (BGH, NJW 1996, 985 [986]).

Bei der wertenden Beurteilung, ob hier eine schwerwiegende Persönlichkeitsverletzung i. S. dieser Rechtsprechung vorliegt, hat das Landgericht alle maßgebenden Umstände erwogen, zutreffend bewertet und im Zusammenhang mit der Fotoverwechslung mit Recht auch eine grobe Fahrlässigkeit der Beklagten angenommen.

Soweit die Beklagten demgegenüber der Auffassung sind, eine zur Geldentschädigung verpflichtende schwerwiegende Persönlichkeitsverletzung sei nur auf Fälle des Vorsatzes beschränkt, findet diese Annahme weder in der höchstrichterlichen Rechtsprechung eine Stütze noch wäre eine solche unverhältnismäßige Einschränkung des Persönlichkeitsrechtes mit Art. 1 Abs. 1 GG und Art. 2 Abs. 1 GG vereinbar. Der Verschuldensgrad ist lediglich einer von mehreren Bewertungsfaktoren für die Feststellung der – anspruchsbegründenden – schwerwiegenden Verletzung des Persönlichkeitsrechtes; der Verschuldensgrad wirkt sich sodann erneut als einer von mehreren Bewertungsfaktoren bei der Höhe der Geldentschädigung aus.

Entgegen der Auffassung der Beklagten braucht der Kläger auch nicht nachzuweisen, wer von den zahlreichen Lesern der B. (Aufl.: unstreitig über 1,5 Millionen Exemplare) ihn erkannt und den Eindruck gewonnen hat, ihm würden ebenfalls sexuelle Verfehlungen Minderjähriger zu Last gelegt. Letztlich ist nämlich nicht entscheidend, ob bestimmte einzelne Personen unrichtige Auffassungen über den Kläger gewonnen haben. Denn die Verletzung des Persönlichkeitsrechtes unter Einschluß des Rechts am eigenen Bild (§ 22 KUG) liegt schon darin begründet, daß das Bildnis des unbeteiligten und unbescholtenen Klägers überhaupt im Zusammenhang mit einem Bericht über sexuelle Verfehlungen anderer Priester gegenüber Minderjährigen öffentlich in hoher Auflage und bundesweit gezeigt worden ist (vgl. auch BGH, NJW 1962, 1004 [1005]).

II. Bei der Bemessung der danach geschuldeten Geldentschädigung ist das Landgericht zwar ebenfalls von den in der neueren Rechtsprechung entwickelten Kriterien ausgegangen. Aufgrund dieser Maßstäbe hat es auch zutreffend angenommen, daß bei dem Anspruch auf Geldentschädigung wegen einer Verletzung des allgemeinen Persönlichkeitsrechtes (anderes als beim Schmerzensgeldanspruch) der Gesichtspunkt der Genugtuung des Opfers im Vordergrund steht und der Anspruch außerdem der Prävention dienen soll (BGH, NJW 1996, 985 [987] mit Nachw.).

Bei der Bewertung der hierfür maßgebenden einzelnen Umstände hat es jedoch dem lediglich im Bereich der groben Fahrlässigkeit einzuordnenden Verschulden der Beklagten nicht die genügende Bedeutung beigemessen und die Bewertung in der Sache, auch wenn es im angefochtenen Urteil verbal anders ausgedrückt worden ist, anhand der in der Rechtsprechung behandelten *vorsätzlichen* oder zielgerichteten Verletzung des Persönlichkeitsrechtes ausgerichtet (BGH, NJW 1995, 861 [864f.]). Bei einer vorsätzlichen und zielgerichteten Verletzung des Persönlichkeitsrechtes zu kommerziellen Zwecken würde die vom Landgericht zuerkannte Geldentschädigung nicht den Rahmen dessen sprengen, was zu einer wirksamen Prävention als angemessen in Betracht kommt.

Das hier festzustellende (lediglich) grobe Verschulden der Beklagten gebietet jedoch gegenüber einem etwaigen zielgerichteten und vorsätzlichen Handeln zum Nachteil des Verletzten eine angemessene Berücksichtigung ebenso wie der Umstand, daß der beanstandete Zeitungsartikel als solcher – abgesehen von der auf einer Fotoverwechslung beruhenden Verletzung des Persönlichkeitsrechtes des Klägers – keine unwahren Tatsachenbehauptungen aufstellt, sondern an entsprechende Strafverfahren gegen Priester angeknüpft hat.

Für die auf einer groben Fahrlässigkeit beruhenden Verletzung des Persönlichkeitsrechtes durch Fotoverwechslung erachtet der Senat unter Abwägung aller Umstände danach, auch zur Genugtuung des Klägers und unter dem Gesichtspunkt der Prävention, eine Geldentschädigung von insgesamt 20 000,– DM für angemessen und ausreichend.

Sachregister

Die Seitenzahlen verweisen jeweils auf die erste Seite der Entscheidung.

A

Äußerung, öffentl., Kritik an sog. Jugendsekten, Scientology etc. . . . 90, 127, 177, 192, 209, 254, 260, 368, 381
Aktivlegitimation, Landesverband jüd. Gemeinden, Rechtsstreit um Friedhof 6
Altersübergangsgeld, Berechnung, Kirchensteuer 392
Alttextilsammelbehälter, Aufstellung durch caritative Organisation 94
Andacht, relig., Demonstration in Form einer A. 468
Angelusläuten, sog., Einschränkung 173, 340
Angelegenheiten, eigene, d. Kirchen u. Religionsgemeinschaften s. Autonomie
Angestellte, kirchl., s. Arbeitsrecht
Arbeitsrecht, kirchl. Arbeitsverhältnisse
– Altersrente, Anrechnungszeiten, Vormerkungsverfahren . . . 154, 284
– Anstellungsordnung, kirchl., gerichtl. Billigkeitskontrolle . . . 146
– ehrenamtl. Tätigkeit 453
– Eingruppierung kirchl. Arbeitnehmer 104, 122
– Fachkrankenpfleger 410
– Frauenbeauftragte 122
– Gewerbeschulrat 241
– Kündigung, Beschlußfassung d. Kirchenvorstands 317
– Leitender Mitarbeiter, Kündigung 317
– Pflegerin / Diakonie-Sozialstation 284
– Schlichtungsverfahren 29
– Sozialarbeiter 418
– Tarifvertrag 32, 146, 410, 418
– Technischer Leiter, kath. Krankenhaus 317

– Unterarbeitsverhältnis, Ehefrau eines Pfarrers 453
– Vereinsbetreuer 104
– Wechsel in außerkirchl. Dienstverhältnis 32
– Weiterbildungskosten, Rückzahlung 410
– Zuwendung, Kürzung 146
– Zuwendung, Wechsel in außerkirchl. Dienstverhältnis 32
– Zuwendung, Weihnachtszuwendung nach AVR, Fälligkeit, Ausschlußfrist 29
– Zuwendung, Zurückzahlung . . . 418
Arbeitsrecht, nichtkirchl. Arbeitsverhältnisse
– Arbeitsplatz (§ 7 SchwbG) 78
– Glaubens- u. Bekenntnisfreiheit . 1
Arbeitsvertragsrichtlinien, kirchl.
– Inhaltskontrolle 410
– Tarifvertrag 418, 420
– Weihnachtszuwendung, Fälligkeit, Ausschlußfrist 29
– s. auch Eingruppierung
Arglistige Täuschung, Personalberatervertrag mit Scientology-Mitglied 501
Asylrecht, Katholiken aus Vietnam . 357
Auditing-Sitzungen (Scientology) . 128
Ausfall-/Anrechnungszeiten, sozialversicherungsrechtl. 154, 284
Ausgleichsabgabe nach Schwerbehindertengesetz 78
Auslandsaufenthalt eines ev. Pfarrers, Wiedereingliederungsbeihilfe, Einkommensteuer 214
Autonomie d. Kirchen u. Religionsgemeinschaften
– Arbeitsrecht, kirchl. 146
– Fachbereich Kath. Theologie an staatl. Universität, Einrichtung . . 273
– Friedhofs- u. Bestattungswesen . 6

514 Sachregister

- Friedhof, jüd. 6
- Kindergarten, Elternbeitrag . . . 403
- Kirchengut, Verwaltung 325
- Stiftungszweck 425
- Totenruhe, Schutz 6
- Vereinsrecht 186

Bundesregierung / Landesregierung, Warnung vor sog. Jugendreligionen etc. 90, 177, 192
Buß- u. Bettag, Herabstufung des feiertagsrechtl. Schutzes 17

B

Bankrecht, Kontrahierungszwang, Girokonto für Scientology Mission bei Postbank 348
Baurecht, öffentl.
- Bebauungsplan, Berücksichtigung der Belange privatrechtl. Religionsgemeinschaften 332
- Bebauungsplan, Moschee, Errichtung eines Minaretts 332
- Friedhofsgelände, Bebauung . . . 6
Bayern, Kirchensteuerrecht 269
Beiträge an Kirchen u. Religionsgemeinschaften, s. Kirchensteuer, Kirchgeld
Bekenntnis, Begriff, Merkmale
Bekenntnisfreiheit s. Glaubens- u. Bekenntnisfreiheit
Berufsfreiheit, verf.-rechtl. Schutz
- Aufstellung von Alttextilsammelbehältern durch caritative Organisation 94
- Zivildienst 136
Beschimpfung von relig. Bekenntnissen, Einrichtungen u. Gebräuchen (§ 166 StGB) . 459, 468
Besitzrecht am Kirchengebäude 189, 325
Besoldung und Versorgung, kirchl., s. Dienstrecht, kirchl.
Bestattung s. Friedhofs- u. Bestattungswesen
Besteuerungsrecht d. Kirchen s. Kirchensteuer, Kirchgeld
Betreuungsrecht, Vereinsbetreuer . . 104
Billigkeit
- Anstellungsordnung, kirchl., gerichtl. Billigkeitskontrolle . . . 146
- Maßnahmen, steuerl., aus pers./sachl. B'sgründen . . . 361, 408
Bonhoeffer, Dietrich, Aufhebung d. NS-Urteils gegen B. 304

D

Demonstration, polit., in Form einer religiösen Andacht 468
DDR, ehem.
- Körperschaftsstatus von Religionsgemeinschaften 49, 198
- Stiftungsrecht 159
Dienst, öffentl., Begriff 32
Dienstrecht, kirchl.
- Besoldung u. Versorgung 214
- Rechtsweg 237
- Wiedereingliederungsbeihilfe nach Auslandsdienst 214
Diözese, röm.-kath.
- Klagebefugnis, Einrichtung Diplomstudiengang Kath. Theologie an staatl. Universität 409
- Vertretung des Ordinariats / Generalvikariats 207
Diplomstudiengang Kath.Theologie an staatl. Universität 273
Dissens, Vertrag über Auditing-Sitzungen (Scientology) 128

E

Ehe, glaubensverschiedene   35, 269, 367, 475
Ehe, konfessionsverschiedene, Halbteilungsgrundsatz . . . 35, 269, 475
Ehe und Familie, verf.-rechtl. Schutz
- Kirchgelderhebung 35, 475
- Schutzpflicht, staatl. 192
- Zeugen Jehovas, Personensorgerecht 27, 167, 400, 424, 488
Ehe- und Kindschaftsrecht, internationales u. ausländisches, Iran, sog. talàq-Scheidung 172
Ehrverletzung durch Medien, Rechtsschutz . . . 127, 209, 254, 297, 368, 381, 509

Sachregister 515

Eigene Angelegenheiten d. Kirchen u.
Religionsgemeinschaften s. Autonomie, Schrankenform
Eigentum, verf.-rechtl. Schutz
- Alttextilsammelbehälter, Aufstellung durch caritative Organisation 94
- Griechisch-orthodoxe Kirche, Besitzrecht an der St. Salvatorkirche in München 189, 325
- Kirchensteuer, glaubensverschiedene Ehe 269, 367
- Verrechnung von erstatteter u. einbehaltener Kirchensteuer 27

Eingruppierung, tarifl. ... 104, 122, 241
Einkommensteuer
- Ermäßigung, Billigkeitsgrund .. 361
- Spende an Kirche für wissenschaftl. Zweck, erhöhter Abzugssatz ... 220
- Werbungskosten 199, 396, 453
- Wiedereingliederungsbeihilfe .. 214

Elterliche Sorge
- Zugehörigkeit eines Elternteils zu den Zeugen Jehovas ... 27, 167, 400, 424, 488
- Zugehörigkeit eines Elternteils zu Scientology 378

Eltern
- Personensorgerecht, relig./weltanschaul. Gesichtspunkte . 27, 167, 378, 400, 424, 488

Ersatzdienst s. Wehr- u. Zivildienst
Ersatzschule s. Schulwesen

F

Feiertag, Fristberechnung 313
Feiertagsrecht / Feiertagsschutz
- Buß- u. Bettag 17
- Karfreitag 342

Fernsehsendung, Verletzung religiöser Empfindungen 314
Feuerbestattung, priv. Anlage 224
Form, Beschlußfassung, Kirchenvorstand 317
Frauenbeauftragte, kirchl., Eingruppierung 122
Friedhofs- u. Bestattungswesen
- Anstaltscharakter des Friedhofs . 6
- Bebauung eines ehem. Friedhofsgeländes 6
- Bestattungskosten, religiöse Feierlichkeiten 80
- Friedhof, ehem. jüd. 6

G

Gebührenfreiheit, öff.-rechtl., Gerichtsgebühren 45, 120
Geistlicher / Pastor / Pfarrer
- Ehegatten-Unterarbeitsverhältnis 453
- Werbungskosten 199, 396
- Wiedereingliederungsbeihilfe nach Auslandsaufenthalt, Einkommensteuer 214

Gemeingebrauch an öff. Straße 94, 227, 231, 234, 263
Gemeinnützigkeit, relig. Verein ... 72
Gemeinschaftsschule s. Schulwesen
Gerichtskosten, Befreiung ... 45, 120
Gesetz, für alle geltendes (Art. 140 GG, 137 Abs. 3 WRV)
s. Schrankenformel
Gewerbebetrieb, Scientology als G. . 78
Gewissensfreiheit, verf.-rechtl. Schutz
- Gewissenstäter 136
- Steuerpflicht 361, 431

Girokonto für Scientology Mission bei Postbank 348
Glaubens- u. Bekenntnisfreiheit
s. Religionsfreiheit
Gleichheitssatz / Willkürverbot
- Eherecht, Iran, sog. talàq-Scheidung 172
- Feiertage, kirchl., Herabstufung, verf.-rechtl. Schutz 17
- Herausgabe d. St. Salvatorkirche in München 189
- Kirchensteuer, Verrechnung ... 27
- Kirchensteuer, glaubensverschiedene Ehe 269
- Kirchensteuer, Kirchenaustritt, Zwölftelungsgrundsatz 503
- Kunstförderung, staatl. 381
- Schülerbeförderungskosten, Ersatzschule 83

– Strafzumessung, Dienstflucht
  (§ 53 ZDG), Zeugen Jehovas . . 136
– s. auch Parität, religionsrechtl.
Gleichstellungsbeauftragte, kirchl.,
  Eingruppierung 122
Glocken, sog. Angelusläuten . . 173, 340
Griechisch-orthodoxe Kirche,
  Besitzrecht an der St. Salvator-
  kirche in München 189, 325

H

Haar- und Barttracht, Sikhs 1
Halbteilungsgrundsatz, Kirchen-
  steuer 35, 269, 475
Hamburg, Kirchensteuerrecht . 35, 475
Handlungsfreiheit, allgem.,
  verf.-rechtl. Schutz
– Auswahl des Vornamens 10
– Kontrahierungszwang, Girokonto
  für Scientology Mission bei Post-
  bank 348
– Kunstförderung, staatl., Auswahl-
  kriterien 381
Hauptschule s. Schulwesen
Heilpraktikergesetz, sog. Auditing-
  Sitzungen (Scientology) 128
Herausgabeklage, Kirchen-
  gebäude 189, 325
Hochschulwesen
– Fachbereich Kath. Theologie an
  staatl. Universität 273, 409
– Wissenschaftsfreiheit 273

I / J

Immissionsschutz, Glocken-
  läuten 173, 340
Iran, Ehescheidungsrecht 172
Irrtum / arglistige Täuschung,
  Personalberatervertrag mit
  Scientology-Mitglied 501
Islam
– Islamische Religionsgemeinschaft
  e.V., Spende aus SED/PDS-
  Vermögen 439
– Moschee mit Minarett, bauleit-
  planerische Berücksichtigung . . 332

Israelitische Kultusgemeinde
  s. Jüdische Glaubensgemeinschaft
Jüdische Glaubensgemeinschaft
– Friedhof, Schutz der Totenruhe . 6
– Kultussteuer 466
– Mitgliedschaft, Wiederbegrün-
  dung 466
Jugendsekten, sog., staatl. Warnung
  vor J. 90, 177, 192
Juristische Person, Religions-
  gemeinschaft 49, 198
Justizgewährungspflicht d. Staates . 237

K

Karfreitag, Theateraufführung . . . 342
Kindergarten, kirchl., Elternbeitrag . 403
Kindeswohl, Personensorge, relig.
  Gesichtspunkte . . . 27, 167, 378, 400
**Kirchen, Religions- u. Weltan-
  schauungsgemeinschaften** u.
  deren Einrichtungen als
  Körperschaften d. öffentl.
  Rechts 49, 198
Kirchenaustritt, Kirchensteuer . . . 501
Kirchengebäude, Herausgabe . 189, 325
Kirchengemeinde
– Kindergarten, Elternbeitrag . . . 403
– Kirchengebäude, Herausgabe 189, 325
– Kirchenvorstand, Beschlußfassung,
  Form 317
– prot., ehem. bay. Pfalz, Schul-
  grundstück 434
– s. auch Pfarrer
– Spende an K. für Kunstwerk,
  erhöhter Steuerabzugssatz 373
Kirchenglocken s. Glocken
Kirchengut, verf.-rechtl. Schutz
– Eigentum an Kirchengebäude 189, 325
– Gerichtsgebührenfreiheit für die
  Kirchen 45, 120
Kirchensteuer
– Altersübergangsgeld 392
– Billigkeitsentscheidung 408
– Ehe, glaubensverschiedene . 35, 269,
  367, 475
– Ehe, konfessionsverschiedene . . 269
– Erlaß aus pers./sachl. Billigkeits-
  gründen 408

Sachregister

- Ermächtigungsgrundlage . . 35, 475
- Erstattung, Veranlagungsjahr u. Höhe der Sonderausgabe 215
- Gleichheitssatz 27, 35, 475
- Halbteilungsgrundsatz . 35, 269, 475
- Kirchenaustritt 501
- Kirchgeld 35, 475
- Lebensführungsaufwand . . 35, 475
- Mitgliedschaft, Anknüpfungstatbestand f. K. 466
- Rechtsweg 503
- Steuererhebungsrecht 35, 475
- Unterhaltspflicht 35
- Verrechnung 27
- Zwölftelungsgrundsatz 503

Kirchenvermögen s. Kirchengut
Kirchenvorstand, Beschlußfassung, Form 317
Kirchgeld 35, 475
Kloster s. Orden, geistl.
Körperschaftsteuer, Befreiung, steuerbegünstigter Zweck 72, 291
Kollektiv, Ehrenschutz 368
Kontrahierungszwang, Girokonto für Scientology Mission e.V. bei Postbank 348
Kostenbefreiung s. Gebührenfreiheit
Körperschaft d. öffentl. Rechts (Kirchen, Religions- u. Weltanschauungsgemeinschaften u. deren Einrichtungen als K.) 49, 198
Körperschaftssteuer, Befreiung . . . 72
Krankenhaus, kirchl., Kündigung eines leitenden Mitarbeiters . . . 317
Krematorium, priv. Anlage 224
Kreuz / Kruzifix, Entfernung aus öffentl. Schulen 301, 455
Kriegsdienstverweigerung s. Wehr- u. Zivildienst
Küchenmeister- u. Lietzo'sches Familienstipendium Zerbst . . . 159
Kultussteuer, jüd. 466
Kündigung s. Arbeitsrecht
Kunstförderung, staatl., keine Berücksichtigung von Scientologen 381
Kunstfreiheit, verf.-rechtl. Schutz
- staatl. Kunstförderung 381
- Theateraufführung, Beschimpfung eines relig. Bekenntnisses . . . 459

L

Lärm, ruhestörender, Glocken . 173, 340
Lebensführungsaufwand als Besteuerungsgrundlage f. Kirchensteuer / Kirchgeld 35, 475
Lehrer s. Schulrecht
Leichenbestattung s. Friedhofs- u. Bestattungswesen
Lichtenberg, Bernhard, Aufhebung d. NS-Urteils gegen L. 201
Lohnsteuer s. Einkommensteuer

M

Meditationsbewegung als sog. Jugendsekte 90
Minarett, Baugenehmigung 332
Misssionar, Unfall, Versicherungsschutz 100
Mitarbeiter, kirchl., s. Arbeitsrecht, Dienstrecht, kirchl.
Mitgliedschaft, jüd. Glaubensgemeinschaft, Wiederbegründung 466

N

Namensrecht
- Ordre public, dt. 10
- Vorname *(„Frieden mit Gott allein durch Jesus Christus"),* Eintragungsfähigkeit 10

Nationalsozialismus, Aufhebung der NS-Urteile gegen Bernhard Lichtenberg u. Dietrich Bonhoeffer 201, 304
Neutralitätgebot, staatl.
- Fachbereich Kath. Theologie an staatl. Universität, Einrichtung . . 273
- Stiftung, kirchl. 425
- Warnung vor sog. Jugendsekten 90, 177
- Weltanschauungsunterricht an öffentl. Schulen 311

Noviziat s. Orden, geistl.

O

Öffentliche Sachen s. res sacrae
Öffentlicher Dienst s. Dienstrecht, öffentl.

Orden, geistl.
- Anrechnungszeiten, versicherungsrechtl., Vormerkungsverfahren . . 154
- Versicherungspflicht d. Kandidaten 477
- Spendenbriefe, Remailing 12

Ordre public, dt. 10, 172

P

Parität, religionsrechtl.
- Kirchengutsgarantie 325
- Weltanschauungsunterricht an öffentl. Schulen 311

Pastorin, ev., Indienreise, Werbungskosten 396

Persönlichkeitsrecht, allgem.
- Ehrenschutz 127, 209, 254, 297, 368, 509
- Kunstförderung, staatl. 381
- Vorname 10

Personalberatervertrag mit Scientology-Mitglied, Anfechtung wg. Irrtums / arglistiger Täuschung . 501

Personensorgerecht, Mitgliedschaft von Sorgeberechtigten bei Scientology bzw. Zeugen Jehovas . 27, 167, 378, 400, 424, 488

Pfarre s. Kirchengemeinde

Pfarrer / Pastor / Geistlicher
- Ehegatten-Unterarbeitsverhältnis 453
- Werbungskosten 199, 396
- Wiedereingliederungsbeihilfe nach Auslandsaufenthalt, Einkommensteuer 214

Popularklage, Zulässigkeit 425

Postrecht, Spendenbriefe für eine im Ausland ansässige u. tätige Ordensgemeinschaft, Remailing 12

Postulat s. Orden, geistl.

Presse u. Rundfunkrecht
- Fernsehsendung, Verletzung religiöser Empfindungen 314
- Gegendarstellung, Schmerzensgeld 207, 509
- Pressefreiheit, Berichterstattung über Zugehörigkeit zu Scientology

Privatscheidung, islamrechtl. 172

Privatschulfreiheit, Gymnasium ab Kl. 5 in Brandenburg 490

Prozeßrecht
- Aktivlegitimation, Landesverband jüd. Gemeinden, Rechtsstreit um Friedhof 6
- Aufhebung d. NS-Urteile gegen Bernhard Lichtenberg u. Dietrich Bonhoeffer 201, 304
- Aufklärungspflicht, gerichtl. . . . 227
- Befangenheit, richterl. 488
- Einstweilige Anordnung, Unterlassung kritischer Äußerungen über Scientology, sog. Jugendsekten etc. 90, 177, 192, 368
- Klagebefugnis, Diözese 409
- Popularklage, Zulässigkeit 425
- s. auch Rechtsweg
- Unterlassungsanspruch, Bezeichnung einer Meditationsbewegung als sog. Jugensekte 90
- Unterlassungsanspruch, Umfang der Darlegungslast 127, 209, 297, 368

R

Rechtspersönlichkeit d. Kirchen, Religions- u. Weltanschauungsgemeinschaften u. deren Einrichtungen als Körperschaften d. öffentl. Rechts 49, 198

Rechtsweg
- Arbeitsrecht, kirchl., Schlichtungsverfahren 29
- Dienstrecht, kirchl. 237
- Kindergarten, Elternbeitrag . . . 403
- Kirchensteuer 503
- Popularklage 425

Religionsausausübung / Religionsfreiheit, verf.-rechtl.
- Asylrecht, Katholiken aus Vietnam 357
- Begriff 1, 332
- Errichtung einer Moschee mit Minarett 332
- Feiertage, kirchl., Herabstufung des Schutzes 17
- Fernsehsendung, Verletzung religiöser Empfindungen 314
- Friedhof 6

Sachregister

- Glockenläuten 173, 340
- Griechisch-orthodoxe Kirche, Besitzrecht an der St. Salvatorkirche in München 189, 325
- Haar- u. Barttracht 1
- Kirchensteuer 269, 367
- kollektive 332
- Kreuz / Kruzifix, Entfernung aus öffentl. Schulen 455
- Kunstförderung, staatl. 381
- Namensrecht 10
- Personensorge 400
- Schulwesen, Entfernung von relig. Symbolen aus Schulräumen . . . 301
- Schutzbereich 314
- sog. Jugendsekte 90
- Störung der Religionsausübung . 468
- Theateraufführung, Beschimpfung eines relig. Bekenntnisses 459
- Totenruhe, Schutz 6
- Turban bei der Arbeit 1
- Verein, relig., Binnenstruktur . . 177
- Warnung vor sog. Jugendsekten 90, 177

Religionsgemeinschaft
- als Empfänger einer Spende aus SED/PDS-Vermögen 439
- als Körperschaft d. öffentl. Rechts 49, 198
- Begriff 78, 192

Religionsunterricht, Weltanschauungsunterricht . . . 311

Rente, Anrechnungszeiten, Vormerkung 154, 284

Res mixtae, Fachbereich Kath. Theologie an staatl. Universität, Einrichtung 273

Res sacrae 189, 325

Richtlinien f. Arbeitsverträge in den Einrichtungen des Dt. Caritasverbandes 29, 104, 410

S

Sachen, öffentl. s. res sacrae
Sakralgegenstände d. Bildhauerkunst, Umsatzsteuer 472
Scientology (Church, Kirche) . 78, 127, 128, 192, 209, 297, 348, 368, 378, 381, 501

SED/PDS-Vermögen, Spende an islamische Vereinigung, treuhänderische Verwaltung 439
Sekte, relig., Warnung vor S. . . 90, 177
Selbstbestimmungsrecht d. Kirchen u. Religionsgemeinschaften s. Autonomie
Sikhs, Tragen eines Turbans bei der Arbeit 1
Sittenwidrigkeit (§ 138 BGB), Vertrag über sog. Auditing-Sitzungen 128
Sondergericht, NS-Zeit, Aufhebung von Urteilen 201, 301
Sondernutzung öff. Straßen etc. 94, 227, 231, 234, 263

Spende
- an Kirche für Kunstwerk, erhöhter steuerl. Abzugssatz . . . 373
- an Kirche für wissenschaftl. Zweck, erhöhter steuerl. Abzugssatz . . . 220
- an Religionsgemeinschaft aus SED/PDS-Vermögen 439
- Spendenbrief zu Gunsten eines ausl. Ordens, Remailing 12

Synagogensteuer 466

Sch

Schlichtungsverfahren, kirchl. . . . 29
Schrankenformel (Art. 140 GG, 137 Abs. 3 WRV) 273, 325
Schriften, Schallplatten etc.
Schulfonds, protest., ehem. bay. Pfalz 434
Schulwesen, kirchl./priv.
- Gymnasium ab Kl. 5 in Brandenburg, Genehmigungsfähigkeit . . 490
- Schülerbeförderungskosten . . . 83

Schulwesen, öffentl.
- Kreuz / Kruzifix, Entfernung aus Schulräumen 301, 455
- Schulgrundstück, Eigentum . . . 434
- Weltanschauungsunterricht . . . 311

Schwerbehindertengesetz 78

St

Staatsleistungen an Kirchen u. Religionsgemeinschaften, sog. negative, Gebührenfreiheit . 45, 120

Steuerpflicht, Verweigerung d.
Steuerzahlung 361, 431
Stiftung
– kirchl., Begriff 425
– Küchenmeister- und Lietzo'sches
Familienstipendium Zerbst . . . 159
– Schulgrundstück, ehem. bay. Pfalz 434
Strafrecht
– Beschimpfung von relig. Bekenntnissen, Einrichtungen u. Gebräuchen (§ 166 StGB) 459, 468
– Betrug (§ 263 StGB), sog. Auditing-Sitzungen, Scientology 128
– Dienstflucht (§ 53 ZDG) 136
– üble Nachrede (§ 186 StGB), Darlegungslast, Umfang . . 127, 209, 254, 297, 368
– Störung der Religionsausübung . 468
Strafverfahren
– Zeugen Jehovas Dienstflucht
(§ 53 ZDG), Strafzumessung . . 136
Straße, Gemeingebrauch . 94, 227, 231, 234, 263
Studienfahrt eines Vikars,
Werbungskosten 199

T

Talàq-Scheidung, Iran 172
Tarifvertrag 32, 146, 410, 418
Theateraufführung
– Beschimpfung eines relig. Bekenntnisses 459
– am Karfreitag 342
Theologiestudium, Diplomstudiengang an staatl. Universität 273
Totenruhe, Schutz 6
Transzendentale Meditation (TM) . 80
Trennung von Tisch u. Bett

U

Umsatzsteuer
– Befreiung, kirchl. Zwecke 25
– Sakralgegenstände d. Bildhauerkunst 472
Unrecht, nationalsozialist., Aufhebung von NS-Urteilen . . 201, 304

Unterlassungsanspruch, Behauptungen betr. Verbindung zu
Scientology 127, 209, 297, 368, 381
Unversehrtheit, körperl., verf.-rechtl.
Schutz
– Glockenläuten 173
– Schutzpflicht, staatl. 192

V

Verbot, gesetzl. (§ 134 BGB) Vertrag
über sog. Auditing-Sitzungen . . 6
**Verein zur Förderung der Psychologischen Menschenkenntnis
(VPM)** 177
Verein
– relig., Binnenstruktur 186
– relig., Gemeinnützigkeit 72
Verfahrensrecht s. Prozeßrecht
Verfolgung aus relig. Gründen
s. Asylrecht
Vermögensrecht, kirchl.,
s. Kirchengut
Verrechnung von erstatteter u. einbehaltener Kirchensteuer 27
Versicherung
– Altersrente, Anrechnungszeiten,
Vormerkung 154, 284
– Arbeitsunfall, Badeunfall eines
Missionars 100
– Orden, geistl., Versicherungspflicht d. Kandidaten 477
– Unfallversicherung, Badeunfall
eines Missionars 100
Versorgung u. Besoldung, kirchl.,
s. Dienstrecht, kirchl.
Verstoßung, islamrechtl. 172
Vertragsfreiheit, Kontrahierungszwang, Girokonto für Scientology
Mission e.V. bei Postbank 348
Vertretung der Kirchengemeinde . 317
Vertretung d. Ordinariats / Generalvikariats 207
Verwaltungsstreitverfahren
s. Prozeßrecht
Vietnam, Asylbegehren von
Katholiken aus V. 357
Vikar, Studienfahrt nach Malta,
Werbungskosten 199

Sachregister

W

Warnung, staatl., vor Sekten etc. 90, 177, 192
Wehr- und Zivildienst, Dienstflucht (§ 53 ZDG) 136
Weihnachtszuwendung, kirchl. Dienst 29
Weltanschauung, Begriff 311
Weltanschauungsunterricht 311
Werbungskosten
– Pfarrer, Ehegatten-Unterarbeitsverhältnis 453
– Pastorin, Indienreise 396
– Vikar Studienfahrt nach Malta . . 199
Wettbewerb
– Altkleidersammlung 94
– Beschränkung, Kontrahierungszwang, Girokonto für Scientology Mission e.V. bei Postbank 3
Widmung zum Gottesdienst, Kirche 189, 325
Wiedereintritt in die Kirche 466
Wiedergutmachung, nationalsozialist. Unrecht, Aufhebung von NS-Urteilen 201, 304

Wissenschaftsfreiheit, Fachbereich Kath. Theologie an staatl. Universität, Einrichtung 273

Z

Zeugen Jehovas
– Dienstflucht (§ 53 ZDG), Strafzumessung 136
– Körperschaft des öffentl. Rechts nach DDR-Recht 198
– Personensorgerecht . . . 27, 167, 400, 424, 488
Zivildienst, Zeugen Jehovas, Dienstflucht (§ 53 ZDG), Strafzumessung 136
Zivilprozeß s. Prozeßrecht, Rechtsweg
Zutrittsrecht
Zuwendung, trifl., kirchl. Arbeitsverhältnis 29, 32, 146, 418
Zweck, steuerbegünstigter . 25, 72, 220, 291, 373
Zwölftelungsgrundsatz, Kirchensteuer / Kirchenaustritt 503